上海组织工作调研文选

（2022）

中共上海市委组织部研究室◎编

上海人民出版社　学林出版社

CONTENTS

目录

人才工作

党建工作

上海组织工作

调研文选(2022)

干部工作

市机管局关于加强机关事务年轻干部人才发现培养工作的实践与思考

市机管局课题组

习近平总书记在2018年6月29日的中央政治局会议上提出，要“大力发现培养选拔优秀年轻干部”，“健全完善年轻干部选拔、培育、管理、使用环环相扣又统筹推进的全链条机制”；在2021年中央人才工作会议上强调“坚持全方位培养用好人才”。近年来，市机管局认真贯彻落实中央、上海市委关于加强年轻干部人才队伍建设有关精神，紧贴新时代机关事务工作改革发展实际需求，重点聚焦机关事务年轻干部人才队伍现状，研究分析优秀年轻干部选拔培养使用工作特点和有效路径，持续开展了相关实践探索。

一、选题背景及研究意义

（一）选题背景

党的十八大以来，以习近平同志为核心的党中央，着眼“两个一百年”奋斗目标，着眼推进国家治理体系和治理能力现代化，坚决落实好干部标准，改进后备干部工作，优化干部成长路径，强调培养选拔优秀年轻干部是一件大事，关乎党的命运、国家的命运、民族的命运、人民的福祉，将培养选拔优秀年轻干部上升到了新的战略高度。特别是习近平总书记在党的二十大报告中进一步强调，“建设堪当民族复兴重任的高素质干部队伍”，“选拔忠诚干净担当的高素质专业化干部”。

当前，世界百年未有之大变局加速演进，中华民族伟大复兴进入关键时期，党中央在新的历史方位赋予上海新使命，习近平总书记对上海干部提出“干事创业要充满激情、面对困难要富于创造、迎接挑战要勇于担当”的要求，需要年轻干部加强培养锻炼，以过硬的综合能力素质更好肩负起新时代的职责和使命。时任上海市委书记李强结合上海干部队伍实际提出，“在全国发展大局中，上海使命光荣、任务

艰巨，要把事业发展的需求作为干部工作的着力点，使充满激情、富于创造、勇于担当成为新时代上海干部的特质”，强调“要加大年轻干部选拔培养使用力度，打破条条框框、隐性台阶，不拘一格选人才，压担子、经磨砺，推动形成数量充足、质量优良的优秀年轻干部梯队”。这都为上海年轻干部人才选拔培养工作指明了方向和路径。

（二）研究意义

从加强领导班子和干部人才队伍建设的要求看，宏观层面上，培养选拔优秀年轻干部人才，是加强领导班子和干部人才队伍建设的一项基础性工程，也是关系党的事业后继有人和国家长治久安的重大战略任务。实践层面上，培养选拔优秀年轻干部人才，是贯彻落实《2019—2023 年全国党政领导班子建设规划纲要》及中央、上海市委关于新时代干部人才工作有关精神的必然要求和实际需要。结合近年工作实践探索，总的感到：进一步系统谋划和统筹做好新时代年轻干部人才选育管用工作，对于加强高素质干部人才储备、持续优化领导班子结构、完善干部人才队伍梯队、保持年轻人才干事创业活力，将发挥更大的基础性保障和有效推动作用，其意义不言而喻。

从当前本市机关事务职责使命履行实际需求看，随着国家经济社会形势变化，新时代机关事务工作正从传统管理走向现代治理，加快构建同国家治理体系和治理能力现代化相适应的现代机关事务治理体系已迫在眉睫。当前，机关事务现代治理下的机关运行保障法治要求和本市机关事务管理服务保障职责履行，对于机关事务治理的理论深度、数字密度、平台强度、专业厚度和管理效度等都提出了更高层次的需求，相应地对机关事务干部人才的学科背景、实践经历、专业能力和综合素质等也提出了更高和更迫切的要求。这一形势下，以加快夯实机关事务人才保障基础，及时跟进加强年轻干部人才选育管用工作探索实践为路径，着力支撑完善现代机关事务治理体系，推动新时代机关事务工作高质量发展，显得尤为重要。

二、实践探索和问题剖析

（一）市机管局加强年轻干部选拔培养的实践探索

近年来，市机管局认真贯彻落实中央、上海市委关于加强年轻干部队伍建设工作要求，紧紧围绕局系统“四支人才队伍”建设发展需要，以大力推动机关事务“绿叶工匠”培育工程为主线，统筹年轻干部选育管用，加快年轻干部选拔培养，促进机关事务人才接续发展，开展了系列实践探索。

1. 突出政治引领，着重培育年轻干部人才优良思想品质

着力发挥好各级党组织的领导和把关作用，针对年轻干部思想、心理和时代特征，加强年轻干部队伍思想政治建设，重点培育年轻干部在政治忠诚、政治定力、政治担当等方面的能力，加强政治信仰、大局意识、责任担当和事业心归属感等培树。局主要领导每年与局系统新提任（晋升）和交流任职干部进行一次集体廉政谈话，开展思想政治

和廉洁作风教育；每年与局机关新进公务员进行一次集中见面座谈会，交流思想体会，提出勉励要求。局人事部门每两年组织一次机关事业单位新入职人员专题培训，突出政治要求，强化思想引领；每三年组织1期青年干部专题培训班，通过理论学习、现场教学、作风传承和党性分析等，重点加强党性修养、优良作风、能力素质提升等方面训练，强化年轻干部思想政治品质锤炼。

2. 建立培育机制，持续加大年轻干部人才复合培养锻炼力度

局党组每年组织召开人才队伍建设推进会议，持续编制执行“三年行动计划”，统筹安排优秀年轻干部选拔培养工作。每两至三年遴选和调整一次局后备及优秀年轻干部队伍。以“绿叶工匠”培育工程为主平台，构建实施市、区机关事务系统人才培育“百人联络行动计划”，加快年轻干部人才培养。坚持把岗位实践锻炼作为“练兵场”和“磨刀石”，有计划选派年轻骨干参与局“绿叶工匠”培育、重点课题调研和新冠疫情防控等重点工作任务，帮助年轻干部在实践中摔打锤炼、提升素质。注重精准培养，对标复合型干部队伍建设需要，加强干部人才交流轮岗，推动干部挂职锻炼由挂虚职到挂实职、弥补经历向提高综合能力转变。

3. 盘活用好资源，着力拓宽年轻干部人才选育管用渠道

以新时代好干部标准和上海干部特质要求作为选人用人的重要标尺，客观评价干部在承担工作中的政治表现和担当作为，树立鲜明正确的选人用人导向。坚持“知事识人、依事择人、开放选人”，统筹局系统岗位资源，着力破除体制机制障碍和身份壁垒限制，积极尝试打破机关、事业单位和受托监管企业的界限，把局机关和企事业单位、不同年龄段优秀干部进行统筹考虑、综合比选，着力形成干部跨单位、跨行业交流的良性用人工作机制，使优秀干部在机关与企事业单位间流动更加畅通。

4. 完善考核评价，坚持以实绩评价检验年轻干部人才培育成效

积极适应新时代新任务新要求，不断完善局机关和企事业单位绩效考核办法，优化考核评价机制，使考核内容更加与机关事务改革发展紧密结合。细化考核评分标准，把履行岗位职责、工作实际成效作为考核评价基本内容和依据，注重日常考察和平时考核，突出考核年轻干部参与局重点工作和重大任务的综合表现，提升绩效考核评价质量。建立优秀年轻干部成长档案，规划“一人一策”个性化培育方案，加强考核结果分析运用，发挥考核评价的激励作用，引导年轻干部担当作为。充分发挥“绿叶工匠”培育品牌效应，通过开展既往荣誉“贯通评价”和技能竞赛“专项评价”，不断完善机关事务干部人才评价方式，推动机关事务干部人才队伍接续发展。

（二）存在问题及成因分析

1. 年轻干部人才选育管用不够系统

主要表现为：存在统筹年轻干部人才选育管用不够、系统性不强，推动落实干部人才选育管用各模块相关制度举措衔接不紧密，工作用力不均匀、各自效益不平衡的情况，年轻干部人才选育管用顶层设计尚需健全再塑。原因分析如下：

一是受主观因素影响。有的单位不重视干部人才队伍建设系统谋划，时常存在重选拔轻培养、重使用轻管理的情况；有的注重抓队伍建设面上统筹，但未在实施干部人才选育管用操作层面积极探索有效举措，落地成效不明显。有的由于领导重视程度不够、对干部人才选育管用缺乏深刻认识或者相关工作经验不足等因素，使得系统谋划工作的主动性不强，未能充分发挥抓干部人才队伍建设的主体作用。问卷调查发现，27.9%的受调者认为自己所在部门（单位）干部人才选拔培养主体作用发挥一般或上级有要求才会做，还有5.7%的受调者认为自身所在部门（单位）在年轻干部人才发现培养方面意识不强，没有发挥应有作用（见图1）。

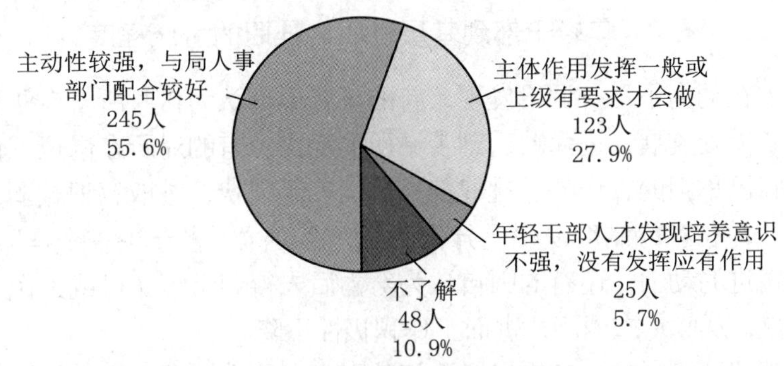

图1　所在部门（单位）发挥年轻干部人才发现培养主体作用的成效评价

二是受客观因素影响。从干部人才工作主管部门自身看，由于干部选育管用相关职能由多个岗位分别承担，实践中因各承办人之间信息不对称、能力素质各异、政策掌握程度不同和沟通协调不到位等，容易出现各模块工作履职各自为政、合力效益发挥不足的情况。

2. 年轻干部主观成才愿望不够强烈

主要表现为：少数年轻干部工作主动性、积极性不高，创新意识不够强；少数年轻干部到基层等艰苦环境摔打磨炼的意愿不强烈，不想、不敢去基层一线“蹲苗压土”的思想不同程度存在；少数年轻干部结合本职岗位需求加强学习深造、提升能力素质的主动性不强，缺少“比学赶超”的求知欲和上进心。原因分析如下：

一是思想认识不够到位。问卷调查发现，受调者中认为年轻干部去基层任职和挂职意愿一般（含不愿意）的比例分别为35.8%和24.7%（见图2）。调研访谈反映，有的干部特别是机关年轻干部更倾向于在熟悉岗位工作，宁可按部就班也不愿轮岗交流；有的年轻同志对管理者身份自我认同感较强，不愿转变角色到一线从事事务性工作；少数年轻干部主动接受基层摔打磨砺的自觉意识还不强，缺乏去基层一线成长磨炼的勇气。此外，还有部分年轻同志由于环境氛围以及自身性格能力等因素，存在“多做多错、不做不错”的误解，使得想问题、办事情放不开手脚、顾虑较多，主观能动性和创新性较弱。

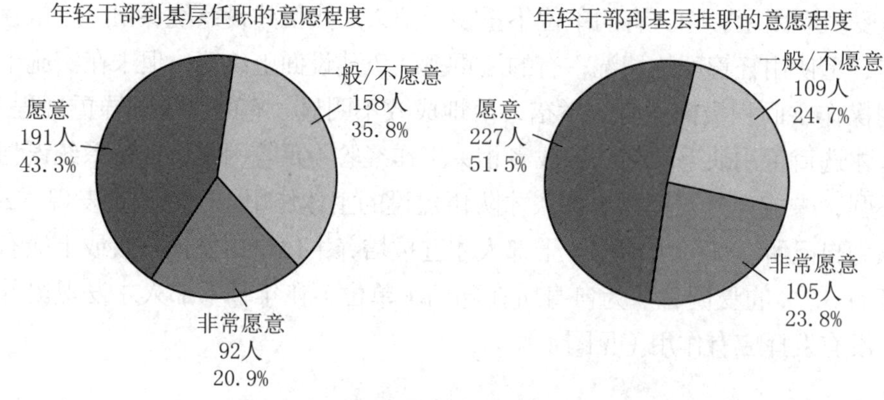

图2　年轻干部到基层任职、挂职的意愿程度

二是成才内在动力不足。调研发现，有的年轻干部认为自身所学专业和岗位匹配度不高，能力特长无处施展，进而缺乏刻苦钻研的动力；有的对所在岗位工作内容缺乏兴趣，或者觉得自己承担的工作缺乏挑战性，进而安于现状，进取意识减弱；有部分年轻干部认为体制内单位薪酬制度缺少差异化激励，存在“干多干少一个样”的消极认识，进而缺乏勤勉奋进的动力；还有的因自认为努力后未得到组织认可或工作中受到领导批评后自信心受挫，从此意志消沉，进而工作积极性下降。

三是受到外部环境影响。有的年轻干部独立思考能力较弱，因受部门、单位个别不良风气影响，容易出现职业生涯前期动力满满、后期躺平放松，进而成长意愿日益弱化的情况。有的年轻干部原本有继续学习深造或报考职业资格认证的意愿，但因考虑时间及花费成本过高与工作生活压力较大的现实矛盾，而放弃自我提升的愿望，客观上也影响了年轻干部成长成才的主动性。

3. 年轻干部人才选用机制不够完善

主要表现为：年轻干部人才队伍结构与新时代机关事务事业发展需求匹配性不强，还存在年轻干部人才引进质量不高、选用渠道不畅的情况；选拔使用优秀年轻干部方面的决心和力度还不够大，局系统各级领导班子年轻干部的配备比例还比较低；专业技术和职业技能人才梯队建设还不够完善，相关选用机制还不够科学有效。原因分析如下：

一是受政策、体制等因素影响。在干部人才引进方面，因近年来公务员招录、军转安置政策调整变化等，招录单位在选才用才上自主权不高，对人才引进的选择空间比较小，给通过引才统筹改善年轻干部队伍结构的路径带来阻碍。在干部人才选用渠道方面，因受当前干部选用体制和机关事务自身工作特点影响，局系统干部人才流动以“内循环”为主，而“外循环”通路不畅，客观上造成年轻干部人才跨系统、跨单位、跨条线交流使用的机会比较少。

二是统筹谋划落实人才选用工作力度不够。工作实践中，局党组及组织人事部门因更多考虑人才选用工作的严肃性，以及当前干部人才成熟度、人岗适配性和岗位需求的迫切程度，而容易忽略干部人才队伍的长远谋划和可持续发展，在人才选用工作中存在“反复比选、再多等等”的谨慎心理，进而在严格落实有关领导班子配备量化要求方面

还不够有力。

三是人才评价使用标准不够完善。在机关事务专业技术和职业技能人才选用方面，由于相关指导性文件和政策细则比较少，使得在工作中凭经验探索实践较多，缺少细化、科学的人才管理评价标准，还未形成较成熟的人才选用机制，影响制约了专业技术和职业技能人才的梯队建设。

4. 年轻干部人才培育成效不够明显

主要表现为：年轻干部教育培训、实践锻炼渠道方式不够丰富，存在培育组织不到位、培育质效不明显的情况；年轻干部人才管理和专业业务培育不够，存在相关培育主体主动性积极性不强、合力发挥不够，干部综合能力素质提升效益不明显的情况。原因分析如下：

一是受形势政策因素影响。近年受新冠疫情的影响，在干部组训上因培训项目停办、部分集中培训由线下方式转为线上模式等，客观上制约了教育培训举办规模和方式方法的多样探索，一定程度上也影响了培训的质量和效益。

二是干部挂职轮岗组织拓展力度不够。在挂职轮岗人选遴选方面，一些年轻干部骨干因部门（单位）赋予其重要工作任务而错失挂职轮岗的机会；在挂职轮岗的方向及岗位方面，因拓展培育资源不充分，呈现出挂职轮岗方向及岗位局系统内部多、系统外部较少的情况，挂职轮岗效益未能实现最大化。

三是培育主体责任有待强化。当前，在以上级调训、组织人事部门组训为主渠道的干部培育内容主要偏向政治理论、宏观政策，而以各相关业务主管部门、各单位为主体，针对机关事务领域点多、面广实际，分条线开展差异化专业业务培育的作用发挥不明显，年轻干部人才培育需求未充分满足。问卷调查发现，分别有76.6%和60.8%的受调者认为专业技术和业务条线培训是年轻干部培养效果比较突出的培训方式（见图3）；调研访谈中也反映，希望局系统各级加强人才培养组织统筹，注重政治理论和专业业务培育双轮发力，提升年轻干部人才综合素质。

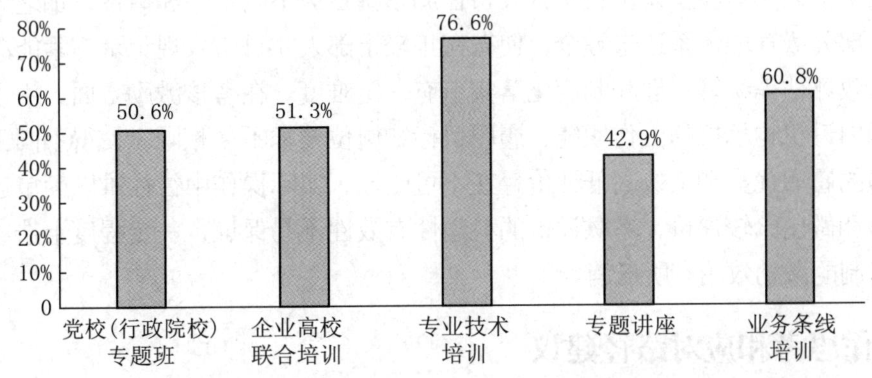

图3　培养年轻干部人才效果比较突出的培训方式相关调查

5. 年轻干部人才管理监督不够科学

主要表现为：年轻干部思想行为管理监督不到位，存在重政治理论教育、轻思想行为关注，重交工作压担子、轻职业发展引导的情况；年轻干部成长成才管理不科学，存在干部人才跟踪管理和考核激励机制不完善的情况。原因分析如下：

一是组织管理幅度及效能发挥不充分。当前组织管理上更侧重对年轻干部开展思想政治教育和履职进度管理，而在全方位考察了解其日常政治思想实际表现和“八小时之外”行为举止方面做得还不够，在全面精准把握年轻干部思想动态和预警纠错管理方面留有空档。另据调研访谈反映，少数部门、单位领导带队伍意识不强，平时与年轻干部谈论部署工作较多，手把手指导工作方法较少，有时在管理教育方面方式方法还不够科学；还有的领导关注年轻干部完成任务情况较多，关心干部成长发展较少，在遇有轮岗挂职、学习深造机会时因考虑眼前工作需要而“不愿放人”。这都不同程度阻碍了年轻干部成长发展和工作积极性的有效调动。问卷调查反映，78.2%的受调者认为“严管厚爱机制不完善”和“管理幅度深度不够”是当前年轻干部人才管理监督的主要问题（见图4）。

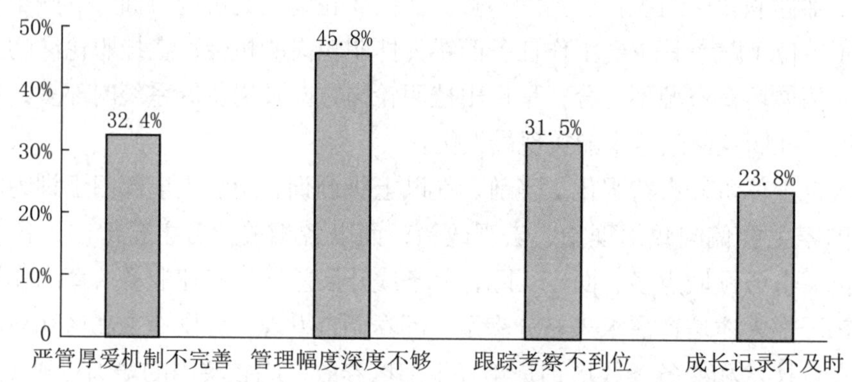

图4　当前年轻干部人才管理监督主要问题调查

二是干部人才成长跟踪和考核激励兑现有难度。在人才成长跟踪方面，由于局系统优秀年轻干部人才库涉及人员较多且分布在局系统各级不同部门和单位，加之局系统优秀年轻干部分级管理体系还未健全，使得在年轻干部人才日常表现记录、素能深度考察和成长绩效评估等统筹管理和制度化落实上有一定难度。在考核激励方面，由于各单位内部不同内设机构承担的工作职能、履职目标和岗位要求不尽相同，使得不同工作岗位工作人员的履职优劣和绩效高低评价存在不可比性，实际操作中往往难以简单进行统一量化考核和做出比较评价，考核评价的科学性有效性不易保证，一定程度上造成干部人才考评机制的激励效用有所抵消。

三、工作思考和应对路径建议

针对当前存在的主要问题，我们将充分运用系统论和方法论，从治理能力建设和制度机制建设两个思考维度出发，围绕机关事务工作改革发展时代要求和干部人才保障实际需要，深刻把握年轻干部人才成长客观规律和基本个性特征，建立和完善机关事务年

轻干部人才选拔、培育、管理、使用的全过程块链体系和内在运行机制。

在宏观架构上，建立打造年轻干部人才选育管用“区块链”。以年轻干部人才选拔、培育、管理和使用区块化为基础，从系统思维上建立年轻干部人才选拔培养的链式结构（见图5），着力实现年轻干部人才选育管用各区块功能效用由分散孤立、各自为政模式转变为串联开放、环扣相依模式，进而推动机关事务年轻干部人才选拔培养工作更加系统科学、稳妥有序。

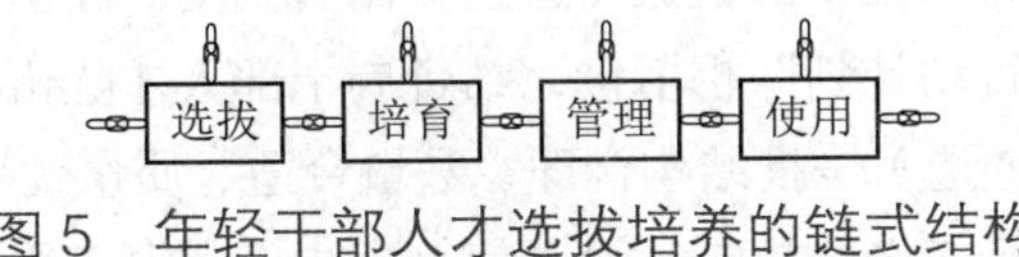

图5　年轻干部人才选拔培养的链式结构

在实现路径上，健全完善年轻干部人才选育管用“方法链”。以年轻干部人才选育管用“区块链”为主链，进一步健全打造年轻干部人才选育管用的“方法链”，提出完善年轻干部人才选拔培养相关储备政策、运行机制和办法举措，进而推动机关事务年轻干部人才选育管用工作取得实效。

（一）注重“多元规范”，着力创新“选拔链”（见图6）

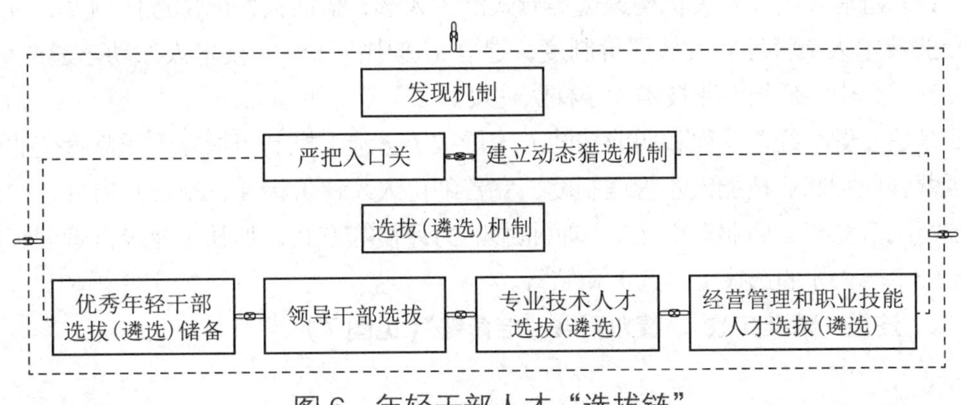

图6　年轻干部人才“选拔链”

1. 健全灵活多样的人才发现机制

一是严把年轻干部人才入口关。着力用好本市公务员和事业单位招考、军队转业干部接收安置等人才引进平台，紧贴新时代机关事务管理服务保障职责任务需要，更加注重科学设定人选学科背景要求、专业技术（技能）素质测试和人岗适配性评估，优化文史、法律和理工类学科人选比例数量，过细做好人选资格审查、考核考察和综合研判等环节工作；紧贴受托监管企业改革创新发展需要，灵活用好公开招聘、委托推荐等多渠道识人选人，更加注重对人选履职经历、职业操守和职业技能基础潜力等的考察，过细做好人选背景调查、素能测试和面试等环节工作；针对企业一线关键重要岗位，探索完善市场化人才引进方式，稳妥推进职业经理人制度建设，确保人才引进质量。

二是建立年轻干部人才动态猎选机制。注重通过日常工作深度考察，及时猎识发现局系统企事业单位中的“好苗子”，借助公务员转任、调任等政策措施，做好年轻人才引进工作。加强年轻干部常态跟踪察识，在注意观察年轻干部岗位工作日常表现、工作成绩、群众基础的同时，更加关注其思想政治素质、道德品行、实践创新能力和急难重任务的奉献担当，及时将政治过硬、有责任担当、综合素质突出的年轻干部人才纳入组织视野。

2. 健全科学规范的人才选拔（遴选）机制

一是坚持和完善优秀年轻干部选拔（遴选）储备制度。注重局后备力量选拔工作与局人才队伍建设“三年行动计划”相衔接，结合局干部人才队伍梯队建设，坚持每三年在局系统范围内选拔（遴选）一批结构合理、数量合适、质量优异的优秀年轻干部。

二是健全完善领导干部选拔机制。深入贯彻中央、上海市委关于领导班子建设有关精神要求，结合局系统领导班子队伍实际，科学制定年轻干部选拔计划，规范落实领导干部选任程序，严格按照领导班子年龄结构有关比例要求，逐步充实各级领导班子年轻干部力量，切实改善优化领导班子构成和年龄结构。

三是建立健全专业技术人才选拔（遴选）机制。指导事业单位特别是以专业技术岗位为主事业单位在选拔内设机构领导时，注重结合行业特点和工作需要，积极探索竞聘上岗、公开选聘、委托相关机构遴选等方式产生人选，搞活搞好内部选任制度；进一步健全专业技术人员管理和考核评价制度，建立实施中高级专业技术人才动态遴选机制，不断完善高、中、低级专业技术人才梯队建设。

四是建立健全经营管理和职业技能人才选拔（遴选）机制。指导受托监管企业建立完善经营管理和职业技能人才管理制度，完善细化人才评价标准，结合开展经营绩效考核或技能比武竞赛、职业资格认证和职业影响力评估等方式，加强企业经营管理和职业技能年轻干部人才的选拔（遴选）和储备。

（二）注重“精准实效”，着力拓展“培育链”（见图 7）

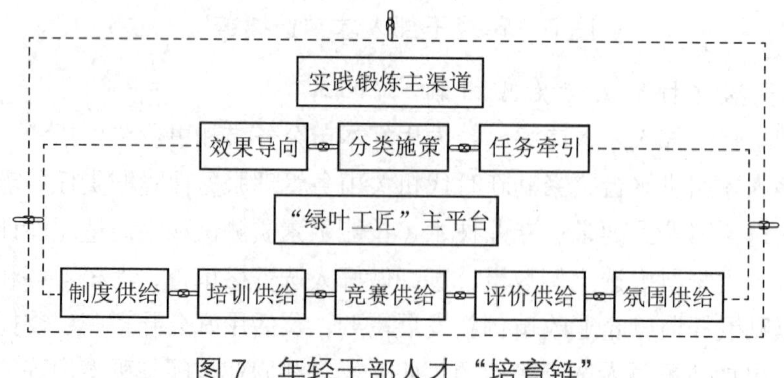

图 7　年轻干部人才“培育链”

1. 拓宽年轻干部人才实践锻炼主渠道

一是坚持效果导向。加强年轻干部人才成长需求评估分析，坚持制度化安排和个性化培养，科学制定优秀年轻干部交流轮岗和挂职锻炼工作计划，注重系统外积极对接运

用国管局（中直局）、区机管局和长三角一体化人才培育区域合作平台资源，系统内积极拓展实施年轻干部在机关、基层，综合管理、专业业务和党群条线，以及企业、事业单位等多层面、多渠道轮岗挂职，加强过程管理和跟踪问效，确保年轻干部人才培养锻炼实际成效。

二是坚持分类施策。针对新进单位或新转岗的年轻干部，采取师徒带教、新老结对方式，引导其立足本职岗位边工作、边实践、边培养，加快提升岗位适应、业务素质和专业技能；针对有一定资历的年轻干部，注重交任务、压担子，帮助其在深耕本职业务、岗位实践挑战中不断强化本领，提升能力。注重区分不同来源干部，有意识地实施分类培养，结合社会面上招录公务员、专项选调应届毕业生和军转干部等不同类别人员各自性格特征、能力特长和经历经验等，实施差异化成长路径规划，促进其更好适应事业发展，加速成长成才。

三是坚持任务牵引。聚焦机关事务现代治理创新、深化政府采购制度改革和文博事业发展，以及推动受托监管企业转型升级等方面，采取组织调配、项目制等方式，有计划选派局系统年轻干部人才参与局重点工作任务、重点课题调研和应对重大应急事件等实践经历，全方位经受“火线”锻炼和“熔炉式”培养，帮助其在重要工作、重大任务和艰难考验中摔打锤炼、丰富经验、提升素质。

2. 深化“绿叶工匠”人才培育主平台

构建完善局党组、组织人事部门和局系统各部门（单位）“三位一体、协同发力”的人才培育组织模式，持续加强“五种供给”。

一是制度供给。调整完善“绿叶工匠”人才培育组织架构及运行机制，加强人才培育顶层规划，持续编制实施人才培育阶段性工作方案和计划，强化推进人才培育相关主体责任落实，不断健全完善人才培育系列制度举措。

二是培训供给。着力整合党校、党政机关、高校和机关事务理论研究智库等优势资源，采取线上辅导与线下观摩、集中培训和现场调研等相结合的方式，组织开展“绿叶工匠”系列高层次、专业化教育培训；坚持分级分类组训，注重发挥局系统各单位主体作用，指导开展党政治理和机关事务经营管理、专业技术和职业技能等各行业常态化教育培训，进一步改进优化组训形式和内容。

三是竞赛供给。坚持“赛训结合、先训后赛”，广泛开展以机关事务管理业务、公文写作、演讲口才和物业餐饮安保职业技能等为主要内容的竞赛和比武活动，为年轻干部人才提供更多展示自我、施展才华的舞台，促进其素能提升，加速成长成才。

四是评价供给。探索优化既往荣誉“贯通评价”和技能竞赛“专项评价”机制，把握“上海工匠”千人计划和“上海市首席技师资助项目”等本市重要技能评定工作契机，从更宽视角发现评价人才，鼓励年轻干部人才积极争先创优。

五是氛围供给。多维度深化“绿叶工匠”培育品牌宣传推广活动，大力宣扬“绿叶工匠”系列命名人才先进事迹，在年轻干部人才中积极发挥典型激励作用，不断营造尊重人才、崇尚实干的浓厚氛围。

（三）注重“常态科学”，着力强化“管理链”(见图8)

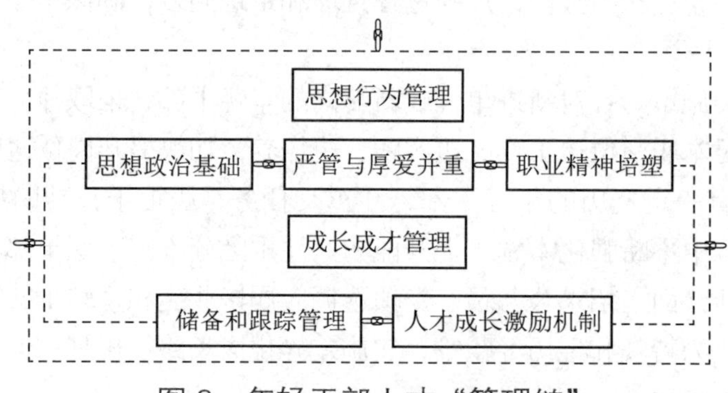

图8　年轻干部人才“管理链”

1. 推动年轻干部人才思想行为管理常态长效

一是建立健全年轻干部思想动态监测分析机制。局党组及各级基层党组织坚持定期分析研判本级管理年轻干部人才思想政治状况，推进实施阶段性管理教育策略。完善年轻干部思想动态跟踪预警机制，坚持落实常态化谈心谈话和廉政法纪教育制度，更加关注年轻干部日常思想行为变化和“八小时之外”生活交往情况，及时发现苗头性、倾向性思想问题，加强针对性批评教育和纠错引导。

二是夯实年轻干部人才思想政治基础。在加强年轻干部政治理论武装、严格党内政治生活的同时，更加注重对年轻干部在平时履职和日常生活中所表现出的政治立场和政治态度，以及在参与完成重大任务中的政治担当等方面加强政治考察，及时指导纠正思想偏差，引导其树立正确政治方向和过硬政治品格。

三是坚持年轻干部管理严爱并重。一方面注重加强年轻干部工作履职、作风养成和廉洁从政等管理监督，严格执行干部监督管理和违规惩戒等相关制度规定；另一方面更加注重关心了解年轻干部思想困惑和家庭困难，及时帮助其释疑解惑和解决实际问题。完善年轻干部成长容错保护机制，鼓励年轻干部敢于创新、试错，积极营造为年轻干部人才干事创业担当护航的良好氛围。

四是注重加强年轻干部人才职业精神培塑。坚持以厚植打造“精细、极致、专业、满意”机关事务价值追求和“五种精神”特质的干部人才队伍为引领，通过加强宣传教育、典型感召、评价激励等方式，引导年轻干部自觉遵守和践行高尚职业道德和日常行为规范。注重发挥共青团组织桥梁纽带作用，凝聚青年思想和力量，引导促进年轻干部爱岗敬业、追求卓越、健康向上。

2. 保障年轻干部人才成长成才管理科学常新

一是着力加强年轻干部人才储备和跟踪管理。实施局系统干部人才后备力量分级动态管理，将管理实际成效纳入各单位年终绩效考核。统筹局系统各级干部人事工作力量，充分借助信息化管理手段，健全完善年轻干部人才成长轨迹记录，结合对人才思想

成熟度、能力素质层次、发展潜力大小等梳理分析，聚焦建立区分近期提拔使用、中期继续培养、长期持续关注的年轻干部人才储备名单。

二是着力完善年轻干部人才成长激励机制。进一步健全完善干部人才考核评价制度，改进优化量化考核和赋权评价机制。指导局系统事业单位紧贴自身干部人才队伍和绩效管理实际，搞活用好本单位绩效考核评价方式，最大限度激发事业单位年轻干部履职活力。鼓励企业集团充分发挥自身人才发展政策优势，下大力创新人才管理相关制度机制，创立企业年轻干部人才发展基金，对成才愿望强烈、通过自身努力主动获得学历教育提升、职业技能比武竞赛获奖和市级以上大项荣誉等的企业职工，给予及时的精神物质奖励，积极营造人人皆想人才、人人皆可成才的浓厚氛围。

（四）注重“导向适配”，着力完善“使用链”（见图 9）

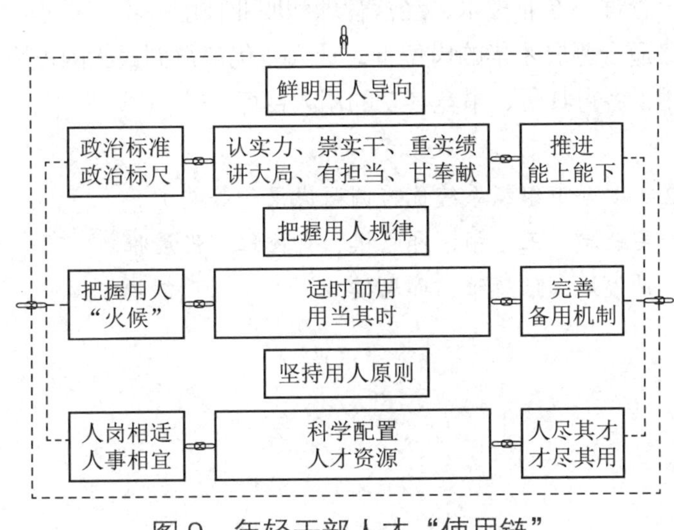

图 9　年轻干部人才“使用链”

1. 树立旗帜鲜明的用人导向

一方面，坚持以新时代好干部标准作为选拔任用年轻干部人才的基本要求，始终把政治标准放在首位，鲜明立起选人用人政治标尺。注重紧扣履行新时代机关事务管理服务保障职能实际所需，坚持认实力、崇实干、重实绩，真正让勤勉踏实、一贯优秀、干出成绩的年轻干部人才有舞台、有奔头；注重把年轻干部人才到基层一线、困难环境任职锻炼等的实践经历，作为优先选拔使用的重要参考。另一方面，认真落实中央、上海市委关于推进干部能上能下有关制度规定，健全完善考核奖惩机制，及时调整不称职和不胜任现职岗位干部，着力解决为官不为、慵懒散闲、坐等靠要等问题，切实推动形成能者上、优者奖、庸者下、劣者汰的用人导向。

2. 把握正当其时的用人规律

注重掌握和运用干部人才成长的客观规律，把握好选人用人的恰当“火候”，在干部人才使用上努力做到适时而用、用当其时，最大限度提升用人效益。结合完善优秀年轻干部人才备用机制，对已通过选拔（遴选）列入局系统优秀后备力量，并经培养锻炼和实践检验后确实综合素质优异、有较大发展潜质的年轻干部人才，坚持及时大胆使用；对发展潜质较大但有争议的年轻干部人才，要注重看清主流、明辨是非，加强帮带引导，在能用之时坚持力排众议、大胆起用。

3. 坚持人岗适配的用人原则

在用人考量上，紧密结合年轻干部人才成长轨迹和发展实际，更加重视年轻干部人才个性特征、专业特长、能力素质、实践经验和未来潜质等比较优势因素与履职岗位、承担任务的高度适配性，坚持为岗择人、用人所长、精准用人，科学有效配置人才资源。在用人举措上，结合完善实施机关事务工作人员岗位履职责任制，健全企业法人治理结构，以及建立健全年轻干部人才发现培养和匹配使用常态化保障机制等，更加强调区分局系统综合管理、专业技术、经营管理和职业技能等不同类别、层次年轻干部人才，把他们放到最适合施展才华的岗位上，让人才优势得到最大限度发挥，努力实现人尽其才、才尽其用，各得其所、事竞其功的用人目标。

（本文获2022年度全市组织系统优秀调研成果一等奖）

课题组成员：吴跃忠、王　祯、邱思棋、钟俊虹、张晨雅

主要执笔人：钟俊虹、张晨雅、邱思棋

适应新时代要求加强优秀年轻干部培养选拔工作研究

市建设交通工作党委干部人事处课题组

党的十八大以来，习近平总书记对做好年轻干部工作提出了一系列重要论述，党的二十大报告鲜明指出“健全培养选拔优秀年轻干部常态化工作机制”，这些重要指示，既是身处大变革时代年轻干部成长成才的规律与路径，也是组织上抓好后继有人这个根本大计的标尺和准绳，指导我们更好地肩负起新时代的责任与使命。2022年，市建设交通工作党委围绕锻造一支适应新时代、承担新使命，政治过硬、数量充足且质量优良的高素质专业化年轻干部队伍，建设具有世界影响力的社会主义现代化国际大都市，开展加强优秀年轻干部培养选拔工作研究。课题组深入市建设交通工作党委、市住建委、市交通委、市水务局、市绿化市容局、市城管执法局、市房管局、市道路运输局（以下简称“三委五局”），广泛开展调研，与40名局处科级干部进行座谈访谈，问卷调查760人，总结经验做法，分析问题挑战，研究提出对策建议，形成如下综合报告。

一、市建设交通系统年轻干部的特点与能力素质

（一）市建设交通工作党委管理的领导干部队伍情况

1. 总体情况

截至2022年11月，市建设交通工作党委管理的市建设交通工作党委、市住建委、市房管局、市城管执法局机关（以下简称“两委两局”机关）共配备处级领导干部119人，其中正处级49人，占41.2%，副处级70人，占58.8%；委属事业单位共配备班子成员101人。

年龄方面，领导干部队伍整体年龄偏大，“两委两局”机关处级领导干部平均年龄为48.3岁，委属事业单位领导班子成员平均年龄50.3岁。领导干部队伍以“60后”“70后”干部为主，分别占38.6%和46.4%，“75后”干部约占17.3%，“80后”干部仅

占15%。

学历方面，领导干部队伍学历比较高，本科占60%，研究生占38.6%。相对来说，“两委两局”机关领导的学历整体高于委属事业单位班子，其中研究生比例机关比事业单位高了20.2%。

任现职级年限方面，任现职级不满3年的接近一半，任现职级5—10年的略高于3—5年的干部。需要注意的是，任现职级超过10年的也有一部分干部，尤其在委属事业单位领导班子中比例达7.9%，任职最长的达23年。

2. 优秀年轻干部队伍基本情况

以“75后”正处级、“80后”副处级作为“两委两局”机关年轻干部统计口径，机关处级领导干部中，“75后”正处9人，“80后”副处21人，共有30位年轻干部，占25.2%；以“75后”作为年轻干部统计口径，委属事业单位领导班子成员中，共有“75后”处级干部16位，占15.8%。

从任职年限来看，“75后”处级干部中，有近半数任现职级年限不满3年，任职5年以上的人数不多，这说明市建设交通工作党委近年来在年轻干部培养选拔方面力度较大。

（二）市建设交通工作系统干部队伍素质能力特点

通过深入调研得出，建设交通系统干部队伍具备以下四个明显特点。一是政治素养过硬。建设交通系统工作与经济社会发展关联度大，多与重点项目、重大工程、专项任务接触，干部的政治意识、大局观念普遍较强，有底线思维和规矩意识，忠诚可靠，经得起实践的考验。二是专业化能力强。建设交通系统庞大，行业特点突出，涉及工程建设、交通道路、水务海洋、市容绿化等与民生相关的多个专业领域，工作对专业要求高，干部实操能力突出。三是基层经历相对丰富。建设交通系统工作任务繁重具体，重基层、重实践、重实干，干部普遍能吃苦、敢担当、接地气，遇到难事能冲在一线，基层工作经历相对丰富。四是综合协调能力较强。建设交通工作往往与民生息息相关，如方舱医院建设、“一江一河”公共空间建设等，干部善于合作、协调，能托底，做了大量群众工作，具备较强的综合统筹、组织协调和处理复杂局面的能力。

（三）年轻干部的核心能力素质

核心能力素质，是干部最本质、最重要的能力素质，它在能力结构中处于核心地位。课题组综合了访谈和问卷结果，提炼出建设交通系统年轻干部25项能力要素（见图1）。

一是应具备的核心能力素质。多数干部认可的25项能力要素，概括起来就是：讲政治、守规矩、懂业务、能创新、善执行、会协调。不少参加座谈会的干部都表示，建交委系统干部队伍是一支“想干事、能干事、干成事”的队伍。

二是表现突出的核心能力素质。对照习近平总书记对年轻干部提出的七种能力，通过因子分析将25项能力要素划分为政治引领能力、决策创新能力、落实执行能力等三个层次，证实了25项能力要素与七种能力的对应关系及在建设交通系统优秀年轻干部

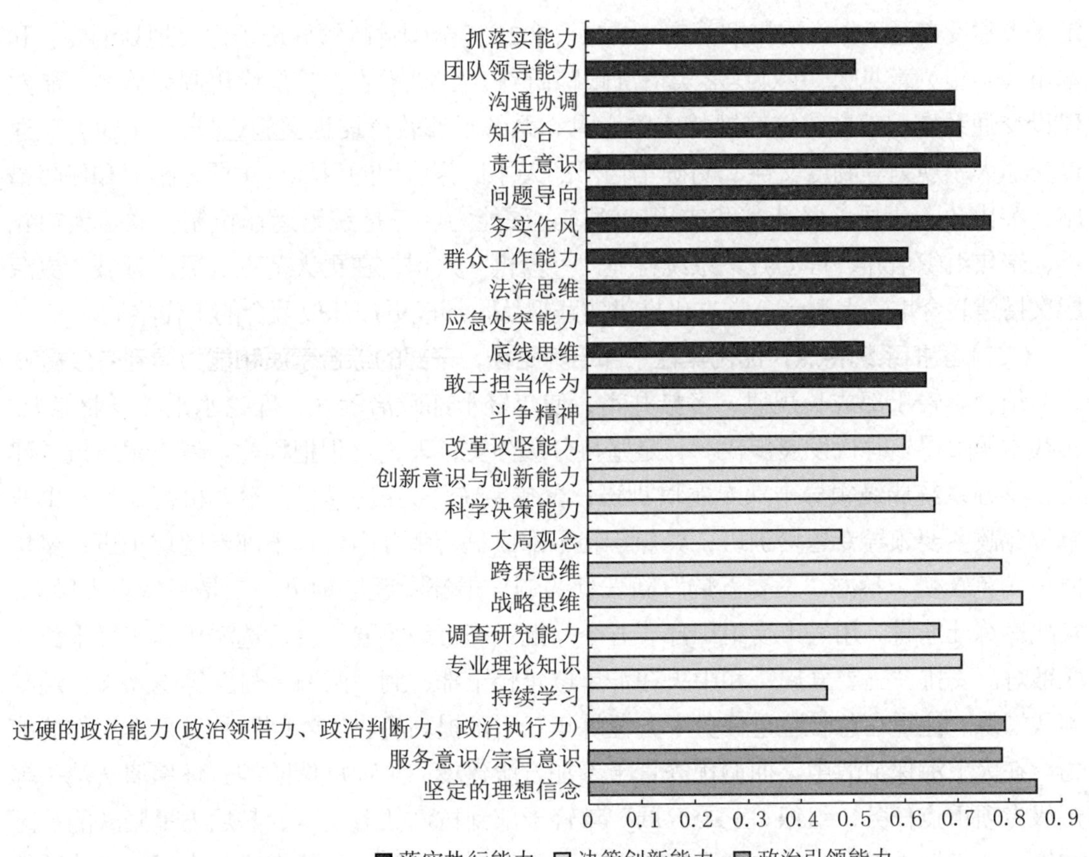

图 1 建设交通系统年轻干部 25 项能力要素

中的具体表现，形成了科学化的内在层次结构。可以说，当前建交系统年轻干部队伍在政治上靠得住，工作中能创新，作风上过得硬。

三是需要进一步加强的能力素质。调查问卷显示，在贯彻落实市第十二次党代会精神，实现上海“高质量发展、高品质生活、高效能治理”的过程中，系统年轻干部最需要提升的能力反映最为集中的是“创新意识与创新能力”“战略思维”“群众工作能力”“敢于担当作为”和“斗争精神”。

二、加强优秀年轻干部培养选拔的实践探索

近年来，市建设交通工作党委聚焦组织培养，加强系统协同，强化实践锻炼，在优秀年轻干部培养选拔工作方面积极探索实践，取得了一定成效。调查数据显示，有97.7%的受访者对系统年轻干部工作表示满意，并给予了较高的评价。

（一）强化前瞻布局，优化运作机制，全系统重视年轻干部培养选拔的氛围日益浓厚

深学细悟习近平总书记关于年轻干部的重要论述，加强优秀年轻干部培养选拔。一是狠抓规划落地。坚持把培养选拔优秀年轻干部与领导班子规划建设统筹考虑，认真制

定《市建设交通工作党委贯彻落实〈2019—2023年全国党政领导班子建设规划纲要〉和本市〈实施〉意见》，并对其落实情况跟踪研判、定期评估。二是优化制度体系。制定建设交通系统干部交流培养锻炼实施意见、系统干部教育培训实施意见、“十四五”建设交通人才规划等制度文件，明确年轻干部人才培养培训的目标、布局、指标和保障措施，突出政治素质，坚持实践实干，锤炼过硬能力。三是统筹运作机制。立足大口党委，聚焦组织培养，推动凝聚系统行业“一盘棋”共识，在更大范围、更广领域、更深层次搭建联合培养大舞台，常态化推进实践锻炼，形成更加开放融合的工作格局。

（二）紧扣系统特点，优化年轻干部培养路径，干部的综合素质和能力得到有效提升

结合年轻干部成长规律，多措并举，使年轻干部政治素养、理论水平、专业能力、实践本领跟得上时代发展步伐。一是坚持分级分类，理论培训把稳舵。聚焦领导班子建设，举办系统局级领导干部专题培训班；聚焦系统“关键少数”，举办机关处长、事业单位党政主要领导专题培训班；聚焦年轻干部成长，举办中青年干部专题培训班；聚焦岗位角色转变，举办“三委五局”新任处级领导干部专题培训班。二是坚持实干导向，实战磨炼壮筋骨。用好市委组织部“五个一批”等市级重要平台，选派优秀年轻干部挂职锻炼。安排“三委五局”和中央在沪单位年轻干部，到“两旧一村”等吃劲岗位经受实践锻炼。注重在急难险重任务中，锤炼年轻干部提高解决实际问题和做群众工作的能力。在大上海保卫战中，抽调优秀骨干参加方舱建设、工地疫情防控、环境清洁消杀等市级专项重点任务，组织“三委五局”年轻干部到抗疫任务吃紧、基层力量紧缺的社区增援，让年轻干部在一线中增强历练。三是坚持专业训练，攻坚克难强本领。实施城市治理综合人才计划，统筹党政管理人才、企业经营管理人才、专业技术人才、高技能人才和产业工人四支人才队伍建设，真正突出“懂城市、会管理、善治理”，把那些在一线能战斗、敢担当的干部，那些解决复杂、棘手问题有思路、善突破、能成事的干部，那些尽职尽责、成绩突出的干部，及时放在重要部门和关键岗位加强锻炼发挥作用。

（三）突出用当其长，完善适时使用机制，干部梯队结构得到逐步优化

坚持德才兼备、以德为先，鲜明树立重实干、重实绩的用人导向，大胆使用经过实践考验的优秀年轻干部。一是蓄好源头活水。拓宽视野，结合日常发现，开展系统优秀干部专项调研，坚持“面向基层、面向实践、面向群众”，通过多渠道、多形式、多层次深入调研，重点发现那些经过扎实历练、有发展潜力的年轻干部，形成一批进入组织视野的优秀年轻干部名单，保持一池活水。二是坚持综合研判。把功夫下在平时，在推进城市治理等重大任务中，在疫情防控等重大考验中，在“比学赶超”主阵地中，加强日常掌握，注重知事识人，把握好年轻干部的优秀度、成熟度和认可度，做到人岗相适、人事相宜。同时，时刻关心长期保持工作干劲、有专业经历、始终坚守岗位的各年龄段干部，用足用好干部职级职数，把各类干部一起统筹，充分体现公平、公正。三是坚持适时使用。及时使用，让年轻干部“出得来”。聚焦中心大局和重点工作，及时选拔任用政治过硬、历练扎实、表现突出的优秀年轻干部，特别是加大“80后”干部的选拔力

度，对于能够驾驭全局、善于抓班子带队伍、民主作风好、敢于担当的优秀年轻干部，及时放在正职岗位上历练。交流使用，让年轻干部“有空间”。统筹考虑干部职数、岗位资源、队伍结构，有序推进干部交流，树立机关骨干跨部门培养、机关优秀年轻干部到基层任职、基层优秀正职到机关任职、事业单位之间交流、机关交流干部适时回流等使用导向，激发干部队伍活力。

（四）注重严管厚爱，探索精准化措施，年轻干部监督管理机制不断完善

对照习近平总书记“要加强年轻干部教育管理监督，教育引导年轻干部成为党和人民忠诚可靠的干部”的指示精神，把严管厚爱嵌入干部工作各个环节，为年轻干部成长保驾护航。一是严格日常管理。认真贯彻执行《干部选拔任用工作监督检查和责任追究办法》等制度要求，积极探索近距离考核、重大任务考核、专项工作考核、各类考核纪实交叉评价的“三考一评”政治素质考核工作法，对实绩明显、群众认可度高的年轻干部，在评优表彰、干部提拔和后备培养中予以倾斜。二是切实关心关爱。探索近距离、场景化、互动式的沟通交流方式，通过开展“漫步城市”系列交流活动等多种方式，拓宽谈心谈话的广度深度，加强年轻干部思想沟通、引导提醒、加油鼓劲。坚持“三个区分开来”，认真开展容错免责、从严查处不实举报等工作，为担当者担当、为负责者负责，激励年轻干部担当作为。

三、加强优秀年轻干部培养选拔存在的瓶颈问题

调研发现，在年轻干部工作中还存在亟须突破的问题。

（一）制度设计还不够系统，培养选拔年轻干部的顶层设计有待进一步完善

建设交通系统涉及领域较多，业务差异较大，不同领域、行业对干部有不同要求，对年轻干部队伍建设的顶层设计已经逐步开展，但专项规划和制度安排还有待完善，对年轻干部成长经历与素质能力的分层次、差别化、个性化的分析研判尚不够充分。另外，中央出台了《推进领导干部能上能下规定》，但干部能下的大环境尚有待时日才能真正形成，事业单位编制统筹、从严规范设置领导职数，该下的下不去，该上的也就上不来，为年轻干部尽快成长成熟成才的途径设计显得不够系统，致使一些本来较为优秀的年轻干部逐渐失去了优势。

（二）选拔使用力度还不够大，优秀年轻干部总量尚未形成一定规模

目前，“两委两局”机关处级领导干部及23家事业单位领导班子成员平均年龄49.7岁，“60后”“70后”“80后”处级干部的比例约为4∶4.5∶1.5，整体年龄偏大。“两委两局”机关“80后”处级领导干部25人，在机关处级领导干部占比约21%；事业单位“80后”处级领导干部8人，占比约7.8%，“80后”的处级领导干部数量偏少，与事业发展的需要和干部储备的需求尚有差距。因此，优化干部队伍结构，重点使用好优秀年轻干部显得非常迫切。

调研发现，选拔使用力度和晋升渠道通畅是年轻干部普遍关注的问题。关于干部晋

升渠道上存在的问题，41%的干部认为“晋升通道窄，缺乏个人发展路径”，46%的干部感到“缺乏激励机制，工作没动力”。由此可见，确有必要建立有利于年轻干部脱颖而出的体制机制，进一步加大优秀年轻干部选任力度。

（三）选育管用全链条机制还不够系统，培养选拔平台和渠道有待进一步拓展

调研发现，受新冠疫情、党校改革等因素的影响，目前干部教育培训面临供需不平衡的问题，主要表现为系统开展培训的覆盖面变小，处级干部培训机会相对减少，科级干部培训资源短缺等。受公务员对优秀人才的吸引力下降、科级干部层面成长较慢、日常发现手段有限等影响，优秀年轻干部发现的来源和视野不够宽广。受干部人事管理制度、专业方向、薪酬待遇的影响，复合型培养还不够充分，数据显示，事业单位交流进公务员、机关前往企业的“单向意愿”较为强烈，“三委五局”之间、市级机关与区级部门的双向交流仍存在短板，54.2%和42.9%的调查对象希望“多岗位交流”“基层一线实践锻炼”。激励担当的手段不够丰富有效，问卷调查发现，选择“建立更加科学合理的考核评价机制”的占86.8%，选择“对年轻干部正向激励、心理关怀不够”的占40.7%，对年轻干部“八小时之外”生活圈、社交圈了解不够，帮助年轻干部解决工作、生活中实际困难的手段还不够多。

（四）自身素质、精神状态不够到位，与时代发展、事业需求、岗位要求尚有差距

访谈和问卷调查发现，目前年轻干部需要着重加强战略思维、创新能力、群众工作能力、斗争精神等能力素质。数据显示，在能力素质方面，选择“工作面太宽、事太杂，疲于应付”的占48.2%，选择“缺乏对现实社会的深入了解和解决问题能力”的占44%，这说明有的年轻干部疏于学习，难以跟上城市治理的快速发展变化。究其原因，一方面，有些年轻机关干部对基层实际缺乏深入了解，往往缺少基层一线和重大项目的历练，群众观念和基层工作能力还有待进一步提升。另一方面，年轻干部缺乏持续“加油”机会，特别是优秀年轻干部都是业务骨干，有些领导往往不愿放他们出来参加脱产培训和实践锻炼，加之自身家庭负担和工作压力较大，使得他们参加学习的机会和时间非常有限。

在精神状态方面，选择年轻干部“中规中矩较多，敢闯敢试较少”的比例最高，占到57.1%，选择“抗压能力较弱，缺少韧劲”的占35.6%，选择“奉献精神、担当精神有欠缺”的占31.5%。调研还显示，年轻干部群体对“工作稳定”的要求远高于“社会地位”“发挥能力才干”“符合兴趣爱好”等满意程度的认同。这反映了当下社会背景下年轻人的多元价值追求，有些年轻干部较为浮躁，定力不够，工作只会“往上看”；有些年轻干部存在“躺平”心态，缺乏吃苦精神、斗争精神，干事创业的激情还需要进一步激发。

四、加强优秀年轻干部培养选拔的对策建议

深刻领会习近平总书记关于加强干部队伍建设重要论述的实践要求，聚焦党的二十

大报告中提出的“健全培养选拔优秀年轻干部常态化工作机制”“人才是第一资源”等新要求，认真落实市第十二次党代会精神，按照市委提出的大口党委主动在“融合、整合”上下功夫的要求，坚持“立足委局、面向系统、牵动行业、服务发展”的工作定位，树立“大人才观”，构建“一盘棋”格局，健全培养选拔常态化工作机制，源源不断选拔使用可堪大用、能担重任的优秀年轻干部，为新时代市建设交通事业高质量发展提供组织保障。

（一）加强规划引领，以战略眼光谋划推进年轻干部工作

坚持把培养选拔优秀年轻干部与领导班子规划建设统筹考虑，从战略高度，从全局角度，着眼未来五到十年乃至2035年远景目标，服务上海建设具有世界影响力的社会主义现代化国际大都市战略，结合干部队伍现状、岗位吸引及未来变动情况，研究制定符合大口党委实际的年轻干部培养选拔专项规划，特别是对标建设交通领域重点任务，加强专业干部人才体系谋划，明确年轻干部培养的目标、布局、指标和保障措施，解决好燃眉之急和长远之需，使干部人才资源开发与经济社会发展在目标上相协调、结构上相衔接、制度上相配套。

（二）强化统筹意识，以更宽视野着力构建优秀年轻干部持续发现机制

围绕落实上海经济社会发展重大任务，优化大口党委协同运作机制，筹措系统行业干部资源，不断优化年轻干部“供给侧”，在更大范围、更深程度加强对年轻干部的战略性发现，构建起一支数量充足、梯次合理、结构优良的优秀年轻干部梯队。一方面，定期集中发现，根据年轻干部培养的周期性特点，坚持集中调研和日常了解相结合，战略储备一批优秀年轻干部，努力做到在多数人中选人，在优秀的人中选最优秀的人；另一方面，拓宽选才视野，把委局机关、事业单位、行业国企、中央在沪单位、政校联盟等统筹纳入视野，依托项目推动，开展人才共育、人才引渠，始终保持一池活水。

（三）践行路径要求，创新优化年轻干部常态化培养机制

不断深化对年轻干部成长规律的探索与认识，不断深化新时代年轻干部培养方法论的创新与再造，切实加强思想淬炼、政治历练、实践锻炼、专业训练。坚持政治引领，充分发挥党校、行政学院主阵地作用，深入开展学习贯彻习近平新时代中国特色社会主义思想、党的二十大精神等新时代党的创新理论，矢志弘扬伟大建党精神，不断创新党性教育方式方法，使年轻干部做到信念坚定、对党忠诚。强化专业建设，构建“靶向式”培训，引入素质能力测评，设置个性化课程，进一步推动年轻干部主动加快知识更新、优化知识结构、突破“信息茧房”。夯实成长历练，在客观分析优秀年轻干部的成熟程度与发展潜力的基础上，精准实施个性化、差异化培养锻炼，对重点培养对象建立成长档案，对他们的成长路径进行全周期考虑，长期跟踪、持续关注。完善实践锻炼，坚持把火热的实践作为最好的课堂，继续深化推进《关于进一步加强和改进建设交通系统干部交流培养锻炼的实施意见》。通过递进式培养、多岗位历练、一层层考验，使年轻干部信仰更坚定、经历更丰富、阅历更完整、能力更扎实。

（四）树立鲜明导向，健全完善优秀年轻干部适时使用机制

鲜明树立重实干、重实绩的用人导向，严格贯彻干部选拔程序标准，稳步推进领导班子建设和干部培养选拔任用工作，把经过实践检验的优秀年轻干部大胆用起来。加强领导班子和领导干部的综合研判，在开展数字结构、学历结构等日常分析的基础上，更加注重能力素质、思想状态、精神面貌和工作干劲的研判，增强干部队伍整体功能，有效激发队伍活力。统筹建立优秀干部综合比选平台，进一步理顺协同运作机制，做到“三个一起研判”（即“三委五局”一起研判，机关和事业单位一起研判，不同年龄干部一起研判），对各方面表现优异、成熟度高的年轻干部及时大胆使用，做到人岗相适、人事相宜，用好各年龄层次、各发展阶段的干部。探索建立“三委五局”干部交流平台，建立定期交流、培养交流和制度交流等工作原则，加大干部资源和岗位资源的筹措力度，强化系统各委局内部干部交流“小循环”，加速系统各委局之间干部交流“中循环”，推动系统委局与区条线部门、行业重点单位之间的干部交流“大循环”，推进委局联动、市区联动和行业联动。同时，加强工作统筹，建立面向市有关部门的对口沟通机制，积极输送优秀年轻干部，推动建设交通系统各级干部在全市各个战线上强担当、显作为，凝聚干事创业的强大合力。

（五）坚持严管厚爱，健全完善年轻干部激励监督机制

深入落实《中共上海市委关于进一步加强干部队伍建设奋力担当新时代新使命的若干意见》，坚持严管和厚爱结合、激励和约束并重。把紧把严政治标准这个硬杠杠，综合运用年轻干部成长历练政治表现纪实档案等手段，跟踪关注年轻干部在重要场合、重大事件、重点问题上的政治立场，在自觉执行组织决定、服从组织安排时的具体行为中，考准考实政治忠诚、政治定力、政治担当、政治能力、政治自律，严格执行干部监督管理各项规定。认真落实领导干部与年轻干部谈心谈话制度，做到“四个必谈”（即干部岗位调整的必谈，工作生活中遇到重大挫折和困难的必谈，发现干部苗头性问题的必谈，干部主动联系约谈的必谈），教育引导他们正心明道、怀德自重。认真开展容错免责、从严查处不实举报等工作，切实按照“三个区分开来”，为担当者担当、为负责者负责；对于受到问责的干部，将政治上激励、工作上支持、心理上关怀落实落细，积极鼓励其变“有错”为“有为”，对表现好的积极使用，进一步弘扬正气、凝聚人心。

（本文获2022年度全市组织系统优秀调研成果一等奖）

课题组成员：胡广杰、周志军、倪旭峰、周敬青、申　林

主要执笔人：申　林、潘艺蓉、安芳华

上海市税务系统科级领导干部队伍建设现状分析及对策研究

国家税务总局上海市税务局人事教育处课题组

一、上海市税务系统科级领导干部队伍建设现状分析

近年来，上海市税务系统在加强科级领导干部队伍建设方面做了不懈努力和积极探索。坚持政治统领，着力加强思想理论武装；坚持选优配强，持续选用优秀年轻干部；坚持素质提升，大力加强专业能力建设；坚持多管齐下，持续做好干部队伍储备；坚持激励导向，构建创先争优体系；坚持探索创新，建立数字化考核体系；坚持苦练内功，严格干部队伍监督管理。课题组通过现状分析、调查问卷、实地调研发现，在取得一定成效的同时，也存在一些不足，而这些不足有其深层次原因。

（一）本系统科级领导干部队伍概况

截至2022年9月30日，本系统实配科级领导干部1829名，其中正科645名，副科1184名；男性929名，女性900名。

年龄方面：平均年龄43.7岁，其中正科平均年龄48.8岁，副科平均年龄41岁；“60后”“70后”“80后”“90后”分别占比22.9%、23.8%、44.2%、9.1%。

学历方面：博士研究生5人，占0.3%；硕士研究生443人，占24.2%；大学本科1312人，占71.7%；大专69人，占3.8%。

（二）存在的不足及原因分析

1. 存在的不足

（1）年龄性别结构有待优化

一是平均年龄偏大，其中正科尤为突出，达到48.8岁，不利于处级领导干部年轻化。二是“90后”总量偏少，仅占科级领导总人数的9.1%，其中“90后”正科仅1人。三是老中青梯次配备尚未完全形成，待60年代中期出生的干部退休后，科级领导

干部将集中在“80后”。部分单位科级领导班子梯次配备已出现断层。四是“80后”“90后”科级领导干部中女性比例较高，占比分别达到66.5%、60.2%。

（2）专业化水平有待提高

一是练兵比武成绩不理想。二是专业进阶不足，取得在职研究生学历学位或“三师”资格证书的比例为43.7%，其中区局远低于派出机构，还需进一步提升专业水平。

（3）实践锻炼有待加强

一是岗位经历较单一，由于近5年提任的科级领导干部较多，以致在本职务层级仅一个岗位经历的达39.9%，多岗位锻炼不够，尤其缺乏基层一线等艰苦岗位经历。二是部分干部履职能力仍有不足，调查问卷中近50%的调研对象认为，部分科级领导干部政治理论水平不高，任务落实、调查研究、沟通协调、应急处突、管理创新等能力不足。

（4）示范引领作用有待加强

一是部分干部缺乏工作激情，实地调研发现，部分科级领导干部干事创业热情不高，出现“不求有功、但求无过”等懈怠思想，存在“躺平”现象。二是部分干部数字人事年度考核结果不理想，45岁及以上的科级领导干部中，数字人事年度考核连续三年无一段的人数占25.9%。三是违反党纪政纪情况偶有发生，且呈年轻化趋势。机构改革以来，受党纪政纪处分或组织处理的科级领导干部57人，其中“80后”占24.5%。

2. 原因分析

（1）社会因素

一是随着税收征管改革不断深化，新的组合式税费支持政策不断推出，税务部门工作职能不断扩大、工作量持续增加，绩效考核压力和税收执法风险也随之增大，部分科级领导干部出现“本领恐慌”。二是经济社会发展给干部生活现状带来更大压力，购房、子女教育上的压力尤为突出。

（2）制度因素

一是激励机制存在不足。干部晋升通道相对较窄，职数限制与个人需求形成矛盾，影响了部分干部的工作积极主动性；可用于激励的薪酬来源不足，物质激励手段贫乏；工学矛盾突出，且培训的实用性、针对性和有效性有待提升。二是监管制度还不够健全。现有的监管制度缺乏对干部思想动态的关注跟踪，对领导干部“八小时之内”动态监督还不够有力，也缺乏对“八小时之外”的监管手段。

（3）组织因素

一是干部储备机制待完善。当前选任工作较多考虑近阶段工作需要，未着眼中长期发展需要，未真正建立全面系统的干部储备机制，未形成战略性发现培养体系。二是干部评价机制较单一。在选人用人工作中，资质评价主要是年度考核结果、数字人事划段、荣誉表彰、人才库等，未能真正结合实际需求、工作特性等体现差异化，缺少全方位、多视角、宽领域的评价体系。

（4）个人因素

一是主动学习的意识还不够强。部分干部缺乏自身能力分析，对职位要求缺乏全面认识，对提升综合能力的紧迫性认识不到位，主动学习意愿不够强。二是干事创业积极性还不够高。部分干部不愿突破思维定式，认为只要完成本职工作就可以，缺乏责任担当、主动作为和奉献精神。三是自我约束还不够严。个别干部红线意识淡薄，放松自我要求，理想信念不坚定，容易受不良风气影响。

二、上海市税务系统科级领导干部队伍建设现状分析及对策研究的必要性和紧迫性

当前要深入学习宣传贯彻党的二十大精神，以各项税收工作的提档升级，展现税务部门服务中国式现代化的实际成效。这就要求我们必须以组织路线服务保证政治路线的高度自觉，加强和改进新时代干部工作，充分发挥税务干部的能动性，为全面推进税收现代化服务中国式现代化提供有力的组织保障。科级领导干部作为本系统的中坚力量，起到承上启下的作用，夯实这支队伍的建设，对于实现税收事业目标、优化人力资源管理、激发干部队伍活力具有重要意义。

三、加强上海市税务系统科级领导干部队伍建设的对策研究

（一）指导思想

以习近平新时代中国特色社会主义思想为指导，全面贯彻落实党的二十大精神，深入贯彻落实新时代党的组织路线，以党的政治建设为统领，坚持党管干部原则，坚持德才兼备、以德为先、五湖四海、任人唯贤，把新时代好干部标准落到实处，以更高站位、更大格局、更宽视野谋划推进科级领导干部队伍建设，努力锻造政治过硬、适应新时代要求、具备领导税收现代化建设能力的科级领导班子，建设堪当民族复兴重任的高素质税务干部队伍，为高质量推进新时代税收现代化建设，更好地发挥税收在服务国家治理体系和治理能力中的基础性支柱性保障性作用提供有力组织保证。

（二）总体框架

始终坚持用习近平新时代中国特色社会主义思想凝心铸魂，坚持党对税务系统干部队伍建设工作的全面领导，牢固树立“事业以人为本、发展以人为先”理念，科学谋划、综合施策，优化高素质税务干部队伍建设各环节工作（见图1）。准确把握本系统科级领导干部队伍建设的发展目标定位，坚持抓好后继有人这个根本大计，健全培养选拔优秀年轻干部常态化工作机制，以统筹化思维加大优秀干部储备；坚持德配其位、才配其位，精准科学选用干部，以精准化思维选优配强科级领导干部；坚持加强实践锻炼、专业训练，提升教育培训的质效，以专业化思维提高干部素质能力；坚持完善干部考核评价体系，推动干部能上能下、能进能出，以渗透性思维发挥干部考核作用；坚持用好激励机制，正负激励双效结合，以引导性思维激励干部担当作为；坚持严的基调不动

掘，加强对科级干部全方位管理和经常性监督，以拓展性思维拓宽监督的深度和广度。

图 1　总体框架

（三）具体措施

1. 建立优秀年轻干部日常发现机制，以统筹化思维加大优秀干部储备，实现动态管理

总体设想：统筹“燃眉之急”和“长远之需”，突出战略发现培养。以业务标兵、青年才俊、人才库、专家团队培养机制为依托，通过周期性选拔、常态化储备、针对性培养、滚动式管理，建立本系统数量充足、质量优良的优秀年轻干部队伍。

（1）建立“蓄水池”

一是建立局、组织人事部门、科所三级责任制，把“研究事”与“研究人”相结合，落实日常调研机制。二是通过到一线看干部、问基层、听反馈等方式了解干部，在急难险重任务中识别干部等，把好干部储备入口关。三是以业务标兵、青年才俊、人才库、专家团队培养机制为依托，以“90 后”为重点，分级分类分年龄段建立优秀年轻干部“蓄水池”。

（2）挖潜赋能

一是遵循年轻干部成长规律，结合税收征管改革要求、自身需求等，尝试差异化培养。二是提升政治素养和德行教育，注重“加压式”实践磨砺；到信访、巡察等岗位进行“体验式”学习；参加青年突击队、专家团队、重点工作项目组等，挖掘干部潜能；通过劳动竞赛、实战实训、专家课堂、团队联建等，为干部主动学习和成长搭建平台。

（3）日常评价

一是以数字人事为依托，多维度建立数据积分体系，数字化记录储备干部的政治表现、业务能力、工作实绩、多岗位锻炼、参加重点工作表现、平时和年度考核、评先评优等，形成“成长轨迹”。二是组织人事部门、科所领导不定期开展谈心谈话，了解所

思所想所盼，有针对性地补短板、强弱项，提升专业能力和工作能力。三是树立重品行、重实干、重实绩导向，推行年度晒成果、考实绩工作机制，立体透视甄别干部，为储备干部精准画像。

（4）动态管理

一是优进。对表现优秀、实绩突出的储备干部及时提拔使用，对专业能力较强的储备干部及时纳入各类各级人才库。二是绌汰。对出现苗头性、倾向性问题的干部早发现早提醒，对存在违规违纪、不担当不作为等问题的干部严肃处理，实行淘汰制。三是补充。通过日常调研发现机制，定期补充优秀年轻干部进入储备库。

2. 完善职务晋升机制，以精准化思维选优配强科级领导干部，注重领导干部梯队建设

总体设想：深入贯彻落实《2019—2023年全国党政领导班子建设规划纲要》及总局党委实施意见，大力选拔忠诚干净担当的高素质专业化干部，选优配强科级领导班子特别是“一把手”。继续优化选拔任用标准，完善干部选拔任用程序，有效发挥职务晋升在资源配置和激励方面的功能。

（1）加强动议研判，优化选拔标准及程序

一是结合岗位基本要求，按照不同岗位类别科学制定任职资格条件，以事择人、人岗相适，实现“科学”用人。二是探索多维度、宽视角的评价干部模式，完善资历评价要素，突出好中选优。三是提升民主推荐的科学性和民主性。谈话调研推荐尝试“介推结合”，大会推荐尝试“述推结合”，克服盲目推荐的问题。根据“知情度和关联度高”的原则，科学划定民主推荐人员范围，确保“熟悉的人”参与进来。科学分析推荐结果，尝试分类计票法，以不同权重体现差异性。运用“三看”原则，对被推人选进行综合分析比较，防止“以票取人”。

（2）聚焦梯队建设，优化男女比例

一是鉴于科级领导干部有集中于“80后”年龄段的趋势，在选拔正科级领导时要进一步细化“80后”年龄小梯队分析，并适当使用“75后”和大力提拔“90后”的副科级领导干部，实现科级领导班子各年龄层次平衡。二是针对“80后”科级领导干部女性比例较大的现象，在选拔科级领导干部时要关注性别问题。

（3）拓宽晋升渠道，探索双向选择机制

一是继续树立选拔优秀年轻干部的导向，优化本系统公选机制，大力推出正科级领导公选职数。二是继续推动与地方政府部门间的人才培养和输送机制，大力推荐懂经济、会管理的税务干部到地方锻炼，畅通横向交流通道。三是打破单位间的壁垒，以双向选择形式，尝试跨区域科级领导干部交流，解决各单位领导干部结构不平衡问题。

3. 系统性探索科级领导干部培养机制，以专业化思维提升教育培训的质效，拓展培养方式和途径

总体设想：大力推进学习兴税工程，推动干部培养向日常化转变、向数字化升级、

向实战化转型，推进工作规范化、培养日常化、学习主动化，全面提升科级领导干部过硬的素质能力。

（1）加强岗位岗责培训，明晰标准要求，提升规范化水平

细化“抓好党务”“带好队伍”等综合管理工作和“干好税务”业务管理工作的职责标准、工作规程与风险防范等内容，明晰自我能力培养与提升的客观要求，形成适用于正副科级岗位的“1+1+N”标准化岗责手册，全面提升科级领导干部强党治税带队能力。

（2）加强专业条线培养，增强实操性，提升专业化水平

围绕税收现代化各项目标任务，科学制定科级领导干部“专业化能力提升计划”。靶向聚焦综合管理、征收管理、纳税服务、税务稽查、信息技术五大类24条线业务工作实务，注重运用学习兴税等信息化手段抓好基础性专业性培训，运用案例互动等沉浸式教学加强实战化培训，运用“必学必练＋业务选学”模式开展个性化培训。

（3）加强岗位实践锻炼，侧重能力培养，提升管理水平

面上对科级领导干部实施有计划多岗式锻炼，丰富岗位阅历，积累管理经验，增长处事才干；点上选派有潜力的干部到系统内外挂职任职，尤其是到关键吃劲岗位上磨炼，积累斗争经验，提高斗争本领，增强防风险、迎挑战、抗打压能力。

（4）加强学习意识灌输，形成自我培养习惯，提升综合水平

引导科级领导干部树立终身学习理念，大力创造条件，鼓励科级领导干部参加“三师”资格考试或在职教育，取得更高学历学位，获得专业进阶。

4. 健全考核管理机制，以渗透性思维发挥组织绩效、数字人事在干部日常考核、重点考核、年度考核中的作用，加强考核结果的运用

总体设想：认真落实《公务员考核规定》，以平时考核为基础、年度考核为重点、专项考核为补充，依托数字人事系统，实现工作任务设定、记实录入、过程监督、考核评价、结果反馈等全链条考核管理，充分发挥考核的指挥棒、风向标、助推器作用。

（1）进一步加大考核力度

树立无差异无管理理念，加强真考真用意识，更大力度落实差异化考核，评价结果合理分档，防止“满分、均分、人情分”等现象，提升考评效能。

（2）完善干部实绩考核机制

紧跟“以数治税”新形势，利用数字技术对内外部海量信息进行分析，进一步提升绩效管理量化机考指标占比，建立健全多层次、多方位、立体式的考核体系。

（3）加强考核结果反馈沟通

建立考核分级反馈制度，深入开展绩效分析讲评、领导点评，既肯定成绩，又指出不足、提出改进意见，鼓励和引导科级领导干部发扬优势、补齐短板。

（4）建立“能下”负面清单

贯彻落实《推进领导干部能上能下规定》，推动形成能者上、优者奖、庸者下、劣

者汰的用人导向和从政环境。一是研究建立本系统“能下”负面清单，综合组织绩效、年度考核、平时考核情况，深入了解领导干部的政治表现、能力水平、工作实绩、作风状态、群众口碑等，对政治能力不过硬、理想信念动摇、担当和斗争精神不强、组织观念淡薄、事业心和责任感不强、领导能力不足、作风不严不实等干部，采取平职调整、转任职级公务员、免职、降职、办理提前退休等方式予以调整。二是坚持在重大任务、重大斗争一线考察识别领导干部，综合用好考核考察、巡察审计、个人有关事项报告、民主评议、信访等方面的成果，动态掌握干部现实表现，准确认定“谁该下”。三是把执行情况纳入区局党委履行全面从严治党主体责任、“一报告两评议”、巡察审计、选人用人专项检查等内容，建立纪实报备制度，推进工作常态化。

5. 健全激励机制，以引导性思维发挥职级晋升、创先争优、人文关怀、容错纠错等正向激励作用

总体设想：认真贯彻落实《关于进一步激励税务干部担当作为具体措施的通知》，加大舆论激励力度，营造比学赶超的氛围；继续发挥职级晋升激励作用，为科级领导干部激情干事提供“源动力”；探索容错纠错机制，旗帜鲜明为敢于担当的干部撑腰鼓劲。

（1）激发职级晋升“杠杆”作用

探索职级晋升多维度评价积分制，把政治表现、工作实绩、工龄、任职年限、学习能力、岗位专业能力、调研创新能力、组织协调能力、领导与群众评价、平时考核、年度考核、评先评优等纳入评价范围，减少一票否决事项，发挥职级晋升对各年龄段科级领导干部的激励作用。

（2）发挥舆论激励

一是大力表彰宣传敢担当善作为的干部，尤其是在基层一线和边远艰苦地区埋头苦干、不事张扬、实绩突出、群众认可的先进典型，树立好干部标杆。二是积极参与地方的表彰奖励活动，及时褒奖担当作为、表现突出的干部，着力营造见贤思齐、干事创业的浓厚氛围。

（3）增强人文关怀

一是加强情感激励，通过谈心谈话、上门家访等形式，及时了解干部工作生活状况和遇到的困难，增强情感交流和关心爱护，提升干部集体归属感。二是加强日常指导、正向引领、及时肯定等，提升科级领导干部的信心和荣誉感，激励其更加向上向善、担当作为。

（4）探索容错纠错正面清单

贯彻落实容错纠错有关制度办法，把“三个区分开来”的要求具体化，探索建立容错纠错正面清单。

6. 加大监督力度，以拓展性思维拓宽监督的深度和广度

总体设想：坚持“严管就是厚爱，是对干部真正负责”理念，认真落实《中共中央关于加强对“一把手”和领导班子监督的意见》及总局制发的“1+7”“1+6”系列制度，

增强对“一把手”和领导班子的监督实效。

（1）加强廉洁教育

引导干部带头落实《关于加强新时代廉洁文化建设的意见》《关于进一步加强家庭家教家风建设的实施意见》，强化形势教育、纪法意识、警示震慑，发挥廉洁教育基础作用，从思想上固本培元，夯实清正廉洁思想根基，增强拒腐防变能力。

（2）增强监督意识

加强监督宣传力度，引导干部从政治高度正确认识和对待上级党组织、同级班子和干部群众的监督。认真履行监督责任，科级领导班子正职要管好班子、带好队伍，切实履行教育、管理、监督责任；同级班子成员应当相互提醒督促监督，认真履行“一岗双责”。

（3）建立科级领导干部报告个人事项制度

统一明确报告个人有关事项的内容项目、时限和方式，及时掌握婚姻变化、家庭成员从业情况、移居国（境）外情况、任职回避、经商办企业和从事涉税中介经营活动、个人或配偶失信情况等重大个人有关事项，加强对科级领导干部的源头监督。

（4）建立领导干部政治素质档案

依托数字人事信息系统，从基本信息、组织评鉴、政治历练、学习培训、奖励惩戒等五个方面着手，全面记录政治忠诚、政治定力、政治担当、政治能力、政治自律等方面情况，形成综合反映干部政治素质、政治品行的历史记录材料，为考准考实干部政治素质、把好选人用人政治首关、防止干部带病提拔提供重要依据。

（5）健全动态监督机制

充分发挥税务系统一体化综合监督体系作用，加强自上而下监督，注重了解和掌握干部的思想动态和日常行为举止，加大对科级领导干部的实地抽查、跟踪评价和民意调查力度，逐步建立立体监督体系。

（本文获2022年度全市组织系统优秀调研成果二等奖）

课题组成员：李俊强、郑　瑜、陈　颖、潘德蛟
主要执笔人：赵　薇、杨　钧

国有企业各类董事的作用及其评核机制研究

市国资委党委领管处课题组

公司治理是企业发展的基石。国有企业推进公司治理现代化对于建设世界一流企业、夯实中国特色社会主义重要物质基础和政治基础、保障全体人民实现共同富裕具有重要意义。按公司的要素构成、职责界限和风险分布，公司董事主要分布于战略决策领域、审计监督领域、风险内控领域和人事薪酬领域（见图 1）。

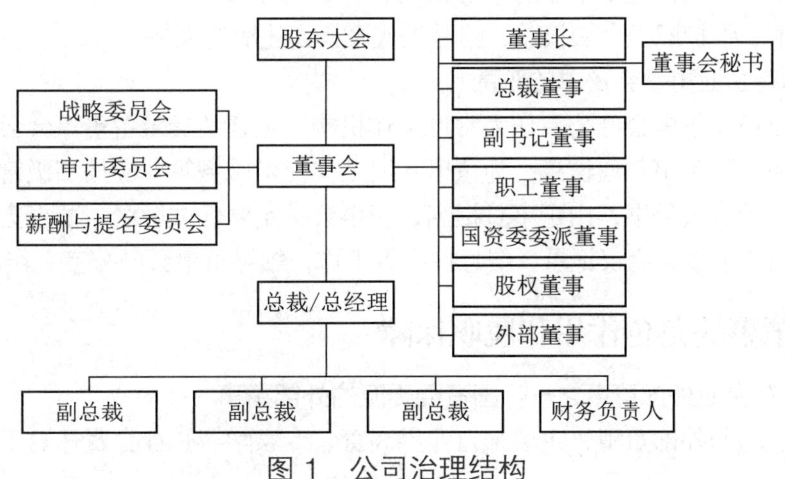

图 1　公司治理结构

基于对新经济、新时期、新发展格局和国有企业面临的新任务、新问题的判断，我们认为，无论是上市国企还是非上市国企，都必须常设战略委员会；同时，应设立审计委员会和薪酬与提名委员会，并明确各类董事的职责和履职保障。

一、内部董事角色作用

（一）国有企业内部董事的定义

内部董事即执行董事，担任董事的本公司管理人员，因此完善国有企业内部董事体系是提高国有企业治理能力的必然选择。

（二）国有企业内部各类董事职责

国有企业内部董事有董事长、总裁董事、党委（组）专职副书记董事、职工董事。

董事长作为董事会的牵头人，引导各类董事履职；召集并主持董事会会议，负责公司重大事项决策，负责组织制订、修订董事会工作规则和董事会各专门委员会工作规则等董事会运作的规章制度；负责组织起草董事会年度工作报告，提交董事会审议，代表董事会向股东会报告年度工作；督导建立与外部董事的定期沟通交流制度，提议召开临时董事会，签署董事会重要文件等。

总裁董事对董事会负责，行使下列职权：主持公司的经营管理工作，并向董事会及执行委员会报告工作；根据组织实施董事会决议、公司年度计划和投资方案；向经理层传达董事会的相关决议并督查落实；根据公司战略要求，拟订公司内部管理机构设置方案；拟订公司的基本管理制度和具体规章；向董事会建议聘任或者解聘公司高级副总裁、副总裁、财务负责人；聘任或者解聘除应由董事会聘任或者解聘以外的管理人员；拟定公司职工的工资、福利、奖惩制度，决定公司职工的聘用和解聘等。

党委（组）专职副书记董事主要是在党委书记的领导下，负责企业党建工作，协助党委书记处理全局性工作和党委日常事务，负责党委的综合性与协调性工作以及书记委托的事项。

职工董事与公司其他董事享有同等权利、承担同等义务，同时应当承担关注和反映职工正当诉求、维护职工合法权益、向职工代表大会述职的义务。

（三）国有企业董事会秘书的职责

董事会应设立董事会办公室作为常设工作机构，主要负责筹备董事会会议，办理董事会日常事务，与董事沟通信息，为董事开展工作提供服务等。应按高级管理人员标准条件配备专职董事会秘书，由董事长提名，董事会决定聘任或解聘。董事会秘书列席董事会会议，负责董事会会议记录、信息披露等工作，领导董事会办公室工作。

二、外部董事的角色作用和履职保障

（一）国有企业外部董事之一：国资委委派的外部董事

国资委选聘的外部董事，主要来自业界高管、专家学者、社会贤达。工作职责主要包含以下方面：

（1）对国资委负责，执行国资委的决定，接受国资委的指导和监督。

（2）忠实履行董事职责，向国资委报告工作，积极维护出资人和任职企业的合法权益，确保国有资产保值增值。

（3）依法参加任职公司董事会会议和相关会议，就会议讨论决定事项独立发表意见，并为此承担受托责任。

（4）根据国资委的审核意见，决定公司的发展战略和中长期发展规划，并对其实施进行监控；决定公司的投资计划，批准公司的交易金融资产投资和非主业投资项目，确

定应由董事会决定的公司重大固定投资、对外投资项目的额度，批准额度以上的投资项目。董事会决定的公司发展战略和中长期发展规划、年度投资计划，应当报国资委备案。

（5）关注任职公司长期发展目标与核心竞争力培育，避免或纠正决策经营上的短期行为。

（6）督促任职公司建立权责明确、运转顺畅、制衡有效的公司法人治理结构，推动现代企业制度建设。

（7）对涉及“三重一大”、企业重要经营活动、财务预决算、企业年度工作计划、年度工作报告、人员招聘、重要人事任免、高级管理人员薪酬分配系数确定、工资薪酬调整方案、股权投资、股权转让、公开招标、工程改扩建、融资贷款、贷款担保、贷款偿还、基本制度建设、公司章程修订等事项组织企业调研，并为董事会和国资委提供专业调研报告。

（8）与总经理、专职党委副书记、副总经理、总会计师、董事会秘书等高管人员成员开展沟通。

（9）《中华人民共和国公司法》等相关法律法规及公司章程规定的其他职责。

为了加强外部董事履职管理，应当建立外部董事履职管理制度。

在国有独资企业，董事会成员均由国资委配置，容易导致企业陷入内部人控制局面，外部董事更要积极履职，其作用的发挥与一般国有企业应当有所不同，核心就在于让同一个决策有来自不同角度的声音和质询，从而融合各方面的意见，使其更加完善。

（二）国有企业外部董事之二：股权董事

股权董事应履行以下工作职责：

（1）推动完善公司治理。

（2）独立作出专业判断。

（3）严格履行工作程序。

（4）积极开展建言献策。

（5）积极进行沟通协调。

（6）履行调查研究职责。

（三）国有企业外部董事之三：独立董事

独立董事应履行以下工作职责：

（1）贯彻执行国有企业改革发展的方针、政策和决议，维护国有资产的合法权益。

（2）关注任职公司事务，及时了解和掌握足够的信息，在深入研究、分析的基础上，独立慎重地行使表决权。

（3）及时、如实向市国资委报告任职公司关系到国有资本运作的决策、经营等重大事项，依法维护国有资产出资人的知情权。

（4）参与任职公司的战略决策和运营监控，关注任职公司长期发展目标与核心竞争力培育，避免或纠正决策经营上的短期行为。

（5）督促任职公司建立权责明确、运转顺畅、制衡有效的公司法人治理结构，推进现代企业制度建设。

（四）国有企业各类外部董事的履职保障

首先，外部董事的配备需要注重专业知识和行业知识。其次，依托国资委对外部董事履职提供有效的服务保障。最后，任职企业的相关职能部门应当对外部董事的沟通予以积极响应。

三、国有企业各类董事发挥作用的评价体系设计

（一）内部董事的履职清单与评价体系

1. 内部董事履职清单（见表1）

表1　内部董事履职清单

<table>
<tr><th colspan="2">项　目</th><th>履职内容</th><th>履职要求</th></tr>
<tr><td colspan="2" rowspan="2">关注事项</td><td>落实党委研究讨论“前置程序”</td><td>关注《市国资委系统市管国有企业党委研究讨论“前置程序”要求的指导意见（试行）》的执行情况</td></tr>
<tr><td>参与“十四五”规划</td><td>参与“十四五”规划的编制推进工作，提出有价值的建议</td></tr>
<tr><td rowspan="5">会议</td><td rowspan="2">董事会会议</td><td>参与由董事长召集并主持的定期会议</td><td>定期会议每年不少于2次，采用现场会议方式</td></tr>
<tr><td>参与由董事长召集并主持的临时会议</td><td>临时会议由三分之一以上董事或者监事会提议，董事长、区国资委认为必要时召开</td></tr>
<tr><td rowspan="2">国资委会议</td><td>参与日常工作交流会</td><td>按时出席会议，了解国资国企改革发展有关情况，对董事会工作展开交流</td></tr>
<tr><td>参与年度工作报告会</td><td>听取企业董事会上一年度工作报告情况，一般安排在公司年度财务决算后进行</td></tr>
<tr><td>公司管理委员会</td><td>参与由董事长召集并主持的公司管理委员会</td><td>组织讨论和决定公司的发展规划、经营方针、年度计划，以及日常经营工作中的重大事项</td></tr>
<tr><td rowspan="2">董事会报告</td><td>董事会年度工作报告</td><td>董事长报告年度工作总结和下年度工作安排</td><td>提供真实、准确、全面的财务和运营信息，包括：
（1）公司的规划发展情况
（2）董事会制度建设及运作情况
（3）董事会建立和落实风险预警防范及内部控制体系情况
（4）公司职工收入分配、薪酬管理等涉及职工切身利益事项
（5）董事会新一年度的主要工作目标及工作计划
（6）国资委要求董事会落实事项及监事会和审计部门要求整改事项的完成情况
（7）董事会认为需要报告的其他事项
每年12月形成报告，经董事会批准后报国资委</td></tr>
<tr><td>董事会专项工作报告</td><td>董事长就有关事项向国资委报送专题书面报告，一般为一事一报</td><td>应报尽报，报告要及时、突出重点、实事求是，包括：
（1）董事会会议召开情况，在会议结束10个工作日内将会议议程、讨论事项及董事会决议报国资委备案
（2）董事会、董事认为超越其权限，需提请国资委决定的事项
（3）外部董事认为有必要报告的事项
（4）国资委要求报告的事项
（5）法律、法规和公司章程规定的报告事项</td></tr>
</table>

续表

<table>
<tr><th colspan="2">项　目</th><th>履职内容</th><th>履职要求</th></tr>
<tr><td rowspan="2">个人报告</td><td>董事长履职报告</td><td>董事长按照董事会工作规则及公司章程规定进行述职</td><td>（1）召集、主持会议，董事会日常工作情况
（2）检查董事会决议的实施情况
（3）签署董事会文件和法律法规规定的其他文件情况
（4）履职报告要区别于董事会年度工作报告和个人年度总结
（5）当年 12 月底前向国资委提交</td></tr>
<tr><td>职工董事履职报告</td><td>职工董事按照董事会工作规则及公司章程规定进行述职</td><td>（1）报告一年来履行职责情况，包括参加会议、提交意见、反馈情况、发挥作用、维护职工权益等情况
（2）职工董事于次年 1 月底前向国资委提交全年个人述职报告</td></tr>
<tr><td colspan="2">董事会换届（调整）</td><td>董事长组织换届和调整董事会成员</td><td>每 3 年一次换届，换届提前 3 个月向国资委申报请示，人员调整 1 个月内请示</td></tr>
<tr><td colspan="2">公司章程修订</td><td>参与制定公司章程草案和修改方案</td><td>董事会召开会议通过后，向国资委请示，国资委批准后 5 日内完成登记备案工作</td></tr>
<tr><td colspan="2">规范董事会建设</td><td>参与建立本公司董事会工作规则等相关制度</td><td>建立本公司的法人治理相关制度，并对二级公司展开治理，形成的文件报国资委备案</td></tr>
<tr><td colspan="2">检查工作</td><td>听取总经理工作报告</td><td>检查总经理和其他高级管理人员对董事会决议的执行情况，建立健全对总经理和其他高级管理人员的问责制，形成会议纪要并报国资委备案</td></tr>
<tr><td colspan="2" rowspan="2">学习培训</td><td>董事会组织的董事学习培训</td><td>董事会每年至少组织一次学习培训，职工董事有计划参加</td></tr>
<tr><td>国资委组织的各类培训</td><td>按时参加培训，不断提高履职能力</td></tr>
<tr><td colspan="2" rowspan="2">专项调研</td><td>与企业董事会决策相关的专项调研工作</td><td>结合董事会决策，组织开展专项调研，并形成调研报告</td></tr>
<tr><td>国资委要求参与的调研</td><td>根据国资委的调研工作要求，形成调研报告报国资委</td></tr>
<tr><td colspan="2">专题沟通</td><td>与企业管理层沟通交流</td><td>了解企业管理层的职责分工和重点工作推进等情况，每年至少与管理层进行 1 次专题交流，对企业有关经营活动提出指导性意见</td></tr>
<tr><td colspan="2">经营管理</td><td>总裁董事主持公司的经营管理工作，并向董事会及执行委员会报告工作</td><td>根据执行委员会的授权范围组织实施董事会决议、公司年度计划和投资方案，拟订公司的基本管理制度和具体规章等</td></tr>
<tr><td colspan="2">法制建设</td><td>总裁董事、副书记董事等应加强对法治建设的组织推动</td><td>总裁董事根据董事会审议通过的法治建设总体规划，研究制定年度工作计划，切实抓好组织落实，依法建立健全经营管理制度，确保企业各项活动有章可循；副书记董事应落实党委（党组）议事规则和决策机制，认真执行“三重一大”等重大决策制度，党委（党组）研究讨论事项涉及法律问题的，应当要求总法律顾问列席会议，加强对党委（党组）文件、重大决策的合法合规性审查</td></tr>
</table>

续表

项　目	履职内容	履职要求
党建工作	副书记董事在董事长领导下，发挥党组织把方向、管大局、保落实作用	协助董事长和党委书记在董事会中执行各类党的决议，认真贯彻执行党的路线、方针、政策和上级的指示、决议，参与重大问题的决策等
职工事项	职工董事负责职工切身利益的基本管理制度的制定及修改	主要包括公司劳动用工、薪酬制度、劳动保护、休息休假、安全生产、培训教育和生活福利等方面
	职工董事负责对职工诉求进行通报	主要包括职工民主管理和民主监督方面的诉求、意见与建议，以及涉及职工利益的有关诉求意见或倾向性问题

2. 内部董事评价体系

考核内部董事的重点是评价其行为操守和履职表现。评价的途径包括但不限于综合采取日常评价、年度述职、征求意见、实地调研、查阅资料等多种途径和方式，全面深入掌握董事会运行和董事履职情况。对董事会的评价中，日常评价占 30%，述职评议占 50%，征求意见占 20%。对董事的评价中，日常评价占 30%，述职评议占 40%，征求意见占 30%。此外，内部董事中，评价职工董事需要特殊指标。

（二）外部董事的履职清单与评价体系

1. 外部董事履职清单（见表 2）

表 2　外部董事履职清单

类别	项目	履职事项	履职要求	相关方
职责	重点关注事项	落实党委研究讨论“前置程序”	关注《市国资委系统市管国有企业党委研究讨论“前置程序”要求的指导意见（试行）》的执行情况	公司治理处 企业董办
		参与“十四五”规划	参加“十四五”规划的编制和推进工作，提出有价值的建议	
		发挥专门委员会作用	关注董事会相关议案一般需事先经专门委员会讨论审议，参加讨论研究并向董事会提出建议	
			按所任职专门委员会职责要求，主持或参加专门委员会相关工作，独立发表意见	
	出席相关会议	出席董事会 / 专委会会议情况	出席率不低于四分之三，董事会定期会议一般不办理委托	企业董办
		参加董事长召集的外部董事专题会议	对拟上董事会会议决策事项参与讨论，发表意见	
		参加市国资委及有关处室召开的各类会议	按时出席会议，了解国资国企改革发展有关情况	公司治理处

续表

类别	项目	履职事项	履职要求	相关方
职责	投票审议表决	会议前对未满足表决条件的审议事项暂缓表决	出现议题未经必备程序（如未经党组织、专委会研究）、资料不充分、论证不明确等任一情况，提议暂缓表决	企业董办
		在会议上就审议事项进行投票表决	在会议上客观、审慎地发表意见，投票签字：同意；弃权并说明理由；反对并说明理由；无法发表意见及其障碍。不投附条件的原则性同意票	
	提交专项报告	提交外部董事专报（重大事项）	就重大事项向市国资委提交书面专项报告	公司治理处
		向其他国有股东单位介绍情况（专题通气会）	国有多元企业外部董事同时向其他股东通报专报情况	
权利	列席会议	列席董事长办公会、总裁办公会、（半）年度工作会	列席与董事会决策事项相关的会议，了解有关情况	企业董办
		列席外部董事认为需要列席的企业相关会议	列席相关会议，了解有关情况	
	获取信息	通过企业董事会相关材料、内部信息管理系统、月度财务信息、财务季报/半年报/年报、内控/内审报告、财务预算/决算报告、年度审计报告/审计整改报告、经济责任审计报告、年度投资计划/三年滚动计划/五年规划、总经理办公会记录和纪要、企业报刊/简报等了解有关情况	关注企业各类信息来源，并督促董办收集有关信息，通过其提供的信息，及时了解企业有关情况	
		了解市委/市政府相关文件、国务院国资委/市国资委有关文件要求	通过市国资委提供的各类文件了解有关工作要求	公司治理处
义务	参与专项调研	参加与企业董事会决策相关的各类专项工作调研	按时参加各类专项工作调研，了解掌握有关情况	企业董办
	开展专题沟通	了解企业管理层的职责分工和履职情况，与管理层进行专题沟通交流	了解企业管理层职责分工和重点工作推进等情况，每年至少与管理层进行一次专题交流，对企业有关经营活动提出指导性意见	
	参加培训交流	参加市国资委组织的资格培训、履职培训和工作交流	按时参加各类培训和交流活动，提高履职能力	公司治理处
	报告异决事项	审慎决策投票。拟投反对票、弃权票的事项应与董事长沟通，并在会议审议前向国资委通报	异决事项向国资委通报后，仍由外部董事根据自己专业专长进行判断，并独立投票表达本人意见	
	完成述职报告	完成外部董事年度述职报告并报市国资委	年度述职报告于次年1月底前经任职企业党组织负责人、董事长、监事会主席签阅后报市国资委	企业董办
	履行保密义务	对企业经营情况和商业秘密等信息负有保密义务	与任职企业签订保密协议，履行保密义务	企业董办

续表

类别	项目	履职事项	履职要求	相关方
管理	工作保障	企业提供办公室、办公设备及工作所需的交通保障	企业按照标准提供工作保障	企业董办
		设立外部董事工作室，提供工作研讨场地	可到外部董事工作室（大沽路100号14楼）研究工作	公司治理处
	工作联系	与市国资委工作联系	与市国资委及时就履职情况进行工作沟通	公司治理处
		与企业工作联系	与任职企业建立日常工作联系	企业董办
		与行业主管或监管部门工作联系	与行业主管部门、监管部门加强工作联系	
	职务任免	上市公司外部董事职务任免按照有关规定执行	按照相关规定在股东大会通过后办理职务任免手续	
	任期评价	在董事会任期届满时对外部董事进行履职评价	市国资委将评价结果向任职企业和外部董事本人反馈	公司治理处
	问责追责	对外部董事的失职行为进行问责追责	出现《外部董事管理办法》第十三条规定的失职行为，市国资委将按照规定追究有关外部董事责任	
	履职台账	企业董事会办公室建立外部董事履职记录台账	每季度将外部董事履职记录电子台账报送市国资委	企业董办
	履职报告	企业董事会秘书向董事会报告外部董事年度履职情况	每年度向董事会提交所有外部董事年度履职情况报告	

2. 外部董事评价体系

外部董事年度考核评价包括出勤评价、出资人评价和企业评价，以出资人评价为主。出勤评价主要是对外部董事勤勉程度等方面的评价，出资人评价和企业评价主要考评外部董事的行为操守、能力素质、勤勉程度、履职贡献等内容。年度考核评价总分值为100分，其中出勤评价占30分，出资人评价占60分，企业评价占10分。年度考核评价结果分为优秀、称职、基本称职和不称职四个等次。

四、新时期进一步推进各类董事发挥作用的建议

在前期调研和文献分析的基础上，对如何立于更高站位发挥各类董事的作用提出有针对性的建议。

（一）发挥国有企业党委把方向、管大局、保落实的作用

对于董事会来说，其在研究“三重一大”事项时，须履行重大事项决策党委前置研究讨论程序，事先提交企业党委研究讨论。而党委在凝聚各类董事更好发挥作用过程中则需要发挥以下作用：首先，行使好对落实党和国家大政方针、企业重要人事任免的决定权；其次，行使好对企业发展战略、改革重组、项目投资等重大经营管理事项

的把关权；最后，行使好对企业遵守国家法律法规、产业政策、保护职工合法权益的监督权。

对于“双向进入、交叉任职”背景下的各类董事来说，其可能既要肩负运营公司的职能，又要协调企业党组建设，在此过程中必须把握好以下三点：首先，明晰对党委会与董事会决议冲突的正确认识；其次，有效管控重大问题决策上的分歧；最后，厘清党委成员和董事的定位。

（二）建立薪酬激励与声誉激励相结合的激励机制

需要从物质和精神两个层面入手，建立薪酬激励与声誉激励相结合的激励机制。一方面，尝试建立独立董事综合薪酬制度，赋予提名和薪酬委员会弹性调节董事工资的权利，激励其更好地履行义务。另一方面，通过建立董事人才库或者董事推荐指南等公共数据库，向国资委内部企业乃至全社会推荐优秀的独立董事，使其建立良好的声誉而在任期结束后获得更多公司的聘用。

（三）建立短期目标和长期目标相结合的考核机制

对于独立董事的考核要强调短期和长期相结合。短期内，设置一些定量指标和定性指标，前者包括参会次数、参加调研次数、发表意见次数，以及在专门委员会会议上的发言质量等，后者包括定期报告和专项报告的重要性与可行性，以及职业操守、能力素质、勤勉程度、专业贡献等。长期内，建立期权鼓励机制。更为重要的是，要将考核结果作为董事薪酬及聘任、解聘的重要依据。建立以考核评价为基础，短期激励与中长期激励相结合的董事激励机制。

（四）建立事前监督和事后监督相结合的监督机制

董事的监督作用主要体现在董事会的决策过程中，这是一种事前和事中的监督。外部董事具有明显的事前与事中监督优势，而实现事前与事中监督的前提是公司必须及时充分地向独立董事提供必要的信息，保证其能够准确评价公司的经营状况，为此公司必须设置和完善有效的信息沟通机制。强化董事履职责任追究，董事应当对其履行职务行为、在董事会会议表决意见承担责任。

（五）以国资委牵头建立董事人才库

强化董事会和各类专业委员会的作用发挥，必须加快构建外部董事人才库。首先，建立公开透明、职业化的外部董事“经理人市场”；其次，外部董事应由专业人士担任；最后，探索推行注册外部董事制度，使其成为与注册会计师、注册税务师一样的市场不可缺少的专业人士。

（六）适当放松董事任期

建议综合不同企业规模和业务特征，探索施行董事任职期限放松制度，允许部分行业、企业的董事在超过法律法规规定的任职期限后，仍可以弹性连任。此外，还可以实行返聘制度，即允许一些特殊行业或企业的内部董事和外部董事在任期届满后离任，经过一段时期再次被原上市公司返聘。

（七）为董事购买董事责任险

由于信息不对称与投资风险存在，购买董事责任险既能提高董事履职的激励，也将有效保障股东们的利益。具体来看，董事责任险能够帮助公司降低董事的履职风险，在出具意见或者决策管理失误情况下，能够减少企业的财产损失，为投资者提供相应的赔偿。

（八）完善董事会秘书履职保障

未来可以从以下几个层面施策：首先，调动董秘的履职积极性；其次，严守底线，严控风险；最后，为董秘创造良好的履职环境，奖惩分明。探索将年轻干部培养与提升董事会治理能级相结合，把董秘职务及董办等作为年轻干部培养的平台和载体，培养造就一批善经营、懂治理、守底线的年轻干部队伍。

（九）前瞻性开发人工智能在董事会中发挥作用的应用场景

目前，人工智能介入董事会有以下几种模式，一是协助董事模式，即人工智能协助处理一般程序性和信息收集的事务，其自主性水平较低甚至没有自主性。二是董事顾问模式，即人工智能可以“通过提问和回复以及构建场景和模拟，为解决更复杂的问题和决策提供支持”。三是替代董事模式，即人工智能替代自然人成为董事会独立成员，根据大数据分析和算法设计出具意见。

（本文获2022年度全市组织系统优秀调研成果二等奖）

主要执笔人：戴振华、施　菡、石　磊

以科室中心组制度赋能全面推进公立医院党支部书记"双带头人"队伍建设的思考与实践

复旦大学附属华山医院课题组

为切实加强党对公立医院的领导，健全现代医院管理制度，推动实施健康中国战略，课题组聚焦高质量党建推动医院高质量发展，全面梳理党的十八大以来中央和上级加强公立医院党支部书记"双带头人"队伍建设的文件要求，紧密结合华山医院科室中心组制度赋能推进党支部书记"双带头人"队伍建设的实践探索，面向医院不同类别对象广泛开展党建工作访谈和问卷调研。

本次问卷调研覆盖党支部书记、科室正（副）主任、党支部委员等多类群体，共有135人参与，其中科室正（副）主任75人、党支部书记26人、党支部委员21人、无行政或党务任职的29人。课题组对相关问题和数据进行了梳理归类，深入分析了存在的问题及其根源，并针对性提出了改进意见与建议，圆满完成了调研任务，为全面推进公立医院党支部书记"双带头人"队伍建设提供了有益的思考和探索。

一、中央和上级对加强公立医院党的建设和党支部书记"双带头人"队伍建设的要求

党的十八大以来，以习近平同志为核心的党中央高度重视健康中国建设和基层党组织建设。在2016年召开的全国卫生与健康大会上，习近平总书记指出，"没有全民健康，就没有全面小康"，推进健康中国建设，对我们的国家和人民、对中华民族具有重大的现实意义和深远的历史意义。党的二十大报告指出，"人民健康是民族昌盛和国家强盛的重要标志。把保障人民健康放在优先发展的战略位置，完善人民健康促进政策"，"增强党组织政治功能和组织功能"，"把基层党组织建设成为有效实现党的领导的坚强战斗堡垒"。

（一）中央和国家层面的要求

2017年，为全面贯彻党的十八大和全国卫生与健康大会精神，国务院办公厅印发

《关于建立现代医院管理制度的指导意见》，要求："加强和完善党建工作领导体制和工作机制，合理设置医院党建工作机构，配齐配强党建工作力量"，"建立健全医院内设机构党支部，选优配强党支部书记，充分发挥党支部的政治核心作用，把党支部建设成为坚强战斗堡垒"，"坚持把党组织活动与业务工作有机融合，防止'两张皮'"。2018年，为深入贯彻党的十九大精神，切实加强党对公立医院的领导，健全现代医院管理制度，推动实施健康中国战略，中共中央办公厅印发《关于加强公立医院党的建设工作的意见》，要求："着力提升公立医院基层党建工作水平"，"把党支部建设成为坚强战斗堡垒"，"参与内设机构重大问题的决策"，"医院内设机构党支部要突出政治功能"，"党支部书记一般应当由内设机构负责人中的党员担任"。2021年，国务院办公厅印发的《关于推动公立医院高质量发展的意见》强调："全面提升公立医院党组织和党员队伍建设质量。推进党支部标准化规范化建设。建立党支部参与人才引进、队伍建设、职称职级晋升、绩效考核、薪酬分配、评奖评优等重大事项讨论决策的制度机制，把好政治关、医德医风关。实施党支部书记'双带头人'培育工程。建立健全把业务骨干培养成党员、把党员培养成业务骨干的'双培养'机制。"这也是首次在中央和国家层面明确党支部书记"双带头人"的提法和有关要求。2022年，党的二十大新修订的党章首次在"党的基层组织"中增加"医院"表述，"企业、农村、机关、学校、医院、科研院所、街道社区、社会组织、人民解放军连队和其他基层单位，凡是有正式党员三人以上的，都应当成立党的基层组织"，充分体现了党中央对于医院党组织建设的高度重视。

（二）省部级层面的要求

2018年，国家卫健委党组印发《加强公立医院党的建设工作的意见实施办法》，明确要求："党支部书记一般应当由内设机构负责人中的党员担任，并享有与主要负责人同等的政治待遇"，"充分发挥党支部政治功能，坚持围绕中心抓党建、抓好党建促发展，参与科室业务发展、人才引进、酬薪分配、职称晋升、评先评优、设备配置等重大问题的决策"，"推动党务工作与业务工作深度融合"。2022年，国家卫健委办公厅印发《公立医院高质量发展评价指标（试行）》，明确将"医院实施党支部书记'双带头人'培育工程、建立健全'双培养'机制以及党支部和党员发挥作用的相关情况"作为公立医院高质量发展评价的18条指标之一，进一步明确和细化了党建引领方面的具体内容。2018年底，上海市委办公厅印发《关于加强公立医院党的建设工作的实施意见》，明确"医院内设机构党支部要以提升组织力为重点，突出政治功能，加强对党员的直接教育、管理、监督，做好组织、宣传、凝聚、服务群众工作"，"参与内设机构重大事项的决策"，"加强党组织带头人队伍建设。选优配强党支部（党总支）书记，并参照医院中层干部进行管理。党支部（党总支）书记作为业务科室核心管理小组主要成员之一，参加科室重要事项的讨论和决策"，"鼓励医院内设机构负责人与支部委员交叉任职，推动党建工作与业务工作深度融合"，"促进党建工作与业务工作有机融合"。2021年底，上海市政府办公厅印发《关于推进上海市公立医院高质量发展的实施方案》，明确："全面提

升公立医院党组织和党员队伍建设质量。推进党支部标准化规范化建设。建立党支部参与内设机构人才引进、队伍建设、职称职级晋升、绩效考核、薪酬分配、评奖评优等重大事项决策的制度机制，把好政治关、医德医风关。实施党支部书记‘双带头人’培育工程，建立健全把业务骨干培养成党员、把党员培养成业务骨干的‘双培养’机制。”

（三）市教卫工作党委层面的要求

市教卫工作党委印发的《上海公立医院党委会议议事规则（试行）》和《上海公立医院院长办公会议议事规则（试行）》，明确医院党委是医院的领导核心，发挥把方向、管大局、作决策、促改革、保落实的领导作用，承担管党治党、治院兴院主体责任，对医院工作实行全面领导，对医院党的建设全面负责。医院党委会议是研究和决定医院重大问题的会议，按照集体领导、民主集中、个别酝酿、会议决定的原则，由党委集体讨论作出决定，并对议事范围、议题确定、会议召开、决议执行等方面进行了细化，进一步规范完善了党委会议和院长办公会议的议事决策机制，从议事规则层面全面加强和改进了公立医院党的建设工作。

通过梳理中央和上级对公立医院党的建设、特别是与党支部书记“双带头人”队伍建设有关的文件要求，可以看出，党的十八大以来，逐步明确了党支部书记“双带头人”的界定，对党支部书记“双带头人”参与重大事项决策和把好政治关、医德医风关等的职责进行了明晰，提出了把业务骨干培养成党员、把党员培养成业务骨干的“双培养”机制等培养路径，明确了党支部书记参照医院中层干部进行管理、享有与主要负责人同等的政治待遇等工作保障要求。各级都对公立医院党支部书记“双带头人”队伍建设给予了高度重视和政策支撑。

二、华山医院以中心组赋能全面推进公立医院党支部书记“双带头人”制度的实践和探索

复旦大学附属华山医院作为一家全国知名三级甲等公立医院，担负着医疗、教学、科研等多重职责，始终践行“厚德仁术、创新奉献”的院训，秉承“公益办院，质量立院，科教强院，文化兴院”的办院宗旨，发扬“敢为人先、甘于奉献、大医精诚、追求卓越”的医院精神，坚持内涵建设与品牌拓展并重，不断向中国最具影响力的国际化优质医院的目标迈进。医院党委高度重视党建工作，按照“围绕中心抓党建，抓好党建促发展”的工作思路，把建立科室中心组和选优配强党支部书记作为加强基层党支部建设、强化支部政治核心作用和提升组织力的有力抓手，不断健全完善科室中心组赋能全面推进党支部书记“双带头人”制度，让党支部书记的“头雁”效应充分显现，让党建工作与业务工作相互促进、相得益彰，以高质量党建推动医院高质量发展，努力在推动健康中国建设中贡献“华山力量”。

（一）优化支部设置，为落实党支部书记“双带头人”工作夯实组织基础

党的二十大报告强调，要把基层党组织建设成为有效实现党的领导的坚强战斗堡

垒。《中国共产党支部工作条例（试行）》规定，要结合实际创新党支部设置形式，使党的组织和党的工作全覆盖。根据将“支部建在连上”的要求，医院党委于2019年对全院党支部进行了梳理，对党员人数超过50人的党支部进行了拆分和调整，将每个党支部的人数控制在30人以内，同时对新成立的院区和新建科室及时组建党支部，尽可能实现“支部建在学科上”。经过3年的持续调整，临床和医技党支部从2018年的23个增加到2022年的41个，为“双带头人”选配创造了有利条件。

（二）建立科室中心组制度，为党支部书记“双带头人”发挥作用赋能

为了强化党支部的政治功能，更好地发挥党支部书记的“头雁”效应，促进党建工作与学科发展互相融合，医院党委于2019年制定《关于华山医院科室（部门）中心组工作制度的指导性意见（试行）》，对科室中心组的组成、议事范围、议事规则、决策执行和监督检查作出了规定，明确指出：科室（部门）中心组是科室集体议事决策的主要形式，科室（部门）的重要事项应该由中心组会议集体讨论决定；党支部书记是科室中心组成员，在科室决策管理中发挥政治引领和把关作用；在科室各项重要事务的讨论决策时，党支部书记与科室主任具有同样的话语权；由党支部书记持有中心组专用章，对贯彻执行中心组决策中需上报的各类材料进行审核把关。

（三）发挥科室中心组制度优势，优化党支部书记“双带头人”培育功能

一是严格党支部书记“双带头人”选配标准，进一步选优配强工作队伍。在优化支部设置的同时，结合党支部换届，注重把政治素质过硬的科室正（副）主任选拔到党支部书记的岗位上。在科室中心组制度的正向引导下，科室正（副）主任担任党支部书记的比例从2018年的52.17%提高到2022年的68.29%（见表1）。二是积极推动交叉任职，促进党建业务双向提升。科室中心组制度让党支部书记全面参与科室发展规划、学科建设方向、人才梯队培养等，使其党建工作更具全局观、更聚焦中心任务、目标抓手更明确；同时也确保没有行政职务的党支部书记参与科室管理决策，有力助推业务精湛的党支部书记培养成为科室正（副）主任。2019年以来，10名科室正（副）主任新走上了党支部书记的岗位，8名党支部书记成为科室正（副）主任。

表1　科室中心组制度实施前后党支部书记“双带头人”数

年　份	临床医技党支部数量	党支部书记“双带头人”数（占比）
2018年	23	12（52.17%）
2019年	35	20（57.14%）
2020年	36	22（61.11%）
2021年	37	22（59.46%）
2022年	41	28（68.29%）

（四）聚焦科室中心组制度赋能效益提升，强化党支部书记“双带头人”示范引领

一是在医教研工作中当好“领头羊”。党支部书记“双带头人”不仅自己要在医教

研工作中做好“领头羊”，更要团结带领科室成员共同进步，推动学科发展，加强党支部的战斗堡垒作用。对比科室中心组制度出台前后，“双带头人”的数量、科室奖项都有大幅上升。2019年以来，“双带头人”及科室获国家级、省部级奖项累计180项（2018年23项），“双带头人”本人获奖累计35项（2018年1项），“双带头人”让党建与业务工作“双促进”“双提升”（见表2）。“双带头人”团队先后获得全国高校党建工作样板支部、上海市科技进步奖一等奖等奖项，先后涌现出全国优秀共产党员张文宏等先进个人。二是在抗击疫情中引领示范“当先锋”。2020年“武汉保卫战”中，“党员先上”成为华山医院最鲜明的标识，273人抗疫援鄂，是全国派出医疗队员最多的医疗机构，其中党员111名，25名队员火线入党；积极探索出新冠病毒引起的危重症肺炎多学科救治的“华山模式——关口前移、多学科协作、精细化管理”，得到时任国务院副总理孙春兰两次称赞。2022年大上海保卫战中，华山医院宝山院区作为定点救治医院成立临时党总支和7个党支部，在党支部书记“双带头人”的引领下，所有党员佩戴“我是党员”贴标上岗，亮身份、当先锋、作表率，救治重症患者500余名；检验医学科党员放弃休息、连续值守，保障超大数量标本检测按时按点完成，16人递交入党申请书。

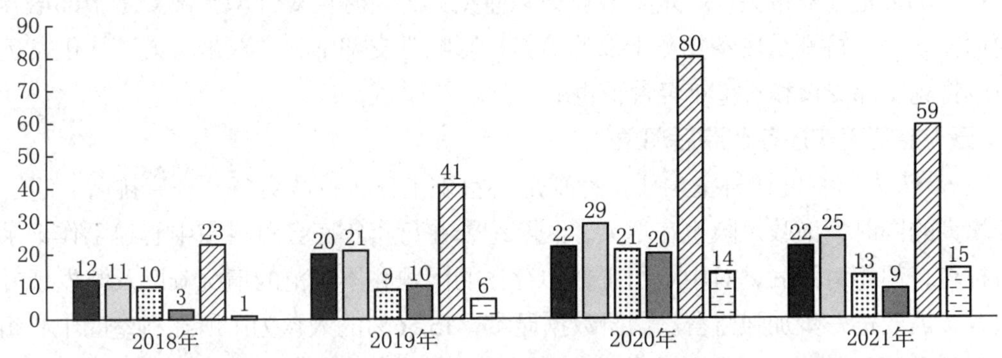

图1　2018—2021年“双带头人”及科室获奖情况

三、需要重点关注的问题

通过问卷调研、数据分析和走访座谈，并结合科室中心组制度实施3年来的工作实践，我们梳理发现了工作开展中存在不平衡、不充分的情况和问题，需要加以重点关注。主要有以下几个方面：

（一）总院、分院的行政和党组织设置差异导致“双带头人”选配和作用发挥出现瓶颈

随着医院办医规模的扩大和医联体建设的需要，设立分院区有助于服务地方经济社会发展。但分院区的临床科室在行政管理上实行总院垂直管理，而党支部设置大多是将

功能相近的科室组成联合党支部，行政与党组织管理上的错位，造成分院区科室中心组设置的难点，“双带头人”作用难以发挥。调研数据显示，10.37%的人认为“尽管建立了中心组，但没有充分发挥作用”。

（二）党支部书记有效履行政治责任还不够突出、发挥政治把关作用还不够充分

在医德考评、职称晋升、表彰评优等事项的决策时，党支部书记对于负面事件没有“一票否决权”，政治把关的作用没有体现到位。调研数据显示，24.45%的人认为“党支部没有充分参与决策”，这也说明党支部的政治把关作用还需进一步加强。

（三）部分党支部书记党务工作能力还有待提升

部分党支部书记以业务工作为主，党务工作主要由支委分担，个人的理论素养和组织工作水平不高，参与议事决策的科学性必然受到影响。调研数据显示，8.15%的人认为“科室中心组的决策过程不够科学、民主”。这充分说明党务工作能力很大程度上决定了党支部书记“双带头人”能否有效担负起教育、管理、监督党员和组织、宣传、凝聚、服务群众的职责。

（四）干部培养路径还不够清晰

党支部书记“双带头人”是既懂业务又懂党务的新时代复合型干部，是干部培养的重要途径之一，特别是后备党务干部的培养，影响党支部书记“双带头人”队伍长远建设，应将党支部委员和科室年轻骨干也纳入此培养体系。

（五）监督落实还存在滞后现象

“双带头人”制度让科室主任，特别是科室正主任，行政党务“一肩挑”，在权力、责任增大的同时，廉政风险也在增大，医院纪委在每年年底会对科室中心组工作记录本进行检查，但相对滞后，对中心组工作中存在的问题和不规范的情况难以及时发现并予以整改，需要进一步加强监督。调研数据显示，15.56%的人认为“所在科室的中心组没有完全按照医院规定的议事与决策范围事项落实执行”。因此，落实执行过程中的监督十分必要。

（六）对“双带头人”工作的认识和客观条件还存在不足

目前，41个临床、医技党支部中“双带头人”比例为68.29%，但还是有近三分之一的党支部书记不是“双带头人”，主要原因是：

在思想认识上，有的科主任临近退休且专注于业务工作，对“双带头人”的重要性认识不足；有的科室正主任是知名大专家，副主任是党员，但认为业务“不够强”，对担任“双带头人”存在畏难情绪，不愿担任党支部书记。在客观条件上，有的科室主任是民主党派，且科室未设置副主任岗位，党支部书记“双带头人”选配面临困境。

四、关于优化科室中心组工作，更好落实“双带头人”培育工程的建议

（一）进一步推动党支部书记“双带头人”制度在分院区落地落实

分院区的联合党支部应该在条件成熟时尽量划小，让更多的科室成立独立党支部，

使更多的科室主任和党员骨干成为党支部书记和支部委员，增加党支部书记“双带头人”的比例。对于分院区科室暂时不具备成立中心组条件的，建议将“三重一大”事项交由总院科室的中心组会议进行讨论决策，分院区的党支部书记要对涉及分院区人员的医德医风考评、职称晋升、评优评先等事项进行政治把关，并且作为涉及分院区重大事项决策的重要依据。

（二）进一步强化党支部书记“双带头人”的政治引领和政治把关

建议对于违法违纪等负面事件，可赋予党支部书记在医德考评、职称晋升、表彰评优等事项的决策时“一票否决权”，从而有效避免党支部书记在参与决策和政治把关中被“平均票”的情况，提高决策效率和质量。此外，也可将党支部开展政治把关内嵌到各项制度设计中，比如在审批环节对于需要把关的事项先由党支部书记签字确认，不仅为党支部参与科室重大问题决策提供制度保证，也是党支部发挥政治功能的重要体现。

（三）进一步提升党支部书记“双带头人”党务工作意识和能力

进一步加强全院科主任的理想信念教育，不断提升党员科主任的“政治三力”，让他们充分意识到担任“双带头人”的重要意义和实际促进效应。要对党支部书记“双带头人”加强党务培训，一方面是思想理论和意识形态的培训，促进党支部书记“双带头人”在规划学科建设、人才培养中站稳政治立场、把准政治方向；另一方面是加强党建实务培训，包括“三会一课”开展、党员发展流程、民主评议党员等，帮助“双带头人”党支部书记提升党务工作能力和党建工作实效，从而更好地以党建引领科室发展。

（四）进一步加强党支部书记“双带头人”后备队伍建设

不仅聚焦于党支部书记和科室正（副）主任，还要把党支部委员和科室骨干纳入“双带头人”培养的后备队伍中。将热爱党务工作的业务骨干选拔到党支部委员的岗位上，作为党支部书记“双带头人”后备人选进行培养锻炼，也可在晋升科室正（副）主任时，对于有党务工作经历的业务骨干，在同等条件下予以优先考虑。这样，不仅打通了党务干部与业务干部交叉任职的路径，也充盈了党支部书记“双带头人”后备力量的“蓄水池”。

（五）进一步规范党支部书记“双带头人”的权力运行

建议医院纪委增加监督的频次，可通过不定期参加科室中心组会议、听取科室党员和群众意见等方式了解党支部书记“双带头人”的工作情况，并将其在中心组工作中的履职情况作为支部考核内容，做好支部党员监督。

（本文获2022年度全市组织系统优秀调研成果二等奖）

主要执笔人：傅　镁、郑燕萍、李妍斐

新时代新征程加快年轻干部培养的实践与思考

——以上海市公安局年轻干部工作为例

市公安局课题组

中国共产党第二十次全国代表大会，是在全党全国各族人民迈上全面建设社会主义现代化国家新征程、向第二个百年奋斗目标进军的关键时刻召开的一次十分重要的大会。党用伟大奋斗创造了百年伟业，也一定能用新的伟大奋斗创造新的伟业。站在新的历史起点，上海公安机关将自觉践行“人民城市”重要理念，深刻把握上海国际化、超大城市治理的规律特点，以构建完善新型现代警务机制为牵引，高效运作风险防控“一平台、三体系”，忠实履行好新时代公安使命任务。

奋力开创新时代上海公安工作新局面，迫切需要一大批优秀年轻干部脱颖而出、勇挑重担。为深入贯彻中央、上海市委决策部署，按照市公安局党委关于加强新时代上海公安干部队伍建设的总体要求，由政治部牵头成立课题组，重点围绕加快年轻干部培养的工作基础和实现路径开展调研，通过数据分析、问卷调查、个别访谈等方法，进一步健全完善优秀年轻干部日常发现、培养选拔、管理监督的全链条机制。

一、主要做法

上海公安机关深入学习贯彻习近平总书记对于组织工作特别是上海干部、公安干警的重要指示精神，着力打造“三个绝对”“四个铁一般”过硬公安铁军，依托环环相扣、统筹推进的培养选拔年轻干部常态化工作机制，有力推动了上海公安主责主业和干部队伍的高质量发展。时任上海市委书记李强多次指出，上海公安是一支政治过硬、有坚强战斗力的队伍，是一支能打大仗、善打硬仗、特别能战斗的队伍。

（一）围绕上海公安中心工作，加强顶层规划设计

市局党委始终把年轻干部队伍建设置于公安业务发展大局中谋划，准确把握“当前配备”和“长远储备”的梯次联系，强化总体统筹，形成了一系列立足当前、着眼长远

的制度安排。市局党委每半年听取政治部关于年轻干部工作的专题报告，明确阶段性目标、具体任务和培养路径。政治部每年召开一次全局年轻干部培养工作会议，对市局各部门、地区分局工作开展情况进行分析评估，对上报的干部调整方案逐一审核把关，不断提升年轻干部培养使用的工作质效。将年轻干部工作列入各单位政治巡察必核内容，推动形成党委统一领导、组织干部部门具体指导、各单位狠抓落实的工作格局。

（二）制定管理监督工作规范，激励干部担当作为

市局党委始终把政治标准作为选人用人第一标准，牢固树立鲜明导向，贯穿年轻干部的选育始终。市局制定下发了《市公安局领导干部政治素质考察实施办法（试行）》，从实际出发，突出以事察人，做到定性评价与具体事例相结合，政治体检与履职表现相结合，为干部政治表现准确画像。此外，还结合市委巡视和公安部政治督察相关整改要求，专门制定下发了《市公安局干部选拔任用工作检查实施办法（试行）》、《市公安局干部交流实施办法》等制度规范，进一步规范干部工作程序和步骤，进一步明确干部任职交流年限、全局执法关键和人财物重点岗位，为服务保障上海公安长远发展选好干部、用好人才。

（三）开展政治培训实践锻炼，锤炼过硬干部队伍

市局党委班子充分发挥“头雁”效应，党委中心组带头学习贯彻党的二十大精神，集体学习习近平总书记重要讲话和指示精神，主要负责同志多次为全局民警上党课，以上率下推动政治理论学习的常态化、制度化。包括市局党委班子成员，各分局、市局各部门班子成员，全局派出所所长、教导员在内的局、处、科级领导干部，分层分批、分级分类参加政治轮训、初任培训。自2002年起，市局坚持每年选派优秀年轻干部前往青年民警锻炼基地、重大任务工作专班，进博会安保、国庆70周年安保、建党100周年安保、二十大安保及疫情防控等艰苦吃劲岗位，经风雨、见世面、壮筋骨、长才干。一批政治过硬、业务过硬、作风过硬的年轻干部在实战中经受历练、脱颖而出，被纳入组织后续培养计划。

（四）团组织汇聚公安青春力量，以梦为马不负韶华

全局现有青年民警超过总警力数的三分之一。汇总调研问卷显示：公安青年普遍拥有强烈的爱国主义情怀，能够把握正确的政治方向，对待公安工作有热情、爱创新，具有较强的可塑性和成长性，是一个忠于理想、敢于拼搏、乐于奋斗的群体。尤其在大上海保卫战中，全局2.6万余名青年民警辅警、880多个团组织和400多支青年突击队冲锋陷阵、攻坚克难，1300余名公安青年火线递交入党申请书，尽显忠诚底色。团组织坚持服务大局、服务青年，不断提升公安共青团的组织力、号召力，积极把握回应青年所需所思所盼，组织开展丰富多样的警营文化活动，最广泛凝聚公安青年共识，积极投身新时代上海公安事业。

二、新时代新征程对公安年轻干部提出的更高要求

公安机关在新时代肩负着维护国家政治安全、确保社会大局稳定、促进社会公平正义、保障人民安居乐业的重大职责使命。以党的二十大精神为引领，培养有坚定理想信

念的年轻干部就是抓实上海公安领导班子和干部队伍建设的基础性工程。

（一）对严守党的政治纪律和政治规矩提出更高要求

必须牢记“公安姓党”的根本政治属性，深刻领悟“两个确立”的决定性意义，增强“四个意识”、坚定“四个自信”、做到“两个维护”，提高政治判断力、政治领悟力、政治执行力。上海是党的诞生地、初心始发地、伟大建党精神孕育地，要教育引导公安年轻干部传承红色基因、赓续精神血脉，坚决服从党的命令、听从党的指挥，绝对忠诚、绝对纯洁、绝对可靠，确保队伍统一意志、统一行动、步调一致向前进，确保中央决策部署不折不扣落到实处。

（二）对清醒认识准确把握大势大局提出更高要求

必须牢记“国之大者”，坚定不移贯彻总体国家安全观，不断改善工作体系和机制措施，确保政治安全和社会稳定，以新安全格局保障新发展格局。当前，上海社会治安持续向好，群众安全感持续提升，法治化营商环境持续改善，重大活动保障有力，“安全有序”已经成为上海在全国乃至国际上的一张金名片。要提醒督促公安年轻干部时刻保持“上海无小事、公安工作无小事、舆情无小事”的清醒头脑，充分认识“更加艰巨繁重”的严峻挑战，切实把思想和行动统一到习近平总书记和中央对形势的判断、对挑战的应对上来，做好充足的思想准备和长期的斗争准备。

（三）对坚持群众路线增进民生福祉提出更高要求

必须牢记江山就是人民、人民就是江山，始终把人民放在心中最高位置，忠实践行人民公安为人民的初心使命。群众利益无小事，一枝一叶总关情。群众诉求无小事，点点滴滴见初心。想方设法采取更多保民安、护民利、惠民生、暖民心的政策措施，让人民群众有更多、更直接、更实在的获得感。要鼓励启发公安年轻干部多看多问多思考，从解决群众的“急难愁盼”入手，坚决克服形式主义和官僚主义，以更大的责任担当、更强的宗旨意识、更高的标准要求，用实际行动诠释“心里装着群众，凡事想着群众，工作依靠群众”。

（四）对秉持法治思维建设法治上海提出更高要求

必须牢记公正司法是维护社会公平正义的最后一道防线。不以规矩不能成方圆，《人民日报》曾发文点赞上海市民的规则意识像“文化磁极”，形成了独特的城市吸引力，而城市的温度也正来自民众对秩序、公正的感知和认同。公安机关担负着行政执法和刑事司法的双重职能，落实在城市治理上，就是要求我们秉持法治思维和法治方式，以民为本、取信于民。要指导帮助公安年轻干部更为积极主动地深入学习贯彻习近平法治思想，切实把严格规范公正文明执法要求落到行动实处。

三、加快培养适应新时代新征程要求的公安年轻干部的路径和对策

青年强，则国家强。年轻干部是新时代的希望，怀抱梦想又脚踏实地，敢想敢为又善作善成。做好新时代年轻干部工作，努力把年轻干部培养造就为可堪大用、能担重任的栋梁之材，是上海公安机关的使命所系、职责所在。广大公安年轻干部也必将把个人成长同党的事业和国家发展紧密相连，在新时代新征程上留下自己坚定的奋斗足迹。

（一）知事识人，拓宽日常发现的视野渠道

一是确保把年轻干部工作始终摆在重要位置。从机制运行上看，各单位普遍设有年轻干部培养的相应要求和考评，但一些单位在执行上有所折扣、落实措施时紧时松，工作连贯性有待加强；从思想观念上看，部分单位还存在年轻干部工作“讲起来重要，做起来不要”的短视思维，简单认为培养年轻干部是上级组织干部部门统筹安排的事，“建功育人”意识不强。对此，要以更长远的眼光、更有效的举措，抓好后继有人这个根本大计。防止出现平时重视不够、培养不够，用时急用现找、降格以求的问题。

二是坚持新时代好干部标准选人，首先就是坚持政治标准。政治标准是硬杠杠，这一条不过关，其他都不过关。坚持党对公安工作的绝对领导，就是公安工作的根本政治原则。从明确政治标准内容上看，可以采取“正面清单＋负面清单”的方式，对政治标准具象化，使之可感知、有界定、能评判；从考准考实政治素质上看，要做到经常性、近距离、有原则地接触干部，走进干部工作圈、生活圈、社交圈。在发现识别干部时把政治标准具体化，尽可能把考察的相关内容、方式方法和结果运用做到可量化、可操作、可遵循。通过定性判断和具体事例佐证，避免模糊表述、千篇一律。

三是尊重干部成长规律，适度跨前从严把握“选好苗”。一方面，包括上海公安学院在内公安院校培养的学警具有较高的政治素质和组织纪律观念，他们工作热情更高、执行力更强、岗位适应期更短。另一方面，我局近年来共招录一定数量的市选调生，他们普遍具有较强的综合素质和学业成绩，有效丰富了公安队伍的知识结构，其中有的也已走上了领导岗位。针对公安领导干部成长“起步晚、周期长”的特点，可以探索在学警的在校学习阶段和选调生的基层工作阶段开展评估，提前介入、定向施策、跟踪考察，发现筛选出一批发展潜力大的年轻“预备人才”，纳入“育用联动”计划中予以中长期培养。

（二）依事择人，树立培养选拔的鲜明导向

一是强调斗争精神和斗争本领养成，提升防风险、迎挑战、抗打压能力。公安队伍在维护国家安全和社会稳定的战场上，坚持担当作为、拼搏奉献，在斗争中不断铸牢忠诚警魂、淬炼过硬本领。作为年轻干部，更应在急难险重任务中经受锻炼，在解决矛盾问题中增长胆识才干。我局近年来选派优秀年轻干部参加援疆、援藏、维和，担任驻外警务联络官等，让有潜力的年轻干部经受艰苦吃劲岗位的磨炼。组织上发挥战时考察的制度优势，把干部的能力素质考准考实，有效提升干部考察的科学性和精准性。

二是强化实践锻炼和专业训练，提升干部推动高质量发展、服务群众、防范化解风险的本领能力。当前，上海实有人口2400多万，机动车保有量突破500万，日均地铁客流量超千万人次，日均资金流动量上千亿元，年产危化品3000万吨。在加快建设具有世界影响力的社会主义现代化国际大都市的道路上，仅凭以往的老经验、老框框显然无法适应新时代警务工作要求。在专业能力提升导向上，团委还通过组织“上海公安十大优秀青年”评选、公安青年立功竞赛、岗位能手实战练兵比武等活动，选树先进典型，总结推广优秀技战法，有力提升了全局青年民警的侦查破案、交通管理和群众工作能力。

三是坚持事业为上，更多地考虑“该用谁”而不是“谁该用”。干部干部，干字当头。事业发展需要什么样的人就选什么样的人，岗位缺什么样的人就配什么样的人，把合适的干部放到合适的岗位上。实际中，一些单位在使用干部上趋于保守、“备用脱节”，认为年龄大的干部经验丰富、把控能力强、办事放心，不舍得让他们退下来；在年轻干部的使用上又顾虑重重，强调论资排辈、平衡照顾，不敢让年轻干部承担重任。应该把年轻干部培养聚焦在事业需求、岗位需求上，从符合条件的对象中看谁更优秀，从优秀对象中看谁更合适。年轻干部选拔要重点观察是否平常时候看得出、关键时刻站得出、危难关头豁得出。

（三）跟事管人，规范管理监督的流程闭环

一是加强对领导班子和领导干部的综合分析研判，积极推动干部能上能下、能进能出的良好局面。坚持严管与厚爱相结合，开展全方位管理和经常性监督，组织人事部门切实扛起责任，贯彻落实中共中央《推进领导干部能上能下规定》，准确把握政策界限，落实“三个区分开来”要求，用好巡视巡察、选人用人专项检查、审计统计、个人有关事项报告、民主评议、信访等方面成果，注意与问责条例、纪律处分条例、组织处理规定等相关法规制度的衔接协调，动态掌握干部现实表现，形成能者上、优者奖、庸者下、劣者汰的制度合力。

二是加强年轻干部教育培训的优质资源供给保障，重点突出年轻干部的理想信念教育、思想道德教育、优良作风教育，重点加强年轻干部的政治历练和实践锻炼。通过政治培训、三会一课、党委中心组（扩大）学习、主题党日、红色线路参观以及专题教育等活动，组织年轻干部深入学习贯彻党的二十大精神，增强“四个意识”、坚定“四个自信”、做到“两个维护”，弘扬伟大建党精神。增强干部素质培养的系统性、持续性、针对性，把党的基本理论教育、党性教育、专业能力培训、知识培训贯穿干部成长全过程。进一步发掘、培养爱学习、勤思考、重实践、有特长的优秀青年人才，激励广大公安青年坚定信念、岗位成才。

三是运用城市数字化转型赋能，探索分类差异化考核，引导干部树立和践行正确政绩观。干部考核具有重要的鞭策、激励作用，也是管理监督干部的必要手段。传统的做法包括年度考核、自述报告、量表测评等，但或多或少存在项目设置笼统、赋值权重不均、忽视岗位差异等影响考核精准度的问题。考核评估目的是为了诊断，而不是排名。可以从年轻干部试点，以职级、专业、层级为角度选出一定标杆参照，建立差异化考核“三体系”：静态分解职责、动态分解目标的能力素质标准体系；按共性指标可比可控、个性指标体现特色的工作实绩指标体系；突出正向激励、体现负向纠偏，划定底线约束的反向测评指标体系。

（本文获2022年度全市组织系统优秀调研成果二等奖）

课题组成员：徐　靖、苏辰华、孙培强、倪　军、沈文捷

主要执笔人：沈文捷

普陀区街镇社区党群服务中心干部队伍建设和发展研究

普陀区委组织部课题组

党中央高度重视加强基层党建和基层社会治理深度融合，党的二十大报告明确指出，要“坚持大抓基层的鲜明导向”，“加强城市社区党建工作，推进以党建引领基层治理”。习近平总书记在不同场合对基层党建、基层治理作出一系列重要指示批示。中组、上海市委、市组多次发文，提出“多中心融合”工作理念，对接下来一个阶段的基层治理工作提出了新要求、新部署。街镇社区党群服务中心工作人员队伍作为一支专门从事服务党的政治引领、服务基层党建、服务基层社区治理和服务党员群众工作的专业队伍，重要程度愈发凸显。

2022年3月，普陀区委组织部会同市人社局研究所组成课题组，开展了课题调研工作。通过总结成绩经验，找出差距短板，聚焦关键问题，提出对策举措，从而推动队伍全面融合，提升专业化履职服务能力，有效提升队伍整体能力素质。

一、普陀区街镇社区党群服务中心干部队伍现状分析

（一）近5年来中心干部队伍建设的做法

1. 注重发挥政策引领和制度保障作用

在相关政策文件基础上，普陀区先后出台社工队伍建设和街镇及所属事业单位机构编制的政策文件，为党群服务中心人员队伍建设提供了组织保障和政策依据。

2. 将招录事业编和社工作为人员主要补充渠道

事业编用工、社工、辅工或第三方聘用是街镇党群服务中心的主要用工方式，各街镇中心将事业编和社工招录作为人员补充的主渠道。当前党群服务中心人员队伍中有79.38%的人达到了本科及以上学历，提升和改善了队伍的整体素质。

3. 打造一支相对稳定的中心负责人队伍

全区大部分街镇党群服务中心负责人基本稳定（见表1）。党群服务中心负责人是队

伍建设的核心力量，是决定队伍建设水平的重要因素，负责人队伍的相对稳定既有利于保持工作开展的连续性，也有利于提升建设效能。

表1　近5年街镇党群服务中心负责人配置情况

街镇中心负责人		
1人次担任	2人次担任	3人次担任
长寿街道 万里街道 长征街道 桃浦街道	长风街道 宜川街道 甘泉街道 石泉街道	曹杨街道 真如街道

4. 形成覆盖政策理论、基础党务和全岗通内容培训体系

全区对党群服务中心工作人员每年开展基础党务、党的政策理论、全岗通培训和其他共四类培训，从各街镇各种培训类型的举办场次（见图1）和培训人次（见图2）看，培训的重点内容是党的政策理论、全岗通和基础党务。各街镇党群服务中心在人员培训方面普遍采取了定期业务培训、工作例会和各类专题培训。

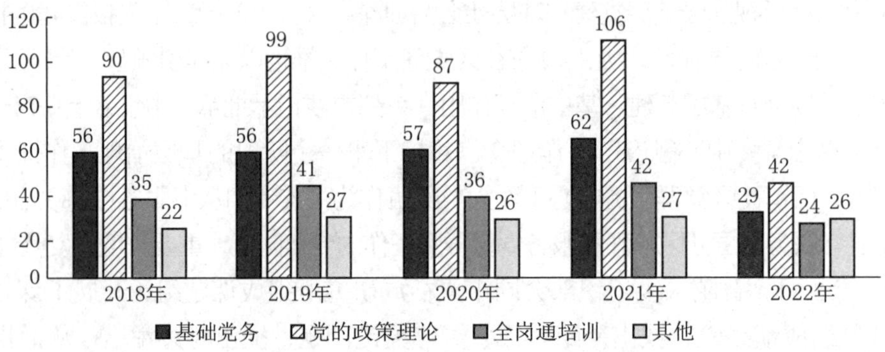

图1　全区各培训类型举办场次

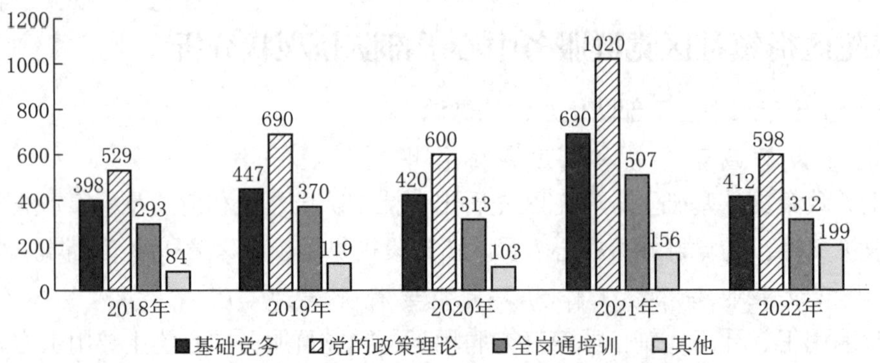

图2　全区各培训类型培训人次覆盖情况

5. 多维度、多举措探索推动人员队伍融合

目前，各街镇已完成或基本完成物理空间（阵地）融合和功能融合，人员融合部分街镇已进入实质性阶段，但仍有部分街镇尚处于推动过程中。

——党建引领：利用党建提升队伍凝聚力。坚持思想政治引领，提高中心工作人员服务效能。万里街道成立多中心融合后的党支部，曹杨新村街道发挥党组织重要抓手作用，促进多中心融合后的人员思想统一。

——任务打通：探索“多中心融合”工作机制。真如镇街道在街道党工委领导下，推动人员队伍自上而下融合。长风新村街道将党群服务中心作为中间协调机构，对上承接多个条线工作，对下打破部门壁垒。桃浦镇通过服务资源共享，充分融合各类政治功能、志愿服务功能和文化传播功能的特色服务，释放合作的整体聚合效能。

——管理打通：打破原条线的人员配置壁垒。长风新村街道对事业人员和社工进行统筹调配，建立岗位轮换和首问接待责任机制，明确岗位职责、服务标准、学习机制、考评细则等工作要求；桃浦镇在现有人员配备基础上，探索组织架构“核心”融入，探索打破部门壁垒和管理定势。

——信息打通：构建业务技能和数据共享机制。真如镇街道通过定期业务培训与工作例会，互学互通，每月向各中心工作人员与相关领导通报融合数据与情况，形成反馈整改机制。曹杨新村街道完善“融合式”工作沟通机制，不定期开展以“事”为核心的业务沟通会，构建“一岗多责、一专多能”的融合队伍。

——培训打通：培育“一专多能”人员队伍。整体看，部分街镇中心对融合的人员内部培训进行了探索。比如，甘泉路街道党群服务中心开展“双月课堂”，加大对中心工作人员业务能力的培训力度；宜川路街道创建“基础保障、基层党建、志愿服务”三大培训框架，全员参与融合后的中心定期开展的培训交流。

（二）街镇中心人员队伍现状分析

截至2022年7月31日，普陀区10个街镇党群服务中心工作人员共249名，其中事业人员106人，占核定编制数的58.6%；社工143人，占核定编制数的84.1%。在党群服务中心工作的党群服务中心社工62人，文化活动中心社工61人，新时代文明实践中心社工20人（见表2）。

表2　普陀区街镇社区党群服务中心人员情况

人员类型	核定编制	实有人数	实有人数占核编比例
事业人员	181	106	58.6%
社工（党群服务中心）	132	62	47.0%
社工（文化活动中心）	27	61	225.9%
社工（新时代文明实践中心）	11	20	181.8%
合　　计	351	249	70.9%

基本情况分析如下：

1. 在年龄结构上，整体结构比较合理

问卷数据显示，中心人员队伍平均年龄38.2岁，和全市平均年龄（38.2岁）持平。

其中，35 周岁以下占比 43.94%，36—50 周岁占比 47.99%，51 岁及以上占比 8.07%，老中青年龄分布呈橄榄型，以中青年为主（见图 3）。

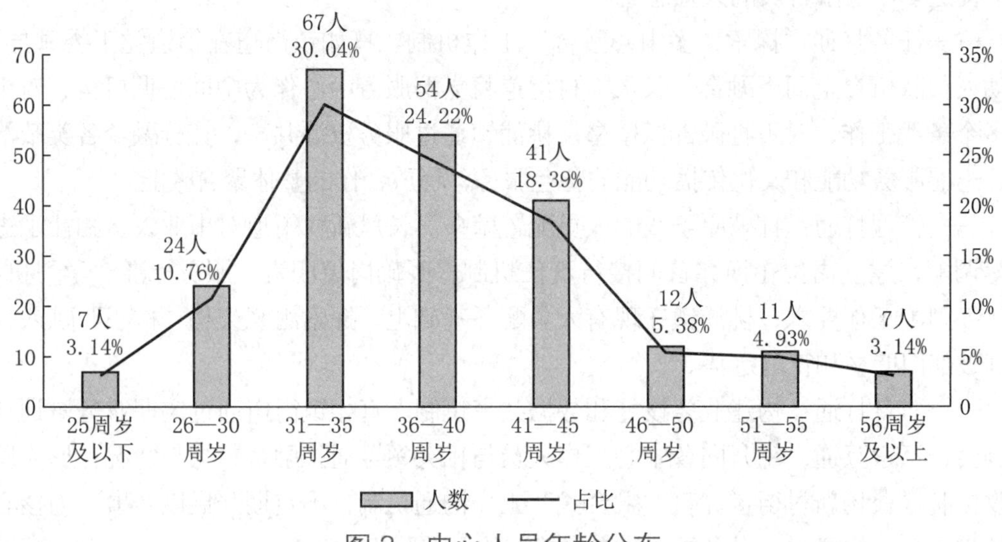

图 3　中心人员年龄分布

2. 在性别结构上，男女比例失衡

男性占比 22.42%，女性占比 77.58%，男女比例为 1∶3.46（全市中心人员队伍男女比例为 1∶2.97）。

3. 在学历结构上，队伍整体学历水平较高

本科及研究生以上学历占比近八成（78.92%），其中本科学历占比 71.75%，研究生以上学历占比 7.17%。

4. 在职务职级结构上，以事业九级和一般社工为主

223 名受访者中，领导职务共 12 人，其中主任 4 人，副主任 8 人。无职务人员中，事业九级共 81 人，占事业编人员比例为 81.82%；一般社工共 111 人，占社工人员比例为 96.52%；社工主管共 3 人，占比为 2.61%（见图 4）。

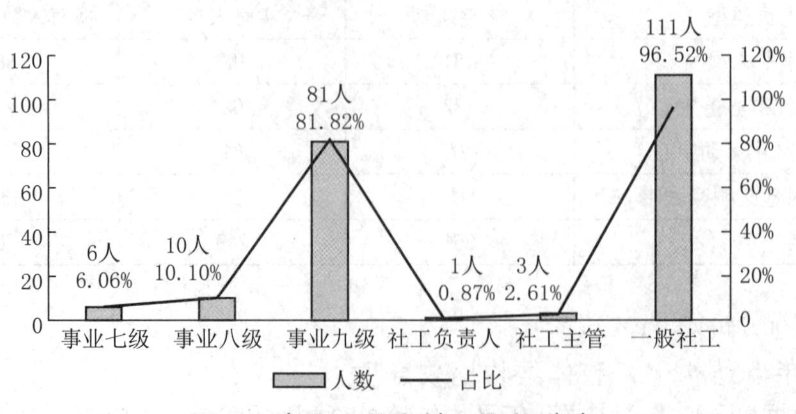

图 4　事业人员和社工职级分布

5. 在工资收入上，社工队伍平均收入较低

根据上海 2021 年度社保数据库数据显示，中心工作人员税前年收入平均为 13.70 万元，与 2021 年本市全口径城镇单位就业人员平均工资 13.68 万元相比，基本持平。其中，事业七级平均收入为 20.48 万元，事业八级平均收入为 17.31 万元，事业九级平均收入为 15.95 万元（见图 5）；社工队伍平均收入为 9.88 万元，收入低于当年度社会平均工资，仅为社会平均工资的 72.22%（见图 6）。

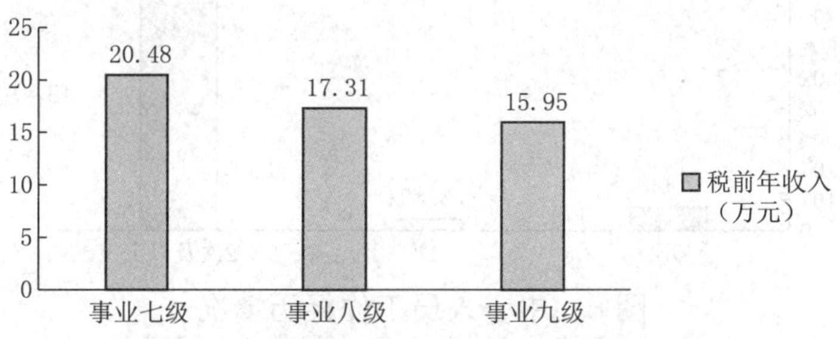

图 5　中心事业人员税前平均年收入情况

（数据来源：2021 年上海社保数据库）

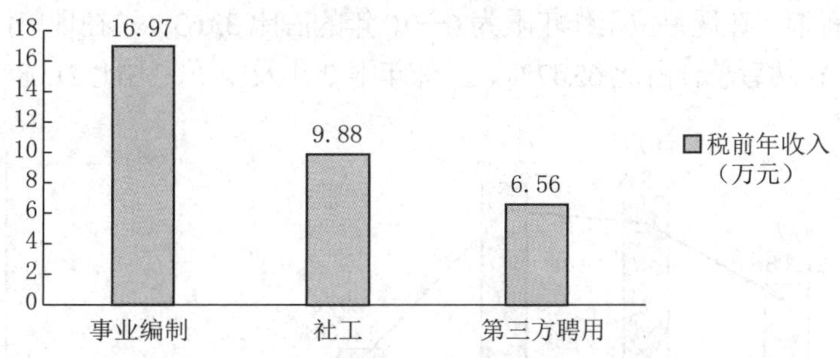

图 6　中心人员税前平均年收入情况

（数据来源：2021 年上海社保数据库）

6. 在人员来源渠道上，以事业单位和社工公开招聘为主

223 名受访者中，有 38.57%的人员通过事业单位公开招聘进入，有 44.39%的人员通过社工招聘进入（见图 7）。

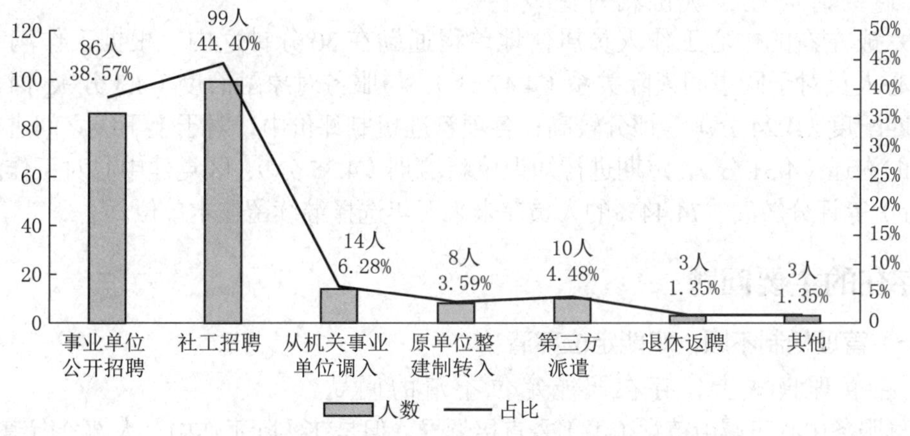

图 7　中心人员来源渠道分布

7. 中心人员工作经历相对比较丰富

根据社保数据库数据显示，88.60%的中心人员在进入现单位工作前有过两次及以上工作经历，3.80%的人员有过一次工作经历，仅有7.60%的人员在进入现单位工作前无工作经历（见图8）。

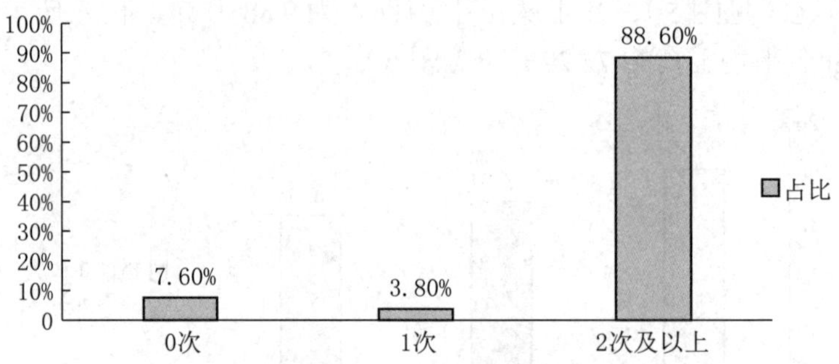

图8　中心人员工作经历情况

（数据来源：2021年上海社保数据库）

8. 在工作年限上，在现单位工作年限以6—10年为主

223名受访者中，在现单位工作年限为6—10年的占比33.63%；在现单位工作年限3—5年的占比31.84%；两者总计占比65.47%。工作年限2年及以下的占比21.08%（见图9）。

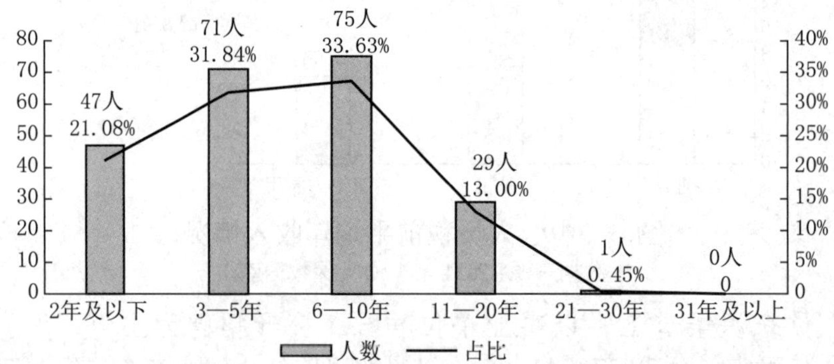

图9　中心人员现单位工作年限分布

9. 通勤时间短，队伍相对比较稳定

有六成左右的中心工作人员居住地单程通勤在30分钟之内。根据工作满意度调查，中心人员对于同事间人际关系（4.47分）、与服务对象融洽度（4.3分）、岗位与个人能力匹配度（4.24分）等评分较高；各项管理机制评价中，对于上下级之间进行坦诚而公开的沟通（4.31分）、定期进行知识更新培训（4.35分）、区党建中心对工作的指导（4.36分）等评分较高。74.44%的人员在未来五年选择继续留在本单位。

二、存在的主要问题

（一）管理机制不顺，职能定位不清

1. 在管理模式上，存在职能定位不清的问题

党群服务中心隶属街镇党（工）委直接领导，但是在实际工作中，大部分街镇中心仍

沿袭传统，中心工作由街镇党建办领导和管理。部分街镇存在党群服务中心与街镇党建办职能定位不清晰，工作分工不明确，日常工作中机关人员和中心人员职责混杂交叉的问题。

2. 在管理机制上，存在多头管理的问题

多中心融合后，物理阵地融合了，但是各条线工作人员尚未进行真正的“化学”融合，条线管理痕迹较重，机制不顺造成管用脱节，在日常管理中，不能做到在统一的平台上对中心工作人员统一使用、管理和调配。

3. 在岗位职责上，存在入职标准和岗位职责不清的问题

中心岗位职责交叉，导致一人多岗，一人身兼多条线工作。由于各条线工作专业性较强，中心人员的专业能力不足，无法做到专人专条线，导致人岗适配性较低。日常工作中各条线忙闲不均，工作量差异大。

（二）编制管理、人员管理不规范

1. 事业编制和社工编制使用率不高

据统计，全区街镇中心核定事业编制 181 人，实有事业人员 106 人，实有人数占核定编制数比例为 58.6%，低于全市比例（全市该比例为 74.5%），事业编制使用率不高，存在较大缺口。社工编制核定 132 人，实有人数为 62 人，占比 47.0%。社工编制使用情况相比于街镇其他事业单位的社工编制使用率而言，使用率更低。编制使用不足，导致人员配置不足，与当前工作量无法匹配。

2. 占编混岗、人岗分离现象比较突出

一是中心负责人队伍配置不足。根据区委编办的要求，每个街镇党群服务中心应设主任 1 名，副主任 1 名。但实际情况是 10 个街镇中心只有 4 个街镇根据规定配备了一正一副领导职务，有 3 个街镇中心由机关公务员兼任中心负责人，有 2 个街道为副主任主持工作，有 1 个街道为九级事业人员主持工作（见表 3）。二是部分党群服务中心存在人手不足，工作人员经常临时被抽调导致日常正常工作无法顺利开展的现象；也有个别街镇反映，中心有人员长期借调其他部门，固定员工不足。三是党群服务中心的事业编制长期被街镇其他部门工作人员占编，有个别街镇中心主任（管理七级）长期为其他部门工作人员占编。

表 3　普陀区街镇社区党群服务中心负责人情况

负责人情况	街镇中心	主任（人）	副主任（人）
主任、副主任配齐	甘泉、石泉、万里、长征镇	4	4
机关公务员兼任负责人	长寿、曹杨、桃浦镇	0	0
副主任主持工作	长风、宜川	0	2
九级事业人员主持工作	真如镇	0	1
中心主任占编但不主持工作	长寿、宜川、桃浦镇	3	0
合　计		7	7

3. 队伍结构性矛盾比较突出

男女比例失衡比较严重，女性与男性之比为3.4：1，高于全市的比例（2.9：1）。中心负责人队伍均为女性。据统计，10个街镇中心在编在岗正副主任共11人，均为女性，党群服务后备人才紧缺成为党群阵地转型发展主要障碍。

4. 人员不能做到统一使用管理

由于长年来的条线思维，使得部分工作人员局限于本领域、本条线工作。日常管理中，条线管理痕迹明显，中心工作人员不能做到统一使用、管理、调配。

5. 人员退出机制不健全

中心人员进易退难，尤其是能力不足、不适应岗位工作要求的工作人员只能通过内部岗位调整，退出困难。此外，各街镇社区工作者聘用合同年限长短不一，从一年到三年不等，没有规范统一。

（三）“全岗通”能力不足，培育锻炼机制不健全

1. 队伍“全岗通”能力不足

目前，中心队伍“全岗通”能力不足，部分街镇中心现有条线人员综合能力素质不强，不能适应融合后的工作要求。问卷数据显示，中心人员队伍在实际工作中最欠缺的是沟通协调能力、活动/项目组织策划能力、资源整合能力，评分位于前三位（见图10）。

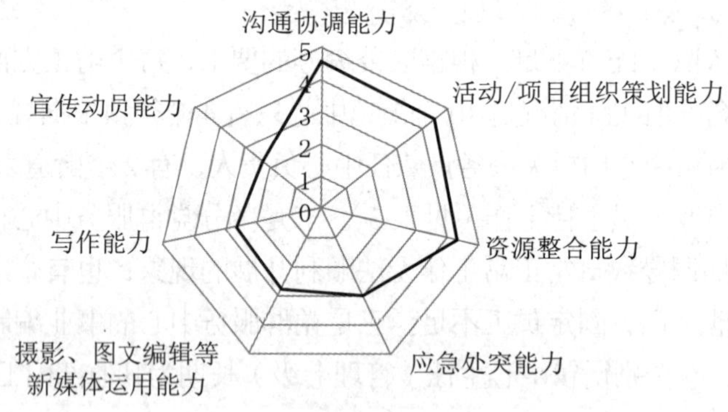

图10　中心人员最需要提升的能力素质排序

2. 常态化长效培训机制不健全

一是中心人员重使用轻培养的问题比较突出，大部分工作人员开展工作主要依靠上级指导或传统惯例，创新能力和空间受到很大限制。二是工学矛盾突出，中心人员日常工作繁杂导致缺乏进修时间。三是培训形式单一，“全岗通”培训手段不足，中心干部队伍专业能力亟须提升。

3. 轮岗交流机制不健全

调研中发现，有些街镇中心工作人员多年在同一个岗位工作，轮岗机会很少，对于培养“全岗通”队伍存在一定局限（见图11）。

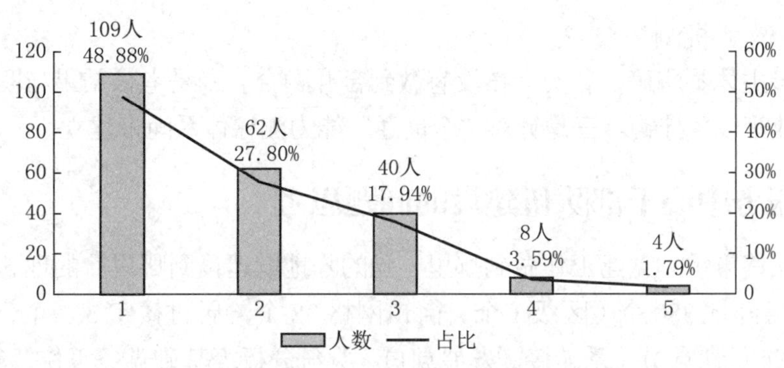

图 11　人员轮岗情况

（四）有效激励不足，晋升发展通道不清晰

1. 晋升通道窄，发展阶梯少、职业天花板低

一是职业发展阶梯较少。问卷数据显示，事业人员管理九级占比 81.8%，管理八级占比 10.1%，管理七级占比 6.1%；一般社工占比 96.5%，社工主管仅有 3 人，社工负责人仅有 1 人。二是晋升通道比较窄。每个中心只设一名主任（管理七级）、一名副主任（管理八级），导致职业发展天花板低，部分人员工作动力不足。问卷数据显示，打算离开本单位的共 43 人，占比 19.29%，其中准备考公务员或事业编的占比 13.9%，打算离职的占比 4.04%，轮岗到其他条线或单位的占比 1.35%（见图 12）。

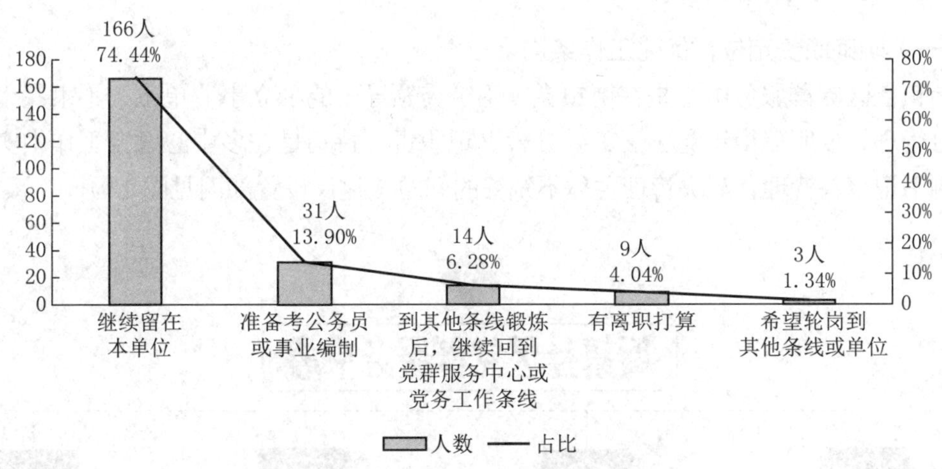

图 12　未来 5 年职业发展规划情况

2. 薪酬待遇偏低，有效激励不足

一是社工与事业人员在工资薪酬和福利待遇上存在较大差距，上海社保数据库数据显示，2021 年度中心事业人员平均税前工资收入是 16.97 万元，而中心社工平均税前工资收入是 9.88 万元，社工薪酬仅为事业人员的 58.22%，仍存在“同工不同酬”现象。二是缺乏收入激励机制，在绩效奖金部分比较平均，激励作用无法彰显。三是事业人员的工资薪酬没有正常的自然增长机制。

3. 考核激励机制不健全

一是考核主体不明确，各类考核没有做到合并融合。二是考核结果与职务职级晋升等激励保障政策较少挂钩。三是针对“全岗通”能力测评体系尚未建立。

三、党群服务中心干部队伍建设的问题思考

普陀区始终秉承“党建工作做到哪里，党的阵地就建设到哪里”的理念，目前已有各级党群服务阵地380个（区级1个、街镇网格38个，居村楼宇337个，苏河驿站4个），工作职能包含党员关系转接、发展党员、党统分析等基础党务工作，囊括“两新”党建、区域化党建、新时代文明实践中心等20余项党建工作。

习近平总书记提出，“群众路线是我们党的生命线和根本工作路线”。近年来，随着城市基层党建的维度日益扩大，新业务领域不断拓展，“人员少、任务重”成为当下党群服务中心亟须破解的难题。以前期的调研为例，功能融合后街镇党群服务中心需要承担22项细分功能职责，某些细分功能职责甚至需要2—3名同志才能胜任。然而，目前党群服务中心队伍中实有人数基本均小于工作所需。这些问题，倒逼着我们通过真抓实举，推动人员融合实际落地，从而调配多中心人员力量，统筹活动组织方式，创新多联动管理模式，提升党群服务中心服务效能。

四、下一步对策建议

（一）明确职责定位，优化工作架构

街镇社区党群服务中心是在街镇党（工）委领导下的独立事业单位，不隶属于街镇党建办管理，要明确街镇党（工）委分管书记职责，特别是在多中心融合工作中实行统一由副书记牵头管理，解决管理主体不统一的问题（建议设置部门见图13）。

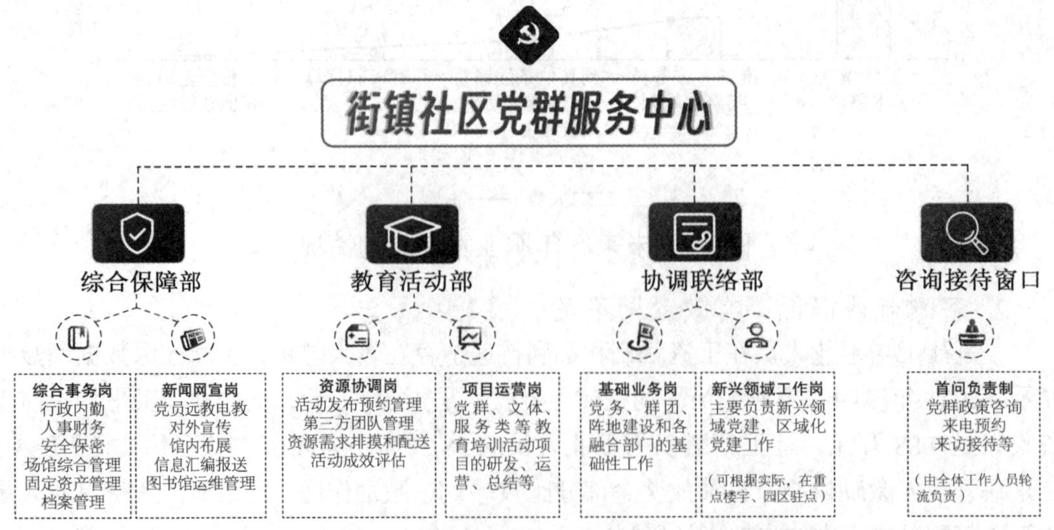

图13　街镇社区党群服务中心建议设置部门图

（二）健全组织体系，完善联席会议制度

原则上应将党员工作人员单独组建党组织，发挥对中心工作的领导作用。融合涉及两个或以上事业单位和机构，党员工作人员要统一纳入社区党群服务中心党支部。探索建立区、街镇两级联席会议制度，区级联席会议制度主要解决各街镇之间需要互相协调解决的问题，收集全区街镇党群服务中心人员队伍建设的意见建议。街镇联席会议制度，主要由街镇党（工）委书记牵头，街镇党建办、党群办、平安办、服务办、党群服务中心等部门共同参与，围绕公共议题，推动区域内各种资源融合利用，解决重大问题。

（三）拓宽职业通道，探索专技职称岗位

推行事业人员职务职级并行，探索设立党群服务中心人员专职岗位，明确鼓励引导社区工作者参加社会工作者职业水平考试。探索建立专业等级晋升体系、薪酬随职业资质等级晋升同步增长等机制，推动队伍建设更加专业化、职业化、规范化。推行“按证定酬”机制，建立专业资格复测制度。配齐配强社区工作者队伍，统一由社区党群服务中心负责日常管理和教育培训。有计划地提升专职党群工作者中主管岗、负责人岗比例。鼓励优秀人员参与中心主任、副主任岗位公开招聘。

（四）完善选育机制，提升队伍整体水平

多渠道选聘，不断优化队伍结构。一是多渠道选用。多渠道选优配强中心负责人队伍，突出政治标准和实干导向灵活考核方式选拔人才。二是多方位蓄水。储备一批后备人才，使中心队伍专业结构更完备、更合理。三是多维度探索。探索通过事业单位公开招聘，探索建立以党群工作者职业晋升体系为依托的事业编制和社区工作者选聘招录制。四是多层次培训。将党群服务中心工作人员纳入区级培训总体规划，建立常态化培训体系。街镇层面开展集中轮训。确保每年组织不少于40学时的党群服务中心工作人员集中培训，60学时的党群服务中心负责同志集中学习培训。推荐优秀工作人员参加市级示范班。

（五）健全管理机制，选树一批先进典型

凡是在党群服务中心实体阵地工作的人员，统一由中心负责管理、使用、调配。一是建立任前考核录用制度。按照相关管理规定和上级统一部署，组织任职资格考试，对考试合格人员颁发合格证。二是建立日常联络交流制度。建立调研联络等基本工作制度和学习培训等内部管理制度。三是建立日常管理制度。统一建立规范的岗位职责等管理制度。四是建立培育赋能制度。结合工作实际，建立“月讲堂”等教育培训机制，畅通职业发展空间。五是建立完善考核体系和考核机制。在市级发展力评估指标体系基础上，建立业务能力测评标准。结合街镇党建重点任务，推行清单管理。全面考核内容由街镇党（工）委、街镇党群服务中心对工作人员进行测评及工作人员互评构成。考核优秀的工作人员在公务员、事业人员招录中优先录用，连续两年考核优秀的将纳入街镇后备干部培养名单。探索能进能出、能上能下机制，将有重大工作过失或长期排名靠后的党群服务中心负责同志、工作人员，调离党群服务中心工作岗位。

（本文获2022年度全市组织系统优秀调研成果二等奖）

主要执笔人：卢礼卿、崔　寅、雷　磊

关于新时代激励干部担当作为的机制研究

奉贤区委组织部课题组

党的二十大对建设堪当民族复兴重任的高素质干部队伍作出全面部署，鲜明指出要“激励干部敢于担当、积极作为”。陈希同志在2022年全国组织部长会议上也特别强调，要深入研究破解组织工作五个方面的重点难点问题，其中非常重要的一个方面就是进一步激励干部担当作为。

本课题认真梳理了奉贤区在激励干部担当作为方面的实践探索，以处级及以下干部为主要研究对象，通过调查问卷、座谈交流、个别访谈等形式，围绕干部队伍精神状态、不担当不作为现象等方面进行调查研究，全面分析问题成因，提出措施办法，以期推动干部争创一流、争作贡献。其中，问卷调查面向全区处级及以下干部开展，共收回有效问卷7209份。

一、激励干部担当作为的重要意义

（一）激励干部担当作为，是推动党和国家事业发展的必然要求

党的十八大以来，党和国家事业实现一系列突破性进展，取得一系列标志性成果，与广大干部改革创新、干事创业、担当奉献是密不可分的。党的二十大强调，我们比历史上任何时期都更接近、更有信心和能力实现中华民族伟大复兴的目标，同时必须准备付出更为艰巨、更为艰苦的努力。越是目标远大、任务艰巨，越需要广大干部强化使命担当。2022年9月，党中央修订出台《推进领导干部能上能下规定》，传递出极为明确而又清晰的信号，就是干部干得好就上、干不好就下。党中央下定决心推进干部能上能下，目的不是为下而下，而是要激励广大干部在新时代新征程上忠诚履职、担当尽责。

（二）激励干部担当作为，是上海加快建设社会主义现代化国际大都市的现实要求

加快建设具有世界影响力的社会主义现代化国际大都市，是习近平总书记对上海的明确定位。作为我国改革开放的前沿窗口和深度链接全球的国际大都市，上海正奋力创

造新奇迹、展现新气象。上海市第十二次党代会指出，实干成就事业，奋斗创造未来，加快建设具有世界影响力的社会主义现代化国际大都市，必须明确重点任务、抓住关键环节，以各领域各方面的工作突破开创事业发展新局面。谋发展、求突破，考验着全市各级干部的担当。时任上海市委书记李强也在大会上向全市党员干部发出号召，要责无旁贷地肩负起时代使命，做出属于我们这一代人的新业绩，努力为这座光荣的城市增添新的荣光。

（三）激励干部担当作为，是走好“奉贤美、奉贤强”高质量发展新征程的迫切要求

实践证明，奉贤事业向前推进的每一步都离不开广大干部群众的奋发努力、担当作为。在新的征程上，奉贤作为新片区的主阵地、新城建设的发令地、乡村振兴的主战场、上海制造业的承载区，迎来了千载难逢的发展机遇。当前，奉贤正聚力抓好“四新四大”，奋力走好“奉贤美、奉贤强”高质量发展新征程。而服务自贸区新片区发展、实施乡村振兴战略、抓好新城建设，都迫切需要一大批“闯将”“尖兵”冲锋陷阵，需要激励每一名干部担起该担的责任、作出应有的作为。

二、奉贤区激励干部担当作为的实践和探索

（一）强化理论武装，激发干事创业、担当作为的原生动力

一是坚持“固根铸魂”，始终把学习贯彻习近平新时代中国特色社会主义思想作为干部教育培训的首要政治任务，在区管干部进修班、中青班等主体班次中，专门设置习近平新时代中国特色社会主义思想专题教学板块，着力提升干部不负使命的思想认识和担当作为的行动自觉。

二是坚持“补钙壮骨”，把党性教育贯穿教育培训全过程，主体班次开设临沂、延安和井冈山革命传统教育的体验式教学，引导干部传承红色基因，永葆政治本色。

三是坚持“充电蓄能”，注重开展与干部业务能力密切相关的新理论、新知识、新技能培训，举办新城建设、河长制、一网统管等专题研修班 19 个，1070 人次处级干部参训，切实提升干部队伍担当作为的能力。

（二）突出实绩标准，鲜明勇于担当、主动作为的用人标杆

一是坚决贯彻落实习近平总书记选人用人重要思想，区委全会审议通过《关于激励创新创造突出实绩导向评价使用干部的意见》，突出“重实干、重实绩、重担当”鲜明导向，推动干部在乡村振兴、“东方美谷 + 未来空间”、新城建设等重点工作的“赛马场”上比作为，在实践实战中选实干家，激活干事创业“一池春水”。

二是坚持在一线了解识别领导班子和领导干部，真实、动态、全面地掌握干部工作状态和思想状况。比如，2022 年 6 月全市全面恢复正常生产生活后，第一时间全覆盖开展走访调研，深入了解区管领导干部换届以来特别是本轮疫情防控大战大考中的表现情况，为科学开展干部选拔任用、职级晋升、评优评先、管理监督奠定基础。

三是稳步推进公务员职务与职级并行工作，根据干部担当作为等情况综合考虑、择

优遴选，有效释放政策红利。对在疫情期间承担重任、表现突出的干部优先晋升职级，进一步放大政策激励作用。

（三）深化激励保障，形成保驾护航、撑腰鼓劲的强大支撑

一是通过岗位历练为干部担当作为赋能，引导干部在做中学、干中练。积极搭建“四个一百”实践平台，近年来通过上派、下挂、外联的方式，选派500余名年轻干部到中央国家机关和央企、市级机关和市属企业、街镇和村居等急难险重岗位实践锻炼。

二是关心关怀干部身心健康，积极营造“你为事业着想，组织为你着想”的氛围，切实爱护长期奋战一线、勤勉敬业、忘我工作的干部。疫情期间，针对基层干部不分昼夜、连续作战的情况，创新实施“机关干部顶岗一天，村居干部休整一天”，有效实现村居干部每人每周都能轮流休整一天。

三是正确对待被问责和受处分的干部，通过谈心、日常走访等方式，加强对他们的关心关怀和跟踪评估，让干部放下包袱、轻装上阵。

（四）开展有效监督，创造狠抓落实、善作善成的良好氛围

一是制定执行《关于进一步激励广大干部新时代新担当新作为的实施意见（试行）》《关于治理干部懒政怠政、不担当不作为问题的实施办法》等制度文件，把从严管理与正向激励有机结合，激发干部干事创业激情，在全区范围营造支持改革、鼓励创新、宽容失败、允许试错的氛围。

二是结合“不忘初心、牢记使命”主题教育开展不担当不作为专项整治工作，常态化收集掌握干部不担当不作为问题线索，近年来，发现并处理不担当不作为干部4名。

三是全领域深化作风建设，紧密结合区委区政府各项重点工作，深入开展“服务对象评议科室”和“万人评议机关”活动，在全区范围内评选一批“金牌店小二”“创造梦之队”，开展揭榜挂帅改革攻坚行动，营造争先进位浓厚氛围，以作风大转变推动能力大提升、事业大发展。

三、奉贤干部队伍担当作为的现状分析和主要问题

了解掌握干部队伍担当作为情况，既要有定性评价，也要有定量分析。本次调研通过走访调研、问卷调查等形式，深入掌握本区干部队伍担当作为情况（见表1）。

表1　问卷调研对象基本情况

职　级	人数	占比	工作单位	人数	占比	年　龄	人数	占比
处级（相当处级）及以上	398	5.52%	区级机关、人民团体	1069	14.83%	35岁及以下	2645	36.69%
			街镇、开发区	1132	15.70%	36—40岁	1192	16.53%
科级（相当科级）及以下	6811	94.48%	区直属各企事业单位	3907	54.20%	41—49岁	2141	29.70%
			其他	1101	15.27%	50岁及以上	1231	17.08%

（一）干部队伍的主流是想干事的

总体上看，近年来通过不断加强干部队伍思想建设，奉贤干部队伍精神状态是好的，大多数干部是积极进取、奋发有为的。从干部队伍自身评价看，调查问卷显示，超过75%的干部认为全区干部队伍的精神状态是“非常好，担当作为干事创业的氛围浓厚”或“总体较好，从上到下基本都能按时按质做好本职工作”（见表2）。从奉贤事业发展成效看，大家普遍反映，回顾近年来的改革发展进程，奉贤在城市建设、经济发展、生态建设、社会治理、民生保障等各方面呈现提质增效、稳中向好的态势，特别是地方财政收入连年稳步增长，取得令人瞩目的成就。这些成绩，都与广大干部改革创新、干事创业、担当奉献密不可分。

表2　目前全区干部队伍的精神状态

选　　项	小计	比例
总体较好，从上到下基本都能按时按质做好本职工作	3137	43.52%
非常好，担当作为干事创业的氛围浓厚	2301	31.92%
大部分较好，极个别干部有不担当不作为现象	1290	17.89%
一般，干部队伍干事创业精气神不足	481	6.67%

（二）部分干部担当作为意识还不强

从调研的情况来看，不担当不作为的情况在全区各层面各领域都有表现，虽然绝对数不大，但如果不加以重视和解决，会对事业发展造成较大影响。

一是有的干部缺乏时不我待的使命感和紧迫感。奉贤目前正处于重要的战略机遇期，新城作为上海新一轮新城建设的发令地，市委市政府给予厚望，人民群众翘首以盼。但有的干部对宏观形势和发展态势缺少深刻认识，在深化改革、调整结构等新任务中，瞻前顾后、缩手缩脚、求稳怕乱，不敢闯“无人区”、捅“天花板”，缺乏大刀阔斧、奋力开拓的精气神，不能胸怀“国之大者”，不能立足全局，缺乏担当作为的持续动力。

二是有的干部满足于现状、满足于经验。面对快速发展不断变化的实际，面对政策密集出台和业务知识的快速更新，喜欢说“以前怎样”“过去如何”，不喜欢改变、不适应改变，不及时跟进学习，不深入思考研究，对信息化手段、新科技运用、新思维理念学习了解不深不透，导致面对数字化转型、产业结构重塑等一些新的工作任务、岗位要求、疑难问题时缺少干的能力、闯的底气。问卷调查显示，51.37%的干部认为在激励干部担当作为方面亟须“提升能力素质”（见表3）。

表3　激励干部担当作为需要完善的方面

选　　项	小计	比例
提升能力素质，解决干部“不会为”的问题	3703	51.37%
厘清权责界限，明确什么可以为、什么不能为	3230	44.81%

续表

选　　项	小计	比例
完善容错机制，帮助干部放下心理包袱轻装上阵	2874	39.87%
强化理论教育，激发干部担当作为的内生动力	2770	38.42%
强化监督机制，推进干部能上能下的落实	2234	30.99%
提升福利待遇，增强对干部的物质和精神激励	1950	27.05%
重视关心关爱，提升干部的荣誉感和获得感	1766	24.50%
其他	32	0.44%

三是有的干部精神懈怠、畏难避事。有的同志奉行“做多做少一个样，多做多错、不做不错”，工作上拈轻怕重，岗位上挑肥拣瘦，事业上不求上进，不愿去基层一线和艰苦岗位；还有同志主动要求退居二线，认为可以通过公务员职级通道“到点晋升”。甚至有少数干部没有树立正确价值观，“避事”成瘾，衍生“佛系心态”，重点关注个人健康和业余生活，把工作仅仅当成一份副业，只看到职业、看不到事业，得过且过。问卷调查显示，41.75％的干部认为“做‘老好人’、当‘太平官’，为了不出事宁可不干事”是区内不担当不作为的主要表现（见表4）。

表4　目前区内不担当不作为现象的主要表现

选　　项	小计	比例
做“老好人”、当“太平官”，为了不出事宁可不干事	3010	41.75%
畏首畏尾，不敢发表意见，不敢作出决策	2284	31.68%
精神懈怠，工作得过且过，能拖就拖	2152	29.85%
工作区别对待，只管自己的“一亩三分地”	1845	25.59%
面对群众诉求推来推去“打太极”	1735	24.07%
出了问题推卸责任，不敢主动认错纠偏	1709	23.71%
以文件落实文件，以会议传达会议	1632	22.64%
拈轻怕重，对工作安排挑肥拣瘦	1601	22.21%
以文字材料代替工作实绩	1308	18.14%
其他	89	1.23%

（三）干部考核激励约束作用不明显

近年来，奉贤区在构建干部考核评价体系上作了一些有益探索，但从促进更好担当作为角度看，干部考核作用发挥还不够充分。

一是考核深度和广度仍需进一步加强。对领导班子和领导干部的考核，通常以年度考核为主，往往是“一锤定音”，日常考核的时效性还不强。考核过程中偏重述职测评等

传统办法，缺少实地跟踪、蹲点调研、嵌入督察等动态考评手段，致使考核结果缺乏准确性。问卷调查中，57.3%的干部认为现有的考核体系一定程度存在“形式主义”倾向。

二是差异化考核体现不明显。一方面，不同的岗位特点、工作属性，难以用同一把尺子加以衡量，目前开展的考核工作尚未建立起一套适用于不同岗位干部的考核体系，考核结果“千人一面”的现象没有得到根本改善。问卷调查显示，56.6%的干部认为“不区分干部级别、岗位差异，精准性不强”是当前干部考核工作存在的主要问题（见表5）。另一方面，考核的区分度不强，存在“逢考必过”和“不称职者”难以筛出的情况，对领导班子的考核集中在优秀和良好，差或者较差的比例很小，对干部考核也大多是优秀和称职两个等次，只有受党纪政务处分的情况才给予基本称职或不定等次，没有“拉开差距”。

表5　当前干部考核工作存在的主要问题

选　　项	小计	比例
对考核不够重视，一定程度存在“形式主义”倾向	4131	57.30%
不区分干部级别、岗位差异，精准性不强	4080	56.60%
考核内容太笼统，重点不突出	3790	52.57%
考核指标设置共性较多，个性化较少	2558	35.48%
考核指标以定性为主，量化不足	1674	23.22%
其他	54	0.75%

三是考核结果运用不够充分。目前，对干部考核结果的运用主要是作为干部使用、职级晋升、绩效考核的依据，考用不一致、考用脱节现象一定程度存在。对个别工作表现一般的干部，教育、提醒等跟进措施不够到位，促进后进干部转变、进步的效果还不太明显。

四、关于激励干部担当作为的思考

激励奉贤干部新时代新担当新作为，根本要抓住影响干部干事创业、担当奉献的关键症结，坚持严管和厚爱结合、激励和约束并重，唤醒责任意识，激发担当精神，推动干部以忘我的工作热情全身心投入“奉贤美、奉贤强”的各项征程中去。

（一）持续强化“不负人民、奋发有为”的理想信念教育

干部不思进取、推诿扯皮、敷衍了事不作为，根本原因还是理想信念这个“总开关”没拧紧，思想出现滑坡。而坚定的理想信念，不是与生俱来的，也不是一劳永逸的，需要在不断的学习修养中实现从认知到认同的转变。一方面要抓牢思想解放这个担当作为的先导问题，结合党的二十大和上海市第十二次党代会召开，开展领导干部专题培训，引导全区干部自觉把奉贤放在全国、全市的大局中谋划思考工作，放在自贸区新

片区、长三角一体化等国家战略中寻找定位，放在加快建设具有世界影响力的社会主义现代化国际大都市的历史使命中去创新实践。另一方面要坚决把政绩观教育作为重点任务来抓，通过党委（党组）理论学习中心组学习、集中轮训、理论研修、专题研讨等方式，常态化开展政绩观专题教育，促使干部牢固树立和践行正确政绩观，引导干部悟深悟透以人民为中心的发展思想，完整、准确、全面贯彻新发展理念，切实解决好“政绩为谁而树、树什么样的政绩、怎样树好政绩”的问题。

（二）牢固树立“看德才、重担当”的选人用人理念

用好一个干部，会激励一群人；选错一个干部，则打击一大片。激励干部担当作为关键在“用”，要抓住领导干部这个关键少数，一级带着一级干、一级做给一级看，以担当带动担当、以作为促进作为。一方面要突出政治担当选人用人。坚持从对党忠诚的高度看待干部是否担当作为，将领导干部担当作为情况列为区委巡察检查的重要内容，进一步提升政治素质考核权重，修订完善《奉贤区区管领导干部政治素质考核评价办法》，用好政治素质正反向测评等手段，旗帜鲜明地对不担当不作为干部亮起红灯。另一方面要突出事业担当择人育人。树牢“为事业选干部、凭业绩用干部”的理念，坚持事业为上、依事择人，大力倡导“有为才有位、有位须有为”的用人导向，注重倾斜一线选人，从重点工作一线和艰难困苦岗位提拔重用干部。

（三）积极探索“壮筋骨、长才干”的能力提升路径

坚持需求导向，始终围绕中央、上海市委的工作部署及奉贤经济社会发展大局开展干部教育培训和实践锻炼，不断提高干部担当作为的素质本领。一方面要在专业训练中完善知识结构、提升专业素养。按照“干什么学什么、缺什么补什么”的原则，围绕“奉贤美、奉贤强”发展目标和“四新四大”发展路径，开展精准化、个性化培训，增强专业化培训的频次和深度，着力弥补干部的知识空白、能力短板，增强干部适应新形势新任务的能力。另一方面要在实践锻炼中丰富阅历、历练成长。继续把改革发展主战场、维护稳定第一线、服务群众最前沿作为干部培养“主课堂”，持续选派优秀年轻干部开展“四个一百”实践锻炼，让他们在实战中补齐能力短板，增强实干意识。

（四）不断完善“在一线、问实效”的考核评价体系

充分发挥考核“指挥棒”作用，以事为基、以绩为本，练就“火眼金睛”，避免“雾里看花”，以知事识人的真本领提高选人用人的精准度，激励广大干部在推动高质量发展中担当作为、勇立潮头。一方面，要推动考核评价体系更加完善。优化考核内容和考核评价体系，全方位、多渠道了解干部，立体式、精准化评价干部，将疫情防控等急难险重工作作为最好的“赛场”和“考场”，加大在一线火线考察识别干部的力度，鼓励广大干部在大战大考中勇担当、比作为、赛成绩。另一方面，要推动考核评价结果更加科学。着力拓展干部信息综合分析平台数据边界，注重汇集纪检、政法、信访、审计、防疫等部门的涉干信息，积极整合考核评价资源，以全覆盖的数据来源推动精准化的干部考核，通过多方印证、综合分析，努力实现“让数据说话、请群众打分、凭实绩

出彩”。

（五）重点突破“不能下、不能出”的长期难题困境

激励干部担当作为要害在“下”，要结合新修订的《推进领导干部能上能下规定》，积极稳妥地推进干部能上能下，以“下”的坚决推动干的自觉。一要细化“下”的标准。紧扣奉贤发展实际，围绕新城建设、乡村振兴、产业发展、民生保障等工作，修订完善《奉贤区推进领导干部能上能下实施办法（试行）》等制度文件，细化干部“下”的情形，完善不担当不作为认定标准。二要畅通“下”的渠道。抓住突出领域和关键少数，逐级压实责任，常态化收集掌握督查通报、媒体曝光、群众信访等途径发现的干部不担当不作为问题线索，刚性执行干部“下”的标尺，通过坚决地“下”，形成调整一个、教育一片、警示一批的震慑效果。三要优化“下”的办法。严格按照程序步骤，合理界定干部不担当不作为的性质和情节并予以分类处置。同时，扎实做好“下”的“后半篇”文章，用发展的眼光看待受处理处分的干部，让“下”的干部有“上”的希望和路径。

（本文获2022年度全市组织系统优秀调研成果二等奖）

课题组成员：洪　萍、张　辉、吴耀成、邬佳豪、邬子倩

主要执笔人：邬佳豪

对标高质量发展要求的市级医院优秀年轻干部队伍建设研究

上海申康医院发展中心课题组

为政之要，惟在得人。对事关国计民生的公立医院而言，建设一支符合新时代好干部标准、忠诚干净担当、数量充足、充满活力的高素质专业化年轻干部队伍，使命重大、意义深远。上海的市级医院具有优质医疗资源集聚、人才队伍基础丰厚等特征，优秀年轻干部队伍建设有其鲜明特点和发展规律。为进一步了解和把握当前队伍建设存在的主要问题，上海申康医院发展中心（以下简称“申康中心”）课题组于2022年深入党委直属的15家市级医院开展调研，采取文献研究、个别访谈、专题座谈等方式，进行深入研究和分析。其间，共组织访谈15场，涉及市级医院领导班子成员、中层干部等330多人次。同时，本次调研开展过程中，紧密结合党的二十大关于组织工作的最新精神，坚持以理论指导实践，形成相关研究成果。

一、新时期开展市级医院优秀年轻干部队伍建设的必要性和紧迫性

（一）是贯彻落实新时代党的组织路线、全面加强公立医院党的建设工作的重要举措

年轻干部是党和国家事业兴旺发达的后备力量和希望所在。中共中央《关于适应新时代要求大力发现培养选拔优秀年轻干部的意见》指出，努力建设一支忠实贯彻习近平新时代中国特色社会主义思想、全心全意为人民服务，适应新使命新任务新要求、经得起风浪考验，数量充足、充满活力的高素质专业化年轻干部队伍。《中共上海市委关于进一步加强干部队伍建设奋力担当新时代新使命的若干意见》提出，要加大年轻干部选拔培养使用力度，打破条条框框、隐性台阶，不拘一格选人才，压担子、经磨砺，推动形成数量充足、质量优良的优秀年轻干部梯队。

随着我国公立医院党的建设工作日益深化，加强优秀年轻干部队伍建设，不仅是贯

彻落实新时期组织路线的必由之路，也是公立医院党组织全面发挥党的领导核心作用，履行党管干部、党管人才原则的重要职能。发现培养选拔优秀年轻干部，有助于进一步加强医院领导班子建设，有助于持续打造政治强、促改革、懂业务、善管理、敢担当、作风正的医院干部队伍，为深化医药卫生体制改革和健全现代医院管理制度提供重要的人力资源保障。

（二）是推动新时期公立医院高质量发展的活力源泉

国务院《关于推动公立医院高质量发展的意见》的出台，标志着我国公立医院发展迈入提质增效的高质量发展新时代。对标高质量发展新要求，如何储备、培养、管理好医院的年轻干部，形成一支高素质专业化的干部队伍，是推动医院高水平发展、全方位践行现代公立医院管理制度的重要保障。

从上海市级医院事业改革发展的角度看，持续培养选拔优秀年轻干部，是一项重大而紧迫的战略任务。以申康中心为例，虽然近年来高度重视年轻干部的发现识别和培养使用，但受制于卫生系统人才成长客观规律限制以及部分领导主观认识上差距等，系统单位尤其是直属医院干部队伍年龄结构层次仍不合理。一是年轻干部总量不足，特别是“80后”干部占比过低。据2021年底统计数据显示，申康中心党委管理的处级以上干部平均年龄50.4岁。其中，1970年以后出生干部占28.5%；1975年以后出生干部占23.3%；1980年以后出生干部占5.2%，1980年以后出生的医院领导班子成员仅1名。二是干部年龄结构偏大，接近退休年龄干部较多，任期届满干部存量仍然不少，干部队伍在一定程度上面临青黄不接现象。

因此，面对高质量发展的时代要求，开展优秀年轻干部队伍建设，对于优化医院领导班子结构，激发干部队伍活力，全面提升健康上海建设水平和市级医院高质量发展水平都具有重要意义。

二、开展优秀年轻干部队伍建设的做法与经验

申康中心是市级公立医疗机构国有资产投资、管理、运营的责任主体和政府办医的责任主体。同时，申康中心党委也是部分市级医院的上级党委。申康中心党委有直属市级医院15家，其中包括综合性医院4家、专科医院11家。本次调研覆盖与报告论述的范围，主要基于党委直属15家医院的干部队伍建设情况。在开展优秀年轻干部队伍建设中，申康党委系统主要的经验和做法如下：

（一）每两年一度专项调研，动态掌握系统年轻干部队伍发展状况

优秀年轻干部培育是一项长期、系统性的工程。为此，申康中心党委每两年一度开展直属医院优秀年轻干部调研，以此作为加强干部储备、优化梯队建设的重要举措。在调研方法上，通过医院酝酿初步名单、调研组赴医院听取意见、召开座谈会进行研讨等方式，结合不同医院规模、专科特色、岗位需求、人选特点等因素，对每家医院优秀年轻干部人选进行汇总和逐一讨论。在此基础上，调整补充形成系统新的“选拔储备一

批”“培养掌握一批”的优秀年轻干部名单。在调研过程中，注重了解干部的政治素养与能力作风。在听取干部日常表现和工作实绩相关评价的同时，特别关注干部在疫情防控、对口支援等重大任务中的表现和作为，以此发现、掌握和聚焦一批政治素质好、思想觉悟高、勇于担当作为、工作表现突出、经过扎实历练，可进一步培养使用的优秀年轻干部。2018—2021 年，申康党委系统提任的 44 名干部中，28 人为优秀年轻干部，平均占比 63.63%，并呈逐年递增趋势。其中，2021 年新提任干部中优秀年轻干部比例已达 71.43%。

（二）打造“四合一”干部培育体系，为优秀年轻干部搭建综合素质提升平台

市级医院年轻干部大量来源于医学以及相关专业岗位人员。这些年轻干部具有专业知识丰富、业务能力较强等特点，但在政治历练、管理意识培养方面的资源和精力投入较为有限。为此，结合队伍建设特点，申康中心构建了“四合一”培训体系，主要包含党校理论培训、医院管理培训、海外高级管理培训、干部挂职锻炼四个方面。其中，党校理论培训主要依托上海市委党校每年举办系统中青年干部培训班、领导力培训班、党支部书记示范班等班次，侧重提升干部政治素质和政治能力。医院管理培训主要依托复旦大学等高校平台，举办“医院高质量发展领导力提升”课程项目，着力加强医院专业领导人员的管理能力培养。海外高级管理培训，主要依托海外相关医疗机构和高等学府，组织市级医院干部开展考察学习，进一步拓展国际视野、提升管理格局。2016 年以来，申康中心“四合一”培训体系已覆盖医院领导干部和优秀年轻干部 700 多人次。

（三）注重“同质化”培养，依托挂职锻炼与轮岗交流，打造“既懂业务、又懂政治”的干部队伍

申康中心注重采取多种形式，不断在实践中提升年轻干部综合管理能力，多年来坚持常态化开展年轻干部挂职锻炼工作。通过年度制定工作计划、全年动态实施，组织医院干部到申康中心相关部门、专科医院干部到综合医院、申康中心本部干部到医院开展为期半年至 1 年的挂职锻炼，使年轻干部进一步在工作中开阔眼界、积累经验、提升能力。特别对于专业技术干部而言，通过在管理部门的挂职锻炼，能够较好地提升管理的意识，进一步提升宏观大局观、锤炼辩证思维能力。近 5 年来，已累计组织开展医院与申康中心之间的干部挂职交流 100 多人次。

（四）加强上下联动，形成加快培养优秀年轻干部的思想共识与工作机制

在申康中心层面，切实树立加快推进优秀年轻干部队伍建设的导向。申康中心每年面向直属市级医院开展党委书记业绩考核。考核指标中，有一项是干部队伍建设的细分指标，其中通过对各直属医院中层干部队伍年龄结构（45 岁以下人员占比）、专业能力（拥有高级职称人员占比）、学历水平（硕士研究生学历以上人员占比）进行排序、比较，对直属医院年轻干部队伍建设状况进行动态评估，推动各医院形成持续优化、培育优秀年轻干部队伍的思想共识。

在直属医院层面，作为优秀年轻干部队伍培养的主体，积极探索行之有效的工作机

制，加快推进队伍成长成才。例如，上海市第六人民医院坚持分类培养，根据医院干部梯队建设需求，制定个性化培养方案，明确所在科室、党支部负责人要承担优秀年轻干部培养第一责任。实施有针对性的跟踪培养，选派优秀年轻干部到综合管理部门挂职锻炼或上级主管部门实践锻炼，拓宽干部视野和交流范围。上海市中医医院加强年轻干部能力建设，根据医院"十四五"发展规划及内部组织机构负责人培养需求，"一人一策"制定内部组织机构负责任聘期内个人能力提升清单，对年轻干部特别提出学历职称、导师资格、社团任职、研究能力等多方面要求，并在内部组织机构负责人年度考核中增加"个人能力提升"考核权重，制定相关考核细则。上海市第一妇婴保健院构建人才全周期培养体系，制订"启帆""乘风""领航"全周期人才培养计划，建立以创新能力、质量、贡献、绩效为导向的人才评价体系，提升医院干部人才队伍核心竞争力。

三、优秀年轻干部队伍建设存在的主要问题

通过深入调查研究发现，当前市级医院优秀年轻干部队伍建设存在的主要问题有以下几方面。

（一）引导激励优秀年轻干部充分发挥能力的机制、环境还不够完善，在专业干部培养、选拔、使用上推进干部人事制度改革创新的力度还不够

医疗卫生机构尤其是市属大型公立医院专业性强，对医院领导干部的专业背景、专业能力要求较高。囿于行业相关政策、机制和环境所限，当前具有一定共性问题。在晋升发展方面，年轻干部存在不同程度职称晋升瓶颈，其中，进入管理岗位的医学专业背景年轻干部，因管理工作影响从事医学专业的时间和工作量，难以达到现有职称评定体系中的相关要求。在待遇方面，市级医院行政和党务干部一岗多责、工作繁忙，但薪酬水平比业务科室低。优秀年轻人才愿意到行政和党务部门的少，而更愿意留在业务科室，一定程度上造成临床专业背景干部从事医院党政管理意愿不高。在监管方面，存在对年轻干部"德才兼备"的把握不足等问题，突出表现为：对年轻干部培养更重视业务能力和专业业绩，而对思想品德和政治素质的考察不够到位，对干部全方位、多角度、近距离了解和研判不够准确，对干部管理制度的执行不够严格，对一些年轻干部出现苗头性、倾向性问题的处理不够及时等。

（二）优秀年轻干部储备总量偏少、厚度不足，队伍结构层次还不尽合理

在储备方面，市级医院年轻干部成长具有实践性、晚熟性特点。以医师为例，一般都要接受 5 年制或 8 年制医学院校教育，毕业后还要经过 1—3 年住院医师规范化培训，入职工作时间一般比其他行业普遍晚 4 年以上，专业业务积累时间较长。此外，市级医院的管理岗位专业化要求比较高，一般要求具备硕士以上学历、副高级以上职称且具有比较丰富的实践经验，担任医疗卫生机构有关职能部门负责人往往已经 40 岁左右。现有年轻干部遴选年龄标准（70、80、90 标准）与医疗卫生系统实际不符。不仅 70、80、90 年代干部相对较少，还"积压"了一批 60 年代干部。在遴选方面，标准还没有做到

按条线分类，缺少尚不完全符合标准，但综合素质较强有发展潜力的年轻干部的发现途径。另外，还不同程度地存在论资排辈、平衡照顾现象。

在结构方面，医院中层干部是医院领导班子的蓄水池，但面上不均衡现象较为突出，医疗、后勤等方面人才短板较为明显。一方面，年轻干部中医学专业背景人员储备相对不足。受制于卫生专业人才成长规律，医学专业背景为主的临床科室负责人“80后”干部仅占 7%，而非医学专业背景比例较高的职能部门负责人“80 后”占比达 35%，压缩了下一步医院管理干部的遴选空间。另一方面，医务管理、后勤管理等专门人才缺口较大。医院需求大、专业性强的关键岗位上的后备干部储备缺口较大，在 2020 年系统优秀年轻干部调研形成的 74 名干部中，医务部门干部仅 9 人、后勤部门干部仅 2 人。从长远谋划和加强直属医院班子梯队建设角度考虑，相关专业管理领域优秀年轻干部储备仍显紧缺。

（三）优秀年轻干部培养方式相对单一，还不能满足高素质专业化的选人用人需求

从申康中心 2022 年度优秀年轻干部调研中发现，兼具临床和管理背景的优秀年轻干部还比较缺乏，目前直属医院 45 岁左右、正处当打之年的干部，特别是兼有临床背景的管理干部还非常缺乏。40 岁左右干部总体成熟度还不高，缺乏一定数量岗位的历练，大多数还需要相当程度打磨。对照“既懂业务、又懂政治”的干部培养要求，系统年轻干部队伍总体能力水平还有待进一步提升，部分年轻干部客观存在专业业务强、管理能力弱的现象。

在年轻干部教育培训方面，现有培养体系比较重视对年轻干部的业务培养，但对政治能力和政治素养的常态化培养还不充分，导致部分来自临床的年轻干部存在专业水平强、政治能力和政治素养相对弱的现象。此外，在提高年轻干部解决实际问题能力方面，特别是调查研究能力、科学决策能力、改革攻坚能力、应急处突能力、群众工作能力等方面，培养的针对性和系统性还不够。

（四）干部使用过程中，论资排辈、求全责备等主观因素仍然一定程度存在

加强加快年轻干部使用虽然已成为各方面的共识，但是限于卫生系统特点和部分领导认识不到位，在具体年轻干部的培养使用中仍有不足。有时还存在对年轻干部“不敢用”的现象，不确定年轻干部上来以后是不是压得住场面、把得住局面，面对医院里的老领导、老专家、老前辈较多的情况是不是能够开展工作；有时还存在对年轻干部“不会用”的现象，往往看重经历完整、能力全面等因素，总觉得把年轻干部放到领导岗位上还“差口气”、面上难以平衡，一定程度上制约了年轻干部的历练和发展，造成事实上的“备而不用”。

四、对策与建议

新时期公立医院要实现高质量发展，必须拥有一支政治素养好、业务能力强、管理水平高、富有创新活力的干部队伍。因此，在开展干部队伍建设中，有必要围绕以下几

方面开展深入实践，构建优秀年轻干部“选育管用”全链条培养选拔体系。

（一）加强组织领导，加大制度和机制保障，持续构建完善优秀年轻干部队伍建设体系

党的二十大报告指出，“人才是第一资源”，“抓好后继有人这个根本大计，健全培养选拔优秀年轻干部常态化工作机制”。作为年轻干部工作的责任主体，市级医院党组织要切实把发现培养选拔优秀年轻干部工作摆上重要议事日程，加强顶层设计和长远规划。一方面，应进一步立足长远，加强年轻干部队伍建设的总体谋划。应充分调研了解医院中层干部队伍整体情况、当前优秀年轻人才成长情况，结合医院的中长期规划和发展战略，制定相应的干部人才规划，结合重点岗位、重点专业等人才需求，切实做好中长期的人才储备和培育计划，使干部培养工作与医院改革发展紧密相联。另一方面，应进一步把握关键，强化制度和工作机制保障。完善中层干部选拔、培养等工作制度、流程。结合优秀年轻干部培养中的堵点、难点，深入分析其主要矛盾，从工作制度和工作机制上入手，通过进一步改进相关激励举措、推动干部适时轮岗交流，吸引更多专业干部到管理岗位培养和历练，同时为管理干部创造更多发展和锻炼机会，形成良性循环、行稳致远的工作格局。

（二）抓好发现环节，持续扩大市级医院优秀年轻干部“蓄水池”

“优秀年轻干部既要数量充足，又要质量优良”。数量的充足是选拔培育优秀年轻干部的重要基础和必要条件。从医院层面，要把发现优秀年轻干部抓在日常，利用各种工作机会工作渠道，全方位多角度了解年轻干部。各医院需要重点关注中层干部选拔、培育，分层分类为领导干部长远培养建立并储备好充足的人才队伍。在中层干部选任过程中，要着重关注对于政治素质、道德品质的考察和评估，关注干部在攻坚克难、应急处突方面的表现，将敢于担当、有突出贡献的干部选出来、用起来。对上级办医主体党组织而言，要通过定期调研机制，常态化掌握面上年轻干部成长情况，进一步广泛发现、提前接触政治素质好、专业有基础、管理有潜力的专业干部。要积极鼓励并要求直属单位不断加大中层干部年轻化力度，为各层次领导干部培养建好“蓄水池”。

（三）坚持靶向施策，注重政治历练和实践锻炼，培养造就高素质专业化干部队伍

一是强化政治能力培养。充分发挥各级党组织作用，加大对年轻专业干部的政治思想教育。努力扩大各类政治教育培训覆盖面，提升专业干部的思想认识和觉悟。加强理论武装和思想教育，有计划地安排年轻干部到党校（行政学院）等主渠道主阵地进行系统的马克思主义理论教育和党性锻炼。二是强化战略思维能力培养。要注重年轻干部管理视野的扩展，探索开展国际化医院管理培训，通过境外集中课程培训和短期“跟岗”训练等形式，突出国内外医院管理实践的问题导向，开阔年轻干部的国际化视野，培养年轻干部的战略思维能力。三是强化管理实务能力培养。深化以管理学原理和医院管理实践相融合的实务培训，探索开展多条线的医院管理专题研修项目，突出医政、后勤、绩效、经济运行等管理领域，强化管理思维训练。同时，要进一步健全实战培养机制，建立多形式管理实践平台，加强岗位锻炼、轮岗交流，坚持必要台阶和递进式培养，注重在关键、吃劲岗位和正职岗位培养锻炼年轻干部，切实优化干部成长路径。

（四）加大使用力度，加强监督管理，把优秀年轻干部培养工作融入日常、重在平常

从监督、管理的角度，应进一步建立激励约束并重的市级医院年轻干部管理体系。要坚持严管厚爱，保证年轻干部健康成长。注意定期分析年轻干部思想状况，教育引导年轻干部知敬畏、懂规矩、守纪律。要健全年度考核、专项考核、换届考察、任职考察与平时了解相结合的跟踪考核机制。要结合实际建立符合优秀年轻干部合理需求的薪酬水平、职业发展等方面的保障机制。探索完善通过心理测试、谈心谈话记录等措施评估岗位适配度。同时，进一步加强年轻干部信息库，通过分类别、分专业建立成长档案，加强定期分析，为优化资源配置、统筹培养使用打好基础。

从干部使用的角度，要坚持任人唯贤的干部路线和德才兼备、以德为先的用人标准。着力破除论资排辈、平衡照顾、求全责备等观念，既看资历、经历，更注重能力、潜力，大胆选拔使用经过实践考验的优秀年轻干部。在酝酿讨论单位、内设机构、党的基层组织和群团组织的管理班子配备中充分考虑年龄结构要求。要把年轻干部选拔配备工作融入日常、抓在经常，加强对领导班子进退情况、配备需求和优秀年轻干部储备情况的分析研判，对各方面条件比较成熟的年轻干部及时提拔使用。

（本文获2022年度全市组织系统优秀调研成果二等奖）

课题组成员：王　晨、郑陆林、王怡蓓、鲍晓青、贾　媛

主要执笔人：王怡蓓、郑陆林、鲍晓青

关于加强金山区优秀年轻干部培养选拔工作的调研报告

金山区委组织部课题组

发现培养选拔优秀年轻干部，是加强领导班子和干部队伍建设的一项基础性工程。金山区围绕大力发现识别优秀年轻干部，成立专项课题组，深入全区80家区管单位开展调研，个别访谈2034人次，查阅档案450余份。在全面调研基础上，认真总结近年来金山区加强年轻干部培养工作的经验做法，深入分析工作中存在的问题和不足，有针对性地提出了加强新时代优秀年轻干部培养选拔工作的对策建议。

一、背景分析

党的十八大以来，习近平总书记着眼"两个一百年"奋斗目标，着眼党的事业后继有人、兴旺发达，对做好年轻干部工作提出了一系列重要指示要求，先后6次为中央党校（国家行政学院）中青年干部培训班学员上"开学第一课"，充分体现了对年轻干部的关心关爱和殷切期望。中央先后出台《关于适应新时代要求大力发现培养选拔优秀年轻干部的意见》《2019—2023年全国党政领导班子建设规划纲要》，要求大力发现培养选拔优秀年轻干部。上海也高度重视年轻干部培养选拔工作，市委出台《关于贯彻落实〈2019—2023年全国党政领导班子建设规划纲要〉的实施意见》，明确"健全优秀年轻干部选育管用环环相扣又统筹推进的全链条机制"。当前，金山正处于转型新发展塑造新形象的关键时期，亟须一批又一批可堪大用、能担重任的年轻干部为区域发展提供源源不断的人才支撑，这对加强年轻干部队伍建设提出了紧迫要求。可以说，做好年轻干部培养选拔工作，已经成为当前及今后一段时间干部工作的一项非常重要的任务。

二、金山区优秀年轻干部培养选拔工作的探索实践与经验做法

（一）坚持政治标准，严把年轻干部"政治首关"

一是抓牢政治教育，坚决筑牢信仰之基。区级层面每年选送优秀年轻干部参加中

央、市级主体班，定期举办学习贯彻党的二十大精神、党的十九大和十九届历次全会精神专题研讨班，每年举办中青年干部培训班，各街镇每年举办青年干部培训班，在各类培训和专题学习中突出加强理想信念和宗旨意识教育，确保理论教育和党性教育比重不低于总课时的70%，确保年轻干部坚定拥护“两个确立”、坚决做到“两个维护”。

二是加强政治历练，不断锤炼政治品格。金山区紧密结合区委区政府重点工作和疫情防控、防汛防台等急难险重任务，注重常态化加强年轻干部政治历练和实践锻炼。在大上海保卫战中，先后组织近万名区镇两级干部下沉村居一线，建立“四个千人”常态支援队伍、“四个百人”应急支援队伍；各单位也积极选派年轻干部直接参与疫情防控工作，推动年轻干部在火热“疫线”经受政治历练。

三是做实政治考察，全面考准政治素质。金山区坚持把政治标准放在首位，制定实施加强干部政治建设考察实施办法，探索建立政治素质档案，全方位记录干部政治表现，做到干部政治表现有迹可查。

（二）坚持及时发现，拓宽年轻干部“源头活水”

一是注重全领域引才。充分利用招录、引进等方式积极从高校、外省市等引进优秀人才。2006年以来，区级层面持续实施储备人才项目，引进以硕士研究生为主体的优秀毕业生538人，目前已提拔担任正处级领导干部5名、副处级领导干部34名，有效拓宽了干部队伍的来源和渠道。团区委推进“金种子”计划，山阳镇、廊下镇、金山卫镇等单位积极推进“本土人才”回流工程，鼓励引导金山籍人才回归。

二是注重广视角识才。坚持定期开展年轻干部专项调研，全面掌握年轻干部梯次配备、人员储备、培养使用等情况，有针对性地发现优秀年轻干部。区司法局、朱泾镇等单位注重加大年轻干部储备力度，建立年轻干部“一人一档”信息库。

三是注重多角度选才。综合运用年轻干部座谈会、干部谈心谈话、集中培训等方式，直接了解年轻干部的德才表现。注重搭建综合比选平台，每年选派年轻干部参与区委区政府重点工作，承担急难险重任务，在接受锻炼的同时也让优秀年轻干部脱颖而出。

（三）坚持系统培养，推动年轻干部“百炼成钢”

一是注重教育培训“淬炼”。区级层面采取“主体班+专题班+业务班”的模式，每年统筹安排45个左右班次，全面加强年轻干部的教育培训工作。积极选送年轻干部参加上级培训，帮助年轻干部增强适应新时代发展要求的本领和能力，近年来累计选调200余人次，其中20余名年轻干部参加了中央和市级层面的中青班。各区管单位也结合实际创新教育培训方式，如区建管委实施青年干部培养“薪火工程”，区国资委开展“鑫国资讲坛”，针对不同的培训对象分类细化培训内容。

二是注重吃劲岗位“锻炼”。区级层面坚持岗位大练兵，精心遴选那些素质好、潜力大的年轻干部放到扛重活、打硬仗的岗位，放到条件艰苦、矛盾较多的岗位，经历“风吹浪打”，近年来累计选派400余名年轻干部参与区委巡察、环境综合整治、驻村指导等工作，选派33名年轻干部参与援滇驻外工作。

三是注重实践实战“磨炼”。金山区大力开展“三个一批”实践锻炼工程，通过上挂、下派等方式，帮助年轻干部在实践实战中加快成长。近年来，区级层面累计选派近100名年轻干部到市级机关和中心城区挂职锻炼，选派80余名年轻干部到两大化工基地和嘉兴市等毗邻地区及区内民营企业挂职锻炼。

（四）坚持严管厚爱，激励年轻干部“拼搏进取”

一是坚持大胆使用，促进“壮苗出穗”。金山区始终坚持最好的培养就是使用，鲜明树立重实干、重实绩的导向，不拘一格大胆使用优秀年轻干部。2021年乡镇换届中，金山区提拔了46名在经济社会发展主战场、疫情防控等重大斗争实践中表现突出的优秀年轻干部，其中“85后”11人、“90后”1人。

二是坚持从严管理，经常“修枝剪叶”。强化日常跟踪了解，注重抓早抓小、防微杜渐，结合考核、巡察、信访举报等掌握的情况，对年轻干部存在的苗头性、倾向性问题加大提醒力度。健全科学考核评价机制，充分发挥年轻干部考核的指挥棒、风向标作用，引导年轻干部牢固树立和践行正确政绩观。

三是坚持关心关爱，注重“用心浇灌”。定期开展优秀年轻干部队伍思想状况分析，持续加强对年轻干部的联系走访、谈心谈话和跟踪培养，始终把年轻干部置于党组织关心和管理之中。朱泾镇党委主要领导通过“一把手”谈心、“书记下午茶”等方式常态化开展年轻干部谈心谈话；区委办出台借调、挂职干部管理办法，持续加强对年轻干部的跟踪管理。

三、金山区年轻干部培养选拔工作的现状分析及存在问题

近年来，金山区始终把年轻干部培养选拔工作作为一项基础性工程来抓，坚持高标准、严要求，构建储备、培养、使用一体化成长链条，年轻干部储备始终保持“一池活水”。着眼于今后5—10年金山区干部队伍可持续发展，课题组对45岁及以下副处级干部、40岁及以下科级干部进行了全面调研，形成了548名优秀年轻干部调研数据库，其中包括副处级干部145名、正科级干部250名、副科级干部153名。本次课题主要对调研数据库进行样本分析，其中重点关注了40岁左右的副处级干部、35岁左右的正科级干部和30岁左右的副科级干部。从专项调研情况来看，我区年轻干部培养工作总体情况较好，但也存在一些需要关注的问题，主要表现在三个方面。

（一）年轻干部培养工作责任层层落实不够到位

金山区委始终注重统筹谋划，坚持规划先行，区级层面先后制定出台《金山区区管领导班子和干部队伍建设“十四五”规划》《关于大力培养选拔优秀年轻干部的实施意见》等制度文件，从制度层面对年轻干部培养选拔作出了系统性安排。但调研发现，有的单位对年轻干部培养的系统性谋划不够，还没有明确的培养计划，更多地满足于急用现找，存在“走一步看一步”的情况，导致有的单位出现干部梯队“青黄不接”现象。

（二）年轻干部队伍结构不够合理

一是专业型年轻干部储备较少。受区位、地区经济社会发展水平等影响，金山区人才引

进难的问题一定程度存在，特别是在引进经济金融、城建规划、信息化等专业型人才方面难度较大。在对213名具有全日制大学本科及以上学历的正科级干部进行分析后发现，熟悉党务、行政管理的干部较多，熟悉经济金融、城建规划、信息化等领域的干部较少（见图1）。有的专业性岗位上，一些年轻干部缺乏岗位所需的专业背景，“半路出家”的现象较多。

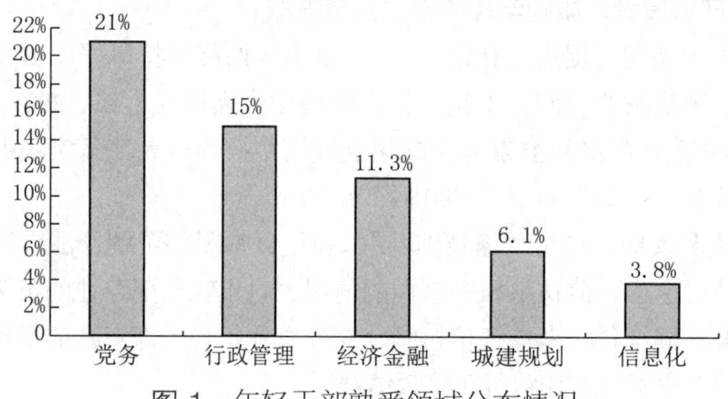

图1　年轻干部熟悉领域分布情况

二是年轻干部中女干部的比例增大。从性别结构看，副处级、正科级、副科级优秀年轻干部中女干部占比分别为39.31%、49.6%、56.21%，越年轻的干部中女性占比越高（见图2）。通过对区管领导班子进行分析发现，全区各单位领导班子中女干部配备率为86.3%，其中个别区管领导班子中女干部占比已超过50%。

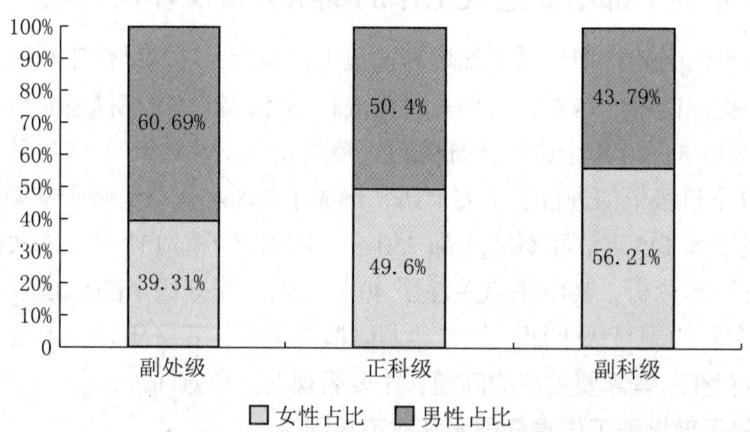

图2　各职务层次年轻干部的男女比例情况

（三）年轻干部岗位历练不够充分

一是干部交流轮岗渠道还不够畅通。受政策、编制职数等影响，不同单位、不同身份干部交流轮岗的“壁垒”比较明显。调研显示，干部交流轮岗多为本单位“内循环”，内外“双循环”的机制尚未建立，特别是企事业与公务员队伍之间交流轮岗的“藩篱”较难逾越，区级机关与街镇之间的条块交流轮岗也尚未形成常态化，客观上影响了年轻干部的成长。近5年来，金山区从企事业单位调任进入公务员队伍的干部仅有9人（不含2021

年乡镇换届时按结构要求调任的“五类人员”），其中处级干部 8 人、科级干部仅 1 人。

二是年轻干部多岗位历练还不足。从日常了解和调研情况来看，很多单位领导“用熟不用生”，导致很多干部长期在一个岗位、一个领域工作；有的干部长期在区级部门工作，对街镇、村居等基层一线情况不熟悉，存在一定的畏难情绪，交流到街镇工作的意愿不强。调研显示，副处级、正科级优秀年轻干部中，有两个以上岗位任职经历的略高于 50%，但兼具街镇、区级部门条块工作经历的仅占约 20%；副科级优秀年轻干部中，有两个以上岗位经历的仅占 21.43%，兼具条块工作经历的不足 10%（见图 3）。

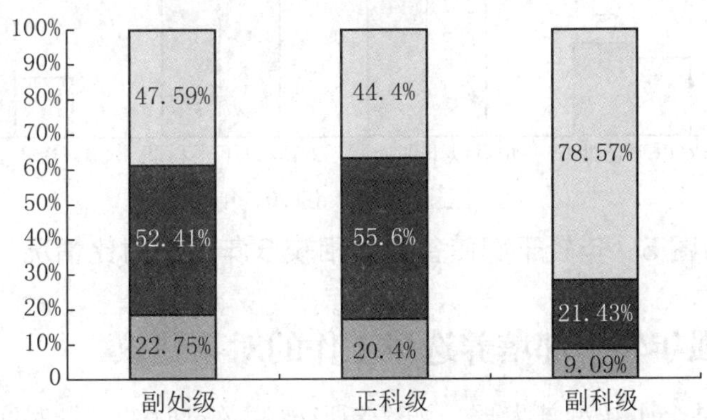

图 3　各职务层次年轻干部岗位任职经历情况

（四）年轻干部成长速度趋缓

一是年轻干部成才周期拉长。近年来，由于年轻干部学历层次普遍较高、参加工作时间较晚，加之干部选拔任用程序不断规范、破格提拔从严控制等原因，年轻干部成才周期普遍拉长。在对金山区近 5 年提任的科级领导职务进行分析后发现，41—55 岁年龄段提任人数较平稳；31—40 岁年龄段呈现波动上升趋势；30 岁以下年龄段总体呈现波动下降趋势，提任人数占比从 2017 年的 23.62%下降到 2021 年的 14.94%（见图 4）。

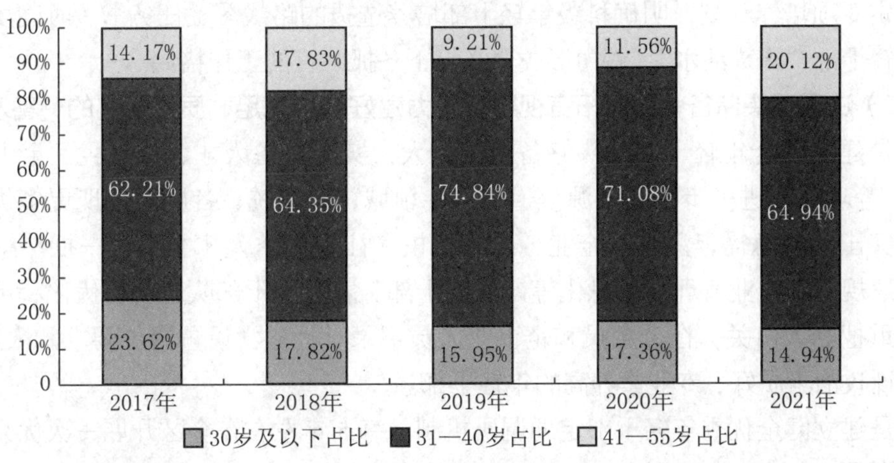

图 4　近 5 年不同年龄组科级领导职务提任分布情况

二是常态化配备年轻干部的力度还不够。从全区干部队伍整体情况来看，与5年前同期相比，目前各职务层次的年轻干部储备人数均低于2017年同期水平，其中处级优秀年轻干部储备相对充足，科级优秀年轻干部储备数量差距相对较大（见图5）。

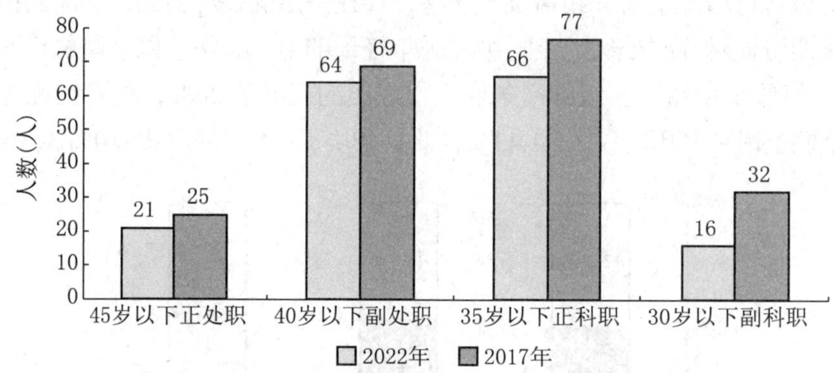

图5　年轻干部储备数量相较5年前的对比情况

四、进一步加强年轻干部培养选拔工作的对策建议

未来3—5年是金山转型新发展、塑造新形象的关键时期，针对区年轻干部队伍建设中存在的问题和不足，结合当前面临的新形势新任务新要求，就进一步加强年轻干部培养选拔工作提出以下五方面建议：

（一）注重规划引领，加强顶层设计，着力绘好目标明确、路径清晰的“规划图”

坚持系统思维，紧密围绕金山转型发展战略及“三个湾区”建设需要，加强年轻干部培养选拔工作前瞻性规划。在深入分析干部队伍现状基础上，及时预测金山未来发展对干部队伍数量、质量、能力、素质、来源分布和结构等方面的要求，坚持远期与近期相结合，编制《金山区2022—2026年年轻干部培养规划》，前瞻布局年轻干部规模数量、年龄结构及发展方向。同时，压实各区管单位抓年轻干部队伍建设的责任，要求各单位制定专项培养计划，明确科级年轻干部培养选拔的路线图、任务书、时间表，不断疏浚年轻干部“源头活水”，着力形成全区上下齐抓共管的工作格局。

（二）注重源头储备，不断拓宽视野，着力建好数量充足、质量优良的“蓄水池”

一是建立健全年轻干部源头储备机制。大力实施储备人才、选调生、金山籍人才“回流”等项目，进一步拓宽来源渠道，从各领域、各系统、各层面发现更多优秀年轻干部。突出紧缺急需，注重从企业、高等院校和社会优秀人才中引进一批熟悉经济金融、城建规划、企业管理、信息化等方面的干部。着眼于干部队伍结构优化和可持续发展，注重把好入口关，在公务员和企事业人员招录时，科学设置岗位要求和人选条件，储备一批政治素质好、专业素养高的年轻干部。

二是建立健全优秀年轻干部定期调研机制。每5年左右在全区开展一次优秀年轻干部全面调研，每2—3年开展一次专项调研并动态调整一次优秀年轻干部储备库，及时

把想干事、能干事、干对事、干成事的年轻干部补充进来。坚持在多数人中选人，进一步畅通优秀年轻干部发现识别渠道，结合督查、专项考核等，深化完善在重点工作中走访了解干部工作。加强考察了解，探索开展年轻干部“成长指数”考评，综合运用“三看三察三比选”工作法，深入考察年轻干部德才表现，确保把更多“好苗子”选出来。

三是探索实施优秀年轻干部“123”储备工程。按照近期使用、中期培养、长期储备的原则，动态储备不少于100名副处级优秀年轻干部、200名正科级优秀年轻干部、300名副科级优秀年轻干部。注重动态管理、优进劣出，定期开展综合分析研判，对不符合条件的及时调整出优秀年轻干部队伍，注意发现和补充新的优秀人选。加强跟踪培养，对优秀年轻干部人选实行组织掌握、分类管理，研究制定专门培养计划，不断提升培养实效。

（三）注重培养历练，坚持赋能强基，着力打造上下贯通、条块结合的“练兵场”

一是探索实施“湾区启航”工程。加大年轻干部政治忠诚常态化教育，建立健全习近平新时代中国特色社会主义思想领学促学机制，组织实施党的创新理论学习教育计划，把学习贯彻党的二十大精神作为首要政治任务，确保年轻干部深刻领悟“两个确立”的决定性意义，坚决做到“两个维护”。积极搭建优秀年轻干部成长平台，综合运用专题培训、周末办班、集中座谈等方式，对全区优秀年轻干部进行常态化、周期性、迭代式培训。大力实施专业能力提升行动，聚焦活力湾区、美丽湾区、幸福湾区建设开展专题培训，促使年轻干部专业能力能够适应金山转型发展需要。

二是探索实施“三个一批”实践锻炼工程。选派一批年轻干部到中央部委和市级机关挂职锻炼，开阔眼界、拓宽思路，提升专业素养和宏观思维能力。选派一批年轻干部到区委区政府中心工作、重点任务中挑担子，到疫情防控、防汛防台、对口支援等急难险重任务和艰苦地区中壮筋骨。选派一批年轻干部参与驻村工作，在基层一线推动年轻干部经风雨、见世面、长才干。

三是建立健全年轻干部常态化岗位交流机制。努力突破干部身份和单位部门的壁垒，推动不同层级、不同行业、不同部门之间优秀年轻干部合理流动。突出复合型干部培养，精心挑选综合素质好、发展潜力大的处级干部进行多岗位锻炼，着力培养一批具有正职潜力的优秀年轻干部。有序推进科级年轻干部交流锻炼，深入开展区镇两级干部双向交流和区级机关干部横向交流工作，深化单位内部轮岗锻炼，着力促进培养锻炼从单位内部小循环到全区面上大循环转变。

（四）注重用当其时，开展“赛马揭榜”，搭好年轻干部竞相出彩、择优选拔的“大平台”

一是探索实施“湾区赛马”工程。对于在聚焦落实“南北转型”、塑形升级等中心工作，完成市委市政府下达的重大项目任务，贯彻推进区委区政府决策部署中表现突出、实绩优秀的年轻干部，及时、灵活、大胆地放到重要和关键岗位使用，切实形成能者上、优者奖、庸者下、劣者汰的用人导向。树立正确干部成长观，辩证把握年轻干部成长快与慢的关系，既要敢于打破隐性台阶，也要防止拔苗助长，坚持有计划、有步骤地培养锻炼和选拔使用年轻干部。

二是建立健全优秀年轻干部常态化选拔机制。积极选拔40岁左右正处级干部，大胆使用35岁左右副处级干部，重点培养30岁左右科级干部。加强年轻干部配备指标动态监测、及时预警，始终掌握一定数量的优秀年轻干部，防止急用现找、降格以求。正确处理培养选拔优秀年轻干部和用好其他年龄段干部的关系，防止唯年龄倾向，充分调动整个干部队伍的积极性。

三是探索岗位腾出机制。积极探索临近退休领导干部视情退出领导岗位制度，进一步为能力强、素质优的年轻干部打通发展“天花板”。用好用足职务与职级并行制度，适时安排有较长领导岗位经历的干部到矛盾化解等特殊岗位工作，改任上一级非领导职务，在满足区重点、专项工作需要的同时，为年轻干部发展腾出空间。

（五）注重跟踪管理，实施“青蓝守护”，形成激励年轻干部勇于担当、积极作为的“新局面”

一是建立健全年轻干部日常教育管理机制。定期分析研判年轻干部队伍思想状态，有针对性地做好年轻干部思想教育工作。严格日常管理，建立完善对年轻干部“传帮带”、定期家访和“八小时之外”管理等制度。做实日常监管，严格落实个人有关事项报告、函询、诫勉等制度，充分发挥纪检监察、巡察、审计、信访等工作的作用，始终把年轻干部置于党组织管理监督之中。

二是探索建立年轻干部关心关爱机制。完善“六必谈四必访”工作机制，经常性与年轻干部开展谈心谈话、走访慰问等，切实把组织温暖落到实处。发挥考核正向激励作用，建立健全平时考核、年度考核、届中考核、专项考核等工作机制，推动年轻干部忠于职守、担当作为。完善容错免责、澄清保护和回访教育机制，按照“三个区分开来”的要求，正确把握年轻干部在工作中出现失误错误的性质和影响，切实为担当者担当、为负责者负责、为干事者撑腰。

（本文获2022年度全市组织系统优秀调研成果二等奖）

课题组成员：李　铭、孙群荣、何　峰、芮绍阳、蒋益鑫、吴雨桐
主要执笔人：吴雨桐

市农业农村委系统干部考核体系建设调研报告

市农业农村委课题组

“全面建设社会主义现代化国家，必须有一支政治过硬、适应新时代要求、具备领导现代化建设能力的干部队伍”，党的二十大报告站在民族复兴的高度对干部队伍建设提出了更高标准、更严要求。习近平总书记曾引用“治本在得人，得人在审举，审举在核真”以阐述核准识真在干部队伍建设中的重要性。科学精准的干部考核是组织广识人才、大胆选用的重要依据，也是激励干部担当作为、干事创业的重要推力。近年来，市农业农村委深入学习贯彻干部考核工作新思想新理念，围绕“党中央倡导什么、市委部署什么、‘三农’事业发展需要什么”科学设置考核内容，完善分类考评机制，切实强化结果运用，有效促进了高素质、专业化“三农”干部队伍建设。

为进一步加强系统干部考核体系建设，更好地发挥干部考核指挥棒、风向标、助推器作用，市农业农村委成立专项课题组，采取问卷调查、集体座谈、案例剖析、历史数据梳理等研究方式，全面细致总结过往做法与经验，综合分析建设成效与存在问题，并从事业发展需求出发提出系统性的优化思路。

一、基本情况

2019 年机构改革后，市农业农村委设机关处室 22 个，直属单位 18 家（其中参公单位 2 家）。除委领导班子成员参加市管党政领导班子考核外，系统约有 1100 人参加考核（其中机关处长、直属单位党政正职约 40 人，直属单位其他委管干部约 50 人，机关处室其他干部约 110 人，直属单位其他干部约 900 人）。

为建立日常考核、分类考核、近距离考核的知事识人体系，委党组成立考核工作领导小组，统筹谋划全委考核工作，依据处室（单位）性质、岗位差异，实施分层分类考核（见图 1）。其中，考核工作领导小组办公室牵头机关处室、直属单位，以及处室（单位）负责人和直属单位其他委管干部考核工作；处室（单位）负责人落实本部门（单位）考核工作。

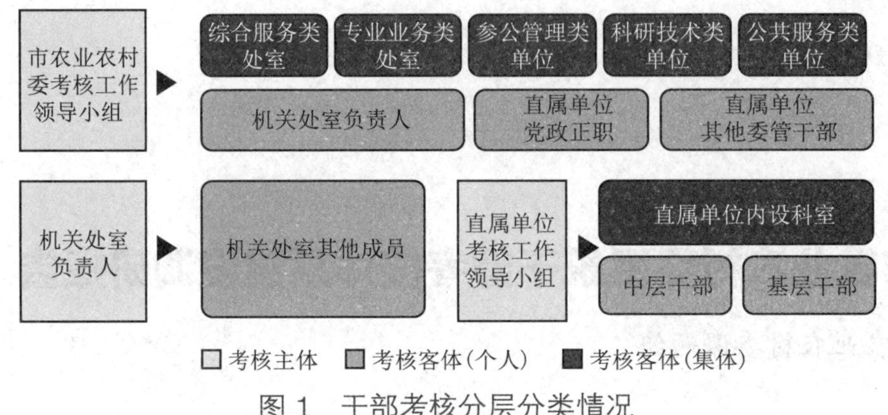

图 1　干部考核分层分类情况

二、主要做法

市农业农村委紧跟新时代干部考核工作步伐，全面贯彻落实《党政领导干部考核工作条例》《公务员考核规定》等制度规范，在委党组“用考核反映工作，以考核促进工作，让工作质量和考核结果良性循环”的指引下不断探索前进，初步建立了既能落实党中央、上海市委最新要求，又能切合委系统干部工作实际的干部考核体系。

（一）以“考得准”插牢导向鲜明的“方向旗”

一是突出政治导向。围绕好干部“政治标准第一位”要求，坚持将增强“四个意识”、坚定“四个自信”、做到“两个维护”情况作为衡量干部的首要标准。例如，出台《党组织书记抓党建工作考核办法》，明确将书记抓党建考核排名前 40%作为其个人年度考核“优秀”等次的前提条件；加强与纪检部门的密切沟通，对受到处分的干部实施一票否决。

二是强调工作实绩。时刻注重“考事”与“考人”相结合，平时考核设“重点工作”专栏追踪干部目标任务工作进度，年度述职繁简有度，突出主要业绩，将重点工作任务完成情况作为评价干部的关键性指标。例如，有的科研类直属事业单位作为委系统决策智库，坚持“科研当先，成果为重”，把科研成果（获得领导批示、发表论文、获得奖励等）的数量与质量作为对科研人员考核的核心指标，从而拉开梯次差距，起到激励先进、鼓励创新作用。

三是注重发展变化。主动适应不同阶段重点工作变化，根据“三农”事业发展需要与委领导班子绩效考核结果，动态调整处室（单位）专项考核指标，由考核工作领导小组办公室每年发布评定细则。

（二）以“核得实”打造科学高效的“精工尺”

一是丰富考核“工具箱”。贯彻以事察人、以实绩论英雄的评价原则，不断延伸考核视角，时刻观察处室（单位）及其干部日常工作中的作风状态。落实平时考核、党建

考核、民主测评、专项考核四大项立体化考核方法识准干部。历年考核数据显示，处室（单位）四项考核得分正相关性较强，印证了不同评分主体的公正、客观，体现了结果的准确、可信。

二是精简考核“流程图”。推进考核信息化，开发委管干部考核OA模块，设计“考核要求直达基层、干部述职直送领导、测评成绩直算总分、考核结果直返干部”的平时考核工作流程（见图2）。同时，全面精简述职内容，平时考核采取条目式简述，每条50字，最多10条；年度考核采取限定时间汇报，每人5分钟。

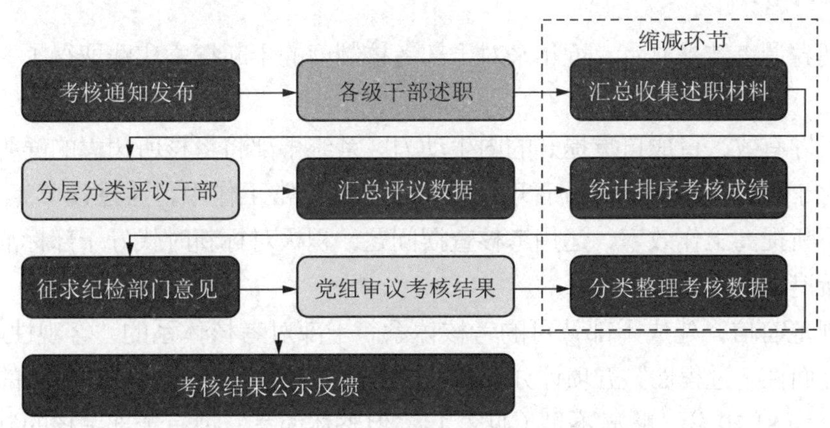

图2　平时考核工作流程图

三是优化评价“关系式”。将干部考核思路深度融入考核关系式。以党建工作考核得分为处室（单位）总评分系数，通过“乘数效应”放大党建引领作用。差异化设置各项考核得分权重，体现不同岗位职责特点。设置考核加减分项，突出正向激励和督促鞭策。

（三）以“用得好”敲响激昂斗志的“奋进鼓”

一是及时反馈结果。第一时间告知考核对象成绩与考核排名，同时鼓励各级领导干部面对面肯定成绩、指出不足，切实增强干部对考核结果的认同度和信服感。个别事业单位还立足自身体量小、人员少的特点，开展扁平化“谈心谈话”。例如，有的直属事业单位主要领导结合平时考核与干部职工谈心谈话，持续追踪其阶段性思想动态、工作状态与工作成效，在年度考核会上进行逐一点评。

二是及时奖优督劣。对考核优秀者，除及时予以正向精神及物质奖励外，进一步扩大考核结果使用范围。例如，明确将处室（单位）年度考核“优秀”、平时考核“好”，作为年度考核优秀等次比例倾斜与平时考核“好”等次人数增加依据；明确因工作不力，连续三年考核排名在后两位的处室（单位），要对其领导班子进行研判，作相应岗位调整。又如，有的直属事业单位精准把握专业人才对职称评定的重视心态，在职工职称申报推荐排序时，在外聘专家评审结果基础上，增设年度考核“优秀”次数为附加分。

三是及时培养使用。将考核结果与干部选育管用相结合，重点关注考核成绩优秀、存在培养潜力的干部，及时压担历练、抵近考察。对各方面条件较成熟的干部，一旦岗位空缺，就打破隐性台阶和部门界限，充分使用。选人用人历年数据显示，2019 年以来委党组提拔使用的处级干部在提任前两年考核为“优秀”的比率上升明显，年平均率为 49.44%，2021 年度事业单位提任的处级干部该比率达 71.43%，考核结果成为选拔任用干部的必看项。此外，有效推动了 6 位年度考核优秀的年轻干部加速成长。

三、成效评估

匿名问卷调查结果显示，近年来对干部考核制度的不断探索实践取得了一定的积极成效。

一是引导有效，育成自觉提升的内生动力。系统干部将考核所树立的鲜明导向内化于心、外化于行，主动把“过程管理”思维运用到日常工作中，通过设节点、追进度、回头看，不断提高工作效率，运用考核查摆问题，积极对标新时代好干部标准严格自我要求，不断追求个人成长。

二是规范有信，建成干部认可的考核体系。干部对考核体系的“客观性、公正性、规范性、全面性、过程性”五项评分均超过 85 分，达到“良好”（≥ 85 分）的标准。“精准性”评分为 81.29 分，略显不足（见表 1）。但整体而言，现有干部考核的制度与实践撑起了高信度与高效度两大支柱，得到了系统干部的广泛认可。

表 1　对考核体系信度效度水平的评价统计表

指标类型	具体指标	不合格	合格	良好	优秀	评分
信度指标	客观性	0.78%	10.94%	58.59%	29.69%	86.41
	公正性	0.78%	11.72%	51.56%	35.94%	87.15
	规范性	0.78%	8.59%	49.22%	41.41%	88.75
效度指标	全面性	2.34%	13.28%	55.47%	28.91%	85.08
	过程性	0.78%	15.63%	53.91%	29.69%	85.23
	精准性	2.34%	24.22%	51.56%	21.88%	81.29

三是激励有力，形成结果运用的指挥效应。广大干部认为考核结果已经运行在规范化、制度化、常态化的轨道上，“激励先进”“鞭策落后”同时发力，营造了竞优比先、勇争上游的积极氛围，也为各项激励举措的使用和成长资源的调配提供了公正客观、令人信服的参考依据。

四、存在问题及分析

总体来看，随着干部考核体系的不断完善优化，考核“风向标”设置更清晰，“指

挥棒”导向更鲜明，“助推器”作用更显著，但深入分析调查结果发现仍有不少提升空间。

（一）平时考核的共识度需更凝聚

平时考核制度作为干部考核工作的一项重要改革举措，虽在组织管理、效率提升、干部成长方面都发挥了积极作用，但经调查发现，仍有部分干部认为平时考核是不必要的，17%的受访干部参与平时考核的意愿较低。座谈中，也有个别单位谈及有部分干部把考核视作额外负担的行政工作。为探究原因，将“增大台账负担”“挤占工作时间”“增加心理压力”与“参与平时考核意愿”作关联分析，发现其相关性并不显著。对意愿水平产生显著影响的是“对平时考核工具属性的认识”，经分析，对“平时考核”的认识越接近“监督管理工具”则意愿越低，而对“平时考核”的认识越接近“个人成长工具”则意愿越高（见图3）。57.81%的受访干部认为“平时考核”更接近“监督管理工具”，说明部分干部的受益实际与主观认知未能协调一致，进而影响了参与考核的主动性与积极性。其要点在于，在考核工作开展过程中，对其性质定位、目的意义、功能作用的宣传教育尚不充分。这提示在推行平时考核的过程中，需要强调其用于自主检视、自我提升的属性和功能，通过澄清认识实现共识凝聚。

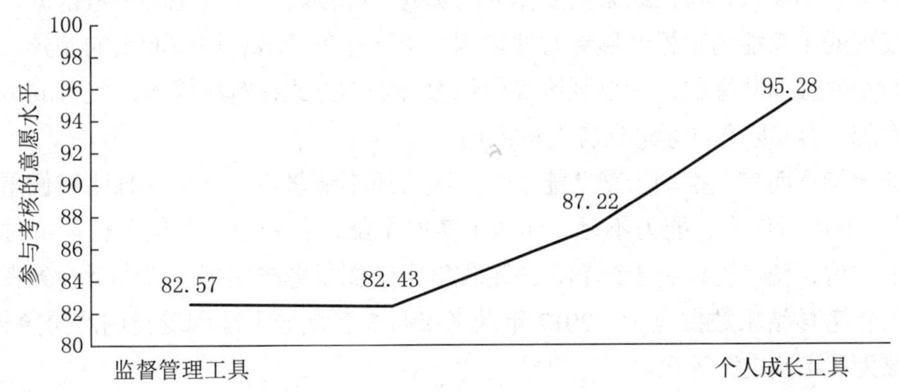

图3 不同认识下的考核意愿统计图

（二）干部评价的精准度需更提高

在受访干部的评价中，考核“精准性”得分为81.29分，明显低于其他各维度，而影响干部对“精准性”感受度的主要因素是考核结果的“可比性”。相较而言，受访干部认为考核结果的前后一致性较高，能比较准确地反映本人的纵向变化，但在用于横向比较时，考核结果的差异未能充分反映干部自身主观感知的差异。

同时，对考核“精准性”的评价在不同职务层次间存在差别，处室（单位）正职及其他委管干部对“准确性”的评价较高，但“处室其他干部”“各单位中层干部与职工”等较低级别的干部给出的评价则相对较低。

究其原因，一是考核对象分层分类后，相较于委管层面对处室（单位）、领导干部个人考核进行精细划分、多维测评，各处室（单位）考核方案设计未充分体现差异性、适配性，模糊评价、凭印象打分的情况仍有发生。二是在“德、能、勤、绩、廉”等一级指标下缺少更为细致的二级考核指标，难以对考核形成的丰富资料进行更深入的挖掘和使用。三是考核结果通常以“优秀、称职（合格）、基本称职（基本合格）、不称职（不合格）”4项定性评价反馈，大多数干部所获评价多为“称职（合格）”，模糊了不同干部间可能存在的差异，削弱了干部对考核“准确性”的心理感知。

调研还发现，作为考核重要组成部分的民主测评环节，对考核“准确性”的积极效用未尽如预期。例如，委所属行政执法单位在部门负责人及四级高级主办间开展交叉互评，由于分散在14个点位办公办案，主要业务又分为4个条线，空间疏离与业务分隔导致各条线难以跨部门掌握情况，部分干部根据自身的模糊印象，甚至根据人际关系、熟悉程度打分，难以避免地出现了“人情分”“面子分”。从测评结果来看，评分的一致性较低，部分干部认为测评结果不够客观。

（三）结果应用的纵深度需更拓展

考核结果的充分应用需要干部工作其他环节的有力配合。前述调查结果显示，考核结果在“教育培训”和“能上能下”两方面的应用充分度相对较低。

就教育培训而言，考核结果主要作为向优秀干部倾斜培训资源的参考依据，较少利用考核发现的干部能力短板开展针对性培训。由于业务领域和岗位职责的差异，干部的能力短板个性强而共性弱，如培训班等传统教育培训方式在解决此类问题时成本高且效果不够理想，容易陷入“学非所需”的困境。

就能上能下而言，推动干部“能下”的决心还不够坚定。干部考核比较侧重于“选优”，对于不担当作为、能力不足、作风不实的干部，各处室（单位）在评价时较少连续给出低评价，使其得以免于惩罚，一定程度上削弱了考核实现“庸者下、劣者汰”的效果。历年考核结果数据显示，2017年以来仅有3名领导干部因受党内严重警告处分，年度考核为“不确定”等次。

五、下一步优化建议

对标习近平总书记提出的“建立系统完备、科学规范、有效管用、简便易行的干部综合考核评价体系”要求，从干部考核制度跨向综合考评体系发展，不仅要持续推进完善考核体系，更要时刻保持大局意识和系统思维，将干部考核作为推动整体事业发展的动力源之一来统筹布局。

（一）进一步提高干部整体认知站位

打破干部考核仅是组织对干部进行监督管理的刻板印象，引导干部牢固树立四种思维，实现从被动考核到主动参与的自我转变。

一是树立全局思维。主动邀请干部参与到考核办法制定中来，充分倾听干部的意见建议，引导干部站在全局需要和个人发展的高度认识到考核工具本质是检视自我的明

镜、助力成长的阶梯，更是组织发展与个人奋斗同向同行的纽带。

二是树立寸积思维。全时段开放平时考核系统述职功能，引导干部实时记录工作进展与阶段性成效，以勤恳踏实的工作作风将功夫下在平时、工作做在日常，不搞突击作战、期末应考。

三是树立目标思维。探索建立涵盖全委处室单位、科室个人的考核信息公示平台，鼓励各级干部公开个人工作目标、工作内容、业绩成果等内容，并选择性公开个人成长过程中的体会反思。引导干部以目标公开定向，走好奋进向前之路。

四是树立赶超思维。除简单反馈考核等次外，对考核结果进行深加工，通过数据可视化解读各项考核指标得分，引导干部看进步、看发展、看不足，减少个人成长过程中的迷茫和失误，在纵向和过去比、横向与同志学中不断提升本领、超越自我。

（二）进一步优化干部考核路径方式

超越只从“德、能、勤、绩、廉”等宏观维度进行主观评分的考核方式。坚持定量与定性相结合，从更多方面、更深层次、更细粒度精准考核评价干部，着力指导各级考核主体完善提升考核实施方案。

一是丰富“德”的考核形式。充分运用政治考察办法中摸索出的正反向民主测评、社区调查、抗疫一线表现等有效方法和重要标尺，把考察对象从提任、交流重要岗位的干部扩大到全体干部，定期对干部进行政治识别、思想观察。

二是建立“能”的评价模型。贯彻分层分类理念，按照综合服务与专业业务类的职能部门特点、领导与非领导干部的岗位定位需求，将“能力”细分为学习调研、依法行政、群众工作、沟通协调、改革创新、应急处突等共性指标和综合决策、组织领导等个性指标。通过对指标能力的详细测评，既记录了干部个人成长，也增强了干部之间的可比性。

三是加强“绩”的记录分析。按照任务可量化、全程可视化的标准，探索在督导组织绩效的亮灯系统上增加干部个人绩效信息记录。通过对工作任务进行颗粒化分解，实时记录个人参与的工作环节、工作完成情况、是否亮灯亮牌等信息，以此作为评价干部工作绩效的重要依据。

四是设置“勤”与“廉”的负面清单。针对以定性考核为主的“勤”“廉”考核，设置正面评价标准及负面扣分清单。通过对各种不当行为进行针对性扣分，形成对主观评价的有效补充，并引导干部加强对纪律边界的明晰。将考核结果以“体检报告单”的形式反馈给干部，用数据和图表展示成绩、诊断问题，用评语和分析解读指标、提供建议，一册册“报告单”既为干部提供了横向比较的客观参照，也筑起了干部拾级而上、成才进步的阶梯。

（三）进一步拓展考核功能多元运用

不断延伸考核触角、丰富考核内涵，将干部考核嵌入整体的工作运作体系之中。

一是助力精准培育。在重点安排考核优秀、表现突出干部参加高级别调学调训基础上，对考核中显现出知识空白、经验盲区、能力弱项的干部，支持其利用线上课程进行自我提升，并根据部门需要与申请，邀请业务专家围绕突出短板专题授课解惑，用“点穴式”培训精准培优补缺。

二是助力精准选用。依托现有干部考核系统模块，由组织人事部门会同党建、纪检监察、财务审计、信访等考核主体部门根据职责权限，及时上传干部相关信息，逐步建立起涵盖干部德才表现、测评数据、能力评价、岗位经历、纪律处分、信访情况的干部信息“数据库”。通过综合数据分析，为组织选人用人提供客观依据和重要参考，也进一步夯实坚决调整在其位不谋其事领导班子与干部的底气。

三是助力精准督导。建设绩效督导与干部考核一体化平台，综合统筹目标决策、工作落实、助推发展、绩效评价、研判干部等各方面，实现多项目整合、多需求复合、多功能融合，通过进一步整合考核要素、优化资源配置、丰富功能载体，更好地形成考核助推事业发展、促进工作落实、激励干事创业的“乘数效应”。

（本文获2022年度全市组织系统优秀调研成果三等奖）

课题组成员：姚　训、梁丽君、樊仁敬、吴　迪、李汪春

主要执笔人：梁丽君、樊仁敬、吴　迪

加强和改进本市离退休干部意识形态工作研究报告

市委老干部局课题组

意识形态工作是为国家立心、为民族立魂的工作。广大离退休干部是推进中国特色社会主义伟大事业的重要力量，老干部工作是党的组织工作的重要组成部分，强化意识形态工作在加强新时代老干部工作中具有特殊重要性和现实必要性。为进一步加强和改进离退休干部意识形态工作，市委老干部局成立专题调研组，深入基层和市相关部门组织座谈访谈，开展问卷调查等，全面了解本市离退休干部意识形态工作现状，分析主要问题，深化规律认识，为提升离退休干部意识形态工作科学化、制度化、规范化水平提供可行性对策、建设性意见。

一、本市离退休干部意识形态工作的具体实践和经验启示

近年来，上海老干部工作主动顺应信息化发展大趋势，积极应对老干部工作新变化，注重以政治建设为根本、思政工作为基础、支部建设为重点、教育管理为主线、激励关怀为支撑、作用发挥为牵引，持续推进离退休干部意识形态工作。

（一）丰富学习教育形式，理论武装筑牢思想根基

始终坚持政治统领、强化思想教育，在定期开设离退休干部读书班、支部骨干培训班、理论学习小组等基础上，注重将传统优势与信息技术深度融合，以理论武装入心入脑、思想教育见行见效更好推动意识形态工作入心化行，团结凝聚广大老同志始终忠诚拥护“两个确立”、坚决做到“两个维护”。一是打造云端课堂。创立“上海市离退休干部在线学习社区”，分别在老干部工作官微矩阵、App等系统内平台，以及“小鹅通”“微视”“抖音”“老小孩”等互联网平台同步推出移动课堂、专区和专栏，为老同志开辟了网上学习活动新空间。二是打造电视课堂。结合老同志偏爱电视媒介的特点，在IPTV电视平台推出“乐龄申城”频道，根据老同志需求开设各种理论学习、培训教学、精神文化等电视课程，为老同志在获取渠道和课程内容上提供更多选择。三是打造社区

课堂。强化“社区离退休干部之家”学习活动功能，有效发挥“家门口学习阵地”作用，吸引更多老同志足不出社区满足学习意愿、精神需求，引领社区党员群众共同参与学习，助力基层思想政治工作。

（二）全面规范支部建设，从严从实强化纪律规矩

始终坚持以政治上的全面加强推动离退休干部党的建设向纵深发展，把学习贯彻习近平新时代中国特色社会主义思想作为离退休干部党的建设的首要任务。一是实施离退休干部党支部规范化建设“三年行动”。以班子建设、学习教育、组织生活、服务管理、作用发挥为主要内容，在全市评选市级示范党支部，将严明纪律规矩、强化政治监督、遵守有关规定、加强日常提醒等纳入支部规范化建设中。二是建立组织化微信群管理机制。制定下发规范支部微信群管理办法，将支部微信群监督管理纳入示范党支部创建工作范畴，按照“谁建群谁负责”“谁管理谁负责”要求落实主体责任，常态化开展支部微信群巡查整改，引导离退休干部党支部守牢网络意识形态阵地。三是注重把离退休干部党员教育管理向社区延伸。通过持续推进城市社区离退休干部党建工作，加强“社区离退休干部之家”建设，为老同志就近就便参加学习活动创造条件，切实把生活在社区的离退休干部组织凝聚起来，纳入就近教育管理“网格”中来。

（三）系统推进阵地建设，知政知情凝聚思想共识

始终坚持多层次广覆盖形势报告、情况通报制度，各级领导亲自为老同志传达要情，定期邀请专家学者解读时事政治、分析形势热点，加大权威信息推送力度，努力为老同志知政知情搭建平台、畅通渠道。一是创设在线形势报告会。因不受地域和时间限制，老同志通过“指尖”足不出户就能了解最新形势动态，深受老同志欢迎。探索系统内外优质报告会资源线上共享机制，为老同志提供更多了解国际国内形势、经济社会发展等官方渠道。二是用好系统内各类信息平台。持续推进官微矩阵建设，第一时间头条推送党中央、上海市委最新报道；充分发挥“上海老干部”App及门户网站等信息窗口作用，学习宣传习近平新时代中国特色社会主义思想，刊发本市经济社会发展要闻等，让老同志准确了解权威信息，保持思想稳定。

（四）加强激励关怀帮扶，温润人心做好思想工作

始终坚持以老同志为本、服务为先，更好在用心用情、精准服务中了解思想动态，助力老同志更好共享改革发展成果、安享幸福晚年。一是注重党内关怀帮扶，建立相关工作制度，明确五大方面任务要求，突出政治关怀，把精神激励与物质帮扶相结合，给予离退休干部及时、有效的关心和帮助。二是注重开展走访慰问，将平时走访与重点慰问相结合，采取上门、电话、视频等多种方式，密切关注老同志的“急难愁盼”，及时掌握思想波动，了解并回应思想困惑。三是注重做好激励表彰，以全国、全市离退休干部“双先”表彰为契机，不断选树先进典型，加强离退休干部先进事迹表彰宣传，在全社会形成尊重老同志、爱护老同志、学习老同志的良好氛围。

（五）注重融入思政元素，文化育人激发情感共鸣

始终以思想政治引领各类精神文化活动，自觉用中华优秀传统文化、革命文化、社

会主义先进文化培根铸魂、启智润心，展现广大离退休干部感党恩、听党话、跟党走的坚定决心。一是创建青松城“党员驿站”。开设党建室主馆、习近平新时代中国特色社会主义思想研习中心、红色视听资料室和红歌演唱室等，兼具政治学习、支部活动、分享交流、作品展示等功能，为老同志和区域老干部工作共同体成员单位提供党建活动阵地和政治生活家园。二是深化老干部大学办学内涵。持续推进兼具政治性和艺术性的课程体系建设，打造政治经济与国际问题研究精品课程，开展老年教育课程思政探索，提升老干部大学学员思政素养。三是开展主题文艺展演活动。围绕重大节庆纪念日等主题，组织老同志以艺术创作、文化演出等方式，表达老同志矢志不渝跟党走的信念和携手奋进新时代的决心。

二、持续推进过程中存在的问题难点及薄弱环节

近年来离退休干部意识形态工作已形成相关经验做法，但未能进一步提炼总结规律认识、制度规范。调研过程中发现，这项工作还面临不少困难挑战，存在一些薄弱环节。有的问题已采取相关举措加以解决，但仍需加大工作力度，不断提升质量和水平。

（一）离退休干部整体政治立场坚定、党性观念较强，但社会思潮多元多样、意识形态领域纷繁复杂，对少数老同志思想认识有一定冲击和影响

调查显示，不少老同志认为目前意识形态斗争比较激烈，日常获取信息的渠道越来越多，比以往更容易受信息干扰而产生思想波动，但知政知情平台却相对固定。多数老同志对社会上或网络上的负面言论能明辨是非，对不良行为坚决反对，但也存在极少数老同志发生过不当言行，教育管理监督职责不够明晰。同时日益丰富的学习阵地建设与老同志的知晓度、参与度之间存在差距，少数老同志学习主观能动性有所弱化，且有效激发老同志自主学习的方式方法比较单一。

（二）离退休干部意识形态工作有序推进，但有效应对信息社会发展的工作举措、能力水平仍需进一步加强

调查显示，老同志退休生活越来越离不开网络，由于网络智能系统会跟踪计算、投其所好，不断推送同质化信息，容易让老同志产生“信息茧房”；且老同志缺乏网络生活经验，目前对他们规范用网、安全上网的相关培训还有缺位。同时，老干部工作部门对网络意识形态工作的思想认识和重视程度尚未跟上新的发展形势，工作队伍这一领域的业务知识比较匮乏，相关能力培训没有及时跟上；且工作部门还未普遍认识到互联网对老同志思想观念、精神生活产生较大影响，对老同志政治生活的关心、价值理念的引导、思想波动的关注还有待进一步加强。

（三）各级老干部工作部门普遍通过党建引领推动意识形态工作，但工作领域和对象覆盖存在薄弱环节，方式方法不够与时俱进

调查显示，关于党的创新理论的学习要求已覆盖所有离退休干部，但党外退休干部组织比较松散、学习不够规范、任务不太明确、工作存在缺失。相比老同志对思想政治

理论学习实际需求较大、品鉴能力较强、质量要求较高等实际情况，目前生动鲜活的体验式课程较少，方便老同志日常应用的辅助学习工具不多，运用信息化手段提升学习质量有较大探索空间。同时以社会主义核心价值观引领离退休干部精神文化建设的认识还需提升，思政元素在精神文化建设的显示度、融入度还需加强。

三、加强和改进本市离退休干部意识形态工作的对策建议

充分认识做好离退休干部意识形态工作的紧迫性、重要性，坚持马克思主义在意识形态领域指导地位的根本制度，以习近平新时代中国特色社会主义思想凝心聚力铸魂，将意识形态工作贯穿离退休干部党的建设全过程、“乐龄申城·五心行动”各方面，进一步推动离退休干部意识形态工作走深走实。

（一）加强理论武装、教育引导，以更富实效的思想建设增强离退休干部意识形态工作凝聚力

1. 持续提升政治理论学习质量

一是规范学习要求。把学习宣传习近平新时代中国特色社会主义思想和党的二十大精神、上海市第十二次党代会精神，作为离退休干部党支部的必修课程、思想政治教育的重要内容、老干部活动阵地建设的首要任务，保障学习时间，明确学习内容，注重学习效果。进一步规范党外退休干部学习要求、组织形式。二是拓展学习空间。持续提质扩容云端课堂、移动课堂、社区课堂。通过宣介、推广、培训等，进一步提升线上线下学习活动阵地的知晓率和参与度。坚持政治立校，发挥好市老干部大学素质教育实践基地的引领作用。各级老干部（老年）大学加大思政精品课程培育力度，并延伸至社区开设思政小课堂。三是激发学习自觉。持续组织指导老同志运用各类线上学习软件开展党的创新理论学习、进行思想政治教育、丰富精神文化生活。鼓励老同志交流学习心得、畅谈思想感悟，引导广大老同志用文化作品、文艺精品唱响主旋律，多渠道搭建学习交流讲台、创作展示平台。探索离退休干部参加网上学习、就近学习积分兑换机制。

2. 系统构建知政知情平台

第一要务是不断丰富“输入”平台，通过线下情况通报、在线形势报告双管齐下，加强形势政策教育，及时向老同志宣传党和国家重大决策和战略部署、改革开放新形势新成就，及时向老同志通报本地区本行业本单位工作情况。持续创新在线形势报告会展播方式，帮助老同志持续深入理解报告会重点内容、核心观点。立足电子化阅文趋势，细化阅文管理实施规则，确保离退休干部按规定阅读相应级别文件。同时规范畅通“输出”渠道，健全完善定期征求意见建议工作机制，做到问计问需常态化。

3. 做实做细思想政治工作

一是健全支部谈心谈话制度。党员要定期向组织汇报思想，党组织要及时了解党员思想动态，可采取“一对一”单独谈、“一对多”集体谈等形式。重视家庭在其中的重要作用，共同配合做好老同志思想工作。二是坚持正面教育引导。及时了解、分析研判

老同志思想动态，引导老同志明辨是非、澄清模糊认识，坚决反对和抵制各种错误思潮和负面言论。加强违纪违规警示教育，通过学习导读、提示手册、案例教育、视频宣教等方式，加强自我管理。三是创新工作方式。探索信息化条件下思想政治工作新模式，将思想教育引导融入系统官微矩阵、App 等新媒介。有效运用微视频教育功能，引导老同志代入式悉心体悟、内化养成、自觉践行。

（二）加强党建引领、作用发挥，以更有质量的组织建设增强离退休干部意识形态工作战斗力

1. 抓实抓牢离退休干部党组织意识形态工作

一是把广大离退休干部紧密团结在党的旗帜下作为支部建设最根本任务、摆在重要位置，明确政治定位、强化政治功能，确保老同志始终做到政治信仰不变、政治立场不移、政治方向不偏。二是把不断提升组织力作为支部建设最关键抓手，明确支部书记全面负责、支部委员分工负责，培育骨干力量释放示范引领效应，带动离退休干部党员发挥先锋模范作用。三是持续规范支部微信群管理，定期提供学习材料，组织网上支部学习；搭建交流平台，转发学习作品；及时掌握老同志思想波动，回应合理关切，帮助解疑释惑，进行温馨提示。四是充分彰显“社区离退休干部之家”政治底色，通过市、区、街镇三级联动，推动离退休干部党员理论学习、作用发挥等持续向基层社区延伸，团结凝聚身边群众听党话、跟党走。

2. 分层分级落实离退休干部党员教育管理监督职责

一是提升组织生活质量。从老同志实际出发，把党性锻炼、教育管理做在日常、抓在经常，坚持重温入党誓词等仪式，开展主题党日、“政治生日”等活动，全面推行党内重要活动佩戴党徽等做法。并用好用活本市红色教育资源信息应用平台“红途”、市内爱国主义教育基地。二是加强重点人群教育管理。离退休干部党员出国（境）严格按照规定办理手续，所在单位党组织要提前做好教育提醒工作。对长期居住在外地、国外离退休干部党员，党组织要掌握他们的思想、学习等情况。党员应主动与原单位和党组织保持联系，通过信息网络，定期参加学习教育，及时向党组织汇报思想。三是探索形成行为清单。严明政治纪律、强化规矩意识，明确底线要求、突出刚性约束，系统梳理负面清单，明确离退休干部党员哪些不好碰、不可为、不能做。如果发现老同志有苗头性倾向性问题，所在党组织负责人要及时提醒。如果老同志在社会或网络上发生不良言行，所在部门机关党委和老干部工作部门要及时谈话。

3. 有力有效组织引导老同志在意识形态领域发光发热

一是突出凝心聚力主题。组织引导离退休干部讲好中国共产党和党的诞生地的故事，为实现第二个百年奋斗目标汇聚强大精神力量。组织引导离退休干部带头弘扬社会主义核心价值观、中华传统美德，加强家庭家教家风建设，做好关心下一代理想信念教育，助力形成奋发向上、崇德向善的良好风尚。二是充分释放基层宣讲优势。离退休干部宣讲团在基层意识形态领域发挥着重要作用。组织引导老同志进“家门口”课堂、进微信群组、进社区基层等开展党的二十大精神宣讲活动。持续发掘吸引有专业特长的老同志进入宣讲队伍，推动离退休干部宣讲团队建设。通过制定宣讲菜单、开展集中备课、搭建互学平台、专家指导点评等方式，把关宣讲主题、丰富宣讲内容、提升宣讲质量。鼓励支持、指导帮助老同志通过融合 TED 演讲、情景对话等新颖模式进行宣讲。三是持续创新传播方式。组织引导老同志在网上发文发声发力，做好思想引领、弘扬网络正能量。持续加强“老干部工作”官微矩阵、App 等系统内网上宣讲栏目建设，并在抖音、哔哩哔哩、喜马拉雅等网络平台同步播放，让老同志主旋律声音由实体阵地向网络空间拓展。

（三）加强党内关怀、保障激励，以更感温暖的关心关爱增强离退休干部意识形态工作的向心力

1. 注重政治关怀，规范干部荣誉退休工作

主要形式有开展谈心谈话、举办荣退仪式、转入离退休干部党组织等。主要内容是肯定老同志的工作成绩，开展纪律教育宣传，介绍退休后相关政策规定，鼓励党员到社区报到，对接服务管理工作，倡导加入志愿服务组织等。

2. 注重人文关怀，落实联系走访慰问工作

在重要纪念日、重大庆典和敬老节、元旦、春节期间集中走访慰问，在老同志生病住院、家庭出现重大变故时及时看望慰问，将交流谈心、沟通思想融入走访慰问过程中，把思想上解惑、精神上关怀、生活上帮困结合起来。健全完善联系沟通制度，党员领导干部要直接联系离退休干部党组织，离退休干部党组织书记、委员、党小组长要分工联系离退休干部党员，及时掌握老同志思想动态、身心健康状况、家庭情况。

3. 注重激励关怀，加强先进典型宣传表彰

着力选树新时代新阶段涌现出的离退休干部先进典型，将培育新典型与学习老典型相结合，注重发现挖掘先进事迹，大力学习弘扬高尚精神、模范行为。充分发挥先进典型示范引领作用，带动更多老同志见贤思齐。加大宣传力度、广度，让老同志感到受褒扬、被认可、被尊重，增强正向自我激励。

4. 注重重点关怀，加大特殊时期关键环节关注力度

凡是敏感事项、重要节点，需谋划在先、做好预案，防止可能出现的思想波动。凡是老同志日常生活与旅居情况，应通过常态化联系机制建立个人信息台账。凡是老同志生活上遇到的实际困难，要想方设法帮助解决，一时解决不了要耐心解释，让老同志切身感受到组织的力量、党的温暖。

（四）加强专业培训、能力培养，强化队伍建设增强做好离退休干部意识形态工作的自觉性

1. 加强专项培训，提升做好意识形态工作水平

将习近平新时代中国特色社会主义思想、意识形态工作作为老干部工作者培训必修课程，增强意识形态工作责任意识，提高对敏感舆情和苗头性倾向性问题的发现力、感

知力、鉴别力，提升做好意识形态工作的能力本领。

2. 把握老同志特点，加强意识形态教育

重视离退休干部党支部书记委员队伍建设，提升支部骨干做好意识形态工作的意识和能力，以上率下带领支部党员共同推动意识形态建设。着重加强网络安全教育，规范用网知识培训，帮助老同志熟悉网络语言、了解网络传播技术，提高老同志辨别虚假信息的能力，引导老同志树立网络安全意识和意识形态风险意识。

3. 组建系统内网宣员、网评员队伍

依托“乐龄申城 · E行动”平台，在老干部工作者和老同志中培育网宣员、网评员队伍。对接市委宣传统一口径，明确宣传任务，主动转发权威信息，定期在一定区域范围和不同圈层的朋友圈、微信群转发、评论和引导，积极正向发声。

（五）加强阵地建设、过程管理，通过制度机制增强离退休干部意识形态工作的规范性

1. 守住守好老干部系统各类意识形态工作阵地

重点加强系统内宣传平台、刊物书籍等具有媒体属性和舆论动员功能的阵地管理；加强形势报告、专题讲座、教学课程、文艺展演等学习传播载体管理；加强宣讲团队、兴趣组队、活动团队等离退休干部社团组织管理。推动形成以官方渠道传播为信息源头的信息引领机制，使之成为老同志分辨各类信息的标杆。

2. 健全完善离退休干部意识形态工作管理机制

重点把握事前阶段，注重分析研判，查找风险隐患，尤其是在重要节点，及时掌握思想动态、分析研判舆情、发现苗头问题，力争早防范、早化解。重点加强工作检查考核，把意识形态工作纳入离退休干部“示范党支部”创建、全市老干部工作考核内容，正面建构研判发现处置机制，将“软指标”变成“硬约束”。

3. 加强离退休干部意识形态工作责任体系建设

建立健全市局意识形态工作责任制实施细则。把意识形态工作与离退休干部党的建设工作同部署、同谋划、同推进、同落实。在意识形态阵地管理责任上明确谁主管谁负责、谁主办谁负责，按照党组织所属地域明确管理责任。探索形成离退休干部意识形态工作责任目录，持续完善离退休干部数据信息，不断提升意识形态工作的针对性、实效性。

（本文获2022年度全市组织系统优秀调研成果三等奖）

课题组成员：杨佳瑛、包龙根、龚　怡、窦忠秋、张家科

主要执笔人：徐　雯、付　颖

关于崇明区定向选调生选拔录用和培养使用经验的思考

崇明区委组织部课题组

选调生选拔录用和培养使用是优秀年轻干部选育的“源头性工程”。在本市开展应届优秀大学毕业生选调试点工作的示范引领下，崇明区秉承“聚天下英才而用之”的理念，自2020年起通过三批次招录吸引共计60名优秀大学毕业生来崇工作，为建设生态人才高地注入了鲜活力量。

经过3年的尝试，崇明区选调生工作积累了一定经验，但与市委组织部要求和区人才工作要求还有一定的距离。为此，崇明区以公务员管理信息系统数据为基础，借鉴了相关学者的问卷，结合区情，针对选调生、选调单位、村居负责人分别开展问卷调查，共计121人参与。综合运用问卷调查法、数据分析法等，梳理了崇明区近3年选调生选拔录用和培养使用工作的整体情况、经验及不足，征集相关部门的想法和建议，为进一步完善选调生工作提供了依据。

一、调研结果分析

（一）近3年崇明区选调生整体情况分析

2020—2022年，崇明区共选拔录用60名选调生，目前共计43名选调生在基层村锻炼。崇明区选调生整体情况特点如下：

1. 高素质、专业化两者兼具，人才发展聚力集智

崇明区选调生具备较高的政治素质，其中中共党员45人，占比75.0%，民主党派1人，占比1.7%（见图1）；男女比例适中，男性38人，女性22人，男女比例约为1.7∶1；年龄结构较优，最小年龄22岁，最大年龄31岁，平均年龄26岁，富有活力。学历层次较高，博士研究生1人，硕士研究生55人，硕士及以上学历占比93.4%（见图2）；生源质量较高，毕业于全国21所高校，其中一流大学建设高校17所，共47

人，占比 78.3%；所学专业多元化，具备较高的专业素养，其中专业类共计 36 人，占比 60.0%（见图 3）。

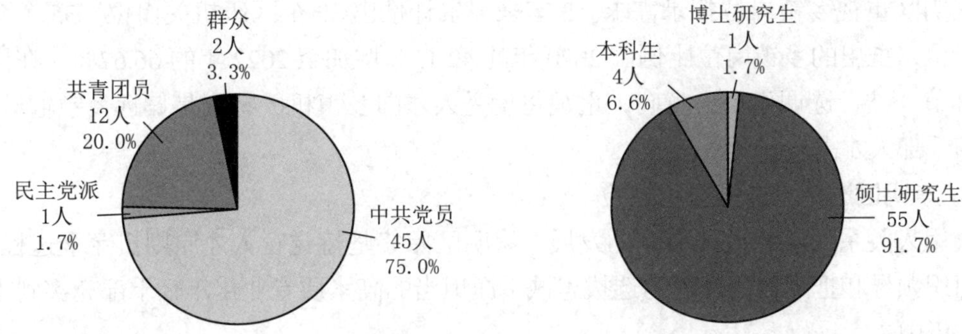

图 1　崇明区定向选调生政治面貌分布图　　图 2　崇明区定向选调生学历层次分布图

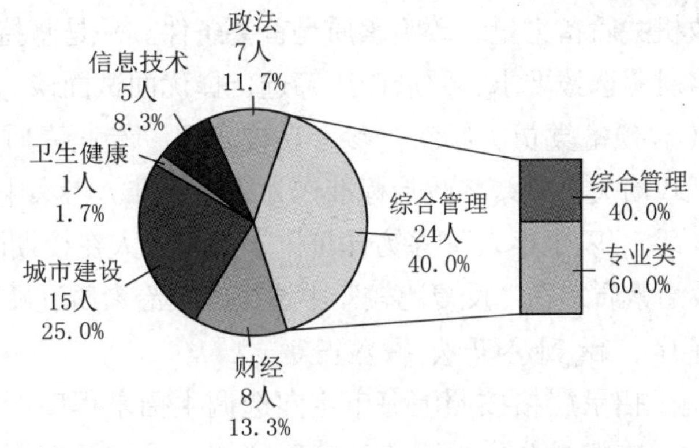

图 3　崇明区定向选调生专业类别分布图

2.“凤来栖”“燕归巢”两力齐发，人才建设增添活力

崇明区坚持“五湖四海、任人唯贤”，以识才慧眼、聚才良方，将优秀年轻人才凝聚到世界级生态岛建设事业中来。崇明区选调生来自全国 16 个省市，其中崇明户籍 5 人，占比 8.3%，外省市户籍 54 人，占比 90.0%（见图 4）。崇明区积极向五湖四海揽才，孕育“百川归海”，也多措并举吸引本土人才回崇，共助家乡建设，凝聚建设世界级生态岛的向心力。

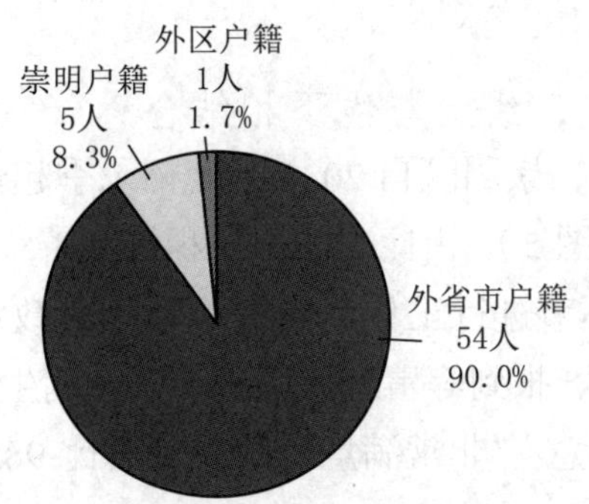

图 4　崇明区定向选调生户籍分布图

3. 区镇两级干部队伍齐受益，人才输送倾斜基层

针对崇明区乡镇机关年轻干部队伍“青黄不接”现象突出问题，在选调生岗位征集环节，崇明区重视乡镇岗位招录需求。3年来，累计推出32个区级机关岗位、35个乡镇机关岗位，推出的乡镇岗位比例由2020年的42.11%增加至2022年的66.67%。在岗位分配环节，结合选调生个人意向，重视将优秀人才向乡镇机关特别是偏远乡镇输送，满足乡镇干部人才需求。

（二）崇明区选调生选拔录用经验

选人用人关系到党和人民事业的发展，崇明区始终坚持党管人才原则贯穿全过程，强化党组织领导和把关作用，着力选拔忠诚干净担当的高素质专业化年轻干部充实到本区干部队伍中。

1. 突出政治标准，提升选人用人质量

选调生作为党政机关后备力量，政治素质是首要条件。一是坚持德才兼备、以德为先的选人导向。严格对照选拔要求，开展简历筛选，择优面试面谈。以面试面谈成绩为基础，向中共党员（含预备党员）倾斜，参考在校表现、专业素质等，择优进行笔试推荐。二是考察严把政治关，始终将政治标准作为第一标准。考察中，我们严格档案审查，通过师生群体谈话，“以事察人”“多方印证”了解候选人在校期间各方面实际表现，尽可能全面掌握其政治素质，在“反复比较”中选拔出政治素质过硬的人才。

2. 规范选拔程序，做到公开公平公正

崇明区定向选调生招录严格按照上海市定向选调生招录程序严密开展。一是岗位公开，做到人岗相适。在招录公告中明确年度职位招录计划及招录详情，为报考者指明报考方向。二是系统填报，面试面谈机会均等。招录公告在选调高校官方网站公开投放，符合条件的毕业生具有同等报名机会。2022年度选调生招录中，首次采用专门报名系统进行信息填报，统一填表格式，提升审核效率。对不符合报考条件的考生告知否决原因，提升审核准确率。三是引入监督，面试面谈结果公正。借鉴公务员面试经验，通过资格审核、随机抽签等方式，保证程序合规，且在面试面谈中引入纪检监察部门开展监督，确保纪律严肃性。调研中，用人单位对选调生选拔标准和流程的了解程度在“比较了解”“非常了解”的共计占比87.5%，促进面试面谈工作的高质量开展。

3. 丰富面试面谈形式，线上与线下相结合

根据新冠疫情防控实际，崇明区自2021年度招录季起试行线上面谈，14人通过此种方式进入选调生队伍（见图5），占比23.3%。积极完善线上服务，自笔试环节起，为考生组建微信群，在不同环节进行工作节点提示和相关政策答疑。同时，完善录用流程，积极服务其签约、落户、报到等事宜。调研中，选调生对选拔录用环节所受到的相关管理和服务体验“比较满意”“非常满意”的共计占比98.3%（见图6），管理服务工作成效显著。

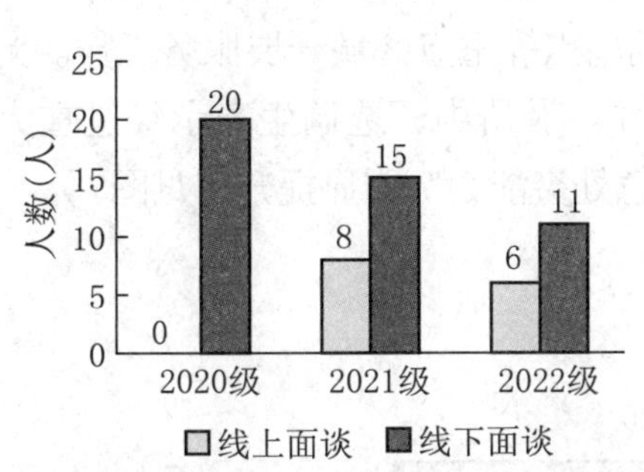

图5　已录用定向选调生面试面谈方式分布图

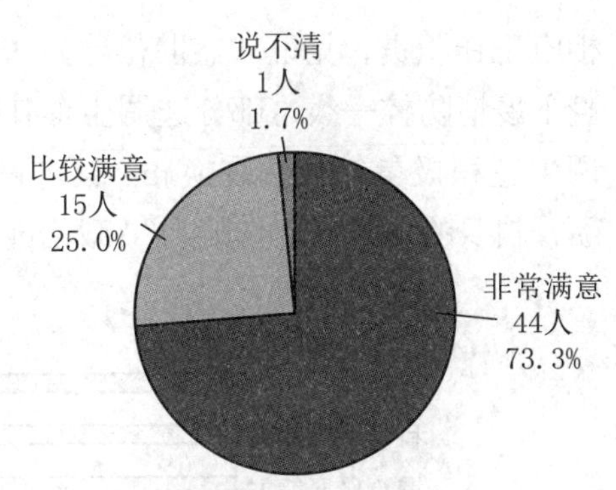

图6　选拔录用环节线上服务满意度

（三）崇明区选调生培养使用经验

崇明区通过健全培养机制、提供优质平台、加强组织关怀等途径，有组织、有计划地将选调生群体放到重大斗争一线去经风雨、见世面、长才干、强弱项、补短板。

1. 坚持以健全机制助力成长

（1）乡村振兴示范村引领，基层一线经风雨

基层一线是选调生磨炼意志、增长本领的熔炉。目前在村锻炼的区定向选调生43人，其中26人所在村为乡村振兴示范村，占比60.5%。在村锻炼期间，崇明区设计“七个一”（一份村档案、一份国情调研报告、一本活动电子相册、一项村内实事项目、一份专题调研报告、一条基层治理现代化优化方案、一条发展建议）工作任务，促使选调生在实践中“高效率”服务农村。开展选调生“五微”（即为党员群众讲党课，组织开展关爱青少年活动，为群众送温暖，开展社会调研，帮扶农村农业发展）活动，着力提升选调生综合能力。村负责人对选调生到村锻炼所作贡献给予了高度评价，89.2%的人认为选调生补充了村高素质专业化年轻干部队伍，62.2%的人认为选调生能够“创造性完成相关工作”或“提升所在单位考核表现”，突出了崇明区选调生驻村工作成效。

（2）四级带教制度显优势，基层一线壮筋骨

推行“4+1”带教模式，为每名选调生安排4名带教老师，引导选调生尽快融入农村、开展工作。为精准培养，明确各级带教老师的职责，1名区级条线领导对选调生进行对口业务指导，防止选调生在村任职期间与选调单位业务“脱钩”；1名乡镇领导指导选调生在村开展特色工作；1名驻村指导员传授自身驻村工作经验；1名村党组织书记负责日常带教，关心选调生工作生活。在“4+1”带教模式下，选调生较为顺利地在选调单位、乡村开展工作和调研任务，参与到项目建设中。调研中，选调生认为各级带教老师发挥的指导带教作用“比较大”“非常大”，共计占比79.1%。

2. 坚持以优质平台涵养人才

（1）乘花博发展契机，重大任务中见世面

崇明区始终把选调生锻炼培养纳入青年干部人才队伍建设整体规划，多平台锻炼、多任务磨砺。2021年第十届中国花博会期间，36名选调生在社会动员等相关部门承担

相应工作职责，见证“盛世花开，‘蝶变’崇明”。2022年3—6月，43名选调生积极投身于疫情防控一线，部分选调生奔赴区集中隔离点等重点区域开展服务工作。此外，选调生还积极参与村两委换届、区“两会”工作。调研中，选调生表示经过重大任务磨砺，自身的“群众工作能力”“政治能力”“应急处突能力”明显提升（见图7）。

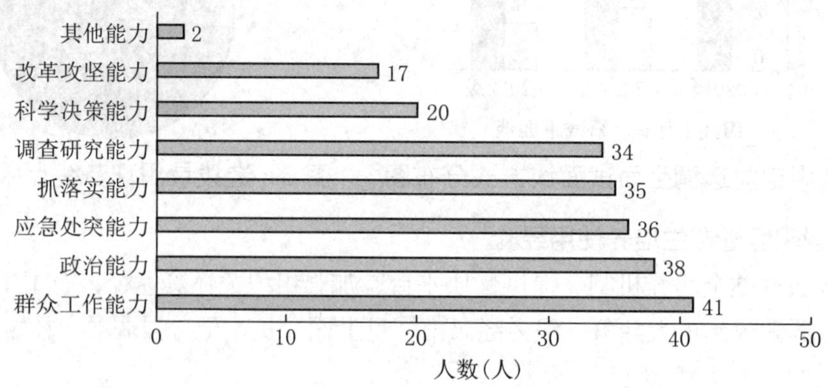

图7　重大任务中能力提升分布图

（2）提供岗位“孵化器”，用当其时人尽其才

调研中了解到，用人单位普遍对选调生的工作表现给予了较高评价，认为“优于同批次普通公务员”的占比79.2%，选调生品牌形象有所树立。选调单位对选调生培养使用效果达到“比较理想”或“非常理想”的共计占比100%，实现人尽其才、才尽其用。为进一步提升管理成效，崇明区构建了“区委组织部—乡镇—村”三级管理体系，设计印制《上海市崇明区选调生到村任职锻炼成长手册》，每名选调生记录在村工作的“成长轨迹”。推行“一述四评”的考核方式，组织选调生通过“PPT+汇报”的形式现场述职。为进一步提升培养成效，以“90后”优秀干部“321起跑计划”为平台，借助公务员跨部门交流制度，推动第一批选调生开展轮岗交流。主管部门及选调单位通过“压担子”“交任务”“重成效”，帮助选调生成长为可堪大用、能担重任的栋梁之材。

3. 坚持以组织关怀凝聚人才

（1）坚持为党育人，推动选调生业有所用

积极发挥教育培训的政治引领作用。一方面，结合崇明区公务员培训资源，充分运用线上及线下干部培训平台，将习近平新时代中国特色社会主义思想摆在选调生培训理论学习的最突出位置，全面贯彻党的二十大精神，深入贯彻落实习近平总书记考察上海重要讲话精神、上海市第十二次党代会精神等，夯实选调生信仰根基。另一方面，把选调生培训工作纳入崇明区基层干部总体培训规划，有计划地举办区情培训、实务培训、总结培训等专题培训活动，并把选调生纳入“村居大讲堂”“瀛洲书记论坛”以及各乡镇举办的各类培训班，切实增强履职能力。

（2）坚持久久为功，提升选调生在崇归属感

选调单位承担关心关怀选调生成长的主体责任，帮助选调生尽快融入生活和工作环境。调研中了解到，选调单位关注选调生身心健康，积极落实“给予关心关爱”“专人进

行传帮带”“安心在村居锻炼”要求（见图8）。区委组织部指导选调生组建自我管理委员会，开展选调生自我管理、自我服务，自主编辑并维护微信公众号，实施“舍长制”，推选出若干名宿舍长负责协助管理宿舍安全、环境等。自管委积极组织参观考察、交流互访等多种形式的活动，丰富业余生活（见图9）。特别是交流互访活动，选调生通过轮流“坐庄”，组织其他选调生考察自己任职村或其他区选调生任职村的特色产业、风土人情、文化资源等，进一步熟悉崇明、了解崇明、融入崇明。

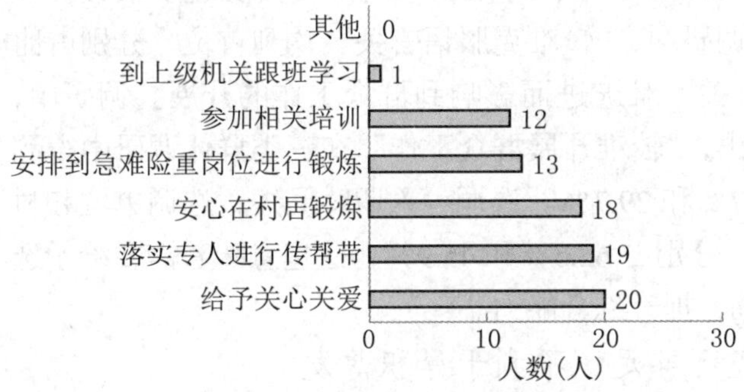

图8　选调单位对选调生政策落实情况

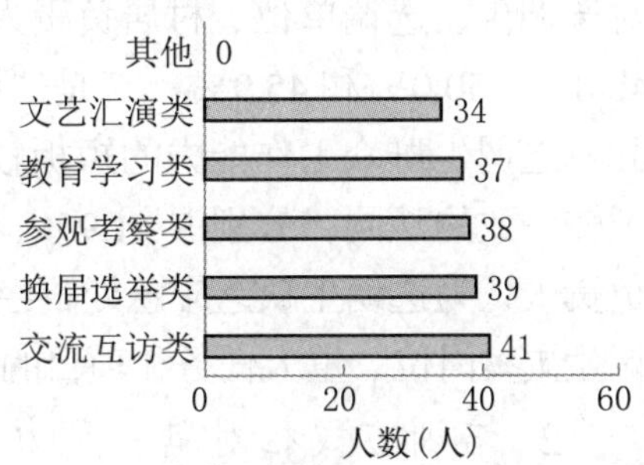

图9　选调生自管委活动覆盖情况

（3）坚持用心用情，解决选调生后顾之忧

崇明区坚持用心用情塑造良好引才环境，采取有力措施，留住人才。一是加强生活保障。统一安排宿舍并配齐生活设施，住房等倾斜性政策在吸引人才聚集方面作用显著。调研中，63.3%的选调生表示报考崇明区的动机之一为“本区选调生具有较好的支持政策”。在村任职期间，选调生可到镇机关食堂或日间照料中心用餐。为方便在村开展工作，为每名选调生提供电动自行车或者自行车。二是加强思想关怀。选调生大多为外省市户籍，区委组织部每季度至少组织一次座谈会，乡镇党委组织部门每季度至少开展一次谈心谈话、召开一次座谈会，关心选调生的心理健康。新冠疫情防控期间，区委组织部领导分头走访慰问全体选调生，并召开疫情防控专题工作座谈会，促使选调生集中精神、心无旁骛地在岗位中施展抱负。

二、存在问题

从调研情况看，崇明区已招录的选调生精神风貌、履职能力等情况总体良好，但仍存在对部分高校学子吸引力不足、岗位历练不够充分、身心压力较大等问题。

（一）选拔录用工作的吸引力和重视程度仍需加强

目前，最高学历毕业于上海市内高校的选调生占比60.0%，超过一半，在一定程度上反映出崇明区选拔工作对外省市高校毕业生吸引力有待加强。客观层面，相比于上海市中心城区，崇明区交通不够便利，经济发展速度相对缓慢，知名度相对较低，尽管有较优厚的住房保障等倾斜政策，但对于清华大学、厦门大学、南京大学等国内排名靠前的外省市高校毕业生的吸引力仍相对较低。主观层面，崇明区实施定向选调生招录的时间较短，各选调单位对选调生招录选拔工作的重视程度仍有待加强。调研中，尚有12.5%的选调单位表示对选调生选拔标准和流程的了解程度还停留在“一般了解”。

（二）选调生在培养锻炼方面还存在部分短板弱项

1. 选调生自身本领还不够硬，不利于身肩重担

调研中，选调生经历机关工作和基层锻炼，各方面能力得到一定程度的提升，但在实际工作中，部分能力仍难以取得质的突破。一是“语言关”难破，始终是深入工作的“绊脚石”。崇明区选调生来自全国16个省市，对崇明本地方言接受速度较慢。在对选调生、选调单位、村居负责人的调研中，“较难克服语言关”均列首位，分别占比48.8%、50.0%和45.9%。二是“语言关”难破进而影响到群众工作的开展。调研中，驻村选调生群众工作能力的短板较突出，“较难开展群众工作”在三类群体调研中得到了较一致的认同，分别占41.9%、41.7%和29.7%。选调生入职时间短，选调单位和村负责人认为选调生缺乏应急处置经验，分别占62.5%和45.9%，这也意味着需要给予选调生更多岗位、重大任务和项目的磨砺，提升综合能力。

2. 培训方式相对单一且力度还不够足，不利于厚积薄发

选调生作为应届毕业生群体进入国家公职人员梯队，在校期间政治理论和业务知识的积累还不足以指导实践工作，需持续通过教育培训固本培元。公务员群体的各类培训如初任培训、线上干部培训等，以及选调生岗前培训、试用期满培训、年度考核培训等仍是大多数选调生提升理论素养的主要途径。仅有30.2%的选调生表示参加过其他专门针对选调生的培训。在专门针对选调生的培训中，选调生多依托乡镇和村居平台，与市级、区级平台相比，镇、村平台难以保证较高的培训水准。

（三）激励机制尚不健全，关心关怀力度仍需加强

选调生身心压力较大，不利于安心在崇工作。调研发现，选调生不同程度存在心理压力。究其原因，一方面选调生教育经历优秀，常被寄予厚望、委以重任，承担工作内容挑战性较强。调研中，选调生认为在选调单位承担的工作任务“比较有挑战性”“非常有挑战性”共计占比93.0%；选调生认为所接手的村任务多属于“比较有挑战性”“非常有挑战性”共计占比74.4%。另一方面，选调生一般定位为党政机关后备力量，与普通招录的新公务员有所区别。调研中，这种身份的差异引起选调生压力的占比65.1%；在感受到压力的群体中，有96.4%的人认为自己被赋予更高期望和要求，心理压力有所增加。伴随着更高期望与要求，78.6%的人认为存在多个单位或部门指派任务的情况，工作压力相对较大。在承担心理及工作双重压力下，58.1%的选调生对未来晋升的机会却持不明朗态度，对未来发展前景不够坚定。由此可见，选调生在得到多岗位、多任务历练的同时，存在着较大压力，又对未来发展比较迷茫，亟须思想鼓励与心态安抚。

三、解决措施

（一）做好用人规划顶层设计，在引才方面下功夫

全方位部署选调生选拔录用工作，要下好先手棋。一是多渠道扩大招录政策覆盖

面。下一步崇明将更重视选调生选拔录用和培养使用政策宣传，在校招季，借助市级宣讲平台与信息技术手段，将线上与线下宣讲深度结合，重点在往年招录人数较少的“双一流”建设高校开展宣传，进一步扩大崇明区选调生政策的影响范围，特别是提升外省市高校学子对崇明区招录政策的知晓度，吸引更多优质学子报考。二是多渠道提升崇明区招录政策吸引力。一方面，继续落实免费入住的人才公寓政策，有效利用公众号等宣传手段，展示崇明区已录用选调生的精神风貌，展现培养成效，以来崇工作的切实幸福感吸引人才。另一方面，提升各单位对选调生招录工作的重视程度，在做好职数使用规划的基础上，结合用人需求，释放出专业性强、历练机会多的岗位，吸引有志于干事创业的青年加入。

（二）稳定职业发展预期，在育才方面见真章

选调生成长离不开组织的悉心培育，要增强思想淬炼和实践锻炼。一是以教育培训为抓手，完善选调生知识结构。调研中，选调生认为基层工作还需补充“经济发展”“农业政策和农业科技”“应急处置”等知识，分别占比 74.4%、72.1%、69.8%。一方面，切实利用好崇明区公务员现有的双休日专题讲座，以及其他线上、线下各类干部培训资源及平台；另一方面，寻求更多培训机会、更高培训平台、更多优质师资，定期开设选调生专题系列培训班，切实帮助选调生提升履职能力。二是结合职数使用规划，量才使用，适时提拔晋升。把选调生培养使用纳入崇明区领导班子建设规划纲要，协同选调单位进一步挖掘“育苗”资源，把握重大任务锻炼人才机会，全方位提升选调生履职素质。持续发挥公务员常态化工作制度在选调生培养工作中的作用。调研中，93.0%的选调生有兴趣参加轮岗交流锻炼，启示我们要进一步发挥公务员跨部门交流制度作用，在已有探索的基础上，逐步扩大优秀选调生群体纳入跨部门交流的范围，在不同岗位大胆起用年轻人才，推动选调生在阶梯式进步中成长为优秀的后备干部。

（三）坚持严管厚爱相结合，在留才方面显诚意

“筑巢引凤”更要“固巢留凤”，对选调生群体要严管厚爱相结合，激励约束并重。一方面，在组织部门牵头下，带教老师每季度与选调生群体定期谈心谈话，熟悉选调生个体特征，在此基础上，当好识才用才的“伯乐”。通过述职考核等途径，以识才慧眼辨别发展潜力较大的选调生个体，积极为他们交任务、压担子，促使其快速成长。另一方面，选调单位要切实承担选调生的服务责任，关注其身心健康，了解其工作压力和生活难题。特别是在工作中，选调生不熟悉崇明方言，业务技能不够熟练，选调单位要形成包容激励氛围，给予充分指导，对工作中的失误建立容错机制，做好加油打气工作，坚定其信心。持续发挥选调生自管委在提升选调生群体凝聚力方面的作用，积极开展各类有益身心健康的活动，丰富选调生生活，增强其在崇明的归属感和幸福感。

（本文获 2022 年度全市组织系统优秀调研成果三等奖）

主要执笔人：魏青鸾、陈　薇、龚胜瑜

加强和改进纪检监察干部教育培训工作专题调研报告

市纪委监委组织部课题组

党的十九大以来，党中央和中央纪委高度重视纪检监察干部队伍建设，强调要建设一支政治素质高、忠诚干净担当、专业化能力强、敢于善于斗争的纪检监察铁军。上海市纪委监委紧紧围绕用习近平新时代中国特色社会主义思想强化政治建设，以务实作风抓好干部专业化能力培训，全面加强纪检监察干部思想淬炼、政治历练、实践锻炼、专业训练，教育培训工作的科学化、规范化、精细化程度持续提升，纪检监察干部履职尽责的意识和能力得到全面加强，为我市纪检监察体制改革各项任务扎实推进，全面从严治党、党风廉政建设和反腐败工作深化发展提供了坚实的组织和人才保障。为更好地适应新时代纪检监察工作高质量发展需要，课题组系统梳理了党的十九大以来我市纪检监察系统教育培训工作的做法成效，深入查找存在的问题和不足，提出针对性措施建议，形成专题调研报告。

一、主要做法和成效

（一）突出政治引领，把准政治方向，围绕中心大局，不断优化培训内容

一是把政治建设摆在教育培训首位。坚持把学习贯彻习近平新时代中国特色社会主义思想作为首要政治任务，摆在干部教育培训最突出的位置，作为市纪委常委会理论学习中心组学习的主要内容，教育引导干部深刻领悟“两个确立”的决定性意义，增强“四个意识”、坚定“四个自信”、做到“两个维护”。坚持深入学习习近平总书记系列重要讲话精神和考察上海重要讲话精神，将党的创新理论与上海改革发展实际相结合，作为每期培训班的必修课，引导干部心怀“国之大者”，扛起职责使命，着力提升政策理论水平和解决实际问题的素质能力。坚持用好用活上海红色资源，打造龙华烈士陵园“上海市廉政教育基地”“上海市纪检监察干部培训教学点”，组织纪检监察干部参观“借

次清霜坚傲骨——龙华英烈之首届中央监委四烈士专题展”，深化党史学习教育成果，传承红色基因。

二是把专业能力提升摆在突出位置。注重开发新的课程，聚焦纪检监察体制改革工作需要，围绕一体推进“三不腐”等主题，组织有关业务部门、业务骨干牵头设立课题组，按照政治轮训、监督检查、审查调查、派驻监督、党内法规等业务条线和领域，推进专题课程建设，平均每年新增课程25门以上。注重改进课程质量，实行集体备课制度，有效解决内容交叉重叠、政策口径不一致等问题；同时，对现有150余门课程进行系统梳理、优化升级，增加案例教学、交流研讨模块，开发从来信来访到移送司法的业务全流程案例教学，受到基层干部和新任职人员的欢迎。注重探索纪法贯通领域课程，立足党和国家监督体系建设，会同市检察院、市高院举办监检法查办职务犯罪案件联合培训班，开展监督执纪、查办职务犯罪等业务的交叉学习，强化纪法贯通、法法衔接，为本市反腐败工作提供有力支撑。

（二）落实全员培训，紧扣重要指标，完善制度机制，有力提升培训质效

一是突出领导带头，以上率下抓实培训。市纪委常委会高度重视干部培训工作，年初专题审议干部培训培养方案，作出工作部署；委主要领导率先垂范，多次作出指示批示，提出工作要求；领导班子成员认真抓好分管领导干部培训，带头学习重点课程，带头上讲台讲政治课、上业务课。2020年以来，委领导共参加培训开班式和亲自授课30多次，带头参加中央纪委组织的干部培训测试，测试平均分达97.7分。基层单位部门的纪委书记、纪检组长“跟着学”“照着做”，纷纷走上讲台，起到了以上率下作用，营造出浓厚的学习氛围。

二是突出点名调训，精准有效传递要求。市纪委坚持把全员培训作为传达上级工作要求的重要途径，把中央纪委、上海市委的新精神新要求融入授课之中。在学员选调上，以本级机关、派驻机构干部和区纪委监委领导班子成员，市管企业和高校纪委书记、副书记为重点，实行点名调训、精准培训，用培训统一思想和意志、行动，促进责任有效传导。在培训主题上，针对调训对象特点，把原原本本学习文件和领导讲话、第一时间解读党内法规制度、传递纪检监察体制改革最新要求、交流研讨创新工作方式方法等作为主要内容，力争讲透讲到位，例如专题举办深化派驻机构改革培训班，让新任职的纪检组长感觉贴肉解渴、受益匪浅。

三是突出延伸拓展，着力夯实基层基础。市纪委监委锚定每年开展一轮覆盖全市纪检监察干部的培训目标，党的十九大以来已自办市一级培训班次92个，覆盖11000余人次，实现了对市、区两级纪委监委机关及派驻机构，市管国企和高校纪检监察干部培训全覆盖。在此基础上，针对基层纪检组织监督执纪履职能力不强等问题，把全员培训向下延伸拓展。通过召开全员培训工作推进会、建立培训季报制度等，不断拧紧压实培训主体责任。大力开展提级培训，把应知应会培训延伸到市管国企二三级公司、市管高校二级院系、街镇纪（工）委、区属企业专兼职纪检干部等“神经末梢”，促进管党治党责任向“最后一公里”传导。连续3年举办街镇纪（工）委书记培训班，推进街镇纪（工）委向更高水平、更深层次“三转”，助力街镇查办案件“去零化”。

四是突出年轻干部，一体推进培训培养。聚焦系统优秀年轻干部，会同市委党校36年不间断联合举办上海市纪检监察干部进修班，每年2期，每期时长1个月，目前已举办71期，并纳入市委组织部主体班次，成为了解、发现、培养、储备优秀年轻干部的重要渠道。聚焦3年内新招录公务员、选调生、系统外商调干部、军队转业干部等举办专题培训班，讲授应知应会内容，开展纪检监察史和廉政警示教育，帮助纪检监察新兵扣好廉洁从政第一粒扣子。聚焦以教促学、教学相长，每年为基层单位选派师资“送教上门”60余人次，定期组织年轻业务骨干赴西藏日喀则、青海果洛、新疆喀什等地开展对口培训，在服务基层一线工作中磨炼意志、提升本领。

（三）强化实践锻炼，加大技术运用，实行流程管理，持续创新工作机制

一是在实践实战中练就真本领。建立以干代训工作机制，为帮助基层单位培养业务骨干、提升工作本领，定期征询基层单位干部培训需求，组织基层单位干部到市纪委机关各部门跟班学习，每年3—4期，每期3个月。截至目前，全市共有近400名干部完成以干代训工作任务，回到原岗位后已有多名干部成长为所在单位的业务能手。规范专项工作调训机制，采取“点名”和“不点名”相结合的方式，选派干部参加市委巡视、重要专案等500余人次，既满足专项工作需求，又有计划地加强干部培养。开展大练兵大比武系列活动，先后举办3期市纪委监委青年业务讲坛、3期“沪上方圆、浦江审韵”审理业务论坛，组织开展党史知识和业务知识竞赛，推动干部在交流研讨、竞赛比武中形成比学赶超的浓厚氛围。

二是用科技赋能应对不确定性。面对新冠疫情冲击，在培训机构班次资源紧张的情况下，积极应对形势任务变化，通过创新方式方法完成培训任务，提升培训质效。用足用好市委组织部“上海干部在线学习城”“每月讲坛”“双休日讲座”等培训资源，积极组织党员干部参加线上自学。开设上海市纪检监察干部培训专栏，在纪检监察内网设置学习交流、培训课件、业务探讨等栏目，定期更新上传各类学习资源，为基层单位组织培训和干部自学提供支持。探索开展视频直播培训，按照线上线下同班型同要求的原则，强化培训组织和纪律要求，2022年举办直播培训10余场，培训学员2700余名。比如，通过视频直播方式率先开展学习贯彻党的二十大精神集中轮训，在市纪委机关设主会场，在各区纪委和市委巡视办设置17个分会场，全市纪检监察系统520多名处级以上领导干部同步参训；又如，首次通过视频直播方式组织全市215个街镇纪（工）委书记开展纪检监察法规制度专题培训，把优质培训资源直供基层。此外，积极开发建设在线学习平台、在线测试系统和应知应会测试题库，供干部开展自学自测，截至目前已有超过2500人完成了在线测试。近期，正在在线学习平台上部署学习贯彻党的二十大精神视频课程，高效推进集中学习全覆盖。

三是以全周期管理持续改进。把全周期管理理念嵌入培训全过程，持续提升培训的

规范性、针对性和实效性。培训前，通过听取系统单位和干部培训需求，反复打磨培训方案，明确培训的主题、内容、形式和需要注意的细节；根据学员的特点，精选授课师资，实行集体备课制度，确保各门课程相互衔接，避免重复交叉和前后矛盾；把课堂讲授和学员点题结合起来，提前征集汇总学员普遍关心的问题，请授课老师提前做好回应准备，增强教学的互动性。培训中，实行市纪委组织部联络员和党校老师“双跟班”，严格请销假等管理制度，严明培训纪律和保密要求，加强学风管理；全程参与班级学习研讨，跟踪了解干部参训情况和学习表现，有意识地加强考察识别；主动听取学员对培训组织和授课质量的评价，了解他们最迫切的需求。培训后，坚持自办班次逢训必考，及时组织业务测试，检验学习成效，起到以考促学作用；开展培训问卷调查，根据反馈情况改进优化课程设置，并将有关意见建议转告授课老师；定期将干部参训情况录入培训信息系统，加强汇总统计分析，与考核评价等相挂钩。

二、调研中发现的主要问题

近年来，市纪委监委机关在干部教育培训工作中积极探索，不断创新方式方法，取得了一定成效，但是对照建设高素质专业化干部队伍的要求，仍存在以下问题和不足。

一是培训资源的优化整合还不够合理。近年来，在中央纪委的有力指导下，市纪委监委全员培训日益制度化，培训能力有了较大提高，师资库在不断壮大，开发的课程基本覆盖纪检监察各业务板块，授课方式日渐丰富多样。与制度机制的发展相比较，培训资源的短缺成为制约培训工作高质量发展的关键问题。初步统计，市纪委监委每年自办的市一级培训班次学员多达2500人左右，由于缺少自己的培训基地或机构，难以找到相对固定且有能力的培训机构承接培训班次。虽然一直以来得到市委党校的大力支持，但在近几年新冠疫情影响下，办班资源始终十分紧张，需要就培训场地、培训时段等与培训机构反复沟通协商，在如期完成培训计划、确保培训质量方面存在比较突出的困难。对此，市纪委监委组织部积极拓展培训资源，与上海检察官培训中心、华东政法大学、上海海关学院以及上汽集团党校等培训机构建立了良好的合作关系，但在有效整合资源、支撑培训需求方面还存在较大差距。

二是一些基层组织对培训的认识还不够到位。高质量发展离不开高质量干部队伍，高质量干部队伍离不开高质量的培训培养。虽然广大纪检监察干部对政治理论学习和专业能力培训的需求呼声很高，但仍有一些基层纪检监察组织不同程度上存在认识不够、重视不够的情况。调研发现，有的单位把查办案件作为“GDP”和硬杠杠，把培训看作可有可无的软指标，常常以工学矛盾为由，舍不得派干部尤其是审查调查岗位的干部参加培训；有的单位把主要精力放在数量全覆盖上，抱着“跑量”“速成”的态度去干事，要么搞不分层级、不分类别的“大呼隆”培训，要么把学员往党校、高校一送了之，在确保培训实效上抓得不够，存在形式化的倾向；有的单位站位不高，对培训的政治属性认识还不足，讲法律知识、业务技能多，讲国之大者、理念逻辑、形势任务少。

三是培训课程的系统性有待进一步加强。经过近几年的开发拓展，我市纪检监察培训课程日渐丰富，基本覆盖了各业务板块和各种类型的课程。比如，开发了监督检查、审查调查、案件审理、法规制度、基础业务、形势任务等各板块课程；也有课堂讲授、经验交流、访谈互动、案例讲解、流程串讲等各类型的课程。但从整体效果看，课程建设还存在系统性不够的情况，主要体现在三个方面：第一，各板块间的课程不均衡，总体上呈现讲政治理论少、讲业务工作多，讲案例实务少、讲法规制度多，讲审查调查少、讲监督检查多，存在偏科的情况；第二，专题类的课程杂而不精，比如监督类的课程，涉及日常监督、政治监督、专项监督、派驻监督、作风监督多个方面，每个单独拿出来看都挺精彩，但放在一起又存在内容交叉重叠，甚至有前后不一致的情况；第三，同样的课程无法保持稳定的质量水平，由于缺少统一规范的课程大纲，不同的师资讲授同一主题课程，个人经验之谈多过理性思考提炼，自我发挥空间较大，存在一定的随意性。

四是培训师资培养挖掘还不够有力。目前，业务培训师资主要来自市纪委监委的业务骨干，政治理论师资主要依托市委党校。总的来看，虽然近年来师资储备逐渐增加，尤其是年轻业务骨干走上讲台越来越多，但从全员培训的覆盖要求，以及培训定位从应知应会向能力提升的发展要求来看，我们对师资的培养挖掘还不充分，主要体现在三个方面。第一，师资数量相对偏少，长期以来我们一般保持80名左右的内部师资力量，但是经常上讲台授课的仅为少部分，有的师资平时工作繁忙，有的师资反映满足本级培训已属不易，再下派基层就更加力不从心。第二，师资授课水平有待提高，系统内的师资实战经验丰富，但授课经验欠缺，“干得好讲不好”的情况还一定程度存在；党校的师资理论功底深厚，但对纪检监察实践了解不多，尤其在讲授全面从严治党、党风廉政建设类课程时，理论和实践结合得不够好，说服力有待增强。第三，师资结构不尽合理，专业有余、广博不足，比如市一级的师资多，中央纪委和兄弟省市纪委的专家学者少，从基层纪检系统发掘培养的师资更是屈指可数；又比如纪检系统内的师资多，有财经、金融、建设、科技、管理等背景的师资少，不利于培养高素质复合型的干部。

五是在线培训的效果还有待检验。近几年来，在疫情影响下，我们学习借鉴中央纪委有关做法，尝试举办视频直播培训、在线培训，为教育培训工作提供了有力补充，小型、分散的在线学习成为教育培训的重要形式，受到了基层单位的欢迎和认可。但是在线培训也有其局限性，比如授课师资在录制视频过程中缺少互动交流，容易拘谨放不开，授课效果不如现场教学；培训过程中无法组织学员开展深入的交流研讨，不利于学员之间的互学互鉴；由于缺少面对面的反馈机制，培训组织者难以把握干部学习的真实情况和效果，不利于进一步优化课程；组织部门无法通过在线培训去考察识别干部，难以在学员中发现挖掘和培养师资等。通过调研，我们感到有必要加强对在线培训工作规律的认识，通过准确把握其定位、作用以及适用对象，更好地提升培训综合效果。

三、加强和改进教育培训工作的建议

党的二十大对坚定不移全面从严治党、深入推进新时代党的建设新的伟大工程作出了部署要求，各级纪检监察机关和广大纪检监察干部要找准自身在管党治党、党的自我革命中的职责定位，履行好党章和宪法赋予的职责，必须做到政治过硬、本领高强。为此，我们要坚持问题导向、效果导向，持续加强和改进教育培训工作，切实以高质量的培训工作锻造高素质的干部队伍。

一是逐级压实培训主体责任，形成齐抓共管的工作格局。以制订新一轮五年教育培训工作规划为契机，结合本次调研成果，通过召开教育培训工作推进会、印发工作通知或提示等方式，帮助基层纪检监察组织了解纪检监察全员培训工作面上情况，尤其是中央纪委有关要求，帮助基层组织提高政治站位和思想认识，深刻领会加强教育培训工作对凝心铸魂、锻造铁军的重要意义，不断增强做好教育培训工作的使命感、责任感。明确中领导带头、以上率下的培训要求，推动系统各单位建立主要领导亲自抓，分管领导各司其职抓好分管领域培训，组织部门牵头统筹，相关部门积极配合的培训工作机制。通过强化对下指导、日常检查督促、年底考核评价等方式，对基层组织提出明确具体的要求，通过发挥各级纪检监察机关作用，逐级传导工作责任，加强上下统筹和资源共享，形成强大的工作合力。对此，市纪委监委组织部门需着力提升统筹协调能力，多开展工作调研、了解实情、问需基层，做好工作科学谋划，强化对下指导的系统性、针对性。

二是讲好理论教育和党性教育主课，提升业务培训效果。立足纪检监察机关的政治机关属性，把开展党的二十大精神学习宣传贯彻作为当前和今后一个时期的首要政治任务抓紧抓实，开展多形式、分层次、全覆盖的培训，引导干部学原文、悟原理，学深悟透习近平新时代中国特色社会主义思想的精髓要义，紧密联系工作实际做到融会贯通，更加准确地把握好政策策略，更好地围绕中心任务开展有力有效的监督工作。进一步把政治培训贯穿于业务培训之中，切实讲清楚全面从严治党、党风廉政建设和反腐败斗争的形势任务，讲清楚一体推进“三不腐”的方针方略要求，讲清楚纪律规矩制度中蕴含的政治逻辑，讲清楚工作方式方法和技能技巧背后的理念方法，使干部做到知其然也知其所以然，增强依规依纪依法履职的自觉性、主动性。重视提升授课师资自身的理论素养，特别是用学术讲政治的水平，善于给师资提要求、压担子，促使其先学一步、学深一层，真正做到讲政治、抓业务“两手抓”“一体抓”“融合抓”。

三是增强系统观念和定力韧劲，一体推进师资课程建设。师资和课程是教育培训工作的核心内容，并且都是做人的工作，需要讲求实事求是，用心用情用力对待。要加强对表对标设置课程，善于借鉴和运用中央纪委的好做法，把中央纪委建设的课程体系作为标杆，先照着学、照着讲，再结合实际消化吸收后形成自己的课程，进而补充完善打造自己的课程体系，解决好课程科学性、规范性的问题。要加强师资培养，按照“干部教、教干部”的要求，挑选优秀年轻业务骨干作为“种子”教员，给他们出题目、压担子，为其搭建展示能力水平的平台，同时有计划地对其加强教学理念、方法和授课技巧方面的培训，帮助其成长提高，解决师资建设内生力、内驱力的问题。要贯彻全周期管理理念，年初结合工作实际做好课程立项，明确分管领导和部门任务分工；年中实施集体备课试讲、师资课前把关、课中交流互动、课后评估反馈、持续改进提高、长期跟踪培养、动态调整优化的过程管理；每年底进行评比考核、奖优汰劣，增强师资与课程建设的系统性、融合性。围绕《监察法》《监察官法》的实施，谋划开展监察官任职培训工作，结合纪检监察党内法规和学科建设，积极构建监察官培训课程体系，为不断加强纪检监察工作规范化、法治化、正规化建设作出探索。

四是坚持守正创新，持续改进培训工作机制和方式方法。在加强资源共享方面进一步开阔视野，既立足自力更生推进内部师资课程建设，也善于通过多方推荐、日常发现、合作交流等方式，以更加开放的视野引入师资课程。比如，请财政、审计、统计等业务关联度较高的部门推荐专业人才，结合高校纪检监察学科建设共同谋划建设优质课程。在放大培训效应方面发挥基层主动性，既要做好对基层培训的面上覆盖，更注重基层“种子学员”的培养，建立健全组织部门调训、相关单位选派、学员训后向组织部门报告并向所在单位转授学习内容的培训模式，把“种子学员”培养成“种子教员”。在教学管理上更加尊重科学规律，不搞满堂灌教学，也不搞疲劳战教学，在培训中适当“留白”，使学员在课堂讲授之外有交流研讨和学习其他知识的空间，启发学员深入思考，提升培训获得感。积极适应新的技术手段运用要求，建立完善相应工作机制，在开展视频直播培训、在线培训过程中，充分发挥区纪委监委组织部门作用，加强上下联动，共同组织分组研讨、互动答疑、调研成果展示等教学活动，确保培训取得实效。

（本文获2022年度全市组织系统优秀调研成果三等奖）

课题组成员：虞鹤敏、陈雪强、杨　敏、吕　铭

主要执笔人：杨　敏、吕　铭

党建引领下的新时代民航职业飞行员队伍建设研究

中国东方航空集团有限公司党组组织部课题组

一、课题背景及意义

（一）党建引领新时代民航职业飞行员队伍建设的重要意义

党的十八大以来，在以习近平同志为核心的党中央坚强领导下，民航事业实现了跨越式发展。习近平总书记明确指出民航业是重要的战略产业，并对中国民航加快高质量发展、在更高层次上发挥战略作用寄予殷切期望。党的二十大报告中明确提出要建设交通强国。飞行员队伍是保证飞行安全的核心力量，是建设交通强国的关键队伍。进入新发展阶段，如何在飞行员队伍教育培养过程中加强党建引领，是关系民航业高质量发展的重要课题，也是结合行业特点推进党建与生产经营深度融合所必须面对的现实课题。

1. 坚持党建引领，是确保飞行员队伍自觉做“两个确立”忠诚拥护者、“两个维护”坚定捍卫者的必然要求

习近平总书记强调，中国特色社会主义最本质的特征和中国特色社会主义制度最大优势是中国共产党的领导，国有企业是党领导的国家治理体系的重要组成部分，理所应当要坚持党的领导。中国东航始终坚守“姓党为民”的政治本色，推动党建优势转化，为改革发展凝聚磅礴力量。飞行员是航空公司的宝贵资源和竞争优势。坚持党的领导，加强党的建设，深入推进飞行员队伍思想政治作风建设，是中国民航加强飞行员队伍建设、保证民航飞行安全的优良传统、独特优势。在飞行员队伍中加强党建引领，能够进一步引导飞行员用党的创新理论武装头脑，通过坚持不懈抓党建、强党建，把这支关键队伍紧密团结在党中央周围，坚定不移听党话、跟党走，不断筑牢信念信仰信心、增强志气骨气底气，让党旗在航班生产运行一线高高飘扬。

2. 坚持党建引领，是建设新时代飞行员队伍、打造中央航空运输企业顶梁柱的重要内容

习近平总书记指出，民航业是重要的战略产业，要始终坚持安全第一，严格行业管理，强化科技支撑，着力提升运输质量和国际竞争力，更好服务国家发展战略，更好满足广大人民群众需求。中国东航是三大国有骨干航空运输集团之一，是服务交通强国战略和民航强国战略的主力军。东航的事业是服务于国家建设、国防建设和人民福祉的事业。在各个时期，东航飞行员队伍始终把飞行安全作为最高职责，把满足人民对美好生活的向往作为最高追求，是一支“舍小家为大家”“只要党和人民需要，随时准备起飞”的光荣队伍。在飞行员队伍中加强党建引领，能够进一步引导飞行员把党中央决策部署贯彻落实到每一个航班安全起降上、每一次航班检查上、每一个学员带飞上，在中国式现代化进程中贡献飞行力量。

3. 坚持党建引领，是确保航空运行绝对安全、确保人民生命绝对安全的现实需要

习近平总书记关于确保航空运行绝对安全、确保人民生命绝对安全的重要指示批示，深刻指出了民航安全工作的极端重要性。安全是民航永恒的主题。中国东航始终从“国家战略和国家安全”的高度来对待安全，正确处理安全与发展、效益、服务的关系，坚决落实“确保两个绝对安全”政治责任。飞行员是确保航班安全生产的重要力量。在飞行员队伍中加强党建引领，能够把“人民生命财产安全就是民航命脉”的理念深植在每一位飞行员心中，始终把安全飞行作为第一使命、第一责任、第一要务，促进飞行员自觉坚守“职业操守”、提升“职业素养”，真正做到“杆舵虽小千斤重，时刻牢记党恩情”。

（二）新时代党建引领飞行员队伍建设的目标任务

党建引领新时代民航职业飞行员队伍建设，必须高举中国特色社会主义伟大旗帜，坚持以习近平新时代中国特色社会主义思想为指导，大力弘扬伟大建党精神，坚决贯彻落实新时代党的建设总要求和新时代党的组织路线，坚持以政治建设为统领，深刻领悟“两个确立”的决定性意义，坚决做到“两个维护”，着力打造一支“信念坚定、政治可靠、责任担当、能力过硬、作风严谨、品德高尚”的飞行员队伍。

“信念坚定”就是坚定对马克思主义的信仰，对中国特色社会主义的信念，对中华民族伟大复兴中国梦的信心，自觉做共产主义远大理想和中国特色社会主义共同理想的坚定信仰者、忠实践行者。“政治可靠”就是始终把党的指示、国家的需要、人民的期盼摆在首位，坚定不移听党话、感党恩、跟党走，始终牢记“国之大者”，不折不扣把党中央决策部署落到实处。“责任担当”就是牢记初心使命，忠诚于飞行事业，始终将保障机上人员的安全放在首位，树牢安全意识、履行安全责任，在党和人民需要的时候，在急难险重任务面前，主动站出来，勇挑重担，冲锋在前。“能力过硬”就是不断强化理论知识储备、飞行程序在各类场景下的熟练运用，与时俱进保持安全飞行所需要

的理论知识和飞行技能。“作风严谨”就是树立高度的责任感和使命感，时刻严格要求自己，认真执行公司的运行政策和操作流程，在运行时保持自律严谨细致。“品德高尚”就是坚持人民至上，生命至上，做到勤勉敬业、甘于奉献，自觉树立和践行社会主义核心价值观，具备良好的个人品德、职业道德、社会公德、家庭美德。

（三）中国东航飞行员队伍建设现状

1. 飞行队伍发展较为迅速，但素质能力还不够均衡

中国东航党组坚持不懈抓人才引进、抓制度建设、抓机制保障，飞行队伍整体建设取得良好成效。目前公司共有飞行员 9162 名，其中机长 4148 名，副驾 5014 名。共有党员 4235 名，占比 46.22%；其中机长党员 3059 名，副驾党员 1176 名，是飞行员队伍中的突击队和领头雁。党龄 5 年以上的飞行员党员总体占比近 77.98%，是飞行员党员队伍的主体。大力推进飞行员队伍年轻化，共有“90 后”飞行员 5017 名，占飞行员总数的 54.75%。总体来看，公司飞行队伍规模效应初步显现，结构配置较为合理。

但随着飞行队伍快速发展，队伍整体建设也面临着更大的挑战，不同单位、不同机型、不同层级飞行员素质能力不够均衡的问题较为明显，飞行员的思想、政治、作风建设还不够扎实。

2. 飞行队伍作用发挥较为明显，但安全基础还不够牢固

中国东航党组始终把安全作为头等大事来抓，将确保安全运行和落实重大保障任务作为检验飞行队伍战斗力的“试金石”“磨刀石”。广大飞行员能够坚决贯彻落实习近平总书记关于民航安全重要指示批示精神，严格执行航前准备、航班运行、短停驻外、技能训练各阶程序标准，兢兢业业飞好每一个航班，确保安全整体平稳。面对重大运输保障和急难险重任务，飞行队伍能够勇挑重担、冲锋在前，特别是面对突如其来的新冠疫情，圆满完成多个“第一”重要任务，为防疫抗疫搭起了“空中桥梁”和“生命通道”。总体来看，公司拥有一支关键时刻听指挥、拉得出，危急关头冲得上、打得赢的飞行队伍。

但面对大机队运行、疫情防控等形势任务，确保飞行安全也面临更大挑战，飞行队伍确保绝对安全的基础还不够牢固，部分飞行员对履行安全责任的思想认识不够到位、敏感性不够强、技术作风还不够严谨细致。

3. 党建引领保障作用较为充分，但融入全生命周期管理还不够紧密

中国东航党组始终高度重视飞行队伍建设，坚持“四同步四对接”，配齐配强党务干部，实现飞行单位党的组织和工作全覆盖，共有基层飞行单位党组织 168 个，其中党委 23 个、党总支 10 个、党支部 135 个，配备党务工作人员 377 名。着力推动党建工作与飞行队伍建设深度融合、双向促进，探索形成了空勤队伍“四德建设”、“党员—机长”双培养、“蓝天党小组”项目等一批党建创新实践。总体来看，在空勤单位党组织的引领下，广大飞行员在各类任务中冲在前、作表率，主力军和突击队作用充分彰显。

但对照飞行员“知识、技能、态度”三个评价要素，现有飞行员评价体系还不够科

学全面。主要体现在对飞行员“技术”和“知识”已经形成制度性、体系性的评价标准，对“态度”的评价方式依然比较分散零碎，特别是发挥党建引领保障作用，将“态度”评价嵌入飞行员全生命周期管理的深度和广度存在不足。虽然在基层单位探索试点党组织前置审核把关机制，但系统性、整体性、协同性还不够强，需要以加强思想、政治、作风建设为目标，建立一套科学全面评价飞行员“态度”的党建引领体系。

二、探索建立飞行员党建引领体系

坚持党的领导、加强党的建设是国有企业的独特优势，也是加强飞行员队伍建设的独特优势。以充分发挥党建引领在飞行员思想、政治、作风建设中的优势作用为重点，以基层党组织教育管理、凝聚服务党员群众为抓手，以飞行员“知识、技能、态度”评价三要素中的“态度”为核心构建飞行员党建引领体系，将党组织对党员群众的教育管理嵌入飞行员全生命周期管理，从定目标、明路径、强评估全流程着力，探索形成具有国企特色、民航特征、东航特点的飞行员“态度”评价体系，与“知识”“技能”评价体系共同构成新时代民航职业飞行员队伍评价体系。

（一）理论依据和相关概念

1. 飞行员全生命周期管理

根据《中国民航运输航空飞行员技能全生命周期管理体系建设实施路线图》，飞行员全生命周期是指职业飞行员飞行生涯的全过程，包括参与商业运输飞行阶段和参与商业运输飞行前为获得相应基础能力的资质准备阶段，包括飞行学员、副驾驶、机长、教员、检查员等阶段。全生命周期管理就是对飞行员在上述每个阶段“知识、技能、态度”进行训练、观察和评估，确保其具备胜任该阶段的资质要求。

2. 飞行员技术转升“四级评审”体系

东航飞行训练管理条线由四个管控层级组成，即：飞行分部（中队）、飞行单位（大队）、运行单位（各分子公司）和公司。飞行分部（中队）负责分部所辖飞行人员的日常飞行技术和训练管理，设有教员委员会，负责本分部飞行人员建立运行经历的质量、阶段晋升推荐。飞行单位（大队）负责所辖各飞行分部的日常飞行技术和训练管理，设有飞行部技术评审委员会，负责管控本单位飞行人员建立运行经历和岗位阶段晋升的质量，负责组织本单位飞行人员岗位阶段晋升评估和日常学习、技术研讨。运行单位（各分子公司）负责所辖飞行部的日常飞行技术和训练管理，设有运行单位技术评审委员会，负责本单位机长岗位聘用评估及相关训练质量，负责组织本单位飞行检查员、教员的日常技术研讨和能力提升。公司飞行技术管理部统筹管理全公司飞行训练工作，下设机构飞行技术评审委员会负责各机型飞行教员和检查员的训练管理工作，并对体系内各单位飞行训练工作进行监督和指导。

（二）飞行员党建引领评价体系

综合新时代国企党建工作的形势任务和飞行员“态度”要素评价的有关要求，从

"思想、政治、作风"三个维度构建飞行员党建引领评价体系。该体系既是引领目标，也是评价指标，通过目标导向和过程管理，依托党组织审核把关机制实现科学评价，评价结果作为飞行员是否能进入技术转升程序的前置依据和条件，增强党建引领的实效性和可操作性。

根据日常管理要求和飞行员行为规范，在三个维度分别设置规定指标和自选指标，并明确"一票否决项"。公司层面在三个维度设6个规定评价指标，细化评分标准。为提升评价体系的全面性，在每个维度预留一定比例，由飞行单位（大队）党委结合基层单位机型运行特点、管理模式及飞行员资质差异等实际，制定自选指标。

1."思想"维度（30分）

思想是飞行员素质能力提升的基础，通过思想引领，推动飞行员守牢安全飞行初心。设两个规定指标：一是学懂弄通做实习近平新时代中国特色社会主义思想，深入学习贯彻习近平总书记关于民航安全工作重要指示批示精神；二是自觉践行社会主义核心价值观，增强爱岗敬业的使命感、责任感和荣誉感，树立飞行队伍良好形象。

2."政治"维度（30分）

政治是飞行员素质能力提升的关键，通过政治引领，推动飞行员扛紧安全飞行责任。设两个规定指标：一是从严履职尽责、做好本职工作，日常言行体现讲政治的要求；二是切实扛紧飞行安全政治责任，确保航空运行绝对安全，确保人民生命绝对安全。

3."作风"维度（40分）

作风是飞行员素质能力提升的保证，通过作风引领，推动飞行员落实安全飞行要求。设两个规定指标：一是严格遵章守纪，认真执行航班运行各阶段标准程序和管理制度；二是持续加强技能训练，主动提升自身专业技术水平。

4. 一票否决项

经党组织审核认定，涉及以下情形的飞行员，在党组织审核把关机制和流程中，不得进入技术转升程序：一是发生严重差错及以上不安全事件，并在处理影响期内；二是经认定存在"三违"行为，并在处理影响期内；三是因其他个人原因，处于暂停派遣状态。

（三）党组织审核把关机制

建立党组织审核把关机制，突出"前置审核把关"，将党组织审核把关嵌入飞行员技术转升体系，形成党组织审核把关闭环。

1. 对照"审核把关"清单，突出目标引领

以建设新时代职业飞行员队伍为目标，对照党建引领评价体系"评价指标"，充分发挥党组织政治功能和组织功能，将审核把关工作融入日常教育、管理、监督、服务党员工作和组织、宣传、凝聚、服务群众工作中，持续加强党员队伍建设和骨干队伍建设，不断提升飞行员能力素质。将审核把关工作作为党建融入中心工作的重要载体，作

为加强新时代空勤党建工作和飞行员教育培养工作的重要内容，经常性对建设目标、评价标准进行分析完善，及时优化调整，确保紧跟民航发展需要、安全工作需要、队伍建设需要。

2. 完善“审核把关”流程，强化过程管理

将党建引领评价结果作为重要依据，通过评价前置对飞行员全生命周期中“二副转一副”“一副转机长”“机长转教员”等转升关键阶段实施党组织审核把关（见图1）。

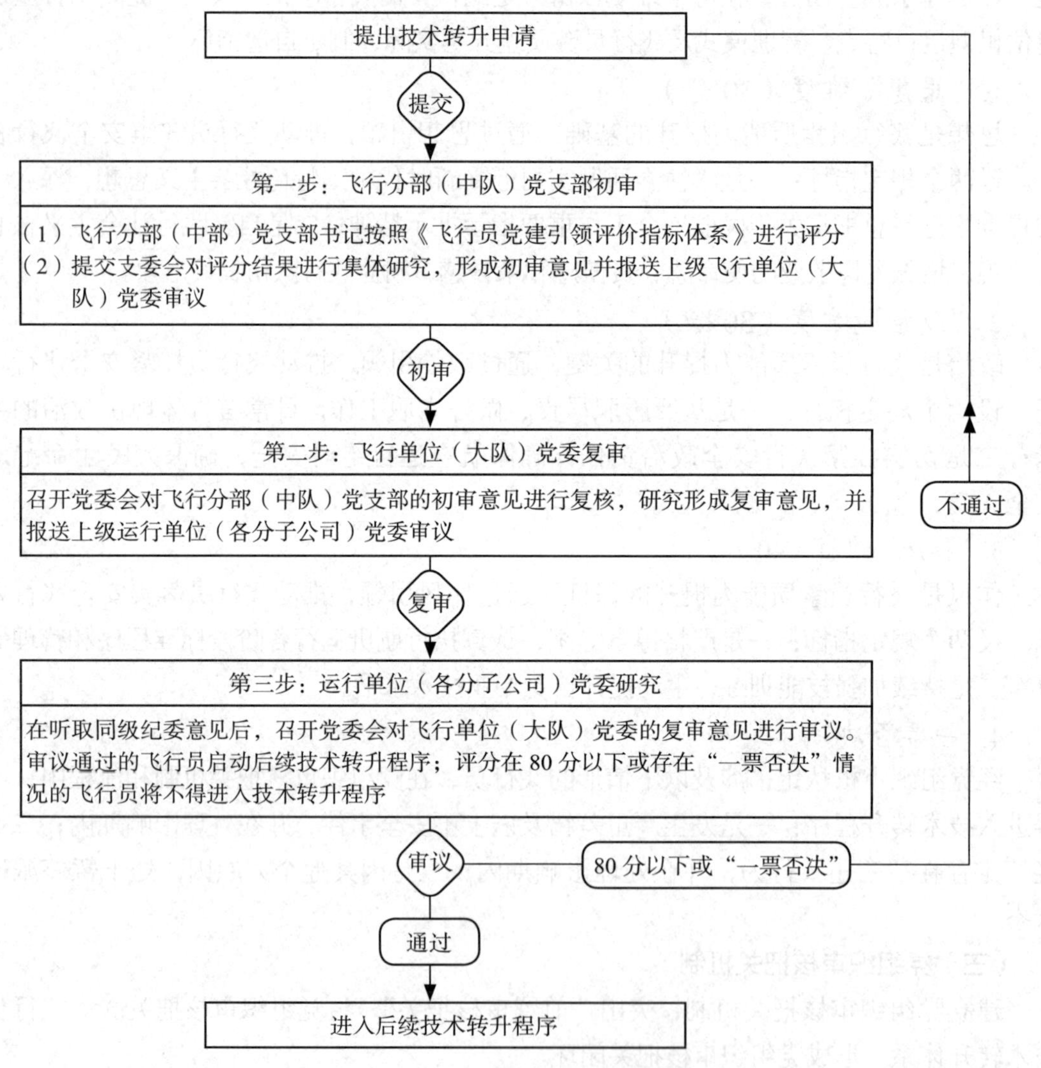

图1　党组织审核把关工作流程图

第一步：飞行分部（中队）党支部初审。在飞行员提交技术转升申请后的一周内，由飞行分部（中队）党支部书记按照具体考评项目，根据飞行员学习、工作等日常行为记录，对该飞行员提交技术转升申请前一个周期年内的思想、政治、作风表现情况进行评分，评分结果提交支委会进行集体研究。支委会主要看飞行员日常行为记录是否如实

全面、评分标准执行是否严格规范、评价结果与日常行为表现是否一致等，形成初审意见并报送上级飞行单位（大队）党委审议。

第二步：飞行单位（大队）党委复审。飞行单位（大队）党委召开党委会对初审意见进行复核。主要看飞行分部（中队）党支部对飞行员日常行为记录是否全面、对飞行员评价是否客观、党支部委员会研究决策是否规范等，同时根据日常掌握了解情况集体研究形成复审意见，并报送上级运行单位（各分子公司）党委审议。

第三步：运行单位（各分子公司）党委研究。运行单位（各分子公司）党委在听取同级纪委意见后，召开党委会对飞行单位（大队）党委的复审意见进行审议。主要看飞行分部（中队）党支部委员会和飞行单位（大队）党委研究决策是否规范等。审议通过的飞行员启动后续技术转升程序；评分在80分以下或存在“一票否决”情况的飞行员不得进入技术转升程序。

3. 实施“审核把关”反馈，促进改进提升

飞行分部（中队）党支部将党建引领审核把关结果反馈作为飞行员“必知、必谈、必访”的重要内容。党组织审核把关流程结束后，由党支部书记通过“面对面”的方式向飞行员本人反馈党组织审核把关结果，既要肯定工作成绩，也要提出需加强和改进的方面。针对飞行员提出的疑问及时进行解答和复核，确保审核把关过程规范、结果公正、台账清晰。飞行分部（中队）党支部要定期跟踪反馈问题的整改提升情况。

三、推动飞行员队伍党建引领体系落实落地的着力点

（一）坚持系统谋划，切实发挥作用

要通过科学制定党建引领目标，确保飞行队伍始终朝着正确的方向发展；通过基层党组织前置审核把关，确保党建引领贯穿飞行员全生命周期管理；通过完善工作流程和反馈提升机制，确保飞行队伍能力素质实现整体提升、持续提升。要持续深化“四德建设”“蓝天党小组”“党员—机长”双培养等有形载体，教育引导飞行队伍牢记初心使命、心怀“国之大者”，扛紧扛实飞行安全的政治责任，不断推动飞行员党建引领体系同贯彻落实党中央决策部署有机衔接起来，同完成各项中心工作有机衔接起来，同做好当前改革发展稳定各项任务有机衔接起来，充分体现时代性、针对性和可操作性，切实打通基层落实的“最后一公里”，确保党中央决策部署在飞行队伍落地生根。

（二）分步推进实施，确保落地见效

要将自上而下推进与自下而上探索相结合，既加强宏观思考和整体设计，又继续鼓励基层大胆试验、大胆突破，不断取得新经验。要在完善机制上下功夫，在理论研究的基础上以制度文件等形式对飞行员党建引领体系、审核把关流程和运行机制等研究成果进行固化，为加强飞行队伍党建引领提供制度保证。要在以点带面上下功夫，通过试点一批单位、形成一些经验、固化一套机制，进一步推动理论研究成果转化，为逐步在全公司范围推广应用夯实基础。要在品牌创新上下功夫，在实践过程中加强正向引领和经

验总结，切实将飞行员党建引领体系转化为具有央企特色、民航特点的党建创新实践。

（三）加强组织保障，压实工作责任

要切实加强组织领导，推动形成责任明确、上下贯通、有机衔接的工作机制。飞行分部（中队）党支部要针对党组织审核把关过程中发现的共性问题和突出问题开展认真分析研究，每年要向上级党组织提交飞行员党建引领体系运行情况的报告。飞行单位（大队）党委每年要专题研究飞行员党建引领体系运行情况，对飞行员思想政治总体态势进行研判分析，对下阶段飞行员党建引领工作进行部署安排。运行单位（分子公司）党委要定期对飞行员党建引领工作进行督促指导，从科学设定目标、完善运行机制、推动载体创新等方面入手，不断提升飞行员党建引领体系的实效性。

（本文获2022年度全市组织系统优秀调研成果三等奖）

主要执笔人：钱　峰、胡海鹏、张　驰、焦　娜

宝山区关于选调生基层锻炼项目化培养的实践探索和工作机制研究

宝山区委组织部课题组

选调生工作是党中央着眼干部队伍长远发展实施的一项战略举措，选调生制度始于20世纪60年代中期，历经调整、逐步规范，现已成为培养选拔党政后备干部的重要源头工程之一。习近平总书记多次对选调生工作作出重要指示，强调要大力培养选拔优秀年轻干部，坚持和完善选调生制度，精心挑选优秀大学生到基层艰苦岗位和复杂环境锻炼。面对新形势新要求，中央出台了《关于进一步加强和改进选调生工作的意见》、上海市委组织部出台了《关于适应新时代要求加强和改进上海市选调生工作的实施方案（试行）》等相关文件，对进一步加强和规范选调生工作提出了明确要求，不断推动选调生工作规范化、精细化、精准化水平提升。本文致力于探索和研究选调生基层培养锻炼的有效途径，通过项目化培养方式，提高选调生基层锻炼质量，为源源不断培养堪当宝山"北转型"重任的优秀年轻干部提供重要支撑。

一、宝山区选调生工作的主要做法

自2020年上海市选调生扩容以来，宝山区把握契机、聚焦区情，采取积极主动措施，加大选调生工作力度，力求吸纳更多优秀大学毕业生到上海宝山工作、成长、进步，为建设高素质专业化干部队伍发挥积极作用。

（一）发力"三个环节"，精心谋划服务发展大局

在学习借鉴市委组织部和其他区相关经验的基础上，从宝山事业发展需要出发，加强统筹谋划，努力探索符合宝山实际的选调生工作模式。

一是总体布局上，力求方向明、步调齐。为确保选调生工作在宝山开好局起好步，研究制定《宝山区选调生培养管理工作办法》，把选调生工作纳入全区干部队伍建设整体规划，把好招录方向、优化培养路径，为宝山事业发展储备优秀人才。健全组织架

构，建立“1+1”工作模式，在区层面建立区委组织部牵头抓总、基层单位配合抓细、选调生自我管理的多层培养管理模式；在区委组织部内部成立选调生工作办公室，明确职责分工，加强对选调生工作的统筹协调和服务保障。

二是组织选调上，着眼调结构、补短板。结合宝山实际，科学设定选调条件，突出综合素质和专业能力，并针对宝山部分专业领域干部储备不足等情况，优先选调具有宝山“北转型”急需专业背景的高校毕业生。3 年来，先后引进了区级选调生 48 名，其中具有金融、城建、生物医药、信息技术等紧缺急需专业背景的占比近 80%，男女比例达 2∶1，切实从源头上优化了宝山干部队伍结构。

三是基层锻炼上，着力抓重点、求实效。由区委组织部选择班子领导力强、乡村治理成效明显、发展特色比较鲜明的村作为锻炼单位，安排村党组织书记以及村所在镇的一名班子成员作为带教老师，开展双重带教。通过农村锻炼，让选调生在深入村庄、农户的过程中，与基层群众沟通接触，帮助选调生尽快克服基层语言关，掌握农村工作的方式方法，提高联系和服务群众的能力。

（二）做好“三篇文章”，深耕细作促进能力提升

围绕习近平总书记强调的年轻干部提高“七种能力”的要求，整合资源，优化路径，帮助选调生不断提升综合能力素质。

一是把锤炼政治素质放在首位。将学习贯彻习近平新时代中国特色社会主义思想作为选调生教育培训的首课、主课、必修课，建立“选调之声”音频栏目，组织选调生原原本本诵读《习近平谈治国理政》重点篇目，指导选调生联系实际，谈认识、谈感悟，真正做到读原著、学原文、悟原理。围绕学习贯彻党的二十大精神，发起“奋进新征程、缩影 180 秒：宝山故事我来讲”活动，由选调生自主挖掘档案文献、权威书籍和红色场馆史料，以微信推送、党课宣讲等形式，汲取创新进取的信念力量。

二是把提升专业本领作为培养发力点。紧紧围绕宝山“北转型”建设需要，加强选调生专业能力、专业精神、专业作风养成，启动“业务能力提升”行动，通过集中授课、案例教学、互动研讨、现场走访等形式，提高选调生的工作站位视角、丰富知识储备、提升业务能力。坚持把基层和艰苦环境作为磨炼选调生的最好课堂，安排选调生深入乡村振兴、疫情防控、农村党建、信访维稳等工作实践中，交任务、压担子，让选调生有独立负责的工作，锻炼其独当一面的能力。比如，有的选调生在乡村振兴任务中发挥专业所长，从前期规划设计、中期项目跟进、后期讲解宣传等全过程参与市级乡村振兴示范村建设，组织协调、解决实际问题能力得到有效提升；有的选调生在疫情期间，大胆创新、就地取材自制消杀车，解了基层燃眉之急。

三是把增进为民情怀贯穿基层锻炼全过程。坚持在基层实践中涵养为民情怀，启动“一分菜园”项目，让选调生深入农村、了解民情，多角度参与基层社会治理。聚焦群众急难愁盼问题，引导选调生从具体问题、关键小事入手，用心用情把民生实事做实办好，不断提升做群众工作的能力。比如，有的选调生在参与“城中村”改造动迁过程

中，全程参与诉求调解工作，在与群众面对面交流中，不断涵养爱民、忧民、为民、惠民之心。建立选调生常态化调研机制，采取“国情调研＋区情调查”“独立调研＋组团调研”相结合的方式，推动选调生扑下身子、沉到一线，养成经常走一线的习惯，让选调生在调查研究中提高工作本领。比如，杨行镇组织在村选调生对16个村进行全覆盖走访调研，形成农村党建、环境整治、智慧安防等乡村治理亮点案例，形成“一村一品”，为乡村转型发展贡献智慧。

（三）凸显“三种效应”，多措并举涵养源头活水

在有序推进选调生日常培养管理的同时，注重丰富选调生工作的内涵和外延，力求凸显三方面效应。

一是外展形象，释放“虹吸效应”。组织选调生参加上海市机关青年“四史”阅读马拉松挑战赛，在阅读中汲取理论知识，用“四史”滋养初心，宝山选调生代表队在全市百支队伍中排名第八。上线“宝山选调生”微信公众号，开辟“成长之路”“思学之源”“宝山之美”三大栏目，既记录选调生在宝山的工作学习生活情况，又展现宝山经济社会发展情况，力求让更多高校毕业生认识宝山、走近宝山。

二是增进交流，形成“带动效应”。在选调生之间，通过组织参加公务员初任培训、入村锻炼岗前培训、开展“开讲啦”活动等，促进彼此间的沟通交流，互相取长补短，形成比学赶超的良好氛围。在此基础上，由区委组织部牵头，通过经验分享、工作研讨等形式，为选调生与各职务层次、各年龄段优秀干部之间，搭建学习交流平台，让选调生学有目标、学有标杆。比如，安排选调生参与“我与区委书记面对面”活动，在与区委书记近距离交流中了解宝山未来发展方向，准确把握工作的着力点和落脚点。

三是扩大影响，发挥“导向效应”。通过加大对选调生工作的传播力度，引导各基层单位更加重视干部队伍源头建设，树立优选、优进、优培的意识和导向，从优化学历层次、专业结构、性别结构等入手，把好新录用公务员招录关口，鼓励各基层单位主动关注宝山选调生、青年储备人才等工作，积极向组织部门提出用人需求，切实用好这一平台渠道，加大宝山优秀人才引进力度。

二、从选调生培养管理存在的问题看实施项目化培养的必要性

当前，宝山区在选调生培养管理方面积累了一定的经验，但仍存在一定的薄弱环节和可提升空间。

一是有的选调生在基层工作期间仍存在主动性不够强、沉下去不够深、攻坚克难迎上去不够多、服务群众落下来不够实的问题。有的选调生在主动拓展工作边界、提升自身能力方面，主观能动性尚显不足；有的选调生在基层期间坐办公室比较多，与老百姓打交道相对较少，对群众的急难愁盼和基层的问题根源把握得还不够深，群众工作和调查研究的能力还需提高；个别选调生面对基层复杂繁重的工作任务，有时存在畏难心理，处理复杂矛盾的能力没有得到明显提升。

二是有的基层单位给选调生安排工作仍存在不全面、不深入的问题。个别基层单位给选调生安排的文字材料工作比较多，让选调生接触和参与核心工作、难点任务，直面和解决矛盾问题的机会还偏少，让选调生深入基层发现问题、提出建议改善工作方面做得还不到位。

三是对选调生培养的统筹设计、过程管理和资源支持仍有进一步改进的空间。由于选调生在农村工作时间较长，与区域发展转型的重大工程、重大项目和重点任务接触不够紧密，导致视野不够宽、站位不够高。目前选调生考核注重结果，过程管理的体制机制有待进一步完善，考核形式和展示舞台有待进一步丰富，选调生的自主管理效能有待进一步激发。

针对上述问题，如何进一步创新方式，发挥委办局、基层单位的各方资源优势，实现条块互动、资源共享，最大程度提升选调生锻炼期间的培养实效，成为加强和改进选调生培养管理工作的关键所在。从近几年宝山选调生工作的实践来看，对选调生实施项目化培养管理，是选调生基层镇村锻炼期间，进一步提升培养管理实效的重要补充，是对现有培养管理模式在形式和内容上的突破，是新形势下提升选调生培养管理工作精细化、科学化水平的重要探索和发展。以项目为纽带，有利于进一步统筹各级资源，因地制宜，发挥组团培养工作合力，压实各单位对选调生的培养管理责任；以项目为牵引，让选调生自行组团、设计方案、组织实施、宣传报道，有利于充分发挥选调生的主观能动性，提高选调生发现问题、解决问题的能力和综合素质；以项目为抓手，也可以全过程跟踪了解选调生实际表现，实现对选调生客观全面分析。

三、宝山区在选调生项目化培养中的实践探索

近年来，宝山尝试将项目化培养引入选调生基层锻炼、业务学习等领域，取得了一定的成效和经验。

（一）案例介绍

1.“一分菜园”项目

“一分菜园”是宝山区选调生在区委组织部、区农业农村委等部门指导下，利用乡村碎片化农用地打造的城乡融合互动平台项目。该项目按照“区级引导、街镇支持、村居保障”的工作原则，由区委组织部明确基层党建、干部培养等目标要求，由区农业农村委统筹各街镇村居资源，提供技术支持，月浦镇、罗店镇在村锻炼选调生开展分组活动，在深入乡村调研和需求分析的基础上，制定北部郊区碎片化农用地开发利用方案，打造“一分菜园”品牌形象，并跟进项目具体实施。以“一分菜园”为平台，联通南北村居，邀请南部地区居民到北部农村种菜、赏花、摘果，推出“约、播、谈、访、益”“五个一”系列活动，交流分享社区治理经验做法，推动党建引领下乡村振兴与社区治理的协同共进。过程中，选调生接地气、长才干，化身村情民意的调查员、创意乡村的设计者、村居结对的联络员、美丽乡村的宣传员，进一步增强为民情怀，有效锻炼了

调查研究能力、沟通协调能力、群众工作能力、组织协调能力、宣传引导能力，为宝山城乡融合治理贡献智慧力量。

2. 专业能力提升行动

“专业能力提升行动”是由选调生自行策划、组织、实施的常态化、大范围业务学习活动，旨在进一步夯实业务基础、提升业务能力。活动由已定岗的2020级选调生牵头，打破选调生届别和锻炼所在地域的划分，根据所学专业和业务条线，将所有选调生分为经济发展组、城市建设组、基层党建与社会治理组三个学习小组，以一年为周期，围绕各自条线业务，整合各单位资源，自行制定培训方案，自主邀请授课导师，自发组织学习。以“必修+选修”为学制要求，开展集中授课、案例教学，互动研讨、现场走访等业务学习活动。通过专业能力提升行动，选调生进一步提高站位视角、丰富知识储备、提升业务能力，迅速适应岗位要求，组织策划和沟通协调能力得到有效提升，更好满足宝山转型发展对干部综合素质能力的需求。

（二）经验总结

在对选调生项目化培养管理的实践中，为提高培养实效需要落实以下五方面的工作要求。

一是强化组织保障。有力的组织保障是开展项目化培养的基本条件，组织部门要加强顶层设计、系统布局，明确培养管理要求，委办局和街镇要提高站位，落实培养带教责任，充分调动挖掘资源，为项目开展搭好平台，基层村居要做好保障支撑。各级部门要根据职责分工，实时跟进项目进展，发挥经验优势，为选调生全面把握项目开展情况、突破难点问题提供指导。

二是找准切入口和结合点。提升项目化培养针对性关键在于立项选题，要紧密结合组织培养需求、基层发展需求和选调生成长需求，紧紧围绕习近平总书记强调年轻干部需要提高的“七种能力”，聚焦宝山“主阵地”“主城区”“样板区”建设重大战略目标，立足选调生本职工作，发挥选调生创新思维，从提升能力素质、助力乡村振兴、服务社会治理等角度出发，找准切入点，精心策划设计，选定项目内容，提高培养效能。

三是深挖资源潜力。坚持因地制宜的原则，在原有资源优势的基础上，与地域发展任务和发展需求相结合，充分调动基层单位参与选调生项目化培养的积极性，深挖细掘各类潜在资源，形成百花齐放、各具特色的培养项目，在推进选调生培养的同时，放大经济效益和社会效益。

四是加强全过程跟踪。为保证项目化培养的高效率、高质量实施，确保选调生在过程中得到充分培养锻炼，组织部门要加强跟踪管理，项目启动前开展必要的培训指导，过程中建立定期走访和反馈报告制度，及时跟踪了解选调生参与项目的表现情况，加强工作业务能力和性格特点分析研判。对于项目成果显著、表现突出的选调生，加强新闻媒体宣传力度，形成正向激励效应，充分调动选调生参与项目的积极性和主动性。

五是注重承前启后。对于比较成熟的培养项目，及时总结经验做法，形成典型案例，同时，进一步挖掘项目潜力，做好项目延续，形成可持续化培养方案，形成“一级接着一级做”“一级学着一级做”的良好局面，在“接力赛”中推陈出新、做出精品。

四、关于依托项目化方式，提升选调生培养管理水平的对策建议

宝山将在已有经验做法基础上，坚持以问题和目标为导向，完善选调生工作机制、压实培养管理责任，创新培养方式，不断改进选调生培养管理工作。

（一）上接天线与下接地气有机结合

一是服务重大战略。持续完善选调生培养方案，继续探索将选调生培养与宝山“北转型”战略任务相结合，在不脱离基层工作的前提下，以项目化培养为契机，有计划地组织选调生参与重大工程、重大项目、重点任务等工作，因地制宜将选调生基层本职工作、乡村振兴工作与区域重大战略有机结合，让选调生在急难险重任务中磨砺意志、练就本领，为乡村发展和宝山转型出力献策、助力赋能。

二是压实基层任务。做实选调生基层锻炼期间的调研、实事等具体任务指标，为选调生规定任务书和时间表，提供方法指导和资源支持，严格成果质量把关和任务目标考核。加强对基层单位培养选调生的指导和要求，增加与基层带教的沟通频率和选调生的谈心频次，鼓励选调生发挥主观能动性，推动选调生与基层单位双向开放、双向促进，切实保证全体选调生深入群众、深层调研，真正融入基层、了解基层。

三是加强教育培训。做实初任培训、基层入职培训、期满培训等，做优专业能力培训和选调生自主学习等。创新传统培训形式，总结“世界咖啡馆”、案例分享、实地教学等优秀经验，不断推陈出新，做出实效。多维度、多层次、大范围开展常态化专业学习，邀请来自机关和高校的专业导师传经送宝，聚焦宝山和基层的发展需求实践落地，帮助选调生提高视野站位、增强业务能力。发挥选调生自主管理效能，紧跟重大理论、重要时事，及时学、组团学、系统学、结合工作深入学，切实提升理论素养。

（二）严管厚爱与自主赋能高效统一

一是完善过程管理。兼顾选调生培养的任务考核和过程管理，加强对选调生基层工作的多角度、全周期指导和监督。巩固定期汇报机制，以书面或会议形式组织选调生进行总结汇报，听取工作进展，保证选调生按照既定的任务书、时间表落实推进。建立常态沟通机制，与街镇、各村以及选调生本人加强沟通联络，畅通反馈渠道，及时掌握选调生基层工作的情况和遇到的问题，多角度描绘选调生基层工作画像，对存在不足的选调生及时督促纠偏。加强各方协同配合，建立选调生工作碰头会、推进会等弹性机制，共同做好常态指导、目标考核等管理任务。

二是激活自主赋能。发挥选调生自我管理、自我鞭策的能动性，激发选调生主动谋划、主动推进的积极性。指导班委建立完善的例会、决策、分工、推进机制，推动选调生在培养单位的“大框架”和“总目标”下，组团式设计“小方案”和“进度条”，推进任务落地落实，提升选调生的责任感和凝聚力。引导和支持选调生自主开展组团学

习、交流互鉴活动，不断拓宽选调生展示成果和风采的平台和机会，鼓励选调生之间加强经验成果交流，激发比学赶超氛围。

（三）资源联动与组织保障齐头并进

一是加强资源联动。完善“区级引导、镇级支持、村级保障”的选调生基层培养机制，加强各级资源联动和动作协同，将组织培养目标、基层发展需求和选调生成长需要有机融合，建立以项目、活动等为纽带的培养载体。调动基层单位的积极性和创造性，鼓励街镇发挥资源优势，组织选调生所在的乡村组团式开展培养项目，丰富载体、创新方法、百花齐放。加强街镇间的横向交流和区、镇、村的纵向沟通，挖掘资源共享潜力、谋求合作共赢契机，形成选调生培养的合力。

二是做好组织保障。加强选调生培养的组织保障，明确各级相关单位在设计、实施、培养、考核中的职责，区级部门统筹顶层设计，基层部门落实主体责任，督促村级单位为选调生压实担子、放开资源，保障选调生工作管理有序、推进有力、质量有保障。做好带教工作指导，帮助各级带教明晰职责，发挥好各级带教的优势，加强指导的协同性，形成全过程、全方位、多层次的资源支持、管理监督和指导帮助，对优秀带教经验及时总结宣传，激发带教动力。发挥选调生在多个职能部门锻炼和工作的优势，为选调生培训、学习等工作提供资源保障。

（本文获2022年度全市组织系统优秀调研成果三等奖）

课题组成员：张海宾、陈　叠、计　娜、王凯卿

主要执笔人：陈　叠、计　娜、王凯卿

健全优秀年轻干部选育管用常态化机制调研报告

普陀区委组织部课题组

发现培养选拔优秀年轻干部，是加强领导班子和干部队伍建设的一项基础性工程，是关系党的事业后继有人和国家长治久安的重大战略任务。本次调研旨在通过分析普陀区年轻干部队伍建设现状以及存在的问题，适应新时代新使命新要求，源源不断选拔一批政治过硬、德才兼备、堪当重任的优秀年轻干部，为党和国家事业发展提供充足干部保证。

一、深刻把握常态化选育管用优秀年轻干部的背景和现实意义

党历来重视年轻干部工作。延安时期，党提出了“有计划地培养大批的新干部，就是我们的战斗任务”。改革开放后，在“四化”方针指引下，一大批年富力强的年轻干部不断走上领导岗位，成为党和国家事业的骨干力量。党的十八大以来，党继续把年轻干部队伍建设作为关键性、根本性工作来抓，制定《关于加强和改进优秀年轻干部培养选拔工作的意见》《关于适应新时代要求大力发现培养选拔优秀年轻干部的意见》《2019—2023年全国党政领导班子建设规划纲要》等文件。党的二十大报告指出，建设堪当民族复兴重任的高素质干部队伍，坚持德才兼备、以德为先、五湖四海、任人唯贤，树立选人用人正确导向，选拔忠诚干净担当的高素质专业化干部，选优配强各级领导班子，加强干部斗争精神和斗争本领养成，激励干部敢于担当、积极作为。

近年来，在市委坚强领导下，普陀区年轻干部工作取得了一定成效，干部队伍结构持续优化、能力不断提高。“70后”“80后”以及“90后”年轻干部已经成为干部队伍的主体，为干部队伍注入了生机活力。普陀区在牢记习近平总书记嘱托、党中央要求和人民群众更高期盼的同时，也清醒认识到部分年轻干部存在能力本领不够，个别单位存在对年轻干部工作重视不够等问题，这些都是年轻干部队伍建设面临的紧迫问题，亟须

尽快加以解决。

上海市第十二次党代会报告强调，要坚持不懈锻造干部队伍，坚持新时代好干部标准，充分彰显充满激情、富于创造、勇于担当的上海干部特质，加大年轻干部发现培养选拔力度，把年轻干部放到改革发展主战场、维护稳定第一线、服务群众最前沿去锻炼，更好经风雨、见世面、壮筋骨、长才干。站在新的历史起点上，必须增强做好年轻干部工作的责任感和紧迫感，以更长远的眼光、更有效的举措，加快畅通优秀年轻干部的成长通道，努力建设一支坚决贯彻习近平新时代中国特色社会主义思想和党的二十大精神，适应新使命、新任务、新要求，经得起风浪考验，数量充足且充满活力的高素质专业化年轻干部队伍，让年轻干部真正成为奋斗“十四五”新征程、实现第二个百年奋斗目标的中坚力量。

二、近年来普陀区在常态化选育管用优秀年轻干部方面的经验

普陀区始终按照建设高素质专业化干部队伍的要求，突出“精”，出台系列工作举措，持续优化年轻干部选育管用水平，取得初步成效。

（一）精密谋划，竖起培养“风向标”

一是强化建章立制。结合区情实际，制定《普陀区建立干部队伍建设联动机制的实施方案》，有效把握干部成长规律，从储备发现、交流锻炼、监督管理、提拔任用等方面，对干部队伍建设提出20条具体举措，建立全周期培养链条。制定《适应区域转型发展要求进一步加强党政领导班子建设的实施方案》《关于贯彻落实新时代党的组织路线锻造“人靠谱（普），事办妥（陀）”过硬干部队伍的实施方案》，明确“102030”年轻干部选拔培养的目标任务，制定务实有效的落实举措，为今后五年乃至更长时间的年轻干部队伍建设指引方向。

二是压实主体责任。各单位开展干部梯队建设情况评估，制定《年轻干部2021—2023年培养计划表》，明确干部的发展领域、培养方式、岗位安排和时间节点；定期组织各单位汇报干部队伍建设工作情况，切实做好顶层谋划，将年轻干部的选拔培养使用落到实处。

（二）精准选用，打造干部“新高地”

一是注重蓄水“优选干部”。完善日常走访、专项调研、数字赋能相结合的知人识人体系，多渠道考察了解年轻干部整体情况，为进一步优化年轻干部队伍结构提供坚实基础。先后开展“8035”年轻干部专项调研、干部梯队建设专项调研、疫情防控工作干部考察暨“靠谱8090”年轻干部专项调研，重点发现一批近期可使用或有培养潜力的优秀年轻干部，将其纳入优秀年轻干部储备库重点培养锻炼，持续跟踪管理，做到能出能进。2022年上半年开展的“靠谱8090”年轻干部专项调研，将500余名处科级年轻干部纳入培养库，进一步做大“蓄水池”。

二是人岗相适“用好干部”。制定《普陀区关于对不适宜担任现职干部进行岗位调

整的实施办法》，实行“政治＋实绩”双轮驱动考核，通过衡量政治素质、综合能力、工作实绩、疫情期间表现等指标，对表现突出的年轻干部，结合其专业特长、性格气质等情况进行提拔或平级重用、职级晋升，对表现相对较弱的及时调整，将政治素质和担当精神考验考察贯穿全程。2021年换届以来，提拔担任党政正职领导干部25名，其中提拔40周岁左右正职4名，提拔担任街镇正职4名，平级重用17名，做到能者上、优者奖、庸者下、劣者汰。

（三）精心培育，搭建历练“大舞台”

一是学习培训多维提升。依托中青班、青干班、攻坚克难专题班等载体，不断强化年轻干部专业素养，提升解决实际问题的能力。2021年以来，举办重点班次22个，培训干部1500余人次。

二是实践交流定向提升。充分盘活全区岗位资源，深化实践锻炼专班工作机制，着力推动年轻干部参与到招商引资、旧住房成套改造、综合修缮等专项工作实践锻炼中，进行条块交流、跨部门和跨领域交流，培养复合型专业型干部。2021年以来，共选派100余名干部到巡察督查、创城巩卫、产业发展、旧区改造等一线岗位积累经验、锤炼本领；2021年6月以来，推进区管干部市区交流、跨部门交流、条块交流163人次；2022年3月以来，选派1200余名处科级干部下沉一线参与疫情防控，选派10名优秀年轻处科级干部赴市级机关挂职。

三是师徒结对携手提升。为新提任年轻领导干部匹配“老法师”带教，通过手把手指点、面对面言传、心贴心交流，助力年轻干部更快上手、更好履职。2021年以来，为470名年轻干部精准匹配岗位导师，开展6期金融领域“提升型”导师带教，帮助业务骨干拓展专业视野、提升专业能力。

四是以赛促练推动提升。聚焦全区中心工作，印发《关于开展“比学赶超”活动推动干部奋勇争先的实施方案》，组织各单位以知识竞赛、实战模拟、擂台考练、岗位练兵等形式开展能力比武活动，进一步提振年轻干部干事创业的精神状态，让优秀年轻干部在工作中脱颖而出。

（四）精细管理，织密队伍“保障网”

一是日常管理与专项整治相结合。深入推进领导干部配偶、子女及其配偶违规经商办企业问题专项整治，深化“懒政怠政、以购买服务代替本职工作”专项整治工作，做好“一人多证”等专项监督工作；持续抓好“裸官”、违规因私出国（境）、违规兼职等问题；认真执行领导干部经济责任审计、领导干部报告个人有关事项等管理要求；实施普陀区新任区管党政主要领导干部主体责任告知制度，推动领导干部明责、知责、履责、尽责。

二是严格监督与适时关心相结合。坚持完善“12380”举报件快查快办“绿色通道”，建立澄清保护机制和容错纠错机制，激励干部勇于创新、敢抓敢管；开展“人靠谱（普），事办妥（陀）”先进集体、个人等表彰，发挥示范引领作用，让重实干、重

实绩的导向深入人心；深化谈心谈话机制，开展区委书记与年轻干部面对面座谈会、组织部门与年轻干部微论坛和集体谈心，及时了解干部思想，帮助答疑解惑，共计300名年轻干部参加。

三、近年来普陀区在常态化选育管用优秀年轻干部方面的不足

普陀区加强对年轻干部队伍建设工作的重视，围绕优化干部成长路径，积极探索培养选拔年轻干部的有效手段，对标新时代新形势新要求，但还存在一定差距，集中表现在三个方面。

（一）各单位培养年轻干部的意识有待提升

一是部分单位把选拔年轻干部当作突击性、阶段性的任务，搞一阵风，紧一阵、松一阵，没有从成长规划的角度考虑干部的适岗性和长远发展路径，日常工作中“重使用轻培养”的现象仍然存在。

二是部分单位论资排辈、平衡照顾等陈旧观念依然存在，使用年轻干部时不放心，对年轻干部设定先虚职、再实职等“隐形台阶”，导致一些干部在工作中谨小慎微、成长较慢，错过了最佳选拔培养期。

三是部分单位站位不够高，在培养选拔年轻干部中重局部轻全局，只求眼前有利工作，不求长远有利发展，不舍得将本单位优秀年轻干部放到全区更重要的岗位上促其成长。

（二）年轻干部培育历练的力度有待加强

一是干部岗位经历单一。从调研结果看，虽然近年来我区已经组织一定数量的干部进行挂职交流，但全区层面仍有较多干部长期在一个单位或一个科室工作，缺乏在条块和跨部门交流的复合型工作经历；还有部分干部交流渠道尚未打通，如教育、卫生系统专技和管理岗位的干部尚存在交流壁垒问题，全区面上事业人员交流也存在瓶颈，不利于干部成长。

二是干部能力本领不够。虽然教育培训力度不断加大、形式不断拓展、内容更加与时俱进，但部分年轻干部的能力本领与时代发展要求仍有差距，在突破创新、攻坚克难、统筹协调能力以及大局意识等方面存在不足。

（三）年轻干部选拔任用的结构有待优化

一是队伍存在年龄结构断层或扎堆现象，新老更替压力较大，部分单位“90后”科员扎堆，断层现象依然存在。

二是干部整体年龄仍呈现偏老化，全区现有“70后”处级正职79人（56.8%），“80后”处级正职8人（5.8%），“75后”处级副职174人（45.1%），“80后”处级副职90人（23.3%），“85后”处级副职6人（1.6%），其中“70后”处级正职与“80后”处级副职比例较2018年调研时有了较大提高，但“80后”处级正职、“85后”处级副职以及“90后”科级正职的数量还不够多。

三是专业干部储备不足，在区域转型发展需要的科技信息、经济金融、产业发展和城市建设管理等方面，缺乏一专多能的复合型干部和领军型专业人才。

四是优秀年轻男干部比例偏低，部分单位的科长岗位男女比例较为失衡。

五是党外科级干部较为缺乏。

四、常态化选育管用优秀年轻干部的对策措施

以提前谋划为抓手，以大力发现储备为基础，以着力培养锻炼为重点，以确保用好为根本，以全面管理为保障，构建起在区委统一领导下，各级党委（党组）牵头抓总、组织部门推动落实、纪检机关加强监督的年轻干部选育管用格局。力求培养过程“精耕细作”，涵养选拔环境“一池活水”，任用提升“不拘一格”，管理监督“扣好扣子”，努力锻造一支结构合理、充满活力、忠诚干净担当的“靠谱”年轻干部队伍。

（一）立足精耕细作，打造因材施教、层次丰富的培育体系

在实干担当中加强思想淬炼、政治历练、实践锻炼、专业训练，提升年轻干部政治素养，强化理论武装，推动年轻干部不断增强政治判断力、政治领悟力、政治执行力。

一是搭平台，夯实信念根基，提升政治素养、专业能力。进一步整合各单位专业优势和工作资源，健全“组织部门组织调训 + 专业部门供给资源”的培训模式。探索符合时代特点及年轻干部需求的党史党性教育新方法，打造“中青班—青干班—‘90后’培训班”干部理论和党性教育“全链条”。有计划地安排年轻干部到市、区委党校（行政学院）等教育培训主渠道主阵地参加中青年干部、青年干部等重点培训班次，参与艰苦工作和急难险重岗位，在分析问题、解决矛盾中加强政治历练，保持政治定力，站稳政治立场，严守政治纪律和政治规矩。分类开展专业化培训和实践锻炼，提高年轻干部适应经济社会发展需要的专业素养和专业能力，引导干部在业务工作中取得突出成绩。进一步培养干部统揽全局、宏观决策的能力，以及驾驭复杂局面、抵御改革发展稳定任务中各种风险的本领，不断激发干部担任更高层次领导职务的发展潜力，培养精专业、懂管理的复合型年轻干部。

二是搭舞台，练就过硬本领、砥砺担当实干。一方面，不断探索助力干部培养蓄能的创新方式。在专业化培育同时，引导干部在贯彻执行党中央决策部署、应对重大斗争和突发事件、完成急难险重任务中，提升政治能力。强化信息化手段运用，持续提升干部精准“画像”与人岗匹配度，加大年轻干部在科级层面的条块交流、跨部门交流和内部轮岗交流力度，培养更多“一专多能”复合型干部。另一方面，不断探索适应干部成长规律的针对性历练。成长起步阶段要注重“厚积薄发”从源头抓起，通过任职培训、业务带教等方式，为年轻干部成长发展夯实基础。培养提高阶段要注重“本领提升”，通过调训、调任等方式，重点强调多岗位多部门历练，提升干部复合能力。成熟使用阶段要注重“驾驭管理”，进一步提升年轻领导干部把控方向、总揽全局能力，高屋建瓴推动各项工作有力有序开展。

（二）着眼事业赓续，持续优化年轻干部选育管用结构网络

一是进一步优化上下联动、多方参与的网络架构。要着眼优化年轻干部成长路径，进一步形成区委统筹指导、各级党组织履行主体责任的协同体系，联动设计年轻干部培养路径，形成区委主要管到正科、各级党委（党组）主要负责副科及以下干部的“全方位规划图”，共同抓好年轻干部选拔培养工作。区委加强顶层设计，根据区域发展需要制定《普陀区关于进一步加强和改进年轻干部培养选拔任用的实施方案》；同时，结合领导班子和领导干部考核、党建责任工作考核、干部队伍建设主体责任专项检查、选人用人专项检查等方式，强化对各单位年轻干部队伍建设情况的督促指导，持续夯实各单位主体责任。各级党委（党组）要进一步增强战略意识和大局意识，把年轻干部选拔培养作为重大政治责任，结合岗位需求、干部能力特长和本人意愿，形成“一人一策”。要充分认识年轻干部的优势与特点，积极搭建科级及以下干部，特别是30岁左右年轻干部的锻炼平台，通过在区层面亮相历练，不断提高年轻干部的显示度、辨识度、贡献度，从源头推动形成全党关心年轻干部、优秀年轻干部不断涌现的生动局面。纪检监察机关应加强监督，杜绝不正之风，为年轻干部健康成长营造良好氛围。

二是不断推进干部队伍年龄学历结构配备优化。坚持老中青结合的梯次储备，统筹用好各年龄段干部。截至2023年底，培养选拔40周岁左右处级正职不少于10名，35周岁左右处级副职不少于20名，30周岁左右科级正职不少于30名。各区管单位领导班子要坚持老中青相结合的梯次配备，形成以45周岁左右为主体，并有一定数量35周岁左右的成员；各单位要形成30周岁左右正科职不少于10%，副科职不少于20%的干部年龄梯次结构；并形成以全日制本科以上学历为主体，有一定数量研究生学历的知识文化结构。

三是切实推动干部队伍专业经历网络联动。优化干部队伍专业经历数据库，对现有干部专业经历进行梳理，全面掌握资源储备情况，研究提出遴选、调任、选调等方式补充人员比例，畅通渠道、科学补充，形成在党的建设、经济发展、城区建设、民生服务、城区治理等方面具有相应专业素养的干部能力结构，实现干部队伍知识结构、能力结构的逐年优化提高。

（三）围绕创新举措，提升年轻干部管理选用效能

一是进一步突出正向激励、反向约束的管理导向。好干部是选出来的，更是管出来的，确保年轻干部健康成长。一方面要将从严管理贯穿全程。进一步加强全方位监督，把行为管理和思想管理统一起来，把工作圈管理和社交圈管理衔接起来，把“八小时之内”的管理和“八小时之外”的管理贯通起来。在“政治+实绩”双轮驱动的基础上，进一步探索构建集“政治考察多维具象化、年度考核分类差异化、平时考核深入全程化”于一体的“靠谱指数评估”考核体系。另一方面要强化干部关心与激励。进一步完善容错纠错机制，理清“免责清单”，从心理上和机制上为干部干事创业松开手脚，激励引导干部担当作为。健全干部家访制度，由帮带导师或分管领导经常性地开展谈心谈话，解决干部实际困难。持续强化典范引领作用，对“靠谱”班子和“靠谱”干部进行表彰，让实干者实惠、吃苦者吃香，营造比学赶超的浓厚氛围。

二是进一步完善动态发现、科学公正的选用流程。要坚持事业为上，用发展的眼光看问题，坚持动态更新、去标签化，使优秀年轻干部队伍保持“一池活水”。一方面要持续拓宽选人视野和渠道。坚持眼睛向下、眼光向外，注重从基层一线、重大任务、重大斗争一线，从企业、高等学校，以及社会组织等各条战线、各个行业、各个层级选拔优秀人才。通过街谈巷议、网言网语了解干部，看干部对群众的感情、为人处世的态度、处理复杂问题的能力等，努力做到颗粒化知事识人、联系性识人选用。持续强化数字赋能，探索建立覆盖全区的干部培养管理系统，针对年轻干部配备进行常态化指标监测、多模态刻画和全因子分析研判，形成全区年轻干部队伍建设数字化全景。另一方面要持续探索科学灵活的选用方式。坚持事业为上、以事择人、人岗相适、人事相宜，切实把“两面人”辨别出来，坚决挡在门外。同时，应克服和摒弃唯学历、唯职称、唯资历等陈腐观念的束缚，做到讲台阶不抠台阶、论资历不唯资历，尤其是对在复杂环境、艰苦地区中敢闯敢干、实绩表现突出的年轻干部，要敢于将其破格提拔到重要关键岗位上使用，减少职务晋升的隐性台阶。遵循客观规律，科学选用。成长起步阶段的年轻干部正处在积蓄潜能阶段，仍需到基层经受磨炼、积累经验，在这个阶段破格使用，只会揠苗助长；培养提高阶段的年轻干部，能力素质已基本具备，缺乏的是更高层次的岗位锻炼，在这个阶段破格使用，若能顺应干部实际特点与成长需求重点培养，能激发其能力素质迈上更高的水平；成熟使用阶段的年轻干部，正当其时，可放手使用。要防止片面追求使用干部越年轻越好、班子中年轻干部越多越好，坚持合理搭配，充分发挥好各年龄段干部优势，全面激活干部队伍生机活力。

（本文获2022年度全市组织系统优秀调研成果三等奖）

课题组成员：李红珍、应　征、卢卫禕、宋　旸、刘　祥
主要执笔人：宋　旸、刘　祥、王禕玮

市级机关选调生培养模式研究
——以市经济信息化两委为例

市经信工作党委、市经济信息化委课题组

一、研究背景

选调生工作的起源可以追溯到20世纪60年代中期。1965年，在刘少奇同志的建议下，高教部党委向中央递交《关于分配一批高等文科毕业生到县以下基层单位工作的请示报告》，自此，我国开始了选调生工作。1980—2008年，中组部下发《关于选调应届优秀大学毕业生到基层培养锻炼的通知》等多份文件，对选调生工作提出要求。2016年和2018年，中央相继印发《关于进一步引导和鼓励高校毕业生到基层工作的意见》和《关于进一步加强和改进选调生工作的意见》，对选调生的培养提出指导意见。

我市从2015年起招录选调生，7年来，选调生招录及培养过程不断完善，选调生综合素质越来越高，各单位对选调生好评不断。一是招录规模不断扩大。2015年至今，选调生年招录人数从100名逐步扩大至400名，定岗单位从市级机关扩大到市级和区级机关，覆盖全市16个区和39个部门。同时，扩大选调高校范围，从15所扩大至目前的104所，充分体现了上海海纳百川、求贤若渴的态度。二是培养模式不断完善。2017年和2019年，印发《上海市选调生基层培养锻炼管理办法（试行）》和《关于适应新时代要求加强和改进上海市选调生工作的实施方案（试行）》，从规范招录、做实锻炼、持续跟踪、培养使用等方面提出要求，选调生培养体系逐渐成形。2022年，市委组织部实施工资结构调整，增加了岗位黏性和岗位吸引力。三是典型案例不断涌现。市国资委要求选调生在两年基层锻炼期间考取至少一张证书，鼓励选调生不断提高专业水平；市发改委开展“口述历史”活动，安排选调生与退休委领导结对；浦东新区选调生成立“浦东情况选调研习会”，产出多项成果。

为了更好地开展队伍管理，需要对过往的工作进行总结，分析各项举措的利弊。此外，第一、第二批次的选调生中已经有成长为处级干部的案例，选调生即将迈入快速出才期，为了更好地帮助选调生成长，也需要进行总结，摸清选调生成长规律。

上海市经济信息化工作党委、上海市经济信息化委（以下简称“市经信两委”）从2015年开始招录选调生，目前共有50人（在各市级机关中属于选调“大户”），7年内已有2人成长为处级干部，因此特以市经信两委作本次调研的样本。本次调研采取了文献查阅、问卷调查、个别访谈、过往数据比照分析等方法，对市经信两委选调生培养模式进行分析，梳理总结工作经验和面临的困难，并提出对策建议。

二、市经信两委选调生培养模式分析

（一）选调生队伍现状分析

截至2022年10月13日，市经信两委选调生共50人。根据市经信两委选调生、全市选调生、市经信两委公务员数据，对市经信两委选调生队伍情况进行比较和分析，呈现出“三高一优一均衡”的特点：

一是数量占比高（见表1）。近5年市经信两委选调生招录39人，占新录用公务员比例的65%。比如，2022年新录用公务员11人，选调生招录9人，占比81%。

表1　2018—2022年市经信两委新录用选调生和社会招录人数一览表

新录用公务员	2018年	2019年	2020年	2021年	2022年	合　计
选调生	5	5	14	6	9	39
社会招录	4	0	10	5	2	21

二是学历层次高（见图1）。本科及以上学历占比100%，硕士研究生占比82%，博士研究生占比6%。“985”院校毕业生占比94%，“211”及以上院校毕业生占比100%，均高于全市平均水平。由于经信机关工作特点关系，选调生专业以理工类和管理类为主。硕士研究生比例稳定在较高水平，始终高出公务员队伍约20%，且总体学历水平呈稳步升高趋势。

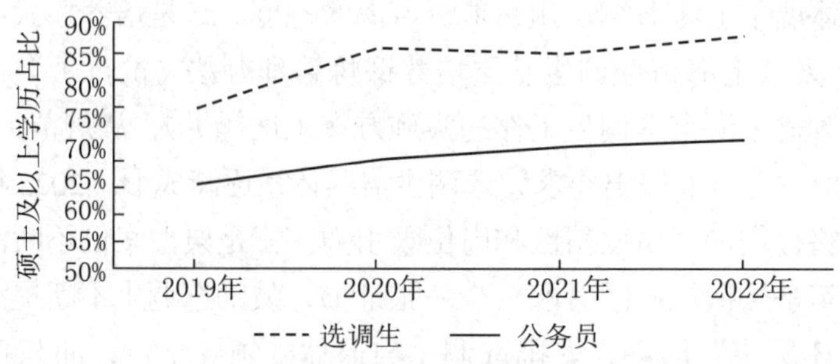

图1　2019—2022年市经信两委选调生与公务员学历对比

三是工作成绩较受认可。市经信两委选调生在定岗后，迅速成为业务骨干，并且进

步速度较快，工作成绩获得广泛认可。近3年内考核优秀比例达到25%，超过公务员平均水平（20%），其中2021年考核优秀比例为28.6%，工作成绩与工作年限呈现出较强的正相关性。

四是年龄结构优（见图2）。选调生平均年龄27.5岁，其中25岁及以下占比26%，26—30岁占比58%，31岁及以上占比16%。队伍的年龄结构呈金字塔型，以年轻力量为主。选调生的招录优化了公务员队伍的年龄结构，队伍逐渐年轻化，3年来，市经信两委公务员平均年龄从42.6岁逐步下降至41.29岁，35岁以下青年干部比例从23.4%逐步上升至28.2%。

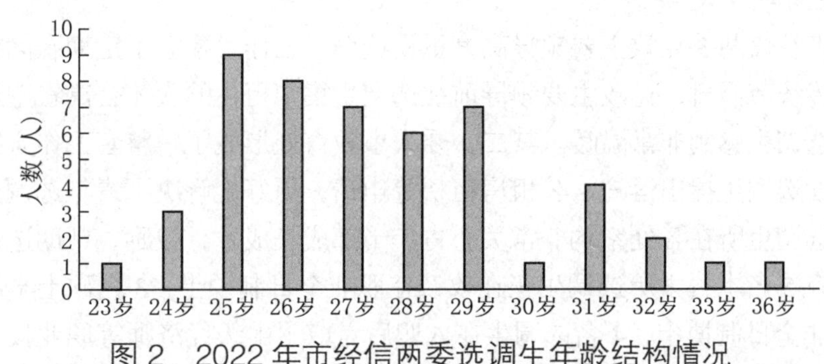

图2　2022年市经信两委选调生年龄结构情况

五是职级职务分布均衡（见表2）。选调生队伍中有1人担任县处级副职，1人担任四级调研员。其余选调生职级呈橄榄型分布，一级、二级主任科员占比16%，三级、四级主任科员占比60%，一级科员及试用期人员占比20%。选调生职级职务提升速度适中。

表2　2022年市经信两委选调生职级职务分布情况

现职务（职级）层次	县处级副职	四级调研员	一级主任科员	二级主任科员	三级主任科员	四级主任科员	一级科员	试用期
汇总	1	1	2	6	9	21	1	9

（二）市经信两委选调生培养的目标

通过加强培养和教育管理，将市经信两委选调生打造成一支堪当民族复兴重任的高素质干部队伍，为引领“3+6”新型产业体系高质量发展，打响“上海制造”品牌提供干部储备和人才支撑。

一是要不断提升政治意识。市级机关首先是政治机关。选调生必须要增强政治能力，不断提高政治判断力、政治领悟力、政治执行力，在政治立场、政治方向、政治原则、政治道路上同党中央保持高度一致。

二是要切实了解基层情况。基层是城市治理的基础所在、重心所在、支撑所在。市经信两委78%的选调生为“新上海人”，在上海的平均生活年限较短，对上海基层了解不够充分，在制定市级层面政策时容易出现不接“地气”的情况，所以要通过锻炼切实感知基层治理这一“神经末梢”。

三是要逐步提高工作能力。要提高创新思维，抓住产业发展机遇；要养成主动持续学习的习惯，才能坚定理想信念、提升精神境界、胜任本职工作；要做有理想、敢担当、能吃苦、肯奋斗的新时代好青年。

（三）市经信两委选调生培养特色做法

市经信两委自2015年招录选调生以来，坚持按照“政治统领、立足基层、服务产业、任务锤炼、人岗相适”的原则，统筹谋划思考，系统科学培养，选调生培养体系在动态调适优化过程中日益完善，培养质量和效果稳步提升。

1. 加强组织关心关怀

其一，市经信两委党政主要领导高度重视选调生工作，建立了定期慰问机制，于元宵、中秋等传统节假日，党政主要领导前往选调生集中租住的人才公寓看望选调生，让身处异乡的选调生感到非常温暖。其二，委人事教育处形成了一整套工作方案，在选调生入职前帮助选调生提出落户、公租房租赁等申请，更好地解决了青年选调生的后顾之忧。其三，选调生所在各处室均非常关心青年干部成长成才，鼓励、帮助选调生开展在职进修，现有5名本科学历选调生正在攻读在职非全日制硕士，3名硕士学历选调生正在攻读在职非全日制博士，4名选调生在入职后考取了中级经济师等职业技能证书，本科学历选调生攻读硕士比例比35岁以下公务员高出17%（见图3）。根据问卷统计结果，选调生对领导和工作平台的满意度也较高，说明组织的关注关心让选调生对于市经信委两委有较强的归属感。

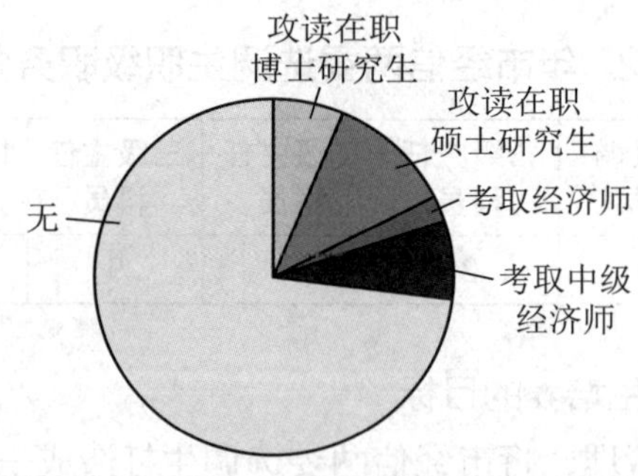

图3　市经信两委选调生在职进修情况

2. 突出重大活动历练

市经信两委对选调生入职后的前半年实施委内锻炼，使其在“发芽期”尽快了解、适应市经信两委各项工作。除了将每一级选调生安排在不同处室锻炼外，还安排选调生到信访岗位、到服务保障各项重大活动中开展锻炼，当几次“热锅上的蚂蚁”，在历练中经风雨、见世面、长才干、壮筋骨。近两年，市经信两委选调生在人工智能大会、工博会、设计之都大会等重大项目中都有出彩表现。同时，为了加快选调生融入市经信两委的速度，人事教育处每季度举行一次交流座谈。在问卷中，86%的选调生认为在半年

的锻炼中收获很大，选调生对于市经信两委提供的工作平台的满意度排名也从2017年的第四位上升至第二位。

3. 强化课题研究实训

市经信两委自2019年起就安排选调生在第一年基层锻炼期间开展市经信两委业务相关课题研究。委人事教育处为选调生设计选题，安排业务处室县处级副职领导担任选调生课题导师，一对一指导选调生开展调研。3年来，市经信两委选调生围绕上海高端制造业产业链、五型经济发展新动能、民营经济跨越式发展等问题开展研究，平均前往相关企业和单位调研3.6次以上，涌现出一批优秀调研报告并被刊登在相应业内期刊，充分展现了市经信两委选调生的调查研究能力。

4. 拓宽基层锻炼岗位

市经信两委选调生在入职后需要前往基层开展为期两年的基层培养锻炼，在“幼苗期”收获水分和养分。第一年通用岗位锻炼期间，市经信两委选调生每月与区选调生开展学习沙龙，每季度向街道领导和市经信挂职处室汇报一次工作，不断深入了解上海的基层组织建设和社情民意，熟悉社会治理和基层管理政策，提高联系和服务群众能力。第二年专业岗位锻炼期间，在市委组织部（市公务员局）的大力帮助和支持下，锻炼岗位逐年拓宽，从只有市经信两委的直属事业单位，扩展到各区经委、科委，再到全市重大工程、重大项目和重点任务及市属国企。根据问卷统计，选调生在第二年锻炼过程中的收获感和认同度逐年增加，其中市属国企作为2021年市委组织部大力推动的新锻炼地，获得了选调生的广泛好评。绝大多数在国企锻炼的选调生非常推荐后续选调生前往国企锻炼（见图4）。

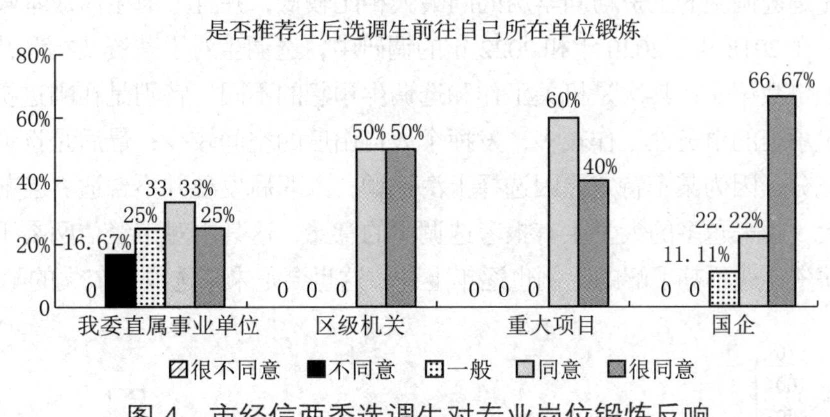

图4　市经信两委选调生对专业岗位锻炼反响

5. 开展各类能力培训

在全市新进公务员统一培训和选调生下基层前培训的基础上，市经信两委为新进选调生组织入岗培训，向选调生介绍市经济信息化两委的主要职责和历史沿革，介绍公务员管理及机关日常工作，开展廉政和保密教育，解读市经信两委出台的相关政策等。市经信两委定期举办经信创新论坛，以“激荡智慧、共创奇迹”为主旨，围绕碳达峰碳中和路径、人工智能产业发展、时尚消费品产业发展等主题开展分享和讨论，探索选调生培训新模式，多维度探索推动产业发展新思维，思想跨界融合碰撞新火花。

6. 加大轮岗交流力度

为了更好发挥选调生年纪轻、能力强的优势，市经信两委有针对性地安排选调生到矛盾多、任务重、困难大的岗位承担任务，加强实践磨砺，并结合市经信两委重点工作和选调生实际进行统筹使用，在"成熟期"为选调生浇水施肥，让选调生茁壮成长。结束基层锻炼 2—3 年的选调生，15%有一次轮岗；结束基层锻炼 4—5 年的选调生，50%有一次及以上轮岗。他们均表示在轮岗中提高了解决问题的本领和适应不同岗位的能力。根据问卷结果分析，63%的选调生认为目前轮岗次数适中，比较满意；认为轮岗交流制度需要改革的选调生比例较 35 岁以下社会招录公务员低 6.8%。更大的交流轮岗力度也使得选调生对个人发展空间的满意度较高，在所有指标中排名第三，与 2018 年相比排名上升了 2 位，而该指标在社会招录公务员中只排名第六。

（四）选调生培养过程中发现的问题

在新形势新任务新要求下，选调生培养逐渐成为干部工作的一块重要组成部分。市经信两委经过多年探索，取得了一定培养成效，但在本次调研过程中，仍发现以下几个问题：

一是选调生流失有抬头趋势。据了解，近几年中，市发改委、市生态环境局等市级机关均有选调生离职的情况。根据市经信两委问卷调查显示，有 16%的选调生在被问到是否有离职的想法时"不置可否"，表示完全没有离职想法的选调生的比例较 35 岁以下公务员低 11.3%（见图 5）。根据对全市部分已离职选调生的访谈分析，离职原因主要有三点：首先是选调生的工资与同学历的同龄人相比较低，并且上海生活成本较高，生活压力较大，在 2018 年、2020 年和 2022 年的调研中，选调生对于薪资及福利待遇的满意度始终位于倒数第一；其次是机关工作和选调生预想的不同，特别是在刚进机关的一年中，选调生承担的事务性工作较多，发挥个人自由度的空间较少；最后是选调生在就业时考虑不充分，因为某个特定原因选择上海选调，入职后发现并不合适。当前，随着就业压力增大，越来越多的大学生有报考选调生的意愿，这其中对市经信两委工作乃至机关工作和薪资待遇不甚了解的比例也逐年上升，这也会是未来选调生流失的隐患之一。

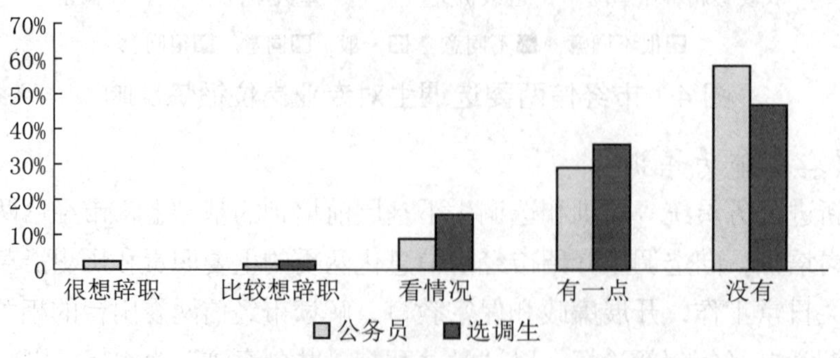

图 5　市经信两委选调生及公务员辞职意愿

二是人才梯队储备周期较长。2020 年来，选调生前期锻炼采取“0.5+1+1”的模式，从招录到定岗之间有两年半的间隔，在这两年半的时间中，选调生占据了一部分机关处室用人名额，但并没有缓解各处室当下人手紧张的问题。与此同时，选调生从大学毕业后直接进入市级机关，工作经验比较缺乏，工作能力还有一定欠缺，虽然在基层锻炼中可以积累一定的工作经验，但基层的办文、办事、办会的质量要求与市级机关均有差距，需要重新学习和适应市级机关的工作模式，无形之中也拉长了选调生储备周期。

三是基层锻炼岗位不够有针对性。2020 年以前，市经信两委选调生主要前往市经信两委直属事业单位、区级机关和全市重大工程、重大项目和重点任务进行第二年基层锻炼。2021 年新拓展了市属国企作为锻炼地点。但目前基层锻炼岗位仍与市经信两委业务结合不够紧密，与产业和信息化关联度不强。市经信两委党建工作覆盖约 100 家央企，业务工作对接全市工业和信息化企业，只有深入感悟企业需求，开展蹲点式调研，站在服务对象的角度认识市经信两委工作，从办业务的过程中总结工作重点，才能在基层锻炼结束后更好地开展工作。

三、市经信两委选调生培养经验

一是让选调生更适应岗位需求。首先，要在半年委内锻炼期间让选调生加强沟通，不仅要了解本处室的工作，还要了解其他处室的大致工作和市经信两委的重点工作。其次，要让选调生到急难险重岗位上历练，既激发青年干部的干事热情，又在轮岗中更加有效地考验和锻炼选调生。最后，要建立基层锻炼期间选调生和市级机关之间的纽带。通过开展业务相关课题研究，充分发挥选调生的主观能动性，在机关处室的指导下，主动了解相关业务工作，实现快速发展。

二是让选调生更符合时代要求。党的十八大以来，“人民至上”逐渐成为最鲜明的时代强音，新冠疫情期间，习近平总书记多次强调“人民至上，生命至上”。疫情中，广大选调生在基层发挥专业优势，尽心尽力，让人民情怀在心中生根发芽，拥有了新时代必须的政治品质。

三是让选调生更充分全面发展。德智体美劳全面发展是习近平总书记对中国青年提出的要求。除日常工作外，可以在体育、文化方面为选调生提供更加广阔的发展平台。市经信两委机关团支部牵头组建篮球队等队伍，每周二、周四晚为选调生租借场地以供运动；不定期举办午间音乐节，和上海音乐学院开展党建联建，大大丰富了选调生的精神文化生活。

四、市经信两委选调生培养工作建议

（一）打造新时代选调生新 IP

市经信两委地处浦东，身处产业和信息化前沿，和新技术、新产业距离最近，新时代特征在选调生上的体现也最为明显，可以此为契机打造属于市经信两委选调生的新 IP。可以利用元宇宙技术，设计数字虚拟人以代替真人作为 IP 形象。当前，数字虚拟主播在年轻人中热度较高，以数字虚拟选调生为主角可以吸引广大年轻人的目光，取得一炮打响的效果。可以围绕选调生一天的工作拍摄系列纪录片，讲述选调生谋划产业发展和服务企业群众的故事，如“选调生调研企业的一天”“选调生走访群众的一天”等，突出选调生的青春活力和对新技术新业态的把握，展示选调生充满激情、富于创造、勇于担当的昂扬精神状态，把市经信两委选调生打造成为上海公务员的样板形象。

（二）建立基层培养锻炼基地

市经信两委过去两年安排选调生前往闵行区、虹桥管委会、市科创办等单位锻炼，取得了锻炼单位的认可。与此同时，相关单位也提出了和市经信两委合作，在当地设立基层培养锻炼基地的设想。当前，选调生只有一年在重大项目历练，时间较短，难以深入开展一些规模较大、时间跨度较长、专业性较高的项目。虹桥管委会、市科创办业务和市经信两委业务关系较为紧密，市经信两委选调生也对相关业务更加熟悉，建立基层培养锻炼基地，有助于提升选调生锻炼条件，搭建更好的干事创业平台，提升培养质量，也为双方深入开展交流奠定基础。

（三）加大宣讲和考察力度

为了提高市经信两委选调生综合素质，降低人员流失隐患，要加大宣讲和考察力度。一是增加入校宣讲频次。在访谈中，多位选调生表示在聆听宣讲后坚定了报考意愿。故建议设置选调生定期回母校宣讲机制，聚焦市经信两委特色优势，重点宣传选调生对市经信两委最满意的全局视野、工作平台和个人发展空间三大指标，下好吸引人才“先手棋”。二是介绍机关日常工作。当前，许多大学生对于机关工作没有明确的概念，需要通过宣讲让大学生了解真实的机关工作，戳破“选调生花好稻好”这一气球，减少盲目报考市经信两委的大学生人数。三是拓宽考察范围外延。在考察过程中设置心理测试和职业匹配度测试，判断考察对象对于成为选调生是否考虑充分，判断考察对象的工作偏好倾向与单位和岗位是否匹配等，从源头降低人员流失隐患。

（四）创新选调生培训形式

市经信两委人事教育处举办的入职培训一直以来广受选调生及公务员好评。在访谈中，大部分2022级选调生希望在入职后尽快安排入职培训。由于入职培训时间调整难度较大，故建议创新培训形式。针对公文写作入门难的问题，制作推荐书单以供选调生提前自学；针对OA系统操作难的问题，将市经信两委OA系统操作指南课程录制成网课上传至内网；针对说上海话开口难的问题，建议选调生在月度、季度交流中使用上海话进行沟通，解决选调生的本领恐慌。

选调生培养工作目前还处于摸索和完善的阶段，市经信两委将不断总结经验教训，推动选调生培养工作迈上更高台阶。

（本文获2022年度全市组织系统优秀调研成果三等奖）

主要执笔人：黄春华、陈　震、钱於杰

关于年轻干部政绩观教育常态化长效化的实践研究

杨浦区委组织部课题组

习近平总书记在2022年春季学期中央党校（国家行政学院）中青年干部培训班开班式上强调，“年轻干部是党和国家事业发展的希望，必须筑牢理想信念根基，守住拒腐防变防线，树立和践行正确政绩观”。政绩，是指施政的成绩。而政绩观，则是指对干部施政成绩的总体看法和根本观点，直接反映干部施政的指导思想和价值取向。政绩观决定执政作为，追求何种政绩对履职尽责、干事创业具有重要导向作用。年轻干部对政绩观的认识和态度不仅影响到干部的健康成长，更事关党和国家事业发展的未来希望。深化对年轻干部正确政绩观的教育具有现实而又深远的意义。为此，杨浦区委组织部成立“年轻干部政绩观教育常态化长效化研究”课题组，深入开展课题调研。现将课题调研成果报告如下。

一、加强正确政绩观教育的时代内涵和现实意义

党的二十大报告强调要“引导干部树立和践行正确政绩观”，这是建设堪当民族复兴重任的高素质干部队伍的题中之义。加强年轻干部正确政绩观教育有着重要的科学内涵和现实意义。新时代，广大干部要做到不忘初心、牢记使命，谦虚谨慎、艰苦奋斗，敢于斗争、善于斗争，坚定历史自信，增强历史主动，谱写新时代中国特色社会主义更加绚丽的华章，根本要求是掌握习近平新时代中国特色社会主义思想的世界观和方法论，关键重点是加强正确的政绩观教育。树立和践行正确的政绩观，必须解决好“政绩为谁而树、树什么样的政绩、靠什么树政绩”等一系列总开关问题。

一是加强正确政绩观教育是引导广大干部树牢人民至上理念的必然要求。干部的政绩观，要解决的实质问题是为谁创造政绩、靠谁创造政绩、如何创造政绩的问题。是为广大人民的利益创造政绩、造福于人民，还是为个人的利益创造政绩、营造个人资本，是区分正确的政绩观还是错误的政绩观的根本标准。是给人民带来利益、受到人民赞

誉，还是给个人带来好处、受到人民批评，是衡量一个干部的政绩观及其行为是否有价值的根本尺度。只有把人民至上作为政绩观的出发点和落脚点，把人民群众对美好生活的需求化为创造政绩的强劲动力，才能真正创造出无愧于历史、无愧于时代、无愧于人民的政绩。

二是加强正确政绩观教育是深入贯彻新发展理念的必然要求。有什么样的发展观就有什么样的政绩观。习近平总书记强调，“必须完整、准确、全面贯彻新发展理念，加快构建新发展格局，推动高质量发展”，干部的政绩考核“既看发展又看基础，既看显绩又看潜绩，把民生改善、社会进步、生态效益等指标和实绩作为重要考核内容，再也不能简单以国内生产总值增长率来论英雄了”。在创政绩的过程中必须正确处理速度与效益、效率与公平、局部与全局，以及人与自然、发展与环境、当代与后代之间的关系，保证发展的连续性、长远性和稳定性。

三是加强正确政绩观教育是引导广大干部转变作风、真抓实干的必然要求。习近平总书记多次强调坚持求真务实、真抓实干，树立正确政绩观，敢于担当、勇于创新，指出“业绩都是干出来的，真干才能真出业绩、出真业绩。面对新形势新任务，党员干部一定要真抓实干，务实功、出实招、求实效，善作善成，坚决杜绝口号式、表态式、包装式落实的做法”。真抓实干要求广大干部力戒形式主义、官僚主义，敢于斗争、敢于担当，善于结合本地区、本部门的实际创造性地抓好贯彻落实工作；要有功成不必在我、功成必定有我的境界，保持历史耐心和战略定力，甘于做铺垫性的工作、抓未成之事，努力创造出经得起实践、人民、历史检验的成绩。

二、杨浦区加强年轻干部正确政绩观教育的实践探索

杨浦区高度重视年轻干部正确政绩观教育，党的十八大以来，杨浦区各级党组织、区委组织部和区委党校紧扣区情实际和年轻干部实际，把正确政绩观教育贯穿年轻干部培养全过程和各方面。

（一）突出科学理论武装

有什么样的世界观就有什么样的政绩观。用习近平新时代中国特色社会主义思想武装年轻干部头脑，就是解决年轻干部理想信念的信仰问题，解决用什么立场和方法观察分析世界的问题，是年轻干部世界观、人生观、价值观的总开关。在推进政绩观教育中，杨浦区坚持把习近平新时代中国特色社会主义思想摆在各类培训第一课并贯穿所有课，确保年轻干部切实用中国化时代化的马克思主义武装头脑、指导实践、推动工作。党的二十大召开后，区委组织部、区委党校第一时间将学习贯彻党的二十大精神纳入处级轮训班和中青班教育教学中，突出中国化时代化马克思主义哲学教育，切实引导广大干部学原文、悟原理，夯实政绩观之基。

（二）突出党史学习教育

伟大建党精神是中国共产党团结带领中国人民进行一切奋斗、一切创造的精神动力，

是中国共产党立党、兴党、强党的精神原点和思想基点。年轻干部政绩观的教育塑造必须根植于伟大建党精神的滋养浸润之中。杨浦区在深入开展党史学习教育过程中，紧密结合党史学习教育深化年轻干部正确的政绩观教育，在中青班举办党史学习教育专题政绩观论坛，在青年干部中举办“行之者论道脱口秀”活动，在选调生、挂职干部中举办斗争精神专题研讨会，切实引导广大干部增强学党史、悟思想、办实事、开新局的自觉性。

（三）突出人民城市理念教育

2019 年，习近平总书记在上海杨浦滨江提出“人民城市人民建，人民城市为人民”重要理念，为推进城市治理体系和治理能力现代化提供了根本遵循，也为年轻干部如何更好地投身城区治理，创建人民城市建设标杆提供了明晰的坐标系。近年来，杨浦区委组织部、区委党校多次开展人民城市重要理念实践案例征集活动，遴选编辑了案例集，通过中央党校出版社出版了五本教材，并坚持将案例集、新教材运用到党校各类班次教学之中，切实通过生动案例教学，引导年轻干部对照现实、感悟实践，更新观念、增长才干。

（四）突出传承红色基因

年轻干部政绩观的塑造要从历史中来，从实践中来。杨浦区拥有“百年工业、百年大学、百年红色工运、百年市政”四个百年的历史文化底蕴，是开展党史学习教育、加强政绩观教育的生动教材。近年来，杨浦区以区域化党建联盟为平台，着力构建“三区联动、三城融合”的体系和机制，在推动高校、大型国有企事业单位融入杨浦发展实践的过程中，深挖“百年”红色资源，形成了连续 3 年举办“大家微讲堂·社区政工师”活动、在滨江沿线打造杨树浦党群服务驿站等好做法，为年轻干部接受红色教育提供了新渠道，切实将政绩观教育融于党史、杨浦建设发展史的教育之中，引导广大年轻干部厚植杨浦情怀，传承杨浦红色基因、发扬杨浦“四敢”精神，全身心投身杨浦“四高城区”建设，建功立业、担当作为。

（五）突出反腐倡廉教育

加强年轻干部的廉政纪律教育，引导他们树立正确的权力观，时刻保持清醒头脑、恪守政治底线，是政绩观教育的应有之义。党的作风就是党的形象，关系人心向背和党的生死存亡，年轻干部要在政治品格和精神境界方面做到廉洁自律。党的十八大以来，党中央以前所未有的勇气和定力推进党风廉政建设和反腐败斗争，“三不腐”一体推进。杨浦区依托纪检监察体系持续深入推进年轻干部廉政教育、纪法教育。通过廉政教育进党校，把党校培训作为干部纪法教育的主阵地，把廉政党课、警示教育纳入党校培训“必修课”。压实各级党组织主体责任，实现各部门党风廉政专题学习教育全覆盖，切实加强对年轻干部的教育、培养、管理和监督。

三、当前年轻干部政绩观教育存在的问题

（一）教育体系尚待进一步完善

一是责任体系不够完善。目前政绩观教育体系的主要工作和责任由各级党委组织部

门和党校等培训机构承担，离群众“最后一公里”的街道社区及基层企事业单位的党组织，在“将政绩观教育和中心工作一起谋划、一起部署、一起考核，形成一级抓一级、层层抓落实的政绩观教育格局”方面尚有一定的提升空间。

二是测评水平有待提升。目前对年轻干部的各类主体培训班次中，有关理想信念教育、党史学习教育、党风廉政教育等内容有一定的比例要求，在课程设置中有较大力度的侧重，但关于这些课程对年轻干部政绩观提升成效的测评水平，调研组认为还需要进一步加强探索。

三是监督考核导向需进一步加强。政绩观教育体系的构建，价值引导是非常重要的组成部分。建议将对年轻干部考核测评和日常监督的重心向“政绩观导向”的前端不断转移，把“看其政绩观是否正确”“抓所在单位的政绩观教育是否有力有效”等作为重要依据，对政绩观出现苗头性、倾向性问题早发现、早提醒、早纠正。

（二）突出问题尚待进一步破解

一是资源统筹上需高位提升。杨浦是教育大区，各类教育资源非常丰富，干部教育培训工作近年来取得了很好的成效。鉴于此，杨浦区有信心、有能力在年轻干部政绩观教育这一专项工作的资源整合方面，继续进行更多更有价值的探索。

二是缓解工学矛盾需进一步深化。杨浦区 2022 年来在全市首创了模块化培训机制，在一定程度上有效缓解了工学矛盾，在这方面积累了不少有益经验，建议杨浦区干教部门可以进一步依托网络教育的优势，以不断适应高水平统筹疫情防控和经济社会发展的需要。

三是结合实践教育需更高更强。一流城市建设需要一流管理水平。杨浦区推进“四高城区”建设，正着力强化科技创新和发展动力提升，杨浦年轻干部的政绩观应紧密结合“四个放在”，与杨浦的发展方向紧密结合。

（三）教育成效尚待进一步检验

一是政治站位不够高。有的年轻干部对学习领悟习近平新时代中国特色社会主义思想的广度和深度有所欠缺，尚未实现从初步学习到真学真懂、从真学真懂到真信真用转变；有的年轻干部经常陷入事务性工作，全局性、战略性思维不够强，以致干事创业心胸还不够开阔等。

二是宗旨意识不够突出。年轻干部大多为“从家门到校门再到机关门”的“三门干部”，与群众想在一起、干在一处的经历还不足，对群众感情还不够深。有些干部工作不直接面对基层，不直接接触群众，群众意识相对比较薄弱；有些干部因为工作专业化较强，容易埋头于具体事务之中，不知不觉忽视了群众观念等。

三是斗争意识、担当意识不够有力。一些年轻干部历练不足，畏惧挑战，害怕担风险，缺少攻坚克难的锐气。有的怕决策失误，不敢大胆拍板，过度谨慎，依赖层层请示回报，让领导决定；有的标准不高，满足于小富即安，尤其在优化营商环境、推动创新发展、推进精细化管理、促进文化繁荣、加强党建引领等方面，在推动各项工作破瓶颈、解难题上，缺少苦干实干的精神和开拓进取的朝气。

四、关于深化年轻干部政绩观教育常态化的对策和建议

（一）优化责任落实主渠道

把年轻干部政绩观教育纳入各单位党政领导班子考核内容，由各单位党委（党组）、党工委担负起对年轻干部开展政绩观教育的主要责任，将政绩观教育和中心工作一起谋划和部署。

一是加强思想带教。依托党委会（中心组）学习制度、领导干部上讲台机制，将政绩观学习教育作为内容之一，结合不同层次、不同领域年轻干部的需求，围绕各自单位的中心工作，增加政绩观专题学习教育，在实践中培养历史思维能力。

二是加强岗位带教。聚焦科级后备、科级干部、处级后备年轻干部，分类向区选派跨领域、跨行业、跨部门交流任职、易岗锻炼，以及选调到旧改、信访、进博会等艰苦岗位实践锻炼。

三是强化一线带教。继续深化“一线工作法”，在局处干部联系街道居委会、党员干部联系困难家庭、基层党组织和党员组团式联系服务群众、“大调研”深入一线等工作中设立年轻干部工作岗，使年轻干部接受生动一线教育，更加坚定为民服务的信念、情怀和担当。

（二）优化教育培养主阵地

贯彻落实习近平总书记“树立和践行正确政绩观”的要求，政绩观教育课程是主阵地、主渠道，体系机制的建立至关重要。

一是要依靠课程体系的科学设计。要依托党校资源开设有关政绩观常态化长效化教育的专题培训，课程体系应包含总论、专论和特色课程。总论课程从战略层面把握政绩观的主题主线；专论课程从不同角度把握政绩观的丰富内涵；课程体系应强化思想政治引领，坚持马克思主义指导地位，贯彻习近平新时代中国特色社会主义思想；要构建“大政绩观”格局，推动政绩观教育全方位渗透于目前的各门课程和开展的主题教育之中，实现全方位的价值引导。

二是要依托测评水平的提升来有效实施课程体系。在中青班、处级轮训班等各类主体班次中，建立对年轻干部政绩观更加科学有效的测评机制，拓展测评路径，改进测评方法，优化测评内容。

三是将政绩观教育与其他政治性教育紧密结合。打造以政绩观教育为统领，以习近平新时代中国特色社会主义思想、伟大建党精神、党的二十大精神、“人民城市”重要理念、“五史”教育、红色文化、党纪党规等为内容输出的系统化课程，解决政绩观教育碎片化的问题，特色课程从杨浦特色出发，凸显杨浦作为“人民城市”重要理念首提地的地位。

（三）嵌入年轻干部成长链

年轻干部成长轨迹不同，所在的岗位和条线也不同，在开展政绩观教育时，需要针对不同情况、不同类型开展分层分类的针对性培训。

一是抓好全区年轻干部分层培训。把政绩观教育与习近平新时代中国特色社会主义思想的教学有机贯通，在区委党校教学计划中安排政绩观专题课，做到主体班次全覆盖。以年轻干部成长规律划分“2—3 年新进期”“3—5 年成长期”“5—10 年独立期”“10 年以上成熟期”等不同干部等次，有针对性地开展政绩观教育培训，助推年轻干部知行合一历练成长。

二是开展各条线分类培训。按照公务员单位、事业单位、国企单位、党外人士等分类举办各类专题培训班，发挥各单位各部门各条线职能作用。根据区工作重点，在重点条线，重点岗位，重点部门增加教育培训的次数与力度，体现教育实效。

三是结合基层党组织建设。将开展政绩观教育作为基层党组织的常规工作，与“三会一课”、主题党日、谈心谈话等党内组织生活制度紧密结合，同部署同落实。要求各单位党组书记和基层党支部书记在年度述职报告中增加政绩观教育开展情况，各单位、各基层组织要对政绩观教育情况进行自我评估，提炼经验、查找不足，提出下一年的改进方案。

四是开展情景式教育。举办先进事迹报告会、参观交流、组织政绩观相关主题文化活动，通过“情景式”课程铸牢正确的政绩观，让年轻干部在潜移默化中接受教育，经受涤荡心灵的精神洗礼。

（四）统筹红色教育好资源

因地制宜，统筹利用党史教育资源。

一是科学分类红色资源。目前全区共有各级爱国主义教育基地 21 个，首批重要革命遗址旧址 3 处，以及红色资源和文化设施 92 处，这些红色场馆和点位展现了老一辈无产阶级战士坚定信仰、不怕牺牲的伟大精神。科学分类、统筹利用这些红色资源，着力打造体系化的政绩观教育基地，能够有效提高政绩观教育的感染力和穿透力。

二是优化整合红色线路。设计经典线路，让红色资源的价值发挥最大效用。将国歌展示馆、《共产党宣言》展示馆、杨浦滨江人民城市建设规划展示馆等作为开展政绩观教育的重要载体和阵地，为政绩观教育提供丰富内容、鲜活场景和生动展示。在“干部在线学习城”等学习平台开设专栏，介绍政绩观教育基地群的总体情况和经典路线的参观学习方案。

三是发挥好榜样人物作用。杨浦区的百年历史中，涌现出了无数信念坚定、无私奉献的优秀个人，如王孝和、黄宝妹等，用先进榜样事迹中的奋斗历程、精神价值，让广大年轻干部在杨浦榜样身上汲取富于创造的经验智慧、勇于担当的斗争精神。

四是做好区情教育。对年轻干部每年开展一次区情教育培训，以互访交流、案例分享、优秀调研报告评选等形式深化区情教育，借此形式让年轻干部多深入基层，多层次、多方位、多渠道地了解社情民意，厚植杨浦情怀。

（五）衔接选育管用机制链

一是加强过程管理，配套考核评比制度。以考核的公正性引导年轻干部树立和践行

正确政绩观。要科学设置考核指标，包括考核原则、内容、指标与方式。在具体内容方面主要考核能否掌握过硬本领，尽职尽责；在承担急难险重工作任务时，能否有政治责任感与使命感。要建立全程考察评价机制，落实自我评估、群众主评、领导参评等多元评价机制，体现注重实绩、群众公认。

二是引入正负激励，对接选拔任用制度。将政绩观教育及其考核与选拔任用制度有效衔接，建立“凭德才、重实绩、看公论”的正确用人导向。结合区《建立优秀年轻干部成长纪实档案的实施方案》，通过年初培训问需、专题培训问情、平时培训问效、年度成长问绩，推出档案清单，强化动态跟踪了解，实现精准培训培养。同时，对政绩观考核中出现问题的年轻干部进行惩戒。

三是正本清源，营造良好政治生态。浚其源、涵其林，净化党内生态。推动干部队伍“能上能下”“能进能出”，形成“能者上、优者奖、庸者下、劣者汰”的公正流动机制，增强对年轻干部的教育引导。

（本文获2022年度全市组织系统优秀调研成果优秀奖）

课题组成员：姜道荣、陶　岚、邓　斌、黄　敏、叶　宁

主要执笔人：黄　敏、叶　宁

深化市人大法治人才培养基地建设深入推进优秀年轻干部挂职培养历练的实践探索和常态化机制研究

市人大常委会办公厅人事处课题组

习近平总书记在党的二十大报告中强调，要建设堪当民族复兴重任的高素质干部队伍，要加强实践锻炼、专业训练，注重在重大斗争中磨砺干部，增强干部推动高质量发展本领、服务群众本领、防范化解风险本领。选派干部挂职锻炼是服务重大决策部署、培养锻炼干部的有效形式。为进一步提高本市年轻干部把握全局、依法履职的能力和素质，增强干部法治意识，自2001年起，市委组织部将市人大作为年轻干部培养的“四个平台”，选派优秀年轻干部到市人大机关挂职锻炼。为进一步强化挂职工作实效，我们总结梳理市人大挂职平台的情况、做法和问题，结合新时代法治人才培养规划，提出有针对性的建议。

一、基本情况

市委组织部历来高度重视市人大挂职平台建设，从2001年至2013年安排7批54名同志到市人大机关挂职锻炼。2020年初，为深入贯彻习近平总书记关于加强干部队伍建设的指示要求，全面落实市人大工作会议精神，在市委组织部的大力支持下，我们进一步健全完善工作机制，重新启动了这项工作。目前，市人大机关作为全市四大挂职平台之一，为本市社会经济发展培养政治过硬、业务精通、勇于担当的法治人才。

经统计，截至2022年5月，市委组织部共选派10批86名正处级年轻干部到市人大机关挂职。

从选派干部的性别比例看，男性56人，占65.12%；女性30人，占34.88%。

从政治面貌看，中共党员80人，占93.02%；民主党派人士6人，占6.98%。

从学历层次看，均为大学以上学历，其中最高学历为大学本科的48人，占55.81%；最高学历为研究生的38人，占44.19%。

从选派单位隶属关系看，地区口30人，占34.88%；宣教口22人，占25.58%；经济口16人，占18.6%；党政口11人，占12.8%；企业口7人，占8.14%。

从选派时的年龄结构看，平均年龄43.5岁，其中35周岁及以下的4人，36—40周岁的20人，41—45周岁的30人，46周岁及以上的32人。

从分工联系的工作领域看，教卫文体类21人，占24.42%；党务管理类19人，占22.09%；产业经济类12人，占13.95%；社会事业、综合管理类11人，占12.8%；企业管理类10人，占11.63%；城市建设类8人，占9.3%；综合经济类4人，占4.65%；农业农村类1人，占1.16%。

从后续培养使用的情况看，挂职锻炼后提任的41人，占47.67%；交流任职的16人，占18.6%。

二、主要做法

市人大常委会党组始终坚持将培养锻炼挂职干部作为市委交给市人大机关的一项政治任务抓紧抓实，着眼充分发挥市人大法治人才培养基地作用，立足新时代人大工作新要求，不断创新、积极探索，持续增强挂职工作质效，重点做好四个方面工作：

（一）持续强化政治引领，压实组织责任

牢牢把握人大政治机关这一根本定位，坚持把党的领导贯穿挂职锻炼工作始终，紧紧压实三级党组织责任。常委会党组持续加强组织领导，党组会议多次专题研究挂职锻炼工作方案，历届常委会主要领导都亲自出席挂职干部欢迎座谈会，为挂职干部上好走进人大“第一课”。不断加强规划引领，围绕贯彻落实中央和市人大工作会议精神，在近年来探索实践的基础上，常委会党组研究制定了《关于进一步深化市人大法治人才培养基地建设的实施意见》，对加强挂职干部培养锻炼的目标任务和工作要求等提出了明确要求，为高质量做好挂职培养工作提供了制度保障。挂职干部在人大工作期间，常委会主要领导、分管领导定期组织座谈交流，特别是2020年以来，主要领导三次召开挂职干部座谈会，多次就开展好挂职工作作出重要批示，为推动挂职干部真挂实干指明方向和路径。机关党组严格落实常委会党组决策部署，研究优化各类工作机制，认真做好工作指导、统筹协调，对挂职干部岗位安排、教育管理、培养锻炼等作出一系列机制性的安排。近年来，机关党组领导多次组织专题会议听取挂职工作开展情况，针对挂职干部提出的意见建议，及时做好改进完善，不断建强人大挂职平台。各委员会分党组充分发挥党建引领作用，切实承担起培养管理挂职干部的主体责任，紧密结合本部门重点任务，给挂职干部交任务、压担子，确保他们真挂实干、学有所获。不少委员会分党组书记亲自担任带教老师，指导帮带挂职干部更好地开展业务学习和实践锻炼，帮助他们更好地适应岗位要求。

（二）健全工作机制，适应岗位要求

不断加强探索创新，优化工作机制，积极为挂职干部学习履职创造条件，重点做好“五个一”。

一是组织一次集体谈心，每年新一轮挂职工作启动之初，常委会党组都召开挂职干部欢迎座谈会，常委会主要领导结合年度市委、常委会中心工作，对做好挂职工作进行动员部署，进一步统一思想、明确要求。

二是安排一堂专题授课。扎实开展人大理论学习，挂职干部正式报到后，第一时间组织“走进人大”主题活动，安排授课老师带领他们参观常委会议事厅，讲解市人大及其常委会建设发展的光辉历程。2021年，我们还结合党史学习教育活动，组织挂职干部参观“人民代表大会制度与上海”红色主题展，进一步增强挂职干部制度自信。

三是明确一名带教老师。建立完善带教机制，各委员会结合实际指定理论功底扎实、实践经验丰富的带教老师，根据挂职干部特点特长，“量身定制”带教计划，明确学习和工作的内容、时间节点和目标要求，一对一做好教育培训和指导带教，帮助挂职干部尽快适应岗位要求，完成角色转型。

四是进行一轮岗前培训。针对挂职干部任职经历不同的实际，探索与华东政法大学建立市人大法治人才培训基地，委托华东政法大学设计培训方案、设置专业课程、开发培训教材、安排师资力量，在挂职干部正式到岗前，开展为期一周的集中法治理论和实操培训，帮助他们尽快学习了解人大立法、监督工作的程序和要求。

五是印发一套履职读本。梳理汇编习近平总书记关于坚持和完善人民代表大会制度的重要思想，党的十八大以来中央和上海市委关于加强人大工作的指示要求，以及近年来市人大履职工作纪实和创新案例，要求挂职干部抓好经常性的自学研读，引导他们进一步增强对做好新时代人大工作的理解和认识。

（三）搭建好工作平台，确保真挂实干

围绕服务重大国家战略和本市经济社会发展大局，聚焦岗位实践，着力将挂职干部这支队伍打造成担当时代重任的战斗队、突击队，着力搭建好五类平台。

一是政治历练的平台。坚持把学习作为提高挂职干部能力素质的重要举措，严格落实组织生活制度，全覆盖、全过程参与市人大与各类学习教育活动，安排挂职干部参加常委会中心组学习、主题党日和政治理论学习，列席委员会分党组政治教育和工作会议，提高从整体大局把握工作的意识和能力。组织开展法治理论学习，健全挂职干部列席常委会全体会议、法制委统一审议会议、委员会会议制度，通过近距离学习常委会科学立法、民主立法、依法立法的生动实践，不断提升挂职干部政治站位和法治素养。

二是实践锻炼的平台。坚持事业为上、以事择人，注重把挂职干部的专业背景、任职经历和岗位安排结合起来分析研判，既充分考虑专业经历的匹配度，又注重加强对干部的综合锻炼，有针对性地安排挂职岗位，跟进做好定岗位、明职责工作，努力做到精

准配岗、人事相宜。围绕市委、常委会和委员会年度重点工作，指定1—2项重要课题、重点任务，由挂职干部为主负责，同时要求每名挂职干部结合个人实际，选定1项重点课题开展独立研究，2020年以来全体挂职干部深入参与近30件次立法项目、40余项次监督、执法检查和重点调研课题，全程参与立项、调研、审议等各环节工作，全面熟悉立法、监督工作程序和要求，能力素质得到显著提高。

三是攻坚克难的平台。有意识地安排挂职干部参与重点难点立法、监督和调研项目，让挂职干部在啃“硬骨头”中练就攻坚克难的硬本领。近年来，挂职干部牵头负责了《上海市促进中小企业发展条例》《上海市数据条例》《上海市城市更新条例》等立法调研项目，在有效提升他们能力素质的同时，极大提高人大立法、监督工作质量。不少挂职干部主动开展调查研究，在完成立法、监督项目的过程中，与本单位的工作实际相结合，使调研成果起到了“一箭双雕”的效果。

四是深入基层的平台。贯彻落实“全过程人民民主”重大理念，组织挂职干部参观长宁区虹桥街道基层立法联系点，邀请他们根据挂职岗位职责和所承担的具体项目，全面参与基层立法联系点的法规草案征求意见、法律法规解读等工作；要求挂职干部深入基层一线，挖掘联系点践行“全过程人民民主”重大理念的鲜活案例，收集整理基层立法需求和人民群众的意见建议，进一步“接地气”“听民声”，持续涵养为民情怀。

五是交流交往的平台。鼓励挂职干部建立健全跨岗位参与学习履职的机制，通过自主开展活动，参与其他委员会组织的调研学习，帮助大家共享学习资源。挂职期间，他们组织赴大数据中心、城市运行中心等地调研数据条例立法，赴金山区调研学习乡村振兴相关工作，以点带面拓宽了学习和履职的边界。着力搭建挂职干部与机关干部交流的“桥梁”，在上海人大“一网通”政务平台上，开通了“年轻干部培养锻炼工作交流”栏目，安排挂职干部定期撰写工作简报，上传平台进行交流，供全机关干部学习，截至2022年底已经出刊10余期。结合机关青年讲坛活动，邀请挂职干部作为主讲人为机关年轻干部作主旨演讲，得到普遍好评。

（四）始终坚持严管厚爱，营造和谐氛围

坚持严管和厚爱相结合，将管思想、管工作、管作风、管纪律贯穿挂职干部培养全过程，同时注重用组织的关心关爱滋养涵养挂职干部激情勇气，重点抓好两方面工作。

一是严抓日常管理教育。持续抓好建章立制，根据每一批挂职干部的不同特点，每年研究制定《关于市委组织部选派到市人大常委会机关挂职干部培养管理方案》，明确管理目标、工作任务和组织落实等方面的要求，为常态化做好挂职干部日常管理提供机制保障。突出纪律刚性约束，及时印发市人大常委会机关制度汇编，从做好日常考勤、从小事细节抓起严起，不断强化纪律意识和规矩意识。

二是持续做好真情关爱。注重做好经常性的谈心交心工作，常委会分管领导定期与分管部门的挂职干部进行谈心或交流，挂职干部平均与所在委员会主要领导都进行过3次以上的谈心，带教老师每月与挂职干部谈心，及时掌握挂职干部的工作生活情况。精心做好服务保障，挂职干部到岗前，跨前一步安排办公设备，对通勤不便的同志，积极协调机管局申请停车位，努力为他们提供便利。在疫情防控工作中，将挂职干部纳入市人大机关总盘子同步管控，严格落实各项防疫要求，每天做好动态监控，及时发放消杀防疫用品，保障挂职干部安全。做好日常关心慰问，对家庭有困难、本人患病的同志，第一时间进行慰问，努力让挂职干部感受到家的温暖。

三、存在问题

通过近年来的努力，市人大挂职平台的规范化、科学化、精准化水平得到显著提高。挂职干部普遍反映，通过挂职锻炼，大大增强了政治意识、法治思维和人民意识，进一步提高了调查研究、发现问题和解决问题的能力，充分说明市人大挂职平台建设富有成效。但是对标对表中央和上海市委关于加强年轻干部培养锻炼的要求，还存在一些问题，主要表现在两个方面：

（一）工作机制不够优化

紧密结合中央法治人才培养规划要求，与时俱进地优化挂职干部培养机制还需更深入的研究和探索。比如，对企业和科研院所等单位选派的挂职干部，如何帮助他们更快适应机关的工作要求，尽快实现岗位转型，还需要更多针对性的措施和办法。再比如，目前挂职干部之间的互动交流以挂职小组的自主活动为主，下一步需要搭建更多有效平台，帮助挂职干部进一步增进经常性的相互沟通和了解。又如，还没有充分运用挂职平台优势，健全市人大机关优秀年轻干部到外单位挂职锻炼的工作机制，双向交流的渠道还需更加畅通。

（二）考核评价不够精准

在平时考核和年度考核中，主要以挂职干部述职报告和民主测评为主，还未完全建立将挂职干部工作成果与考核结果参考挂钩的机制，在紧密结合挂职干部特点、科学设置考核指标等方面，还不够到位。平时比较缺乏更多有效了解挂职干部工作表现的方法和途径。

四、工作建议

下一步，我们要严格贯彻中央法治人才培养规划以及中央和上海市人大工作会议精神，全面落实常委会《关于进一步深化市人大法治人才培养基地建设的实施意见》，持续加强挂职干部培养锻炼，建议重点在三个方面下功夫。

（一）强化统筹谋划，提高岗位适配度

紧紧围绕中心、服务大局，紧贴市人大年度立法、监督工作重点，探索建立以项目为牵引的工作机制，对部分重点立法项目，由市人大机关提出所需挂职人选的专业背景、任职经历等，积极争取市委组织部支持，精准做好工作对接，不断提升人员选派的针对性、科学性。

（二）持续探索创新，提升锻炼实效性

持续深化与华东政法大学共建上海人大法治人才培训基地，根据挂职干部特点，设计有针对性的培训课程和教材，帮助他们尽快适应角色转化和岗位转型，减少转岗“磨合期”。紧密结合挂职干部专业经历等，进一步优化项目、课题申报和“传帮带”等工作机制，既要充分为挂职干部“授权”“赋能”，又要使他们更好地发挥特长，推动挂职锻炼与立法工作实现“双赢”。用好用活市人大法治人才培养基地的资源平台，努力打通人大机关干部与其他部门干部双向交流、挂职锻炼的机制渠道，为市人大机关年轻干部交流锻炼提供机会。

（三）优化工作机制，提高考核精准性

制定优化平时考核机制，每月、每季度、每半年定期了解挂职干部学习、工作开展情况，为做好挂职干部考核评价提供依据。研究完善考核指标，将挂职干部参加学习教育、完成重点立法项目、调研课题等情况作为考核的重要参考，努力把挂职干部考准考实。鼓励挂职干部通过专报简报、视频制作、材料汇编等形式，梳理挂职期间的工作成果，向市委组织部、市人大常委会党组报告。

（本文获2022年度全市组织系统优秀调研成果优秀奖）

主要执笔人：邢亚飞、潘　星

统筹“选、育、管、用、储”，健全优秀年轻干部战略培养机制

——徐汇区加强优秀年轻干部培养选拔工作的实践与思考

徐汇区委组织部课题组

年轻干部是党和国家事业的接班人，事关党的兴旺发达、后继有人。习近平总书记指出，实现中华民族伟大复兴，坚持和发展中国特色社会主义，关键在党，关键在人，归根到底在培养造就一代又一代可靠接班人。徐汇区委组织部聚焦换届后领导班子和干部队伍建设，围绕新时代好干部标准，立足于徐汇发展需要和功能定位，系统梳理年轻干部理想信念教育、能力素质提升、培养储备使用等方面存在的短板，深入分析年轻干部队伍建设的特点，对推进年轻干部在基层一线，通过打硬仗、扛重活、攻难关提升自身斗争精神、斗争本领进行思考，进一步研究、设计优秀年轻干部战略培养机制，及时选拔任用政治过硬、历练扎实、表现突出的优秀年轻干部，为“建设新徐汇、再造新徐汇”提供坚强的干部人才保障。

一、调研的基本情况

本次调研，为全面发现掌握、培养储备一批政治过硬、能力突出、干群公认、担当实干的优秀年轻干部，做到“四个面向”。

一是坚持面向全局，在事业发展中系统谋划。紧紧围绕“建设新徐汇、再造新徐汇”的目标任务，放眼全区各个领域、各个层次、各个行业，全面掌握党政机关、街道镇、学校医院、区属国企优秀干部，力求把各方面的专业人才、可用之才都发现出来、使用起来。

二是坚持面向基层，在干群评价中知事识人。坚持走群众路线，围绕换届后班子运行、领导干部担当作为、年轻干部日常表现，发散式谈心交流，不限制谈话时间，不拘泥于谈话提纲，不框定人选方向，累计谈话1500人，谈话对象覆盖了所在单位领导班

子成员、中层干部、下属事业单位负责人。

三是坚持面向实践，在基层一线中考察印证。坚持“见人见事”的评判标准，不简单听人选“会干什么”，而是实地看“干了什么、干成了什么”，每个人选有1—2件鲜活事例印证其德才表现，始终用事实和实绩说话。

四是坚持面向未来，在跟踪问效中递进培养。调研结束后，逐一过筛、比选择优，对副处级、正科级、科以下干部分层分类汇总，按照“近期使用”“中期培养”“远期储备”建立人选储备库，实行动态管理。

二、目前干部队伍建设的做法

近年来，徐汇始终把干部队伍建设作为重大战略任务来抓，经过不懈努力，全区干部队伍结构不断优化，班子整体功能不断增强，年轻干部培养成效不断提升。具体做法包括以下几个方面：

一是树立正确导向，推动干部一线成才。注重在一线考察干部、在火线识别干部，树立“干部到基层培养，干部在基层成长，干部从基层选拔”的用人导向，突出担当作为，选拔使用了一批在疫情大考中政治素质过硬、综合能力强、敢冲锋陷阵的干部。针对疫情期间暴露出的部分干部专业化能力不足、解决实际问题薄弱、适岗性不强等问题，积极推动处级干部交流，调整和优化干部队伍结构，使干部得到交叉复合岗位充分锻炼，经受基层一线和艰苦岗位扎实磨炼，努力做到班子整体功能不断增强，“80后”处级干部由2021年的73人增加为2022年的96人。

二是优化培养方式，提升干部综合能力。围绕徐汇发展，聚焦中心工作，把平时表现优异、业务能力突出的年轻干部放在援藏援滇、信访攻坚、城市更新攻坚、疫情防控等关键岗位和一线岗位，丰富基层工作经验，磨砺吃苦耐劳坚强意志，在实践锻炼的硬仗中淬炼成长，提升干部解决实际问题的能力。全区共抽调350余名干部参与方舱和集中隔离点管理工作，选派22名干部人才参与援藏援滇。同时强化教育培训作用，选派干部到青干班、中青班、处级干部培训班等参加集中培训，不断提升履职能力和水平。

三是坚持严管厚爱，激励干部担当作为。研究制定徐汇区关于激励干部新时代新担当新作为的“1+6”文件，围绕“政治上激励、工作上支持、待遇上保障、心理上关怀”这一主线，将干部选、育、管、用、储的各个环节衔接起来，制定6个附件——“能上能下”“干部交流”“干部任前告知书”“干部谈心谈话”“干部考核”和“容错纠错”制度，从这6个方面着手，打出一套“组合拳”，构建激励干部新时代新担当新作为的全链条机制，充分调动干部干事创业的积极性、主动性、创造性。同时积极做好公务员职务与职级并行制度实施工作，将一批作风扎实、成绩突出、群众认可度高的优秀干部推荐出来，激励干部担当作为，更好地在全区干部中形成引领和示范效应，确保整个职级晋升过程思想不乱、工作不断、队伍不散、干劲不减，真正让干部在政治上有奔头、工作上有劲头。

三、调研发现的问题

（一）认识不够到位，年轻干部的培养力度还需要提升

干部培养是一项整体性、协同性、开放性的系统工程、长期工程，需要各部门、各单位各司其职、整合资源、互相配合。但一段时间以来，部分单位对于抓班子带队伍的认识还不够到位，单纯地认为“干部成长是个人的事”，“发现培养干部是组织部门的事”，不愿意把干部培养的重担扛起来，不舍得把单位内优秀干部交流出来，不主动把优秀年轻干部推荐出来，导致部分单位的干部队伍建设滞后，优秀干部“冒不了尖”，部分单位长期不出干部。特别是专业干部的培养方面，不少单位存在拔尖人才少、年龄老化、干部长期不流动、中青年骨干人才的发展缺少规划和指导等情况，“选”和“用”比较多，沉下心“培养”比较少，可供组织挑选的、成熟的、可用的干部数量有限。

（二）人员不够优秀，干部综合能力与新形势还存在差距

疫情的“大战大考”，让各单位都深刻意识到，干部的综合能力与新形势下工作要求是有比较大的差距的，尤其是对标“建设新徐汇、再造新徐汇”的各项工作任务，存在以下几个问题。

一是有学历、缺阅历。年轻干部学历普遍较高，研究生及以上学历的比例较高，但是“三门”干部也不少，他们经历单一，长期在机关单位工作，缺少基层一线历练，缺乏实践经验，对事情想得比较简单，处理实际问题的能力、应对复杂局面的能力、服务基层发展的能力不足。

二是有想法、缺方法。有的年轻干部在困难面前，提出解决问题的办法，有些与基础实际不符，有些想法美好但实施起来缺乏操作性，不能将想法有效转化为实际工作中的办法，不能落实到具体的实践中。

三是有干劲、缺韧劲。年轻干部有冲劲，有干劲，工作热情高，想干事，但是一旦遇到困难、遭受挫折，就会因办法不多束手无策，心理承受力较弱，缺乏韧劲，容易半途而废。

（三）梯队不够合理，优秀年轻干部总体储备还有待加强

全区“80后”副处级年轻干部84人，符合提任正处级干部基本条件的仅有40人；“85后”正科级年轻干部91人，符合提任副处级干部基本条件的仅有28人，能力成熟可以提拔的优秀年轻干部更是少之又少。专项调研发现，个别单位甚至推荐不出“75后”优秀副处级干部和“80后”优秀正科级干部，存在优秀年轻干部少、青黄不接的状态。不少单位想提拔使用年轻干部没有人，存在“蓄水池”没有水的现象；在岗位配备时，合适人选捉襟见肘，存在“拿帽子找人”“拆东墙补西墙”和急用现找等问题。

四、对策建议

加强年轻干部队伍建设，是利在长远、功在千秋的系统性工程，需要持续发力、久

久为功，要坚持以习近平新时代中国特色社会主义思想为指导，认真贯彻落实党的二十大精神，全面推进全区年轻干部优选优培优用工作，努力打造一支数量充足、忠诚干净担当的高素质专业化年轻干部队伍。

（一）提高政治站位，全力推进年轻干部队伍建设

坚持把加强年轻干部队伍建设作为重要政治任务，不断提高思想认识，切实增强抓好年轻干部队伍建设的思想自觉和行动自觉。

一是进一步提高认识。组织各单位党委（党组）深入学习领会党的二十大报告中关于加强建设高素质干部队伍的重要论述，切实担负起培养选拔优秀年轻干部的政治责任，将年轻干部队伍建设作为当前和今后一个时期的一项重要任务，纳入议事日程，不断加强本系统、本单位年轻干部队伍建设，在全区上下形成大抓年轻干部队伍建设的强烈共识。

二是进一步解放思想。引导各级党委（党组）解放思想，破除落后观念，坚持全区“一盘棋”，打破地域、行业壁垒，破除条条框框、隐性台阶、部门地域限制和论资排辈、平衡照顾、求全责备等观念，大胆使用优秀年轻干部，为年轻干部脱颖而出营造宽松环境、搭建广阔舞台。

三是进一步做好规划。坚持从制度建设、顶层设计着手，围绕“政治过硬、适应新时代要求、具备领导现代化建设能力”的干部队伍建设要求，聚焦“建设新徐汇、再造新徐汇”目标，制定一系列打基础、管长远的制度性文件，把年轻干部队伍建设近期任务、中期目标、远期愿景进行一体化考量，为年轻干部队伍建设指明方向，为精准化、科学化培养、选配干部提供有力决策依据。

（二）拓宽来源渠道，不断加大年轻干部储备力度

按照数量充足、结构合理的要求，着眼近期需求和长远战略需要，注重加强源头储备。

一是拓宽储备渠道。进一步抓好“源头工程”，用好用足各单位编制，通过公务员、选调生、储备人才的招录，使全区年轻干部队伍及时得到补充，同时在新进人员的招录和培养上探索更多灵活办法，着力优化年轻干部的渠道来源。

二是优化储备结构。注重发现储备经济社会发展需要的，具有较高专业能力、专业素养的优秀年轻干部，提高熟悉经济、建设、卫生等专业领域的优秀年轻干部比例，着力优化年轻干部的性别结构和专业结构。

三是加强储备管理。分层级、分领域建立健全年轻干部储备信息库，定期开展优秀年轻干部专题调研，深入进行分析研判，全面掌握年轻干部德才表现，坚持动态管理、优进绌出，始终保持“一池活水”，为统筹使用和优化资源配置打好基础。

（三）强化精准培养，有效提升年轻干部能力素质

习近平总书记强调，成长为一个好干部，一靠自身努力，二靠组织培养。坚持“缺什么、补什么”的原则，聚焦“建设新徐汇、再造新徐汇”需要和岗位职责特点，不断提升年轻干部培养的精准性和针对性。

一是加强理论武装。充分发挥区委党校教育培训主渠道主阵地作用，突出理想信念教育，锤炼坚强党性，把习近平新时代中国特色社会主义思想，特别是党的二十大精神和习近平在上海的系列重要讲话作为重点培训内容，进一步增强“四个意识”、坚定“四个自信”、做到“两个维护”。

二是提升专业素养。着眼服务经济建设和提升社区治理的需要，分门别类开展好专业化培训，着力提升理论、道德、决策、修养等方面软实力；组织工作经验丰富的领导干部为年轻干部讲体会、谈经验、教方法，搞好“传帮带”；联合各职能部门，加强资源整合力度，推动“以会代训”，用“短平快”的培训，精准回应干部队伍能力提升、专业补课的实际需要。

三是强化实践锻炼。坚持把火热实践作为最好课堂，注重把干部放到急难险重任务、艰苦复杂环境中磨炼，结合区情区貌，有针对性地选派干部参与全区城市更新攻坚行动、信访矛盾化解、“15分钟社区生活圈”建设等重要工作，从而解放思想、激发潜能、锻炼才干、丰富阅历，提升干部的综合能力素质。

四是加强岗位交流。加快转化年轻干部专项调研成果，推动“百名青年干部基层培养计划”，采取“点将”的方式，把一批有潜力的科级干部移出“舒适区”，放到更有挑战性的岗位，提升斗争精神、增强斗争本领、经受斗争考验，不断丰富年轻干部工作经历，提升处理复杂问题本领。

（四）坚持多措并举，推动年轻干部健康成长

注重严管与厚爱相结合，强化制度约束，教育引导年轻干部埋头苦干、不事张扬、健康成长。

一是坚持跟踪管理。建立成长档案，全程记录年轻干部政治思想、工作实绩、实践锻炼、廉洁自律等情况，健全年度考核与换届考察、任职考察等相结合的立体式考察评价机制，全面掌握年轻干部情况。

二是注重关心关爱。对苗头性倾向性问题，早提醒、早教育、早纠正，开展经常性谈心谈话，及时了解年轻干部的思想动态和工作状态，做好答疑解惑、情绪疏导等工作，坚持解决思想问题与解决实际问题相结合，有效解决年轻干部干事创业的后顾之忧。

三是激励担当作为。认真落实“三个区分开来”的要求，正确看待年轻干部工作失误的性质和影响，宽容年轻干部在创新探索中的失误，鼓励年轻干部大胆工作，心无旁骛地干事创业，切实为担当的干部担当，为负责的干部负责。

（本文获2022年度全市组织系统优秀调研成果优秀奖）

课题组成员：吴寅飞、周文婷、陆　伟、胡伟清、施　玮
主要执笔人：吴寅飞、周文婷、陆　伟

依托国家重大战略　做好年轻干部培养

——临港新片区选调生项目化培养案例

临港新片区管委会课题组

一、背景和现状

设立中国（上海）自由贸易试验区是以习近平同志为核心的党中央总揽全局、科学决策作出的进一步扩大开放重大战略部署，是新时代彰显我国坚持全方位开放鲜明态度、主动引领经济全球化健康发展的重要举措。

临港新片区作为上海未来发展战略空间和重要增长极，市委、市政府对临港新片区的建设发展给予了高度关注，寄予了殷切期望。2019 年 10 月，市委组织部选派 15 名选调生赴临港新片区管委会开展为期两年的挂职锻炼，他们也是全市第一批选派赴临港新片区挂职的干部。2020 年 6 月和 2022 年 1 月，市委组织部先后选送了 15 名 2019 级选调生和 30 名 2020 级选调生在临港新片区进行基层锻炼，为新片区发展输入新生力量、提供强大智力支撑。临港新片区密切关注选调生锻炼成长情况，不断完善选调生培养体系，取得了较好的效果。

二、主要做法

临港新片区管委会在选调生基层锻炼期间，抽调了多名选调生深度参与到《中国（上海）自由贸易试验区临港新片区发展“十四五”规划》的编制专班工作中。该规划是临港新片区第一个经济社会中长期发展规划，是指导未来五年发展的行动书和作战图，形成了以发展规划为统领、空间规划为基础、专项规划和区域规划为支撑，各级各类规划共同组成、相互协调的统一规划体系。作为统领临港新片区未来五年发展的行动指南，该规划兼具专业性、综合性和创新性。选调生参与规划编制，是迅速熟悉业务工作、全面提升综合能力的重要抓手，也是一次项目化培养锻炼的全新尝试。

一是以规划编制的专业性，促进选调生提升专业水平。新片区“十四五”规划涉及25项专项规划编制。在生态和市容管理处基层锻炼的选调生同时负责了水利水务、绿地林地、海绵城市、环卫等多项规划的协调工作，认真做好各项规划编制进度推进和各阶段动态简报的整理报送，推进完成了第一本涵盖环保、水务、绿林、环卫、农业和海绵城市等诸多要素的大生态领域专项规划。在商业和文体旅游处基层锻炼的选调生走访了新片区386平方公里的存量商业网点，摸清45万平方米存量商业底数，学习研读临港新片区相关政策文件、上海市商务委历年发展规划以及国内一线城市商业发展规划，整理出商业发展的变化趋势，明确新片区商业发展目标、发展路径和重点任务。

二是以规划编制的综合性，促进选调生提升专业素养。规划坚持统筹推进、分工协作的原则，由发展改革处推动加快36个课题研究。市发展改革委在新片区发展改革处锻炼的选调生参与新片区重大事项的申报，撰写了《新片区拟纳入国家级、市级“十四五”规划重大事项的汇报》，形成国家级事项22项、市级事项34项，通过了时任上海市常务副市长陈寅的审议；结合市委市政府推进五个新城建设，将功能完善、项目落地与规划保障有机衔接，参与撰写了《南汇新城“十四五”规划建设行动方案》。

三是以规划编制的创新性，促进选调生提升创新能力。在发展改革处基层锻炼的选调生参与到编制专班中，主笔编制了《“五个重要”行动方案》《南汇新城“十四五”规划建设行动方案》。光伏专项资金扶持、综合能源扶持、推动保税燃油国际供应中心建设等内容，体现了新片区在全国改革创新过程中“试制度、探新路”的重要作用，也让选调生在制度创新最前沿、开发建设主战场上，提升了国际视野和战略思维。

在规划编制工作中，选调生将习近平总书记对上海和新片区的重要指示要求，转化为行动力和执行力。在参与新片区各类规划和政策的顶层设计，同时负责政策推进落地的过程中，切实提升了政治站位和工作格局，充分发挥了临港新片区作为改革开放新高地、经济发展战略增长极，在干部培养、队伍建设中的重要锻炼作用。

三、重点经验

临港新片区“十四五”规划编制项目工作，是临港新片区管委会强化选调生成长锻炼的一个缩影。对照实施国家战略的高标准、高要求，管委会推动选调生在各项工作中压重担、挑大梁，进一步强化选调生的思想淬炼、政治历练、实践锻炼、专业训练。坚持把选调生放在专业条线上练，放在重大任务上练，放在艰苦岗位上练。通过“十四五”规划编制等专项任务，极大锻炼了选调生的宏观视野和系统思维，也最大限度地增加了基层锻炼的广度和深度。

如何创新干部培养机制，如何让年轻干部在国家战略发展热潮中锻炼成长，是临港新片区管委会不断探索、不断尝试、不断突破的重要课题。结合选调生基层锻炼培养工作，主要有以下三点体会。

一是把选调生放在专业对口的岗位，以干代训、做深做实，加快提升专业水平。有

规划和自然资源处的选调生来自市规划和自然资源局，参与临港新片区国土空间规划、产城融合区综合产业片区单元规划、控规局部调整等多层次的规划编制工作；有金融贸易处的选调生来自市地方金融监管局，在临港新片区进行招商推介和项目洽谈，推动金融机构在临港新片区集聚。通过在专业对口岗位上练，选调生快速成长为独当一面的岗位骨干，获得宝贵的历练机会。

二是把选调生放在重要核心的岗位，线面结合、一岗多责，加快提升综合素养。有党群工作部的选调生牵头负责整个临港新片区人才政策起草、宣讲、事权承接等工作，两年初步构建了新片区开放型人才体系政策；有制度创新与风险防范处的选调生全面对接国家发改委、市发改委等部门，参与临港新片区制度政策创新前沿任务，牵头建立了一套行之有效的营商环境工作体系。通过在重要核心岗位上练，选调生在重大任务的承担中，切实提升统筹规划和组织协调能力。

三是把选调生放在急难险重的岗位，直面难题、勇挑大梁，加快提升应变能力。有办公室的选调生负责管委会主要领导机要文稿撰写，两年累计完成各类领导讲话稿 80 余篇、25 万字；有建设和交通管理处的选调生牵头负责临港新片区商品房相关工作，经常直面百姓信访投诉，能够直面问题、妥善解决，初步构建新片区住房保障体系。通过在急难险重岗位上练，选调生在复杂严峻的斗争中经风雨、见世面、壮筋骨。越是形势严峻、情况复杂的时候，越能练胆魄、磨意志、长才干。

四、问题及对策

临港新片区管委会选调生培养坚持基层导向，强化实践磨炼，选调生项目化培养实践已在提升选调生思想政治站位、锻炼综合工作能力上取得一定成效。

把选调生基层锻炼培养工作纳入新片区干部队伍建设的整体规划中，动态关注选调生锻炼成长情况，制定《新片区管委会选调生管理办法》，搭建个人才华和能力的展示平台，不断完善选调生培养体系。一是建立专人带教制度，明确委分管领导牵头，锻炼部门处长和分管副处长共同组成带教团队，渐进式训练、系统性培养。二是建立定期考核评估制度，针对实践锻炼岗位的不同特点制定具有针对性的考核评估办法，定期进行评估，了解履职情况，重点考核选调生独立完成岗位职责情况、工作实绩是否突出。三是建立交流联系制度，定期召开座谈会，借助重大项目平台，也充分利用新片区挂职干部来源丰富的优势，搭建不同批次选调生、不同类型挂职干部横向交流平台。四是建立生活保障制度，由管委会协调提供人才公寓，解决住宿问题，方便选调生在新片区开展工作，切实消除后顾之忧。

目前在强化项目化培养顶层设计、发挥选调生自我管理效能等方面还有待加强，下一步将不断完善选调生基层培养管理模式，针对当前不足作以下主要安排。

一是进一步丰富实践项目。计划组织开展课题调研、学员论坛、风采展示、考察交流等系列实践项目，切实让基层选调生学有所得、行有所效、来有所获，加深对临港新片区作为“总书记交给上海新的三项重大任务之一”的认识，更加充分融入新片区工作实际。二是进一步完善培训体系。明确培养目标、明晰培养内容，建立健全培养评价体系，着力提升选调生党性修养、责任担当和专业水平。三是进一步强化自我赋能。充分发挥基层锻炼选调生的自我管理、自我教育、自我服务效能，各培养项目开展以选调生具体落实组织、党群工作部总体把关协调的方式进行。

（本文获2022年度全市组织系统优秀调研成果优秀奖）

主要执笔人：袁　俣

以带教制度促进干部专业能力提升分析报告

市民防办组织人事处课题组

“为政之要，惟在得人”，“育材造士，为国之本”。忠诚履行民防工作职责使命，扎实推进民防事业高质量发展，干部队伍是决定性因素。为贯彻落实《关于进一步激励广大干部新时代新担当新作为的实施意见》等文件精神，激励广大干部坚持改革开放、勇于创新发展、敢于担当作为，市民防办开展专题研究，制定了加强干部队伍建设“1+X”制度体系，岗位成长带教制度就是其中一项重要内容。自2019年起，市民防办通过建立新进人员岗位成长带教制度，让资深专业干部担任新进人员带教导师，充分利用业务骨干的实战经验，以老带新、结对指导，传经验、带业务、帮思想、解难题，实现学习共进、共同成长。现将开展导师带教制度落实情况及有关工作思考报告如下：

一、总体情况

市民防办直属系统共有8个机关处室（含按规定设置直属机关党委）和5家事业单位，机关编制64个，事业单位编制238个。截至2022年7月，办直属系统在职干部职工实有254名，参与导师带教成长活动年轻干部共63名，占干部职工总数的25%。从数值比例上看，基本符合参加民防工作时间不满三年应训尽训原则；从年龄结构上看，35岁以下的54名，占比86%，平均年龄29岁；从学历上看，大学本科44名，占比70%，硕士研究生19名，占比30%；从专业上看，与民防相关专业4名，占比6%；从工作经历上看，进入民防办前有工作经历的49名，占比78%。总的来看，新入职年轻干部文化程度高，但缺乏民防相关工作经验，需通过年轻干部岗位成长带教，提高年轻干部政治理论水平和政治站位，增强年轻干部对职业精神、职业要求和职责使命的认同感，促进年轻干部较快较好地实现角色转变和能力提升，助推年轻干部快速成长、成为骨干。

二、主要做法

办党组高度重视干部成长，把这项工作作为打造“讲政治、爱民防、精业务、干成事”干部队伍的重要抓手。组织人事处作为具体负责的职能部门，认真履行办党组指示要求，始终把岗位成长带教作为新入职人员的“第一颗纽扣”，做好育苗墩苗工作。

（一）围绕体系牵引，健全带教机制，设计“规划图”

2019年，办机关全面推行机关年轻干部岗位成长带教制，以办党组文件形式明确了入选导师的条件，导师带教的任务目的、方式方法、成果展示等主要内容，通过帮思想、传经验、带业务、解难题，发挥业务骨干的经验优势和“传帮带”作用。各直属事业单位也先后出台导师带教文件规定，对导师带教机制进行全面设计。

（二）聚焦主责主业，提升带教能力，做深“蓄水池”

办直属系统各部门各单位在制度指引下，结合民防主责主业和自身实际，创新带教方式，积极探索导师带教。其中，办机关举办岗位带教签约仪式，向导师颁发聘书，组织带教导师和带教学生现场签约，鼓励学员参与急难险重任务、基层一线实战、科研和决咨课题研究，实践锻炼，砥砺成长。监管中心建立导师库，形成了由各科室负责人、业务骨干等组建的双带教导师制度。宣教中心在落实“能讲解、会编辑、会授课”要求的基础上，结合项目推进开展学习培训，做到思想学习到位、谈心谈话到人、项目实施到底，共集中学习32次，组员自学96次，谈心谈话92次。防救中心结合遂行第三届、第四届、第五届进博会重大安保任务，带领学员开展国家会展中心及其他场馆等的核化排查；参与新冠疫情狙击战，在G50汾湖道口持续30余天提供夜间照明支援服务，导师带教已成为防救中心继承民防光荣传统和弘扬民防精神特质的重要载体。

（三）夯实带教方式，激发自身动力，搭好“练兵场”

推动导师与学员开展良性互动，探索联动培养年轻干部的方式方法和载体平台。通过经常性和不定期的专门带教，导师向学员教授政治理论和业务知识，带领学员参与重点项目、难点工程、一线现场，在关键节点、工作难点、协调重点上给予悉心指导，通过处务会、专题会、头脑风暴、情景模拟、实地教学等方式，提高了学员调查研究和解决实际问题能力。开展导师带教以来，多名学员在导师的带领下，积极参加抗疫一线支援，主动递交入党申请，积极向党组织靠拢；学员们在《中国人民防空》《中国国防报》《生命与灾害》等期刊发表各类文章共50余篇，专业性论文10余篇；有近20名学员在工作中发挥骨干作用，在重要课题中勇挑重担。

三、存在不足

年轻干部岗位成长带教工作始终坚持高标准、严要求，但在具体实践过程中，对照培育工作新形势新任务新要求，还存在一些短板和薄弱环节：

一是带教制度前紧后松的问题。部分单位带教存在“前紧后松”，即组织师徒结对

往往把关较严，而后续各阶段的教育培养有松懈松劲现象，特别是师徒签约后缺乏有效推进手段。拜师傅虽是重要环节，但常态长效的教育培养体系才是真正提升干部能力的关键所在，还需持之以恒、常抓长效。

二是带教形式内容需不断更新。带教内容比较贴近民防实际，但在课程内容等方面缺乏系统性和针对性，目前更多的是“有什么教什么”，没有很好地做到“缺什么补什么”，不能完全满足学员对带教的需求。在形式方法上，运用传统模式相对较多，主动创新方式方法不够，还是习惯于以理论教学为主，带教中“我讲你听、我做你看、我问你答”的情况比较普遍，在一定程度上影响了带教的效果。

三是导师带教需不断总结提高。部分单位没有针对导师带教结果开展定量定性研究，不同程度上存在“单位不关心、领导不关切、同事不关注”的现象，个别学员“带前带后一个样”的情况依然存在。有的单位认为“师傅带进门，修行看个人”，忽视了对带教结果的分析和带教过程的复盘。

四、对策建议

开展岗位成长带教工作，需要认真学习贯彻党的二十大精神，认真贯彻落实新时代党的建设总要求和党的组织路线，进一步抓好年轻干部岗位成长锻炼，高质量开展直属系统“讲政治、爱民防、精业务、干成事”常态化教育，强化政治机关意识教育，锤炼政治品质，不断提高政治判断力、政治领悟力、政治执行力。

（一）加强全周期管理，完善带教培养机制

一是在认识上进一步深化，克服“急功近利、急于求成”的思想，强化“久久为功、善做善成”的理念，从宏观和长远的角度，树立长远的“培训观”“人才观”“事业观”。二是构建导师带教“登记、反馈、跟踪、回访”的全周期管理机制，建立“一月一了解、一季一分析、一年一评议”考评机制，结合日常工作、年度考核等，对导师带教制开展情况进行督导、考评，促进导师带教工作抓常态、见实效。

（二）进一步拓展成长带教载体，改进带教方式方法

要根据不同对象和内容采用研讨式、体验式、模拟式等互动带教模式，提升带教质量，提高专业本领。一是邀请领导干部、专家学者授课。运用案例式、研讨式教学，使导师和学员共同成长，着力提升干部快速反应、遂行任务、组织指挥、应急救援、通信保障、工程建管、民防宣传等专业能力素养。二是打造项目化实践平台。任务越重、越急、越难的地方，越能锻炼干部。要依托重大项目、重大课题和重大活动，强化导师带教实效，舍得把有潜力、有前途的学员放到基层一线、艰苦岗位、复杂环境，经历多领域、多层次、多岗位磨砺，不断优化思维、开阔眼界、增强本领。三是推进多元化交流锻炼。打造导师之间、师徒之间、学员之间的跨部门工作研讨交流平台，促进学员在学中干、在干中学，“在游泳中学会游泳”。组织开展优秀案例汇报和经验交流，为成事者提供展示舞台和亮相机会，为干事者提供思想碰撞和集体智慧，为谋事者提供成功经验

和工作借鉴，形成你追我赶、比学赶超的良好氛围。

（三）强化导师带教成果运用，建立科学管用的考核体系

一是开展对学员的写实性评价，将考核结果作为学员毕业的主要依据。学员带教成果作为年度考核、评先评优、选拔任用的重要依据。二是进一步强化对导师的考核，增强其对严进严出的责任意识和纪律意识，将导师带教情况纳入年度考核、本人职业生涯荣誉体系，作为评选先进、职务职级晋升的重要依据。

（本文获2022年度全市组织系统优秀调研成果优秀奖）

主要执笔人：杜益飞

上海科创办选调生队伍培养现状问题和对策分析

上海推进科技创新中心建设办公室课题组

培养选拔优秀年轻干部，是关系党的事业薪火相传和国家长治久安的根本大计，也是上海加快建设具有全球影响力的科创中心事业的迫切需要。选调生是上海科创办优秀年轻干部的重要组成部分，其整体素质和水平决定了单位的未来，承载着单位的希望。2022年，上海科创办就进一步加强选调生这一特殊的年轻干部群体培养工作进行了分析研究，摸清现状、发现问题、尝试优化，为后续进一步加强和改进选调生培养工作提供思路。

一、选调生队伍现状分析

截至2022年8月，上海科创办共有选调生10名（含预录取人员1名）。从性别结构看，男性7人、女性3人，分别占比70%、30%；从年龄结构看，平均年龄28岁，30岁及以下8人、31岁及以上2人，分别占比80%、20%；从政治面貌看，中共党员9人、共青团员1人，分别占比90%、10%；从学历结构看，博士研究生3人、硕士研究生7人，分别占比30%、70%；从专业结构看，理工类专业7人、经济学类专业2人、法学类专业1人，分别占比70%、20%、10%。

二、存在的问题及原因分析

从调研情况来看，上海科创办选调生的精神面貌、工作作风和履职能力总体良好，但面临新形势新任务新要求，对标高素质专业化的年轻干部队伍要求，仍存在总量不多、匹配度不够、经验不足等问题。

（一）选调生总人数仍然不多

目前，选调生人数占上海科创办干部总人数的11.4%，绝对人数和比例仍然不够高。

（二）专业型选调生相对稀缺

在现有选调生中，熟悉张江高新区、科学城“三大产业”集成电路、人工智能、生物医药等专业领域的干部较少。经统计，来自“三大产业”相关专业的选调生仅有3名，专业匹配度仅30%。综合来看，选调生中理工类、新型专业领域等方面的虽不在少数，但对口上海“三大产业”的却不多。同时，对现有选调生的专业培训和继续教育有效供给不足，堪称专业条线的“行家里手”“领军人物”尚未出现。

（三）选调生综合素质短板仍需补齐

一是党性锻炼有待加强。现有选调生基本都是名校高材生，思维活跃、勇于创新，但是缺乏严格的党内政治生活历练，有的选调生理想信念、大局意识、组织观念和奉献意识仍需要强化。

二是求新求变的勇气不足。个别年资较久的选调生工作按部就班，只满足于完成领导交办的任务，奉行“既不落后头，也不出风头”的干事原则，怕失误、不敢创新，缺乏敢闯无人区、捅破天花板的勇气和锐气。

三是善作善成的能力不强。大多数选调生都有做好工作的一腔热情，但是面对新情况、新问题，有的由于不懂规律、不懂政策、缺乏知识、缺乏本领，常常遇到老办法不管用、新办法又不会用的尴尬局面。有的不善做群众工作、不善科学管理，常常遇到硬办法不敢用、软办法不顶用的困惑。

（四）选调生培养规范化、体系化尚待完善

目前，上海科创办部分处室对选调生培养工作重视不够、研究不深，对年轻干部只管用、不管教的现象有所抬头，尚未形成纵向联动、横向贯通、系统推进的体制机制。

一是对选调生的培养缺乏长远规划、系统考虑。有的处室对干部成长规律研究掌握不深不透，提早储备优秀年轻干部的意识不够强；有的处室“论资排辈、求全责备”的思想依然存在，认为选调生还年轻，今后的路还很长，培养上可以先“放一放”、再“学一学”，优先考虑年龄大的、资历深的同志。

二是没有处理好培养和使用的关系。有的处室未能有效形成选调生作为优秀年轻干部储备人才特殊群体的观念，认为一些选调生在现岗位已经用顺了，为了不影响眼前工作，不愿意将其再放到其他岗位上锻炼，存在只求眼前用得顺、不求长远视野宽的思想。

三是“能上能下、让有为者有位”的机制还未形成。有些处室不愿得罪人，存在做“老好人”的思想，放着急难险重不去攻坚克难，平者不让、庸者不下，造成选调生缺乏脱颖而出的平台和机遇。

三、近年来选调生培养工作主要做法及成效

上海科创办着眼当前事业所需和长远发展要求，持续抓好选调生培养，鼓励办内选调生“树立山一样的崇高信仰、增强海一样的为民情怀、锤炼铁一样的责任担当、激发火一样的奋斗激情”，为上海科创中心建设事业锻造一支充满激情、富于创造、勇于担当的新时代干部队伍。

（一）依托多层次的培训渠道

一是市级调训。如：选调生理想信念培训班、新录用公务员初任培训等。二是办内专训。如：领导上党课；党的基本理论和党性教育的专题培训；根据岗位特点和工作要求开展的业务知识培训；各类专题专项培训等。三是在线常训。如：依托“上海干部在线学习城”“学习强国”等教育平台线上培训。

（二）创新多功能的培训载体

一抓“懵懂萌新”。开展年度青年（新进单位）干部培训。提升选调生在环境适应、单位融入、团队协作、活动组织中的基本技能。

二抓“应知应会”。举办公文处理、保密、档案管理内部培训。邀请机关公文处理、保密、档案管理审核等领域专家进行专题辅导，进一步强化选调生对公文、保密、档案工作系统全面认识，提升其日常公文写作、保密管理、档案管理的规范化、科学化水平。

三抓“善作善成”。举办“处长面对面”月度讲坛。每月邀请1—2名内设机构负责人，分别围绕“十四五”期间上海科创中心建设、张江科学城功能提升、张江国家自主创新示范区“一区22园”协同发展，以及重大科技基础设施建设等主题走上讲台，为选调生授课。

（三）丰富多样化的培训内容

一是办好各类重大专题系列讲座。通过上海科创办党组理论学习中心组（扩大）学习等形式，围绕全年国家、全市面上、科创领域重大事件和重点工作等专题，邀请外单位党政领导、相关领域专家、行业领军人才等，为选调生授课。

二是认真开展青年课题研究。与办团委携手，开展“青年之智·思科创”年度重点青年课题研究，进一步提升选调生的课题研究水平和解决实际问题能力。组织选调生在保障正常工作的前提下，积极赴本市各委办局、高校、科研院所、各类企业等开展调研。

三是开展“张江内外看科创”交流共建访学。一方面“立足张江看科创”，组织选调生走访张江科学城内相关科研院所、高等院校、重点企业，熟悉感受科创中心核心承载区建设发展成就；另一方面“走出张江看科创”，组织走访杨浦、宝山、闵行、嘉定、临港、漕河泾、G60等全市其他科创中心重要承载区等，学习感受面上科创中心建设情况。

四、进一步加强和改进选调生培养的对策建议

从上海科创中心建设大局出发，选调生的培养选拔是一项长期性、系统性工程，要始终做到储备数量与储备质量并重，综合考虑近期使用与长远规划的需求、事业发展与队伍建设的需要，尊重干部成长规律，健全制度体系，推动优秀年轻干部不断涌现。

（一）用好“传帮带”机制培养选调生

选调生充满生机和活力，但是他们在工作上缺乏经验，缺乏实战能力，尤其是在面

临重大科技创新、关键领域产业发展、战略科技基础设施建设等艰巨任务时。在这个时候，尤其要用好“传帮带”机制，以老带新，让富有经验的老同志给他们传授经验、指导工作，帮助他们更快速地成长起来。

一要推行导师制度。安排选调生与办内业务骨干结对，通过师徒“传帮带”，及时将导师长期积累的丰富经验和成熟的工作方法技巧手把手传授给他们，帮助他们尽快适应工作岗位，进入工作角色，实现新老互促互学、共同进步。

二要丰富培训载体。按照“素质能力缺什么补什么”“培养目标需要什么教什么”的原则强化选调生培训，组织形式多样、内容丰富的学教活动和文体活动，培养选调生过硬的专业素养和健康的兴趣爱好。推动选调生沉入业务，深入张江高新区和张江科学城的高校院所、企业机构、双创载体等开展调查研究，鼓励撰写有深度、有价值的调研信息、理论文章，做到知行合一、学用结合。

三要加强学习交流。利用党团活动等机会，适时组织安排选调生讲党史、讲科创、谈心得，引导他们提高理论素养、坚定理想信念、强化担当意识。优化干部队伍建设，跳出处室“小框框”，实现选调生在业务上互帮互助与交流提高，不断提升专业化水平。

（二）用好“清单”模式培养选调生

选调生的成长是一个复杂的过程，不能采取简单“大呼隆”“标准化大礼包”，而是要针对科创服务、产业促进、人才服务、招商引资、规划审批、综合财务等不同条线，采取精准培育。只有更有针对性，更突出专业的培训，才能够让他们发现自己的不足，并在解决问题的过程中，尽快补齐自身短板和弱项。

一要注重科学研判，建立“成长档案”。要分层分类建立完善选调生的数据库，记实核准他们的政治表现、专业特长、岗位业绩、日常表现和正负两方面评价，全程掌握成长轨迹、优点和缺点。通过大数据分析思维，更科学、更高效、更精准地构建干部人事部门知事识人管理体系。

二要注重奖惩结合，强化考核管理。要创新考核方式，推进平时考核、专项工作考核、重大事件考核，实现评价经常化、精细化、科学化。建立以“成绩单+综合考评”为主要形式的实绩考核评价体系，年初制定目标责任书，年末按照个人实绩申报、述职测评，组织审核评鉴，形成“成绩单”，作为日后进一步使用的参考依据。

三要注重宽严相济，坚持关怀激励。要敢于替坚持原则、求新图变的选调生说公道话，营造鼓励创新、允许试错、宽容失败的干事氛围，让选调生放下包袱、轻装上阵，提振他们锐意创新的勇气、敢为人先的锐气、蓬勃向上的朝气。

（三）搭建“平台”促选调生飞得更高

要帮助选调生更快地融入科创中心建设的具体工作中，让他们更快速地发现自己在能力上、知识上还存在哪些短板，只有这样才能让选调生有针对性地锻炼和学习，不断提升自己。让选调生成为工作中的新力量，也让他们在自己的岗位上有更多的获得感，更好地扎进事业中。

一要注重一线压担。始终坚持把一线历练作为主抓手，把选调生放到大项目、大平台、大活动等重要工作或全局中心工作中压担锻炼，比如张江综合性国家科学中心的大科学设施建设、张江高新区的重点产业集群培育、张江科学城的重大产业招商引资等，促使选调生尽快转变角色，实现素质能力与业务工作精准匹配。

二要坚持多岗轮转。对选调生在试用期期间安排多岗位工作，根据个性特点、专业特长、岗位需求，结合岗位匹配度科学分配岗位，确保人岗相适。从更好培养选调生角度出发，落实常态化、制度化内部轮岗交流机制，对在同一岗位工作一定年限的，适时安排轮岗，促使选调生在多岗位工作中积累经验、增长才干。

三要创造锻炼机会。根据上级机关或相关部门单位工作安排，多为选调生创造挂职锻炼、兼职服务、驻村驻企等锻炼机会，比如大科学设施的项目单位、张江科学城的重点企业、创新型研发机构等，促使选调生在实干中积累多层次多角度的实践经验。

（本文获2022年度全市组织系统优秀调研成果优秀奖）

主要执笔人：曾　翔、宣禄乐、张高兴

加快公务员工作数字化转型的实践与思考

市委组织部公务员一处课题组

习近平总书记在党的二十大报告中强调，要加快建设网络强国、数字中国，要加强和改进公务员工作。新发展阶段，通过数字化转型进一步把中国特色公务员制度落实好、把公务员职业生涯全周期管理好，已成为公务员工作适应、保障国家治理体系和治理能力现代化的关键之举。2019年市委组织部统一管理全市公务员工作以来，我们深入学习贯彻习近平总书记关于网络强国的重要思想和人民城市理念、关于干部工作的重要论述，全面推进公务员法实施，探索推进公务员工作数字化转型，为建设高素质专业化公务员队伍提供了有力支撑。为贯彻落实党的二十大精神，进一步推进全市公务员工作数字化转型，更好地践行组织路线服务保证政治路线要求，根据年度调研课题安排，我们通过查阅资料、实地走访、召开座谈会等方式，总结梳理近年实践成果，广泛听取意见建议，提出破解难题的对策建议，形成了本报告。

一、公务员工作数字化转型的概念特征及重要意义

（一）公务员工作数字化转型的概念和主要特征

综合实践经验和调研中大家讨论意见，我们认为，公务员工作数字化转型是以数据资源为关键要素，以现代信息网络为主要载体，以信息通信技术融合公务员职业生涯全周期管理业务应用、全要素数字化转型为重要推动力，全面促进公务员工作运行机制完善、业务流程优化与服务管理模式创新相统一的一系列活动。从形式特征上看，是把数字技术广泛应用于公务员管理服务，推动公务员工作数字化、智能化运行，以达到减负、提质、增效的目标；从本质特征上看，是公务员工作适应数字时代要求，对运行机制、业务流程、服务管理模式等进行整体性转变、全方位赋能、革命性重塑，实现以其自身高质量发展促进和保障经济社会高质量发展的过程的总和。

（二）公务员工作数字化转型的重要意义

1. 公务员工作数字化转型是贯彻习近平总书记关于网络强国的重要思想、落实新时代党的组织路线的迫切需要

习近平总书记指出，要全面贯彻网络强国战略，把数字技术广泛应用于政府管理服务，推动政府数字化、智能化运行，为推进国家治理体系和治理能力现代化提供有力支撑。习近平总书记关于网络强国的重要思想，是习近平新时代中国特色社会主义思想的重要组成部分，是坚持马克思主义立场观点方法，立足人类进入数字社会这一崭新时代背景，站在我们党“过不了互联网这一关，就过不了长期执政这一关”的政治高度，对为什么要建设网络强国、怎样建设网络强国等一系列重大理论和实践问题的回答。党的组织路线是为党的政治路线服务的，加强党的组织建设，根本目的是坚持和加强党的全面领导。《中国共产党组织工作条例》规定：“组织部门应当聚焦主责主业，健全工作机制，优化工作流程，加强调查研究，注重运用互联网技术、数字技术和信息化手段，提高工作效能。”公务员工作作为组织工作的重要组成部分，在此过程中要以数字化转型为有力抓手，持续推动高素质专业化公务员队伍建设，加强党对公务员队伍的集中统一领导，确保党中央决策部署不折不扣地贯彻落实，确保公务员队伍政治过硬、素质优良、堪担重任。

2. 公务员工作数字化转型是建设数字政府和全面推进城市数字化转型的重要内容

习近平总书记强调，要以数字化改革助力政府职能转变，构建协同高效的政府数字化履职能力体系。数字政府建设是建设网络强国、数字中国的基础性和先导性工程，对加快转变政府职能意义重大。“十四五”规划和2035远景目标纲要提出“将数字技术广泛应用于政府管理服务，推动政府治理流程再造和模式优化”。从本市看，《关于全面推进上海城市数字化转型的意见》把城市数字化转型作为打造具有世界影响力的国际数字之都，塑造面向未来、面向2035城市竞争力的关键之举。当前，全市正围绕数字政府、数字经济、数字社会建设，在经济、生活、治理三大领域数字化深入推进政务服务“一网通办”、城市运行“一网统管”，公务员领域作为其中重要一部分，应当主动适应、引领、保证这一趋势，以公务员工作数字化转型提高自身竞争力，助力数字政府建设和城市数字化转型的全面推进。

3. 公务员工作数字化转型是赋能公务员工作高质量发展的重要路径

未来五年是全面建设社会主义现代化国家开局起步的关键时期，面对新形势、新挑战，公务员工作保持高质量发展，需要推动业务流程再造和模式创新，提高公务员工作决策科学性和服务效率，不断提升工作的质量和水平，公务员工作数字化转型是公务员工作高质量发展的应有之义。以公务员工作数字化转型为抓手，通过技术创新升级管理方法、重塑组织架构，能够推动公务员制度优势更好转化为公务员管理效能，确保公务员管理各项制度落实落地、执行有力，更好地实现公务员“进管出”职业生涯全周期管理，打造建设一支忠诚干净担当的高素质专业化公务员队伍。

二、近年来上海推进公务员工作数字化转型的实践探索

2019 年市委组织部统一管理全市公务员工作以来，在部务会的坚强领导下，按照上海全面推进城市数字化转型部署，结合新修订的公务员法实施，公务员工作领域不断推进数字化转型，构建了以政务内网的公务员管理信息系统为根本基础、以政务外网的公务员管理“一件事”改革服务平台为延伸服务、以互联网的门户网站和考录系统为对外窗口的数字化平台体系，数字建设全面融入公务员工作各方面、各环节。

（一）注重政治引领，加强顶层设计谋划

牢牢把握公务员工作数字化转型的政治方向，始终坚持“三个放在”，即将公务员工作数字化转型放在践行网络强国战略、人民城市理念和组织路线服务保证政治路线的要求中，放在全面实施新修订的公务员法和高素质专业化公务员队伍建设中，放在上海数字政府建设和全面推进城市数字化转型中思考谋划。

一是坚持以习近平新时代中国特色社会主义思想为指导。认真学习习近平总书记关于干部工作、网络强国、数字中国、人民城市等方面的重要论述和历次考察上海重要讲话，深刻领会精神要义，把学习宣传贯彻习近平新时代中国特色社会主义思想作为首要政治任务，将相关要求体现到公务员工作数字化转型的规划设计、开发建设、应用管理各环节全过程。

二是注重在大局下谋划。以“一盘棋”理念、“全周期”思维来谋划搭建“四梁八柱”。按照全国和本市组织系统信息化工作规划，主动融入我市全面推进城市数字化转型的战略布局，在上海智慧组工的大框架下统筹规划顶层设计。在系统设计时注重吸收运用国家、我市关于数字化转型的制度体系、执行体系和评价体系等。研究把握公务员工作规律、数字化发展规律，依据公务员法及配套法规，总结梳理公务员工作业务需求，聚焦公务员职业生涯全周期管理，设计打造应用场景。

三是注重系统集成。把设计构建一体化、多维度的平台架构体系作为牵引推动各系统建设的逻辑起点和前置基础，坚持从整体上推进核心业务和重大任务的数字化集成，确定公务员数字化平台体系总体框架“1+3”，即以公务员管理信息系统为基础，延伸联结公务员管理“一件事”平台、考录系统和公务员局门户网站 3 个服务、宣传阵地。

（二）注重改革创新，推进平台体系建设

一是全面升级改造公务员管理信息系统。按照“全国 +”模式，以中组部全国公务员管理信息系统单机版指标体系为基础，建立核心基础信息项（19 个信息集、175 个信息项），并根据实际新增 1 个信息集（选调生信息集）、158 个信息项和 76 张业务表，用于支撑本地化管理和业务办理需要；同时将基础信息库划分为现职人员库、非现职人员库、待转人员库，为建设动态综合业务平台奠定了基础。坚持“一网通办”理念，对照公务员法及配套法规，打造登记、录用、考核等 15 个一级业务应用场景。遵循可视化

思路，推进辅助决策等板块建设，研发综合分析、专项分析、统计报表、统计报告等功能模块，多形式、多维度展示公务员队伍数字体征。同步推进政策法规、日常管理板块建设，研发政策法规检索和阅览、每月一清、系统通知、会议管理、事务提醒、通讯录等功能模块。建成集“基础信息、业务办理、辅助决策、政策法规、日常管理”“五位一体”的全国第一个信创版公务员管理信息系统，实现了从静态采集系统向动态综合业务平台的跨越。系统用户已全覆盖市、区、街镇三级机关（单位）和部机关各处室，截至2022年11月底，用户数量达到1647个，日均活跃用户数达到368，各项业务累计办理5万余件。

二是深入开展公务员管理“一件事”改革。落实时任上海市委书记李强批示要求，以公务员“进管出”的15个方面审批同意为办事起点，将后续所需办理的13个高频事项，集成为组织人事干部视角的“一件事”，实行申报信息一张表单、一套材料，一个平台集成、一次高效办结。聚焦减环节、减材料、减跑动、减时间，搭建服务平台，贯通7个部门、融汇8大业务系统，变“串联办理”为“并联办理”、变“重复提交”为“一次提交”、变“信息孤岛”为“互联互通”。经过改革，13个高频事项的26个具体业务，办事环节从37个减少到26个，必需材料从81份减少到23份，必填字段从317个减少到115个，现场跑动从21次减少到0次，超过一半的业务实现了即时或当天办结。该项改革和市政府2020年推出的14个“一件事”一起得到了时任国务院总理李克强的批示肯定。基层组织人事干部说，过去一打key不如现在一个key，最大的感受就是不用来回往返跑了。截至2022年11月底，平台活跃用户数量达到1081个，各项业务累计办理1.8万件。

三是新建公务员考录系统。考录系统按照公务员招录全流程管理构建，涵盖简章编制、公告发布、考试报名、资格审查、考试缴费、信息查核、成绩划分、职位调剂、体检安排、考察审核、公示审批等各项公务员招录工作环节。根据不同用户角色分设考生端、招录单位端和后台管理端三个界面，分别配套开发了功能模块，满足了公务员分类招录需要。同时，针对不同招录事项，可个性化设置招录功能模块，满足专项招录需要。搭建与户籍、居住证、积分、社保、随申码等数据库的查询接口，实现数据共享、信息互通，确保数据的即时性和准确性。同时，真实记录每位报考者参加每项公务员考试的诚信报考记录，为单位择优选人、全面考察提供数字档案。截至2022年11月底，已开展包括大平台公务员、选调生、公安人民警察学员、工青妇遴选等在内的37批次招录项目，峰值在线人数超过1.3万人，通过平台报名的考生超25万人。

四是改版上海市公务员局门户网站。按照问题导向、需求导向、效果导向，遵循主题集中、功能保障、删繁就简原则，重新设计了界面风格，调整优化网站栏目，新增“综合管理”“公务员风采”等功能，展示我市公务员工作和高素质专业化公务员队伍建设新成效。截至2022年11月底，网站改版后累计页面访问量超过1300万，日最高页面访问量超70万。

（三）注重多措并举，推动转型见实见效

一是拓展深化业务应用。聚焦线上线下深度融合，实现“不见面办理”，围绕公务员职业生涯全周期管理“进管出”各环节，以重点需求为突破口，打造典型应用，研发公务员管理15个一级业务模块、50个二级功能模块，落地公务员“一件事”15个应用场景、13个高频事项。其中，公务员管理信息系统的登记、退出选调生、录用、调任、考核、奖励、转任等11个涉及审批业务和公务员管理“一件事”平台的26项业务，均实现全流程“不见面办理”，大幅提升服务管理效能。以“小切口”牵引改革“大场景”，围绕新进公务员落户业务办理时间长、材料多、跑动多等问题，协调市教委、市人力资源社会保障局优化业务办理流程，如为应届生办理落户，从原来至少跑4趟减到1趟都不用跑；围绕一次性住房补贴政策落实不及时问题，协调市机管局将“一年一次申请”改为“一年两次申请”，更快落实政策红利，更好体现组织关心关爱。

二是推动“多跨协同”全面贯通。构建多跨协同模式，实现“三融五跨”，即通过技术融合、业务融合、数据融合，实现跨层级、跨网域、跨系统、跨部门、跨业务的全流程协同联动、全数据决策支持、动态响应。推进系统内业务应用协同，如公务员管理信息系统中涉及选调生辞去公职在办理退出备案时，将自动推送至“退出选调生审批”功能进行前置审批。推进“跨域通办”，如用人单位在政务外网的考录系统发起申请，数据进入政务内网经公务员管理信息系统录用模块处理后，自动推送OA系统办理批复业务；用人单位在政务内网的公务员管理信息系统完成新录用公务员报到入库、军转安置干部等公务员登记审批后，相关人员信息数据通过安全通道推送至公务员管理“一件事”平台，即可办理后续社会保险等事项，实现数据“一处维护、多处应用”，避免重复维护，大大减轻了组织人事干部工作量。

三是深入开展数据治理。目前，全市公务员数字化转型基础核心数据主要汇集在公务员管理信息系统，我们根据数据日常更新采集和使用实际，建立全市法人单位基础机构树，梳理规范信息分级分权展示、维护等权限，印发信息填写规范，归纳提炼信息维护“三看九问法”，督促指导各级干部人事部门及时更新机构和人员信息。针对存量信息不准确不规范等问题，建立《干部任免审批表》《干部档案专项审核表》《公务员登记表》等“三张表”电子档案，研发系统校核方案加强版。对考录系统等外部数据入库，实现数据自动清洗比对、匹配，确保入库数据的质量。

四是强化机制体系建设。注重抓队伍、建机制，按照既精通干部人事业务、又熟悉信息技术的资格要求，建立并牢牢掌握一支覆盖市、区、街镇三级的信息维护负责人队伍，实行负责人变动备案制度，明确六项工作职责，一级抓一级、层层抓落实，做到管理纵向到底、横向到边。分级分类开展业务培训，着力提升人员数字化水平和业务能力。建立健全即时维护和定期维护相结合的信息更新机制，推进重点工作“每月一清”，研发“一屏总览”功能展示全市所有单位信息更新和重点工作完成情况。发挥考核指挥棒作用，建立赛马争先机制，推动全市各地区各部门一起上道赛马，互学互比、创先争

优，对年度信息采集和统计工作考评结果专项通报，将业务办理和信息维护情况纳入党政领导班子年度绩效考核“公务员队伍管理”指标体系，助力全市公务员工作数字化转型形成比学赶超良好氛围。

（四）注重集约高效，提升数据共享赋能

一是汇聚构筑“数字底座”。在政务内网建设汇聚了三大数据资源库的数字底座，包括汇聚全市机构和人员的基础信息、《干部任免审批表》《干部档案专项审核表》《公务员登记表》等“三张表”电子档案的基础数据资源库，汇聚全市公务员“进管出”业务办理数据、考试录用人员数据、年统工资数据等业务主题数据资源库，策划、编辑形成《习近平论干部队伍建设》《组织工作党内法规及相关法律一本通》《公务员工作法律法规文件一本通》《上海市公务员工作政策文件汇编》等电子文件的政策法规资源库，夯实数字化转型的共享基础，助力各部门、各层级、各平台间的各类数字资源高效共建共享。截至 2022 年 11 月底，归集到数字底座的数据项 13930 项、存储表结构 800 张、总容量 345G；收录法律法规文件 504 件、184 万余字。

二是强化数据资源综合利用。发挥数字辅助决策作用，以动态图表反映全市各地区各部门公务员年龄、性别、民族、政治面貌、学历学位专业、职务职级分布等队伍数字体征，专项展示年轻公务员、女性、少数民族、非中共党员、一巡二巡、街镇领导班子成员、组工干部等重点关注人群情况，支持在线直接生成公务员基本情况表、年龄情况表、分布情况表、职级使用情况表等，实时监测全市公务员队伍状况，为领导决策提供参考。深挖各平台数据要素价值，激发数据要素潜能，提升数据要素赋能作用，综合运用基础信息数据、业务办理沉淀数据、外部共享数据，撰写综合分析报告、专题分析报告、调研课题，研判公务员队伍变化趋势和职业生涯全周期管理动态。以业务逻辑映射，构建多维数据模型，建立各平台智能监测指标，实现智能化提醒。提升数据赋能效应，对宣传、统战、法院、检察院等系统，开通对应系统单位的数据查看权限，便于日常人员管理。

三是推进数据资源共享共治。搭建公务员管理信息系统与公务员管理“一件事”平台、组织工作数字化平台、干部统计平台、优秀年轻干部库等的数据共享安全通道，打通数据流，推动实现数据一处采集、多处使用；建立公务员信息库与党员信息库、局级干部信息库等其他领域数据资源和公安、人社等部门数据资源的定期数据比对机制；积极与国家大数据中心、市大数据中心以及市禁毒办对接，实现考录系统与“教育部学历学位”“上海涉毒人员”“上海户籍、居住证积分”等数据库对接。

三、当前上海公务员工作数字化转型面临的问题和挑战

当今世界正经历百年未有之大变局，随着新一轮科技革命日益融入经济社会发展各领域全过程，数字化转型已经成为大势所趋，成为重塑国家间比较优势和竞争能力的重要力量。与此同时，受内外部多重因素影响，数字化转型也面临一些问题和挑战。实

际工作中，公务员管理部门的业务内容不断拓展，对管理的规范化、高效化要求不断提升，对业务办理自动化、智能化的需求也更加迫切，亟须通过数字化手段提供更加全面、有力的服务保障。调研中大家也谈到，尽管我市公务员工作数字化转型成效显著，服务和管理效能大幅提升，为迈入数字化转型新阶段打下了坚实基础，但仍然面临不适应、不同步、不协调等问题，需要一如既往、持续用力。主要表现在以下几个方面：

（一）有些公务员管理者对数字化转型的思想认识还需与时俱进

认知偏差问题。有些公务员管理者基于对传统信息化工作的认知习惯去理解数字化，认为数字化转型也是信息化技术的一种运用方式，忽视了数字化转型的核心是数字化理念、数字化思维和数字化方法，是对传统理念、制度、体系和手段进行的系统性变革，数字技术只是转型过程中使用的工具。思维束缚问题。一些公务员管理者囿于传统观念和路径依赖，习惯于穿旧鞋走老路，感觉现在这样也挺好，对数字时代发展态势认识和理解不充分，缺乏转型动力。

（二）有些公务员管理者的数字素养还需全面提升

数字化思维能力方面，有些公务员管理者对数据重要性的认知不够，没有形成以数字化思维思考问题、以数据结果论证问题、以数字化理论解决问题的数字化思维范式，“用数据决策、用数据管理、用数据创新”意识不足。数字化应用能力方面，有些公务员管理者运用数字化推动工作的方式方法、解决业务活动中痛点难点问题的能力还不够，对“互联网+”、大数据、云计算等一些数字技术了解不够，利用数字化辅助决策的水平有待提高。

（三）公务员工作数字化平台基础还需升级晋档

有的业务数字化程度不够，虽然已完成场景应用开发，但在拓展深化上还不够有力，办理流程仍比较繁琐，业务流程缺乏深度再造，线上线下结合度有待进一步提升。平台智能化程度不高，各大系统平台目前智能化提醒功能比较单一，缺乏如系统内各业务之间的联动处理提醒、公务员管理信息系统与公务员管理“一件事”平台间人员更新后提醒等，也缺乏对数据资源的进一步深入分析和运用。基础设施支撑不强，公务员工作数字化转型是一项长期的工程，无论是初期建设，还是后续运营，都需要持续加强资金、设备、人力等保障。实践中，受制于政务内网的硬件服务器、存储、运算和负载等资源不足，公务员管理信息系统部分功能设计、开发和实现受到影响；承担平台建设和运维的技术团队普遍存在人员数量不足、能力一般等情况。

（四）公务员工作数字化转型制度机制还需健全完善

制度建设方面，2012 年我市印发《关于加强本市公务员管理信息系统建设和维护工作的通知》，为公务员工作信息化建设和向数字化转型的顺利过渡提供了坚强制度保障，然而随着数字时代到来和十年来公务员工作的不断发展，文件指导实际工作开展的效果已不明显，实践中亟待一个适应新形势、新要求，用于指导今后一段时期全市公务员工作数字化转型的规范性文件。机制建设方面，数字化转型在考核评价机制、运维推广机

制等建设方面依旧存在不足。成果转化方面，各个平台和系统已有的实践成果、经验和思考也需要通过典型案例、一本通等形式来沉淀，同时为下一阶段工作打好基础。

四、进一步加快公务员工作数字化转型的对策思考

习近平总书记在党的二十大报告中强调，要加快建设网络强国、数字中国，推动高质量发展；要建设堪当民族复兴重任的高素质干部队伍。时任上海市委书记李强在市第十二次党代会报告中提出要以全面推进城市数字化转型抢占制高点，打造具有世界影响力的国际数字之都；要坚持不懈锻造干部队伍。这些重要论述，为我们进一步加快公务员工作数字化转型指明了方向、提供了遵循。综合调研情况分析，我们建议今后一个时期进一步加快上海公务员工作数字化转型的总体思路是：坚持以习近平新时代中国特色社会主义思想为指导，深入学习贯彻党的二十大精神，深入学习贯彻习近平总书记关于网络强国重要思想和人民城市理念、关于干部工作的重要论述，以及考察上海重要讲话精神，全面落实市第十二次党代会部署要求，科学遵循公务员工作规律和数字化发展规律，坚持政治引领、法治推进、安全发展原则，结合中国特色公务员制度实施，进一步完善数字化平台体系，持续推进公务员工作运行方式、业务流程和服务模式的整体性转变、全方位赋能、革命性重塑，不断提升公务员管理者数字素养，倾力打造数字赋能公务员工作高质量发展的上海样板。具体建议如下：

（一）加强思想引领，提高政治站位，不断增强公务员管理者主动融入公务员工作数字化转型的政治自觉、思想自觉和行动自觉，这是基础前提

一是抓好理论武装，切实把深入学习贯彻习近平新时代中国特色社会主义思想作为首要任务，把习近平总书记关于网络强国的重要思想和人民城市理念、关于干部工作的重要论述，以及历次考察上海重要讲话精神作为各级公务员管理者培训的必修课，教育引导广大公务员管理者深刻领会真谛真义，提高站位、把准方位、准确定位，积极推动公务员工作数字化转型。

二是加强组织领导，将公务员工作数字化转型纳入每年全市公务员工作推进会重点工作，建立由部领导、各处室、各地区（部门）共同参与的公务员工作数字化转型会议制度，定期研究商量推进公务员工作数字化转型工作，带领全市公务员管理者不断深化认识，充分领会数字化转型是构筑新时代公务员工作新优势的战略选择，是打造公务员工作高质量发展的现实需要，是治理体系和治理能力现代化的必然要求。

三是加大宣传力度，梳理总结我市公务员工作数字化转型的成果、经验，以视频集锦、文字资料等多种形式广泛宣传，在全市组织人事系统营造深入人心的数字化氛围，推动广大公务员管理者自觉融入、主动作为。

（二）强化教育培训，组织实战演练，不断提升公务员管理者的数字思维、数字技能和数字素养，这是根本保证

一是开展分级分类培训。在参与范围上，涵盖领导干部、公务员管理者和全市公务

员。在培训种类上，充分依托各级党校（行政学院）举办的各类班次，公务员管理者培训班和公务员初任培训、任职培训、在职培训等。在教学方式上，加强研讨式、案例式、体验式、情景模拟式和现场教学等多种教学方法运用。在学习课程上，分级分类研究制定课程体系和教学大纲，如对领导干部，注重增强数字治理能力、互联网思维、对互联网规律的把握能力、对网络舆论的引导能力和对数字化的驾驭能力；对公务员管理者，主要聚焦增强数字适应力，培养运用数字化思维解决公务员业务中实际问题的能力；对全市公务员，侧重市委市政府全面推进城市数字化转型重点工作和数字化知识。

二是强化数字化实践锻炼。实施公务员管理者数字化能力提升计划，通过开展轮岗挂职、岗位大练兵、跟班学习等多种方式，组织开展不定期实战演练，不断拓宽公务员管理者的数字化思维和视野。

（三）创新业务应用，升级平台体系，不断提高公务员工作数字化转型业务、技术和资源的高效协同，这是重要支撑

一是深化业务流程再造。聚焦制约新时代公务员工作高质量发展的瓶颈问题，以及困扰公务员队伍建设的重点难点问题，深挖公务员工作高质量发展的内在需求，以全流程“不见面办理”、“一件事”改革的理念倒逼业务流程优化，推进流程再造，不断升级系统功能，推动线上线下深度融合，实现公务员管理信息系统所有涉及审批业务和公务员管理“一件事”平台全部服务事项线上办结。

二是拓展应用场景，建强平台体系。围绕公务员工作数字化“1+3”平台体系，按照“小步快跑、不断迭代”的节奏，持续拓展丰富业务应用场景，充分发挥高质量基础数据和应用场景探索经验优势，推动登记、调任、转任、工资、奖励、惩戒等业务的协同推进，不断拓展公务员管理服务边界，探索公务员业务集成化办理，推动公务员“一件事”改革纵深推进，强化公务员职业生涯全周期管理服务效能。

三是进一步夯实“数字底座”。加强公务员数据整合、汇聚、治理，建设集成数据存储、运行管理、展示体验等功能于一体的数据中心，更好实现场景化落地。运用大数据强化公务员业务运行的统计监测和综合分析能力，强化队伍结构趋势研判，助力政策精准设计，提升辅助决策能力。

四是强化基础设施建设，加大资源保障。探索与相关部门合作，建设大数据、云计算等新型服务基础设施，不断提升系统硬件性能和运算能力。强化风险意识、底线思维，全面落实总体国家安全观，严格数据分级分类管理，筑牢网络安全和数据安全防线。加大对公务员工作数字化转型的资金、人力等资源保障，优化系统建设、运维保障模式，强化对技术合作公司管理。

（四）注重成果应用，提炼实践经验，不断健全公务员工作数字化转型的制度机制，这是有力保障

一是巩固实践成果。进一步加大对公务员工作数字化转型的体系、理论研究和总结，把转型中共性的、具有普遍意义的思考固定下来，汇编具有引领性、示范性的典型

案例；围绕系统建设过程中出现的大量新术语和新定义，认真做好汇总、梳理、研究，编辑形成系统一本通、应用指南等经验资料。

二是加强制度建设。研究制定关于推进公务员工作数字化转型的意见，明确今后一段时期推进公务员工作数字化转型的目标任务、路径方法、具体举措、队伍建设等。

三是强化机制建设。把数字化转型与公务员工作制度变革、机制完善、业务提升协同起来，健全完善协同推进、比学赶超、考核评价、运维推广等机制；加强跨区域、跨部门、跨层级的组织联动，指导各部门、各区同步开展公务员工作数字化转型，形成横向联动、纵向全贯通的高效协同新机制，持续提升公务员工作数字化转型的科学化、规范化和制度化水平。

课题组成员：杨佳瑛、王体法、翁春来、阮耀明、张明华

主要执笔人：张明华

上海组织工作
调研文选 (2022)

人才工作

新形势下闵行加大海外引才力度的研究

闵行区委组织部课题组

闵行是人口大区，也是人才强区。在新形势下，研究海外引才工作的新机遇和新挑战，探索闵行如何加大海外引才力度，不仅是闵行新一轮高质量发展的内在要求，而且对闵行推进上海高水平人才高地建设至关重要。

一、闵行海外引才工作现状

（一）闵行海外引才政策不断完善

长期以来，闵行区委、区政府十分重视人才工作，不断加大力度集聚海外高层次人才，助推闵行经济社会发展。

2022 年，在“春申人才计划”的基础上，闵行在人才认定体系、政策覆盖面、用人主体放权、人才服务等方面进行创新，制定并出台《闵行区关于加强人才引领高质量发展的实施意见》和《闵行区“春申金字塔人才计划”人才分类认定实施办法》等 9 个实施办法（又称“春申金字塔人才计划”，5.0 版），建立四层（卓越、杰出、精英、青年创新）三类（学术类、技术类、管理类）呈金字塔型的人才分类框架，涉及海外人才的文件包括了《闵行区春申金字塔人才（海外）队伍建设实施办法》等 6 个实施办法。

（二）闵行海外人才队伍不断壮大

1. 国家、上海海外高层次人才资源不断丰富

闵行在册的海外高层次人才主要通过国家级、市级海外人才计划引进，分为创新人才项目、创业人才项目和青年人才项目。如今闵行的海外高层次人才队伍主要呈现如下特征：

从人才类型看，以青年项目人才占据多数，在所有海外高层次人才中占比近一半；创新创业项目人才中，创新人才数量约为创业人才的 15 倍。从单位类型看，青年项目人才主要集中在高校、科研院所；就创新创业项目人才而言，创新人才落地体制内单位

的数量远多于体制外单位，而创业人才多落地在体制外科技型企业。从行业领域看，对标闵行“4+4”重点产业布局，海外创新创业人才最为集中的行业依次为：先进制造与高端装备、生物医药、新一代信息技术、人工智能；而在新材料、新能源等新赛道领域，也正涌现出部分创新创业人才。从区域划分看，结合闵行“一南一北”的空间布局，闵行引进国家、上海海外高层次人才的企业逐步在南部科创中心形成格局。

2. “春申金字塔人才计划”海外人才结构显著优化

2022年，闵行开展了“春申金字塔人才计划”人才认定工作。

闵行的海外人才总体层次较高，留学归国人员横向全覆盖了卓越人才、杰出人才、精英人才、青年创新人才四个层次，纵向涵盖了学术类、技术类、管理类三个类型，呈均匀分布态势，反映出了“塔身”强、“塔基”实的特点。

3. 海外人才来闵动机具有强导向性

为进一步了解海外人才的来闵动机，我们针对近年来新落地的国家、上海海外高层次人才开展了访谈调研，同时面向所有在闵海外高层次人才、留学人员开展了问卷调查，共回收问卷125份。

根据访谈情况，多数国家、上海海外高层次人才选择落地闵行，一是因为闵行区瞄准集成电路、生物医药、人工智能三大产业发展趋势，作出了清晰的布局，为企业的发展提供了优质的产业资源；二是闵行区具备较好的科研土壤，知名院校、研究院、大企业落地闵行，全社会研发经费支出比例高，高层次人才云集，非常有利于团队发展；三是闵行区有梯度大、范围广、多层次的人才政策，对海外人才的扶持力度比较大，配套服务全面，这为建设团队、提高团队的技术能力提供了有力保障。

根据问卷调查结果，我们将闵行海外人才所从事的领域和来源渠道进行了交叉分析（见图1）。结果显示，在重点产业领域中，高校和科研院所在海外引才方面发挥的影响力远高于企业；在电子信息等新兴产业中，孵化器引才效果也优于企业。

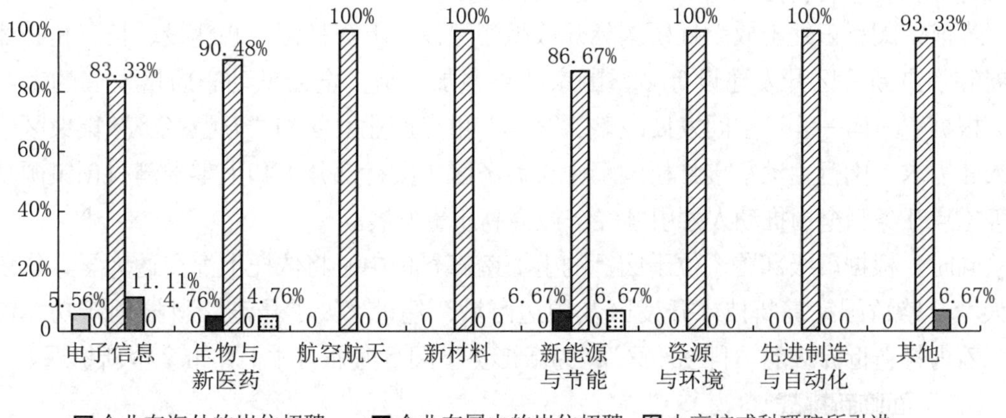

图1　闵行海外高层次人才来源渠道分布图

以上结果说明闵行在吸引海外人才方面，在区位、产业和平台方向都表现出明确的导向性。

二、闵行海外引才面临的新形势

闵行区作为主动承接上海建设高水平人才高地的重要区域，其海外引才工作正面临新机遇和新挑战。

（一）面临新机遇

1. 海外人才呈现加速“回流”新趋势

据统计，2016—2019 年，中国出国留学人数 251.8 万人，回国 201.3 万人，学成回国占比为 79.9%，2021 年回国创新创业的留学人员首次超过 100 万名。这说明受到外部环境变化尤其是新冠疫情的影响，海外人才“回流”趋势显现。

2. 我国实行更加开放的人才战略

党的十八大以来，以习近平同志为核心的党中央高度重视人才工作，深入实施人才强国战略，作出了一系列重大决策部署。党的二十大报告首次将人才工作以“实施科教兴国战略，强化现代化建设人才支撑”作为专门篇章进行论述，首次把科教兴国战略、人才强国战略、创新驱动发展战略三大战略进行统筹部署、集中表达，提出教育、科技、人才是全面建设社会主义现代化国家的基础性、战略性支撑。这充分说明了人才在国家和民族发展中的战略重要性，也表明了中央对人才工作的重视已达到前所未有的高度。

3. 上海建设高水平人才高地成效逐步凸显

在中央人才工作会议上，中央赋予上海建设高水平人才高地的战略任务。上海正努力打造我国建设世界重要人才中心和创新高地的重要战略支点，在人才强国雁阵格局中发挥“头雁”效应，带动全国加快形成人才资源竞争优势。

4. 闵行迎来新形势下海外引才新机遇

当前，闵行正处于放大虹桥国际开放枢纽建设、上海科创中心建设、长三角一体化发展和临港新片区开发建设等多重国家战略叠加优势，全力推动高质量发展的大好阶段。根据“一南一北”空间发展战略、“4+4”重点产业发展和“五型经济”集聚区建设的人才需求，闵行主动承接虹桥国际中央商务区（闵行部分）和大零号湾科创策源功能区等重点任务，全力推动人才引领经济社会高质量发展。

同时，根据市级部署，位于闵行的上海南部科创中心将依托上海交通大学、华东师范大学、紫竹国家高新技术开发区及周边区域，建设“大零号湾”科技创新功能策源区，着力打造世界级的“科创湾区”，为新形势下闵行海外引才工作带来全新机遇。

（二）面临新挑战

1. 国际高端人才竞争不断加剧

综合国力的竞争归根到底是人才的竞争。在当前世界格局深刻变化和新技术进步的

背景下，各国纷纷出台相关人才政策，“外引”“回流”同步推进，国际高端人才竞争愈演愈烈。

2. 国际人才竞争出现明显的政治化倾向

随着中国综合国力的显著提升，以美国为首的西方国家均升级了国家安全战略，从法律和制度上设置围栏障碍，严格限制本国企业与我国的研发合作，利用技术出口管制、技术投资审查、人才交流限制等方式，最大可能限制并阻止“新兴产业”和“敏感领域”的高科技人才向中国流动，试图将我国排除在全球人才网络之外。

3. 国内各大城市间人才竞争日趋激烈

上海市其他地区以及长三角、珠三角等海外引才重点地区强化人才招引力度，尤其在海外引才方面投入大、力度强。

（三）闵行海外引才工作存在的问题

1. 海外引才对象范围较窄，人才认定范围有待扩大

人才认定是推动海外引才政策落实的重要环节。从国家、上海海外高层次人才分布中可以看出，闵行的创新类人才数量明显大于创业类人才数量；从“春申金字塔人才计划”各类人才的认定结果来看，海外人才中技术类人才数量也明显少于学术类人才，管理类人才缺口也比较明显。由此可见，闵行海外人才的范围依然存在局限性。

究其原因，一是由于国家级、市级海外人才项目认定门槛过高，且评价标准存在趋同性，未能有效整合涵盖人才的专业性、创新性、实际贡献、科学精神等评价指标；二是海外人才计划覆盖领域偏窄，局限于顶尖学术型人才，未能拓展至市场应用型人才。

2. 海外引才对象不明确，人岗需求匹配精准度有待加强

根据问卷调查结果，就获取岗位需求信息的渠道而言，除了企业的人事部门和网络等媒体渠道外，海外人才对政府官方渠道的岗位和需求发布表现出较高的需求（见图 2）。

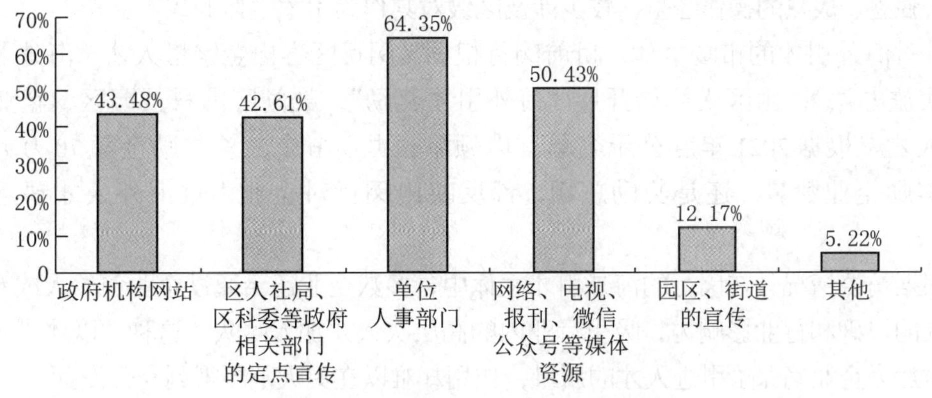

图 2　人才获取岗位需求的渠道

目前，闵行官方招聘主要依靠人社局等政府部门，市场化配置低，在制定引才计划过程中，缺乏对需求情况的精准研判。此外，由政府主导的信息平台普遍存在知晓度不

高、信息量不足、更新滞后等问题，市场化的信息交流平台尚未建立，导致人才、项目、政策、资金等要素信息难以整合，资源共享不畅。

3. 海外引才平台不够丰富，对引才平台载体的支持有待加强

闵行目前拥有莘闵留创园和“大零号湾”科技创新策源功能区2家留学人员基地。莘闵留创园平均每年引入5家留学生创业企业、成功孵化2—3家，“大零号湾”科技创新策源功能区平均每年成功引进外籍人员创业企业约10家、归国留学创业企业近50家，可见这两家留创园为闵行承担了引进创新创业类人才的主力。

我们在访谈时了解到，随着闵行不断加大海外创新创业人才的引进力度，现有的平台载体已难以满足创业企业的需求（见图3），亟须载体扩容、软硬件升级等方面的支持。

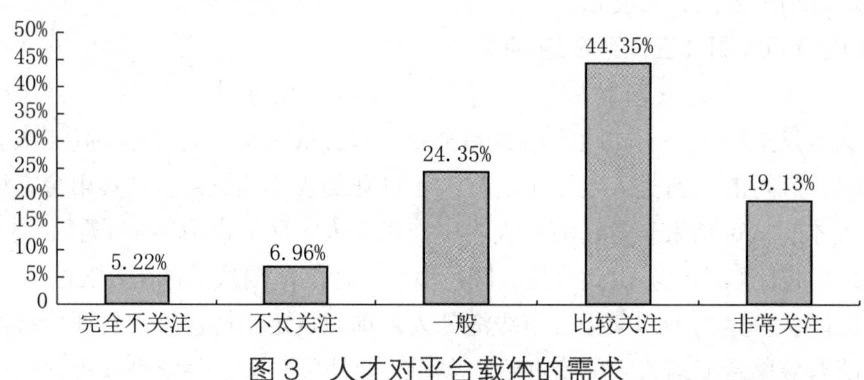

图3　人才对平台载体的需求

4.“以才引才”作用未完全释放，对引才主体的支持需要加大

目前，闵行的国家、上海海外高层次人才主要集中在上海交通大学和华东师范大学两所区内“双一流”大学。这两所高校均以各学院为主体，依靠长期运行的海外人才项目（如海外优青项目）和配套资助，通过海外校招或第三方平台完成招聘。这些单位已经具备独立、成熟的操作经验，较少涉及区级对其作为引才主体的政策支持。

针对海外引才的市场主体，目前闵行根据《闵行区春申金字塔人才（海外）队伍建设实施办法》，由区人社局开展“海外引才奖励”，鼓励区内科技园区、企业引进海外人才。根据2021年度公示名单，申领单位共计6个，总奖励金额70万元。无论是奖励企业数量，还是奖励总额，都反映出闵行对企业引进海外人才缺乏有效支持。

根据访谈情况，在闵行的海外引才主体中，多数企业还会通过企业创始人或专家人才个人的口碑和行业影响力，吸引行业内的高层次人才加入团队。这种“以才引才”的模式虽然为企业确保了引进人才的质量，作用却难以在更大范围得到充分发挥。

5. 人才的政策需求未充分满足，对重点人才创新创业政策扶持需要加强

根据问卷统计，海外人才对出入境、创业、就业、生活等各类政策的满意度较高（见图4），说明闵行对海外人才引进全过程中政策的落实情况良好。

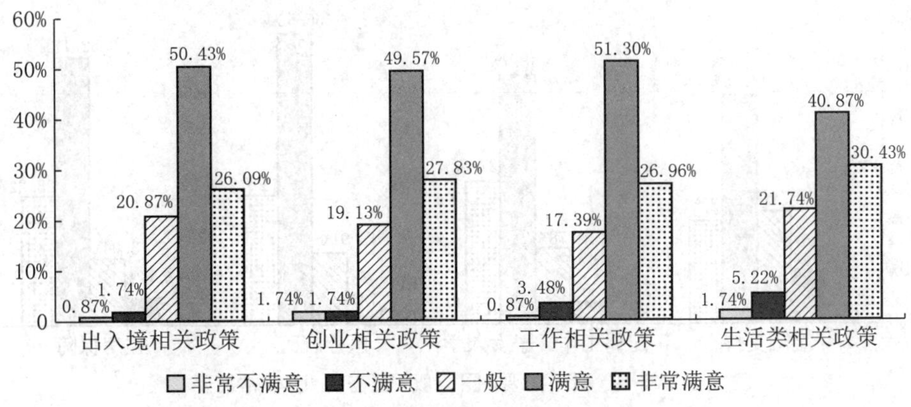

图 4　海外人才对各类政策执行情况满意度

然而从问卷统计结果中不难发现，人才对于居留证申请、入境通关、企业扶持等方面政策执行的满意度仍有提升的空间。同时，问卷统计结果显示，海外人才在创新创业过程中，对于团队建设资金支持和科研支持方面的政策扶持都表现出了高需求（见图 5）。

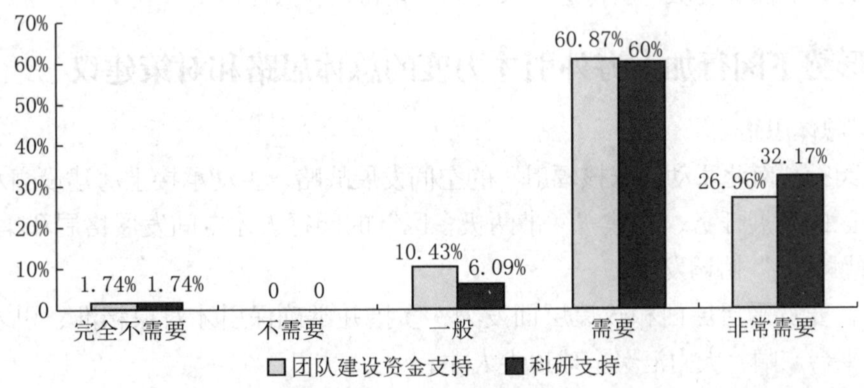

图 5　人才对创新创业各阶段政策扶持的需求

海外研发机构吸引集聚海外高层次人才来华，已成为日益严峻的国际环境下开展海外引才工作的重要途径和有效方式。然而，根据调研情况，目前闵行对于此类企业的人才资助、税收等方面政策吸引力不足，对于科技型企业在海外设立研发中心更是缺乏专门支持政策。

6. 人才落地发展的多元需求有待满足，对人才的服务支持需要提升

根据问卷调研，闵行的海外人才在落地闵行后，对于生活、工作方面的服务支持都表现出了高需求，尤其是对配偶就业、子女入学、医疗、安居等方面的需求程度较高（见图 6），这说明闵行海外引才工作在对于人才落地的后期支持保障方面还存在提升的空间。

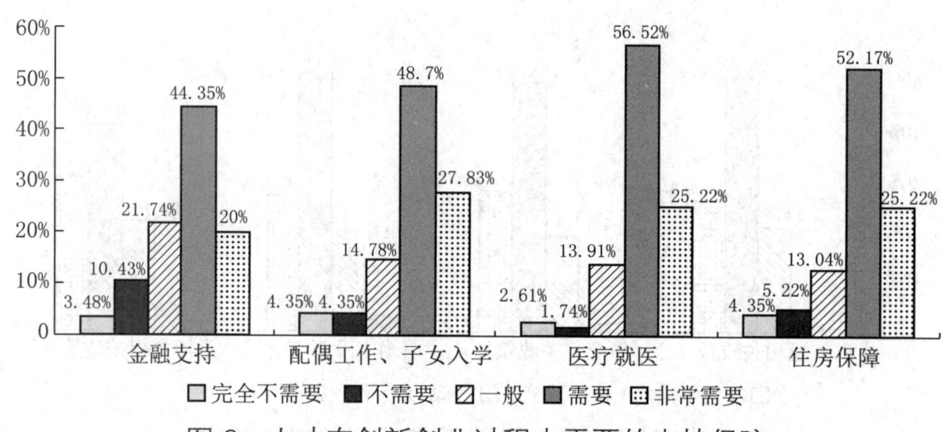

图6　人才在创新创业过程中需要的支持保障

此外，根据访谈情况，不少科技型企业在引进海外高层次人才的过程中，不仅需要在设备购置、薪酬水平等刚性需求方向给予人才充分保障，还需要在科研氛围营造上加大力度。由于闵行的海外高层次人才都具有海外工作背景，更适应海外的科研氛围，这就要求闵行的海外工作不仅要抓政策落实，更要从优化交流平台、发展环境、文化氛围等方面着力，从而实现从“引得进”人才到“留得住”人才。

三、新形势下闵行加大海外引才力度的总体思路和对策建议

（一）总体思路

按照闵行“南北联动、双核辐射”的空间发展战略，主动承接上海建设高水平人才高地核心区的发展任务，构建“一带两极多区”的闵行人才空间发展格局和集聚态势，促进“群雁齐飞”协调发展。

为此，要从平台层面和政策层面发力，多措并举确保引才对象精准、引才方式灵活、引才平台广阔，大力汇聚全球顶尖人才。

（二）对策建议

为加大闵行海外引才力度，针对闵行海外引才工作中需应对的引才对象、引才方式和引才平台方面的问题，提出如下对策建议：

1. 实施精准引才计划

一是加大海外人才认定范围。深入开展人才政策“三进三同步”活动，提高人才政策的知晓度和覆盖面。在巩固高端装备、人工智能、生物医药、新一代信息技术重点产业人才的基础上，加大对各类人才认定力度，如：增加对文化创意类人才、服务于科技服务行业的工业型人才的认定和资助，为新兴领域人才开辟绿色通道，引导人才向重点行业、关键领域集聚等。

二是发布海外人才需求。全面摸排闵行企业人才、技术需求，建立人才技术需求信息库。以闵行“易就业”信息服务平台建设为契机，归集闵行重点企事业单位的海外高层次人才岗位需求，面向全球发布榜单。创新“揭榜挂帅”机制，围绕闵行的高能级创

新平台、头部企业所设立的攻关“卡脖子”关键核心技术，通过项目制、候鸟制、兼职制、组合式等人才柔性流动机制，从全球范围吸引人才参与科研项目攻关、技术开发等工作，促进海外高层次人才的有效流动。

三是建立海外人才联系网络。结合闵行人才企业在海外的研发中心布局，设立海外人才工作站，绘制全球“高精尖缺”人才图谱，精准匹配国内外高层次人才的供给与闵行“4+4”重点产业发展需求。发挥好闵行留联会、欧美同学会等非政府组织的影响力，如：鼓励并支持闵行留联会承办对接YGT青年环保创新计划等组织，探索建立分会或论坛的形式，推进产业链与人才链的精准对接，进一步推动闵行产业人才集聚高地建设。

2. 发挥引才品牌效应

一是打造创新创业大赛系列品牌，搭建全球人才交流平台。通过定期承办“海聚英才”创新创业大赛、“中国创翼”创业创新大赛、“创·在上海”国际创新创业大赛和“留·在闵行 创·享未来”留学人员创新创业大赛等赛事，做深做实做优“以赛引才”，不断汇聚人才、技术、项目和资金；同时，主动挖掘和拓展该类赛事的外地和国外赛区，发挥双创大赛的人才集聚效应。通过高质量承办中国进口博览会及“4+4”重点产业国际人才交流活动，持续放大国家级、市级平台溢出效应，加大国际高层次人才引进、交流、合作的宣传力度，使海外人才更好地了解闵行，更有意愿参与闵行国际科技创新中心建设。

二是发挥“以才引才”效应。加大引才奖励政策扶持力度，对重点人才及其所在的企业给予充分的资源支持，鼓励有条件的用人单位面向海外开展多种形式的自主招聘，鼓励国际人才服务机构与全球发达国家高层次人才聚集地区加强合作。探索建立“闵行全球引才大使”机制，发挥其在行业领域的辐射力和影响力，进一步释放“以才引才”效应，着力集聚海外高层次人才，构建更加多元、开放的人才队伍。

3. 优化人才发展环境

一是加强政策扶持力度。人才方面，主动与人才进行供需对接，积极协调各职能部门高效落实人才落户、安居、子女入学等政策。企业方面，加大对“出海”企业科研支持力度，鼓励企业设立海外人才工作站。

二是加强引才平台载体建设。加大对莘闵留创园、“大零号湾”科技创新策源功能区等孵化载体的扩容支持。结合上海紫竹高新技术产业开发区背靠上海交大、华东师大两所“双一流”大学的资源优势，探索建立闵行“硅巷”模式，推进符合闵行特征的产学研合作。发动有条件的镇、街道、工业区着力打造国际人才社区，举办工程类院校海外留学生招聘会、生物医药产业周等大型活动，借力更高的平台大力引进产业发展紧缺的高层次人才。在海创基地、孵化园区内建设创业补给站，解决人才在创业过程中的产业链资源诉求，助推重点企业在闵行顺利落地。

三是加强服务支持保障。根据闵行“一南一北”空间发展布局，打造大零号湾国际人才会客厅和虹桥国际人才会客厅，在国际人才产学研合作、创业项目孵化、上下游对接等方面提供金融、科创、政务、人力资源等全产业链一体化服务。推进“春申金字塔人才服务一件事”平台建设，积极为海外高层次人才提供安居、就医、子女入学等方面的服务。以“春申金字塔人才学院”各镇、街道、工业区和区级单位分院建设为契机，着力整合各类优势资源，建立联合互动、信息共享、资源汇聚、交流互通的协同机制，全力推动人才赋能发展。

（本文获2022年度全市组织系统优秀调研成果一等奖）

课题组成员：张海燕、吴慧超、姚书琳、吴鑫磊、卢庆贺

主要执笔人：张　洁

新兴产业领域人才工作机制研究
——以数字经济、“元宇宙”新赛道为例

市经信工作党委、市经济信息化委课题组

新兴产业蓬勃发展的关键在于产业人才的集聚和培育。党的二十大报告指出，必须坚持科技是第一生产力、人才是第一资源、创新是第一动力，深入实施科教兴国战略、人才强国战略、创新驱动发展战略，开辟发展新领域新赛道，不断塑造发展新动能新优势。在此背景下，对新兴产业及人才发展特点与趋势，人才工作机制及路径手段，人才发展全链条管理服务规律等，进行深入调研、科学谋划、深化推进，真正发挥人才对新兴产业发展的引领驱动作用，是当前的重要任务。本课题以数字经济、“元宇宙”新赛道为切入口，对该领域产业人才发展情况和人才工作机制相关问题进行了专项调研，在深入开展企业调研、组织部门调研、专家咨询论证、综合分析研究的基础上，形成本调研报告。

一、新兴产业领域人才工作机制研究的重要性和迫切性

（一）推动新兴产业蓬勃发展现实之需

发展新兴产业是经济社会发展的必然要求，也是我国加快构建现代产业体系、全面建设社会主义现代化国家的重要内容。产业发展、人才先行，新兴产业人才作为稀缺性创新资源受到各国高度重视。上海要在该轮新兴产业竞争中获得发展先机与优势，必须牢牢抓住“人才第一资源”这个关键，在新兴产业人才工作机制改革与创新方面做出积极谋划和大胆探索。

（二）加快建设高水平产业人才高地之需

加快建设高水平人才高地，是中央交给上海的重大战略任务。作为国内最大的经济中心城市，上海必须加快形成人才引领驱动产业高质量发展的新布局，加快建设高水平产业人才高地。尤其需要继续深化人才机制改革创新，在新兴产业领域更好发挥人才引

领作用，努力实现人才与产业高水平融合发展的新体系，有力支撑服务上海高水平人才高地建设目标实现。

（三）开辟创业就业更大机会时代之需

稳定和扩大就业一个重要方向是积极拓展新业态就业机会。飞速发展的数字经济推动着生产方式、生活方式和治理方式变革，造就了数以亿计的就业岗位，更为年轻人打开了前所未有的就业新空间。开辟创业就业新机会、缓解社会就业矛盾与难题，需要深化新兴产业领域人才工作机制问题研究，加快新兴产业人才发展步伐。

二、数字经济、“元宇宙”新赛道产业及人才发展概况

（一）国内外两大赛道产业及人才发展概况

根据中国信息通信研究院《全球数字经济白皮书（2022 年）》数据，2021 年，全球数字经济规模持续扩张，活力持续释放。全球 47 个主要经济体数字经济规模为 38.1 万亿美元，同比名义增长 15.6%，占 GDP 比重为 45.0%。从规模看，美国数字经济蝉联世界第一，规模达 15.3 万亿美元；中国位居第二，规模为 7.1 万亿美元。同时，作为数字经济在虚拟世界的延伸和发展，元宇宙赛道得益于我国超前的数字基础设施建设和超大规模市场优势，拥有非常广阔的发展空间。据中国计算机行业协会元宇宙产业专委会专家预测，我国元宇宙上下游产业目前产值超过 300 亿元左右，未来五年，至少突破 2000 亿元大关。

各国数字经济蓬勃发展，但数字人才却普遍短缺。数字人才的规模化、结构性短缺成为制约数字经济发展的关键因素，各国政府都在针对这一问题，从教育培训和人才引进等方面制定相应政策，投入公共资源，构建数字人才发展体系，保障数字经济持续健康发展。

（二）上海两大新赛道产业及人才发展情况

面对新一轮科技革命和产业变革不断深入，抢抓新赛道、培育新动能成为上海加快经济恢复和重振的重要抓手。上海数字基础设施完善，硬核科技企业集聚，上下游产业链齐备，数字内容生态多元，具备发展数字经济的良好基础和比较优势。

据清华大学和领英的数据，上海拥有的数字人才数量居全国首位。上海对人工智能、软件和互联网人才吸引力强，已成为中国数字人才的主要孵化地，也是全球相关科学家在中国事业发展的重要选择地。目前，上海的 5G 研发人才占全国的半壁江山，集成电路产业、芯片产业人才占全国的四成，人工智能领域人才占全国的三分之一，元宇宙新赛道人才在加速集聚。

三、上海数字经济、“元宇宙”新赛道产业领域人才工作机制现状

（一）该领域产业人才分层分类框架

对数字经济人才和元宇宙人才进行分层分类，是落实党管人才原则的工作基础。元

宇宙是数字经济创新发展的新型重要载体，在对数字经济和元宇宙人才进行分层分类的过程中，本课题将两类人才统一以数字产业人才进行分层分类（见表1）。

表1 数字产业人才分层分类框架

分类	分层	人才画像
数字战略人才	战略管理人才	新赛道行业内具有深远影响力，并发挥引领作用的顶尖管理者
	战略科技人才	首席科学家、战略科学家等在国际前沿领域掌握关键核心技术并取得同行认可的核心技术专家
数字领军人才	领军管理人才	具备“数字思维”的企业高管，组织商业模式、技术应用、服务产品在国内同行中处于领先水平的企业经营管理人才，如专精特新或科技“小巨人”企业董事长、CEO等高层管理人才
	领军技术人才	在国内同行中处于领先地位的科技领军人才和创新团队，如总架构师、资深AI工程师、资深边缘计算工程师等在关键岗位的拔尖人才和青年科技人才
数字基础人才	数字管理人才	具备基本“数字思维”，并在研发、营销、财务、人力资源等承接战略落地实施的中高层管理人才
	数字专业技能人才	掌握某一领域的先进技术方法，为组织作出重要贡献的高素质技能人才，如业务架构师、软件工程师、硬件工程师、大数据开发等专业人才和高素质技术技能人才

（二）该领域产业人才工作机制现状

以新技术、新产业、新业态为典型特征的新经济，催生出一系列具有相对独立专业分工和技能要求的新兴职业。新形势下，迫切需要对新兴产业人才的认定、培养和服务管理进行全方位的系统谋划，上海已采取一系列举措加以推进。

1. 制定出台系列政策规划，加快数字化人才培养

目前，上海正在采取多种途径和举措，积极适应城市数字化转型提出的技术技能人才新需求，加快数字人才队伍建设步伐。已出台《上海市促进城市数字化转型的若干政策措施》《上海市全面推进城市数字化转型“十四五”规划》等一系列支持数字人才发展的政策举措。

2. 立足实践选树优秀人才，引领数字化人才发展

上海打造了很多数字化领域人才发现、聚合平台，如城市数字化转型“智慧工匠”选树与“领军先锋”评选活动、“上海城市数字化转型巾帼之星”评选活动、“海聚英才”全球创新创业峰会暨人工智能产业菁英高峰论坛等，使行业优秀人才脱颖而出、优秀创新成果和场景为人所知所用，引领推动了数字人才的发展。

3. 支持产业人才揭榜挂帅，创建引优育新良好氛围

推动产业人才揭榜挂帅，倡导英雄不问出处、谁有能力谁揭榜的氛围。依托“海聚英才”创新创业峰会，面向全球发布高层次人才需求岗位目录，发布关键核心技术攻关项目清单。成立海聚英才创业投资基金联盟。每年举办海聚英才创业大赛，对优胜项目

给予人才计划、金融投资等特殊支持。举办上海市产业青年创新大赛，征集数字化转型创新项目，培育创新文化，发现青年人才。

4. 持续增强人才激励效应，加大政策支持力度

放大强化市场价值的激励效应，赋予科学家更大技术路线决定权、更大经费支配权、更大资源调度权。为让人才创新成果获得更大收益，上海人才新政“30条”明确，高校、科研院所科技成果转移转化扣除其处置过程中直接费用后，其净收入的70%或以上可用于奖励个人和团队，并推动成果转化个税递延缴纳政策落实落地。上海率先打造区域人才集聚平台，制定差异化人才政策，大规模集聚海外人才、青年人才和紧缺急需人才，进一步释放人才政策的激励导向作用。

5. 优化高质量发展新环境，强化人才集聚效应

上海坚持着力提升整座城市的人才服务意识，持续营造近悦远来的人才综合发展环境。在优化人才创新创业融资环境方面，设立创业投资引导基金和天使投资引导资金，缓解科技创新企业“最先一公里”的资金来源。设立大型政策性担保基金，为科技型中小企业提供融资担保服务。建立我国首家“科技银行”——浦发硅谷银行，设立上海知识产权交易中心，建立知识产权侵权查处快速反应、维权援助、调解机制，完善知识产权融资服务，完善知识产权保护环境。上述举措为吸引集聚新兴产业人才营造了良好环境。

（三）该领域产业人才发展存在的问题

1. 高端紧缺人才引进与产业发展“协同不足”

不管是数字经济领域，还是元宇宙领域，高端、紧缺人才的引进与产业快速发展还存在明显协同不足，这是本次调研发现的最为突出的问题。新兴产业领域人才争夺的升温，导致新兴产业引才成本不断升高。

2. 现有人才培养模式与产业发展“供需脱节”

一方面，现有人才培养与新兴产业发展协同机制不健全。目前尚未完全建立起以促进“政产学研资介”多方共赢为目标的人才培养与产业发展协同机制。另一方面，高职院校的专业设置对新兴产业关注不够，培养出的人才和新兴产业发展需求匹配不足。这是本次调研发现的第二个突出问题。

3. 青年人才群体面临发展瓶颈“心有旁骛”

调研还发现，青年人才群体对于就业环境、晋升空间、自我实现都有着强烈的诉求。目前，还有不少青年人才面临担纲机会少、成长通道窄、评价考核多、事务负担重、生活压力大等问题，迫切需要更多基础性制度安排和政策红利，为其减负赋能，释放青年创新人才的潜能。

4. 人才评价和使用主体的作用“亟须增强”

新兴产业领域民营企业众多，如何更多发挥民营企业在人才评价和使用中的主体作用，也是当前亟须解决的重要问题。以学历和职称为核心的人才评价体系不能适应新兴

产业发展需求，在人才评价认定中，需要突出产业和市场导向，进一步向用人主体放权，积极为人才松绑。

四、改革优化新兴产业领域人才工作机制的思路与建议

（一）拓展新兴产业领域产业人才治理理念

在坚持党管人才总原则的前提下，根据新兴产业发展实践及人才成长、流动的规律和特征，及时拓展新兴产业人才治理的理念。

1. 坚持市场化方式

遵循人才供求规律、人才“有进有出”原则、人才竞争国际化理念，努力贯通“体制内”与“体制外”人才队伍，贯通国内外人才队伍，营造天下英才竞相汇聚、蓬勃涌现、自由竞争、开放发展的人才市场环境。

2. 坚持社会化参与

充分发挥企事业单位在人才培养、吸引、使用等环节的主体作用，以及专家、学会、协会等联系人才、服务人才的作用，积极引导工青妇等人民团体、社会中介组织等社会力量广泛参与人才工作，探索政府人才工作部门与公共机构、民间组织、用人单位等多元主体的合作治理模式。

3. 坚持数字化引领

统筹运用数字化技术、数字化思维、数字化认知，把数字化贯穿到人才发展治理全过程，运用大数据、云计算等技术手段，对人才发展治理机制、方式、流程、手段等进行全方位系统性重塑。

4. 坚持国际化视野

大力构筑全球人才发展的战略高地，建立国际化人才配置枢纽，打造世界级人才发展平台，形成接轨国际规则的专业人才开发制度，提升全球智力资源利用能力，争取国际数字人才竞争优势。

5. 坚持法治化思维

大力推进人才管理工作的法制化、制度化、规范化，建立人才治理、人才引进、人才培养、人才使用、人才激励等环节的法律法规体系，及时将成熟的政策转化为法律法规，为集聚、使用天下英才提供法治保障环境，依法保障人才权益。

（二）优化新兴产业领域党管人才工作机制

1. 深化“党委牵头抓总”与“多方参与协同”人才工作机制改革

一是发挥好党委组织部门的牵头抓总作用，增强面向未来的新兴产业人才工作的战略性、前瞻性、系统性谋划与布局。人事（人社）、产业、教育、科技、发改等部门结合自身人才服务职能与优势资源，构建多部门参与协同的新兴产业人才工作新机制。二是有效调动统战、工会、社会建设、民政等部门支持新兴产业人才发展的积极性，支持、鼓励新兴产业领域各类人才型、创新型社会组织的建立与发展，充分发挥好欧美同

学会、留学人员联谊会、知识分子联谊会，以及各类人才相关的协会、学会、联盟的力量与作用，将其作为党管人才工作机制的有机构成和功能延伸。三是继续探索新兴产业人才工作区域间协同。上海可发挥自身优势，探索与其他地区合作共建长三角人才产业集团，成立长三角新兴产业人才发展基金，实现人才要素的高效配置。上海市域内相关区、产业功能区之间，根据区域间产业链、产业集群的合作协同关系，加强产业人才、项目发展中的跨区域协作，为产业人才在上海顺利发展、绽放光彩做出共同努力。

2. 织密市区联动与条块结合的组织体系

一是市级层面探索成立新兴产业领域行业工会联合会。在坚持工会基本属性的基础上，针对上海数字经济、元宇宙新赛道行业发展特点、主要企业特点和行业职工队伍特点，发挥其熟悉行业、贴近企业、联系职工的优势，探索一条新兴产业行业工会联合会改革的路子。二是地区层面探索成立产业或者行业综合党委，更好地服务和引领青年人才、初创企业，助力打造更具辨识度的新兴产业双创生态体系。汇集资源，着眼人才发展中的痛点、难点，编制推出人才党建服务清单，努力为人才营造“最舒心”的干事创业氛围。

3. 推动多维度向用人主体放权授权

充分发挥用人单位在引才用才上的主体作用，继续深化“放管服”改革，进一步落实用人单位用人自主权，着力提高人才资源配置效率。聚焦重点产业、重点区域、重点机构，给予用人单位人才评价、人才落户、编制使用、公开招聘、岗位设置、科研经费管理等方面更大自主权。

（三）增强新兴产业领域人才发展政策制度供给

1. 数字人才政策需要更加有的放矢

以城市发展目标和人才需求为导向，结合新兴产业发展实践，找准着力点，明确支持类型，提升支持力度，扩大覆盖范围，实现横向比较更具竞争力，纵向比较更具获得感，供需比较更具适配性。针对新兴产业人才群体的典型特征与共性需求，适时改革灵活就业人员相关社会保障政策，增强灵活就业人员数字技术技能的社会化培训，为新兴产业领域人才良性流动与发展提供更多社会支持。

2. 探索以产业人才特区聚天下英才

建议在浦东新区构建先行先试的产业人才特区。在人才“引育留用”关键环节，给予人才特区特殊政策。例如，赋予试点单位一定的人才项目评审自主权，采取选人而非项目的方式长期稳定支持一批从事产业技术研究的优秀科学家等。浦东可争取在海外人才引进制度上率先突破，探索建立覆盖海外人才来华工作生活全流程、全周期的政策体系。进一步研究在浦东投资、工作的高端产业人才审核权限下放政策，为引进的“高精尖缺”海外人才提供入出境和停居留便利。逐步放开专业领域境外人才从业限制，对其在浦东完全市场化竞争行业领域从业视同享受国民待遇，建立国际职业资格证书认可清单制度。支持浦东在中国国际进口博览会期间试行更大力度的人员出入境等配套政策，

并推动常态化、制度化等。

3. 建立优化新兴产业人才评价体系

在新兴产业领域，针对民营企业居多、年轻人居多、海外归国人才居多的特点，要加快建立以创新价值、能力、贡献为导向的人才评价体系。优化评价指标，根据不同行业、不同职业、不同岗位、不同层次人才特点，科学合理、各有侧重地设置人才评价指标。改革评价方式，注重个人评价与团队评价相结合，对特殊人才开辟绿色通道。健全动态评估，科学合理设置评价考核周期，建立能上能下的人才竞争机制。

（四）促进创新链、产业链、人才链、教育链深度融合

1. 深化产教融合双轮驱动，创新人才培养模式

一是支持“双一流”大学围绕数字经济基础理论、数字技术基础研发和关键核心技术三个方面，建设一批数字技术实验室，支持高校与企业共建博士后工作站。二是探索建立一批产教深度融合的数字经济教学和实践基地，共同开发数字经济课程，共享教学资源，共同制定人才培养方案。三是探索多元化、复合型人才培养模式。探索双学位、主辅修等多元化人才培养模式，形成全新的人才培养体系。四是依托《关于加快推动基础研究高质量发展的若干意见》提出的“基础研究特区”试点，进行稳定集中科研支持，在高校和科研院所培育一批数字经济优秀人才团队。五是围绕数字经济、元宇宙等重点新赛道产业建设一批现代产业学院，加快培养新兴产业急需的高素质应用型、复合型、创新型人才。

2. 探索建设创新联合体，共建人才“蓄水池”

创新联合体是一套新型“产学研用”一体化科技创新模式，可建立“双挂职”制度，打通科技创新人才融入企业创新链的机制堵点，进而破解科研人才“孤立培育”的难题。创新联合体还可通过“联合招收、联合培育、联合考核、联合使用”的方式，构建“知识传授+联合攻关+创新实践+素质提升”的人才培养模式，形成“产学研用”一体推进的创新人才培养体系。

（五）构建技术、项目、载体（平台）、资金（资本）、服务协同一体的支持服务体系

1. 完善人才发展全链条式支持服务

通过举办高新技术成果交易会、技术转移转化推介会等国际性活动，更好地帮助人才找市场、项目和资金。引导鼓励各类资本不断向人才集聚。构筑创新创业投资联合体。联合境内外投资机构、创业服务机构、创客空间等载体，汇聚政府、企业、资本、院校、载体和服务六个方面的力量，合力加速技术转移成果转化的产业化落地。探索成立人才产业集团，为吸引人才集聚、支持人才创业、推动园区建设提供空间、资金、专业服务的全面支持。举办新兴产业国际创新创业投资大会（赛）。加速项目与资本对接、项目与其他服务资源对接，加速孵化。推动形成覆盖面广、有核心优势、具备完整服务链条的赋能式服务体系。及时高效响应青年人才的宜居安居需求，创造便捷优质的生活

体验，支持年轻人参与城市治理、增强归属认同，让上海成为青年人的筑梦之地、圆梦之城。

2. 拓展新兴产业人才事业发展平台

健全新兴产业优秀人才发现机制。要在实施重大科技任务和重大创新工程项目中不断发现人才，在产业项目创新大赛、产业技术揭榜挂帅、产业成果展览展示、工程项目立功竞赛、行业开发者大会等活动中发现人才，及时给予关注并跟踪支持。夯实新成立的国家卓越工程师创新研究院（上海）等新型机构的人才培养功能，加强基础学科基地和前沿科学研究中心的建设力度。推动科技创新平台和大型科学仪器设施资源共享平台向新兴产业企业开放。推动新兴产业领域制造业创新中心、企业技术中心、企业工程中心、前沿技术实验室等机构建设发展，发挥好吸引人才、培养人才、流动人才的作用。鼓励各地建设创新工场、众创空间等集孵化与创投于一体的数字经济孵化器，促进新赛道初创企业人才集聚和成果转化。打造创新创业生态数据应用平台，作为技术转移成果转化、创新创业供需两端的对接服务平台，为政府、投资人和需求方的项目评估提供客观支撑。平台还可通过“培训＋实战”的形式组建志愿服务团队，打造服务新兴产业创新发展的专业服务组织。

（本文获2022年度全市组织系统优秀调研成果一等奖）

课题组成员：张　义、季玉强、李　萌、金洁萍、李　朔
主要执笔人：李　萌、李　朔

关于构建高品质人才生态系统的情况调研和对策研究

虹口区委组织部课题组

党的二十大报告指出，人才是第一资源，是全面建设社会主义现代化国家的基础性、战略性支撑。报告明确指出要加快建设世界重要人才中心和创新高地，着力形成人才国际竞争的比较优势，把各方面优秀人才集聚到党和人民事业中来。虹口区第十一次党代会报告指出，要营造英才汇聚的创新“强磁场”，让广大人才在虹口舒心生活、安心工作、追逐梦想、实现抱负。为进一步掌握全区人才工作情况、优化人才发展环境、健全人才综合服务体系，区人才办成立专项调研组，紧紧围绕人才强区战略的总体要求，通过问卷调查、实地走访、案例比较、座谈交流等方式，深入分析虹口构建高品质人才生态系统工作中存在的问题和不足，认真研究新形势下引才聚才、人尽其才的有效措施，切实增强本区人才工作的针对性、前瞻性和有效性，为人才工作科学决策提供依据，为虹口实现“上海北外滩，浦江金三角”战略目标、上海建设高水平人才高地提供智力支持和人才保障。

一、虹口区人才工作现状分析

（一）近年来人才工作主要成效

近年来，虹口区委区政府高度重视人才队伍建设，在畅通人才引进渠道、加大人才培育力度、完善人才服务体系、健全人才使用机制等方面取得了一定成效。具体如下：

1. 强化组织领导，完善工作架构

升格区人才工作领导小组设置，由区委书记担任组长，制定领导小组工作规则和领导小组办公室工作细则，进一步强化对全区人才工作的组织领导和统筹协调。发挥党管人才的政治优势和组织优势，加大从一线专家人才中推荐担任市、区“两代表一委员”工作力度，为广大人才在更多层面展示自我搭建平台。目前，虹口500余名各类高层次人才中，有近80名成为新一届“两代表一委员”，2022年发展50名企业人才加入中国共产党。

2. 搭建引才平台，推动人才集聚

坚持最高标准、全球视野，以北外滩控详规划落地为契机，聚焦航运、金融、绿色低碳、工业互联网等主导领域，用好人才发展专项资金，有效助力重点领域人才集聚。积极联合中科院技物所、同济大学、三峡集团等区内外大学大院、大所大企等实施战略合作，推动项目对接，不断做大“朋友圈”。举办或参与承办北外滩国际航运论坛、中国北外滩资产管理峰会等国际性活动，持续推动各方英才近悦远来。

3. 形成政策体系，提升政策实效

制定并发布《虹口区人才发展“十四五”规划》，为实现高质量发展、高品质生活、高效能治理锚定人才发展目标；积极对接上海“海聚英才”工程，出台《促进海内外优秀人才集聚的意见》，为人才引育留用提供全方位支持；加快构建与区域经济社会发展相适应、与引才留才相协调的人才安居政策和保障制度，出台《人才安居工程实施办法（试行）》；2022年疫情防控期间火线发布《全力抗疫情助企业促发展的实施办法》，配套《非国有商务楼宇助企纾困房租补贴办法》等，坚定人才在虹口干事创业的决心和信心。

4. 加强人才培养，打造人才品牌

2022年选拔118名新一批虹口优秀人才，并以高规格进行宣传表彰；不断丰富区校共育人才品牌项目的内涵与外延，做精高校院所教师人才挂职锻炼工作；建立以“虹鹄计划”“虹鹰计划”“百人工程”及选调生招录为主的机关企事业人才培养输送链；联合各大高校、外服等专业人力资源机构成立北外滩人才工作联盟，持续推出“大展虹图 聚才北外滩”系列招聘活动，累计为近千家企业推出岗位1.3万余个，推动地区、企业、高校、人才“四位一体”融合发展。

5. 尽心尽力服务，优化发展生态

聚焦重点商圈、楼宇，整合党群服务阵地资源，逐步扩展形成“1+N”人才服务网络，积极打造“15分钟人才服务圈”；统筹全区资源推出“高层次人才服务卡”，提供“人才发展、人才安居、子女教育”等18个大类40余项多元服务；将近年来相关市、区人才政策汇编成册，线上线下形成《人才政策“一本通”》，努力打通人才政策落地“最后一百米”；在全市率先推出《虹口区留学回国人员过渡期内租住人才驿站的专项支持政策》，85所海外高校的近300名海归人才无条件拎包入住，以海纳百川的胸怀聚才引智。

（二）调研问卷对象对人才工作的总体评价及需求分析

为深入了解高层次人才对本区人才工作的总体评价，区人才办采用问卷调查的形式对300余名区内重点产业人才代表进行了调研，内容包括受访者基本情况、对各方面人才工作的评价、获知人才政策的主要途径、当前制约更多优秀人才扎根虹口的因素等，

共回收有效问卷 268 份。

从整体看，此次受访人才样本群体的学历层次较高、年富力强，包括产业精英、科学家和教育卫生系统社会事业人才等，都活跃在虹口经济社会发展的第一线。其中，年龄 45 岁及以下占比 66.42%（见图 1）；硕士研究生及以上学历占比 66.04%（见图 2）；工作年限大多为 10 年以上，占比 77.24%。

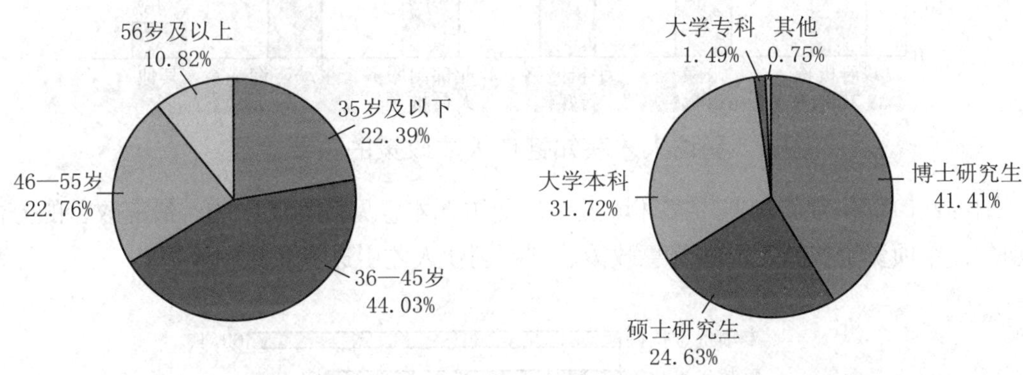

图 1　受访人才年龄结构分布　　图 2　受访人才最高学历分布

受访人才对当前虹口人才工作的总体评价满意度较高，在人才发展环境总体评价、人才政策力度、人才政策精准度、人才政策知晓度、人才政策便利度等五个维度上“满意”和“较满意”的比例分别为：83.59%、75.75%、77.61%、73.51%、80.23%（见图 3）。满意度最高的维度是“人才发展环境总体评价”，不满意度最高的维度是“人才政策知晓度”。

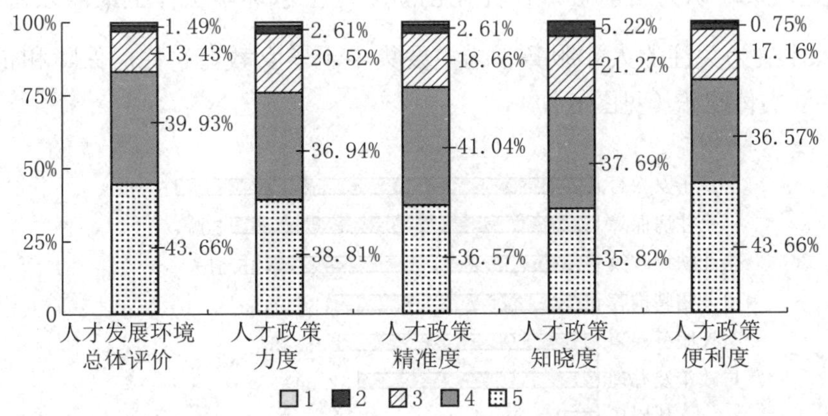

图 3　受访人才对当前虹口人才工作的分维度评价

（注：1—5 分别对应不满意、较不满意、一般、较满意、满意）

受访人才获知人才政策的主要途径依次为：政府机构文件、手机网络新媒体、产业部门服务人员推送、政策宣讲会、主动咨询等（见图 4）。

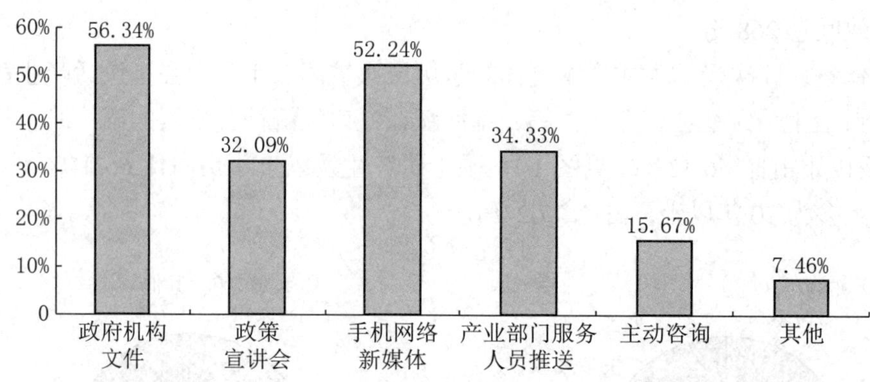

图4　受访人才获知虹口人才政策的主要途径

围绕虹口优化创新创业生态环境工作，受访人才意见较为集中的、最需改善的方面分别是：专项资金扶持、财政优惠政策、创新创业人才引进等（见图5）。

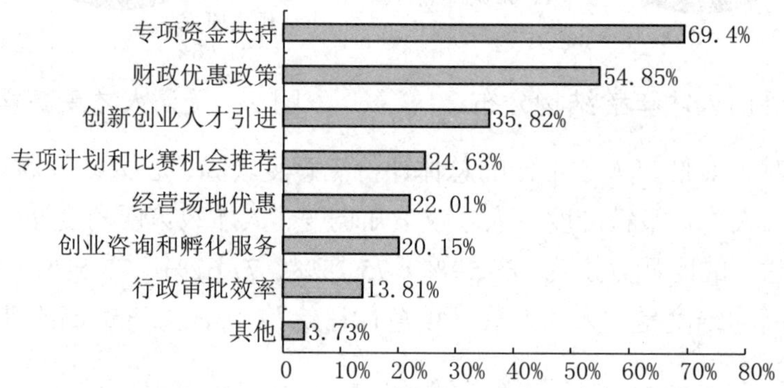

图5　受访人才认为当前虹口在优化创新创业生态环境工作上最需改善的方面

受访人才最为关注的人才服务举措主要集中于子女教育、住房保障和企业扶持政策，最不关注文体娱乐（见图6）。

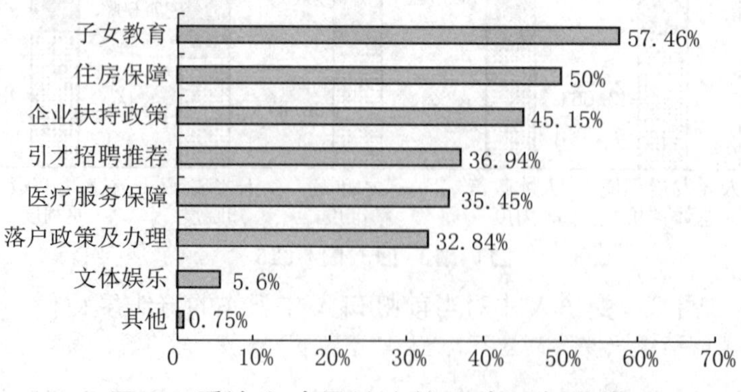

图6　受访人才最关注的人才服务举措

在当前制约更多优秀人才扎根虹口的因素方面，综合受访人才选择的排序结果分析，“人才生活保障力度不足、住房难问题突出”是最大制约因素，66.49%的受访人才

将其排在第一、第二位；紧接其后的是“人才发挥能力专长的岗位平台不足”“人才个人能力提升渠道不多”“人才及其企业项目资金扶持力度不够”“地区教育、医疗等社会服务资源不足”等方面（见图 7）。

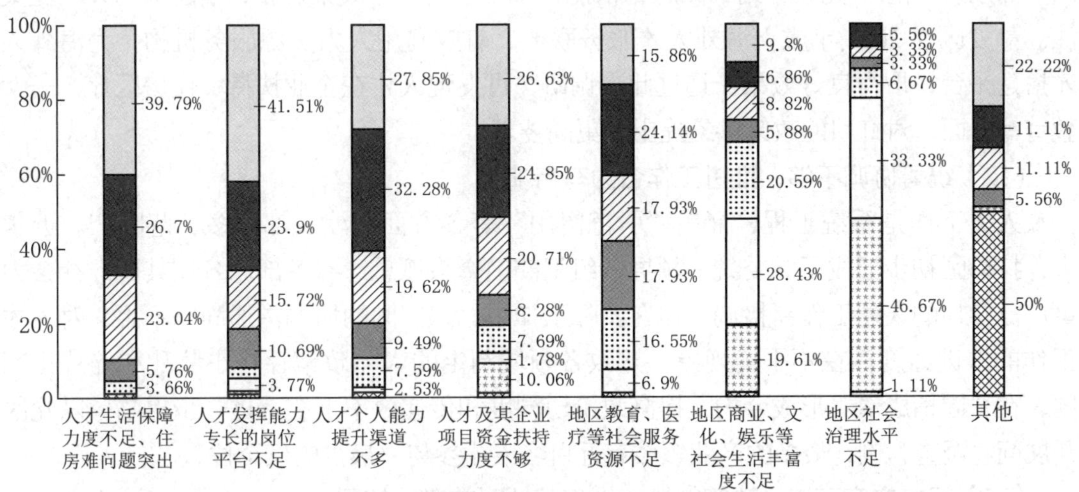

图 7　受访人才认为的当前制约更多优秀人才扎根虹口的因素

（三）其他调研方式征集的人才工作意见建议

通过开展“我为虹口提升人才服务水平建言献策——聚焦北外滩招才引智”系列活动，面向区人大代表、政协委员、各类人才及重点企业代表等，收集汇总了一批有针对性、建设性的想法：一些受访者提出，人才工作要努力打造生态圈，在吸引高端人才的同时，也要做好辅助性团队的工作，尤其要为青年人才解决好过渡性租房问题，让年轻人愿意留下来、留下来有事做、做的事有价值，形成人才培育和吸引的正循环；一些受访者认为，虹口应注重发掘自身优势，结合区域经济发展和产业特色，打响人才工作品牌，做好政策主动宣介；还有受访者建议，人才工作要更早介入，在上游培养环节有更多更实的举措，形成人才稳定输入的良性循环。

二、当前人才工作中存在的突出问题和原因分析

结合调研问卷、座谈交流等结果，借鉴国内、本市其他地区人才工作的成功经验，课题组对当前工作进行了系统反思，综合分析后，认为当前虹口区人才工作在以下几方面还存在不足：

（一）引才力度不够，人才集聚优势有待加强

虹口区域面积仅为 23.41 平方公里，常住人口 75.75 万人，常住人口密度为 3.24 万人 / 平方公里，是居住大区。相比兄弟区，高新技术企业较少，能吸引海内外人才的知名科研院所、高等院校不多，配套服务仍存在一些短板，这些都是造成当前高层次人才

数量、比重、结构均呈现一定程度缺憾的重要因素。近几年，以北外滩开发建设为契机，虹口区人才引进力度持续加强，但对标人才需求和部分兄弟区的做法，在制定引才政策、借助专业机构力量、供给紧缺资源等方面还有进步空间。浦东新区、徐汇区分别以“浦东人才港”“光启计划”品牌为依托，统筹全区人才政策资源，引起海内外广泛关注。静安区在2021年成立海外人才服务联盟，有效利用人力资源服务机构，为海外人才搭建平台，取得良好效果。通过此次调研，可发现人才在企业扶持、住房医疗、子女教育等方面，对虹口的政策供给提出了更高要求。

（二）统筹协调不够，推进工作合力有待加强

人才工作是系统工程，涵盖“引育留用”等各方面，涉及部门多、范围广。近年来，虹口区初步形成了党委统一领导、组织部门牵头抓总、有关部门各司其职、社会力量广泛参与的人才工作新格局。但在实际工作中，部门间的协调沟通尚有不足，对人才工作的推进力度存在不平衡现象，导致各领域制定的人才政策存在小散乱和碎片化问题，在“握指成拳”形成合力，提高政策协同度和传递效率上有待进一步提高。以此次开展问卷调查为例，最多的产业领域有近百名人才参与，最少的仅个位数。

（三）服务广度不够，政策的针对性和落地时效有待加强

虹口区现行的人才政策基本属于通用政策，在针对不同行业人才差异化需求的精确匹配和高端人才“一对一”精准服务上，由于人力等各方面原因投入力量尚有不足。人才服务覆盖面有待拓展，部分服务项目主要面向重点产业人才，对其他领域如社会事业人才、体制外创业人才的服务力度还需进一步提升。人才政策宣传力度有待加强，因政策的宣传推广在很大程度上影响着政策的落地效果，当前虹口区人才政策的宣传推广主要依赖政府文件及微信公众号推送，方式较单一、影响力偏弱，未能做到“横向到边、纵向到底”。

三、推动构建高品质人才生态系统的对策建议

面对当前人才工作中的不足，对标高品质人才生态系统的建设要求，我们将继续深入贯彻习近平总书记关于新时代人才工作的新理念新战略新举措，从人才引进、培养、服务等各方面提供更有穿透力、吸引力的保障措施。现提出如下对策建议：

（一）加强海内外人才引进，充实生态系统多样性

1. 树立全球视野，实施更开放的引才政策

坚持聚天下英才而用之，是做好人才工作的基本要求。进一步把握上海打造“中心辐射、两翼齐飞、新城发力、南北转型”新市域格局的契机，聚焦北外滩发展，推动《虹口区人才发展“十四五”规划》《虹口区促进海内外优秀人才集聚的意见》落实落细，加大政策评估、修订力度，健全海外高层次人才引进工作体系。把握“互联网+”、大数据特征，依托市级平台力量，绘制与虹口契合度高的全球创新人才地图，完善海内外人才数据库。结合虹口资源禀赋，继续通过各类北外滩国际性论坛助力虹口金融、航运等

产业品牌建设，吸引更多高端人才和国际顶级机构企业入驻。

2. 实施分类评价，完善人才评价标准

进一步完善区域人才分类评价体系，发挥用人单位主导作用，破除人才评价“四唯”现象。突出品德评价，建立与公安、征信等部门的信息共享机制和基于道德评价结果的退出机制；拓展评价主体，进一步引入市场、用人单位、行业及社会等多元主体评价选择；创新个性化人才评价标准，综合考虑人才能力、潜力和绩效，探索形成具有虹口特色、导向明确、精准科学、规范有序、竞争择优的人才评价机制，健全并定期更新全区人才数据库。

3. 拓宽引才渠道，发挥多主体协同力量

发挥国际合作平台、重点产业平台、优势政策平台的牵引作用，广泛开辟政府、企业、高校和科研院所、人力资源机构、社会团体等渠道，引导用人单位成为人才开发主体，为扩大人才生态圈构建良好的人力资源市场基础。丰富引才媒介，做大“大展虹图”“北外滩招才引智直播间”品牌效应，进一步通过“云选会”“直播带岗”等形式，借助多样化通道实现灵活引才、以才引才。充分发挥市场在引才工作中的主导作用，着重关注集成电路、生物医药、人工智能、金融科技、元宇宙等重点行业，加大对人力资源行业引才激励力度，借助专业猎头力量实施精准推介、靶向引才。

（二）打造高质量人才共育，确保生态系统可持续

1. 加强政治引领吸纳，打造更多元培训平台

强化对体制外人才的政治引领，依托党群服务阵地、党校（行政学院）等，通过培养入党，举办青年英才研修营、非公有制经济代表人士研讨班等培训载体，引导人才形成学习贯彻习近平新时代中国特色社会主义思想的政治自觉、思想自觉和行动自觉。进一步支持单位及人才申报各类高级人才培训项目，积极搭建平台，为高层次人才和优秀后备人才提升自我、实践锻炼创造条件。健全双向交流、挂职锻炼等机制，开发北外滩一线、旧改、社区治理等重大任务、重大斗争一线“赛马场”，形成中长期、多维度、深层次的共育人才模式。

2. 深化区校企合作，构建人才教育培训基地

做深做实区校共育人才平台，进一步加强与复旦、同济、财大等重点高校的沟通联系，围绕“虹鹄计划”“百人工程”、高校院所人才挂职、选调生招录等项目，为虹口开发建设提供源源不断的智力支撑。依托区域化党建联席会议、北外滩人才工作联盟等平台，聚焦北中环科创集聚带、“双碳”示范区、数字孪生城市建设等，加大资源整合力度，新建一批创新创业人才培训基地、基层社会治理研究实践基地。

3. 加强品牌化建设，实施重点人才培育工程

对标市级人才培养计划，依托人才所在单位，对选拔出的虹口优秀人才，以人才成长、学术或工作成就、团队建设为培养目标制定培养计划，做到“一人一策”。有计划、分步骤实施“菁英100”青年英才培养计划，面向全区各领域优秀青年人才建立职业目

标导航发展机制，着力打造一支覆盖面广、梯队性强，在推动经济社会发展中发挥重要作用的后备队伍。继续扩大“百人工程”储备人才项目引才效应，重点关注国内外重点高等院校毕业生，不断优化遴选方式，健全储备人才培养链，打造干部人才队伍“蓄水池”。

（三）提供精准化人才服务，维持生态系统稳定性

1. 加强关心关爱力度，以真情实感留人才

坚持“一把手”抓“第一资源”，常态化落实党委联系服务专家制度，推动各部门主要领导和人才交朋友。建立区委组织部、区人社局、产业部门定期组团走访重点单位、重点人才机制，听取意见建议，及时解决各类诉求；积极推荐各类人才参加国家级、市级及区级的各类选拔、评比，用好各级各类宣传阵地展示各领域人才风采，增强其对虹口的归属感和认同感。

2. 健全工作保障体系，以完善机制留人才

聚力大局、系统谋划，整合各部门力量，着力打造具有虹口辨识度、丰富立体的人才工作品牌，完善上下联动、横向贯通、分工合理、整体协同的区域人才工作体系。健全人才工作目标责任制，以开展年度述职评议为抓手，加大党政领导班子综合考核指标中人才工作的考核权重，压实部门主体责任。完善人才发展专项资金使用机制，保持投入稳步增长。定期举办人才工作者培训班等，将人才工作的新服务、新模式、新举措，通过“招商招才”“招才引智”联动，输送到企业和人才身边。

3. 聚焦发展难点痛点，以优质服务留人才

针对人才普遍关心的住房问题，进一步扩大人才安居服务覆盖面、加大政府补贴力度，将“海外人才驿站”的受益对象扩大至国内“双一流”大学的硕士毕业生，全力解决青年英才现实痛点，让更多创新创业人才在虹口“先安居后乐业”。充分挖掘潜在房源，“十四五”期间多渠道筹措3000余套租赁房源，依托人才公寓线上看房选房平台，提升人才入住便利度和满意度；积极引入社会化力量参与人才公寓管理服务工作，使符合人才需求的市场化房源并轨纳入人才住房保障体系。不断优化“15分钟人才服务圈”，在北外滩、瑞虹等商圈开设专窗，构建更为全面的人才服务网络，推动“全程网办”，让云端服务更便捷高效。做精做优“高层次人才服务一卡通”小程序，根据人才需求定期更新服务内容，努力营造人才乐业安居的良好环境。

（四）推动高品质人才集聚，激发生态系统活力

1. 打造各类创新创业载体，积极汇聚企业人才

推进校区、园区、社区联动，集成人才、资金、项目和服务支持，依托区内外高校、科研院所、科技企业孵化基地布局建设一批高端创业产业园区、工程研究中心、企业技术中心等。塑造“创业在虹口”品牌，聚焦青年创业群体，以启用上海创新创意学院为契机，每年举办“设计寰宇”创意营、创新创业大赛，青年创业夏令营等品牌化活动；推动全区资源整合联动，引导和鼓励行业领军企业、创业投资机构等多方力量参与

创新创业载体建设，重点培育虹口亟须发展领域的创新创业企业和人才。

2. 完善创新创业支持体系，提升人才激励机制成效

做好创新创业资金扶持，发挥虹口金融产业独特优势，加强资本市场与创新资源的对接，推进资本链引领创新链，健全创业人才融资服务体系。大力探索具有虹口特色的创新举措，争取优惠政策在区内先行先试，进一步拓宽企业成长发展空间。鼓励高校、科研院所研究人员到企业挂职，为企业提供创新服务，支持企业柔性引进人才。关注高端创新创业人才顶尖性、稀缺性及其成长特殊性，依托打造北外滩国际人才港，探索量身定制人才政策，努力集聚一批国际一流项目和高端人才团队在虹口创新创业。

3. 探索优化人才使用机制，营造信任宽容的创新创业环境

政府搭台、市场主导，进一步向用人单位放权，建立以信任为基础的人才选用模式，探索放权、松绑的人才使用机制，鼓励人才带科研成果、专利技术和自主知识产权项目到虹口实现成果转化，完善事中事后监管方案，发挥用人单位主观能动性，激发释放市场活力。在政策措施上，尝试围绕就业创业、交流培训、项目落地等方面给予人才更大的决策权、更高的自由度、更满意的服务体验，充分释放才华和能量。

功以才成，业由才广。虹口将继续牢固树立人才是第一资源的核心理念，在创新人才工作理念上下功夫、在搭建人才发展平台上出实招、在优化人才多元服务上求实效，筑巢引凤、聚智汇力，着力构建高品质人才生态系统，让天下英才近悦远来，为国家建设世界重要人才中心和创新高地、开创新时代上海人才工作新局面作出新的虹口贡献！

（本文获2022年度全市组织系统优秀调研成果二等奖）

课题组成员：蒋仁辉、金昳丽、杨楠桢、徐　超、赵　骁

主要执笔人：徐　超

数字化转型背景下交通银行金融科技人才队伍建设与研究

交通银行党委组织部课题组

党的二十大报告深刻指出“培养造就大批德才兼备的高素质人才，是国家和民族长远发展大计”，这为新时代推进人才工作提供了根本遵循。交通银行作为唯一总部设在上海的大型国有商业银行，深入贯彻落实习近平总书记关于人才工作的重要指示精神，围绕上海金融科技中心建设等国家战略需要，牢牢把握上海建设高水平人才高地机遇，以数字化转型与金融科技人才队伍建设为两大支点，全方位培养、引进、用好人才。

一、金融科技人才队伍现状与发展特点

（一）金融科技人才定义

2019 年，人民银行印发《金融科技（FinTech）发展规划（2019—2021 年）》，明确金融科技旨在运用现代科技成果改造或创新金融产品、经营模式、业务流程等，推动金融发展提质增效。金融科技人才作为组织数字化转型的核心资源，发挥着引领和支持保障数字化转型的重要作用。交行认为金融科技人才是通过科技赋能提高经营质效的人才，主要包括信息技术岗位和非信息技术岗位人员。

（二）队伍现状与发展特点

目前，交行分为 5 个职等，从高到低分别为 E 职等（高管级）、D 职等（总行一级部门级）、C 职等（总行二级部门级）、B 职等（业务经理级）、A 职等（业务员）。截至 2022 年 9 月，集团金融科技人才共 5801 人（占集团员工总数的 6.2%），其中总行员工占比近 60%，A、B 职等员工占比近 90%，信息技术人员占比近 90%，主要呈现出以下特点：

一是朝气蓬勃有活力，男性员工占比超过 60%。科技人才平均年龄 33 岁，较集团平均年龄 38 岁年轻 5 岁；男性员工占比近 66%，男女比例为 2∶1。

二是受教育程度较高，专业基础较好。大学本科及以上学历占比近 97%，近 60%

毕业于“985”“211”及境外高等知名院校，科技理工专业背景扎实。

三是忠诚度较高，工作稳定性较强。在交行平均工作年限为9年，近40%在交行工作超过10年，其中15年以上的占比近25%。

经对2018年底至2022年9月进行纵向比较分析，科技人才队伍呈现出“两升一降”的趋势特点：

一是大力补充金融科技生力军，科技人才总数持续提升。近5年来，伴随招录力度不断加强，科技人数保持逐年上升态势。从2018年底的2000余人增加到2022年的5800余人，在集团总员工占比从2.7%拉升至6.2%，提升了3.5个百分点。未来几年将继续扩充科技人才总数，直至达到金融科技“万人计划”目标。

二是硕士及以上学历占比增幅明显，总体学历水平逐年升高。硕士研究生及以上学历占比持续上升，2022年较2018年增加近11个百分点，整体提升了科技人才队伍的学历水平。本科、大专及以下学历占比逐步减少，近5年本科学历占比减少超过7个百分点，大专及以下学历占比减少超过3个百分点。

三是平均年龄持续下降，年龄结构不断改善。科技人才队伍整体年龄结构呈现年轻化趋势，尤其是30岁以下的比例稳步提升。2022年平均年龄33岁，相较于2018年底下降2.5岁，年均降幅0.5岁。从职等分布来看，2022年A职等平均年龄28岁，5年内降低近5岁，降幅最为明显；B职等较为平稳，近年在35—37岁区间小幅波动；C职等平均年龄自2020年后基本维持在42岁；D职等平均年龄前3年有小幅增长，近2年基本在47岁小幅摆动。

二、金融科技人才工作的经验做法

近年来，交行为构建服务集团智慧转型、适应未来竞争业态的金融科技人才发展“四梁八柱”，迭代升级一系列政策举措，助推经营模式从经验判断型向数据分析型、从人力密集型向人机交互型转变。金融科技人才集聚效应明显，人才工作取得积极成效。

（一）加强组织领导，坚持统筹谋划一盘棋

一是强化顶层设计。为打造一支“人数过万、布局前瞻、敏捷高效、价值创造”的科技引领生力军队伍，2019年以来，先后印发《关于进一步加强金融科技人才队伍建设的意见》《金融科技人才队伍建设规划（2020—2024年）》《金融科技发展规划（2021—2025年）》等文件，明确目标进度、推进举措、重点工作清单等内容，制定人才外部引进、内部转型、激励赋能三大实施路径。

二是优化组织架构。在总行层面，组建“两部、三中心、一公司、一研究院、一办”的金融科技条线组织架构；在分行层面，持续优化机构分类，着力构建职责清晰、精简高效、上下贯通的架构职位体系，提高组织运行效率。

三是建立人才数据库。在e-HR系统内建立科技人才专属标签，实行名单制管理。

从教育背景、专业资质、工作经历、专长领域等多维度，进行标识和动态维护。开展科技人才队伍研判，实时掌握人才结构变化和专业能力发展趋势。

（二）拓宽引才渠道，构建凝聚众智强磁场

一是校园招聘夯实生源专业基础。总分行洽谈对接全国超过100所重点高校，开展“携手百校、共稳就业”校园选才活动。2022年，全行新招录科技理工专业应届生占比达70%，同比提升超过10个百分点，较2019年提升近40个百分点。高潜质人才将优先推荐进入金融科技管培生队伍，目前已招收4期近100名金融科技管培生。

二是市场化引进集聚全球智慧资源。党委书记、董事长受邀在《“海聚英才”创新创业峰会宣传片》出镜并接受《第一财经》人才专题采访，2名优秀干部参加上海广播电视台金融人才报道，对标世界头部互联网公司和金融企业，招揽具有行业领军地位、前沿科技水平和突出创新能力的海内外高层次人才。截至目前，已成功引进总行高级经理层级及以上人才10余名。

三是行内选聘盘活存量人才资源。常态化开展集团内部金融科技人才招聘，搭建人才流动平台，持续推动总分行、各业务条线、各单位机构之间的人才交流。鼓励具有科技专业背景人员，通过专题培训、参与重点项目、考核认证等方式，转型成为科技人才，充分激发人才一池活水。

（三）推行用才实招，打造干事创业大舞台

一是实施双重管理机制，优化区域结构布局。充分发挥科技部门和经营单位“两个积极性”，在西安、合肥、武汉、长沙、成都等地设立异地研发分中心，推动实施总行为主的金融科技人才双重管理机制，支持分行本地特色业务创新。

二是推动科技人才派驻机制，促进形成业技共鸣。制定出台《交通银行总行金科派驻人员管理办法》，明确派驻流程、工作任务安排、派驻人员管理、绩效考核制度、期限及退出机制，推动技术人员和业务人员双向融合成长。

三是强化交流轮岗，建立复合型人才蓄水池。选派有金融科技专长的干部和前台业务干部交流任职，在直属机构班子中加大具有金融科技背景的干部选配。

四是搭建孵化平台，助力研究成果转化为生产力。与复旦大学、同济大学等高校签订合作协议，共建金融科技实验室及数字化研究中心，推动智能风控领域、反洗钱建模和普惠评分体系等方向研究成果落地。

（四）提升培训质效，跑出人才成长加速度

一是聚焦价值创造及能力提升。突出务实高效，坚持围绕中心、服务大局，将重点资源向重点培训对象倾斜。针对性设计相关重点项目，帮助干部员工掌握新理念、新技能，拓展新业务。

二是实行线上线下一体化推进。建立常态化、可持续的云端课程补给站，形成重点对象集中面授、线上培训全员覆盖，理念方法定期传授、知识技术随时更新的全方位培训模式。

三是训战结合提升岗位实践。强调成果导向、训战结合，安排课题研讨、项目攻关、同业交流等。将岗位实践作为培训的重要环节，定期跟踪学员在业务实战中对金融科技的应用与成效。

（五）优化激励保障，架起拴心留人连心桥

一是健全考核评价体系。持续完善分层分类考核评价体系，对科技部门干部员工比照业务经营部门实施考核评价，推动科技与业务更好融合。聚焦关键族群完善二次分配，突出人才在项目中成长、在应用中体现技术价值的评价导向。

二是着力打造幸福家园。在市委、市政府的大力支持下，每年约有300余名干部员工通过人才引进、应届生落户等渠道在上海办理户籍，近4年已累计为上海地区近1000名科技应届生提供人才公寓过渡周转。同时，在补充医疗、企业年金、探亲等方面出台关爱政策，切实解决人才后顾之忧。

（六）激活人才引擎，交出科技赋能新答卷

交行坚持以服务“国之大者”的责任感和优质的金融服务，助力上海及长三角区域的经济和社会发展。得益于全行科技与人才体系的有力支撑，在大上海保卫战中，交行各项金融服务平稳有序，线上化无接触作业能力大幅提升。同时，交行积极融入上海数字政府建设，所有网点在上海地区提供超过100项政务服务，在长三角地区提供超过300项跨省通办服务，推动惠民就医、电子亮证、抵押登记等跨省通办成果在金融服务领域运用，便利长三角地区企业及群众跨域办事。

三、金融科技人才队伍存在的主要问题及原因分析

在新形势、新要求、新任务下，交行金融科技人才队伍建设仍然存在“不匹配”“不平衡”“不适应”的问题，人才工作还需要进一步优化完善。

（一）组织形式与数字化经营要求尚不匹配

一是现有组织架构和职位体系迭代较为缓慢，且“总—分—支”式的组织架构使总分行垂直管理缺乏抓手，战略难以传达至一线。二是职能块状为主的组织架构非常严谨，但是前中后台各部门之间存在竖井割裂，横向协同效率不高，难以形成数字化转型合力。三是现有组织结构方式仍然是以管理为中心、以产品为中心，尚未形成适应数字化竞争需要的以客户为中心，敏捷灵活、快速决策、共享复用的运营方式。

（二）人才供给量与需求量结构尚不均衡

一是金融科技人才总量不足。现有金融科技人才队伍和同业存在差距，距离“万人计划”目标也有较大缺口，人员总量难以支撑数字化转型和高质量发展。二是领军人才数量不足。既深刻理解金融业务又通晓信息技术的高水平复合型中高级经营管理人才较为缺乏，在业务领域具有科技领军优势的专家型人才偏少。三是业务部门科技人才数量不足。现有科技人才主要集中在金科部门信息技术岗位，在业务部门工作的比例明显较低，优势行业板科技人才投入仍然不足。

（三）人才专业能力与事业发展尚不适应

一是对新知识新技术的学习掌握不足。现有科技人才对大数据、云计算、人工智能和区块链等最新科技前沿技术知识，以及新业务监管政策、新业态发展创新趋势、新模式运作机制、新时代管理技术等方面理解不够深。二是耦合型能力素质有待提升。目前业务条线具有技术背景和数字化思维，推动产品设计和数据增值的人员专业能力不足。IT 人员对业务的参与度不够，更多停留在接收需求、编写代码上，缺乏对业务的深入理解和准确把握，难以主动从业务视角、客户视角推进开发。

四、金融科技人才工作同业经验借鉴

经开展同业调研，同业具有代表性的金融科技人才队伍建设经验，对交行而言仍然有诸多学习借鉴之处。

（一）国有商业银行经验借鉴

1. 工商银行：科技人数及科技投入均位居银行业榜首

工商银行围绕“数字生态、数字资产、数字技术、数字基建、数字基因”的五维布局，深入实施金融科技人才牵引工程，积极引入高端领军金融科技人才，开展“科技菁英”“数字化菁英”等专项人才培养计划。建立创新攻关“揭榜挂帅”机制，形成 100 余个敏捷柔性生态拓展团队。截至 2021 年底，科技人才数量达 35000 人，占总员工比例超过 8%，金融科技投入超过 250 亿元。

2. 建设银行：善借高校平台提升培训实效

建设银行升级金融科技战略为“TOP+2.0”，通过完善金融科技人才职业生涯培训体系，打造“入职培训、跟踪培养、管培生”三大支柱，探索“2+N”高潜青年人才培养体系，与香港大学共建“数据分析师”认证项目，与香港科技大学、西安交通大学、南开大学等高校联合举办培养项目。截至 2021 年底，科技人才数量超过 15000 人，从 2017 年底至 2022 年均增长超过 20%。

（二）股份制商业银行经验借鉴

1. 招商银行：着力打造内生培养体系

招商银行持续推进数字化转型发展和 3.0 经营模式升级，以“FinTech 精英训练营”招募数字化人才，吸引 STEM（科学、技术、工程、数学）类专业背景应届生加入。建立金融科技人才内生培养体系，大力推进数据分析师人才队伍建设。设立金融科技创新项目基金，作为全行新模式孵化器和推进器。截至 2021 年底，科技人才超过 10000 人，累计立项金融科技创新项目 2600 余个，累计上线项目 1900 余个。

2. 平安银行：注重组织结构敏捷转型

平安银行为打造“精技术、懂业务、会管理”的人才队伍，实施“从点到面的组织敏捷、从业务到科技的端到端敏捷、从手工到工具的流程敏捷”策略。通过设置敏捷团队，集中资源、快速破冰、迅速验证效果，提升组织创新能力和交付效率。组织全员

"FinTech 认证学习"，认证比例超过 90%，有效提升全员科技意识。截至 2021 年底，科技人才达 9000 人，占总员工比例超过 20%。

五、进一步加强金融科技人才队伍建设的对策建议

金融科技人才队伍建设是一项系统性工程，涉及人才发现、培养、评价、激励等多个环节。基于数字化转型高质量发展要求，在兼顾全局与重点、当前与长远、普遍与差异基础上，交行需要推动金融科技人才工作再上新台阶。

（一）进一步优化组织结构形式

一是在组织结构上，以扁平化、敏捷化为主要导向，横向促进各部门间协同，纵向减少管理层级。前台部门切实以客户为中心，做好目标客群分层分类管理；中后台部门要以提升市场反应效率为方向，持续优化资源配置及提高人均产能。在重点客群经营、产品开发、科技架构等方面，根据实际增加组织团队数量，其余部分原则上不再新增。同时，逐步合并部分组织职能，分阶段实现前重后轻的结构转化。

二是在组织方式上，建立灵活、敏捷的跨条线组织协同。针对业务发展落地所需，进一步推动做实专班机制，灵活设置协同虚拟项目组，完善项目组建、运转、退出配套机制，并给予项目成员必要的配套支持政策。

三是促进业务部门与金科部门联动性，形成有效融合、灵活匹配的组织架构。进一步加大力度推进金科板块人员派驻机制，由金科部门向业务部门批量输出数据分析人员、架构及需求分析人员等，健全完善科技与业务融合机制，支持战略业务敏捷落地。

（二）进一步加大人才数量补给

一是加大校园招聘力度。深化与高校战略性合作，提前锁定信息数字化专业起步早、水平领先的高校。在现有科技人才项目基础上，增设对科技理工专业学生具有吸引力的"金科储备生"职位，开展推优直录与定向招聘项目，推动总行金科部门与分行共享复用板块富余简历。

二是加大市场化引进力度。依托上海"国际人才蓄水池"、高峰人才引领工程、科学家论坛等平台优势，整合完善"五位一体"引才宣传体系，推动实施关键领军人才引进工作，定制与其能力和贡献相匹配的市场化考核机制与薪资待遇。

三是加大存量人员转型力度。目前，存量员工中具有金融科技类专业背景但暂未从事金融科技岗位的人员有 11000 余人，其中发展潜力较大的为转型主力军，可以通过项目制成长和针对性培训转型赋能为科技人才。

四是运用派遣制用工或项目外包形式补充缺口。实施灵活高效、能进能出的用人机制，根据实际需要使用外脑人才和外包人才，实现人才为我所用，营造人才"活水"环境。

（三）进一步优化人才队伍结构

一是在总行端着力打造"三支队伍"。以金科条线为主体，打造信息技术研发人员、业务分析师、数据分析应用人员三支队伍，设立重大创新项目专班，搭建引领性技术项

目工作室、实验室和项目孵化平台，实现人力资源按业务需求灵活调度、紧密耦合、敏捷开发、快速交付。

二是在分行端合理配置科技人才。紧贴业务市场和客户实际需求，着重在经营一线补充具备数据分析和需求转化能力的人才，提高向客户敏捷交付服务和创造价值的能力。通过运营能力和效率提升，实现基层营业机构厅堂人员合理配置，最大程度提高网点人力资源产出效能。

（四）进一步加快业务耦合型人才培养

一是启动实施金融科技人才资质认定。建立数字化人才能力素质模型，研究设计金融科技人才培训项目认证课程，开发引入金融科技通识类及专业类课程，经培训考核通过后，可认证为金融科技人才。

二是推进实施分层分类培养。针对数字化管理型领导人才，聚焦金融科技理念培养和数字化运用意识与能力提升；针对数字化应用型专业人才，聚焦技术业务融合和提升数据挖掘和运用能力；针对数字化专业人才，聚焦数字化专业能力提升和对金融业务的理解。

三是重点实施特色人才项目。对于 FinTech 管培生、储备生、应届生等各类人才项目，根据不同培养定位和培养目标，差异化设计培养体系和培训课程，针对性提高能力素质。同时，加强与华为、复旦等先进机构和院校合作，充分利用行内党校/研修中心优质培训资源，聚焦技术和业务融合，提升各类人才数字化思维和实战应用能力。

（五）进一步完善激励保障机制

一是建立优进绌退科技人才生态圈。强化内部竞争和末位淘汰机制，打破学历、身份、条线限制，搭建公平竞争环境，在实践中发现选拔科技人才，促进优秀科技人才脱颖而出。

二是完善分层分类考核评价体系。明确科技人才能力要求，形成量化、直观、多维度的能力素质画像，全面评估科技人才能力成熟度。探索以项目团队为考核分配单元，授权项目负责人统一实施技术和业务人员绩效考核及薪酬分配，建立研发与相应业务价值创造的联动考核机制，突出价值贡献，进一步完善二次分配。

三是加大激励资源保障力度。对团队中发挥核心骨干作用的科技人才，在职业空间、薪资待遇、户口保障、人才公寓、培养进修、荣誉奖项等方面充分倾斜资源，形成正向激励导向。

四是搭建人才经验交流平台。通过线上线下相结合的方式，及时总结共享各单位人才培养、激励保有等先进工作经验，推动集团内科技人才工作良性互动发展。

（本文获 2022 年度全市组织系统优秀调研成果二等奖）

课题组成员：王忆军、岳孟喜、陈　丹、谭丽娜

主要执笔人：陈　丹、谭丽娜

持续构筑人才战略优势 提升高端领军人才队伍的影响力、辐射力和话语权

中共上海城投（集团）有限公司委员会课题组

国以才立，政以才治，业以才兴。人才是企业发展的根本，掌握先进技术和最新知识的人才是企业发展的最大驱动力和决定性因素。本次调研围绕“提升城投集团高端领军人才在路桥、水务、环境、置业等领域的影响力、辐射力和话语权”这一主题，深入分析城投集团高端领军人才队伍建设的现状和存在问题，并提出了一揽子解决方案。课题成果将有助于构筑人才战略优势，助力集团高质量完成“两个确保”任务，圆满实现“十四五”战略规划目标。

高端领军人才主要指具有一定专业能力和专门技能的人才，包括国务院政府特殊津贴专家、上海市领军人才、“国资骐骥”领军人才、具有高级及以上职称人才、高级技师、博士研究生、市级以上工匠劳模、获得省部级及以上科学技术奖人才、获得省部级及以上技能竞赛奖人才等。通过问卷调查、访谈调研等方式，全方位了解集团高层次人才及用人单位的需求建议，总计回收有效调查问卷532份，访谈直属单位人才工作分管领导及人才工作部门负责人22人次，对相关情况进行全面梳理分析，形成本调研报告。

一、调研背景

为更好服务国家战略、上海大局，积极应对发展环境变化带来的机遇和挑战，城投集团亟须建设一支专业技术精湛，能够为行业发声、为专业代言的“一言九鼎”型大师级人才队伍。

（一）服务国家战略和上海大局的要求

习近平总书记在党的二十大和中央人才工作会议上均明确指出，人才引领驱动，人才引领发展，要坚持长远眼光，有意识地发现和培养更多具有战略科学家潜质的高层次复合型人才，形成战略科学家成长梯队，打造大批一流科技领军人才和创新团队。上海

人才工作会议强调，要加快建设战略人才力量，打造“硬核科技”的“硬核力量”。面对新形势新任务新要求，城投集团迫切需要认清发展形势、把握行业趋势、保持战略定势，融入上海城市建设发展大局，巩固提升“主力军、突击队、先行者”的地位，迫切需要通过人才选树、团队培育等方式来进一步提升集团“确保重大工程建设、确保城市安全运营”的核心竞争力。

（二）实现集团“十四五”发展目标的要求

“十四五”期末，城投集团总资产将达到万亿元、年度总投资和总收入连续稳定在千亿元、“一言九鼎”型高端领军人才达百人，集团整体实力在全国城投行业排名稳居前三，水务和环境两大城市运营板块的能力水平国际一流，功能保障类企业的服务效率和保障能级行业领先，市场竞争类企业营收实现年均两位数增长，基本建成卓越的基础设施和公共服务整体解决方案提供商。实现“十四五”发展目标需要坚强的人才保证和智力支持，需要建设一支在四大板块行业内具有影响力、辐射力和话语权的高端领军人才队伍。

（三）应对时代发展及行业竞争挑战的要求

城投集团作为上海城市基础设施和公共服务的主要提供者，对照上海“三大任务、一大平台”和五个新城建设的新要求，对标城市精细化管理、企业数字化转型、建设韧性安全城市等新任务，面对日益激烈的行业竞争新形势，自身经营能力和市场竞争力还存在一定短板。因此需要加大力度培养人才，尤其是培养选拔高端领军人才，充分发挥高端领军人才的引领带动作用，全面展现城投集团在区域成片开发中的经验和优势，助力集团实现从“市域”到“区域”战略布局的跨越，在参与区域合作和市场竞争中全力打响城投品牌，只有这样才能立于发展不败之地。

二、高端领军人才队伍分析

（一）队伍现状及结构分析

近年来，集团党委高度重视人才工作，主动融入市国资国企改革发展大局，深入实施人才强企战略，党管人才优势凸显，人才配置更趋优化，人才培养卓有成效，人才服务不断升级，一支管理能力强、综合素质好、专业水平高的人才队伍初步建成。截至2022年10月，集团共有各类高端领军人才1051人，占集团职工总数的6.3%。其中，上海市领军人才、国务院政府特殊津贴获得者8人，正高级职称84人，高级职称898人，高级技师61人。其中，经营管理类占比9.3%；专业技术类占比34.1%；技能操作类占比53.4%；党务工作类占比3.2%。

（二）各行业板块的人才缺口分析

城投路桥板块长期从事上海高风险、高难度、超大型重大交通基础设施建设，在建设、运营业务领域市场占有率高，已形成专业优势和规模优势。未来将转型为具备强大投资建设能力和运营能力的交通基础设施投资建设集团，亟须打造一批具有重大项目建

设投资运营的高端人才队伍，带动企业高质量发展。

城投水务板块有着“上海城投水务”的品牌优势，运营设施能力、服务面积以及人口等规模均位列国内单体城市之最的“规模优势”，水务全产业链及一体化运营管理的“运营优势”和一批行业专家骨干的“人才优势”。未来将发展为国内领先、国际一流的水务企业，在信息自控、一体化调度管理、电气设备和科技管理等领域紧缺复合型、综合型的中高端人才。

城投环境板块已具备前端收运、中转运输、末端处置及资源化利用的全产业链优势，且拥有成熟的内部管理体系、丰富的业务经验、国内领先的技术工艺、比肩国际的项目运营水平、完善的科技创新体系等优势。未来将构建从源头到终端绿色循环的产业链，形成超大城市环境治理和碳治理的“上海模式”，需加强培养引进市场化、信息化、数字化等人才队伍。

城投置业板块在保障房、租赁住房、商品住宅、旧区改造等项目上具有丰富的经验和良好发展基础，在区域市场竞争中具有差异化的资源获取优势。未来置业业务将从特色迈向卓越，助推上海城市全域空间调整和高品质生活示范，反哺城投公共服务和功能保障，急需兼具专业能力和管理思维的企业领军型人才，且需补充酒店、养老产业等新型业态上的高端管理人才和专业人才。

（三）存在的主要问题

1. 数量结构不尽合理

与集团路桥、水务、环境、置业等领域在行业的领先地位相比，领军型、复合型和专业型人才数量相对不足，缺少“大师级”人才。上海市领军人才、国务院政府特殊津贴获得者预计在5年内退休的有4人，占总人数的一半，存在一定“断层”现象，还未形成科学合理的金字塔结构。同时，从行业分布上看主要集中在路桥、水务和环境板块，占比分别为18.6%、27.8%、21.6%，而置业板块仅占比10.2%，行业分布还不够均衡。

2. 影响力、辐射力和话语权欠缺

集团高端领军人才在创新引领、经验输出、成果推广等方面的影响力不强，对周边地区和行业的辐射力偏弱，在战略谋划、行业规划、工程设计、技术方案、标准制定等方面缺乏足够的话语权。对标国资系统内兄弟单位，集团当前虽有序推进院士专家工作站建设，但院士专家类“关键少数”还是空缺。

调研发现，在与集团主责主业密切相关的38家行业协会中，高端领军人才担任会长（副会长）职务的共有21家，占比55%；成为会员单位的共有11家，占比达29%。社团兼职存在“三多三少”的突出特点，即工程建设类多、经济金融类少，市级机构多、国家级机构少，会员参与多、担任职务少，集团在各行业协会、学会的影响力和话语权并不突出。

3. 人才队伍机制建设有待完善

与实现人才配置最优化、人才价值最大化的要求相比，集团在领军人才培养、激励、考核、梯队建设等方面，规划和配套机制不够完善。此外，集团内各板块人才来源较为单一，以路桥板块为例，高层次人才主要来自同济大学等工科类学校，专业分布主要集中于土木工程、工程管理等专业，在市场化、管理类、数字化等方面的人才较少，专业领域上未能完全满足企业发展需要。

从调研情况看，51.5%的高端领军人才认为发现机制建设相对滞后，48.1%的高端领军人才认为引进缺乏系统性的规划、引进效益不高，50.1%的高端领军人才认为企业没有针对高层次人才进行全生命周期管理的成长路径，39.7%的高端领军人才认为高层次人才职业发展通道畅通程度一般。由此可见，虽然近年来集团围绕“四支队伍”“五大工程”采取了一系列举措，但在人才高地打造上还有很多提升空间。

三、对策与建议

坚持以习近平新时代中国特色社会主义思想为指导，全面贯彻落实党的二十大精神，围绕锻造一支“政治立场坚定、专业能力突出、综合素质过硬、行业高度认可、引领带动力强”高端领军人才队伍的目标，到2025年，在路桥、水务、环境、置业、数字化等领域集聚一支富有影响力、辐射力和话语权的高端领军人才百人队伍，人才的发现、培养、激励机制进一步完善，充分发挥“头雁”效应，影响力、辐射力和话语权全面提升。

（一）加强规划、优化结构，实施“百人计划”

1. 明确高端领军人才开发目标

坚持党管人才原则，聚焦集团四大板块及数字化、市场化领域的战略性紧缺人才缺口，围绕“新领域、高水平、强需求”，制定《城投集团高端领军人才开发目录》，开展针对性的高端领军人才外引内培工作。

2. 开展高端领军人才评审认定

突出政治品格、专业能力、实践经验等因素，以“高精尖”为导向，开展高端领军人才遴选认定工作。计划到2025年，形成一支专业技术精湛，具有创新思维和管理思维的高端领军人才百人队伍。

3. 加强高端领军人才梯队建设

遵循“定期交流、双向评价、成果转化”原则，以在行业学会担任重要职务的高端领军人才为高端领军人才导师，建立“高端领军人才导师—高端领军人才—青年潜力人才”的三级带教制计划，进一步发挥高端领军人才的传承示范作用，储备一批高端领军人才后备力量。

（二）加强锻炼、搭建平台，提升专业能级

1. 搭建技术攻关平台

推荐高端领军人才通过主持重点科创专项、参与重大工程建设和重要生产运营等，在实践锻炼中提升专业能力。积极打造“卓越工程师”团队，发挥各单位总工程师（副

总工程师）的技术带头作用；建立轮岗机制，培养“行业全链条”“板块全覆盖”的复合型高端领军人才。

2. 搭建行业交流平台

充分发挥城投的行业地位和资源优势，推荐高端领军人才积极参与中国（国际）供排水高峰会议、一线城市环保产业战略论坛、长三角房地产和城市产业链合作联盟等，不断开阔思路、启智创新，输出城投经验、城投智慧、城投方案。

3. 搭建校企合作平台

巩固提升水务、环境板块两个已有的“博士后科研工作站”，建立以路桥板块为主体的“博士后科研工作站”，积极开展校企联合培训，发挥高端领军人才在技术研究、人才培养等方面的辐射效应，培育高端领军人才团队，推动科技创新。

4. 搭建技能比武平台

广泛开展岗位大练兵、技术大比武等活动，举办技能大赛，开展“城投工匠”“城投技能大师”评选。加快技能竞赛成果转化，推动工艺、流程的技术革新、技术攻关；积极推荐高技能人才参加上海市和全国技能大赛，不断提高高技能人才在行业的影响力。

（三）加强交流、开阔视野，打造企业智库

1. 建设“上海城投院士专家工作站”

依靠各领域院士专家的技术引领，助力培育高端领军人才科技创新团队，拓展“以研究总院牵头，高端领军人才领衔，院士专家为指导，联合相关专业子集团的联合科研攻关模式”，努力形成一批重大科技成果，加大成果转化力度和推广应用时效。举办“城投院士论坛”，深入研讨行业热点和学术前沿，积极推荐高端领军人才在论坛上交流经验、分享成果。

2. 加大行业交流力度

积极推荐高端领军人才到相关行业协会、学会担任会长（理事长）、副会长（副理事长），参与行业规划的制定、产业政策的实施、专项课题的研究、专报建议的起草等，为行业发展提供城投专业化的意见和建议。支持高端领军人才参加国际、国内重要会议，组织高端领军人才团队赴行业标杆企业，推荐到行业相关政府部门挂职，提高专业水平。

（四）加强领导、营造氛围，打响人才品牌

1. 强化工作机制保障

集团党委要把“提升高端领军人才的影响力、辐射力和话语权”工作列入重要议事日程，纳入各子集团年度考核指标，形成上下联动的工作格局；探索实行“双聘制”“双通道”，拓宽晋升发展通道，营造“安心做科研、专心搞攻关”的创新创业环境；加大专项经费投入，将人才工作专项经费纳入年度预算，确保经费及时、足额到位。

2. 创新考核激励手段

采取年度述职方式，对高端领军人才的任务完成情况进行考核，考核评价结果与称号授予等奖励直接相关。支持“四新”技术的应用，探索科技成果转移转化收益“实效”分配机制和达标成果内部优先采购机制，建立科技研发中的容错纠错机制，提高科研成果转化的积极性和主动性。

3. 营造良好舆论氛围

加强与电视、报刊、网络等媒体的沟通合作，围绕城投重大项目建设运营的“领头人”、城投智慧和城投方案的“发言人”、助力政府重大决策的“参谋人”等三重角色定位，广泛宣传、营造氛围，着力提升城投高端领军人才的社会影响力与辨识度，逐步打响城投集团高端领军人才品牌。

（本文获2022年度全市组织系统优秀调研成果二等奖）

课题组成员：杨茂铎、张　鹤、曹　珺、柏　宁、陆馨儿、王黎艳

主要执笔人：曹　珺、陆馨儿、王黎艳

新时代上海涉外法治人才培养的探索与实践

市司法局政治部课题组

党的十八大以来，习近平总书记多次围绕涉外法治人才队伍建设发表重要讲话，强调要“加强涉外法治专业人才培养”，“保障和服务高水平对外开放”。上海高度重视涉外法治人才培养工作，明确提出“2035 年基本建成具有世界影响力的社会主义法治城市”目标，率先制定《新时代上海法治人才培养规划（2021—2025）》，推进高水平人才高地核心区建设。为深入贯彻落实党中央、上海市委市政府战略部署，上海市司法局课题组聚焦涉外律师、国际仲裁员等涉外法治人才开展专题调研，全面检视发展现状，总结工作成效，分析问题不足，借鉴成功经验，提出对策建议，努力为更高质量推进全面依法治市，加快建设法治昌明的社会主义现代化国际大都市提供有力的人才支撑和法治保障。

一、问题由来与调研方法

（一）问题由来

人才是全面建设社会主义现代化国家的基础性、战略性支撑。党的二十大报告以专章形式对“人才”工作进行专门论述，强调“人才是第一资源”，将人才工作的重要性提升到了新高度。作为中国最重要的对外开放城市，上海注重把握三方面需要，在涉外法治人才培养输送上发挥优势、积极作为。

1. 把握高水平对外开放的时代需要

在世界百年未有之大变局的时代背景下，国际竞争更加明显地体现为制度之争、规则之争、法律之争。习近平总书记强调，要加快涉外法治工作战略布局，协调推进国内治理和国际治理，更好维护国家主权、安全、发展利益。无论是做稳做实国内法治，还是推进“一带一路”建设，都必然要求通过协商、仲裁、调解等和平方式解决国际争端，培养高层次涉外法治人才成为最为紧迫的要求。

2. 把握法治上海建设的必然要求

时任上海市委书记李强在市委全面依法治市委员会会议上指出：“要有针对性地抓

好涉外法治人才定向培养，推动更多掌握多种语言、通晓国际规则、善于维护国家利益的法治人才进入国际组织，更好掌握制度竞争和法律博弈的主动权。”以涉外律师、国际仲裁员为重点对象，有针对性地抓好涉外法治人才培养，是上海建设全球法律服务资源集聚高地、国际商事争议解决高地、法治化营商环境建设高地的必然要求。

3. 把握年度重点任务的实践要求

2022年，市委组织部（市人才办）将涉外法治和国际组织人才培养专项纳入上海推进高水平人才高地核心区建设方案，并将“统筹推进各类人才队伍建设，加快集聚涉外律师、国际仲裁人才等，进一步强化涉外法治专业人才培养”作为年度重点任务。如何具有前瞻性、针对性地做好涉外法治人才培养工作，是法治综合部门需要重点关注、及时回应的实践课题。

（二）调研方法

1. 文献检索

系统学习党的二十大报告中对人才、法治等工作的重要论述和战略部署，研究习近平法治思想中关于法治人才培养的重要理念，分析近年来法治人才培养的研究成果，梳理其他省市涉外法治人才培养举措。

2. 调研访谈

走访市教委、市人力资源社会保障局、市高级法院等有关单位，市破产管理人、律师、仲裁、公证等行业协会，以及从事涉外业务的有关律所。

3. 问卷调查

面向本市法学院校师生开展课程设置评价，发放问卷114份（回收有效问卷114份，有效率100%）。

二、发展现状与面临困境

（一）上海涉外法律服务队伍发展成效

1. 涉外法律服务机构蓬勃发展

调研数据显示，上海现有律所1829家，其中从事涉外业务的有230多家，28家被评为全国涉外法律服务示范机构；在境外设立分支机构的有28家；有境外律所代表处145家，行业创收进一步增长，规模效应进一步显现。经市司法局审批登记的仲裁机构有4家，其中本市机构3家，即上海仲裁委员会、上海国际经济贸易仲裁委员会、中国海事仲裁委员会上海总部；国际组织仲裁业务机构1家，即世界知识产权组织仲裁与调解上海中心。此外，中国香港国际仲裁中心、新加坡国际仲裁中心、法国国际商会、韩国大韩商事仲裁院等4家境外仲裁机构在自贸区设有代表处。2021年，上海仲裁机构受理案件7840件，较2017年增长135%，标的额760亿元，较2017年增长165%，呈现持续增长态势，今年有望首次突破1000亿元关口。上海首次跻身全球最受欢迎仲裁地前十名，仲裁国际影响力显著提升。

2. 涉外法治人才队伍位居前列

上海共有律师37554人，40周岁以下律师占比超80%，年轻化程度较高。其中在境外接受教育并获得学位的有3448人，约占10%，学历普遍较高。据不完全统计，全市从事过涉外业务的律师有2000余人，部分有境外执业经历，多数具备英语、日语、法语、德语等双语工作能力。上海仲裁机构在册仲裁员3726名，来自100多个国家和地区，外籍及中国港澳台地区仲裁员870余名。其中，上海仲裁委员会聘任的仲裁员来自全球逾110个国家和地区的专业人士，可以使用42种语言进行仲裁，覆盖77个“一带一路”国家和地区，仲裁员国际化程度进一步提升。

3. 高层次人才智库基本搭建

推荐99名上海律师入选司法部“全国涉外律师人才库”，17名律师加入司法部涉外律师领军型人才队伍，推荐10家律所、127名律师加入“一带一路”律师联盟。上海仲裁委员会和上海国际经济贸易仲裁委员会首次聘请6名境外知名国际仲裁专家担任委员会成员，10余名有境外知名争端解决机构工作经验的专家加入上海仲裁委员会。组建“上海国际仲裁专家库”，并成功推荐5名入库专家担任世界知识产权组织仲裁和调解中心仲裁员、调解员。

（二）上海涉外法治人才工作成效

1. 人才发展平台更加广阔

聚焦涉外业务高水平发展，联合市发改委、市政府外事办等印发《上海市发展涉外法律服务业的实施意见》，发布支持本市律师“走出去”服务我国全方位对外开放大局的实施方案等文件，系统谋划推进涉外法律服务发展。主动争取全国首个仲裁对外开放政策，允许境外知名仲裁及争议解决机构在临港新片区设立业务机构，开展国际商事、海事、投资等仲裁业务，制定仲裁对外开放实施文件，为引才、育才、聚才奠定扎实基础。

2. 人才交流合作更加紧密

组织人员参加环太平洋律师协会第30届年会，为全球律师提供共商共建平台。积极打造具有国际影响力的仲裁交流研讨品牌，连续4年在进博会期间举办上海国际仲裁高峰论坛，累计吸引来自40余个国家和地区的逾1200名境内外国际组织、仲裁机构代表参加。与境外知名仲裁机构、法学院校、行业协会签署合作协议，在仲裁资讯互通、推介互利、研究互动、专家互荐等方面建立合作机制。

3. 人才实训机制更加完善

组织涉外律师参加司法部涉外律师人才高级研修班，举办涉外律师“领航计划”及“上海仲裁35”青年人才培训营活动，为涉外律师、仲裁人才提供专业培训。推动上海仲裁委员会设立上海国际仲裁学院，从核心课程、配套课程、奖学金项目、职业发展四个维度，搭建人才培养架构，开设涉外法治系列精品课程，获司法部大力推荐，并受到广泛关注，已开讲的9次课程累计吸引超100万人次在线收看学习。

4. 高校培养实践成效明显

上海现有19所高校设有法学类本科专业，一级学科博士点5个、一级学科硕士点14个、获国家级一流专业建设点13个，有3所高校加入卓越法律人才培养计划。上海交通大学凯原法学院与金杜律所合作开设“模拟仲裁”系列课程，与上海市律师协会及金杜、君和等律所签署合作框架协议；复旦大学法学院与欧洲职业教育中心联合开展暑期海外实习项目；华东政法大学成立全国首家涉外法治学院，与欧洲律所联盟签署合作备忘录，“高校+行业”联合育人模式取得积极成效。

（三）上海涉外法治人才培养面临问题

1. 概念普及、理解重视问题

法治工作队伍、法治专门队伍、法律服务队伍等范畴较为明晰，但从事具有跨国因素法律工作的人才在不同时期的法律实践中有不同的表述形式，如“涉外法律人才”“涉外法律服务队伍”等，直到2015年，期刊文献中才首次出现“涉外法治人才”这一概括性表达，相关研究较少，重视程度不够，概念未广泛普及。

2. 数量不足、质量不高问题

根据司法部初步统计，全国涉外律师不足8000人，高层次涉外法治人才急需紧缺，特别是善于维护国家利益的涉外立法、司法、执法、法律服务人才。但与之矛盾的是，各法学院校培养出来的国际法方面的学生对口就业率不足50%，究其原因，是因为在培养流程设计中，未充分考虑供需匹配和能力结构等问题，导致人才数量不足、业务不精。此外，因业务机会少、成长通道窄等原因，青年涉外法治人才尤为稀缺。

3. 管理机制、评价标准问题

在法学教育、法学研究和法治实践中，涉外法治人才培养仍然处于点上的探索实践，缺乏战略性、针对性、系统性考虑安排和跟踪管理，谁来管、管什么、怎样管等问题均未明确，选才难、培养难、支持难等问题有待确定牵头部门进一步解决。根据司法部律工局认定标准，办过三个涉外案件或项目，持有境外律师执业资格，在境外法学院校接受过法学专业教育、同时又在境外律所从事了至少一年的法律实务工作，以上三个标准中只要符合一个就暂定为涉外律师，律工局有关负责同志表示这样的认定标准并不高，也不具有推广性。

4. 学科建设、教学模式问题

法学院校国际法相关专业师资力量不足，学科排名贡献小，科研成果发表难，对仲裁法、调解法的重视程度不高，未形成体系化的仲裁与争议解决学科，存在“部分教材编写偏重西方法学理论”及“重知识轻实践”等问题。实践中对涉外法治人才培养认识还存有一定误区，如外语教学方面，虽然涉外属性意味着对语言水平的高要求，但涉外法治人才不等于法律外语人才，既不能将其简单理解为“法律+外语”，进行课程拼盘、技能相加，也不能在教学中有前有后、割裂开来。

三、横向比较与学习借鉴

国内其他地区涉外法治人才培养主要集中在涉外律师领域，通过比较分析，发现诸多可借鉴之处：

一是做大基数，好中选优。如北京着重在高层次涉外律师培养上下功夫，共有涉外律师2200余人，司法部全国千名涉外律师人才名单中有北京律师170人，占比17.21%；全国律协“一带一路”跨境律师人才库中有北京律师21人，占中方84名律师的25%，人才数量全国领先，业务影响突出。

二是区域联动，加强协作。如广东省充分利用改革开放的先发优势、粤港澳大湾区的政策优势，以及毗邻中国港澳地区和东盟的地理优势，携手港澳推进粤港澳涉外法律合作发展，在全省复制推广粤港澳合伙联营律师事务所，推动港澳高端涉外律师人才来粤执业。

三是分门别类，精准培养。如浙江省建立完善了政府主导下的多领域、多层面律师人才培养机制，尤其是精准培养了一批专业化涉外律师人才队伍，建立了扎实的基础与保障。

四、对策建议和下步思考

（一）突出党管人才，以“三个坚持”厚植育才沃土

1. 坚持党管人才

坚持为党育人、为国育才，认真贯彻落实习近平总书记关于涉外法治人才培养的重要指示精神，把党的领导贯穿培养全过程各方面，注重政治素质培养，熟悉掌握国情、党情、世情，着力建设一支忠于党、忠于国家、忠于人民、忠于法律的涉外法治人才队伍。坚持立德树人、德法兼修，开展习近平法治思想全覆盖学习培训，培养忠于我国国家利益、通晓国际规则、善于处理涉外法律事务、能够参与国际合作与竞争的高端复合型法治人才。

2. 坚持内外联动

在市委、市政府领导下，发挥多部门协同育人作用，明确管理归口部门，加强全局谋划和顶层设计，推进资源整合、信息共享。发挥市委依法治市办作用，稳步推进法治人才培养规划落实，争取将涉外法治人才纳入全市人才发展总体布局，通过广泛宣传让其概念深入人心。在司法行政系统成立法治人才工作领导小组，着重推进涉外律师、国际仲裁员等人才培养工作。发挥重大战略育才优势作用，引入外部力量参与人才培养，在服务国家“一带一路”建设、中国（上海）自贸试验区建设和长三角一体化发展等重大战略中，积极搭建学习交流、实务培训等实践平台，在保障上海“五个中心”建设和打造面向全球的亚太仲裁中心等重点任务中，建设一批涉外法律服务机构，夯实“境内+境外”专业人才培养基地。

3. 坚持远近结合

依托本市华东政法大学、上海外国语大学、上海政法学院、上海对外经贸大学等具有法律和外语学科优势的高校，以及复旦大学、上海交通大学、同济大学、华东师范大学

等高水平综合性高校，远近结合加快人才培养。立足近期，针对急需紧缺人才类型，制定专项方案，通过集训特训，争取在近几年内输出一批高质量涉外法治人才。着眼长远，实施法学新文科建设和卓越法治人才培养计划，在培养目标上进一步提高与社会需求的适配性，改进教学方法、师资建设、课程设置，实施中外教师联合授课模式，推进“国际法律知识 + 法律外语能力”“社会科学 + 法学”“自然科学 + 法学”等学科融合，建立理论和实务“双导师”制，探索形成本硕博一体推进、满足新时代涉外法治人才需求的培养体系。

（二）突出分层分类，以“三个机制”集聚用好人才

1. 建立青年人才实习输送机制

依托教育部、司法部、国家留学基金委等国家部委项目平台，为有志于从事涉法治业务的青年人才搭建实践平台和就业通道，持续输送和推荐一批青年人才到境外国际组织实习和任职，建设国际组织后备人才库，形成与国际组织充分衔接、通畅有力的使用机制，为国家外交发展特别是“一带一路”建设提供人才支撑。积极储备国际知名法学院校的海归人才、青年人才，在国际交往中综合考虑就业需求、职位设置，促进人岗相适。推进上合组织培训基地、上海全球治理与区域国别研究院等高端智库建设，为青年人才服务国际组织和提升全球治理参与度、话语权，提供高质量决策咨询。

2. 建立专业人才分类储备机制

围绕上海构建更高水平开放型经济新体制，储备对外贸易、国际投资、国际金融、自贸试验区建设等领域的涉外立法人才，储备涉外综合治理、行政许可、反垄断调查等领域的涉外执法人才，储备涉外审判业务和检察业务领军人才，建立公证涉外人才库。组建高端涉外法治人才团队，精选具有坚定政治立场、深厚国际法功底的行政机关工作人员、法官、检察官、专家学者、律师、仲裁员作为常备精锐队伍，定期召开内部宣讲会，针对突发的国际法律问题和国际争端，高效研究应对策略。

3. 建立国际人才引进使用机制

建设国际法律服务中心、虹桥国际中央法务区，在虹桥、前滩、临港加快建设国际组织集聚区，为涉外法治人才提供更多实践岗位。建立完善涉外律师、国际仲裁高端人才库，在国际经济合作、国际贸易、涉外海商海事与仲裁等领域集聚政治素质高、具有国际视野的涉外律师人才，计划到 2025 年上海涉外律师人数达到 7000 人左右。鼓励和支持上海仲裁机构聘任境外优秀仲裁专业人士担任决策机构组成人员和仲裁员、调解员、仲裁办案秘书，提高仲裁从业人员国际化程度。深入推进“长三角仲裁一体化发展联盟”，吸引长三角地区更多仲裁机构和国际仲裁员加入联盟。

（三）突出优化环境，以“三个精准”评价服务人才

1. 精准评价人才

按照“市场机制、业内评价、素质优先”的原则，完善涉外法治人才评价标准（见表 1），设置知识、能力、道德、业绩 4 个一级指标，涵盖专业素养、法律外语、国际视野、执业水平等二级指标，科学全面、规范系统地评价人才。定期评估上海涉外法治人

才高地发展水平，力争在数量上满足城市需要，质量上素养高且有一批领军人才、拔尖人才，结构上专业和层次与经济社会发展相协调，流动上能够吸引国内外的优秀人才，效益上实现经济效益和社会效益高产出。

表 1　涉外法治人才培养质量评价

一级指标	二级指标	三级指标说明
知识标准	综合法律理论水平	具有高等院校法律专业本科以上学历，具备扎实的实体法专业知识
	国际法专业基础水平	熟悉国际法律规则，对联合国、WTO 等国际组织规则，以及英美等世界主要国家法律有基本的了解
	相关学科认知水平	对相关领域学科知识有较为清晰和深入的把握
能力标准	相关职业资格证书	国家统一法律职业资格考试合格，取得律师执业证书，掌握国内、国际一级主要国家的基本诉讼程序，熟练掌握涉外法律检索、法律文书制作、法律谈判、法庭论辩技能；具有案例、论文撰写和理论研究能力
	法律外语知识水平	法律外语资格认证，如通过法律英语证书考试（LEC），具有使用外语撰写法律文书等涉外事务能力
道德标准	诚信执业	拥护中国共产党的领导和中国特色社会主义制度，遵循法律职业伦理和职业道德规范，自觉践行社会主义核心价值观，积极参与法律援助、公益服务
业绩标准	执业水平	办理案件质量高，创收成果高，同行业认可，市场评价高

2. 精准匹配供需

联合市政府外事办、市人力资源社会保障局、市发改委、有关高校等共同做好社会资源供给、国际组织对接等工作，全面梳理排摸涉外法治人才供给和需求情况。一方面，从需求出发，排摸涉外法治人才数量、岗位、能力等需求情况，及在华在沪人员从业情况，科学规划人才培养。另一方面，从供给出发，积累近几年实践数据，全面梳理上海涉外法治人才培养现状，对教育教学、师资队伍、学生就业情况进行定量分析，推动人才供需精准对接，提供高层次人才供求对接和合理配置。

3. 精准服务人才

协商市人力资源社会保障局加强对涉外法治人才培养的政策支持和激励保障，设立涉外律师培训基金、国际仲裁人才发展专项基金支持人才发展。协调市公安局出入境管理局，为试点律所部分律师办理赴港澳商务签证。坚持以人为本，立足涉外法治人才的所思所想、所需所求，提升往来居留、安居落户、子女入学、医疗健康等方面公共服务质量，不断优化人才发展"硬环境"和"软环境"，及时帮助解决困难，让人才安心、安身、安业。

（本文获 2022 年度全市组织系统优秀调研成果三等奖）

课题组成员：叶　忻、宋向岭、吕　瞻、石　璐
主要执笔人：石　璐

校地联动建设高水平人才高地工作机制研究

同济大学课题组

党的十八大以来，以习近平同志为核心的党中央高度重视党的人才工作，召开中央人才工作会议，提出新时代人才工作的新理念新战略新举措；党中央印发的《中国共产党组织工作条例》设专章对党的人才工作作出规定，明确了党管人才的体制机制，推动新时代人才工作取得历史性成就、发生历史性变革。习近平总书记在中央人才工作会议上明确提出，加快建设世界重要人才中心和创新高地，在北京、上海、粤港澳大湾区建设高水平人才高地。这一重要要求，为上海持续做好人才工作做出了方向指引，提供了根本遵循。

同济大学始终把人才工作作为一项极端重要的工作，建机构、出举措、强保障，人才工作取得可喜成绩，为上海建设世界重要人才中心和创新高地作出积极贡献。为进一步做好人才工作，特别是加强高校与城区人才工作联动，确定了本研究课题。自课题立项以来，定期召开课题讨论会；面向校内各类高层次人才就校、地人才服务政策开展问卷调研；重点对院士、领军人才开展面对面访谈调研；先后赴嘉定区委组织部、杨浦区委组织部、虹口区委组织部开展实地座谈交流。课题组还梳理了上海各区、各高校联动开展人才培养、引进、使用的实践探索。通过研究，探索推进校地合作建设高水平人才高地的有效路径。

一、调研过程

课题组立足同济大学人才工作实际，结合学校与上海有关城区人才工作联动的经验，通过多种方式开展调研。

一是聚焦高校高水平人才的需求，开展问卷调研和访谈调研。2022 年 9 月，课题组面向全校 211 位国家级高层次人才称号获得者发放问卷，并对院士、领军人才等战略科学家进行访谈调研，就人才普遍关注的住房、子女教育、医疗等需求进行调

研。问卷调查显示，在住房需求方面，高层次人才中有人才公寓租房需求的占比超过40%。在影响住房需求的因素中，与单位的距离及价格是最受关注的因素，分别占比48%、37%。在子女教育方面，60%的人才存在子女入学的需求，54%的人才希望子女能就读优质公办中小学。在医疗保障方面，希望获得定点医院就医绿色通道的人数占比约68%，而目前享受过区级医疗保障的仅占16%。人才对以上三类服务的需求如下（见图1）。

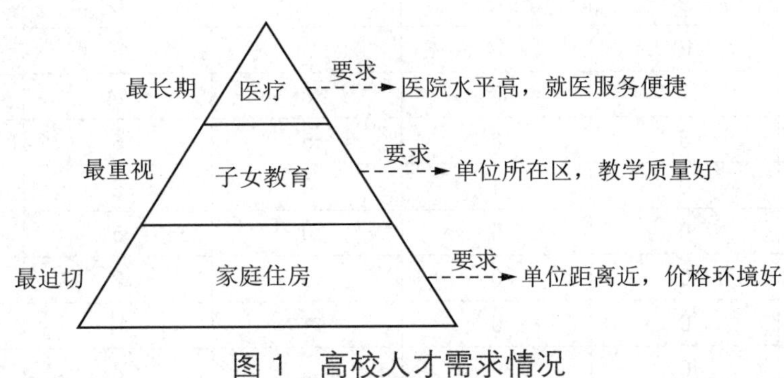

图1　高校人才需求情况

二是聚焦校地人才交流现状，梳理近5年同济大学通过干部挂职、学生挂职锻炼、选调生等方式向上海市及各城区输送人才的总体情况。据不完全统计，2017年以来，同济大学向虹口、杨浦、普陀等7个区及市委办共派出各类挂职干部86人（见表1）。此外，2018—2022年，同济大学合计派出355名同学参加“同行计划”大学生暑期挂职锻炼，覆盖上海市13个城区（见表2）；2018—2022届毕业生中，共有123人被录用为上海市选调生（见表3、表4）。

表1　2017年以来同济大学到上海各区县及市委办挂职干部人数统计

挂职所在区	挂职年份						合计
	2017年	2018年	2019年	2020年	2021年	2022年	
虹口	5	6	3	5	4	7	30
杨浦	1	0	2	4	4	0	11
普陀	0	0	2	4	3	0	9
嘉定	0	0	0	1	0	6	7
崇明	4	1	0	0	0	1	6
黄浦	0	2	0	0	0	0	2
徐汇	0	1	0	0	0	0	1
市机关	0	2	4	3	6	5	20
合计	10	12	11	17	17	19	86

表 2　同济大学 2018—2022 年“同行计划”学生赴上海暑期挂职锻炼情况

城区	2018 年	2019 年	2020 年	2021 年	2022 年
青浦	4	0	10	8	0
静安	8	13	6	21	0
闵行	2	5	7	9	2
虹口	13	15	6	5	5
普陀	9	15	7	12	6
黄浦	10	14	14	13	6
浦东	7	0	8	14	6
嘉定	8	6	5	6	4
长宁	0	1	0	2	0
宝山	0	0	0	5	0
金山	0	0	0	3	3
奉贤	0	0	1	11	1
徐汇	0	0	7	8	4
合计	61	69	71	117	37

表 3　同济大学 2018—2022 届毕业生录取为上海市选调生情况

就业年份	本科生	硕士生	博士生	总计
2018 届	2	10	1	13
2019 届	0	6	1	7
2020 届	0	25	1	26
2021 届	2	29	2	33
2022 届	2	38	4	44
总计	6	108	9	123

表 4　同济大学 2018—2022 届上海选调生地区分布

就业年份	专项	宝山	崇明	奉贤	虹口	嘉定	金山	闵行	浦东	青浦	徐汇	杨浦	长宁	松江	合计
2018 届	13	0	0	0	0	0	0	0	0	0	0	0	0	0	13
2019 届	7	0	0	0	0	0	0	0	0	0	0	0	0	0	7
2020 届	6	0	4	0	1	1	1	5	2	0	3	2	0	1	26
2021 届	18	1	1	3	2	1	1	2	1	1	1	1	0	0	33
2022 届	16	1	1	5	2	2	1	4	1	1	1	4	2	3	44

（注：专项选调生为上海市公务员局负责招录，其余为各区负责招录）

三是聚焦各城区人才工作政策体系，通过实地调研和文献研究，了解当前上海各区建设高水平人才高地的政策设计和特色经验。课题组先后赴杨浦区委组织部、嘉定区委组织部、虹口区委组织部，就各区在引进人才、提供人才公寓、为人才子女提供优质基础教育资源、为人才提供高端医疗和生活服务、为人才提供挂职锻炼机会、激发人才创新创业热情等方面的政策和举措进行调研。同时，课题组通过文献研究，梳理了上海市部分城区在人才工作方面公开发布的相关政策和相关人才服务信息平台建设情况。

二、上海各区校推进校地人才工作联动现状综述

多年来，上海各高校、各区坚持紧密合作，积极贯彻落实国家有关人才工作的相关政策举措。一方面，积极协调国家、上海市等上级资源力量，做好外部人才的引进工作，聚天下英才而用之；另一方面，结合学校和各区特点，充分利用现有资源，在子女教育、住房保障、健康医疗等方面为人才提供多方位支持，奠定了建设高水平高校人才队伍的坚实基础。

一是持续为引进外部人才提供货币资金补贴支持。上海各区各高校长期把引进外部人才作为充实人才队伍、提升人才质量的重要抓手，出台系列吸引外部人才的补贴政策，特别是对外部高层次人才提供有吸引力的薪酬待遇和资金支持计划。目前，上海各高校普遍都为落地学校的高层次人才提供科研启动经费、安家补贴等资金支持，各区也普遍为域内高校的引进高层次人才持续提供区级配套资金支持，为人才落沪后提供了生活保障支持。

二是建立多主体供应、多渠道保障的人才住房保障体系。近年来，上海市和各城区在市区两级通过建立多主体供应、多渠道保障、租购并举的区域性住房体系，加大了各类人才公寓供应。目前，各区均有一定的公租房资源以低于市场平均价水平出租给域内相关高校作为人才公寓。同时，各区还通过市场化手段，直接面向域内人才提供住房资源。

三是区校共建基础教育学校。目前，上海交通大学、复旦大学、同济大学、华东师范大学等高校积极探索基础教育共建新模式，联合本校所在城区建立了包含附属学校、幼儿园在内的基础教育集团，既解决人才子女入学入园问题，也助力城区打造优质教育集聚区，实现基础教育质量提升、大学社会影响力提升。

四是持续实施交流挂职。挂职锻炼是推动高校高层次人才参与实践锻炼的重要渠道之一。目前，上海各高校在上海市委组织部统筹下，与各市级机关和相关城区党政机关、企事业单位等构建了干部人才交流挂职渠道，各高校选派高层次人才到市区两级建设、规划、科技、教育、市政、生态环境、财政金融等机关部门和部分重点国有企事业单位挂职锻炼，既发挥人才智力优势推动机关管理工作，也用好机关平台锻炼人才全面能力，不少人才通过挂职契机交流到市、区党政机关工作，有力提升了人才使用实效。

五是协同做好成果转化和创新创业工作。上海各城区都依托自身优势，通过支持高校建设科技园、举办创新创业竞赛和相关活动、搭建科研成果转化平台、为高校协调社会创新创业导师等方式，联动高校做好科技成果转化、创新创业孵化工作，取得了一定成效。

三、对策建议

（一）健全完善区校联动工作机制

1. 明确区校人才工作联动的机制安排

一是建议建立市级层面校地人才工作协调小组，请分管干部人才工作的市委常委和分管人社工作的副市长任组长，域内主要高校和市委组织部、市人才办、财政局、人社局、住建委、教委、科委、社科院、卫生健康委（保健局）负责同志参与，每半年左右就校地共建高水平人才队伍的重要事项进行研究讨论，听取高校关于做好人才工作的建议诉求、地方对高校人才的需求期待等。二是建议各城区比照市级协调机制，建立本区区校人才工作协调小组，由区有关部门和域内高校组织、人事人才、科研、资产、基建、学工、就业主管部门每季度就区校在人才工作方面需要互相支持的具体事项进行常态化研究部署，解决高校在人才住房、医疗、子女就学和地方在智库建设、重大项目咨询等方面的实际问题，切实把区校联动落到实处。三是建议由各城区牵头，联合区、校有关部门，构建本区域日常工作协调机制，建立通讯录和沟通平台，就日常工作做好工作衔接和信息交互，切实理顺工作关系、畅通联系渠道。

2. 自上而下建立完善的制度指导体系

建议市委组织部、市人才办在市级层面出台指导性意见，指导各城区、各高校合作建立由区政府主导、区域内高校联动配合的人才工作联席会议制度，通过文件对联席会议的召开方式、频次、讨论事项等内容进行规范和指导，同时安排相关主管部门负责同志定期对各城区相关工作开展督查指导，从组织层面推动区校人才工作的协同发展。

（二）加强市级考核和政策指导力度

1. 加强全市高校人才服务政策的统筹安排

习近平总书记强调，“要重视解决青年科技人才面临的实际困难，让青年科技人才安身、安心、安业”，“用人主体要发挥主观能动性，增强服务意识和保障能力”。建议市级有关部门在充分调研的基础上，进一步完善上海市级层面针对高校人才的服务保障政策，并指导各区结合本地区工作实际制定落实细则，从制度层面提升人才政策供给的精准度。

2. 进一步建立健全区校人才工作考核机制

建议市委组织部、市人才办适当调整对各区人才工作的考核指标，在对各区人才工作的考核中增加“与区域内高校联动情况”的相关细化指标和权重，将相关评价纳入考核范围，提升区校联动机制的实效。

（三）持续提升人才服务工作效能

1. 进一步整合高校和所在城区优质资源，形成优势互补、资源共享的人才服务格局

针对高层次人才关注的优质住房、子女教育等问题，进一步统筹地区与高校资源，着力提升高层次人才服务水平。建议上海市统筹协调，各区面向高校人才提供适量人才公寓。同时，参考北京、深圳等地做法，探讨推出面向高层次人才的共有产权房政策的可行性。针对部分城区人才子女入学需要，由区主管部门根据实际情况联系相关高校，就近协调附属学校入学。

2. 进一步提升区校人才政策的信息化水平

建议市委组织部、市人才办、市人力资源和社会保障局牵头，整合各区已有人才信息平台，建立全市范围内统一的人才政策信息发布平台，依托区校联动机制向区域内的高校人才开放访问权限，提升政策信息发布的针对性和有效性，提升人才服务工作效能。

（四）完善各类人才培养、使用、管理和服务的全链条，切实育好用好人才

1. 建立上海高校毕业生海外留学跟踪平台

建议由上海市教委和上海市人社局牵头，各高校就业指导中心和校友会具体落实，建立校外校友数据库和服务平台，持续跟踪海外校友的发展情况，点对点发布上海对海外人才的需求信息，吸引有意愿回沪发展的校友。

2. 建立区校党政管理人才见习、招聘、培养机制

探索建立大学生到区相关部门见习（或助理）制度，提前对“选调生”苗子进行培养和选拔，将“见习生”与“选调生”结合起来。每年区校组织人事部门和学校学工就业部门定期会商，对“选调生”的持续培养机制不断进行深化。

3. 建立区校人才双向挂职的常态化工作机制

拓宽真挂实用的区校干部人才双向挂职渠道，促进人才业务素质、管理能力全面成长。为高校高层次人才提供到党政机关、事业单位、央企国企等关键岗位挂职的机会，鼓励高校专任教师、高层次人才到所在城区对口业务主管部门挂职工作，进一步促进人才成长成才，提升高层次人才培养水平。

（本文获2022年度全市组织系统优秀调研成果三等奖）

课题组成员：吴利瑞、杨秋华、程鑫彬、田苏宏、司尚林、邵　坤

主要执笔人：杨秋华、余清泉、杨洪韬

关于构筑高水平产业人才集聚地的研究

——以临港新片区为例

临港新片区管委会党群工作部（人力资源处）课题组

习近平总书记指出，当今世界，综合国力的竞争归根到底是人才的竞争、劳动者素质的竞争。产业人才队伍是支撑中国制造、中国创造的重要基础，对推动经济高质量发展具有重要作用。临港新片区作为上海市“十四五”时期先进制造业“一极战略引领”区域，要力争对全市制造业增长贡献率达到三分之一以上，成为全市制造业发展的战略增长极，亟须建立一支高素质的产业人才队伍，构筑高水平产业人才集聚地。本课题以临港新片区集成电路、人工智能、生物医药、民用航空、智能新能源汽车、高端装备制造等重点产业的企业及员工调研数据为基础，分析新片区当前产业人才队伍建设存在的问题及解决对策。

一、临港新片区产业人才现状

（一）人员基本构成

本课题调研共覆盖 49465 名企业员工，男性占比接近九成，年龄以 26—40 岁为主（见图 1）。其中，技能（技术）人员 18734 名，占比 37.87%。

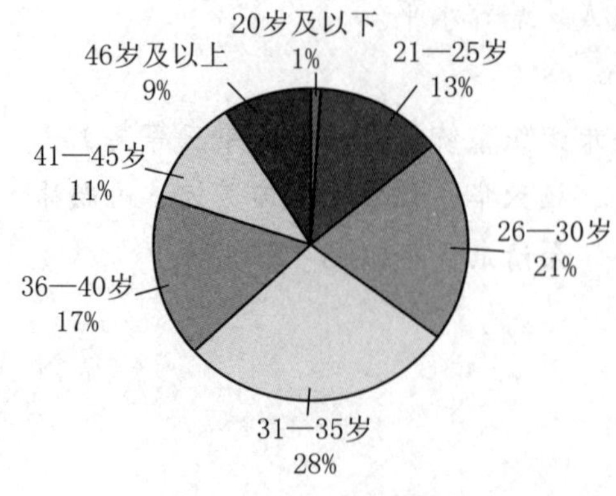

图 1　人员年龄结构

技能（技术）人员中，劳务派遣员工占比7.71%，党员占比7.85%。受教育程度方面，拥有大专及以上学历者超半数，34.91%的技能人员拥有本科及以上学历（见图2）。户籍方面，外省市户籍人员超六成，34.15%的人员拥有上海户籍。

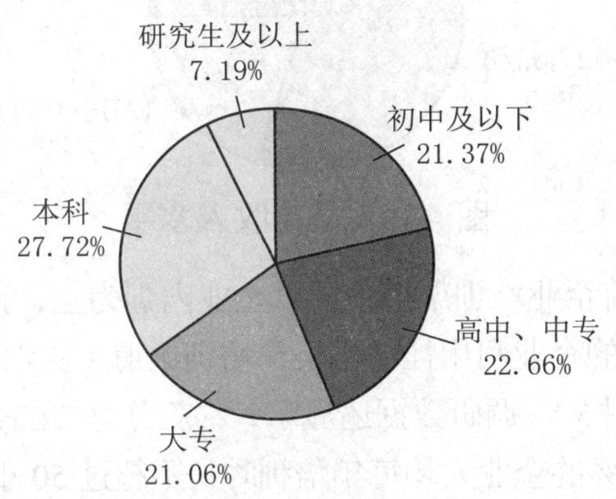

图2　人员受教育程度

（二）人员从业与职业培训

调研数据显示，临港新片区产业人才队伍以新员工为主，76.64%的技能（技术）人员在本单位的工作年限在5年以下。

技能等级与技术职称方面，近七成技能（技术）人员拥有国家认定的技能等级证书或专业技术职称。高水平技能人才方面，约29%的技能（技术）人员取得了高级工及以上技能等级或中级及以上职称（见图3）。

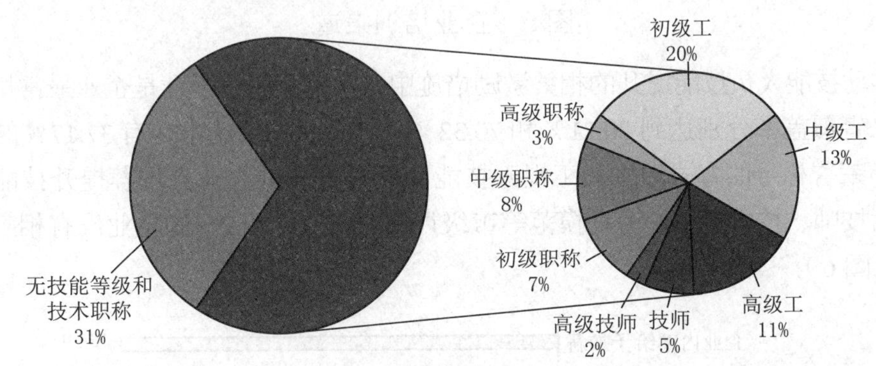

图3　人员技能等级和技术职称

收入水平和社保缴纳方面，目前技能（技术）人员年收入总体水平较低，超半数人员的年收入（税前）在12万元以下，10%的人员年收入低于6万元（见图4）。从近4年社保缴纳情况看，近半数的技能人员社保缴纳基数低于上海市上年度员工平均工资，19.62%的技能人员社保缴纳基数低于上海市上年度员工平均工资的60%。

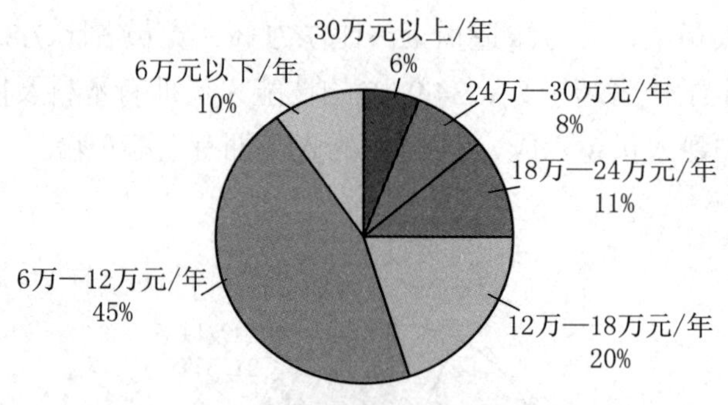

图4　人员年收入水平

职业培训方面，目前企业培训渠道主要以企业内训为主，接近九成的受访企业建有内训制度。另有57.49%的企业利用社会化机构培训渠道（实训基地），26.47%的企业与学校合作开展培训（见图5）。调研数据还显示，约三分之二的企业为技能（技术）人员提供培训，但其中63.37%的企业人均每年培训时长不超过50小时。

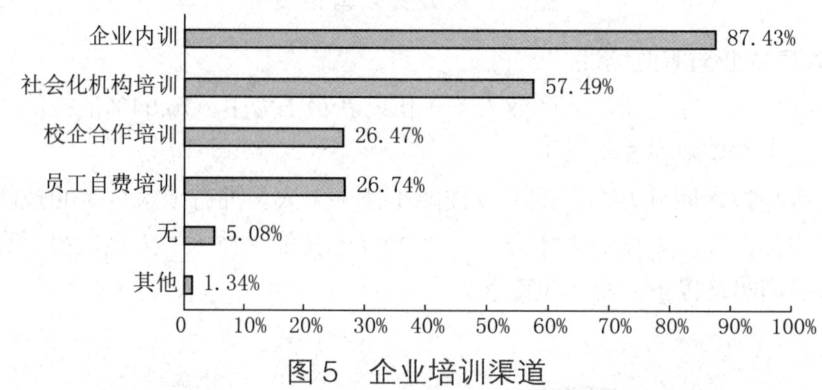

图5　企业培训渠道

在推动技能人员技能提升的相关激励措施中，加薪和职位提升是企业最常用的激励手段，二者覆盖率分别达到80.21%和70.32%。其余激励措施中，有37.17%的企业以内部授予荣誉称号的方式激励员工提升技能，不到20%的企业会推荐提升技能的员工参加首席技师、技术能手、劳动模范等市级评选。此外，8.82%的企业没有相应的激励措施（见图6）。

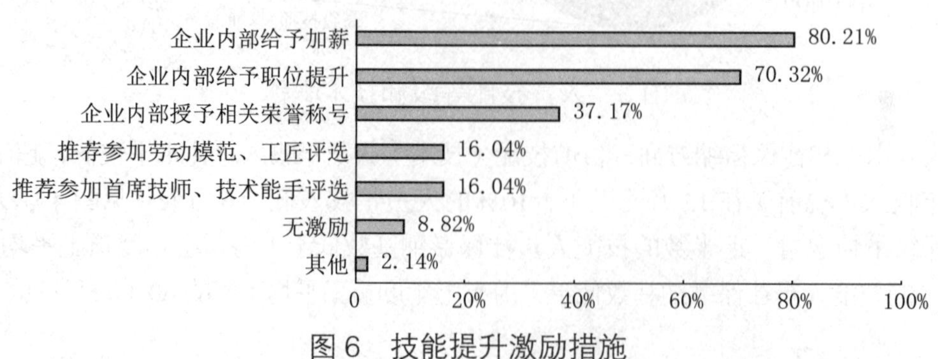

图6　技能提升激励措施

（三）企业人才队伍建设

人才引进渠道方面，调研数据显示社会招聘、网上招聘是企业引进产业人才的主要渠道，占比分别达到73.53%和70.86%。其余渠道中，校园招聘占44.65%，人才中介机构和人才招聘会两种渠道的占比均在三成左右（见图7）。35.83%的企业与劳务派遣公司有合作，占比不大。

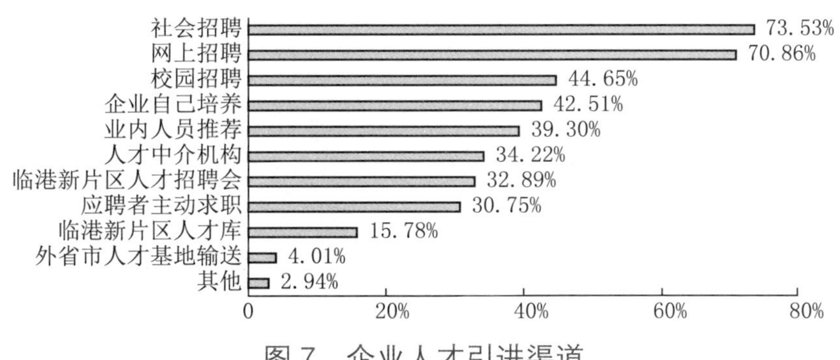

图7　企业人才引进渠道

人才引进困难是企业在调研中普遍反映的问题。一方面，半数企业反映自身规模不大，难以提供具备竞争力的薪酬福利，而且这些企业也缺乏相应的能力识别满足岗位需求的人才。另一方面，诸如质检员、机械设备维修员、集成电路软件设计等工种在全市层面上的紧缺加剧了新片区企业在引进人才上的困难。同时，部分企业从事的行业领域较新，整体人才总量不大，具备相关领域专业技能的人才更为稀缺。

实训基地的建设初见成效，但在实践中依然存在困难。37.43%的企业建有内部实训基地或实验室，但其中80.48%的企业没有意愿向社会开放，主要原因是涉及企业机密、实训内容不适配通用培训等。

（四）人才发展与生活需求

人才培训方面，技能（技术）人员对专业技能方面的培训需求强烈。调研数据显示，三分之二的技能人员反映需要岗位或职业技能培训与职称培训。除此之外，也有47.35%的技能人员反映需要学历相关的培训。

生活配套方面，技能（技术）人员反映的困难主要集中在交通不便、子女就近入学困难、缺少商业配套等方面（见图8），需要政府进一步在交通线路、住房保障、招聘服务上提供支持。

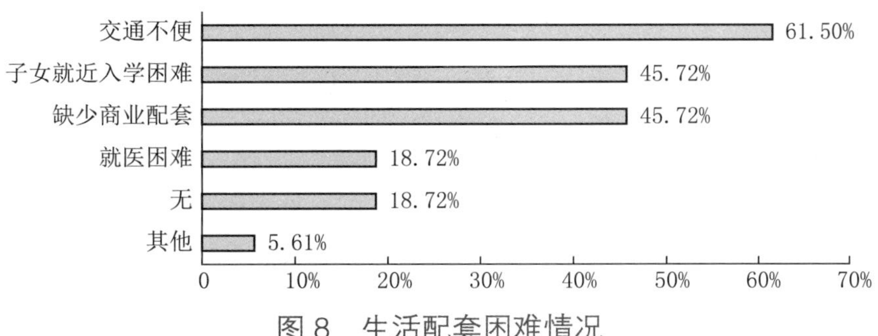

图8　生活配套困难情况

人才政策方面，技能（技术）人员对新片区人才培育、人才落户、住房保证和人才引进等人才政策的了解程度总体一般，且仅有不足3%的技能人员享受过人才政策，触及率不如预期（见图9）。

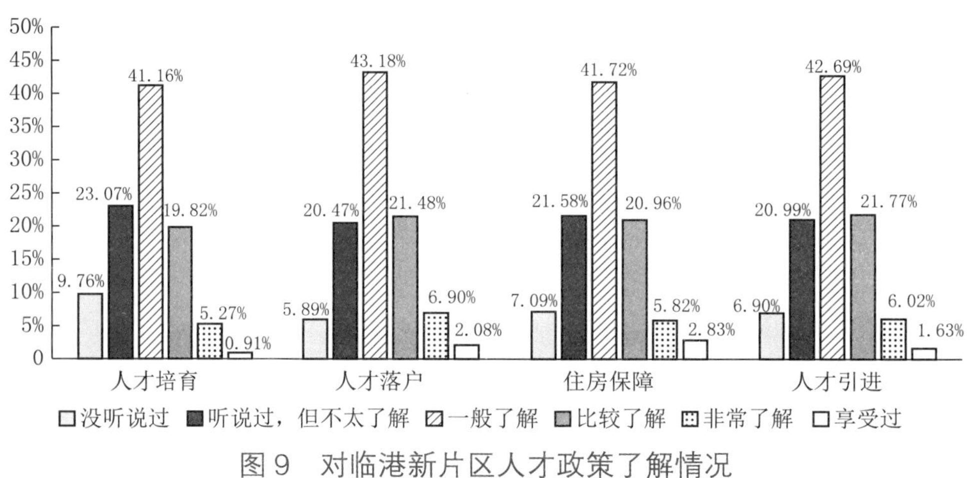

图9　对临港新片区人才政策了解情况

二、临港新片区产业人才集聚的问题与瓶颈

（一）队伍整体结构与产业发展高端化要求有差距

一是高技能人才紧缺。与发达国家橄榄型结构（初级工占15%以下，中级工为50%，高级工达35%）相比，拥有高级技师和高级职称的技能人员仅占5%，无技能等级或技术职称的技能人员占31%，整体呈塔型结构，且塔顶尖、塔底厚、塔中扁，“高精尖”人才、领军人才缺乏，推动产业高质量发展的人才支撑还不够坚实。

二是产业人才队伍流动性较大。目前企业的一线技能人员中，外省市户籍员工占比较高，落户需求大。然而，受制于超大城市户籍制度的紧约束，相关人才在落户和取得居住证积分上面临困境，无法得到有效的公共服务保障，导致产业技能人才队伍存在挤出效应，人才流动性大，不利于形成稳定的产业人才队伍。

三是整体收入水平偏低。年收入在12万以下的技能人员占五成以上，低于上海市平均水平（2019年全市技能人才平均工资为12.79万元，2020年约为12.84万元），且后续加薪晋升进程缓慢，职业发展低于预期。临港新片区近年来的大投入、大开发已带动核心区与周边城区的生活成本逐步走高，而相关人才的收入水平并没有得到大幅提升，或将影响现有人才的存留意愿与未来人才的进一步流入。

（二）人才引进效果与产业发展快速化要求有差距

一是人才总量不足。随着临港新片区产业蓬勃发展，新产业、新业态、新模式不断涌现，迫切需要不同类型、不同层次的产业技能人才，但在培养和储备方面，目前人才总量不足，部分工种和岗位人员紧缺，吸引技能人才的磁场效应尚未形成。

二是引进渠道传统。企业目前的人才引进主要依靠社会招聘、网上招聘和校园招聘

等传统渠道，与高质量、专业化、综合型的人力资源服务机构合作比例较低，未能发挥市场化人力资源配置功能。

三是岗位吸引不足。诸多企业区位优势不明显，自身规模不大，无法提供有竞争力的薪酬福利，且多数岗位的成长性不足，晋升与加薪进程缓慢，对产业人才的吸引力有限。

（三）人才培育体系与产业发展适配化要求有差距

一是培训内容缺乏针对性。虽然多数企业不同程度地开展了对技能（技术）人员的各类培训，但半数以上受访人员对企业提供的职业技能、专业技术等培训评价一般，且培训渠道主要以企业内训为主，形式比较单一。

二是培训渠道缺乏广泛性。受访企业中，仅有四成企业建有内部实训基地或实验室，其中八成以上企业因涉及企业机密、实训内容不适配通用培训等原因，无法对外开放。同时，大部分高校实行封闭管理，校企合作渠道紧缩。多重因素叠加导致社会有效培训资源不足，限制了产业技能人才参与培训的选择范围。

三是人才培养缺乏系统性。职业培训在部分企业未得到足够重视，人均年培训时长不足 50 小时的企业占六成以上。相当数量的企业尚未形成有效的人才培养规划，尚未形成员工职业发展与企业发展目标趋于一致的专业化、系统性的人才培养体系。

（四）评价激励机制与产业发展可持续要求有差距

一是评价体系需完善。多数企业未在内部建立成熟有效的人才评价体系，对产业人才技能评价的重要性缺乏认识，较少组织技能人员参加或在内部举办职业技能劳动竞赛，也较少开展或从不开展技能人员内部评价工作。

二是激励措施不健全。大部分企业局限于通过传统的加薪或职位提升等物质手段激励产业员工提升技能，对精神激励措施缺乏足够的重视，没有在企业内形成技能优先的争创氛围和企业文化。

三是激励执行不到位。尽管多数企业设立了加薪、职位提升等激励制度，但在实践中执行效果低于预期。超七成企业的产业人才晋升资格认定主要依据企业内部标准，仅有不到一成的企业明确规定可按国家认定职业资格晋升。同时，也只有不到五成的企业明确规定将薪资调整与员工技能等级晋升挂钩。激励执行的不到位影响了产业员工学习技能技术、提升等级职称的积极性。

（五）产城融合程度与人才发展综合环境要求有差距

一是政策宣贯需进一步加强。相当数量企业和产业技能人才对国家、上海市、临港新片区出台的一系列支持推进产业工人队伍发展的政策知晓度不高，缺乏主动学习热情，其中享受申报政策不多，导致政策触及率不高，供需之间存在错位现象。

二是产教融合需进一步推进。临港新片区在有效激发企业、学校、专业机构等各类主体积极性，推动各类产教资源要素有效流动方面有一定成效，但尚未形成覆盖整个临港新片区资源共享的技能实训和创业实训网络。

三是功能配套需进一步提升。当前临港新片区大部分区域尚处于开发或待开发阶段，公共服务配套和保障措施仍显不足，上学难、住房难、交通不便等因素，一定程度上制约产业技能人才扎根临港。

三、推进临港新片区构筑高水平人才集聚地的对策建议

（一）坚持改革创新，进一步完善政策体系

一是注重顶层设计。要统一部署、统一推进，全面谋划技能人才的发展目标、工作任务和保障措施，积极构建整体化的政策体系，重点关注政策的协调性，不断强化政策实施的有效性和针对性。

二是注重健全机制。要着力发挥市场在人力资源配置中的决定性作用，以激发用人主体积极性和人才主动性为出发点，打破技能人才培养传统思维方式，不断提升各类技能提升措施的精准性、充分性和均衡性。

三是注重落地落实。要主动走访企业，倾听需求，让政策红利覆盖更多领域，覆盖更广范围；要在精准服务上下功夫，形成条目清晰、内容明细的“政策包”，确保供需对接、互联互通、深度融合，打通政策落实“最后一公里”。

（二）服务产业发展，进一步优化引进措施

一是深化动态监测工作机制。要关注区域用工岗位需求变化，紧跟产业发展趋势，加强对重点领域、重点产业的人才资源储备和需求情况分析，定期发布紧缺工种目录。

二是深化互通共享交流机制。要建立产业人才一站式服务平台，及时发布各类政策、招聘、培训、活动等信息，实现各类信息互通共享。

三是深化专业服务保障机制。要集聚一批高质量、专业化、综合性的人力资源服务机构，鼓励专业机构帮助重点产业企业引进急需紧缺高技能人才，引导更多企业与临港新片区人力资源服务机构合作。

（三）创新发展格局，进一步深化培育机制

一是全面深化产教融合。打造一批引领产教融合的行业标杆，培育一批行业领先的产教融合型企业；依托大型骨干企业、培训机构和高校资源，建立30分钟技能培训圈和培训资源共享平台，进一步推动各类产教资源要素高效流动，逐步形成覆盖整个临港新片区的技能实训网络。

二是全面推进校企合作。要推动“新型技师学院”落地，构建以公共实训基地、职业院校、职业技能培训机构和行业企业为主的多元培训载体，实现院校培养与企业用人的有效衔接。

三是全面加强市场化培育。要鼓励和引导社会力量开展职业培训，搭建技能人才数字化学习平台，打造一批符合临港新片区产业特点的市场化精品课程，建立技能人才继续教育基地。

（四）聚焦能力提升，进一步增强评价激励

一是健全人才评价体系。要健全以职业资格评价、职业技能等级认定和专项职业能力考核等为主要内容的产业技能人才评价体系；要完善产业高技能人才奖励激励体系，建立能力与使用相结合、贡献与待遇相联系的激励机制，使产业人才学有目标；支持社会化职业技能等级评价机构开展社会化职业技能等级认定工作，共建高技能人才库。

二是健全经费保障体系。要制定培养经费投入的科学合理机制，确保各项技能补贴有效落实；鼓励和支持行业企业和社会组织建立产业技能人才发展基金，为开展高技能人才培养研修提供支持；要加大对实训基地建设的政策引导和经费支持，建立相应的绩效考核体系，推动实训基地健康有序发展。

三是健全技能竞赛体系。要通过以赛促学、以赛促练、以赛促教、以赛促进等形式，扎实开展技能提升行动，搭建干事创业和实现价值的良好平台，努力形成集人文素养、职业道德、职业技能、工匠精神于一体的临港新片区育人文化。

（五）注重需求导向，进一步发挥企业主体作用

一是引导企业自主培育。要始终坚持企业必须深度参与的思想，引导企业进一步树立主体意识，鼓励和支持各类企业建立现代企业职工培训制度，鼓励有条件的企业创建职业教育培训中心，列入补贴性职业培训机构目录。

二是引导企业自主评价。深入推进行业代表性自主评定工作，支持企业开展技能人才自主评价，着力解决新工种、新岗位无技能等级评价标准问题；探索和完善符合技能人员成长规律的多元评价机制。

三是引导企业优化分配。要引导企业建立健全体现技能价值激励导向的薪酬分配制度，合理评价技能要素贡献，鼓励多劳多得、技高者多得，推动广大产业技能人才通过技能技术等级提升获得福利和薪酬提升；引导企业建立针对优秀产业技能人才补助性津贴制度，提高技能人才津贴水平。

（六）着眼长远发展，进一步提升人才意识

一是全面发挥劳模工匠引领作用。要大力弘扬劳模精神、劳动精神、工匠精神，进一步提升“临港工匠”选树影响力和引领力，围绕临港新片区重点产业，打造一批重点专业领域的“临港工匠”；要鼓励企业根据自身发展需要，进一步深化名师带高徒制度，建设一批技能大师工作室。

二是全面树立终身学习理念。要引导产业技能人员牢固树立终身学习理念，大力营造人人皆学、处处可学、时时能学的良好氛围；鼓励企业完善产业技能人员终身学习考核和激励体系，运用多种形式对任职能力、职后继续学习、职业生涯规划等进行综合评估，纳入企业职位任免参考，实现有为者有其位。

三是全面提升归属感和荣誉感。要坚持以人为本的理念，主动关心产业技能人员工作环境、身心健康、技能提升、职业发展等；要增加产业高技能人才在各级各类劳模、工匠等评选中的名额比例，推动更多高技能人才获得相关荣誉。

（七）构建和谐生态，进一步加强配套服务

一是持续完善住房及交通配套设施建设。要帮助产业技能人才降低生活成本，多渠道筹措供应各类住房，解决人才住房困难；要规范长租房发展，逐步使租购住房在享受公共服务上具有同等权利；要优化交通出行服务，促进轨道、地面公交等不同交通方式之间融合发展。

二是持续提升教育和医疗服务能级。要推进教育资源均衡发展，引入优质基础教育学校，着重解决人才子女入学难等问题；要推进产教融合型大学建设，探索混合所有制职业院校或二级学院建设；要优化医疗资源布局，鼓励国企和社会力量参与，稳步提升区域健康服务能级。

三是持续加大商业和文化供给力度。要完善社区园区商业配套，推动文体资源服务集聚；要加快引进不同层面的消费体验项目，依托商圈商街、文体场馆、旅游景点等设施，打造消费新地标，丰富产业人才文化生活。

（本文获2022年度全市组织系统优秀调研成果三等奖）

课题组成员：蒋　静、杨　武、谭荣友、胡　佳、张子江

主要执笔人：谭荣友、张子江

厚植艺术类高校引才优势
“以艺为媒”助力世界级人才平台建设

上海戏剧学院课题组

深入实施新时代人才强国战略是建设社会主义现代化国家的必然选择。党的二十大报告第一次将人才强国战略与科教兴国战略、创新驱动发展战略进行集中论述，并作出专题部署。习近平总书记深刻指出“培养造就大批德才兼备的高素质人才，是国家和民族长远发展大计”，这是在更高起点、更高层次、更高目标上对人才强国作出的顶层设计。对照中央关于推进社会主义文化强国建设的部署要求，对标国际一流文化大都市的发展水平，对应市民群众对更高品质美好生活的文化需求，上海艺术类高校厚植引才优势，通过“以艺为媒，以才引才”助力世界级人才平台建设大有可为。

一、上海艺术类高校引才实践及独特优势

在上海市委组织部、市教卫工作党委等部门的指导下，上海市艺术类高校近年来依托上海市人才揽蓄行动和高层次人才计划引进了一批具有全球影响力的艺术家和专业学者，人才“蓄水池”作用得到有效发挥，聚焦艺术类专业人才这一特殊群体形成了一系列特色做法。第一，从人才“为我所有”向“为我所用”转变。对标世界一流艺术院校引才用才的惯例与做法，针对不同类型艺术家，探索柔性引才模式与分类管理模式，灵活采用年薪制、项目合同制、协议工资制等“Part Time”聘用方式，积极打造高水平驻校艺术家集聚平台。第二，改革评价机制，持续健全教师分类评价体系。注重科研、教学、创作三类人才的个性化评价指标，探索“代表性成果”评价机制，对取得突出成果的人才可不论“学历”“资历”，开设职称“绿色通道”，畅通人才发展渠道。第三，创新引才模式，实现精准引才。依托人才和海外校友推介以才引才，探索“领军人才 + 青年人才”“大师 + 团队”“靶向引进”等引才模式，打好新形势下人才竞争主动仗。近 3 年来，有多人入选教育部“CJ 学者奖励计划”特聘教授、教

育部“CJ学者奖励计划”讲席学者、“WR计划教学名师”；获颁“上海QR计划”、上海市“四有好教师”、“上海DF学者”特聘教授等多类型高级别国家级人才称号，其中有的称号还实现了零的突破。近年来的引才成效证明了艺术类高校具有独特的引才优势。

（一）上海区位文化优势明显

上海具有红色文化、海派文化、江南文化共生共荣的内涵基因，具有“海纳百川、追求卓越、开明睿智、大气谦和”的城市精神和“开放、创新、包容”的城市品格，具有传统与现代交融、本土与外来辉映、有序与灵动兼具、文明与活力并蓄的都市魅力。据统计，上海引进外国人才的数量和质量均居全国第一，连续8年蝉联“外籍人才眼中最具吸引力的中国城市”。这些软实力是上海艺术类高校吸引人才得天独厚的综合优势。高校作为引才聚才主体，以更加宽松的科研环境、更加包容的交流平台、更加灵活的工作模式，能够吸引更多海外人才。

（二）艺术类高校对外合作交流平台广阔

上海“十四五”规划提到上海将打造“全球影视创制中心”与“亚洲演艺之都”。艺术类高校充分利用上海的国际化优势，通过一系列高层次、高规格的国际交流合作，积极开拓引才新路径。上海戏剧学院积极推进国际剧协落户事宜，依托国际剧协的合作优势，举办“世界传统表演艺术展示日”，深化“国际表演艺术高等院校联盟”活动，建设面向国际艺术院校的中国传统戏曲线上课程项目，传播中华优秀传统文化，推动上海建设亚洲演艺之都。通过“冬季学院”“表导演大师班”“上戏与哥大联合培养编剧MFA”等系列优质项目，促进本校学生与世界一流教学资源对接；通过国际导演大师班、国际舞美教育论坛、浦江国际电影论坛等教学和学术平台，使国际交流平台既成为学校和城市的国际文化品牌，也成为吸引更多世界优秀人才的“引智”平台。

（三）艺术语汇具有国际传播优势

艺术是世界通用语言，各国之间以艺术为桥梁进行交流，对于增进彼此之间的理解和信任、开展其他领域更广泛的合作，有着重要的意义。艺术类高校在增强文化自信、加强国际文化交流等方面发挥着重要作用，成为厚植上海城市精神、营造上海人文生态的一支重要力量。由上海戏剧学院作为出品方之一的舞剧《白蛇》由英国、美国、澳大利亚、中国等多国舞者共同参与，并作为第五届中国国际进口博览会人文交流平台“场外剧目”在上海大剧院首演。舞剧《白蛇》致力于寻找中国传统文化中的典型人物和经典IP，通过传统故事和现代表达的融合唱响“中国故事”，是东西方艺术语汇交融合作的典型范例。该部舞剧主演已经和上海戏剧学院达成人才引进意向。

（四）艺术院校引才更利于多领域交流互鉴

当今世界正经历百年未有之大变局，国内外形势发生深刻复杂变化，国际科技创新人才竞争日趋激烈，我国关键核心技术“卡脖子”问题依然存在。在这种背景下，文化

更像是对外交流的润滑剂，可以消除隔阂、彼此共融。上海艺术类高校可以从中外文化艺术交流互鉴的角度引进艺术人才，“各美其美、美美与共”，实现搭建跨学科发展平台，从而为上海重点战略领域的人才需求服务。

二、艺术类高校引才工作存在的短板问题

新形势下，上海不断优化和完善海外高层次人才引进机制，积极发挥艺术类高校的引才优势，开拓了一系列创新举措，取得了一定突破性进展。但面对上海城市发展的战略需求，以及日益激烈的人才竞争现状，艺术类高校在人才引进实施过程中仍有不少短板问题需要解决。

（一）海外人才引进政策细分化程度有待加强

1. 艺术类专业人才引进与现有政策的适应度和匹配度还存在一定差距

从目前贯穿人才工作各个环节的主流导向来看，多将自然科学专业作为参照标准，在人才评价、人才计划条件、落地落户、管理考核等方面基本应用一套指标体系，人文社科类专业仅在年龄、学历上适当放宽，而艺术类主要从属于人文社科类大学科方向，适用于艺术类专业门类的评价机制尚显欠缺。然而，艺术类相较于其他人文社科专业，其人才特性和成长规律具有一定特殊性，成果积累储备需要相对较长的时间，人才出成绩的年龄段往往是在中年以后，目前的引进政策相对刚性，缺少符合艺术类人才的个性化标准，使得个别在行业领域内成果卓著的人才因年龄、学历、职称等达不到要求而无法引进。这种现状较大程度上限制了艺术类人才的引进，需要从各层面加强对引进艺术类人才重要性的充分认识，并有针对性地设置耦合度高的配套政策。

2. 海外人才政策没有顾及华裔和非华裔群体的差异性

目前，人才引进政策在住房补贴发放（包含形式和周期）、落户、居留、子女就学、人才项目申报等方面的主要区别集中在“中国籍人才”和“海外人才”。在上海加大海外人才引进力度的趋势背景下，对海外人才需求的细分化程度必然会影响引才成效。调研中发现，华裔人才和非华裔人才的需求差异性较为显著，这取决于他们对国家的情感认同、引进后的适应性、长期定居的潜在可能性等诸多因素。从各高校引进后情况来看，华裔人才定居上海的概率明显高于非华裔人才，他们的人才补贴用于购房的几率更大，但人才补贴的使用周期和发放方式与购房政策尚未形成有效衔接与兼容，而非华裔人才多选择租房或一次性发放，目前政策在实施过程中还不能很好地满足这两类人才的需求。因此，根据这两类人才的需求差异性制定适应性更强、匹配度更高的引进政策，将对加大海外人才引进效能、提升人才落地率大有裨益。

（二）人才引进政策稳定性和预见性有待进一步增强

1. 聘用合同随着人才项目顺梯次申报而频繁变更，不利于人才稳定发展

随着本市人才计划优化整合，教育卫生领域各类人才计划项目逐渐形成梯度合理的人才引育体系，现有人才项目层次清晰，有完善的申报互斥和重复申报核查机制，同一

人才同一时期不得获取同一层次人才项目重复资助，严禁逆梯次申报人才计划。但在实际操作中，对于同一位专家顺梯次申报人才计划，在申报初期普遍要求提供3年以上聘用合同，由于这些人才计划启动时间不一，聘用合同时间势必多次调整。而实际情况是绝大多数高校在项目申报前，就会与专家签订正式合同，并约定好薪酬待遇，首聘合同往往不含人才项目待遇。如获批再根据项目申报时间调整聘期和待遇，如遇多个人才项目叠加，将多次调整，需要花费大量时间和精力与专家进行沟通解释，聘期和待遇的频繁变化常使引才单位陷入被动局面，不利于专家心态稳定。

2. 一次性引进补贴发放形式固化，不利于匹配人才需求

目前，国家和上海市高层次人才引进经费主要给予人才一次性补贴，需要在规定时间内一次性发放完毕。对于全额拨款且体量较小的高校来说，创收压力巨大，以上海戏剧学院为例，学校的人才经费缺口集中表现在人才引进后的薪酬上，尤其是近年来随着聘请外籍专家力度加大，压力更大。

（三）引才资源有待进一步优化整合，引才合力和用才效能尚未充分发挥

1.“单兵作战”不适应当下引才趋势，亟须向“集团军”转化

分析近年来各地引才模式，“组团式”引进成为新趋势，各地发挥资源整合优势，纷纷构建以“联盟”“高地”为平台的“引才共同体”，从更大范围内吸引人才，如江苏省构建海外人才创新创业联盟，福建省打造产业人才高地等。上海作为吸纳高水平人才的重镇，近年来也在个别重点产业领域实现高校与行业对接，如成立了上海生物医药产业人才联盟、上海北外滩人才发展联盟等。但从上海高校整体层面来看，市属高校近年来海外高层次人才数量和质量面临较大压力，一方面由于人才资源相对薄弱，宣传力度、平台资源等方面优势不足，另一方面多数专业领域还是以“散点式”个体行为为主，影响力不强。但随着高校学科交叉、跨学科融合趋势日益增强，对人才目标需求的共性也日益提升，市属高校如何从“单兵作战”向“集团军”转化，构建不同模式的引才联盟，成为引才聚才的新增长点。在此过程中，亟须市级层面有牵头组织、高校间建立联系、行业内合作互通。

2. 人才资源利用效能不强，基础性条件较为薄弱

从近年来海外引才情况来看，已引进的海外高层次人才既具备业界认可的专业能力，又具备较为宽广的海外人才“朋友圈”，目前人才使用更关注人才主体，以挖掘人才本身的效能为主要价值。然而“用好人才”很大程度上还体现在利用已引进人才的海外资源，与国外院校、科研机构建立更深层次的合作，从而实现“以才引才”。目前，高校对已引进人才的利用效能尚显局限，与国外院校主动建立联系的深度不够，对人才信息的掌握和了解缺乏时效性。尤其艺术院校在引进海外高层次人才时，普遍存在引才时间短、作用发挥不充分的情况，究其原因主要是未能给人才提供适合其发展的软件、硬件条件，无法吸引优秀人才留下。尤其是市属高校基础条件不足，在短时间内无法实现人才资源利用效能最大化。

（四）引才机制和配套保障体系还需进一步健全

1. 高校柔性引进人才机制有待完善

海外高层次人才在合作初期对中国的政策环境和高校的教育体制缺乏了解，长期全职引进难度较大，通过讲座、工作坊、项目合作等柔性引进形式可以很好地搭建平台，加强沟通了解，待条件成熟时转化为全职引进成功率较大。目前对于柔性引进海外人才，在配套服务政策上，如签证、专家证申领、付酬方式等方面还不够完善，一定程度上限制了海外人才柔性引进。

2. 人才政策执行细节仍需完善

由于各高校现行政策和资金状况各异，尤其是艺术类高校在学科结构、师资等方面具有独特性，普适性宏观指导政策向操作性强的实施细则转化还需要一定时间和过程。海外人才的激励、约束和保障机制有很多具体细节无法有效实施，进而影响引进质量和效率。

3. 人才刚需增加与编制限制之间存在矛盾

人才引进的力度持续加强，对于体量偏小、编制总量有限的高校有明显压力，在一定程度上制约了学校事业发展，长期来看需要寻求可持续发展解决路径。

三、策略与建议

（一）加强全市统筹和资源整合，搭建多层次引才平台

多维度构建市级层面人才宣传平台、交流平台、引进平台、服务平台，通过定期举办顶尖科学家论坛、顶尖艺术家论坛等人才联谊活动，实现自然科学和人文艺术科学间交流对话，为学科交叉提供场景。加强国际组织引进，鼓励以高校、科研院所、人才联盟为主体，引进各类国际学术、科技、艺术组织。鼓励支持高校引进国际一流高等教育资源，筹建新型中外合作办学机构，保质保量落实国外合作高校选派外籍教师来沪工作。加强国际合作，以全球化视角与世界著名综合性大学建立校际联盟、合作基地等，形成人才资源聚合优势。把各类平台的联系做广、能级做强、影响做大，形成引才聚才“强磁场”。

世界著名综合性大学在艺术类专业建设上卓有成就，有“以艺为媒”的引才基础。比如耶鲁大学戏剧学院最高目标是培养艺术界的精英，可以授予表演、导演、编剧、舞台美术等各个专业的艺术硕士学位（MFA）和戏剧艺术博士学位（DFA）。上海戏剧学院通过举办“冬季学院”“夏季学院”与耶鲁大学、布朗大学、纽约大学、哥伦比亚大学等世界名校开展校际合作，进行人才互派交流，更好地发挥协同效应。此外，还通过国际剧协落户、承办“世界戏剧研究联盟大会”等契机，深度挖掘更高端、更深层人才资源，为海外引才打开新路径。

（二）顺应学科交叉融合新特点，构建“以艺为媒、以才引才”新方略

艺术院校要充分发挥自身特点，积极拓宽海外引才路径。通过艺术家群体在其他领域专家中的人脉和关系，推荐师承关系、朋友同事关系、学术合作关系的海外各领域人

才加盟上海。艺术院校在学科交叉融合的大背景下，应进一步拓展引才视野；本着“不为所有，但求所用”的引才理念，与综合类大学形成引才联盟，共同引进跨专业复合型人才，在人才归属、合作方式、工作开展等方面探索更加灵活的引才形式，实现人才辐射和资源共享效应。

（三）改革人才经费使用机制，加大高校自主权

优化完善文化艺术类人才评价制度。逐步在人才落户、职称评定等政策上考虑到艺术类人才的特点，制定区别于一般自然科学和其他人文社科人才的标准。把成果的艺术价值和社会效应纳入评价范畴，注重区分艺术学科和其他学科的特性，探索结合艺术成果、创新质量和发展潜力的考核方式。深化“放管服”改革，建立政府人才管理服务权责清单，加大高校在人才使用、经费使用等环节的自主权，实现放权松绑。建议在国家和上海市海外高层次人才计划、人才揽蓄行动等相关政策中实行“绩效目标—自主分配”机制，按照绩效目标，考核高校的引才数量和质量，核定资助经费的总额，不将资助经费限定为一次性住房补贴，让学校根据实际情况，在发放时间、发放标准等方面享有更多自主权。这样既能提高经费使用效率，又能解决关键环节中的经费缺口问题。

（四）提升综合服务保障，让“海漂”从“流入”到“留住”

随着文化创作生态日趋向好，艺术类高端人才筑巢上海现象已经出现。上海要进一步发挥宜居宜业的区域特色，提升综合服务保障，吸引更多优秀艺术人才来上海就业创业，让“海漂”现象热起来，从而构建上海文艺人才高地。用好上海市住房保障政策，借助社会资源拓展公租房、租赁房房源，构建人才安居保障新模式。通过成立基础教育集团、推进高校附属学校建设，解决人才子女教育后顾之忧。在人才保险、就医、落户等方面加大政策支持，提供完善便捷的办理流程。营造人才安居乐业氛围，注重人才在文化认同、情感因素等方面的需求，充分营造尊重人才的生态环境，在关心关爱人才方面下大功夫。坚持正确导向，加强规范管理，引导高层次人才合理有序流动，积极为人才提供低风险、低成本的良好流动环境，建立适应人才流动的服务保障机制。

（五）创新编制改革新思路，设立高校流动机构编制蓄水池

通过改革破难题、增活力，创新机构编制管理思路办法。探索实施高校人员总量管理，健全编制动态调整机制。借鉴“编制周转池”制度，统筹编制总量，在教育系统实行“融编贷编”，既统筹活化资源、高效使用编制，又确保总量不超基数、人员不超编制“双不超”。建议在上海市人才揽蓄计划A类、B类人才中率先试行“编制周转池”制度，人才进入上海高校时给予编制，人才离开则收回编制，实行按需增减、动态调整、总量控制。

（六）深化柔性引进人才机制，建立高校和行业双向流动人才“立交桥”

坚持正确导向，加强规范管理，引导高层次人才合理有序流动，鼓励高校通过“联合聘任”“多点执业”等方式充分发挥高层次人才引领作用和溢出效应，推动人才队伍

质量整体提升和事业协调发展。艺术类高校尤其要打破区域、行业壁垒，激发人才创新创造活力、探索灵活多样的柔性引才模式，如上海戏剧学院实施“PT 计划”，聘请一批顶尖艺术家以“Part Time”形式来校工作，与专职教师形成合力，共同促进师资队伍建设，同时成为集聚艺术家的平台，提升行业话语权和影响力，与艺术家自身发展形成双赢。项目实施以来引进了多位行业顶尖艺术家，在打造艺术精品、拓宽人才培养效应、助力教学实践改革等方面成效显著。后续将继续探索柔性人才与教育教学的深度融合，发挥人才引领作用，优化聘用管理机制，力争产生示范效应。

（本文获 2022 年度全市组织系统优秀调研成果优秀奖）

课题组成员：谢　巍、李国强、陈梦婷、陈　云、徐　毅

主要执笔人：谢　巍、李国强、陈梦婷

市统计系统高层次人才成长路径浅析

市统计局课题组

本市统计系统深入学习贯彻习近平总书记关于新时代人才工作的新理念新战略新举措、中央人才工作会议和上海市人才工作会议精神，通过优化选育模式、严格过程管理、创新激励机制，旨在打造一支与推进统计治理体系和治理能力现代化相适应的高层次统计人才队伍，充分发挥统计高层次人才的示范作用，鼓励和引导本市统计干部立足本职、深耕专业，带动统计人才队伍整体素质的全面提升，为推进统计现代化改革提供人才储备和智力支持。

一、统计系统在高层次人才队伍建设方面的探索

统计人才是党和国家专业化人才队伍的重要组成部分，也是统计事业不断发展的智力储备和支撑基础。2020 年，国家统计局印发《国家统计局首席统计师管理办法》，通过建立首席统计师制度，培养造就高素质专业化的高层次统计人才队伍。2022 年，国家统计局印发《全国统计高层次人才培养工程实施方案》，提出“在全国从事政府统计、统计教育科研等相关工作人员中，选拔培养一批具有战略思维和国际视野的高素质、专业化、复合型统计高层次人才”。上海市统计系统一直重视统计人才培养，稳妥有序推进统计序列专业技术职称考试和评审工作。1987 年至今，上海市通过评审获得高级统计师（副高级）任职资格的人员 584 人。2021 年，为贯彻落实人力资源社会保障部、国家统计局《关于深化统计专业人员职称制度改革的指导意见》，上海市组织首届正高级统计师职称评审，2 名申报人参加评审获得通过。突出对能力水平和实际贡献的评价，对从事不同工作的统计人员实行分类差异化评价，进一步健全了我市统计职称层级，拓展了统计专业技术人才的职业发展空间。

目前，我国学者对各级统计人才能力框架进行了大量研究，但至今没有形成一套完整、统一的统计人才评价体系，仅从知识结构、职业能力、素质和职业道德等方面进行了较为简单的论述。因此，本课题在以前学者研究成果的基础上，结合统计人才队伍发

展实际，通过分析市统计局人才队伍现状，浅析统计专业高层次人才成长路径，探索建立一套客观科学的统计专业高层次人才选拔、培养、评价、使用体系。

二、统计专业高层次人才特征

综合分析统计专业高层次人才政策和评价实践发现，新形势统计专业高层次人才具有以下主要特征：一是政治素质过硬，政治坚定、德才兼备、勇于担当、乐于奉献、作风优良、廉洁自律；二是业务能力卓越，理论功底深厚，知识结构完备，工作实绩优秀，实践经验丰富，善于攻坚克难；三是引领作用突出，具有战略思维、创新理念、国际视野，能够前瞻性把握某个领域统计工作的发展方向，并在推进统计现代化改革中发挥示范带动作用；四是团队效应显著，能够凝聚优秀人才，组织指导跨专业合作，完成急难险重等重大统计任务，在团队中发挥"传帮带"作用。

三、统计专业高层次人才队伍存在的主要问题

结合统计专业高层次人才特征和市统计局人才队伍现状，不难看出，市统计局在统计专业高层次人才队伍建设上还存在一定差距，统计系统专业人才"选、育、用"模式需持续推进改革创新。

（一）统计专业领域人才的引领作用不明显

统计工作属于专业技术类工作，具有较强的专业性。随着经济社会发展发生深刻变革，统计工作对象更加复杂多样，统计环境日新月异，本市统计系统在推动统计制度方法改革创新、高质量发展体系研究、数据挖掘使用、经济形势分析，以及前沿科技融合应用的高层次人才数量和质量相对不足，对于培养掌握大数据、云计算、人工智能、区块链、空间信息等前沿信息技术的专业人才缺乏与之相对的选育条件和空间，暂未形成一批在全市范围内经济相关专业领域的领军人物。

（二）人才梯队建设缺乏中长期发展规划

人才梯队作为人才培养和传承的主要依托载体，其建设质量直接关乎单位整体性人才培养效果，并且在很大程度上影响干部的职业方向与成长路径。人才队伍建设不仅要着眼当下，更要放眼长期，根据不同时期、不同岗位的实际需求，制定人才的引进交流方向、总体思路和中长期规划。特别是重要岗位和重点处室，做到谋划发展的同时考虑人才保证。

（三）统计专业人才交流锻炼机会较少，人才激励、使用机制有待完善

近年来，在市委组织部和国家统计局的关心和支持下，通过"五个一批"、赴临港新片区挂职锻炼、援藏援疆等工作，统计干部逐步得到了锻炼机会。但总体而言，统计工作专业性较强，绝大多数统计干部未获得交流锻炼的机会，干部出口较小，造成干部工作经历较为单一。同时，激励和使用机制也局限于党校学习、干部选拔任用、职级晋升等传统手段，在学术交流、技能竞赛、人才科学合理流动等方面缺乏必要的制度保障。

四、进一步加强本市统计专业高层次人才队伍建设的对策建议

习近平总书记在关于统计工作重要指示批示精神中指出"统计部门不仅是业务部

门，更是政治部门”。谋划统计专业高层次人才队伍建设，应坚持党管人才，坚持全方位培养、用好人才，以建设与统计治理体系和治理能力现代化相适应的高素质专业化统计人才队伍建设为目标，以完善人才体系、提高专业能力、提升综合素质、确保统计数据质量、服务上海统计现代化改革发展为总要求，统筹推进上海市统计系统高层次人才队伍建设工作。

（一）建立专业人才培养培训体系

与沪上知名高校建立合作机制，形成集理论培训、跟班学习、课题研究、交流研讨等多种方式于一体的全方位、高水平培训体系。建立由国家统计局及相关专业司领导、市统计局领导班子成员、沪上著名经济学家、高校教授为主体的师资库，提升统计人才培养能效。探索建设国家统计局高层次统计人才上海培训基地。加大统计职称政策宣传力度，积极鼓励和支持高级统计师职称评审为统计专业高层次人才开辟绿色通道。

（二）采取集中培训与线上培训模式

充分发挥沪上知名高校的师资教学资源优势，以思想政治建设为引领，重点围绕经济社会统计专业知识、数理统计和信息软件等专业内容，联合设置培训课程，组织开展半脱产专业培训。同时，充分利用互联网、多媒体等现代化、信息化技术手段，开设统计专业高层次人才线上培训自学课程，作为对集中培训课程的进一步补充延伸与深化，有效增强培训的系统性、针对性、特色性和灵活性，全面提升统计干部的前沿理论研究、统计调查、统计分析等方面的实操能力。

（三）以重点项目为抓手，搭建多形式锻炼平台

围绕国家、上海市重点任务及中心工作，建立跨处室（单位）、跨专业的项目团队。重点项目团队主要由市统计局领导干部牵头抓总，明确团队内部分工、岗位职责和角色定位。项目运行期间，队员以承担项目工作为主，以本岗位的工作任务为辅，在项目收尾阶段根据其承担的具体任务进行总结评估。同时，选送优秀年轻干部外派挂职、参与课题研究，坚持在干中学、学中干，推动统计专业高层次人才之间的合作交流，促进人才在实践中提高统计工作能力，发挥统计专业高层次人才的引领示范作用。

（四）加大专业干部轮岗交流力度，进一步完善人才使用与激励机制

制定统计专业高层次人才使用规划，建立人才培养和使用台账，特别是岗位经历单一的优秀年轻干部，加大跨部门轮岗交流力度，搭建统计人才展示平台，拓宽人才交流通道，进一步完善人才使用与激励机制，充分发挥统计人才专长，做到人尽其才、才尽其用。积极探索在市统计局各专业处室设置学术性、专业性和荣誉性职位，探索建立市统计局首席统计师管理制度。

（本文获2022年度全市组织系统优秀调研成果优秀奖）

课题组成员：郁琼华、邱　晨、刘润辉、杜　哲、李　林

主要执笔人：杜　哲

上海组织工作
调研文选 (2022)

党建工作

关于进一步加强党建引领农村基层治理的调研报告

青浦区委组织部课题组

基层治理是国家治理的基石。为全面考察城乡融合背景下青浦党建引领农村基层治理的状况，及时总结农村基层治理创新经验，发现和解决基层治理中的实际问题，特别是总结大上海保卫战中的青浦实践，课题组于2022年3—8月聚焦相关领域进行了调研。

一、青浦区党建引领农村基层治理的实践

（一）青浦区加强党领导基层治理的总体部署

近年来，青浦区推进城市社区建设，深化农村综合配套改革，创新社会治理，加强基层建设“1+6”体制机制改革，并印发《关于进一步加强党建引领基层治理　加快推进“温暖家”治理体系建设的若干措施》，提出通过全力推进本区“六大工程”，包括66项举措及相应的125项具体措施，使党建引领基层治理的组织体系、服务体系、保障体系、支撑体系、应急体系和力量体系进一步健全，党建引领共建共治共享的基层治理格局进一步完善，各级党组织对基层治理的领导能力和水平显著提升。

（二）村党组织领导核心作用不断得到发挥

毫不动摇地坚持和加强党对农村工作的领导，持续加强农村党组织建设。印发全面推动抓党建促乡村振兴的行动方案，实施“铸魂”“育人”“固本”“聚才”“造型”五大行动，不断推动村党组织建设全面进步、全面过硬。在农村基层党组织的领导下，各行政村都能坚决贯彻中央、上海市委和青浦区委的决策部署，有力保障疫情防控、“五违四必”、扫黑除恶、垃圾分类、文明创建等重大任务落实，基本完成村级集体经济组织产权制度改革，为党建引领农村治理打下坚实的基础。

（三）农村社区基层治理架构不断健全完善

全区农村地区普遍建立以村党组织为领导核心，村民委员会为主导，村民为主体，

村务监督委员会、村集体经济组织、驻村单位、群众团体、社会组织共同参与的农村社区治理架构。进一步建立起村党组织领导下的社区中心运行机制和以社区中心为平台的社区治理共同体，形成系统完备、运转顺畅、治理高效的社区治理新体系。以村务监督委员会为主体的自治监督制度、以“四议两公开”为程序的议事决策制度、以网格化管理为模式的社区管理制度、以“集体资产监督管理办法”为代表的村级资产运营制度等治理经验不断得到巩固和夯实。

（四）村“两委”干部队伍建设不断得到加强

以村党组织书记队伍建设为牵引，以换届为契机，通过基层选拔一批、社会选优一批、组织选派一批、动态储备一批等方式，选优配强以村党组织书记为首的村“两委”班子。2021 年换届后，学历、年龄“一升一降”，同时村党组织书记“一肩挑”比例稳步提升。开设村居党组织书记“幸福带头人大课堂”培训，并将“幸福带头人大课堂”纳入干部教育培训领导小组年度调训工作计划，强化政治素质训练和专业素养培育。在管理考核方面，严格落实村“两委”成员任职资格 12 部门联审制度，以及村党组织书记日常管理备案、选拔任职备案和年度考核备案等工作制度，确保组织把关、有序流动。

（五）基层农村综合服务功能不断得到健全

青浦区在全区打造农村社区中心，有效提升了村级社区服务管理职能的效率，大幅改善了村民群众有序参与治理、享受品质生活的体验。为同时赋能农村基层治理力量，拟定了《区委组织部关于开展“双结对双提升”专项行动的工作方案》，推动区级机关、企事业单位全覆盖结对街镇、村居，处级党员领导干部联系服务群众，切实抓好“基层组织共建、经济发展共推、干部人才共育、社会治理共抓、民生实事共办，助力党组织建设、助力高质量发展、助力高品质生活、助力高效能治理、助力实事解民忧”等“五共五助”，共同夯实基层治理基础。

（六）数字信息技术赋能水平不断得到提高

区委区政府深入推进“幸福云”智慧社区全景应用系统，立足于“一网统管”的下沉、“一网通办”的外拓、“社区云”的加强，分别突出精度打造农村数字中心、突出广度丰富便民服务、突出深度叠加功能应用，将其建设成为线上版的“超级社区中心”。主要围绕“主题数据库”“全自动办公系统”“全要素管理系统”“全景式服务系统”“全民化共治系统”“全聚合一网统管”打造“1+5”的功能体系架构，以社区治理和生活数字化转型的率先突破带动青浦城市数字化转型的整体提升，为农村基层减负增能提供了牵引和平台。

（七）党建引领农村治理试点实践不断丰富

在党的创新理论指导下，青浦区多个部门、多个街镇、部分村积极开展党建引领农村治理的探索，形成了许多可借鉴、可操作、可推广的经验。区农业农村委和重固镇、朱家角镇张马村、练塘镇徐练村、夏阳街道塘郁村等探索在党建引领农村治理中运用积分制。重固镇创新设立“五星四责三色两平台”农村治理积分制管理体系，入选第四批全国乡村治理典型案例。练塘镇东庄村围绕“三个第一”发展优势，打造“红色、绿色、古色”浑然一体的乡风文明品牌。朱家角镇党委试点村级综合配套改革，推动“政务”与“村务”分离，推动村工作人员选聘分离，形成了条块结合、以块为主、全面赋能的基层社会治理模式。

二、当前党建引领农村基层治理需要改进的现状

青浦在党建引领农村基层治理方面取得了很大的进步，但是对照党的二十大精神的新要求、加快打造新时代幸福青浦和现代化枢纽门户的新使命，仍有一些瓶颈需要突破，有一些短板需要补齐，有一些功能需要提升。

（一）基层党组织政治功能和组织功能还需进一步提升

近年来，青浦区坚持和完善党对“三农”工作的领导，农村基层党组织的规范化、标准化建设水平有了一定的提升。但是对标“温暖家”治理体系建设的更高要求，农村基层党组织的政治功能和组织功能还需进一步提升。农村地区党员存在一定的老龄化趋势；农村党员教育管理的质量还需进一步提升；村党组织通过发展壮大村级集体经济凝聚群众的力度还需进一步加大；村党组织对本村域内基层所有组织的领导还需进一步加强。

（二）基层治理力量还需进一步加强

面对党建引领基层治理的新要求，面对推进治理体系和治理能力现代化的新形势，还有一定提升的空间。村干部队伍整体理论水平、履职能力、服务意识还需进一步强化；村党组织统筹本村各种治理力量的科学化水平还需进一步提升；农业合作社、驻村企业、社会团体等社会力量参与社区共治还缺乏较为完善的平台；农村全日制工作人员的数量和待遇保障、激励措施还需进一步加强；农村基层岗位对产业运营、农业科技、基层治理优秀人才的向心力还需进一步加强。

（三）网格治理机制还需进一步完善

新的治理形势对网格治理的各项机制提出了更高要求。对此，青浦区网格划分的层次还需进一步精细；三级网格的设置还需进一步明确边界，以提升其科学化水平。建立新的网格体系后，相应党的组织要做到全面覆盖，并配以较为充实的人员力量。网格管理运行机制还需进一步优化，做到发现更及时、处置更高效。对应急状态，网格的响应速度、精准度还有待进一步提高，网格内的物品资源、人力资源、空间资源等的统筹调配效率还需进一步提升。“队组党建”“特殊关爱”“健康守护”三个专项行动的有效做法还有待进一步常态长效。

（四）服务精准程度还需进一步提高

对标进一步“增进民生福祉，提高人民生活品质”的要求，为民服务阵地的设置还有待进一步增加；具备日间服务、老年助餐等功能的社区还需进一步增多；精准化的

“家门口”服务体系还有待进一步完善；区、街镇各级职能部门和社会资源在乡村还需进一步聚集；联系服务群众的频率和深度还有待进一步提升；常态化联系服务的相关制度还有待进一步细化和完善；村党组织、村民委员会、村集体经济组织与村居民的信息沟通渠道还需进一步畅通。

（五）信息技术赋能还需进一步强化

信息化、智能化工具在辅助镇村党组织决策、减少机械重复劳动、减少村居民办事奔波等方面还有待加强，嵌入基层治理的深度还有待提升；治理信息化系统的查询使用权、组织动员的决定权、内容发布的审核权等还需进一步赋能村党组织，数据信息对称性还需进一步增强，辅助基层自我运用数据的“工具包”还需进一步开发；“社会治理主题数仓”的数据量还有待进一步充实；“智慧党建”“阳光村务”等平台的设计、操作与基层工作实践的匹配度还需进一步提升。同时，通过信息技术为农村基层减负的方法、途径还需进一步探索；各类信息系统入口的规范性、标准化建设水平还有待进一步提升。

三、在建设“温暖家”体系中进一步优化农村治理

党的二十大报告强调，党的中心任务是以中国式现代化全面推进中华民族伟大复兴，并指出要建设宜居宜业和美乡村。应继续推进“六大工程”的基层治理实践，深入开展党建引领农村治理试点，完善基层治理体系，健全共建共治共享的社会治理格局，提升社会治理效能。

（一）进一步提升“组织力”，建强“温暖家”农村治理体系的领导核心

1. 深化农村党支部规范化建设

在全区党支部规范化建设“一五五”品牌工程的基础上，根据青东、青中、青西不同地域农村党组织实际，加强村党（总）支部、农业合作社党支部、流动党员党支部、网格党小组等农村地区各类党组织规范化建设。细化完善农村党支部工作联系点运行制度，加大各级党委（党组）领导班子成员联系农村地区党支部的工作力度，全面提高农村社区党组织的建设质量。

2. 提升农村党员教育管理质量

严格落实组织生活制度，严肃认真开展好民主评议党员工作，积极探索流动党员、老党员等分类管理的有效办法。深入实施“双培双带”行动，推动规划保留村至少从优秀返乡务工人员、本乡本土高校毕业生、致富能手、青年农民等重点群体中发展 1 名党员。建立健全农村党员教育、管理、监督、服务的长效机制，引导党员争做新时代“上善先锋”，积极助力青浦“美丽家园、绿色田园、幸福乐园”建设。

3. 加大发展壮大村级集体经济力度

认真做好中央扶持发展壮大村级集体经济试点，优化提升扶持资金使用效益，通过“一村一策”打造更加优质、更相匹配的特色型产业项目，形成“一村一品”。搭建区级

平台强化项目对接，健全党组织通过驻村（选调）工作有计划地培养锻炼干部的常态化机制。发挥练塘镇东庄村红色美丽村庄示范效应，以点带面推动更多村整合资源、抱团发展。充分发挥集体经济组织功能作用，不断推动村民群众向村党组织凝聚。

4. 健全村党组织重要事项把关机制

完善村级重要事项、重大问题由村党组织研究讨论机制，进一步强化村党组织的提议权，提升党员参与率，结合实际探索实行线上“四议两公开”。健全完善党建带群建工作机制，群团组织负责人列席村“两委”班子会议涉及群众利益、社区治理的相关议题。探索建立群团、村级集体经济组织、合作经济组织等各类组织定期向村党组织报告工作、年度述职制度，形成治理合力。

（二）进一步提升“行动力”，夯实“温暖家”农村治理体系的力量基础

1. 优化提升村级“幸福带头人”队伍

制定实施《青浦区村居“幸福带头人”队伍建设三年行动计划》，用好“幸福带头人”大课堂和“上善书记汇”“导师帮带制”等举措。严格落实任职资格联审和备案管理等制度。全覆盖建立村级小微权力清单，探索制定对村干部特别是“一肩挑”人员的管理监督细则。按照书记 1∶2、其他村“两委”成员 1∶1 比例建立常态化后备干部队伍。对新进村“两委”班子成员开展集体谈话，强化抓党建促乡村振兴使命意识和责任意识。

2. 统筹整合农村治理力量

健全农村兼职副书记、副主任常态化派遣机制，推动各级机关、企事业单位优秀年轻干部到村挂职或任职。将驻村干部、到村任职的选调生、条线工作人员等村级治理力量，进行统筹管理和培养使用。注重发挥多元主体作用，深化落实“幸福合伙人”等区级共建计划，挖掘吸引优质企业、社会组织、高校、社区志愿者、社团达人等社会力量参与社区共治。举办培训班，对村级治理力量分层分类实施全覆盖轮训。

3. 加强农村工作人员激励保障

制定《青浦区关于进一步加强居村干部队伍建设和激励关怀的若干措施》，进一步加强村“两委”班子成员和基层工作人员的薪酬待遇保障。探索建立以发展壮大村级集体经济为目的的绩效奖励机制。持续选树“担当作为优秀村居党组织书记”，加大从优秀村党组织书记中定向招录公务员力度，全面落实年度体检、带薪休假、疗休养、心理减压等举措。

（三）进一步提升“网格力”，织密“温暖家”农村治理体系的基础单元

1. 合理设置三级网格体系

推进全域治理，以政务服务“一网通办”、城市运行“一网统管”为总体架构，把农村地区的党建和政法综治、民政、城管执法、信访、市场监管、卫生健康、应急管理等各类网格统一整合成“一张网”，各职能部门不再另行单独划定网格。一般以行政村划分责任网格，以村民小组为基本单元划分微网格。结合微网格实际，探索更加精细的

管理。对城中村、空壳村等特殊区域，可结合实际划分微网格。

2. 全覆盖建立网格党组织

设置党总支的村，在微网格建立党支部。微网格党支部书记一般由村“两委”班子成员或党员骨干兼任，鼓励支持“老村干”、青年农民党员、驻村“两新”组织党组织书记、来沪党员、驻村机关企事业单位党组织负责人兼任微网格支部委员。结合村民小组实际，微网格党支部可下设党小组，党小组长一般由村党员骨干、党员村民小组长、隶属本村的“两新”组织党组织书记等担任，进一步强化微网格内党的领导。

3. 优化网格管理运行机制

充实网格力量，做好网格内日常巡查走访、矛盾纠纷排查化解、实有人口等基础信息动态更新工作。依托信息化系统“吹哨派单”。村社区中心依据相关标准对网格长、微网格长、网格员进行考核。完善议事协商机制，推动因地制宜制定村规民约。健全“家门口”信访服务体系，深化矛盾纠纷多元化解机制。推广运用积分制、清单制推进农村治理，配套建立激励约束制度机制，减轻基层组织负担，提升为民服务能力。

4. 建立平急结合的响应机制

持续深化“队组党建”“特殊关爱”“健康守护”三个专项行动，每月排摸网格内各类人力、阵地、物品资源及“特殊关爱”群体等，形成“网格清单”。定期对本村紧急状态进行模拟推演并建立工作预案。深化“双结对双提升”专项行动，推动结对单位和广大党员干部在发生紧急情况时第一时间增援，并在第一时间组建临时党（总）支部、党小组，全面指挥本网格内报到党员、财供人员、下沉干部等力量。

（四）进一步提升“服务力”，提高“温暖家”农村治理体系的民生温度

1. 建设共享化的自然村“15 分钟生活圈”

贯彻落实《关于“十四五”期间全面推进“15 分钟社区生活圈”行动的指导意见》，以适宜的区域为单位，建设以农村社区中心为枢纽的党群服务体系，打造集党建群建、政务服务、文化休闲等于一体的“一站式”“集成式”服务综合体。推进为民服务功能提质增效，推动农村社区老年助餐、日间服务功能完善，持续提升示范村组睦邻点数量。配齐农村社区健康设施，实现“一道、一场、多点”全覆盖。

2. 完善精准化的“家门口”服务体系

建立农村社区公共服务清单，开展政务服务自助设备实用操作培训。全面落实“一村一法律顾问”“一村一民警”制度。积极搭建志愿者、服务对象和服务项目对接平台，定期开展法律、医护、金融、教育等人员进村活动，建立健全志愿服务回馈机制。推动农村社区中心“健康驿站”等一批智能化设备及系统因地制宜、按需配置，区、街镇各级职能部门和“幸福合伙人”服务活动资源在乡村一线更加聚集。

3. 实施常态化的联系服务

健全区领导结对联系街镇机制，结合党支部直接联系点工作，开展好联系走访、座谈交流、专题党课等活动。健全街镇班子成员包保村、村“两委”班子成员包保自然村

（若干村民小组）、党小组长（村民小组长）包保村民小组、具备条件的党员包保困难群众的全覆盖常态化包保机制。街镇、村干部每年开展“四百”活动，做到每年度村“两委”班子对群众走访全覆盖，一届任期内村“两委”班子成员对群众走访全覆盖。

4. 畅通信息沟通渠道

规范做好党务、村务、财务公开，在村明显位置以及线上线下服务阵地，公示村“两委”班子成员电话、微信等联系方式，推动落实“两委”班子成员24小时应急值班机制，确保群众“找得到人、办得了事”。用好、维护好疫情期间建立的各类微信群，分级建立网格长、志愿者骨干等微信群，由村干部、党小组长、村民小组长、党员群众骨干等担任微信群群主，及时传达各类政策要求和信息，收集群众诉求。

（五）进一步提升“数治力”，深化“温暖家”农村治理体系的数字赋能

1. 为村党组织提供技术赋能

以“幸福云”为枢纽平台，以村党组织为系统角色核心，持续优化数据平台的架构搭建和功能设计。加快推进“幸福云”“1+5”功能体系建设。始终坚持党建引领基层治理，大力推广应用“幸福云”，将治理数据的查询使用权、组织动员的决定权、内容发布的审核权等关键性权限，以技术赋能的方式交给村党组织，强化村党组织在统筹资源、供给服务等方面的能力，提高回应解决群众需求的效能。

2. 创新乡村智治应用工具

大力推进数字乡村建设，全面推广应用“幸福云”，因地制宜配置物联感知设备。进一步充实“社会治理主题数仓”，各单位、各条线主动向区大数据中心主动归集农村治理有关数据，根据工作需要及时共享治理数据并参与数字治理。依托“幸福云”系统等，持续用好“智慧党建”“阳光村务”等平台。重视老年人、残疾人等特殊群体利益诉求，加大线下服务渠道和传统服务方式托底力度。

3. 清理整合村级台账及应用系统

全面清理农村工作台账，形成农村基础信息统计“一张表”，加快完善“智能台账”应用功能优化升级和推广应用，探索建立村居台账下沉把关机制，持续推进农村工作减负增能。清理与实际业务流程长期脱节及使用范围小、频度低的区级信息系统，整合各类区级下沉应用系统，对接纳入“幸福云”，加快打造“统一功能入口”，各单位原则上不再单独新建社区级应用系统，推动实现“幸福云”“一云统揽”。

（本文获2022年度全市组织系统优秀调研成果一等奖）

课题组成员：吴欢荣、李飞虎、吴晓平、翟梦雯

主要执笔人：徐　慧、鲁家峰、刘东瑞

强化党建引领小区综合治理
提升社区环境品质和居民生活品质调研报告

黄浦区委组织部课题组

调研组认真学习贯彻党的二十大精神，深入领会中央和上海市委、黄浦区委有关要求，通过召开专题座谈会、实地调研访谈等方式，全面梳理总结黄浦区近年来党建引领小区综合治理的有效做法经验，深入分析研究面临的突出问题和差距不足，尤其是2022年上半年大上海保卫战中暴露出的短板弱项，深入剖析问题产生的原因，提出进一步推进党建引领小区分类治理、精细治理、系统治理等方面的针对性建议措施，在此基础上形成本调研报告。

一、主要做法与成效

小区是人民群众安居乐业的基本空间，也是城市治理体系的基础单元。强化党建引领小区综合治理是完善国家治理体系、夯实基层治理基础的必然要求。近年来，黄浦区深入学习领会习近平总书记关于基层治理的重要论述，认真贯彻落实中央和上海市委对推进基层治理体系和治理能力现代化建设的部署要求，把强化党建引领作为一条红线贯穿小区综合治理始终，坚持问题导向、需求导向、创新导向，推动自治法治德治数治有机结合，紧密联系实际，为不同类型社区探索形成了一系列行之有效的经验做法和制度机制。主要体现在以下四个方面：

一是大力推进小区居住环境改善。区委、区政府决战决胜旧改攻坚，完成占全市总量一半以上的成片二级以下旧里房屋改造工作，过去5年使7.8万居民的居住质量得到彻底改善，为历史性解决黄浦城区面貌“二元结构”矛盾奠定扎实基础。大力推进385个小区“美丽家园”建设，提前完成市政府指标任务，深化开展社区“微更新”，因地制宜建设“小、灵、活”嵌入式生活服务设施，加快推进既有多层住宅加装电梯、小区充电桩建设等实事工程。2022年，全区加装电梯开工108台，签约140台；累计完工

131台，签约310台。持续推动“一街一路”建设，积极配备医疗、教育、商业、交通、文体等基本公共服务设施，打造安全、友好、舒适的“10分钟社区生活圈”。强化住宅物业分类管理标准，以标准化建设促进小区面貌提升，55%的社区通过绿色社区创建，打造了永丰村、南昌路168号、春江小区等一系列特色亮点小区，居民群众的获得感“成色更足”。完善老旧小区民生需求，如外滩街道山北小区、小东门街道的集贤邨口袋公园、豫园街道的四新小区等项目，结合电梯加装工程、口袋公园建设、适老化改造，为居民群众打造便捷的出行条件、舒适的健身场所、安全的活动空间。“经典黄浦·城市更新”党建联盟社区特邀设计师定向大赛，以外滩街道吉祥里等作为改造项目载体，精雕细琢使百年小区展新颜。

二是着力提升党建引领基层治理效能。健全完善“街道—社区—网格—楼栋”党的基层组织链条，深化街道社区党建、单位党建、行业党建互联互动。强化街道党工委牵头抓总职能，明确行政党组和社区党委主要职责和运行规则，做实社区党委，配齐社区党委专职副书记。健全党组织领导的居民自治、基层协商、群团带动、社会参与机制，完善居民区“大总支”制和兼职委员制度，积极探索党建引领业委会、物业服务企业等有效方法。比如，在居民区党组织的推动下，小东门街道中复小区6个楼栋全部成功加装电梯，成为黄浦区首个整建制加梯的小区。随后，居民区党总支又牵头制定了小区电梯使用公约，召开“零距离家园理事会”，对停车棚进行整治，在固定场所安装非机动车充电桩，利用企业闲置空间为居民打造了一间集休闲、学习、娱乐、协商等功能于一体的活动室，深得群众好评。又如，半淞园路街道通过强化西一、西二、西三等三个居民区的党建联建，在西凌新村区域启动小区“联小建大”物业管理区域调整工作，将原来的7个小型分散物业管理区域合并为1个物业管理区域，全方位提升了物业服务品质和居民生活质量。深化网格党建，统筹整合党建、警务、城管执法、市场监管等工作责任片区，建立跨部门、跨职能、统一标准的综合网格单元，率先探索推进党建引领下的“多网融合”。做实楼组党建，依托党小组长和楼组长，充分发挥下沉力量和报到党员的积极作用，协助基层做好疫情防控各项工作。比如，五里桥街道通过搭建“街道—街区—居民区—微网格—楼组”五级组织架构，把党的组织优势转化为服务党员群众的工作优势，推动为民服务、自治共治“零距离”。又如，南京东路街道在疫情防控中，以切块式老旧片区为单位，组建楼组党小组，实行分片包块制度，落实片有人管、路有人巡、责有人担的防控机制。

三是加大社区管理服务保障力度。深入推进“嵌入式”社区居家养老服务，因地制宜提供助医、助餐、助浴等服务，在全市率先实现社区综合为老服务中心和长者照护之家各街道全覆盖。大力推进数字化赋能，建设黄浦区社区治理综合信息系统，在全市层面率先搭建以公安人口库为基础的社区治理大数据共享应用平台，实现辖区内人口、房屋、事件、部件等数据“纵横贯通、需求引领、共享流通、安全使用、全面赋能”。以党建引领深化城市最小管理单元数字治理，赋能基层精细化管理，成功推进南京大楼、

瞿溪路路段、田子坊景区等最小管理单元试点。全面推进黄浦区居委会（社区）法律顾问制度，实现基层公共法律服务全覆盖；2021年，居委法律顾问为居民提供法律咨询、解答、引导等法律服务3805次，参与纠纷调解606件，协助居委处理换届选举有关法律问题32件，全年提供法律服务累计超过6300小时。深化“零距离”党群服务阵地体系建设，对214个各类站点优化布局、丰富功能，推动资源力量下沉社区一线，广泛动员多元力量参与社区治理，不断提升党建引领基层治理水平，满足人民群众对美好生活的向往。着力加强基层治理队伍一体化建设，深化推进“班长工程”“黄浦计划”“书记工作室”，打造有影响力的社区治理“领头雁”。

四是积极探索小区治理有效方法。2019年，区房管局出台《黄浦区老旧小区物业综合管理实施意见》等文件，2022年，先后制定《住宅小区分类管理类型》《黄浦区住宅物业分类管理标准》《老旧小区提标考核管理办法》等文件，鼓励引导各类型住宅小区因地制宜，以提标管理提升管理能级。各街道和居民区不断强化党建引领，积极创新基层治理，注重制度建设，提升善治效能。“三会”制度不断更新迭代，自下而上的自治议题、项目形成、执行评价机制等进一步完善，同时覆盖面不断扩大，基层民主协商的广度、深度、活跃度进一步提升；“零距离家园理事会”共治平台作用得到充分发挥，议题形成、协商过程、决议执行等关键环节进一步优化，协商实效不断提升。《住户守则》以法律“公约化”方式破解基层治理难题，成为依法治理的典型范例；社区分类治理“工作七法”不断深化，形成针对不同类型小区、社区的治理方法和标准，推动提升小区综合治理效能；持续加强党建引领下的业委会规范化建设，开展业委会法治评估和星级评选，探索设立业委会专职委员、执行秘书等创新机制。比如，为突破公房小区传统管理模式，永业、南房等区属企业与瑞金二路街道、老西门街道联合探索，通过向小区居民让渡管理权力的方法，重新设计与构建“自治家园”公房管理制度，赋予“自治家园”物业管理“五项权力”（即议事召集权、表决决定权、事务管理权、直接监督权、评价考核权），形成富有自治特色的老旧小区居住物业管理制度。又如，为探索建立适合高档住宅小区的治理模式，淮海中路街道新天地居民区党支部通过组织翠湖天地嘉苑传统节日活动及“爱丽丝畅游新天地”等亲子活动，增进居民的认可度和参与度，推动“三会”制度、“零距离家园理事会”等有效运作，确保小区所有重大事项均经各方民主协商决定。

二、面临的主要问题与挑战

对照中央和上海市委对深化推进基层治理体系和治理能力现代化建设的要求，通过深刻分析当前形势挑战，特别是复盘和反思大上海保卫战中的得与失，可以看到黄浦在进一步提升党建引领小区综合治理现代化水平工作中还存在一些不足和差距，主要有以下几个方面：

一是小区形态复杂多样，居民群众诉求和综合治理要求差异较大。黄浦区“二元结构”突出，现有各类小区580余个，老旧社区（新式/旧式里弄）、系统公房/保障型住房社区、普通商品房社区、中高档商品房社区等不同类型小区同时存在，其中老旧小区占全区小区总数的一半以上。不同的小区类型物理条件、基础设施、居民结构、治理主体、问题需求等存在较大差异。老旧小区房屋主体和基础设施陈旧老化，存在各类违章搭建，居民活动场所、公共绿地、自行车库、停车场地等配套设施与居民实际需求的矛盾突出，对政府和居委依赖较大。特别是老旧小区居住密度高、配套设施不完备，发生规模疫情后，管理负担繁重，居民区“两委”和物业服务企业均处于高负荷状态，部分小区难以良性运转。商品房小区居民对物业服务要求高，对社区依赖度较低，对居委会的认同度不高。作为以政府引导、居民自治管理为主的住宅小区，不同年代商品房小区的建设标准、物业服务水平差异较大，将早期商品房小区纳入“美丽家园”建设的呼声日益高涨。老大楼、类住宅、“六小”场所管理服务存在盲区，背街小巷数量多、沿街商铺密集、人口流动量大，居民区内民宿、私人影院、剧本杀等新型业态发展速度较快，对居民生活造成不同程度的影响，流动人口管理难度大。

二是党建引领“三驾马车”的小区治理结构运行不够协调顺畅。部分小区“三驾马车”治理结构不完整，治理主体失位缺位情况时有发生；居委会、业委会、物业服务企业对应管辖服务范围不一致，“三驾马车”之间沟通协调、监督指导存在困难；物业服务企业与业委会利益不一致，业委会对于物业管理服务活动的日常监督较为困难，居民区“两委”对业委会和物业服务企业的协调、指导和监督缺乏有效抓手；行业部门对业委会、物业服务企业的管理和指导不足，街道城建中心对物业服务企业缺乏明确的评价标准和管理手段，个别小区甚至出现劣质物业与不良业委会成员“合谋”严重损害业主权益的现象。部分小区党组织在工作中存在错位越位的情况，有的面对问题习惯于大包大揽，有的在引领“三驾马车”、协调各方资源、凝聚各方力量、实现自治共治过程中的有效手段不足，推动各方在小区综合治理中协调运作、发挥作用方面缺少必要的方法。

三是业委会专业化运行和物业企业服务水平与居民期望有差距。较早组建的业委会普遍存在成员年龄偏大、专业知识不足等问题，而真正关心小区发展、愿意加入业委会的专业人士及年轻居民较少，在职党员发挥作用不够明显，业委会换届改选“人选荒”问题长期困扰基层。部分业委会处于松散甚至“瘫痪停摆”状态，对小区的管理能力较弱，维修资金和公共收益不合理使用、设施设备无法正常维修等矛盾比较突出。物业费调整机制不健全，商品房小区、系统房小区物业费调整困难，物业服务企业被迫减少用工成本，导致服务质量下降，造成恶性循环。部分物业服务企业主动性和服务意识不强，对日常维护不重视或者维修资金审批流程繁琐周期长，导致小区环境改善和维修维护工作进度迟缓。物业维修基金续费困难，随着一些老旧小区维修改造项目逐渐增多，物业维修基金不断减少，需要补缴的物业维修基金也不断提升，部分业主不愿意支付。

四是党建引领小区综合治理的基础工作有待进一步加强。党建引领基层治理的群众

基础不够扎实，尤其在大上海保卫战中，暴露出党建引领小区综合治理工作还有不少短板弱项。比如，社区底数不清，部分居民区对社区实有人口信息掌握不全、缺乏动态更新，特别是对非户籍、非常住人口，老大楼、类住宅、商铺等非住宅中的人口信息掌握不全、不准、不及时；对于疫情中需要予以特别关爱的特殊人群，如高龄、独居、患病人群等相关需求摸排不到位。中高档商品房小区由于有机性、开放性不足，还存在居委干部“门难进”的情况。街道“五项权力”落实没有完全到位，特别是基层群众参与社区规划的渠道还不够通畅，社区公共空间配套存在“封闭化”“高端化”“俱乐部化”的倾向，不能很好地体现社会治理需求，造成一系列后续矛盾难以解决。党建引领的自治共治局面不够开阔。又如，居民群众参与自治还不充分，近年来，居民区开展的自治项目，约有30%是由居委会自行设计或请外部力量设计，落实“三会”制度和全过程人民民主的力度还不够；多元力量深度参与小区综合治理缺乏有效渠道，“两代表一委员”、群团组织、驻区单位、“两新”组织、专业力量等在提供专业服务、资源支持、社区融入等方面还需进一步加强。特别是随着旧改和城市更新加快，人户分离管理难题日益凸显，撬动社区在职党员发挥作用的有效机制需要进一步健全，楼组党建还需进一步强化。随着以平台经济为代表的新业态蓬勃兴起，推动快递员、外卖送餐员、网约车司机等新就业群体积极参与基层治理的方式方法需要进一步深化探索。再如，居民区干部队伍的应急管理意识和应急处突能力存在短板，尤其在大上海保卫战初期，部分居民区干部在面临复杂工作任务和大量群众诉求时，未能尽快动员和组织社区力量有效应对，一定程度上造成了工作的滞后和被动。

三、对策建议

人民对美好生活的向往就是我们的奋斗目标。党的二十大确立全面建设社会主义现代化强国、全面推进中华民族伟大复兴的宏伟目标和战略部署。党的二十大报告强调，“坚持把实现人民对美好生活的向往作为现代化建设的出发点和落脚点”。加强党建引领小区综合治理，打造环境优美、居民和谐、治理有序的美好生活家园，是新时代满足人民对美好生活向往最切实的保障，是推进中国式现代化在基层落地生根最生动的实践。

（一）基本原则

一是坚持党建引领。坚持党对基层治理的全面领导，把党的领导贯穿小区综合治理全过程、各方面。持续加强居民区党组织建设，增强党组织政治功能和组织功能，拓展基层党建覆盖广度、渗透深度、协调力度，强化党建引领“三驾马车”有效机制，更好发挥党组织在社区治理中的领导作用，更好发挥党员先锋模范作用。注重体制机制创新，针对党建引领小区综合治理中的共性问题、深层问题探索形成可复制可推广的做法经验。

二是坚持以人民为中心。深入践行“人民城市”重要理念，用最好的资源服务人民。深入群众、深入基层，采取更多惠民生、暖民心举措，聚焦为民、便民、安民，尽可能改善人居环境，着力解决好人民群众急难愁盼问题，健全基本公共服务体系，提高公共服务水平，增强均衡性和可及性。发展全过程人民民主的基层实践，健全基层党组织领导的基层群众自治机制，完善基层全过程人民民主制度和体系。

三是坚持分类推进、因地制宜、鼓励创新。坚持问题导向、因地制宜，结合辖区实际对小区类型进行科学分类，针对不同类型小区的资源禀赋和治理需求，抓住主要矛盾循症施策。坚持全周期管理理念，强化系统治理、依法治理、综合治理、源头治理。健全完善党组织统一领导、政府依法履责、各类组织积极协同、群众广泛参与，自治、法治、德治、数治相结合的基层治理体系，充分发挥“四治融合”在党建引领小区综合治理中的支点效应。

（二）行动体系

根据党的二十大精神关于社会治理的最新要求和习近平总书记对上海基层治理工作的重要指示精神，结合近年来黄浦区的探索实践，我们认为，加强党建引领小区综合治理，要坚持分类治理、精细治理、系统治理理念，聚焦不同类型小区的治理短板和居民反映强烈的突出问题，探索形成不同的治理路径。下一步，加强党建引领小区综合治理工作，重点在问题导向、分类施策上下功夫，深入推进“四治”协同，全面提升治理效能，努力把黄浦打造成上海基层治理核心引领区。按照上述目标任务，课题组提出如下党建引领小区综合治理“五大行动”。

1. 实施破难行动，健全党建引领小区综合治理的体制机制

一是加强网格党建，着力健全党建引领多网合一的网格化治理体系。构建“街道总网格—城运综合网格—居民区小网格—社区微网格—楼组”五级联动体系和指挥运转机制。合理设置社区微网格，居民区一般以居民小组、住宅小区或若干楼组（楼栋、弄堂）为基本单元划分微网格，每个微网格原则上覆盖300—500户。商务楼宇、商圈市场等根据实际情况可单独划定网格。对于环境复杂、未封闭、无物业服务的开放式散居小区，根据工作需要适当调整，实现网格化管理全面覆盖。大力推进“零距离楼组”党建，压实组织体系建设，摸清楼组党员底数，形成“一楼一档”，推动楼组党组织应建尽建。选优配强楼组党小组长，从到社区报到党员中遴选“第二楼组长”，各楼组党小组招募“楼道志愿者”，设立党员责任区、党员示范岗，责任落实到人。通过广开渠道收集信息、就地从快处理问题、跟踪问效，以及健全机制、加强源头预防，努力做到“小事不出楼，大事不出网格，难事不出居民区”。

二是优化治理结构，推动党建引领“三驾马车”协调运转。拓展基层党组织“两个覆盖”，进一步强化“红色业委会”“红色物业”建设。加强居民区党组织对业委会的政治、思想和组织领导，提升业委会为民服务的履职能力。针对一些业委会失管脱管等问题，加强对业委会筹建、换届的政治把关，鼓励党员业主作为候选人，推动居委会和业委会“交叉任职”；加强党组织对业委会组建、履职全过程的指导监督，引导形成认真履职、用心服务的良好氛围；增强业委会稳定性，探索推进业委会专职委员制度、业委

会执行秘书制度，建立并落实业委会向居民区党组织作年度履职报告、定期通报工作等制度。把党的组织和工作延伸到物业服务企业中，加强推广红色物业联盟建设，及时建立物业服务企业党组织，全面推进社区、物业党组织成员“双向进入、交叉任职”。

三是坚持问题导向，切实提高物业管理和业委会建设规范化专业化水平。着力破解物业费调价、公共维修基金筹集使用等“老大难”问题。对政府托底物业加大财政资金补贴力度，促进小区物业费有效征缴、合理调价和维修基金续筹，增强社区基金会、社区自治金使用的灵活性、规范性。探索社区企业等集体经济形式，结合停车、加装电梯等，梳理挖掘公益收入创造、共享、分配、使用机制。加强业委会能力建设，定期召开业委会成员培训，探索业委会公共维修资金和小区公益性收入使用流程规范。

四是推动阳光运行，加强居民对于小区公共事务的监督。全面推广业委会法治评估，加强对业委会日常运作的服务、监督和评估，推动业委会工作水平整体提升；推进业委会规范化运作评价促进机制，落实好住户守则、居民公约、小区公约、楼组公约等行为规范作用，加大公安、司法、综治等部门对社区自治公约的支持力度。对物业服务企业开展“星级评比”并纳入信用等级评价；推行物业服务企业排名制度，做大做强一批服务强、口碑好、满意度高的物业服务企业，对长期不规范的物业进行劝退，形成优胜劣汰的良性市场环境。

2. 实施连心行动，用心服务群众、紧密团结群众、紧紧依靠群众，强化党建引领小区治理的政治基础

一是着力解决好群众急难愁盼问题。常态化开展“走百家门、知百家情、解百家难、暖百家心”活动，通过线上线下相结合等方式，定期走访群众，及时了解和掌握社情民意。居民区分片包干划定走访范围，依托“社区云”平台，优化人口信息“一户一档”功能，做到日日有使用、周周有更新、月月全覆盖，将社区工作者走访群众情况纳入考核指标。主动寻找身边的困难群众，建立长期联系机制，对空巢（独居）老人、困境儿童、行动不便人员等重点人群实行标签管理，记录就医配药、照料护理等服务需求，一对一建立清单台账。聚焦各类民心工程，紧扣物业管理、加装电梯、养老托育、便民就医、小区停车等群众反映强烈的民生难题，把“我为群众办实事”实践活动固化成为解决群众急难愁盼问题的长效机制。做好网上群众工作，居民区干部要进入小区业主、志愿者队伍等微信群，并发挥主导作用。

二是以全过程人民民主理念解决治理问题。推进社区民主协商，打造“街区联合会”“楼宇委员会”“商圈共治会”“红色议事厅”“楼组议事会”等各类民主协商议事平台。依托社区公共空间合理设置“两代表一委员”联络室和街道社代会代表联络点，通过代表委员轮值接待，定期听取居民诉求，畅通民意表达渠道。推动“零距离家园理事会”功能升级，完善基层约请制度，加强条线对基层治理的支持力度。将社区公共空间建成驻区单位参与社区治理和履行社会责任的平台。全面落实“三会”制度等党领导下的社区协商制度，推动“云三会”建设，拓展全领域应用，形成科学规范、运行完善的

基层议事协商程序。

三是推动党建引领下的多元力量参与。健全党员干部下派、报到和多元力量参与机制，组织引导“两代表一委员”、党外代表人士、妇女骨干、退役军人、团员青年骨干等力量常态化参与社区治理，加强社区“第二梯队”建设。注重引入专业社会组织，畅通专业社会组织进入社区的渠道，整合区域内外枢纽型、资源型、支持型、专业服务型社会组织资源，协同社区各类主体力量，构建基层治理资源链、服务链和创意链。大力培育社区社会组织，进一步激活社区治理内生动力，广泛调动社区居民和多方主体参与社区社会组织发展，充分挖掘社区居民达人。依托街道社区、网点站点灵活组建流动党员党支部，把新就业群体中的党员组织起来，通过党员扫码管理、组织生活纪实、定期反馈激励等措施，引导新就业群体就近报到，有序参与基层治理。探索从快递员、外卖送餐员等新就业群体中遴选“移动网格员”，延伸网格治理工作触角。健全社会力量参与社区服务激励政策，推动社区与社会组织、社会工作者、社区志愿者、社区公益慈善资源联动开展服务。

3. 实施筑底行动，夯实小区空间基础和公共服务底座

一是大力推进“美丽家园”建设。以更大力度、更强合力加速推进零星旧改和旧住房成套改造。充分发挥国有物业服务企业对老旧小区的托底保障作用，常态化开展老旧小区环境整治行动，整体提升老旧小区物业管理水平。进一步加大对老旧小区基础设施建设的投入力度，结合“道路+”“公园+”“生活圈+”等工程，运用落实“智能化+”“全过程人民民主+”等治理方式，提供更多高品质公共空间。分步骤、分批次将早期商品房小区纳入“美丽家园”建设，到2025年，全区小区“美丽家园”累计建成率达到70%以上，新建成一批样本和示范小区；力争90%以上社区“绿色社区”创建达标，形成一批示范性“绿色社区”，打造一批具有黄浦特色的“花园社区”。推动小区出入口、停车棚、垃圾厢房等传统基础设施智能化、数字化升级改造，以及道路综合杆、智能交通等公用设施建设。

二是积极探索开展参与式社区规划。坚持国际一流的高品质城区建设标准，持续进行城市更新和城市美化行动，打造宜居、宜业、宜乐、宜游的精美街区。在“美丽家园”建设、老旧小区改造、社区“微更新”等重点工作中，全面践行“全过程人民民主”重大理念，注重搭建平台、注重意见征询、注重倾听民意，让社区公共空间的营造更多反映人民意愿。加快风貌区建设，推广街区更新导则，在深度改变街区面貌的同时，推动块域治理模式和文化内涵更新，形成“一街一品”、精彩夺目的城市面貌。充分发挥好社区规划师的作用，重点推进背街小巷（弄堂）治理、绿色社区创建、美丽家园建设。

三是进一步完善社区公共服务体系。在全市率先推进“10分钟社区生活圈”建设，落实党群服务中心体系功能建设要求，推进公共服务职能进一步向党群服务中心等社区公共空间下沉和整合。推进居委会“办公用房最小化、服务用房最大化”和一室多用、

综合利用，鼓励有条件的居委将办公空间搬到街面，方便居民群众服务办事；优化设置首问接待区、综合服务区、办公区、居民议事区及活动区，有条件的可整合物业响应、联防联治、便民服务、老年人助餐等功能，提升为民服务能力。大力培育支持社区社会组织、专业支持性社会组织、社会企业及社区基金会等，探索建立社区与社区、社区与企业、社区与街区、社区与学校等服务联动、资源循环模式，推动打造功能复合、场景多元、智能响应、自我造血的社区服务 3.0 模式。

4. 实施强基行动，分层分类推动提升小区综合治理水平

一是重点做好对老旧小区的托底保障，持续加大政府投入，改善群众居住环境。老旧小区基础条件差、托底保障需求强烈，要以“旧里保基本、新里促提升、售后房重整合、老大楼管安全”为基本思路，因地制宜叠加不同管理侧重点，逐个小区提出针对性工作方案，实现老旧住宅小区精细化管理。针对管理不善的系统房小区及无人管理小区，根据街道提出的需求，由公房集团作为托底保障管理单位进驻，提高和改善此类小区的物业管理水平；选优配强社区工作者，做好民生服务特别是重点人群的托底保障工作。针对早期商品房设施设备老化、维修资金不足、安全隐患较大等现状，将增设充电桩、消防设施等涉及公共安全的政府实事项目由公房小区向早期商品房小区延伸覆盖。划小服务单元，强化微网格建设，推动居民区微网格通过巡、听、看、核等方式就地了解民情、提供服务。

二是持续夯实一般小区的治理基础，理顺体制机制，增强党建引领“三驾马车”协调运转能力。一般小区治理结构较为健全，具备在党建引领下开展自治共治的基本条件，工作重点在于强化居民区党组织对小区自治共治的组织引导，加强居委会、业委会和物业服务企业履职能力与分工配合。充分发挥居民区党组织的领导核心作用，推动物业管理和业委会规范化建设，进一步发挥居委会在业主自治管理中的作用。建立定期接待、业主评议、信息公开等制度，帮助业委会提高自治能力，推动业委会运作规范化。尝试搭建第三方服务平台，引入专业力量参与社区治理，通过专业咨询、孵化培育、监督评价等服务，提升业主依法自治水平，激发社区共治活力。完善多元化物业服务供给体系，强化资金保障，做实公房物业托底保障功能；明确标准，完善提标升级管理机制，推动市场物业持续改善服务品质；积极探索信托物业、自管物业等新形式。

三是着力提升高档小区的治理品质，充分尊重并发挥业主自治能力。针对高档社区物理条件较好、居民素质较高、治理体系较为健全，但业主对党和政府需求较弱但权利意识较强的情况，重点推动社区“两委”治理力量有效渗透。可建立居委会成员、物业服务人员交叉坐班机制，动态掌握小区情况，同小区物业服务企业、业委会等治理主体建立较为紧密的联系。各类主体分工合作，社区“两委”主要做好服务引导和平台搭建工作，充分发挥物业服务企业、业委会和社区能人的治理能力；在居民区党组织领导下推动“三驾马车”协同运转，扩充应急工作队伍，各司其职、形成合力；推动资源整合与共享，汇集社区能人、骨干社会资源，链接、整合并推动社区发展，探索引入社会资

本与市场力量，进一步拓展服务内容和形式。

四是注重填补治理漏洞，以区域化党建和网格化管理为主要抓手，实现管理服务全覆盖。实践表明，类住宅、“六小”场所、老大楼等其他生活居住空间的有效管理关系到社会稳定、人民福祉、治理效能。对于这部分空间和人口，工作重点在于消除管理服务漏洞，应通过大力加强区域化党建和网格化管理进行查漏补缺，实现管理服务全面覆盖。将保障性住房、人才公寓、合法规模化租赁、酒店式公寓等新型居住形态纳入社区治理体系和服务管理范围。做好日常共建共治，平时加强居民区与周边商圈的联动，推动驻区单位参与社区活动，助力社区发展；及时强化资源共享，在街道指导下，对应急状态下没有统一物业管理的小商铺等人员提供物资保供等延伸管理服务。探索社区商业体系建设，建立社区与商超直送渠道，打通物资保供的“最后一公里”。

5. 实施赋能行动，着力培育、提升基层治理能力

一是注重法治赋能。针对社区规划、社区商业、社区公共空间配套标准、物业管理、业委会建设等难题，加强顶层政策设计，完善相关标准，更好体现社区治理和居民群众实际需求，为治理社会化、民主化、专业化提供制度支撑和法治保障。大力推动依靠法治方式解决基层治理核心矛盾问题，区级层面优化社区分类治理，针对不同社区的核心议题，重点加强有成文约定、有负责部门、有解决程序、有评议监督等“四有”建设，形成规范化分类治理体系。街道社区层面探索推广《住户守则》相关经验，形成针对性强、内容明确、切实可行的社区自治公约体系。针对社区规划、特色街区打造、社区“微更新”等具体事务，探索制定社区治理导则体系。探索设立居民区法治工作室，推动执法人员深入社区进行普法、服务，加强专业执法力量对社区治理的支撑作用，提升社区居民法治思维。

二是注重数字赋能。加快“社区云”平台建设和应用，整合居民区层面信息系统，推动各类系统在街道、居民区实现一个门户、一次登录、一次数据采集。进一步打通数据壁垒，区级和各街道开发的数字化应用系统统一接入“社区云”平台，整合共享各类社区信息资源，开展智能互动，提升居民参与便捷度。加强群众走访和平时联系，建立实有人口、重点人群、在册党员、在职党员、居民骨干等动态清单；注重基层治理底数更新，注重将数字治理和群众路线相结合，实践中“让数字说话”与“让群众说话”相得益彰。依托“一网统管”和数字化转型，进一步整合信息系统，切实减少信息重复录入；探索落实信息系统的下沉准入管理，持续开展标牌挂牌、信息系统、移动端 App 等清理规范工作。优化综合人口库应用功能，进一步完善数据核验、修正、反馈工作机制，形成人口信息“一本台账，一个底数”，为基层减负增能。

三是注重人才赋能。加大激励力度，加紧能力培训，加强监督管理，建立一支进得来、用得上、靠得住、留得下的高素质、专业化基层社区工作者队伍。提升街道在社区工作者招录工作中的话语权，在确定招聘次数、招聘形式时，充分结合街道实际需要，听取街道意见。强化居民区党组织书记能力提升“班长”工程，加强居民区书记业务能

力和政治素质培训，进一步推动居民区和街道各中心岗位交流，拓宽书记发展渠道。落实市委有关社工待遇文件精神，提拔重用一批在抗疫斗争等重大任务中表现特别突出的居民区党组织书记。依托“书记工作室”等平台，每年择优选拔一批综合素质高、发展潜力大的社区工作者与老书记、优秀书记，建立“传帮带”机制。做实社区工作者退出机制，按照“能进能出”原则，指导支持各街道对不符合岗位要求的人员予以坚决退出，解除劳动合同。

（本文获2022年度全市组织系统优秀调研成果一等奖）

课题组成员：王庆洲、程扬勇、江　健、陈芳芳、丛　凯

主要执笔人：程扬勇、江　健、陈芳芳、丛　凯

以党内法规主体责任落实推动党组领导作用发挥研究
——以上海市长宁区为例

长宁区委组织部课题组

党组是中国共产党对非党组织进行领导的关键制度和组织设计。二十大党章修正案对党组的相关内容作出调整和充实，实现了党章和《中国共产党党组工作条例》(以下简称《党组工作条例》)相关规定的有机衔接，对于坚持和加强党对组织工作的全面领导、深入贯彻新时代党的组织路线具有重要意义。

一、党组工作现状

（一）总体情况

长宁区委组织部始终坚持以习近平新时代中国特色社会主义思想为指导，坚决贯彻中央精神和上海市委要求，在全面排摸分析区域内党组（委）设置基础上，按照《党组工作条例》和市委下发《关于进一步加强和改进党组工作的实施意见》(以下简称《实施意见》)要求，不断加强学习教育，规范党组织设置，以改革创新精神加快提升党内法规的制度执行效能，积极探索建立健全党组（委）运行规则，完善制度执行检查评估机制；把推动党内法规制度落实在实际行动上、体现在具体工作中，大大提高了基层治理水平，不断推动全面从严治党向纵深发展。

（二）设置情况

长宁区委严格落实党组设置的各项要求：一是在局级层面，设立了区人大常委会、区政府、区政协、区法院和区检察院 5 个党组，并在区人大常委会、区政府、区政协分别设立了机关党组；二是在 21 个区政府组成部门、1 个区政府直属事业单位和 6 个群团组织设立了党组，与市级层面类似，区政府组成部门党组由区委设立并领导，在业务上由区政府党组指导工作；三是 9 个街镇行政党组，因街道行政组织党组实质上是党政协调机构，其设立和演变有一定的历史原因，根据《党组工作条例》需进一步规范化，故

不在本次调研范围。

另在区政府组成部门中，除实行垂直管理的部门外，针对政治性强、党员人数多的特点，设立6个党组性质党委（国资、公安、安全、应急、税务、司法）。

经统计，36个部门党组（未包含9个街镇行政党组）和6个党组性质党委共覆盖基层党组织370个（其中党委18个、党总支23个、党支部329个），约占全区基层党组织总数的18.4%；隶属党员7346名，约占全区党员总数的11.6%。

（三）班子情况

42个党组（委）中，除区法院和区公安分局由于条线管理特殊性，党组（委）成员分别设置8人和10人外，其余40个党组（委）均按《党组工作条例》规定设置3—7人；41个党组（委）书记由单位主要负责人担任，1个部门党组书记和主要负责人分设；30个党组（委）班子成员由单位领导班子成员中的党员干部担任，另外12个党组（委）班子成员由单位领导班子成员中的党员干部和重要职能部门或下属单位党员主要负责人担任。在36个部门党组和6个党组性质党委中，设专（兼）副书记的分别为7个和4个。

二、执规工作情况

结合2021年度区党组（委）书记党建责任制考核述职材料、民主生活会材料和十一届区委第一轮巡察对部分党组党建工作反馈意见情况，课题组整理了36个党组和5个党组性质党委（因保密要求，未含区安全分局）制度建设情况，组织访谈并抽取了15个党组（委）开展样本调研。总体来看，长宁区委始终坚持制度治党、依规治党，把党内法规建设作为坚持党的领导、加强党的建设、推进党的事业发展的利器重器，取得了良好实效。

（一）夯实组织基础，班子配备规范完整

坚持牢固树立抓基层、强基础、固基本的鲜明导向。在机构改革和贯彻落实《党组工作条例》工作中，持续织密建强、动态调适优化，基本形成了组织架构更加严密、组织设置更加规范、组织运行更加有力的架构格局。长宁区委严格按照规定配备领导班子，能充分覆盖和兼顾组织建设规范性与业务工作特殊性。

（二）深入开展学习，强化依规治党意识

坚持深入践行习近平法治思想。一是重视组织领导，压实工作责任。建立健全党组（委）书记牵头、班子成员分条线负责、党员参与的学习机制。二是重视统筹结合，集中宣传教育。区各党组（委）通过中心组学习、“三会一课”、普法宣传等多样形式，深入学习宣传习近平法治思想和党内法规。三是重视效果评估，强化学习成效。通过组织多种形式自查督导，把党内法规学习教育与业务工作推进相结合，不断提升学用互促效能。

（三）完善制度建设，聚焦规范精准执行

坚持党建引领促进业务工作的提质增效。指导监督各党组（委）修订完善本单位工作规则、重大问题清单和党建工作制度，确保对业务工作发挥把方向、管大局、保落实的领导作用。目前，长宁42个党组（委）全部建立了工作规则和本单位重大问题清单，形成了相关配套工作制度。

（四）强化约束监督，坚持两手抓两手硬

长宁区委始终要求各级党组织持续强化警示教育，筑牢思想防线。坚持把党内法规学习与干部职工的廉政教育相结合，把执规情况和工作业务推进相融合，严格督查考核，确保规范落实。将党组（委）及其成员执行《党组工作条例》情况，纳入基层党建工作述职评议考核重要内容、区委巡察范围和党员领导干部民主评议内容。

三、存在不足与问题

结合党内法规对执规工作提出了客观专业和严谨规范的要求，经梳理，党组（委）执规工作仍可在以下四个方面进一步完善和提高。

（一）学习教育需要进一步深化

存在部分曲解性理解党内法规现象。如个别访谈人员和提供材料的表述概念模糊，存在以"党建工作制度"替代"党组工作规则"、以"党纪"替代"党内法规"的现象。工作中仍存在不规范现象。如个别党组在同一体例党内法规或规范性文件中，分别出现"中共 ×× 党组""×× 党组"或单位名称等情况；个别党组重大问题清单以"如……"来进行内容列举和概括工作事例，未明晰党组领导的业务工作范畴。

（二）备案执行需要进一步强化

存在懈怠性执行党内法规现象。党组（委）对制度建设重视性认识还需进一步提高。如在抽查的 2021 年度 27 份党组（委）书记述职报告中，明确提到制度建设的为 16 份，样本占比 59.3%。个别党组（委）将"决策和议事""三重一大"和请示报告制度视同为工作规则。存在以文拟文情况。部分党组（委）提交的重大问题清单基本照搬《党组工作条例》相关内容，未体现"进行明确细化、列出具体清单"的要求。对照巡察反馈初步意见和班子民主生活会材料，也存在党建主体责任履行不够到位、对履行"一岗双责"重视程度不够、党建与业务工作融合度不高的情况。

（三）审查考核需要进一步细化

存在选择性执行党内法规现象。个别党组（委）存在实用主义思想，存在按工作惯性和难易程度选择性执行的情况。巡察组对部分党组（委）针对性提出了通过加强制度建设夯实基础工作的意见。部分党组（委）将执规工作重点聚焦在"学习教育"和"贯彻执行"方面，具体对本单位规章制度的"立改废释"、对规范性文件开展的审查和考核相关工作内容体现缺乏或较少。

（四）内容规范需要进一步优化

存在客观障碍性执规困难。党内生态与党内治理的现实复杂性和具体党务实践决定了特定时段的党内法规难以穷尽党内事务。如存在大党组与小党组的主体责任分界不清晰的情况，设置机关党组的部门反映在工作中会受制于巡视工作要求，导致对两级党组工作要求基本无异，在造成小党组在工作程序上的困惑和繁琐的同时，也使其领导作用

发挥受到一定影响。

四、对策和建议

结合调研分析，建议以习近平法治思想为统领，构建以规范性为核心的制度理论面向、以实践性为核心的制度现实面向、以过程性为核心的制度修正面向和以系统性为核心的制度发展面向为内核的“四个突出”执规工作机制。

（一）突出规范性导向，做好学习教育培训

党的十八大以来，以习近平同志为核心的党中央着眼新时代管党治党、执政治国的新形势新要求，推进和构建了较为完善的党内法规体系。党组（委）要进一步压实责任，引导党员干部带头学好党内法规，让党内法规切实融入工作生活，为推动党内法规落地落实提供坚强保障。

一是进一步完善多元学习机制。把党内法规学习宣传与政治理论教育相结合，依托组织和阵地建设促进党内法规学习常态化、制度化。二是进一步整合资源丰富形式。搭建区委牵头，各党组（委）协作共助的学习资源平台。建议以“基础法规＋条线法规”双线结构编发高适用性党内法规读本。分级分类明确领导干部履职应知应会的党内法规，形成需知即学、即用即学的学习模式。三是进一步发挥媒体宣传警示教育作用。广泛运用微信公众号、微博等新媒体平台加强学习宣传；在廉政教育基地等场所突出党内法规内容，将党内法规教育与党风廉政教育有机融合。

（二）突出实践性落实，构建“1+2+N”配套制度

根据各党组（委）执规现状，按照突出实践性和建立配套制度等要求，突出供给侧制度支持，探索构建发挥党组执规主体责任“1+2+N”的分级分类配套制度。

1.“1”即制订一个党组工作规则

（1）明确文本制式规范

规范文件名称：根据《关于各级党组织印章的规定》和《基层党务工作实用手册》规定，建议使用党组（委）规范化简称表述，即《中共 ×× 党组工作规则》或《中共 ×× 委员会工作规则》（党组性质党委）。

优化结构形式：文件使用条款形式表述，参照上位文件规范一般以章、条、款为结构称谓。

（2）明确主体结构与内容

党组（委）工作规则一般包含总则、职责、组织原则、议事和决策、决策和执行、自身建设、附则共七章，各部分主要内容如下：

总则：明确党组（委）基本情况和工作遵循。

职责：明确全面履行领导责任。党组（委）发挥把方向、管大局、保落实的领导作用，围绕党中央、上海市委和长宁区委决策部署，加强对本单位业务工作和党的建设的领导。结合工作任务和实际，明确业务工作和党建工作重点内容。明确落实全面从严治

党主体责任。

组织原则：明确坚持集体领导制度、重大事项请示报告制度和党务公开制度。明确建立指导督促机制。其中，对大党组和小党组的指导督促范围，应按照有重点、分层次、取实效的思路进行区分，并结合工作实际予以明确规定。

议事和决策：党组（委）按照集体领导、民主集中、个别酝酿、会议决定的原则，实行科学决策、民主决策、依法决策。明确制定议事规则，列出应当由党组（委）讨论和决定的重大问题清单并建立动态调整机制。明确党组会议召开频次、议题确定方式、人员出席范围、表决方式等。

决策和执行：党组（委）决策应当坚决执行。明确列出任务清单、责任清单和完成时间表，建立有效的督查、评估、反馈机制。

自身建设：明确严格落实全面从严治党主体责任。明确严格落实党风廉政建设、意识形态工作、基层党建工作等责任制。明确严肃党内政治生活。

附则：规定文件的生效时间，解释权、修改权的归属等问题。

（3）建立规则解释机制

党组（委）规则解释应遵循《中国共产党党内法规解释工作规定》要求，明确确立原则、明确主体、理顺程序、规范方法，构建适用党组的解释工作机制，促进执规中的统一与精准适用。按照合法性、合理性、统一性和稳定性原则，对于大、小党组的职责应明确区分，尤其注意划分工作界限和范畴，如小党组讨论决定事项、请示大党组决议事项等。

2.“2”即形成两张清单：党组（委）讨论决定的重大问题清单和党组（委）全面从严治党责任清单

在清单制定过程中，要注重形成压力传导，拉紧责任链条，把责任定位到岗、细化到人、量化到事，形成逐级负责、分工协作、责任共担的执规责任体系。

（1）制定“党组讨论决定的重大问题清单”目录

党组（委）应当紧密结合本单位实际，对需要讨论和决定的十二类重大问题进行明确细化、列出具体清单。尤其要强调，党组对业务工作的领导是在重大问题上把方向，而非全部包办。建议党组（委）根据《党组工作条例》，结合本单位实际起草形成《“党组讨论决定的重大问题清单”目录》。此外，根据2022年9月发布的《长宁区重大行政决策程序规定》，以下内容亦应纳入重大问题清单中（在“‘三重一大’决策有关事项”中体现），具体包括：经济和社会发展等方面的重要规划、计划；有关公共服务、市场监管、社会管理、城市管理、环境保护等方面的重大公共政策和措施；开发利用、保护重要自然资源和文化资源的重大公共政策和措施；涉及本区的重大公共建设项目；对经济社会发展有重大影响、涉及重大公共利益或者社会公众切身利益的其他重大事项。

各党组（委）一般应根据年度工作要点或计划按照以上内容指导进行动态调整和再细化；如遇重大突发事件发生，则应在执行讨论和决定同时或之后予以补充。

（2）健全完善“党组（委）全面从严治党责任清单”

建议从“党组（委）责任”“党组（委）主要负责人责任”和“党组（委）领导班子其他成员责任”三个方面形成责任清单，主要涵盖落实党风廉政建设、意识形态工作、基层党建工作等责任制内容，包括：坚持党的领导，坚定理想信念，把党的政治建设摆在首位，把党的思想建设作为基础性建设来抓，贯彻新时代党的组织路线，持之以恒抓好党的作风建设，加强党的纪律建设，落实制度治党、依规治党，落实党风廉政建设主体责任，加强对统一战线工作的领导，加强对群团工作的领导，建立专题研究机制。

对于班子成员的主体责任，鉴于党组（委）责任主要由党组班子带头职责履行，即党组（委）主要负责人和党组（委）领导班子其他成员对党组从严治党落实情况共同承担整体责任，其共有责任在“党组（委）责任”中充分体现；同时根据《中共中央关于加强对“一把手”和领导班子监督的意见》，明晰“党组（委）主要负责人责任”和“党组（委）领导班子其他成员责任”的区别。对主要负责人，强调抓好班子、带好队伍；对其他成员，强调分管领域的履职情况。因此，在清单中需要明确主要负责人和领导班子其他成员有区别的责任内容，以此通过界定权责，来督促履责尽责，便于问责追责。

3.“N”即完善配套工作规则：各党组（委）应做好立足单位特色和工作重点的各类制度加法

建议各党组（委）结合本部门工作实际建立健全党建工作制度，包括但不限于理论中心组学习制度、党务公开制度、“三重一大”制度等。对于政府部门、人民团体、经济组织、文化组织等各类单位，应重点关注行业体系内的党内法规建立配套制度，如政协、侨联党组可建立党员领导干部与党外代表人士联谊交友制度，厅局级单位机关党组应建立定期向上级党组汇报工作制度等。

（三）突出过程性监管，加强党内法规和规范性文件前置审查、备案和清理

规范党内法规和规范性文件备案审查工作，对于维护党内法规和党的政策的统一性、权威性具有十分重要的意义。各党组（委）要切实做好党内法规和规范性文件的把关工作，承担备案审查工作主体责任，及时实施党内法规和规范性文件报备工作。建议建立“四个全面”审查、备案和清理机制，加强对执行情况的巡视和监督检查，进一步确保党内规范性文件有件必备、有备必审、有错必纠。

1. 开展全面备案审查

严格执行党内法规和规范性文件备案审查制度，将备案审查工作覆盖全部党组（委），明确备案审查的主体、内容及格式、期限等，不断提升党内法规和规范性文件制定水平。

2. 实施全面报备机制

研究完善备案审查流程和机制，党组（委）坚持备案审查工作严肃性，及时开展备案审查工作，在规定时间内将备案报告、正式文本、制定说明及时向上级备案，涉密文件报备严格遵守保密规定。

3. 坚持全面“有错必纠”

把备案工作的重点放到审查上，重点审查内容是否符合法治统一的原则，是否有超越权限和违反程序等情况。对审查发现的问题按规定程序提出处理意见或建议，及时予以整改。

4. 及时全面同步清理

定期组织开展党内法规和规范性文件清理工作。结合巡察，聚焦梳理党组相关法规文件的进行时和过去时，重点观测“改”“废”的情况。将集中和专项清理相结合，指导党组（委）在完善工作规范同步及时作出修改、废止等决定。

（四）突出系统性特色，建立党组执行党内法规评价指标体系

为进一步提高党组（委）开展系统性党内法规执行的监督评价工作，切实提升党组（委）执规效能，建议结合绩效考评和巡察巡视等工作定期面向党组开展执规评价。按照科学合理，客观公正、系统便捷的要求，结合年度区机关党政领导班子绩效考核工作制定评估内容。

为考核工作便利，建议结合区年底绩效考评和巡察巡视工作综合分析评判党组执规情况，通过考评得分确定相应执规工作评价等次。按照协调性、代表性、科学性和多元化原则构建评估指标体系。设置了五类一级指标，并提出二级指标内容建议，三级指标原则由区考核牵头部门结合党组（委）工作实际和特色进行充实和具化。其中，一、二级指标主要内容建议如下：

（1）学习教育培训情况：健全完善多元学习机制，整合资源丰富学习形式，发挥媒体宣传警示教育作用。

（2）党组（委）运行规则设立情况：建立 1 个规则、2 个清单和党建工作制度。

（3）党内法规工作规范评价：做好前置审查和备案，认真开展清理。

（4）综合履职专项指标：突出基本基础、规范化建设和管理方面。

（5）群众满意度：基层满意度调查，“12345”热线工作绩效。

考核最终结果采取定量与定性相结合的评价方式。定量指标按照前述客观数据进行标准化计分。定性指标实行格次赋分法，依据考核情况先定“优秀、良好、一般、较差”四类等次，再赋分值，优秀格次按照 30%的比例确定。

课题以长宁区党组（委）执规实践探索为例，通过实地走访、专题访谈、样本抽查、资料分析等多种调研方式梳理工作现状，探索以党内法规主体责任落实推动党组（委）领导作用的方法途径，建议通过进一步强化党组（委）党内法规学习宣传教育，构建“1+2+N”分级配套制度，加强党内法规和规范性文件的前置审查、备案及清理，形成党组（委）执行党内法规评估机制等方面的针对性执规工作举措，不断推动党内法规主体责任进一步夯实落细，切实发挥党组（委）领导作用。

（本文获 2022 年度全市组织系统优秀调研成果二等奖）

课题组成员：陆　敏、吴永坚、侯　俊、杨本松雪、陆　蓉

主要执笔人：吴永坚、杨本松雪

基于要素分析视角深化新就业群体党建工作路径探索
——以上海市徐汇区为例

徐汇区委组织部（区社会工作党委）课题组

党的二十大报告明确指出，要加强新经济组织、新社会组织、新就业群体党的建设。面对百年变局和世纪疫情，上海市徐汇区坚持以习近平新时代中国特色社会主义思想为引领，以党的二十大精神为指引，深入贯彻习近平总书记对新业态、新就业群体工作重要指示批示精神，全面加强新就业群体党建，做好新就业群体服务凝聚引领工作，重点回答好“谁负责”“怎么建”“力量弱”“起作用”等问题。2022 年 6 月以来，立足新阶段新要求，徐汇区委组织部（区社工委）面向全区以快递、外卖等为主的新就业群体开展调研，找准新就业群体面临的新问题，基于要素分析视角对新就业群体党建工作进行重新解构，并提出针对性的建议。

一、基本情况

（一）总体概况

徐汇区是上海中心城区，区域面积 54.93 平方公里，常住人口 111.3 万人、45.8 万户。区域文化底蕴深厚、产业集聚发展、商业繁华密集、人口结构多元、社会要素异质，巨大的社会需求驱动大量新就业群体在区域内不断集聚。

截至 2022 年 8 月底，徐汇区有快递企业 1 家，快递网点站点 149 个、外卖网点站点 43 个，区域内营业网点密布；快递从业人员 3722 人，其中男性 3399 人、女性 323 人，外卖从业人员 1925 人，其中男性 1737 人、女性 188 人，男性占比均达到九成。已经排摸了解的党员（含预备党员）77 人，入党积极分子 12 人，党员人数占比 2%。

（二）新就业群体党建工作推进情况

1. 聚焦党建工作“谁负责”，构建区委统筹条块结合的工作班底

构建由区委组织部（区社工委）牵头、行业部门各负其责、街镇兜底管理的党建工

作格局。横向上，联动组织、人社、市场、城管、公安、工会、团委等条线单位力量；纵向上，发挥属地街镇党（工）委统筹作用，构建以街镇职能科室力量和基层执法力量为主的工作班底。开展新就业群体集中排摸行动，通过企业自查、属地核查、兜底复查等方式，形成站点情况、人员信息等“六个清”底账。

2. 聚焦党建工作“力量弱”，整合新就业群体党建专职工作力量

依托全区“500米党群服务圈”，主动对接金融机构、加油站等区域性网点，构建完善“徐汇区新就业群体党群之家”综合性服务平台体系。推进功能建设，立足街镇特质打造“骑士驿站”“暖枫驿站”“尚桥新亭”等特色站点。探索建立“结对制帮扶”“一点一策”等工作制度，选派站点党建联络专员，推进基层组织建设，优化流动党员服务管理。

3. 聚焦党组织“怎么建”，探索新就业群体有效覆盖新路径

针对从业人员中的流动党员，依托街镇主动对接流出地党组织，引导党员将组织关系转接至业务范围内的属地街镇。探索成立社区快递外卖特色党组织，引导党员就近就便接受教育管理，参加各类组织活动。组织开展2022年度新就业群体党员教育培训班等主体班次，请进来、谈体会、聊感受，提升学习实效。

4. 聚焦党组织如何“起作用”，构建新业态新就业群体共治平台

广泛设立新就业群体党员先锋岗、党员责任区，倡导新就业群体党员积极参与“上海先锋行动”。深化运用党建引领社会动员工作体系，引导成立“骑手志愿服务队”，充分发挥新就业群体走街串巷、熟悉地区情况的优势，积极参与基层治理。积极推荐、选树先进典型，弘扬优秀事迹，营造良好氛围。

二、基于要素分析视角解构新就业群体影响因子

做好符合超大城市中心城区特点的新就业群体党建工作，根本目的在于加强政治引领。因此，研究的首要任务是把准并解构新就业群体的组成要素，系统分析新就业群体的影响因子，以此找准问题和下一步工作路径。

乔治·霍曼斯（George Homans）的“群体组成四要素论”是社会学经典理论之一。根据“群体组成四要素论”，任何一个群体都是由群体活动、相互作用、思想情绪、群体规范四种要素组成的系统。其中，群体活动是可以被人觉察到的，常用生产率作为衡量活动的重要指标；相互作用是指群体内人们之间的信息沟通和行为响应；思想情绪是指群体成员的态度、感受、意见、信念、思维过程等；群体规范是群体成员共同遵守的行为准则。此外，因本课题研究重点在如何加强新就业群体党建工作，为准确反映新就业群体党建的基础，同样需要评估党组织、党员在新就业群体内的影响力。

在不同要素共同作用下，新就业群体的社会行为不断发生变化。因此，通过更深层次分析四种要素中的影响因子，能够帮助我们解构行为逻辑，更好地开展新就业群体党建工作（见图1）。从群体活动看，新就业群体本质上是关联生产生活的基础服务行业，其行为是一种现代经济活动，群体活动可以从职业流动、工作强度、从业收入等因素进

行评估。从相互作用看，新就业群体内实现相互作用的因素包含机制保障、团队建设、文化建设等因素。从思想情绪看，新就业群体的思想动态可以从职业发展规划、工作满意度、社会认同感等因素进行评估。从群体规范看，新就业群体的行为准则可以从行业准则、企业管理制度、公共制度等因素进行评估。

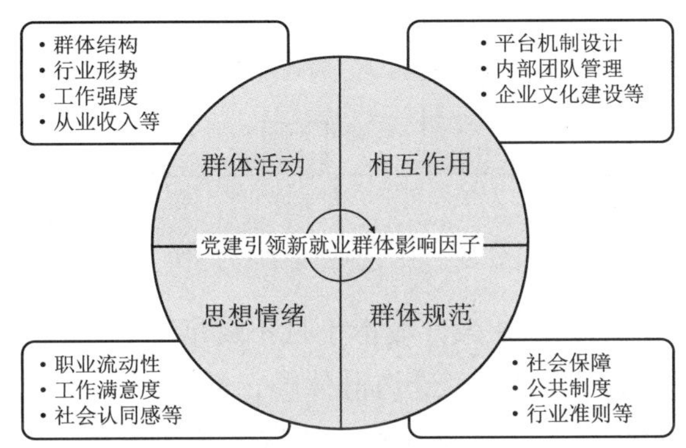

图 1　新就业群体组成四要素分析框架及影响因子

三、基于要素分析视角的徐汇区新就业群体概况评估

为进一步了解徐汇区新就业群体工作生活情况，调研组深入开展调查研究，于 2022 年 9 月起通过全覆盖走访和问卷调查等形式，向区域内新就业群体发放并回收有效问卷 3031 份，向区域内顺丰、韵达、美团等十余家企业的站点（网点）发放并回收有效问卷 179 份，同时召开街镇工作人员座谈会。基于调研情况和问卷数据反馈，以要素分析视角，对区域内的新就业群体进行全面扫描评估。

（一）群体活动要素

1. 群体结构

调研发现，新就业群体主要集中在青壮年男性。其中，18—30 岁最多（1201 人）、31—40 岁次之（1104 人），分别占比 39.62% 和 36.42%，41—50 岁 534 人，其余总占比不到 7%（见图 2）。群体普遍受教育程度偏低，主要集中在大学本科及以下学历，其中高中及以下学历占 65.59%，硕士及以上占比仅有 1.22%（见图 3）。

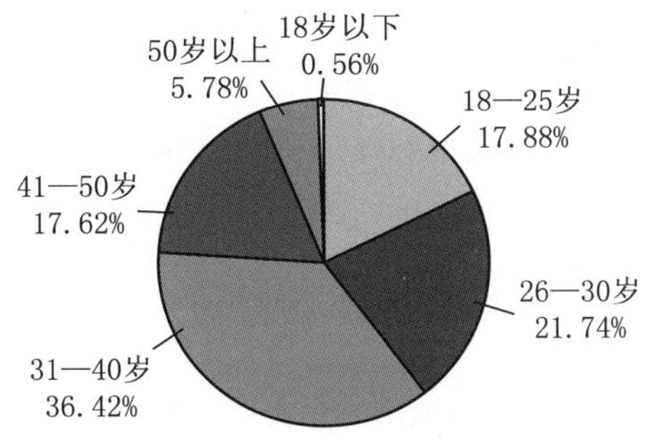

图 2　受访者年龄分布

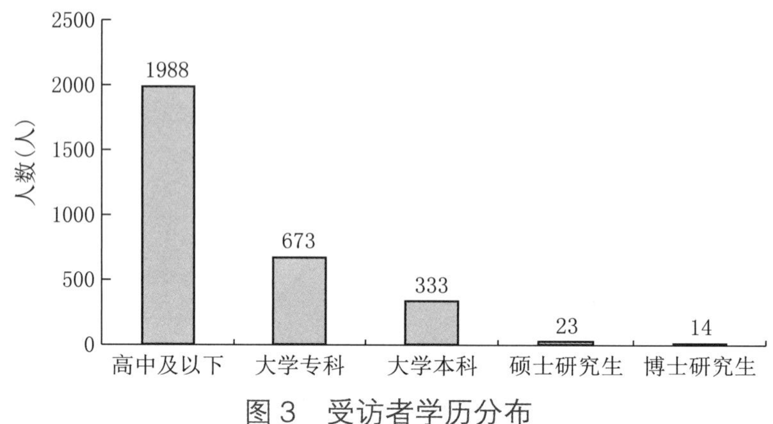

图3　受访者学历分布

快递、外卖行业工作时长弹性大，成本小且不受地域、户籍等条件限制，新就业群体从业年限较短，外省市人员居多。受访群体中，从业年限在5年内的占74.56%，其中低于1年的占比近30%；人员来源方面，外省市城乡人员占大多数，其中安徽、河南、江苏3个省份人数最多（见图4）。

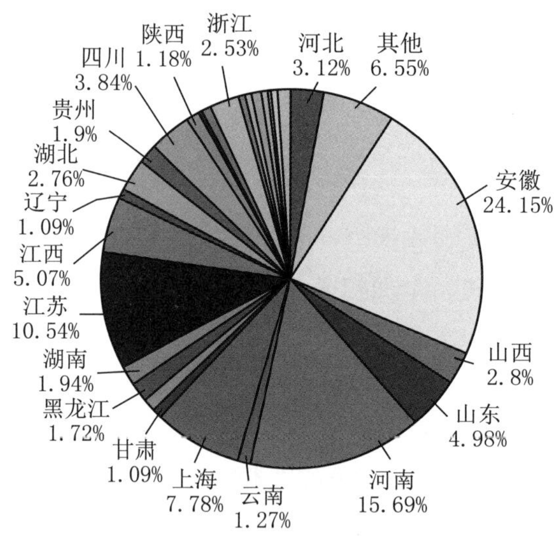

图4　受访者来源分布

2. 行业形势

调研发现，由于疫情等社会大环境的影响，行业普遍盈利不高，仅有不到四分之一的网点企业表示2021年实现了盈利，48.04%的网点企业表示盈亏平衡，27.93%的网点企业则明确表示亏损。同时，由于经营地点不稳定，企业本身流动性也较强，一年内近30个站点进行过搬迁与合并。

3. 工作强度

整体而言，新就业群体工作时长长、强度大，工资水平不高。受访群体中，全职员工2522人，兼职509人；每日工作时长超过8小时的占75.62%，其中超过12小时的

占 21.97%（见图 5）。

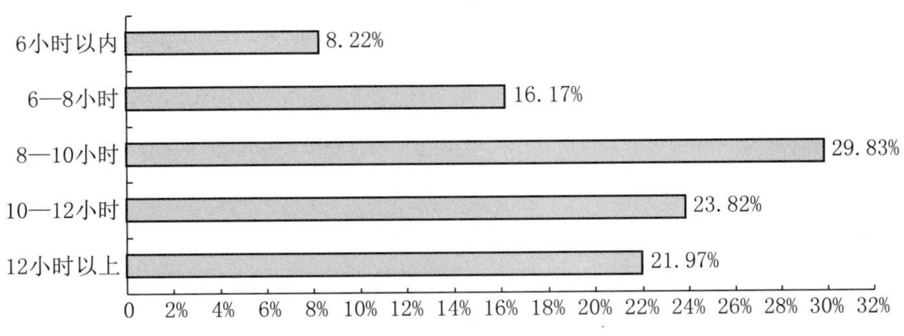

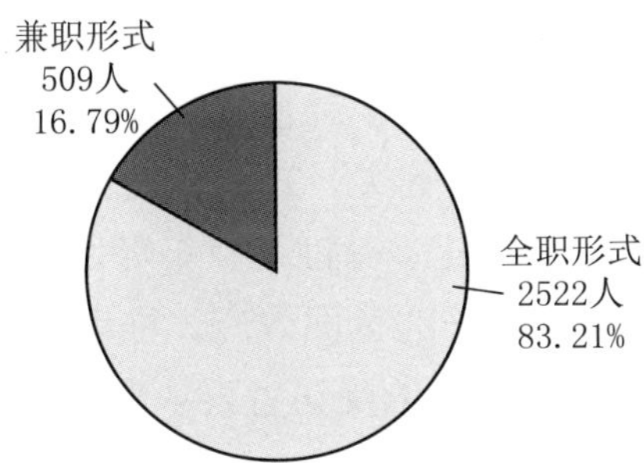

图 5　受访者从业时长、形式

4. 从业收入

快递、外卖行业主要分配方式为按劳取酬、多劳多得，部分企业有一定的底薪和绩效奖金激励，但在收入比例中占比低。受访群体中，年收入 5—10 万元的为大多数，占 56.38%；年收入 5 万元以下的，占 23.59%；年收入 20 万元以上的，仅占 1.29%（见图 6）。48.3%的受访者表示，疫情后收入压力加重，导致“劳动报酬低”。

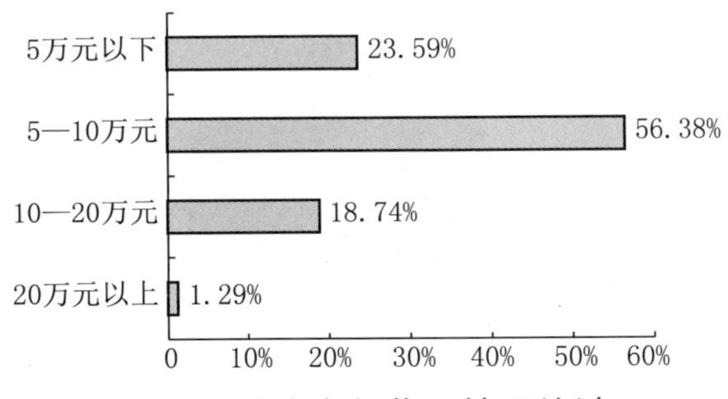

图 6　受访者年收入情况统计

（二）相互作用要素

1. 平台机制设计

调研发现，因为互联网平台企业对劳动过程的控制不同于传统雇佣组织，新就业群体拥有相对的“自由”和“自主性”。超过 60%的受访者表示最看重自由的工作时间，近35%的受访者表示喜欢骑车穿梭在城市中的感觉。但另一方面，不少从事外卖行业的新就业群体表示，在精准计算每单配送时长的同时，平台系统将商家及消费者纳入监督和评价机制，事实上加强了效率考核，有时“不近人情”。

2. 内部团队管理

调研发现，虽然94.68%的站点、网点表示能够即时掌握员工名册，但用工部门对员工名册的使用局限于每日考勤，对新就业群体的日常联系和个人情况并不了解。同时，由于每日上班时长较长且多为户外工作，61.4%的受访者表示对同一站点的同事并不熟悉，在遇到困难时缺少互帮互助精神。近半数受访者表示，对所属平台企业的团队建设活动不知情，希望用人单位能够加强内部团队建设。

3. 企业文化建设

调研发现，业务不断发展的同时，平台企业愈发注重企业文化建设。以某外卖平台企业为例，从早期“极致、创新、务实”的单纯文化，到近年来聘请当红演员担任“小哥”代言人，充分表达出“标准化、个性化、年轻化”的品牌导向。平台企业正试图以企业文化建设减轻技术管理带来的负面效应，推动新就业群体从“底层架构”向“成长力量”转变。然而，仍有近10%的受访者表示平台企业过于强势，缺少对职工的关心。

（三）思想情绪要素

1. 职业流动性

25.87%的受访者表示目前从事的工作“发展前景不佳”，高达82.28%的受访者对于现状有自身的考量。其中，希望长期从事的占46.42%，仅用于过渡、一有机会就跳槽的占35.86%（见图7）。

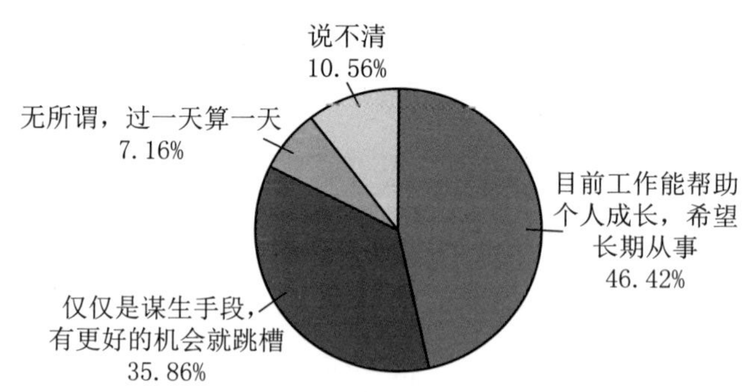

图7　受访者的未来规划

2. 工作满意度

24.71%的受访者表示对目前的工作非常满意，比较满意的占32.56%，近半数受访者对目前工作表示“一般”或“不满意”（见图8）。同时，表示“劳动强度大”的占43.98%，表示“维权较难”的占8.91%。认为“工作不稳定”“工作风险高”“学不到东

西”的分别占29.03%、29.56%、16.69%（见图9）。

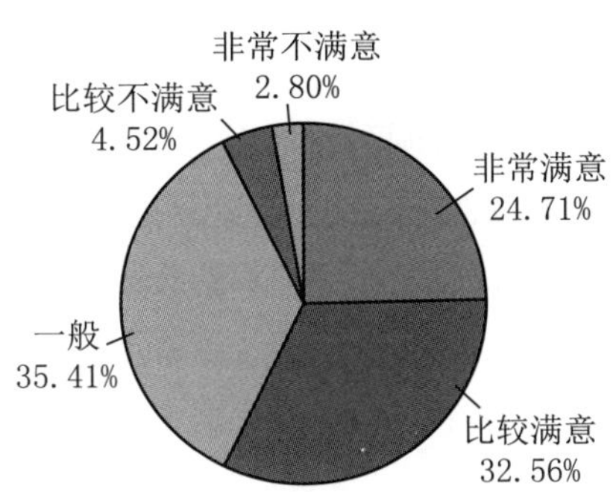

图8 受访者工作满意度

3. 社会认同感

快递、外卖等新就业群体作为新兴零售行业的直接参与者，更多依赖网络服务平台，工作场所主要在户外。新就业群体流动性大、社会保障弱的同时，缺少社会交往、社会发展及社会公共事件参与的机会和精力。因此，高达43.98%的受访者觉得自己从事的职业“社会认同感低”（见图9）。

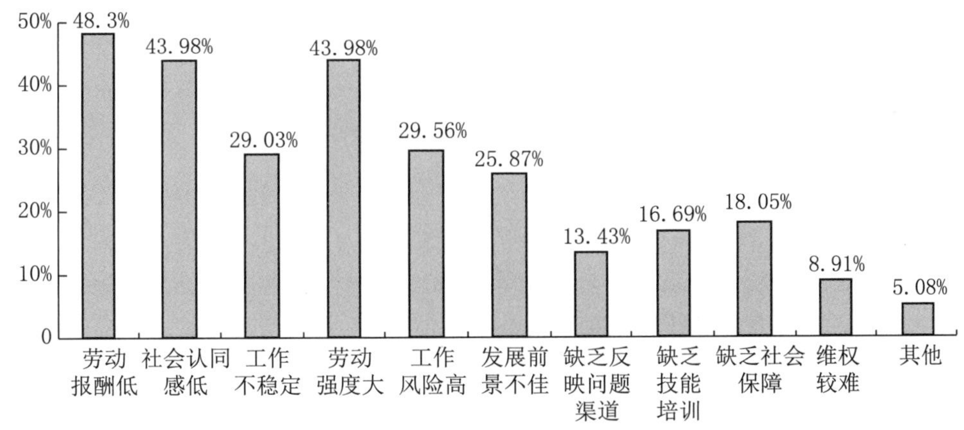

图9 受访者认为目前存在的主要问题统计

（四）群体规范要素

1. 社会保障

调研发现，新就业群体的社会保障覆盖率有待整体提升。三分之二的受访者由单位或自己缴纳了三险，72.52%的受访者缴纳了工伤保险，55.53%的受访者缴纳了生育保险，仅有49.52%的受访者表示单位缴纳了住房公积金；商业保险（意外险）方面，仅有31.64%的受访者表示由单位统一购买，20.72%的受访者表示未购买，还有17.68%的受访者表示不清楚。遭遇劳动权益争议问题时，自行与公司沟通的受访者占29.46%，寻求仲裁、工会等帮助的占37.48%，至今未解决的占3.13%。

2. 公共制度

通过对公共制度意见建议词频进行分析，受访者主要聚焦于场地管理、交通管理、政策支持三类问题（见图 10）。对于缺乏合适场地、夜间扰民、堆物占道等问题，受访者希望所在街道、居民区能够搭建协调对话平台，帮助解决问题；对于交通管理问题，受访者希望公安交管部门能够在日常通行、防疫管控及处罚方式上推出更加“人性化”的管理措施；对于政策支持问题，受访者希望增加行业扶持政策，放宽部分管理和限制，打通沟通渠道等。

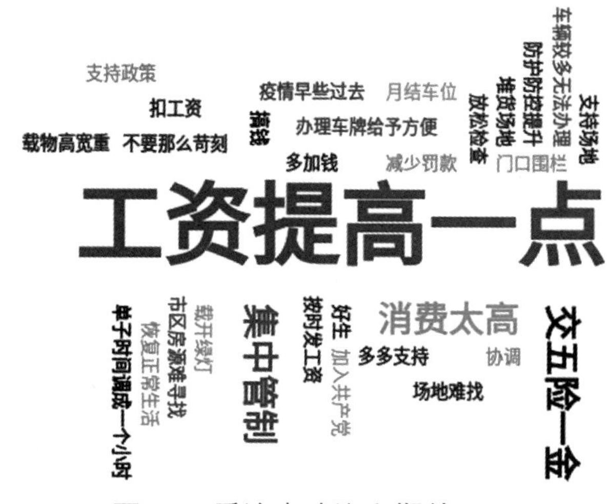

图 10　受访者建议和期待词云

3. 行业准则

83.23%的受访者表示，尚未听说或响应“行业行为准则”。在遵守社会公德、规范操作流程、提升服务质量、防范安全隐患等方面，除站点、网点的日常约束和公共制度的刚性约束外，尚未形成行业共识和自律公约。

（五）党建引领要素

1. 党员身份认同

尽管目前在新就业群体中党员数量和占比均不高，但是党员先锋模范作用在群体中依然表现较为突出。83.97%的党员受访者表示会主动亮明自己的党员身份，对于不主动亮明身份的原因，选择“亮不亮身份没有区别”的占 40.51%，选择“党组织未组织过活动”的占 35.44%，选择“党组织没有吸引力”的占 29.11%。

2. 党员职工“画像”

受访者中，觉得党员职工“责任感更强”的占 57.67%，“得到更多发展机会”的占 39.92%，“业绩更突出”的占 38.14%，“受到更多尊重”的占 32.23%（见图 11）。受访者中有 1634 人非常愿意入党，设“非常愿意”为 5 分、“完全不愿意”为 0 分，受访者总体入党意愿为 3.71 分，群体入党意愿较为积极。

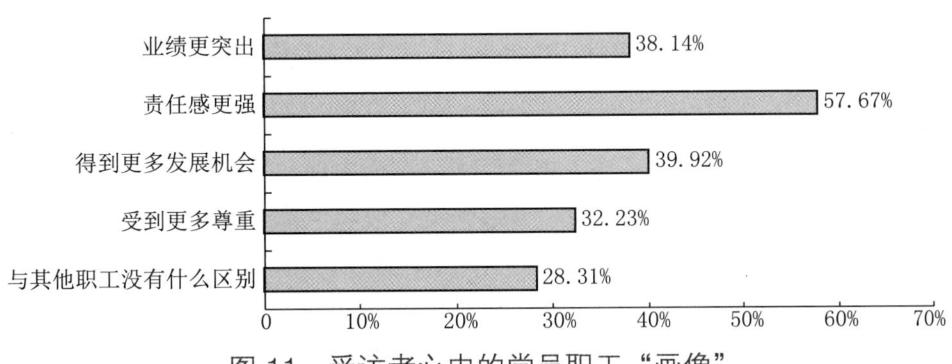

图 11　受访者心中的党员职工“画像”

通过分析上述要素，徐汇区新就业群体还存在如下问题：

一是从群体活动看，新就业群体公共事务的参与度还不够高。尽管业态发展迅速，新就业群体社会压力、行业压力、生存压力仍然较大。大多数“小哥”仍以创造经济价值为唯一目标，缺少公共价值指引。在调查新就业群体参与基层治理的意愿程度时，以0分为最低、5分为最高，平均值在3.33分，总体显示出中位的“一般”意愿。在基层治理各项工作中，参与网格巡查、为老服务等工作的新就业群体占比不到20%。

二是从相互作用看，新就业群体协同发展的凝聚力还不够强。一般而言，群体内必须具有共同的群体目标和群体意识，通过相互协作与配合，才能构建相对稳固的内部组织关系。从调研结果看，新就业群体文化差异明显、择业原因多样、彼此相识度低，加之本就不够紧密的工作模式和管理手段，缺少相互影响、相互依存的关系和情感，导致内部凝聚力不足。

三是从思想情绪看，新就业群体深耕行业的归属感还不够深。调研发现，受行业发展空间逐步饱和及疫情冲击双重影响，新就业群体流动性较高。个体普遍认为收入低、没有发展前景，缺少社会认同。同时，由于新就业群体会在不同的互联网平台之间切换，导致双方的关系持续时间短，难以对平台有归属感。平台系统的运用和第三方雇佣关系也拉开了新就业群体与平台企业的距离，导致群体对职业的忠诚度不够。

四是从群体规范看，新就业群体融入城市的秩序感还不够强。如果将平台系统看作一张劳动关系网络，那么商家、消费者、骑手、站点、平台公司等则是网络秩序的节点，外卖骑手正是通过配送行为串联起各大节点，从而形成秩序网络。因此，还不健全的社会保障制度、不够精准有效的公共制度及尚未形成的行业规范，让“一直在路上”的新就业群体缺少秩序的引导和约束，出现一定失格行为。

五是从党建基础看，新就业群体组织体系的嵌入度还不够强。调研发现，一方面，由于新就业群体党组织往往建在平台企业上，组织触角难以深入基层站点，部分在政治素质上有较为强烈追求的新就业群体缺少向组织靠近、接受组织培养的有效途径。另一方面，新就业群体中近半数的党员组织关系仍在家乡，在履行党员义务、发挥党员作用、接受教育管理等环节，存在落实不到位、作用发挥不到位的情况。

四、基于要素分析视角探索新就业群体党建工作路径

新就业群体是美好生活的追求者、创造者、守护者，也是社会治理可以依靠的重要力量。同时，新就业群体发展迅速、规模巨大、渗透力强、非常活跃，“痛点”多、“燃点”低，也存在一定社会风险。因此，开展新就业群体党建工作，必须抓实抓牢“党建引领”主线，有序有力整合新就业群体影响因子，实现对新就业群体的有效凝聚。

（一）强化组织体系建设，构建新就业群体全面纳管机制

一是创新组织设置形式。以区域头部企业为重点，推动建立行业党组织和流动党员党组织，加强分支机构、业务板块、分拨中心、仓储基地、基层网点党组织建设，选优配强党组织书记。加强对新就业群体党员教育管理，有针对性地在群体中培养典型，在发展党员、推优评比等工作中加强选育。

二是建立动态管理机制。试点运用数字化手段，依托“先锋上海”小程序等平台，建立新就业群体党组织、党员信息实时更新机制。推动快递物流、外卖配送企业与街镇开展党建联建，强化“一人一站、一站一档、一档一策”，织密工作阵脚、落实站点摸排，及时发现、解决新就业群体各类急难愁盼问题。

三是探索党建共同体模式。持续发挥区社会工作党委牵头作用，进一步整合公安、城管、人社、民政、市场监管、群团等部门力量，组织商圈商铺、楼宇园区、分支（加盟）企业、网点站点等共同参与，构建全面关心、支持、保障新就业群体的党建共同体。

（二）优化党群服务矩阵，构建新就业群体全面融入机制

一是阵地建在站点。持续打造新就业群体党群服务阵地品牌，坚持因地制宜、突出特色，在现有党群阵地体系的基础上，进一步联动区域单位、楼宇园区、商圈商铺、基层站点，设置小哥“报到站”，建立“组织之家”。

二是服务送到身边。制定标准化新就业群体服务清单，全面加强党群阵地基础服务功能。运用“互联网+”技术，开辟“线上+线下”服务通道，探索设立消费者投诉和维权第三方处理线上平台，帮助新就业群体解决咨询、投诉问题。

三是关心持续不断。重点排摸梳理新就业群体集中居住地情况，加强属地街镇的配套服务管理，掌握小哥流动及作息规律，做好需求调研，在业余时段推出文化欣赏、青年交友、继续教育等精准服务，把“休息时间”转化为“充电时间”。

（三）深化先锋模范作用，构建新就业群体全面动员机制

一是推进“圈层式”报到机制。依托新就业群体综合性服务平台体系，抓住核心党员圈层，确保全覆盖登记报到。细化设计个人基础信息及需求“一览表”，加强日常对接联系。组建志愿先锋服务队，有意识地引导新就业群体参与基层治理工作，推动治理对象转化为治理力量。

二是设计“全方位”培养体系。设置“小哥课堂”，牵头相关部门，将理论学习、

职业保障、工会服务、食安培训、交通安全等作为常态化课程纳入新就业群体职业教育。积极推荐、选树“先锋骑手”“最美小哥”等先进典型，营造关爱、尊重新就业群体的良好氛围和社会共识。

三是构建“骑先锋”共治平台。深化运用党建引领社会动员工作机制，聚焦楼宇园区、居民小区等人员密集、业务量大的重点地区，持续探索推动党建联建网、社会治理网、生活物流网“三网合一”，探索更加紧密的合作共建模式。

（四）细化政策制定实施，构建新就业群体全面保障机制

一是强化行业自律。支持、指导平台企业成立行业协会，发挥行业自律作用，制定出台行业自律公约，对新就业群体服务行为进行规范。建立健全行业内控管理机制和社会责任标准体系，发挥行为导引、规则约束、权益维护等作用。

二是推动协同共治。进一步整合公安、城管、市场监管等执法力量，构建联动执法保障平台，把交通守法等作为新就业群体入职的准入门槛。强化与平台公司的协调，从算法层面调整考核规则，设置行为规范的奖惩措施。

三是完善社会保障。指导平台企业自觉扩大对从业者保障方案的范围，减少新就业群体自费负担。完善基本养老保险、医疗保险相关政策，推动实现应保尽保。加强工会等群团组织对新就业群体的关心关爱，落实托底保障措施。

（本文获2022年度全市组织系统优秀调研成果二等奖）

课题组成员：刘　琪、周晨蔚、朱晨曦、徐　帅

主要执笔人：徐　帅

上海市中小学校党建工作专项调研

市教卫工作党委课题组

市教卫工作党委会同市普教系统党建研究会及有关区教育工作党委，组成专题调研组，坚持以问题和需求为导向，对16个区教育工作党委、2386所中小学校的11380名党政班子成员及中层干部开展了问卷调查，并召开7场专题座谈会，力求摸透问题、剖析原因、提出对策，切实推进上海市中小学校领导体制调整，提升中小学党建工作质量和水平。

一、主要做法

2022年3月，上海在全国率先印发《关于建立中小学校党组织领导的校长负责制的实施意见（试行）》(以下简称《实施意见》)，同时颁布党组织会议、校长办公会议（校务会议）的议事规则示范文本（以下简称“1+2”文件），并在全国中小学校党建工作相关会议上介绍经验，得到中组部、教育部高度肯定。各区全面贯彻落实中央办公厅《关于建立中小学校党组织领导的校长负责制的意见（试行）》(以下简称《意见》）和上海市“1+2”文件，学校党组织的政治功能、组织功能得到进一步增强。

（一）市级层面统筹推进

1. 下好“先手棋”，统一思想凝聚共识

一是动员部署。2022年6月30日，在全市教育系统“七一”座谈会上，市教卫工作党委对贯彻落实“1+2”文件提出要求，16个区先后启动相关工作。二是强化培训。2022年7月13日，全市举办书记、校（园）长暑期专题培训班，深入解读“1+2”文件，8500多名干部在线参会。选派近400名中小学校党组织书记和校长参加教育部各类专题培训。2022年10月24日，市教卫工作党委分别举办上海市中小学校党组织书记和党务干部培训班，第一批100名干部参加为期一周的封闭式培训。

2. 打好“主动仗”，聚焦重点精准施策

市委组织部、市教卫工作党委共同组建上海市中小学校党建工作指导委员会，下设

指导专家组，负责中小学校党建工作的顶层设计、统筹协调、专业指导。市教卫工作党委成立党建服务中心，具体负责体制调整和学校党建的日常指导工作。强化市普教系统党建研究会职能，用好高校研究资源，进一步加强工作指导。实施新时代基层党建质量提升工程，启动上海市中小学校党组织“攀登”计划，着力打造100所示范校和特色校，带动全市中小学校党建质量全面创优全面提升。

3. 出好“组合拳”，多措并举强化保障

打通高校与中小学校的壁垒，建立一体化党务工作队伍研修基地，构建常态化培训机制。在相关高校挂牌成立“上海市中小学校党务工作队伍研修基地”，为全市中小学校党务干部的教育培养提供坚实阵地保障。华东师范大学新设“党务管理”专业，并被教育部增列为“党务管理”硕士专业学位授权点，促进中小学书记和党务干部专业能力提升。

（二）区级层面抓紧落实

1. 因地制宜，加强统筹协调

各区以“建章立制、区校联动、分类施策、稳步推进”为总基调，推动领导体制调整行稳致远。普陀区委常委会对实施方案进行专门审议，区委教育工作领导小组专题听取汇报，并提出推进改革的指导意见和工作要求。金山区对全系统内98所学校调整领导体制，抓住换届选举的契机，采用老书记带新校长的干部配备模式统一调整，并在暑期干部培训中开设党建专场，凝聚思想共识。

2. 抓住关键，加强班子建设

全市党委、党总支建制学校共233所，已有150多所学校的书记和校长完成分设（占64%），127所学校的党组织书记不兼任行政领导职务（占55%），73所学校的党员校长兼任副书记（占34%，17名校长为民主党派成员）。全市党支部建制学校共1100余所，已有650多所学校的书记和校长实现“一肩挑”（占64%，84名校长为民主党派成员），220所学校配备专职副书记（占20%）。

3. 完善机制，加强制度建设

各区推进完善机制、队伍、待遇、机构、经费、资源、监督等“七项保障”，全方位支持和推动改革落地见效。在选择部分学校先行先试的基础上，逐步推进章程修订、党政会议制度及议事决策规则等关键性制度的修订完善，部分区对标文件要求，梳理学校已有的党建制度并形成示范样本，辐射区域各所学校，为中小学校党建工作提供切实支持保障。

4. 建立机构，加强支持保障

根据《实施意见》精神，浦东、静安、普陀、金山、青浦、奉贤、嘉定、虹口、徐汇等区探索建立党建服务机构，为区域内中小学校党的建设提供坚实阵地保障。普陀区实施领军书记“导航制”，静安区成立特级书记工作室，徐汇、普陀、嘉定、奉贤、崇明等以课题研究为平台，为提升书记履职能力赋能，研究解决领导体制调整中的难点、堵点、痛点问题。

（三）学校层面探索实践

1. 修订完善议事规则

各中小学校以推动学校治理体系和治理能力现代化为目标，建立健全党组织会议和校长办公会议两个议事规则，切实提升学校治理水平。如：闵行区七宝中学通过党委扩大会、书记校长专题会等形式，前置决策事项的讨论，确保党组织科学决策、民主决策和依法决策；静安区市西中学对有关会议制度和议事规则，特别是多方参与、民主管理的学校治理流程做了重新修订和完善，确保协同育人运行机制的畅通；浦东新区澧溪中学结合校区和条线工作实际，积极探索党建引领下的“一校三区四线”协同的现代学校治理体系；嘉定区城中路小学党支部认真制定《党支部谈心制度》《党政工接待日制度》《党政家访制度》等一系列沟通制度，为推动学校议事决策奠定基础。

2. 优化学校组织设置

各中小学校在落实党组织领导的校长负责制过程中，从学校实际出发，将校内党的组织设置与行政管理体系相配套。如：南洋模范中学通过优化基层学校党组织机构，推进“党政双覆盖”，将学校党组织设置成 2 个部门（党务中心、教师工作部）、3 个二级党组织（1 个教师党总支、1 个教辅支部和 1 个初中支部）、3 个三级党组织（3 个年级支部）。

3. 发挥二级支部作用

发挥党委、党总支建制学校中二级党支部和党支部建制中党小组的战斗堡垒作用。如：黄浦区卢湾一中心小学，学校党组织为党支部建制，并以年级为单位设立党小组，由年级组长、党小组长担任负责人。通过完善二级党支部、党小组职能分工和作用发挥，将党建与业务工作深度融合，提高学校治理效能。

二、主要问题及原因分析

（一）中小学党组织书记队伍建设亟待加强

1. 党组织书记“存量”富余、“增量”紧缺

目前，全市党支部建制的公办中小学校书记、校长“一肩挑”占比 52.74%，11 个区党政“一肩挑”比例低于 50%。如果“一刀切”推行“一肩挑”，将会造成干部存量过多，剩余的干部安排难度较大。现有学校领导班子往往是“校长强、书记弱”，部分分设学校的书记往往存在业务工作“跛脚”、缺乏领导能力和经验、专业决策水平不高等情况。书记队伍储备仍有一定数量的缺口，党组织书记的调配需要较长时间的过渡。

2. 党组织书记履职能力与新体制要求不相适应

部分党组织书记的党务专业素养与办学治校专业素养，还不能满足新领导体制中书记“挑大梁”的要求。部分党政分设的书记缺乏主动自觉的政治担当和有效的工作方法；一些党政“一肩挑”的书记习惯于行政负责人的角色，把党内工作当兼职；部分书

记在党组织会议做重大事项讨论决策时，对表态和决策没有足够的信心。

3. 专职副书记岗位职数难以落地

目前，全市80%以上的公办中小学校需增设专职副书记岗位。在实际推进过程中，部分区在学校领导职数配备上总体没有增加，往往采取副校长转岗或副书记兼副校长的方式落实政策要求，对学校长期形成的领导架构将造成一定影响。部分区编制管理部门未将专职副书记作为领导职数，人社部门尚未将副校长、副书记岗位作为管理岗位来安排，相应的岗位要求、工作保障难以有效落实。

（二）党政协调运行机制亟待健全

1. 党政会议议事规则有待细化

一方面，中小学在规模和类型上存在较大差异，新颁布的议事决策规则并不能完全解决各校在实践中的需求。尤其是对于联合党支部（目前全市中小学尚有5个联合党支部）和不设委员会的支部，如何建立相适应的决策机制还存在空白点。另一方面，学校党组织在议事决策中如何发挥领导作用，尚未形成可借鉴、可推广的实践案例；党政议事决策制度的执行也容易流于表面，出现重形式上的“表决”、轻实际上的“决策”等情况。

2. 书记校长经常沟通制度尚未建立

要充分发挥党组织集体领导和校长行政负责两个优势，必须建立党组织书记和校长经常性沟通制度。调研显示，目前全市党政分设的中小学校大多尚未建立固定成文的书记和校长经常性沟通制度。书记、校长沟通协调是否畅通往往因人而异，与书记、校长本人的性格、年龄、经验、专业能力、工作风格等存在较大关系。

（三）“四位一体”治理格局建设有待加快

1. 学校章程修订缺乏规范

中小学长期实行校长负责制，以章程为主体的学校制度体系尚未真正形成。大部分学校章程还没有完成修订，已修订的学校也存在没有明确党组织的设置形式、地位作用、职责权限和党务工作机构、党务工作人员配备、经费保障等内容要求，没有明确党组织讨论决定学校改革发展、财务预决算、“三重一大”、内部组织机构设置等重大问题。

2. 配套制度建设不成体系

一是党组织全面领导的工作制度有待完善。目前，党组织领导的校长负责制的完整运行机制还未建立，“三重一大”集体决策制度、干部选拔任用办法、党员教育管理等一系列制度还未修订，导致党的领导贯穿落实到办学治校的全过程各方面还存在一定落差。二是已经明确实行新体制的学校，配套制度也不完全符合《实施意见》要求，不成体系，不够规范。

3. 多元共治的学校治理架构不够健全

调研显示，大部分学校的治理结构仍然沿用1999年制定的“三驾马车”结构（校长负责制、党组织发挥政治核心作用、教职代会民主管理）。目前，中小学校党组织、校长、教职工（代表）大会、学（少）代会、家委会、社区等多元治理主体参与学校治理的工作机制还不健全，尤其是教职工（代表）大会等治理主体参与民主管理和监督的机制不够健全。

（四）学校党组织体系建设有待完善

1. 学校党组织体系建设与新体制要求之间存在差距

目前，党委、党总支建制的学校中，由党委、党总支委员“代行”二级党支部工作的现象依然存在，如何结合学校实际，把二级党支部和党小组建在教研组或年级组上，切实发挥作用的办法还不够多；书记认识不充分、队伍不过硬、保障不到位、党建与业务“两张皮”的情况依然存在。与此同时，新体制对党建工作要求越来越规范化、党务干部越来越专业化的趋势更加明显，但对二级支部书记（党小组长）的选任条件、激励措施、问责规范等尚未建立。

2. 学校党组织作用发挥与战斗堡垒整体要求存在差距

一是党组织全面领导的工作机制有待完善。党组织在教育教学管理、课程体系建设、评价体系建设、师德师风建设等方面如何发挥引领作用，还缺少顶层设计、工作抓手和实施路径，在推进“五育并举”“五育融合”的过程中还存在“不协调不平衡”的问题。二是分工负责、履职尽责机制不够健全。部分党组织委员设置还不够科学，学校行政班子副职中的党员还没有进入党组织班子；部分党组织成员分工还不够科学，党组织委员分工仅限于党内分工，还没有与教育教学中心工作和思想政治工作紧密结合。

经分析，形成上述问题的原因主要有三个方面：

一是认识领会的深度不够。部分区、学校对中小学领导体制改革的重要意义、深刻内涵、实践要求还未认识把握到位，存在一知半解、概念不清等情况和等待观望等情绪。长期以来，校长依法行使职权，党组织主要发挥监督保障作用，已形成广泛共识，新领导体制下，明确重大问题和重要事项由学校党组织进行决策，在实践中尚未形成统一认识。

二是落地操作的精度不够。改革实践中，因市、区两级层面的党务工作机构、党务干部专业化发展、工作经费等方面的政策保障还未完全落实到位，部分区、部分学校也缺少首创精神，未能结合实际形成区域实施细则、建立配套制度、明确任务清单，导致各区、各校的实施进度存在较大差异。不少区在党建工作经费标准和纳入学校年度经费预算安排方面还没有出台细则。

三是攻坚克难的力度不够。市级层面，编制和人社部门还未根据《实施意见》要求梳理细化学校干部职数；幼儿园参照执行党组织领导的园长负责制指导性意见尚未出台。区级层面，不同学校的类型、办学规模等差异较大，尚未形成“一校一案”；尚未按照新的领导体制调整领导班子、选优配强干部，干部的选育管用方式有待优化。学校

层面，需要在发挥党组织领导作用的同时探索落实科学决策、民主决策、依法决策，提升学校运行效能。

三、下一步工作考虑

（一）打造一支符合新时代发展要求的书记队伍

1. 选优配强党组织书记

制定出台《上海市中小学党组织书记岗位职责》《上海市中小学党组织书记专业发展标准》，明确书记岗位职责和专业标准，不断提升党组织书记引领学校发展的综合能力。结合校长（书记）职级评审，完善符合基础教育特点的书记职级晋升的专业标准，尤其要通过特级书记的评审引领全市中小学党组织书记的专业发展方向，把党组织书记的职责和专业标准统一到党组织领导的校长负责制要求上来（目前，全市公办中小学党组织书记中，正高职称的有 67 人，仅占全体书记的 2.88%；在职特级书记只有 16 人，而特级校长有 244 人）。各级组织编制、人社、教育部门要进一步梳理调整学校干部职数，按照《实施意见》要求配齐配强干部队伍。

2. 配齐配强学校领导班子

坚持“稳妥有序、整体推进、分步实施”的原则，在做好思想准备、组织准备、工作准备的前提下，按时完成各区中小学党组织书记配备方案，成熟一个调整一个。加强党组织委员会建设，结合换届工作，确保党员副校长进入党组织委员会。在有条件的学校稳步做好干部调整工作，同时着眼于中长期干部队伍建设，明确路线图、时间表和责任人，分批分步落实，确保三年内将学校领导班子调整到位。

3. 提升书记和党务工作者的专业素质

加快出台《上海中小学党务工作人员职务晋升办法》，完善党务工作者专业晋升体系；进一步明确党务工作人员的选任标准，系统优化中小学校干部队伍培养的路径。开展党组织书记全员轮训，用好“上海市中小学校党务工作队伍研修基地”等资源，培养更多政治标准过硬、教育教学本领高的中小学校党组织书记。鼓励党务干部积极参与学历进修，不断提升党务工作专业水平。

（二）加快落实学校党政议事决策和协调运行机制

1. 健全党政议事决策机制

推动各区参照议事规则示范文本，指导学校制定党组织会议和校长办公会议议事规则。指导学校修订“三重一大”事项清单，按照新体制要求明确重大问题、重大事项的决策主体、决策程序。尽快总结先行学校的经验，形成可推广的有效经验，为全市学校分步推进提供参考案例。

2. 完善协调运行机制

发挥“党组织会议”决策作用，把党的领导贯穿“会前酝酿、会中讨论、会后落实”全过程，实现科学决策、民主决策、依法决策。建立书记校长经常性沟通机制，推动书记校长优势互补、“强强联合”，形成高效运行、协同推进的工作合力。党组织会议和校长办公会（校务会议）主要抓好衔接与协调，会前认真准备、会中充分讨论、会后监督落实，避免决策程序流于形式。

（三）积极构建学校“四位一体”的治理格局

1. 完善以章程为统领的学校制度体系

由各区制定出台关于章程修订和学校制度建设的指导性文本，将建立党组织领导的校长负责制、党组织会议讨论决定学校重大问题等内容明确写入章程，并对党组织设置、领导作用、党组织权限、工作机构、党务工作人员配备、经费保障等要素加以规范表述。同时，依据章程完善学校运行机制，充分体现章程作为中小学校基本法、根本法的作用。

2. 完善以教职工（代表）大会等为主的“多方参与”机制

由市、区教育工会分头修订中小学校教职工（代表）大会相关制度，完善教代会在实施党组织领导的校长负责制过程中发挥民主参与、民主管理、民主监督作用的机制，发挥教代会参与涉及教职工切身利益等重大事项民主决策的作用。发挥好学校工会、妇联、共青团和少先队、社区、家委会等的作用，形成人人关心教育、积极参与落实立德树人根本任务的良好局面。

（四）加强学校党的组织建设

1. 强化学校党组织的政治功能

学校党组织在教师招聘、课堂教学、教研活动、专业晋升等环节中加强政治把关；落实好“双培养”机制，把优秀骨干教师培养成党员，把党员培养成教育教学和管理骨干。实施党员“先锋”计划、党务工作者“红领”计划、党建工作“筑力”计划，进一步把学校党组织建设成为立德树人的坚强战斗堡垒。

2. 强化学校党组织的组织功能

发挥基层首创精神，鼓励开展体制机制创新，以党建课题研究、党建工作项目等形式创造性解决推进过程中出现的问题。鼓励各区校创新组织设置形式，优化二级支部和党小组设置，完善党支部书记、党小组长的选任条件、激励措施、考评机制。制定党建工作经费标准和使用细则，为加强基层党组织建设提供资金保障。

（五）完善督导推进机制

1. 开展专题督导

建立市区教育工作领导小组联动机制，加强对各区推进工作的督促和指导。市委、区委将贯彻执行党组织领导的校长负责制情况作为巡察监督的重要内容；逐级落实党组织领导的校长负责制执行情况报告制度；学校党组织要结合年度考核向上级党组织报告执行情况，学校领导班子成员要在民主生活会、述职评议、年度工作总结中报告个人执行情况。

2. 实施融合督导

落实《关于对区政府开展依法履行教育职责评价工作（2021—2025 年）的实施意

见》，起草中小学校发展性督导评价指导意见，把党建工作落实情况的观察点嵌入学校发展性督导评价指标体系，推动融合式发展性督导；定期召开党务业务工作融合式教育督导联席会议，倒逼任务落实，实现工作同步、目标同向、成果同享，有效破解“两张皮”难题。各区将落实党组织领导的校长负责制情况纳入干部考核、述责述廉等范围，通过考核评价等举措推动新体制有效落实。

（本文获 2022 年度全市组织系统优秀调研成果二等奖）

课题组成员：沈　炜、陈设立、赵　宁、张东保、曹智渊

主要执笔人：陈设立、曹智渊、姜舒婷

加强思想引导　广泛凝聚服务
以高质量党建引领新业态、新就业群体

——浦东推进快递外卖群体党建工作的探索与实践

浦东新区区委组织部课题组

近年来，互联网经济迅猛发展，催生了一大批“网上注册、平台派单、线下干活”的新就业群体，不仅对社会的影响日益凸显，也成为新兴领域党建的重要实践区。习近平总书记强调，要高度关注新业态发展，坚持网上网下结合，做好新就业群体的思想引导和凝聚服务工作。浦东新区在市委组织部指导下，加强对快递外卖群体党建工作的探索，形成顶层制度设计和长效机制保障，为新业态、新就业群体党建工作提供了示范样本，也是党建引领基层治理的一次创新实践。

一、背景情况

浦东有常住人口约570万人，外卖平台企业主要为美团、饿了么、叮咚买菜、盒马；快递企业主要为顺丰、韵达、申通、中通、圆通。上述企业市场占有率合计90%以上，其余不足10%为达达、闪送、唯品会、麦当劳、点我达、菜鸟等十余家配送平台。目前，全区约有注册骑手5.5万人，日活骑手3万余人。

调查分析显示，快递外卖群体在年龄分布上，以青壮年男性为主，30岁及以下的骑手占44.9%，30—45岁的占46.5%，46岁以上的占8.6%，其中男性骑手占91.5%，体现出工作强度大、体力劳动多的职业特性。在人群构成上，以外省市流入为主，97.8%的骑手为非沪籍，家乡主要在河南（22.98%）、安徽（20.1%）、江苏（7.34%）、江西（5.16%）、四川（5.15%）等地，基本为劳动力输出大省，带有城乡流动人口的属性特征。在学历水平上，以中专、初高中以下为主，研究生以上学历占0.8%，本科/大专学历占13%，初高中/中专/技校占73%，小学及其他占13.2%。群体流动性大，内卷属性明显，其他职业经历集中于货运、保安、服务员等类型，这一特征与受教育程度及行

业准入门槛低的特性有紧密联系。在政治面貌上，以群众为主，党员人数占比不足1%，党组织关系复杂且大都在户籍地。在居住情况上，以日活区相近的地域为主，相对集中在毗邻陆家嘴、世博、张江、金桥商圈的城乡接合部、城中村地区。在管理模式上，大致分为专职骑手和“众包”（兼职）骑手两类，叮咚买菜、顺丰、美团买菜实行统一招录、垂直管理，全部为专职骑手；盒马、麦当劳实行单店管理，为各个门店自行招录的专职骑手；美团、饿了么、韵达、申通、中通、圆通实行混合管理，专职骑手与“众包”骑手并存；达达、闪送及其他小平台实行网络化管理，骑手均为“众包”。

面对这个高流动性、高复杂性的新就业群体，浦东新区深入贯彻落实习近平总书记重要指示精神，与时俱进推进党建工作体制机制创新、组织设置创新和方式方法创新，不断加强对此类群体的政治引领和关心关怀，解决急难愁盼问题，引导新就业群体更好地融入基层治理体系、融入经济社会建设，以高质量党建助力社会主义现代化建设引领区发展。

二、主要做法

浦东新区紧贴形势任务，抓准地域特点，聚焦需求导向，从群体治理、企业管理、属地兜底等不同维度出发，构建条块结合的全覆盖工作体系，真正做到党员工作生活在哪里、党的组织就覆盖到哪里，群体需求在哪里、服务资源就配送到哪里。

（一）紧盯“建好组织”这个基础点强引领，形成积极推进群体建设的组织优势

全国组织部长会议对探索加强新业态、新就业群体党建工作作出重点部署，要求着重解决好谁负责、党组织怎么建、党建工作力量弱、党组织如何起作用的问题。浦东紧盯“建好组织”这个基础点，打造多方参与、合力协同的组织架构，加大组织覆盖和工作覆盖力度。

一是建立浦东快递外卖群体党建工作联席会议，发挥组织优势，整合各方资源。由区委组织部牵头抓总、协调各方，区商务委、区市场监管局、浦东邮政管理局对接平台企业，区公安分局管理骑手群体，区总工会、团区委、区党建服务中心送服务建阵地，配套建立工作会议、走访调研、项目化运作和协调反馈等常态化工作机制，集中汇总各条线要求，梳理整合各部门资源，有效推动各项工作落实。

二是针对骑手群体特性，创新组织设置，织密组织网络。建立快递外卖群体流动党员党委，履行流动党员流入地管理责任，所属党支部由片区交警担任书记、社区党群服务中心人员担任指导员、骑手党员担任联络员，形成“三合一”团队，做到“支部建在群体里、活动做在阵地上、服务融在管理中”。创新组织生活积分激励办法，让党员在特殊工作状态下能够参加组织生活，VR党史学习课、学习强国擂台赛等形式新颖的活动吸引了广大骑手关注，多名骑手表达了加入党组织的愿望。为进一步健全新就业群体党建工作体系，还依托邮政管理部门成立全市首家快递行业综合党委，在互联网企业党建联盟中设立电商与外卖平台专委会，推进群体党建与行业发展深度融合，把党组织建

到业务板块、项目团队、基层网点上，把服务送到骑手群体中。

三是党建带工建促团建，严密组织架构，增加工作力量。区总工会成立了快递外卖群体工会工作指导站、外卖行业工会联合会，开展集体协商、劳动竞赛，提供法律维权、心理健康咨询等服务，推动107个企业站点建会，吸纳骑手会员近7000人，进一步加强服务保障。团区委成立了快递外卖群体青年中心，通过青年志愿服务、青年人才岗位建功等一系列品牌项目，让骑手这个群体既感到温暖又充满活力。

（二）扭住“骑手上路”这个关键点抓覆盖，创新网上网下结合的教育途径

骑手群体劳动关系复杂，大部分平台企业对骑手无实质性管理，浦东扭住“骑手上路”这个关键点，以交通安全为切入口，实现对骑手群体的直接管理和有效服务。

一是组建快递外卖骑手交通安全联盟，构建群体治理综合体。浦东公安分局对全区上路骑手实行注册制管理，“一人一号一证”实名捆绑，“戴安全头盔”“穿编号马甲”“注册联盟成员”“线下培训上岗”是浦东骑手的标配。还形成骑手准入标准，建立骑手数据库，让骑手签署《浦东骑手安全守法文明骑行公约》并宣读承诺书，富有仪式感的形式一定程度上强化了骑手的安全意识。

二是搭建智慧化平台，提高交通安全治理效能。公安分局交警支队开发了快递外卖骑手交通文明记分管理App，在交通违法查处的同时予以电子计分，骑手、警方、企业三方数据实时共享，实现对骑手交通行为的全过程管理。管理App中除了交通记分，还有政治学习、信息发布、技能培训等模块，保证政治教育、安全警示、行业规范等服务信息能“点对点”传递给每位骑手。

三是打造学习教育基地，实现区域性网格化管理。在骑手方便集中的街镇建立4个骑手学习教育基地，对骑手开展线下培训。参训的有新入职骑手，也有因交通违规再培训的骑手，现已面对面培训骑手5000余名。各职能部门积极参与，为骑手“充电”赋能，区市场监管局开展的食品安全技能培训已培训骑手3000余名，区红十字会组织的应急救护培训，让不少骑手学会了灭火、换胎、心肺复苏等技能。浦东交警还推出了小陆家嘴禁非区P+W（停车加步行）配送模式，用来规范重点区域骑手配送工作。连续两年，全区涉及骑手的非机动车事故量呈下降趋势，交通事故数及致死人数同比下降了9.5%和8.4%，实现“阶梯式”下降。

（三）通过“服务暖心”这个发力点促凝聚，探索有效解决问题需求的功能载体

骑手平时聚集在商圈门口或路边“等单”，想有一个歇歇脚、聊聊天的地方并不容易，对职业、对城市普遍缺乏归属感。浦东通过“服务暖心”这个发力点凝聚快递外卖骑手，传递党和政府对新就业群体的关心关爱。

一是推出“我为骑手办实事”项目，形成送服务解难题的合力。区委组织部牵头联席会议成员单位，推出一批实事项目。比如，区总工会发出“关爱快递外卖群体、展现浦东城市温度”的倡议，号召全区职工“为安全不催单”；团区委组织“青春爱岗，我为骑手小哥送服务”暖心行动，开通“12355”快递外卖从业人员服务咨询专线；邮政

管理局协调企业在末端快递柜布置安全公益提示等。陆家嘴金融贸易区综合党委还通过“楼事会”平台积极协调，在上海中心大厦率先安装智能保温快递柜，并将此作为实事项目推广至陆家嘴地区，解决部分商务楼宇门难进、等时长的问题，帮助骑手提高送单效率。

二是各级各类党群组织广泛发动，抓住重要时间节点增强凝聚力。2022年春节期间，快递外卖群体流动党员党委开展了“党心暖我心”走访慰问活动；团区委牵头浦东青联、青企协、青少年发展基金会开展“虎年有沪味，暖心在浦东”新春慰问行动，为骑手送去浓浓的年味和美好的祝福。在大上海保卫战中，浦东31家爱心酒店向骑手免费提供住宿，共渡难关；区委组织部推动有条件的街镇加装电瓶车换电柜，并联合“上海铁塔”公司打造“加满BUFF 满电出发”优惠换电项目，解决骑手倍增的换电需求；流动党员党委、骑手交通安全联盟联合发起“我是骑手 从我做起”接力承诺活动，近千名骑手积极响应，为浦东保供贡献力量。

三是推出“红色加油站”服务品牌，打造新就业群体综合性服务阵地体系。在骑手相对聚集的区域，打造了201个快递外卖群体服务点“红色加油站”，1922个党群服务阵地同步向新就业群体开放，确保“有空间、有标识、有功能、有管理、有服务”。各站点具备饮水供给、避暑取暖、手机充电、免费Wi-Fi、应急医药等功能，有条件的还安装了换电柜、共享冰箱、医疗小屋等。这些站点功能齐全，分布广泛，适应浦东地域广阔、骑手活动范围大的现实需要。2022年，阵地上推出“邀‘您’回家”主题服务活动，在重要节假日为新就业群体提供服务，各街镇也充分利用区域化党建资源充实服务项目。康桥镇的“暖心茶包”项目、南码头路街道的“心理疗愈”项目、张江镇的“新候鸟计划”等，都受到了骑手的广泛欢迎。

（四）坚持“人民城市”这个落脚点善治理，实现全面促进基层治理的社会效能

快递外卖群体是保障在线新经济健康发展的基础一环，也是彰显城市治理现代化水平的重要部分。浦东坚持“人民城市人民建，人民城市为人民”这个落脚点，全面推动新就业群体融入党建引领基层治理大格局。

一是打造“金头盔”流动示范岗，以群体治理带动行业效应。区委组织部联合区公安分局推出“先锋骑手”争创行动，通过企业推荐、部门审核、社会公示的方法，综合行车安全、服务质量、文明指数等各方面表现，在群体中评选“先锋骑手”并颁发“金头盔”，让他们“自带标签”“流动示范”，带动效应明显。10余家重点平台企业积极响应，对“金头盔”在派单、奖励以及站长选拔等方面给予激励，并将其作为企业文化的一部分。

二是推动企业履行主体管理责任，不断增强城市融入感。交警部门根据骑手交通违法总量、事故形态，定期召集平台企业集中约谈，在全市开出首张针对平台企业不履行交通安全主体责任的罚单，通过“敲警钟”等方式，引导企业切实肩负起社会责任。同时，推动企业党组织、工会组织通过多种形式服务骑手，打造拴心留人的企业文化。比如，叮咚买菜党总支联合企业工会把一线骑手纳入服务保障范畴；饿了么党委“一平米温暖·能量补给站”项目、美团党委“同舟1平方·守护5公里”项目入驻浦东“红色加油站”，为骑手冬送温暖、夏送清凉。

三是充分发挥属地管理职能，引导新就业群体有序参与基层治理。2021年12月，浦东启动了小陆家嘴、第一八佰伴、丁香国际等10个骑手文明交通“最美”示范区创建活动，平台企业积极响应，广大骑手参与其中。在这里，骑手不仅规范行车，还参与到文明创建、应急救助、安全宣传等公益行动中。2022年以来，各街镇积极引导新就业群体到党群服务中心报到备案，有序参与社会治理。张江镇成立了“骑手志愿者服务队”，近50名骑手每周两次、人均一小时服务接力成为街头新亮点；祝桥镇成立“小哥议事会”，了解“小哥”路上奔跑时遇到的各类问题，专人对接解决。特别是在大上海保卫战中，浦东众多快递外卖骑手或冲锋一线助力保供，或利用走街串巷、熟悉社区楼宇的优势转化为志愿者，积极投身疫情防控工作，形成一股庞大的社会治理“新力量”。

三、问题挑战

工作推进过程中，我们感到，新业态、新就业群体还缺乏政策制度保障和有效对策研究，导致在管理、监督、保障等方面相对薄弱，工作开展缺乏有效的发力点和切入点。

（一）特殊的职业特性导致“两个覆盖”难

快递员、外卖配送员流动快、业务量大、工作地分散、工作时间不固定，“两个覆盖”的实效性还有待提升。党员组织关系都在户籍地，大部分党员明确表示因工作不稳定，不愿意转组织关系，有的党员表示会增加负担，还有所顾虑。这导致传统的单位制组织设立方式和“面对面、人到人”的集中式教育管理模式在群体中难以真正开展。党组织的设置方式和党员的管理教育很难做到系统性、连续性，需要进一步探索研究，以弥补互联网业态“招募不见人，管理不落地”的漏洞。

（二）新型的劳动关系导致“权益保障”难

新就业群体的保障措施还有待完善，大部分平台企业为化解管理风险，不直接与个人签订劳动合同，社保、医疗、税收等政策尚未完全适用灵活计件收入的快递外卖骑手；部分与公司签订了劳动合同的骑手选择获得直接收入而放弃缴纳社会保险，因此在受到辞退、遭遇工伤或者有劳动纠纷时，个人权益难以得到完全保障。目前对该群体的权益保障和关心关爱大多只停留在人力社保、市场监管和工青妇等群团组织既有的资源和平台上，权益保障举措还不够务实有效，在规范劳动报酬、推动缴纳社会保险等方面还需要进一步平衡平台、企业、商家及员工的多方利益关系。

（三）新兴的行业监管导致“企业履责”难

对于新兴的行业管理体系还缺乏对策研究，缺少对行业规范运行、公平性竞争、新技术运用、员工权益保障等方面的硬性要求、配套条例以及可量化的管理评价体系。这

导致部分快递外卖平台企业对抓好骑手群体党建工作的重要性认识不充分，认为只要做好企业自身的党建工作即可，骑手与企业没有直接的劳动关系，企业没有义务服务到骑手群体；也有的平台企业在履行保障骑手群体的主体责任时避重就轻，投入大量精力、财力搞“形象工程”，没有从改善平台算法、纳入职工保障等方面去思考解决根本性问题。

四、对策建议

新业态、新就业群体党建工作要取得实效，必须凝聚思想共识，推动各级党委负起总责，压实业务主管单位、行业管理部门党建工作责任，强化平台企业主体责任，落实街道社区属地兜底责任，构建条块联动、齐抓共管的工作格局。

（一）加强组织建设，形成针对性工作机制

党建工作不能单兵作战，需要各方共同参与，建立协同联动机制，变“各家的事”为“共同的事”，从而实现同频共振的良性局面。要针对新就业群体的职业特征做好分析，研究“党组织怎么建、作用怎么发挥”的对策措施。一方面，可以通过“单独组建、行业统建、联合共建、派驻协建”等方式，先行建立流动党组织，通过“双向进入、交叉任职”等方式，逐步向正式党组织转化提升，同步排查“口袋”党员、“隐形”党员，掌握流动党员情况，推动党员组织关系“应转尽转”。党组织、工会、共青团组织要共同发力，推动规模较大的平台企业单独成立骑手党组织、群团组织，推动街镇履行好属地管理责任，建好流动党支部，吸纳小微平台企业的零散党员，确保党员能有效组织管理起来，党组织活动能开展、作用能发挥。另一方面，要鼓励党员佩戴党徽上岗，引导党员作承诺、作贡献。结合企业实际，在站点驿站、物流中心、服务端口建立党员先锋岗、党员责任区，让党员带动群体，起到示范引领的作用，在群体中营造诚实有信、安全守纪、干事创业的良好氛围。同时，新就业群体来源广泛，每天穿梭在大街小巷、小区楼宇，熟悉居民、了解社区，要通过多种形式，把这支队伍动员起来、组织起来、凝聚起来，成为基层社会治理的重要力量。

（二）加强关怀保障，解决群体实际困难

城市是人民的城市，要“把最好的资源留给人民”，要用实在、暖心的项目服务新就业群体，把他们的烦心事、操心事一件件加以解决。一方面，要充分发挥党组织的引领、辐射和连接作用，在协调、动员、宣传、沟通等方面进一步整合资源、凝聚力量。通过区域化党建、党建联建等多种形式，让各级党组织、群团组织、平台企业参与到对新就业群体的关心关爱中，形成具体实在的服务项目，提升社会共识。要关心关注从业人员成长，提升职业技能，教育和引导他们崇尚职业文明，增强这一群体对上海的融入感、归属感、获得感。另一方面，要依托基层党群服务阵地、户外职工驿站和临街商户门店（前置仓），打造实体化的服务阵地，实现快递外卖骑手等群体“渴了能喝水、热了能乘凉、冷了能取暖、累了能休息、烦了能倾诉、矛盾能化解”。阵地上可以定期开

展政策咨询、社保办理、健康体检、技能培训等服务活动，邀请社区党组织负责人、民警交警、物业负责人等与快递员、外卖员公开见面，广泛听取意见建议，现场解决各类疑难问题。

（三）加强监督监管，压实企业主体责任

让骑手“慢下来”不能只靠罚款或是“记分”，让骑手“暖起来”也不能仅靠政府加温。要明确平台企业的责任清单，理顺条块关系，推动平台企业广泛参与、主动履责。一方面，骑手违章不仅要追究个人责任，更要严格落实企业责任。根据规定，使用电动自行车从事快递以及外卖等网约配送活动的企业未按规定履行交通安全管理义务的，由公安机关或者邮政管理、市场监管部门责令改正，并对相关企业和责任人进行警告、罚款和责令停业整顿。因此，要狠抓企业交通安全责任制，要求企业更好履行源头管理的任务。另一方面，要抓住互联网企业党组织这个“硬核产业”上的“硬堡垒”，以提升组织力为重点，通过行业党建、企业党建带动群体党建，探索党组织参与企业决策的有效机制，推动党员高管担任企业党组织书记，选优配强党建指导员，发挥企业党组织和党员在开拓市场、优化管理、提高效益等方面的先锋模范作用。让企业党组织的作用覆盖到骑手群体，既保护了骑手的合法权益、凝聚了人心，同时也促进了企业良性发展。

（本文获2022年度全市组织系统优秀调研成果三等奖）

课题组成员：徐可畏、许雷雷、文光宇

主要执笔人：文光宇

新业态、新就业群体党建新路研究
——以静安区电竞行业为例

静安区委组织部（区社会工作党委）课题组

在上海加快建设“全球电竞之都”的新形势下，以电竞为代表的新业态已成为静安区的一张靓丽名片。电竞行业党建是新业态、新就业群体党建的重要组成部分。一方面，这是实现党建引领行业健康发展、巩固党的阶级基础和群众基础的现实需要；另一方面，也是推动上海党建工作“继续探索、走在前头”，探索超大城市基层党建新路的题中应有之义。

本调研针对电竞行业党建工作“谁负责”、党组织“怎么建”、党建工作“力量弱”、党组织如何“起作用”等重点问题，通过走访头部电竞园区、企业以及行业协会，面向区内各类电竞企业和从业者发放调查问卷，并会同文化旅游、宣传网信、统战、群团等有关部门开展座谈研讨等方式，系统梳理静安区电竞行业发展状况，分析阐释静安区电竞行业党建工作的实践探索和短板难点，并提出促进静安区电竞行业党建工作提质增效、守正创新的思路与建议。

一、电竞行业概况

电竞是利用电子设备作为运动器械进行的智力对抗运动，运动媒介为电子游戏。电竞行业上游主要包括各类游戏厂商，中游包括赛事运营企业和游戏参与主体，下游包括赛事传播平台等（见图 1）。近年来，随着电竞成为 2022 年杭州亚运会正式项目、国际奥委会举办奥林匹克虚拟系列赛、上海举办英雄联盟 S10 世界赛，电竞显示出越来越强的“破圈”效应和影响力。

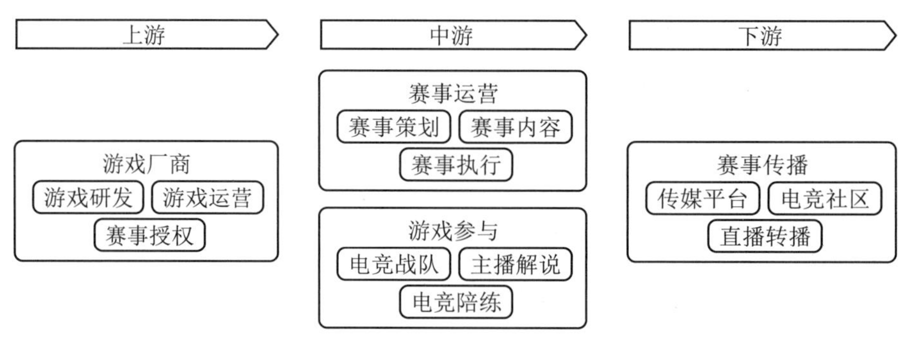

图 1　电竞核心产业链

（一）静安区电竞行业发展情况

上海的电竞产业走在世界前列。上海交通大学文化创新与青年发展研究院的《全球电竞之都评价报告》将上海列为全球城市电竞发展第二位（仅次于美国洛杉矶）。报告涵盖产业生态、基础设施、赛事、俱乐部和社会影响力等 5 项指标，在赛事与基础设施两项指标上，上海排名全球第一。

当前，静安区电竞企业共 40 家，全面覆盖产业链上下游，形成了较为成熟的电竞生态圈。从空间分布看，静安区北部打造“灵石中国电竞中心”，在灵石路周边集聚珠江创意中心、秀 709 媒体园、宏慧 BOX 和静安新业坊等 4 个电竞产业园区；静安区南部的电竞企业主要位于南京西路周边。区内电竞场馆形成集群，拥有新静安体育中心、量子光电竞中心、666 号馆等十余个电竞场馆。

静安区集聚了拳头游戏、动视暴雪、艺电等游戏研发和运营厂商，腾竞体育、英雄体育 VSPN、网映 NEOTV 等赛事制作和运营企业，以及 EDG、WBG、GEN.G 中国区总部等电竞俱乐部；举办了 LPL 英雄联盟职业联赛、KPL 王者荣耀职业联赛、PCL 绝地求生冠军联赛等各类职业联赛（见图 2）。上述主体和赛事在电竞行业具有极高市场地位和影响力。

图 2　静安区代表性头部企业与赛事

（二）电竞行业就业群体特征

电竞从业者主要包括游戏厂商的策划师、设计师、程序员，电竞俱乐部的职业选手、教练，赛事企业的运营人员，电竞直转播平台的主播、赛事观察者，以及各行业主体中后台岗位的各类职工等。可以看到，电竞行业的新就业群体呈现出一系列不同于其他群体的鲜明特征。

一是“电竞英雄出少年”——从业者年轻化。电竞是“年轻人的行业”，这一特征在职业电竞选手中最为突出。电竞职业选手主要是18—24岁的年轻人，随年龄增长，选手的精力体力、反应速度、操作灵敏度等身体机能下降，取得理想战绩的难度提升，最终不得不选择退役。此外，游戏研发厂商、赛事运营和直转播平台从业者的年龄也主要分布在35岁以下。正所谓“人以群分”，年轻人在价值观念、思维方式和兴趣爱好方面的相似性是造成电竞行业年轻从业者集聚的重要原因。

二是“电竞高手在民间”——行业人才“草根化”。电竞是一项竞技运动，其人才成长离不开“天赋＋汗水”。诚然，高水平电竞选手需要后天的系统指导、科学培训，但不可否认，选手的个人天赋是影响其战绩的关键因素。可以说，电竞高手不是“教出来的”，而是从民间草根中涌现出来的，电竞俱乐部在游戏平台上发掘有潜力的人才，再通过后期的训练培养支持其参与职业联赛。类似地，游戏研发厂商等行业主体在招聘时更加注重求职者的创意思路、技术技能等，人才“凭实力说话”，英雄不问出处，学历背景等指标并不是最重要的因素。

三是“铁打营盘流水兵”——就业群体流动性高。同其他行业相比，电竞从业者职业生涯较短，流动性很强。如前所述，电竞选手的职业生命周期一般只有5—6年，选手退役后多会选择担任电竞主播，一小部分选手会担任电竞教练、赛事观察者，或转型进入其他行业。电竞主播、游戏和赛事企业职工的职业生涯相对更长，但在不同企业之间的跳槽十分频繁，较少出现在同一家企业工作超过6年的情形。

四是“成如容易却艰辛”——工作强度偏高、社会交往有限。电竞行业依托顶级赛事，产生了强大的显示度和社会影响力，但也应看到，亮眼业绩的背后是从业者高强度的投入。电竞俱乐部具有“准军事化管理”特征，多数情形下，电竞选手的训练环境相对封闭，日均训练时长达8—9小时甚至更长。游戏研发厂商与互联网企业类似，其核心岗位从业者（如游戏策划师、程序员等）工作强度较大。电竞主播要维持流量，就要设法长期保持高质量内容输出，这也是一项“技术活”。此外，由于工作内容和环境相对单一，工作对象具有虚拟性，电竞从业者的社会网络和社交圈层也具有一定局限性。

二、静安区电竞行业党建工作的实践与探索

近年来，静安区对电竞行业党建工作进行了一系列实践探索。区委组织部（区社工委）牵头抓总，各街镇、部门和相关单位聚力协同，形成了一批值得借鉴的经验做法。

(一)政治引领有高度

行业高质量发展离不开政治引领和理论指南，也离不开企业和人才认同的使命、愿景和价值观。静安区发挥党组织的政治功能，持续推动党的建设与企业发展有机融合，积极引导企业营造良好企业文化，开展“两新”组织党组织书记培训班，增强对电竞企业等新经济组织的政治引领。

赛事运营龙头企业腾竞体育于2020年建立独立党支部。公司在经营中注重将红色元素、中华传统文化元素与电子竞技元素相融合，开设“新时代朗读者”项目，设置“红色读物”打卡制度，定期组织思政学习，提升职工思想境界。同一赛道的英雄体育VSPN把红色文化融入企业文化，打造党建活动室、党建展示区、党员承诺墙等阵地场所。党支部的工作案例入围上海市委组织部“初心·使命·担当”党建引领民营经济发展优秀案例，“英雄体育海外赛事平台建设”项目获2021年上海市委宣传部“中华文化走出去”专项扶持资金。

(二)组织引领增力度

党的力量来自组织。越是经济社会发展最活跃的地方，越要打造最活跃的组织细胞。静安区持续推动电竞行业主体建立健全党组织和群团组织，强化队伍建设，提升作用功能，让党的旗帜在新兴领域高高飘扬。

静安区灵石路周边集聚了大量电竞企业和新就业群体，大宁路街道党工委高度重视在这部分企业的高管中挖掘培养党员骨干，抓好“头雁”队伍，所属的11个电竞企业党支部均由企业高管担任书记。例如，腾竞体育公司党支部书记由新电竞项目总监担任，英雄体育VSPN公司党支部书记由首席运营官担任。以党建带群建、以群建促社建，组建5家互联网企业团支部，建立4家青年中心，开展青年大学习、网上主题团课。组织引导电竞选手从虚拟网络走入街区社区，增强互联互补互动，引导园区企业党团骨干近130人组成4支志愿者队伍参与基层治理，帮助社区困境青少年、残障人士和困难家庭。值得关注的是，在新冠疫情期间，电竞俱乐部EDG的顶流冠军选手录制“助你一臂之力”视频，带头接种疫苗，充分发挥先锋模范带头作用。

(三)服务引领添温度

党建引领要通过服务来检验。静安区整合平台资源、优化营商环境，联合职能部门和区域化党建单位组建“首席服务团队”，提供组团式直接服务，在服务中影响人、引领人、凝聚人，助力电竞企业和人才发展。

区文旅局依托上海市电子竞技运动协会的要素资源，组织电竞企业参加静安“光影π”文旅企业沙龙等交流活动，促进新业态跨界融合发展。区委统战部、区卫生健康委、上海市电子竞技运动协会和同济大学医学院附属彭浦新村街道社区卫生服务中心促成电竞选手签约家庭医生，为从业者提供专项体检、职业病画像等健康管理服务。团区委联合静安区电竞新联会、大宁集团举办静安新青年王者荣耀电竞大赛暨青春快闪诊室电竞专场活动。大宁路街道在德必、智谷、珠江、宏慧和电气等5个电竞园区设立党群

服务站，提供“健康巴士”“宁法在线”等46个服务项目；联合园区物业打造爱心妈咪小屋，响应女职工哺乳期特殊需求。

三、静安区电竞行业党建工作的短板与难点

静安区电竞行业党建已经开展了一些探索实践，但较之新形势下党建工作的更高标准还存在一些不足，同时也反映出新业态、新就业群体党建工作的难点、堵点和痛点。

（一）党群组织体系还不够完善

静安区头部电竞企业已经基本实现党组织“应建尽建”，但区内其他中小型电竞企业则较少建立企业党组织，电竞企业党组织建设呈现“两极分化”特征。此外，区内电竞企业普遍存在群团组织建设不充分问题，具备规范健全的工会、共青团组织的行业主体占比不高。

上述问题与电竞行业及其就业群体的特点有关。一方面，电竞行业从业者中党员比例不高。经统计，列入区重点电竞企业名单的22家市场主体中，党员职工占全部职工的平均比例为3%，绝大多数企业的党员职工占比不超过10%，也有一些企业没有党员职工，客观上不具备建立党组织的条件。另一方面，电竞俱乐部和电竞直转播平台企业的用工方式较特殊，职工并不与企业签订劳动合同，而是采用经纪约、劳务派遣等灵活就业形式，职工流动性较高，组织关系复杂多变，这也增加了职工日常管理难度。

（二）党的工作覆盖还不够充分

政治引领上，有的企业对党建工作不够重视，不同程度地存在党建与业务“两张皮”、“就党建谈党建”的问题，没有把党建有机嵌入企业的日常经营中。例如，问卷显示有42%的电竞从业者不清楚、不了解所在企业或楼宇园区党组织的工作开展情况，党的组织和工作覆盖、宗旨和作用覆盖还有待加强。由于电竞行业是新兴业态，企业管理者和从业人员对党建工作的认识和把握需要一个深化和完善的过程。

营商服务上，企业或属地楼宇园区党组织对资源调动的力度还不够，没有充分发挥区域化党建和行业党建的资源禀赋，在要素集成、优势互补、产业联通方面的探索有限。企业和人才缺乏反映诉求的渠道和平台，对党组织的内生需求感不强、获得感不足。问卷调查显示，电竞从业者对文娱、餐饮、体检、社交等服务项目还存在较大需求。

阵地建设上，电竞园区和楼宇的党群阵地营造还不够充分，阵地活跃性、功能针对性、内容丰富性和党群参与性有待提升，日常工作中的互联互补互动、资源信息共享、服务协同凝聚还有差距。问卷显示，近半的电竞从业者不清楚所在企业或楼宇园区的党群服务阵地情况（部分楼宇园区未建立党群服务站），过半的电竞从业者尚未参与过楼宇园区组织的社区共治项目或公益志愿服务。应当认识到，电竞行业主体特别是中小企业很难投入较大成本打造专门的党群阵地，因此阵地建设应主要依托属地街镇及楼宇园区的资源支持。

（三）党建专业队伍还不够给力

当前，电竞企业党组织的专业队伍多由企业经营管理层或业务骨干组成。问卷调查显示，由高管担任党组织书记的电竞企业占比 51.06%，由专职党群工作者、企业中层领导担任党组织书记的电竞企业占比分别为 17.02%、14.89%，由普通职工担任党组织书记的电竞企业占比则较少。一方面，企业高管要统筹兼顾业务发展和经营管理，投入党建工作的精力相对有限；另一方面，这类人群从事党建工作的本领、把握方针政策的能力、创新方式方法的素养还有提升空间。对于党建工作基础较为薄弱的电竞企业而言，可能需要从外部提供党建工作支持和引导。此外，对党建工作者的激励机制和支撑保障还需优化，以增强党建工作者主动作为的意识，真正让电竞行业的党建工作者想干事、能干事、干成事。

四、推进静安区电竞行业党建提质增效的思路与建议

在新形势下进一步做好电竞行业党建工作，应当把握新时代党的建设总要求，把党的组织和工作覆盖到行业发展最活跃的细胞，不断扩大党在新兴领域的号召力、凝聚力、影响力。

（一）塑形：构建“有形有效”组织体系

1. 完善党建工作领导协调机制

推动形成区委负总责、组织部门（社工委）牵头抓总、行业部门各负其责、街镇社区兜底管理的工作格局，让党建工作“统得起、管得住”。完善社工委运行机制，根据需要及时将文化旅游、宣传网信等部门纳入成员单位，充实电竞等新业态党建的工作力量。

2. 打造行业党建共同体

建立电竞党建共同体，直接指导或联系龙头企业党组织，搭建行业发展共生共荣平台，以党建链串起产业链，促进各企业互联互动，推动企业党组织更好凝聚合力。设立电竞行业党建“工具箱”，定期编发动态信息、特色案例，沿着行业监管和业务管理链条落实党建工作任务，确保党建工作不断线、党的领导不削弱。

3. 建强电竞园区和企业党组织

已成立党组织的进一步规范组织运行，推动有条件的企业单独组建党组织，指导尚不具备条件的企业依托楼宇园区组建联合党组织。以龙头企业为重点，聚焦总部机构，推动企业把党组织延伸到业务板块、分支机构、项目团队。由行业党建共同体牵头，协调电竞产业集聚区、机关事业单位、协会、有关高校等成立全产业链联盟，实行组织联建、活动联办、资源联用、产业联促。

（二）铸魂：完善“先锋示范”引领体系

1. 引领电竞行业发展方向

突出党建引领行业发展方向的政治功能，鼓励引导电竞行业主体和从业者在游戏产品研发、赛事内容传播、文创产品设计等方面弘扬奋斗向上、团队合作、自我挑战的行

业文化，践行社会主义核心价值观。结合实际在电竞活动中融入更多红色元素、公益元素、中华文化元素，在电竞平台上讲好中国故事。强化企业党组织的政治把关作用，与管理层共同学习党中央重大决策部署，对涉及安全稳定、公众利益的重大事项开展会商。

2. 注重党员从业者教育管理

认真落实“三会一课”、主题党日等基本制度，引导党务工作者用电竞从业者和青年群体能听懂、易接受的语言讲党课，让党的创新理论与新就业群体的价值理念同频共振。加强流动党员管理，帮助党员从业者“无论在哪里都能找到组织找到家”。

3. 强化电竞人才政治吸纳

加大发展党员力度，推动发展党员指标向一线从业者倾斜，不断把行业影响力大的先进分子特别是优秀青年吸收到党组织中来。开展“学习身边榜样”活动，充分发挥“顶流选手”“明星选手”的示范效应和模范带头作用，激励广大从业者崇尚职业文明，激发社会责任感，见贤思齐、担当作为。

（三）赋能：打造“融合互促”服务体系

1. 优化阵地运行机制

依托街镇社区党群服务中心和社区活动中心等资源，在电竞企业和从业者集聚的楼宇园区设立党群服务阵地、志愿服务实践基地、党员教育培训现场教学点。规范设置阵地标识、指引和功能，为电竞从业者提供学习、休憩、社交、健康检查、心理辅导、技能培训、政策咨询、法律援助等服务项目。坚持网上网下相结合，加强智慧党建，在楼宇园区推广“一站式”智能服务、自助终端，让“数据多跑路、企业少跑腿”。

2. 强化综合服务机制

凝聚各有关职能部门和单位合力，发挥静安区“首席服务团队”作用，以项目化、组团化方式提升电竞行业服务工作效能。坚持全过程人民民主，建立“从业者—电竞企业党组织—楼宇园区党组织—街镇党（工）委”诉求解决机制。坚持党建带群建，引导电竞行业主体建立工会、共青团等组织，对有特殊困难的人员等加强关心关爱和权益保障。坚持党建促社建，鼓励、支持和引导社会力量参与行业服务。

3. 深化基层共治机制

引导电竞企业和从业者积极参与基层治理，形成共建共治共享的基层党建新格局。引导从业者到社区党群服务中心备案，开展“双报到”“双结对”行动，探索从业者担任兼职基层治理网格员，促进新就业群体有序参与城市基层治理、城市文明建设和志愿服务。开展先锋引领行动，推动党员亮明身份，设立党员示范岗、党员责任区，探索设立电竞从业者“先锋指数”，推行“积分兑换”机制，发放“先锋红利”，通过量化的办法引导从业者积极发挥作用。

（四）聚力：优化“激励担当”支撑体系

1. 选优配强电竞行业党建工作队伍

按照讲政治、重品行，懂经营、会管理，能干事、作风实的标准，推动业务负责人、管理层担任企业党组织书记，将号召力强、影响力大的党员职工纳入企业党组织领导班子。街镇要加强对党组织书记和党建工作者的思想政治、党建工作培训。根据实际情况公开选聘专职党务工作者，建立驻企党建指导员、企业联络员队伍，从文化旅游、宣传网信等部门选派党员干部和业务骨干到重点头部电竞企业或楼宇园区担任党建指导员，实现重点企业专人指导、初创企业有人联系、难点区域包干负责。建立健全区社工委直接联系重点企业制度。

2. 多措并举强化行业党建工作激励

健全奖励机制，选树一批示范性电竞行业党组织和党建工作案例，对工作开展好的党组织、企业和个人在评先推优、物质奖励、精神荣誉等方面予以适当倾斜。探索党建工作者专职资格认证，切实提升先进典型的荣誉感、获得感。开展电竞行业党建品牌创建行动，讲好静安电竞行业党建故事，彰显新业态、新就业群体党建工作“静安范”。

（本文获2022年度全市组织系统优秀调研成果三等奖）

课题组成员：周玉鸿、蒋　燕、米长亮、鹿方圆

主要执笔人：鹿方圆、米长亮

关于“红色引擎”引领民宿产业跑出乡村振兴加速度的探索与思考

崇明区委组织部课题组

习近平总书记指出：“要让田园变公园，农房变客房，劳作变体验，乡村优美环境、绿水青山、良好生态成为稀缺资源，让乡村的经济价值、生态价值、社会价值、文化价值日益凸显。”近年来，崇明依托优质的生态环境和浓厚的乡村底蕴，通过党建引领凝聚各方力量，因地制宜发展乡村民宿产业，助力乡村振兴。截至 2022 年 9 月底，全区共有乡村民宿 1030 家，占全市民宿总数的 90%以上。乡村民宿产业成为崇明区推动产业兴旺的重要抓手，成为带领村民共同富裕的现实路径，成为推动崇明乡村振兴的特色力量。研究好、总结好党建引领在乡村民宿产业发展中的作用和规律，分析当前崇明乡村民宿发展中的瓶颈问题并提出对策建议，对于加快崇明乡村振兴战略步伐具有较强现实意义。

一、崇明区党建引领乡村民宿产业发展的主要做法

（一）厚植生态优势，夯实乡村民宿产业发展基础底板

一是明确生态产业发展定位。坚持把构筑优良生态作为助力高质量发展的“先手棋”，持续用力擦亮生态基底本色，滚动实施生态岛建设三年行动计划、环保三年行动计划。明确“生态优先、绿色发展”的产业导向，守牢产业准入门槛，稳步推进“198”工业地块企业向园区集中，将民宿产业纳入“十四五”乡村振兴产业规划整体布局。

二是全面提升生态要素品质。全面提升水土林气等生态要素品质，坚决打赢污染防治攻坚战。完成农村生活污水纳管改造，全面实施生活垃圾分类，全面消除黑臭和劣 V 类水体，地表水环境功能区达标率达到 100%，森林覆盖率达到 30.05%，空气优良率达到 91.9%，为民宿产业在乡村的兴起奠定基础。

三是持续改善农村人居环境。紧抓花博会举办等历史机遇，在全区范围内全覆盖开

展“迎花博、治五棚”专项整治行动，深入推进美丽家园、绿色田园、幸福乐园建设，持续提升农村人居环境，建成9个市级、25个区级乡村振兴示范村，38个市级美丽乡村示范村，良好的生态和宜居的乡村环境成为崇明乡村民宿发展的最大优势。

（二）加强政策扶持，优化乡村民宿产业发展营商环境

一是加强顶层设计，整合工作力量。区委区政府统筹谋划全区乡村民宿产业发展，组建由主要领导挂帅的崇明区旅游产业发展领导小组，整合各级力量，打通政策瓶颈。出台《“崇明农家”管理办法》，畅通乡村民宿办证通道；出台《关于促进花博会住宿及餐饮设施建设扶持办法》，借助花博会筹办契机，加大对乡村民宿的扶持奖励。

二是制定星级民宿标准，引领行业水平提升。区文化旅游局牵头制定《崇明星级精品民宿评定办法》(以下简称《办法》)，明确民宿行业建设和服务标准，支持原经营户将传统“农家乐”升级为精品民宿，鼓励农户利用宅基地房屋建设星级民宿，引导各类经营户对标提升服务水平。自2020年11月实施《办法》以来，全区共评出星级民宿309家，其中63家获评市级星级民宿，占全市星级民宿总量的68%。

三是建立综合监管机制，营造良好市场环境。整合执法部门力量，加强对乡村民宿食品卫生、治安安全、消防安全、公共场所卫生等重点监管，建立形成乡村民宿市场的综合监管机制。引导成立上海市首个区级民宿协会，充分发挥行业协会的自律作用，不断激发乡村民宿发展的内生动力，全面提升乡村民宿管理的规范化水平。在大环境的促进下，崇明掀起了投资建设乡村民宿的热潮，备案登记的民宿总量从2018年底的235家跃增到2022年的1030家（见图1)，年增幅达67.7%，数量和质量均实现跨越式发展（见图2)。

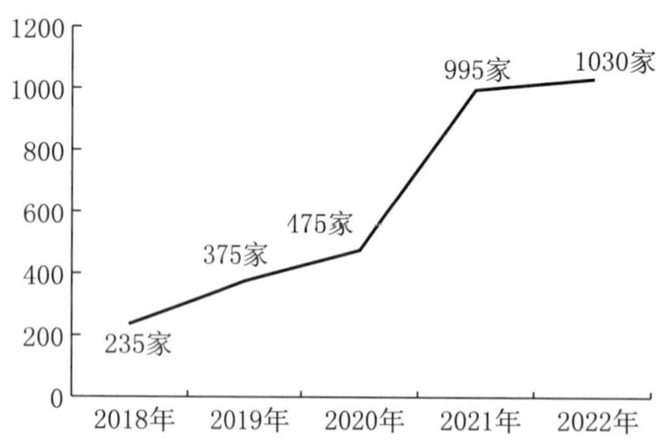

图1　崇明区近5年民宿数量增长示意图

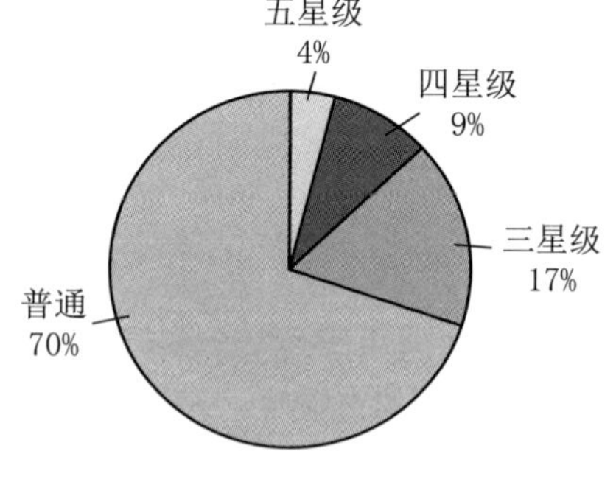

图2　崇明区民宿品质结构情况

（三）强化组织赋能，推动乡村民宿产业发展聚势升级

一是加强教育培训，提高乡村民宿服务水平。针对乡村民宿从业者从业时间不长、服务技能不专、管理水平不高等情况，区文化旅游局采取集中办班与送教上门相结合、理论学习与实践操作相结合等方式，分层分类开展民宿创业就业、民宿主、民宿管家、民宿服务人员技能培训及五星级民宿经营交流等，进一步提升民宿管理和服务水平。2020—2021年共投入财政资金近500万元，累计举办62场培训，提升从业人员整体水平。

二是加强社会动员，打造乡村民宿产业集群。区委区政府加强宏观布局，对有产业基础和发展前景的区域通过改善水系路网、实施美丽街区改造等加大支撑力度，同时发挥镇村党组织在促进农民增收、壮大集体经济方面的主观能动性，引导乡村民宿产业转型提升。比如，中兴镇制定《促进中兴镇民宿高质量发展的扶持奖励办法》，引导乡村民宿集群化发展、专业化服务、品牌化经营和差异化竞争。建设镇虹桥村党总支发挥首户乡村民宿业主顾洪斌的引领作用，构建“基层党组织＋致富带头人＋合作社＋农户”的机制，吸纳周边的37户农户共同办民宿，打造出全市闻名的“顾伯伯”乡村民宿群。村党总支还引导民宿业主制定《建设镇虹桥村民宿业主自我管理办法》，通过统一品牌、统一分工、统一营销、统一管理、统一结算的方法，对乡村民宿群经营模式进行优化，实现了乡村民宿集群化发展的规模效益。

三是加大宣传力度，不断提高知名度。开发“住崇明”微信小程序，集商户展示、房源推荐、在线预订、在线支付等功能于一体，让全区备案的乡村民宿免费上平台，为市民游客提供住宿选择预订的一站式服务。通过参加长三角旅游推介会，加大对崇明乡村民宿的宣传，提升崇明民宿在长三角区域的知名度和影响力。

二、崇明乡村民宿产业发展面临的瓶颈问题

（一）乡村民宿产业发展的合力不够

民宿经济是以乡村的自然资源和文化资源为基础，以民宿为载体，充分将农业和其他优势资源与民宿旅游相结合而产生的新业态。乡村民宿产业培育是一项综合系统工程，需要政府、市场、村级组织、民宿业主等合力推进。崇明区虽然成立专门工作机构，通过联合审批畅通办证通道，解决了民宿开办等问题。但乡村民宿的发展不仅仅是审批，民宿产业的链条也不仅仅是吃和住。如何让具有崇明特色的乡村体验、地域文化、特色美食等融入民宿产业发展链条，如何为民宿的运行提供便捷的布草洗涤、服务标准检测、品牌策划、金融服务，如何让方便快捷的特色产品采购及配送成为星级民宿的标配，对这些系统配套的问题目前还缺少整体的思考与对策，需要相关机构加强统筹、集聚合力。

（二）乡村民宿集群化发展势能不足

在日趋激烈的市场环境中，个体民宿无法全面顾及生产、管理和营销等多个层面，亟须通过成员彼此间相互合作，达到提升整个聚集区竞争力的效果。课题组将崇明民宿体量最大的乡镇建设镇作为调研对象，通过开展实地和电话调研，对民宿集群中民宿主反映的问题做了如下梳理。

一是购物不便。游客一般对采购崇明当地农产品的意愿强烈，但特色农副产品展销点缺乏。同时，部分民宿主希望在民宿集聚的中心地带，配套24小时便利店、药店，方便游客紧急采购。二是入户道路不宽。多数民宿周边道路偏窄，大巴车进出比较困难，接待团队客人受到影响。三是导视系统不足。乡村民宿普遍缺乏统一的标识标牌和导视系统，很多乡村民宿在导航中也没有录入，游客站点不够通达。四是停车位不足。

民宿周边停车难，道路周边乱停车等现象时有发生。

（三）乡村民宿特色体验还不明显

随着旅游消费观念的日益成熟，旅游者对体验的需求也越来越高，乡村民宿不再单纯是承载住宿与游玩的载体，更是当地文化与产业深度融合的媒介。面对市场的变化，民宿经营者在自然资源的基础上，开始积极结合当地的传统文化或特色艺术形式对民宿经营主题进行扩展，逐渐演化出丰富的乡村民宿经营类型。如台湾省的民宿产业起步较早，目前大致有以下经营类型（见表 1）。

表 1　台湾民宿的类型

民宿类型	地理条件	经营特色
赏景度假型	当地具有天然景观或利用旧有素材加以设计的美景	结合浑然天成的自然景观或是精心策划的人工造景，如万家灯火的夜景、满天星斗、庭院景观、草原花田或是高山海洋等，让游客在都市紧张的心情得以放松，享受无拘束的度假生活
复古经营型	利用原有的三合院、石板屋或客家建筑等加以改建布置	此类的住宅环境均为古厝所修整而来，或以古建筑的式样为设计蓝图，有些甚至在室内装潢中搭配古董，提供给游客深刻的怀旧体验
艺术体验型	当地没有特殊的环境景观资源，但经营者有艺术品创作的才能与艺术涵养	以体验活动为经营主轴，由经营者或当地艺术创作者带领游客体验当地特色艺术活动，例如民族乐器、捏陶、雕刻、绘画、天灯制作等，游客可亲手创造艺术作品，体验乡村或现代的艺术文化盛宴
农村体验型	多位于传统的农业乡村中	除了观赏农村景观、让游客认识农家生活之外，经营者提供游客体验农业生产方面的活动，例如制作茶叶、农作物采收、挤牛奶等
社区文化体验型	当地具有地方性特殊产业或文化	提供给顾客地区性产业或是社区文化的背景，让顾客了解并提供深度的文化体验

目前，崇明乡村民宿主要提供简单的住宿接待，以及采摘、农事体验等相对低层次的产品，产品类型单一，缺乏对民间、民俗文化和自身发展特点的挖掘。在建筑设计、室内装修和装饰上，也呈现同质化，给游客留下的印象不够深刻，住客体验感不高。一些民宿重建设、轻运营，存在建设高标准、运营低水平的现象。特别是在运营服务上，从业人员老龄化程度高，服务意识和服务水平较低，且缺乏食品、消防等安全专业知识，影响了崇明民宿整体形象。

（四）高素质的乡村民宿从业人才缺乏

一是民宿产业创新创业人才缺乏。乡村民宿发展亟须能独当一面的创业人才，虽然不少外来投资人员、艺术家、返乡创业者到崇明开办民宿，且他们中的大部分是有较高学历、新思想的新一代经营者，但很多是抱着某种情怀、梦想而来，偶发原因居多，还没有形成能持续吸引人才来崇开展民宿创业的机制。

二是高素质的民宿管家缺乏。民宿从业者中的策划人员、运营人员、服务人员等专

业相关从业者的专业素质还有待提高。目前，乡村民宿的从业者有相当一部分是当地农民，虽有淳朴和热情，但大多不具备相关专业素质，影响服务水平，进而影响民宿运营。由于缺少系统的培训，从业者的经营水平无法得到提升，农户的服务意识和卫生意识还达不到要求。

三、对党建引领乡村民宿产业发展的思考

乡村民宿产业作为崇明“十四五”产业发展规划的重要板块，是崇明特色的生态产品，对推动产业兴旺、带领村民共同富裕等具有重要意义。崇明区要充分发挥党统揽全局、协调各方，集中力量办大事的优势，抓住历史机遇，凝聚各方力量，引领民宿产业发展。

（一）顶层联，建立乡村民宿产业党建联盟，凝聚工作合力

一是创新组织设置。由组织部门牵头，主管部门和相关行政部门参加，民宿代表等参与，以共同需求、共同利益、共同目标为纽带，通过打破地域、领域、条块等限制，组建崇明区乡村民宿产业党建联盟，搭建服务平台，解决引领主体问题，用组织的力量凝聚产业发展力量。强化党建共建，深化机制联动，推动产业发展，聚力提升崇明乡村民宿产业的党群向心力、产业驱动力、发展保障力。

二是加强服务保障。开展政策宣传进民宿活动，深入宣讲乡村民宿开办、经营、扶持政策、自建房与燃气安全、生产安全与防灾减灾等政策法规。开展文艺资源进民宿活动，加大精品文艺资源配送进乡村民宿力度，推动书画创作、非遗技艺、戏曲演艺、文创产品等在乡村民宿进行项目展示、互动体验、产品销售。开展三方服务进民宿活动，发挥党建联盟统筹协调作用，加大乡村民宿项目产业链招商，创办美食、研学、文创等基地（工作室），鼓励支持在崇金融机构建立健全乡村民宿金融服务体系，引导金融资源配置到乡村民宿产业。

三是补好产业短板。针对乡村民宿重建筑硬件、轻服务软件的问题，引导行业部门重点开展民宿集群村服务标准、星级精品民宿服务标准及民宿经营规范等相关标准的研讨、制定工作，明确民宿经营的各项标准化要求。针对开办乡村民宿审核部门多的问题，试点推行乡村民宿开办全流程“一件事”集成服务。针对民宿假日经济现象带来的周末服务人手紧等问题，探索引入第三方服务机构，开展周末兼职民宿管家项目，缓解当前民宿的用工需求。

（二）区域联，突出集群效应，引导乡村民宿优势互补集群化发展

以党建为纽带，将村庄内或相邻村之间的资源禀赋进行有机整合，实现特定空间区域范围内各种资源优势互补，引导乡村民宿集群化发展。

一是规划引领集群发展。尊重乡村民宿产业发展规律，结合崇明乡村建设实际，合理确定乡村民宿发展空间。优化民宿空间布局，完善基础设施配套，推动民宿规模化、集聚化发展，通过空间管控、规模管控、风貌管控、准入管控，逐步形成布局合理、规模适度、特色鲜明的乡村民宿发展格局。

二是提升集群公共服务设施。推动乡村振兴基础设施项目、资金向乡村民宿集群村倾斜、聚焦。进一步整合美丽乡村示范村、乡村振兴示范村等政策资源，适度提升供水、供电、道路、排水、通信、环卫、停车、绿化、消防、厕所、步道、标识等基础设施容量和配套水平，合力解决餐饮、娱乐、休闲和特色体验等功能设施不足问题。

三是引导集群错位发展。发挥集群村党组织、行业协会和集群带头人作用，引导集群内各经营主体发展不同类型经营项目，错位发展、专业经营，鼓励项目之间合作互补，避免出现同质竞争。

（三）产业联，突出乡村特色，引导乡村民宿特色化发展

通过党建引领，根据各乡镇民宿发展的实际情况，引导乡村民宿特色化发展。聚焦特色，形成游客“食、住、游、娱、体、购”等全过程体验、个性化体验，通过相互“引流”促进各相关产业项目发展，培育壮大民宿产业链条。

一是以乡镇为主体，推进“特色产业＋民宿”融合发展。鼓励崇明民宿相对集聚的建设镇、竖新镇、中兴镇、陈家镇、港沿镇、向化镇6个乡镇结合自身产业特色，推进民宿产业与特色产业融合发展。结合自身实际，推荐积极推进“体育＋民宿”“教育＋民宿”“农业＋民宿”“康养＋民宿”等多旅融合发展（见表2）。

表2　崇明区民宿集中乡镇重点发力方向

乡　镇	民宿数量	占全区民宿百分比	主要特色	重点发力方向	备　　注
建设镇	235	22.8%	特色民宿、藏红花、郁金香、崇明美食、康养	上海民宿之乡	紧邻东平森林公园（区位优势明显）
竖新镇	139	13.5%	蔬果采摘、稻米文化、美丽乡村、玫瑰花	乡村体验小镇 玫瑰风情小镇	—
中兴镇	117	11.4%	花菜之乡、樱花、崇明非遗文化扁担戏和崇明糕制作	非遗文化小镇	邻近G40陈家镇出口（区位优势明显）
陈家镇	112	10.9%	淡水鱼、清水蟹	鱼蟹文化小镇	高速出口镇（区位优势明显）
港沿镇	74	7.2%	菊花、黄杨等花卉园艺产业	园艺小镇	—
向化镇	66	6.4%	水仙花、灶花、昆虫科普	水仙之乡	高速出口镇（区位优势明显）

二是以村为重点，引导发展特色民宿村。选取有一定产业特色、农村闲置资源较多、村民参与意愿较高、现状产业基础较好的村庄，如建设镇虹桥村、竖新镇前卫村、三星镇育德村等村庄，推进特色民宿示范村建设（见表3）。鼓励本地乡村民宿根据自身区位条件和资源特色，以“中国元素、江南韵味、海岛特色”为导向，打造多元化的景观风貌和场景空间，注重建筑外观与周边环境的相互协调，强化创意设计和意境营造。鼓励本地乡村民宿产品个性化发展、差异化竞争，避免千篇一律。

三是加强品牌推广，不断提升崇明民宿知名度。统一崇明乡村民宿品牌标识，形成崇明乡村民宿统一品牌形象。把乡村民宿融入干部培训教学路线、工业旅游、亲子游学

表 3　崇明区特色民宿村重点发力方向

村	民宿数量	主要特色	重点发力方向	备　　注
建设镇虹桥村	109	特色民宿、郁金香、崇明美食	民宿集群示范村	紧邻东平森林公园（区位优势明显）
竖新镇前卫村	63	玫瑰花	玫瑰风情村	—
三星镇育德村	19	白山羊	崇明美食体验村	—
竖新镇仙桥村	18	蔬果采摘、美丽乡村	乡村风情体验村	—
中兴镇红星村	11	亲子特色民宿	乡村亲子活动	—
绿华镇绿港村	10	橘子采摘、崇明清水蟹	崇明蟹港	—
向化镇北港村	10	水仙花	水仙之乡	高速出口镇（区位优势明显）
新河镇新民村	5	崇明土布	崇明土布文化体验	—

等特色路线中，讲好崇明乡村民宿发展故事。举办乡村民宿论坛、大型文体旅节庆赛事等活动，提升崇明乡村民宿的知名度和影响力，推动乡村民宿多旅融合发展。综合利用市、区各类主流媒体和新媒体、自媒体、第三方平台等多种渠道，联动开展精品乡村民宿线路和特色乡村民宿品牌宣传推介。构建智慧旅游服务体系，优化“住崇明”小程序功能，推出查空房、找车位、寻交通等智慧化应用服务，在“上海崇明”微信公众号、App 等媒介上扩展应用链接。面向老年人、残疾人等特殊人群，打造“一键住宿预约”等关怀版模式，更好地服务游客，提升民宿服务质量。

（四）聚人才，多管齐下，为民宿产业发展提供源头活水

发挥党建工作优势，凝聚高素质民宿人才。

一是注重引。通过项目合作和柔性引进等方式，请专业旅游人才进入崇明、关注崇明，加强与旅游院系的合作，通过组建民宿产业发展课题组，研讨民宿与体育、农业、康养、旅游学产业深度融合不够的难题。搭建让年轻人了解民宿、体验民宿的平台，扩大崇明区“燕归巢”回乡实习的锻炼单位范围，将民宿行业运营列入回乡锻炼单位，为引导大学生返乡创业搭建平台。

二是注重育。推进民宿人才队伍建设，培养一支高素质专业化的民宿人才队伍，为崇明民宿长期健康发展奠定基础。结合浙江等民宿先行区的经验，将“民宿人才”纳入技能人才队伍行列，通过定期举办“民宿管家”专项技能竞赛，选拔一批民宿经营管理精英，连续三届比赛获金牌管家的，纳入人才库，享受人才奖励。每年可定期举办技能型大赛，如地方特色厨艺大赛、叙述当地故事等，以赛带练，并给予一定奖励。

三是注重留。对民宿行业的优秀人才，提供户籍服务、绿色就医、子女教育等个性化、精准化的服务举措，用事业留人、保障留人、感情留人。

（本文获 2022 年度全市组织系统优秀调研成果三等奖）

主要执笔人：孙现印、南献隆、董　辉

长宁区以党建引领为抓手　推动全过程人民民主融入基层治理全周期的探索与实践

长宁区委组织部课题组

党的十八大以来，习近平总书记曾在不同场合多次强调发展人民民主的重要性，特别是要务实发展、落到实处。3 年来，长宁作为全过程人民民主重大理念的首次提出地，全区上下始终牢记习近平总书记的嘱托，以强烈的使命感和责任感，按照中央、上海市委要求，不断深化全过程人民民主建设，把全过程人民民主融入城区发展的全过程和人民城市建设的各方面，以“深化基层治理中的全过程人民民主实践”为课题展开研究，通过线上座谈、资料搜集和书面调研等方式，总结健全基层党组织领导的群众自治机制、完善人民建议征集机制和基层民主形式创新等方面的经验，研究探索全过程人民民主在党的领导下融入基层治理的作用机制，探讨基层直接民主制度化、规范化、程序化面临的主要问题，从而不断丰富全过程人民民主在基层的生动实践。

一、习近平总书记关于全过程人民民主的重要论述，是全面建设社会主义现代化国家的应有之义

（一）学习习近平总书记提出的人民民主是一种全过程的民主的重要论述，把深刻理解领会全过程人民民主的重要内涵作为调研的关键环节

2019 年 11 月，习近平总书记来到上海市长宁区虹桥街道古北市民中心考察调研，在与当时正参加立法意见征询的中外居民代表亲切交流时指出，我们走的是一条中国特色社会主义政治发展道路，人民民主是一种全过程的民主，所有的重大立法决策都是依照程序、经过民主酝酿，通过科学决策、民主决策产生的。在 2021 年中央人大工作会议上，习近平总书记强调，民主是全人类的共同价值，是中国共产党始终高举的旗帜，是中国共产党和中国人民始终不渝坚持的重要理念。并指出，民主不是装饰品，不是用来做摆设的，而是要用来解决人民需要解决的问题的。“全过程人民民主”这一新的重

要论断，为我们不断探索深化全过程人民民主的基层实践提供了实践遵循和理论指导。

（二）习近平总书记关于要健全人民当家作主制度体系的论述，生动诠释了人民是“全过程人民民主”的出发点与落脚点

2021年7月1日，在庆祝中国共产党成立100周年大会上，习近平总书记站在人民创造历史的高度，强调“践行以人民为中心的发展思想，发展全过程人民民主”。中国共产党自诞生之日起，就刻印着人民民主的鲜明印记。人民既是“全过程人民民主”的出发点，也是落脚点。“贯彻党的群众路线，尊重人民首创精神，践行以人民为中心的发展思想，发展全过程人民民主，维护社会公平正义，着力解决发展不平衡不充分问题和人民群众急难愁盼问题”，发展全过程人民民主，始终坚持人民至上的发展思想，构建多样、畅通、有序的民主渠道，对于持续激发人民群众的积极性、主动性、创造性，具有重大而深远的意义。

（三）习近平总书记提出全过程人民民主是全链条、全方位、全覆盖的民主，为推进基层治理现代化建设提供了路径遵循

在党的二十大报告中，习近平总书记指出：“全过程人民民主是社会主义民主政治的本质属性，是最广泛、最真实、最管用的民主。必须坚定不移走中国特色社会主义政治发展道路，坚持党的领导、人民当家作主、依法治国有机统一。”在推进全过程人民民主建设的新要求中，习近平总书记提到“要健全人民当家作主制度体系，扩大人民有序政治参与，保证人民依法实行民主选举、民主协商、民主决策、民主管理、民主监督”。针对基层实践，习近平总书记强调要“支持和保证人民通过人民代表大会行使国家权力”，“健全吸纳民意、汇集民智工作机制，建设好基层立法联系点”。这充分体现出全过程人民民主不仅保障人民依法享有民主选举和民主协商，还保障人民从多层次、多渠道参与国家治理。人民的参与贯穿始终，人民参与的广度和深度不断拓展。

二、长宁区基层治理中的全过程人民民主实践经验

（一）提高政治站位，全面构建党的领导下的基层群众自治格局

1. 提高思想认识，筑牢理论基础

长宁区首创的“凝聚力工程”作为“社区党建最早、最长的典型”，成为长宁区加强城市基层党建、深化党建引领基层治理、推动人民城市建设的重要工作抓手。进入新时期，长宁区坚持全过程人民民主与新时代凝聚力工程建设有机贯通，以“凝聚力工程”近30年的深厚群众基础、丰富服务阵地、独特品牌优势，进一步丰富全过程人民民主基层实践的各类平台和载体，将创新发展凝聚力工程作为区委重点调研课题；正是因为有了凝聚力工程，才开出了全过程人民民主的新花和新果，全过程人民民主的新花和新果又进一步促进了凝聚力工程在新时代的深化拓展。

2. 注重统筹谋划，完善基层治理架构

将长宁区创新社会治理加强基层建设工作领导小组的职能由党建办承担，包括区民

政局、区地区办等相关部门共同统筹推进基层治理中的全过程人民民主实践；广泛开展多层级、各方面的协商议事，找到群众意愿和要求的最大公约数，比如江苏路街道探索形成人民意见征集“提、议、定、办、评”五步工作法，虹桥街道“虹桥治理芯”品牌聚焦基层公共协商议题，开展民主法治协商，努力将群众参与立法的“好声音”“金点子”转化为一批改善民生的实事项目；积极构建了“1+10+185+X”的人民建议征集网络，将征民情听民意的触角延伸到离群众、离市场最近的地方。

3. 发挥窗口作用，讲好基层实践的“鲜活故事”

各社区根据自身小区类型、资源禀赋、人口结构等具体情况，因地因势制宜练就不同社区治理工作法。其中荣华社区总结提炼出针对国际社区的“融”工作法，并发布了全国首个国际社区治理指标体系，获评民政部“优秀社区工作法”；积极挖掘收集鲜活案例，精心推出《虹桥故事：全过程人民民主基层实践录》《大城之基，民主之道——长宁区全过程人民民主社区治理示范案例集》等。

（二）加强制度建设，在推进人民城市建设中不断践行全过程人民民主重大理念

1. 以分类治理为抓手，推动“家门口”治理彰显民意

近年来，长宁以申创全国社区治理和服务创新实验区为契机，持续推进“居民区分类治理清单模式”的创新发展（2019年，该模式荣获首届“中国城市治理创新奖”全国十佳优胜奖），聚焦售后公房、普通商品房、涉外商品房、老洋房、动迁安置房五类居民小区的特征和治理难点，形成了“三清单一攻略一导则”的治理方式，即问题需求清单、社会资源清单、公共服务清单、治理攻略和治理绩效评估导则。同时，实施“社区提案”计划，出台《长宁区社区提案议事规程》，规范社区提案的“提出、审议、落实、评估、保障”等议事全过程，在推动家门口工程、精品小区建设、“15分钟社区生活圈”建设等牵涉居民切身利益的项目中，广泛凝聚起共识，针对性地解决了一批群众“急难愁盼”事。

2. 稳妥推进“两委”换届和基层民主选举，在完善推广居务监督委员会机制中倾听民声

长宁区在组织和开展基层民主选举的过程中，注重融入全过程人民民主重大理念，通过民主选举促进居民区“两委”班子结构持续优化。在此基础上，长宁区探索开展党组织领导下的居务监督委员会建设，针对居民会议的决定落实、居民区“两委”班子工作开展和社区事务办理等情况开展民主监督。截至2021年，长宁区共有105个居民区推选成立了居务监督委员会，产生成员325人。居务监督委员会的创新探索，是深化全过程人民民主基层实践的重要治理基础。

3. 以法治保障为重点，在推动区域联动融合过程中了解民情

一方面，长宁区通过协商制度化的手段，不断筑牢全过程人民民主基层实践的法治根基。比如：华阳路街道创新性地提出建设协商法治型社区，以“长宁路396弄颐养宜居街区”“华院民主协商法治型小区”为抓手，把协商民主和法治思维贯穿于社会治理创新的全过程。另一方面，各街镇积极整合力量，形成区域联动治理共同体。比如，程家

桥街道以航空行业党建联盟为依托，打造全市首家“社区参与式博物馆”；江苏路街道商务楼宇华敏翰尊国际大厦通过整合区域资源打造创客菁英汇、愚园企业会、虹桥人才荟等系列平台载体。

（三）坚持广搭平台，持续为基层治理提供全方位赋能

1. 以阵地建设为抓手，打造民主参与载体

长宁区在社区、街区、楼宇等不同领域积极搭建各方参与的平台。探索全过程人民民主的践行、公共空间的打造以及民生民心的回应三者之间的联系，通过政府部门资源下沉机制，有效提升人民参与规划协商与项目建设的针对性。构建覆盖全域的区、街镇、居民区（楼宇、园区）“1+10+X”“宁聚里”党群服务阵地体系，共形成275个“家门口”“楼门口”阵地，成为人民群众参与协商议事的重要场所。积极整合阵地功能，将党群服务站与立法联系点、人大代表“家站点”、人民建议征集点、小区议事厅（楼委会）等合并建站，拓展延伸协商民主的空间维度。

2. 以城区数字化转型为契机，丰富民主参与渠道

致力于“数字长宁”建设，通过科技的叠加与赋能，为居民群众参与民主决策插上了“科技的翅膀”。深化一网通办、一网统管“两张网”建设，着力发挥智能平台“减流程、少环节、易操作、全覆盖”的优势作用。比如，仙霞新村街道虹旭居民区打造“虹旭乐享e家园”数字服务平台，形成意见征集、议事议程、项目公示与动态监测等全过程人民民主落实的数字平台，向智慧社区转型；北新泾街道新泾六村居民区通过人工智能技术赋能公共服务，收集人的活动形成的数据进行优化迭代公共空间，激发居民民主参与热情。

3. 多元主体联动，保障项目资金供给

加大政府购买服务力度，推动社会组织参与社区治理，在需求调研、协商议事等各个环节，为居民区提供专业支撑。落实常态化项目支持，支持各街镇结合自身实际和特色开展社区治理“一街一品”项目，充分体现因地制宜治理理念，让居民参与到治理项目的规划讨论中来，形成民主协商议事和推动合理决策的良好氛围。开展社区公益创投，提高协商议事、自组织培育、自治机制探索等与基层治理全过程人民民主有关项目所占比例。

三、在基层治理中推进全过程人民民主实践面临的挑战

（一）基层组织对全过程人民民主重要性认识有待提高

全过程人民民主既是理念要求，又是规则制度，也是实践行动。对于基层组织来说，对全过程人民民主内涵和核心要义的理解和把握要落到实践中，体现到具体工作中。基层的许多同志对这一重大理念的理解还不够深刻，把握还不够精准，对所开展的工作与全过程人民民主的契合度、融合度还不够高，有时存在“两张皮”“穿马甲”的现象。目前，一些部门在全过程人民民主的实践中创新了一些好的做法，取得了一些成绩，但对标习近平总书记“全链条、全方位、全覆盖”的要求，还有进一步提升的空间。比如可评估可考核可复制可推广的手段还不多，将公众参与作为重要的工作流程纳

入制度规范的部门、街镇和基层组织还不够多。

（二）基层群众对于基层治理的参与程度有待提升

目前，居民群众参与基层治理和行使民主权利的程度参差不一。一方面，人员背景差异导致人员流动性大、社会阶层分化较大、社会思想多元，居民参与自治的意愿参差不齐。不少居民对社区公共事务、公益事业关心较少，参与的多数是退休或闲散在家的居民，有的居民参与也仅停留在自娱自乐上，对公共议题、大众议题关心不多；有的居民在自身利益受损时，产生过激表达、过度维权等现象。另一方面，目前积极参与基层治理的社区能人、达人所涉及的领域较为单一，年龄较高，且对于社区事务的参与并不完全等同于民主参与。从根本上看，提升民众对各项民主、民生事务的参与程度，是推进全过程人民民主实践的关键所在。

（三）数字化的手段推动基层治理有待深化完善

目前，通过网络化、数字化和智能化手段推动基层治理转型和拓展民主实践形式的探索，依然处于初期阶段。例如，自“社区云”在全市推广应用以来，实际运用“社区云”客户端的“接待走访”“问题处置”等日常功能的频率还不够高，开展的线上社区协商机制和运营管理机制建设仍然存在不足。此外，长宁区是上海老龄化程度较高的中心城区之一，不少老人在使用智能设备方面仍存在一定困难，难以通过数字化手段参与基层民主协商。这些都是长宁区推进基层治理数字化转型需要解决的问题。

（四）疫情防控对全过程人民民主在基层治理中的实践提出新要求

在新冠疫情的冲击之下，也暴露出基层治理中存在的一些短板。有的居民区干部工作方法传统简单，调查和综合分析能力不足，组织协调和群众工作能力不强，整合多方资源、协调各方的能力不够。这在一定程度上影响了践行全过程人民民主的直观感受。从根本上看，这些短板的存在，恰恰是全过程人民民主的效能未能充分发挥的结果。因此，在未来的发展中，如何吸取本次疫情的经验教训，切实增强全过程人民民主和居民自治在基层治理中的作用，依然是一项值得深入研究的重要课题。

四、在基层治理中推进全过程人民民主实践的工作举措

（一）进一步加强党的领导，推动党建引领和基层治理深度融合

以党的领导为政治优势和根本保证，以新时代“凝聚力工程”创新发展为统领，将践行全过程人民民主与推动基层善治效能有序衔接、有机融合起来，让更多群众的“金点子”化为社区治理的“金钥匙”。

一是要健全党组织领导下的居民区治理架构，充分发挥基层治理骨干在凝聚各方力量共同参与社区治理和民主实践中的核心作用，理顺党政社民之间的关系，形成协商共治的合力。

二是要坚持党组织领导下的全过程人民民主实践，保证具体的民主实践发展的正确政治方向，避免出现治理冲突和矛盾。

三是要通过党组织的力量统筹社区内外的治理资源，协调市、区和基层社区的上下互动，切实保障基层治理需求和民意的充分表达，为全过程人民民主的实践提供更加广泛的体制机制保障。

（二）进一步强化制度建设，推进全过程人民民主实践在社区落地生根

一是建立社区分类协商机制。将全过程人民民主与社区分类治理有机结合，引导不同社区围绕自身特色开展创新探索，根据社区实际情况调整实践的形式和内容。

二是规范议题形成机制。明确可以纳入基层民主实践程序的议题范围，在具体的民主实践中形成有效的问题清单。对各类民主形式的具体实施进行规范化统筹，拓展基层治理中各类民主形式的覆盖面，推动选举、协商、决策、监督和管理等具体程序的不断优化和有机互动。

三是加强成果转化。在区委明确的“首提地”担当行动框架下，将既有的成功经验转化为基层治理中全过程人民民主实践的常态化机制，通过制定《关于推进长宁区全过程人民民主实践示范社区建设的实施意见》，设定社区治理全过程人民民主的“一核五有”目标，推动居民议事有阵地、民主协商有机制、社区实践有抓手、基层探索有氛围、资源供给有保障，进一步强化街镇、居民区党组织对社区治理全过程人民民主的指导把关和统筹协调作用。

（三）进一步加强队伍建设，社区人才培养、区域资源联动与外部智库借力有机结合

人才队伍是基层治理全过程人民民主规模化、高质量发展的必要支撑。

一是发挥党员的先锋作用，把更多的党员培养成为群众工作和群众团队的骨干。建设一支由居民区书记、居委会主任、社区工作者和群众活动团队负责人构成的高素质工作队伍，为基层治理的全过程人民民主实践提供人才保障。

二是通过加大培养、加强联系、提供服务支持等多种方式，培育、团结和凝聚群众骨干和社会组织的带头人，使之成为党组织领导基层群众开展自治的重要力量。

三是进一步发挥社会工作者的专业能力、社会组织的协同优势、高校专家的智库功能，探索建立基层治理全过程人民民主智库，围绕基层治理全过程人民民主实践，形成常态化调查研究机制，不断提升基层治理全过程人民民主实践效能，展现各类人才在基层治理中的活力。

（四）进一步拓展多元参与，动员新兴力量参与社区治理实践

一是要建立多方信任关系，由党组织、居委会和业委会等为社会化的参与力量提供互动平台和参与机会，通过不断交流互动来构建长效的合作，在各居民区培养一批掌握专业协商议事和冲突管理技术的人才队伍。

二是加快巩固疫情防控过程中形成的强大社区凝聚力和志愿服务精神，统筹在职党员、“第二”楼组长、社区志愿者、群众活动团队、商户等资源，打造一支素质高、能力强、愿奉献的社区自治主力军，为常态化疫情韧性社区的建设发挥组织能力和动员能力，带动更多中间群体参与到社区事务和民主实践中来。

三是持续推进参与式社区规划。组建社区规划师队伍，梳理形成社区规划议题清单，围绕项目设计、项目选址、项目实施过程难点问题开展动态民主协商、群策群力，推进微治理、微改善。

（五）进一步优化技术支撑，依托数字化手段提升治理效能

智慧是长宁的基因。在基层治理中应当加强技术应用，进一步推动数字技术在民主实践中发挥作用，降低协商成本，提升治理效能。

一是加强社区新基建常态化建设，为居民提供更有效的高科技生活服务，深入推进社区生活和民生服务的数字化转型，让居民对新兴技术的运用成为生活日常。

二是继续激活“社区云”等基层治理线上平台的运用，不断提高居民家庭上云率。健全线上民主协商机制，引导社区居民通过这些平台开展具有决策效力的民主实践活动。

三是持续帮助老年人群体跨越数字鸿沟，对各类数字化协商议事平台进行适老化改造，邀请老人作为“数字体验官”，保障各类社区智能化设施对老年人友好。

（六）进一步完善制度设计，创新建立评估指标体系

按照科学性、系统性和动态性原则，从宏观和微观层面形成两套评估考核体系，宏观层面由区委党建办牵头制定《长宁区打造全过程人民民主最佳基层实践地指标体系》（2022版），对标“最广泛、最管用、最真实”，从全人群覆盖、全周期跟踪、全体系构建出发，创新指标体系初步框架，将核心内涵具体化、可操作化、可量化，体现长宁在践行全过程人民民主中最火热的实践、最闪亮的特色、最有效的经验。微观层面，区委组织部联合区民政局探索编制《基层治理全过程人民民主示范社区评估指标体系》，建立健全自下而上的基层治理全过程人民民主实践成效评价机制，助力社区明晰全过程人民民主实践的着力点，对社区治理中的全过程人民民主实践成效进行科学测量。

（七）进一步发挥窗口作用，开展形式多样的教育宣传活动

深化巩固已有品牌自治载体，努力打造一批新的基层治理和民主协商品牌。通过编制《全过程人民民主的长宁基层实践白皮书》《长宁区基层治理全过程人民民主实践案例集》，鼓励居民区不断探索、归纳总结工作方法，形成可复制、可推广的实践经验。设计制作一批图文并茂、形象生动、通俗易懂的基层治理全过程人民民主宣传材料，加强全过程人民民主理念的推广普及。

总而言之，基层治理既是全过程人民民主的重要实践领域和社会基础，同时也是全过程人民民主得以真正实现的有效工作依托。未来，长宁将进一步总结、提炼基层治理经验，完善民主实践机制，切实把践行全过程人民民主与实现高效能基层治理有序衔接、有机融合起来，持续推动全过程人民民主在基层治理体系和治理能力现代化建设中显示出巨大优越性、强大生命力。

（本文获2022年度全市组织系统优秀调研成果三等奖）

课题组成员：陆　敏、侯建明、韦渊韬、印海红、许　奕
主要执笔人：韦渊韬、印海红、许　奕

健全高校院系党组织领导和运行机制研究

上海出版印刷高等专科学校课题组

2022年1月，习近平总书记对党的建设研究工作作出重要指示强调，要“深入研究推进新时代党的建设新的伟大工程面临的重大理论和实践问题”。党的十八大以来，中共中央、国务院印发《关于加强和改进新形势下高校思想政治工作的意见》，教育部党组印发《关于高校党组织“对标争先”建设计划的实施意见》，上海市教卫工作党委也出台相应文件，对加强新时代高校党建工作作出重要部署，重点关注和强调要加强院系党组织建设。新修订的《中国共产党普通高等学校基层组织工作条例》(以下简称《条例》)，也进一步明确了高校院系党组织建设的定位，为全面加强高校基层党组织建设指明了方向、提供了遵循。院系党组织在高校党的基层组织架构中处于承上启下的关键位置，是学校党委领导下的校长负责制向基层延伸、夯实管党治党和办学治校主体责任的枢纽。

加强党的全面领导和提高党的建设质量，是我们党总结实践经验、顺应新时代党的建设总要求提出的重大课题。本课题以加强院系党组织建设的现实需要和加强院系治理体系与治理能力现代化的时代要求为出发点和落脚点，通过阐明健全党组织领导和运行机制的重要意义，分析高校院系党组织领导和运行机制各要素间的耦合关系，探析院系党组织政治功能“螺旋式”进阶实现理路，探索高校院系党组织建强的机制与路径，进一步促进高校基层党建理论创新，丰富拓展高校基层党建实践。

一、健全高校院系党组织领导和运行机制的重要意义

(一)有利于进一步强化院系党组织政治功能

高校院系党组织的政治功能，是高校院系党组织向院系师生传达、学习、贯彻、落实中央及上级党组织的重要指示、会议和文件精神，引导师生坚守正确的政治立场、政治方向、政治原则、政治道路，为推动院系和学校发展提供的有力的政治保障。健全高校院系党组织领导和运行机制，从以下五方面强化院系党组织政治功能。

一是增强政治建设效能。高校院系党组织把党的政治建设摆在首位，自觉在思想上政治上行动上同以习近平同志为核心的党中央保持高度一致，巩固马克思主义在意识形态领域的指导地位，全面贯彻党的教育方针，把党的全面领导一贯到底。二是彰显政治把关作用。通过严格落实意识形态工作责任制，在教学科研管理等重大事项中，坚持正确政治立场、政治方向、政治原则，在教师引进、选人用人、课程建设、教材选用、学术活动等重大问题上把好政治关。三是凸显政治引领作用。深入学习习近平总书记关于教育的重要论述，认真贯彻执行党的路线方针政策和上级党委重大决议部署，进一步推进师德师风、学术道德、教风学风建设。四是展现政治监督作用。高校院系党组织抓班子带队伍、管干部聚人才、抓基层强基础，确保自身始终成为高校办学治校的中坚力量，做好统战工作，加强党风廉政建设和党内监督，推动形成党风正、校风清、学风好的良好氛围。五是营造健康政治生态。通过将师生健康的政治意识、规范的政治行为构成的廉洁清正的管理环境与团结向上的教书育人氛围相统一，严明党的纪律、严格党内政治生活，增强党纪执行的针对性和实效性。

（二）有利于进一步提升院系党组织组织力

党的力量来自组织。院系党组织是党委决策部署落实到基层的“中枢系统”，院系基层党支部是高校党的全部工作和战斗力的基础，是落实立德树人根本任务、扎根中国大地办大学的“最后一公里”。突出院系党组织政治功能，要以提升基层党组织组织力为重点。组织力是院系党组织在推动院系高质量发展过程中各个环节所形成的政治领导力、组织覆盖力、群众凝聚力、社会号召力、发展推动力和自我革新力的合力。组织力最终体现在院系党组织党建引领作用发挥程度上，是直接衡量院系党组织的生命力是否旺盛、战斗力是否强盛的重要指标。

加强院系党组织组织力建设，首先必须厘清院系党组织的组织力发源于院系党组织政治功能的目标要求，成长于院系党组织领导和运行机制实施运作的实践逻辑。其中，加强院系党组织领导和运行机制建设是组织力建设的关键所在。高校必须坚持目标导向、效果导向、问题导向，结合院系实际，在政治建设、思想建设、组织建设、作风建设、纪律建设、制度建设和廉洁建设上下功夫，强化基层党组织的功能突显、职责运转及协同高效，充分发挥党建引领作用。

（三）有利于进一步凝聚起干事创业的强大正能量

实现高校事业发展的高质量，关键在于能否充分调动师生员工学习工作的主动性、积极性和创造性，凝聚起干事创业的强大正能量。院系党组织通过强化政治功能，健全高校院系党组织领导和运行机制，围绕党的建设、高质量发展等重点工作，把政治建设更多地对准基层，对准那些奋斗在教学、科研一线的师生党员，更好凝聚起广大师生的智慧和力量，引领激励更多的师生党员积极投身到院系高质量发展的实践中。

高校基层党建是新时代党的建设伟大工程的重要组成部分。高校院系党组织要通过健全党组织领导和运行机制，提高党建工作科学化水平，在工作中充分发挥党的制度优

越性，坚持党的自我革命精神，保持党的先进性和纯洁性，在革故鼎新、守正出新中实现自身跨越；坚持党要管党、从严治党，在认真落实新时代党的建设总要求的同时，努力塑造院系风清气正的政治生态和健康和谐的学术育人环境；立足工作实际，加强制度建设，改革完善治理体系，健全院系运行的权力制约与监督机制，稳步推进院系治理体系和治理能力现代化。

二、高校院系党组织领导和运行机制的现状分析

（一）院系党组织领导和运行机制的现状

课题组聚焦高校院系党组织领导和运行机制现状，通过问卷与访谈结合的方式，在上海公办高校教师党员中进行了抽样调查，问卷调查的样本共 189 份，其中院系以上领导班子成员 80 份，普通教职工 109 份，涉及专职党务工作者 51 人。调研结果显示，高校院系党组织领导和运行机制问题主要表现在高校院系党组织职责定位不够清晰、落实政治引领作用的能力存在不足、评价监督体系不够科学、党建工作同行政工作内容不均衡等四个方面。

（二）基于耦合效能的分析

课题组查阅了大量文献资料，认为院系党组织的领导要素由组织架构设置和队伍能力建设两个子要素组成；运行机制要素由规章制度、管理服务和考核监督三个子要素组成。耦合效应则通过各子要素之间的内耦合与外耦合，以党建引领成效来体现（见图 1）。

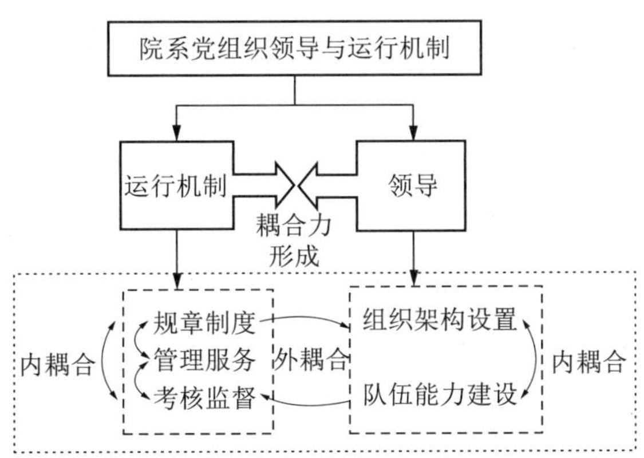

图 1　院系党组织领导与运行机制耦合要素构成示意图

课题组认为院系党组织领导能力和运行机制之间的耦合效能，取决于各子要素间的内耦合和外耦合。经过梳理，院系党组织领导和运行机制存在耦合力不足主要体现在五个方面。

1. 组织结构与队伍建设存在“弱”耦合

院系党政负责人配备及班子成员结构情况是决定院系党组织是否落实“五个到位”的关键。在调研中，37.57%的人认为“领导班子的自身业务水平不高，政治领导力不

足”；75.13％的人认为“院系党组织专职党务工作队伍力量配备不足”。目前，部分高校仍存在对院系党组织书记配备不够重视的现象，导致部分院系党组织负责人党建主业意识不强、党务能力不足问题，部分高校教工支部“双带头人”书记存在“重业务轻党建”、不愿干干不长等情况。

2. 党建与中心工作存在“松”耦合

高校党建引领与事业发展是相辅相成的，但实践中还存在对党的建设和事业发展深度融合的认识偏差、融合路径单一等问题，不同程度上存在“两张皮”现象。调研中，44.44％的人认为“党组织与行政管理之间的责任和关系不清晰，职能分工不清”；35.45％的人认为“党政领导缺乏协同，沟通协商机制不健全”。在党建与中心工作双融合过程中，一方面，个体受教育背景、思维惯性、性格特点等因素影响，较难克服各自既有立场和观点的影响；另一方面，由于党政在职责定位、任务驱动、绩效指标等方面要求有所区别，因此在目标导向、效果导向、问题导向上容易形成各自的工作侧重。

3. 教工支部与学生支部之间存在“散”耦合

在实际工作中，教工党支部与学生党支部在支部层面上开展联合、联建、联动相对松散，教师党员较少全过程地参与学生的党建培养过程。43.39％的人认为“支部书记‘双带头人’作用不够明显”。在中、高年级大学生开展分散化教学、专业见习、毕业实践等阶段，在健全学校和实习场地的基层党组织建设上，院系党组织要统筹协同推进支部与支部、学校与企业间的党建联建，扩大党组织的覆盖面，增强组织力和影响力。

4. 党建与新技术应用存在“滞”耦合

当前，基层党组织在数字化技术应用、资源配置与再生方面存在一定程度动能不足，在掌握和应用新技术、新手段、新理念，将“数字化”“智能化”融入基层党建工作体系方面，在时效与软硬件配置上略显滞后。调研中，65.61％的人认为“党组织活动缺乏有针对性实效性的载体”；80.95％的人认为“党建主动融入业务的办法和载体不足”。高校院系党组织在如何实现精准化党建、智慧化党建方面，还需进一步优化。

5. 考核与监督存在“浅”耦合

调研中发现，78.31％的人认为“缺少党员发挥作用的激励机制”；49.21％的人认为“缺少发挥党组织作用的监督体系”；党建工作的奖惩办法、党员的教育管理制度不够完善，62.43％的人认为“考核评价机制和激励机制不健全”；30.16％的人认为“对党员干部的监督考核流于形式”。目前，在院系党组织考核监督管理工作中仍存在一些思维误区：一是容易忽视其他业绩考核项目中所蕴含的党建与业务深度融合的隐性绩效；二是考核中缺乏支部目标管理与团队量化考核相融合的可量化、可操作评价指标；三是存在重视自上而下的组织监督，忽视自下而上的民主监督、难为情同级监督、不习惯社会监督现象。

三、健全院系党组织领导和运行机制有效途径

课题组认为，探究健全院系党组织领导和运行机制的实现途径，要从实现理路和实

现举措两方面入手，厘清院系党组织领导和运行机制各要素间的耦合关系，构建院系党组织建设要素“铁三角”结构模型，探究院系党组织政治功能“螺旋式”进阶实现理路，提出切实有效的现实举措，从而强化院系党组织政治功能，进一步发挥党建引领作用，推进高校事业高质量发展。

（一）院系党组织领导和运行机制“螺旋式”进阶实现理路

针对目前院系党组织领导和运行机制中存在的不足，尤其是院系党组织政治功能弱化的问题，课题组廓清党组织领导和运行机制的耦合关系，分析增强院系党组织政治功能、进一步提升党建引领作用的内在逻辑，构建院系党组织建设要素“铁三角”结构模型（见图 2），从层次架构、进路形态两个方面剖析增强院系党组织政治功能的现实进路（见图 3）。

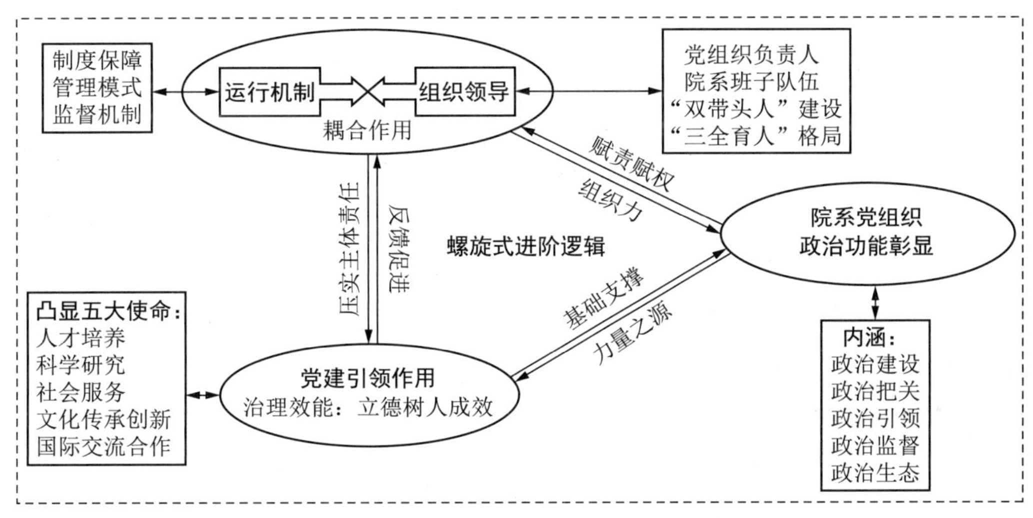

图 2　螺旋式进阶逻辑结构图

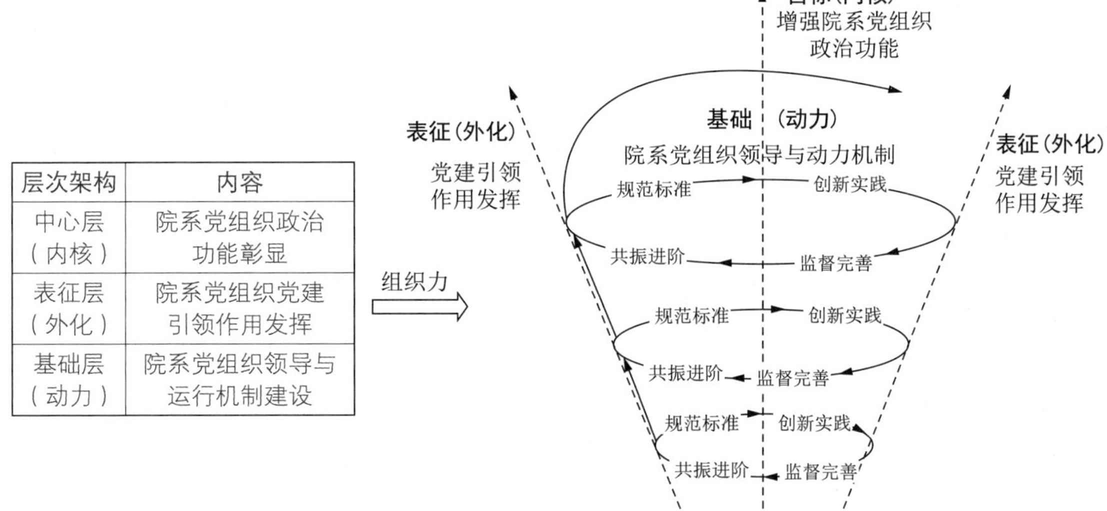

层次架构	内容
中心层（内核）	院系党组织政治功能彰显
表征层（外化）	院系党组织党建引领作用发挥
基础层（动力）	院系党组织领导与运行机制建设

图 3　实现进路层级与螺旋式进阶效果示意图

1. 增强院系党组织政治功能的实现进路层次

课题组认为加强院系党组织建设的实施层次分为三个层级：中心层、基础层和表征层（见图3）。政治功能彰显是中心层，处于核心地位，是高校院系党组织建设的具体要求和直接指向。领导与运行机制建设是基础层，是凸显基层党组织政治功能的动力源和推进器。力量来源于基本组织、基本队伍和基本制度的规范建设持续优化，是院系党组织组织力建设的基本依托和根本保障。党建引领作用的发挥程度是表征层、外化层，既是院系党组织政治功能的外化表现，也是院系党组织领导与运行机制的效能表层，集中反映了院系党组织是否能够坚强有力地发挥战斗堡垒作用。三层次所承载的目标功能互为表里、相互支撑、相辅相成，既在逻辑体系上形成稳定的三角形态，又在实施进路层面形成独特的层次体系。

2."螺旋式"上升是强化院系党组织政治功能实现的进路形态

从增强院系党组织政治功能的整体性视角来看，螺旋进阶模式包括标准规范、创新实践、监督完善、共振进阶四个主要阶段，在增强政治功能的目标要求与党建引领作用发挥评价牵引下呈"螺旋式"上升形态（见图2、图3）。

增强院系党组织政治功能的"螺旋式"进阶模型展示了院系党组织在促进院系高质量发展中发挥战斗堡垒作用的持续路径。课题组将标准规范、创新实践、监督完善、共振进阶作为增强院系党组织政治功能一个周期的四个主要阶段，各阶段相互影响、相互作用。院系党组织的标准规范建设，可以看作"螺旋式"进阶的物理方式动力推进环节，动力源来自政策文件和制度机制的赋能、赋权与赋责。落实立德树人根本任务，实施具有院系办学特色的党组织建设创新实践，可以看作"螺旋式"进阶的化学方式催化激活环节，活力来自结合实际因时而进、因势而新的实践探索，激活催化党建与业务深度融合"双引擎"。而监督完善、共振进阶两个阶段，可以看作"螺旋式"进阶中生物方式厚植基因环节，不断检验党建引领成效，在不断提升人才培养质量中增强理想信念、厚植红色基因，实现院系高质量发展与增强院系党组织政治功能的同频共振、同向发力。

每个"螺旋式"上升周期都以增强院系党组织政治功能为指引方向，实施目标牵引。党建引领作用发挥落实在推动院系高质量发展的方方面面，作为任务载体和成果表征，发挥支撑和蓄能作用；对照目标要求与评估结果进行自我参照、自我完善、自我革新、自我提高，强化院系党组织政治功能建设的"螺旋式"进阶态势，螺旋半径则随着院系党组织政治功能提升而逐步扩大，并按照新形势新任务新要求不断与时俱进。

（二）健全院系党组织领导和运行机制实现举措

明确院系党组织领导的内涵、强化院系党组织政治功能是党组织建设的基础，工作制度体系的建立和完善是开展院系党建工作的依据和保障，而在实践中固化下来的运行机制的成果终将赋能院系治理成效。健全院系党组织领导和运行机制要进一步提升党组织政治功能，形成科学规范、系统完备的组织制度体系，健全运行高效、监督有力的党

组织运行机制，构建党建引领、资源聚集的“善治”共同体。只有切实履行院系党组织主体责任，将各项举措落实到位，才能有效解决高校院系党组织领导和运行机制耦合力不足的问题，实现院系党组织政治功能“螺旋式”上升。

1. 进一步加强政治过硬、本领高强的组织队伍建设

建立能够主动适应高校管理模式、办学形式和党员队伍构成新变化的院系党组织体系。以组织体系建设为重点，着眼组织覆盖、作用发挥，不断提升党组织政治功能和组织力，积极探索在新型教学机构、创新创业园区、重大项目组、课题组和学生公寓、社团组织建立党组织，推动党的组织全覆盖。

加强院系党组织的建设。突出院系党组织政治功能，把党的政治建设摆在首位，将“不忘初心、牢记使命”主题教育、“四史”学习教育、党史学习教育作为加强党的建设的永恒课题和党员干部的终身课题常抓不懈。全面落实院系党组织在教师思想政治、师德师风方面的一票否决权。着力增强干部适应新时代发展要求的本领能力。

2. 进一步形成科学规范、系统完备的组织制度体系

建立院系党组织落实全面从严治党主体责任的工作制度。以习近平总书记关于全面从严治党的重要论述为指导，科学完善院系党组织工作评价指标体系、考核标准、考核机制、奖励制度和惩罚方法等。

建立健全院系党政联席会议制度。形成严谨、规范的议事规则和决策程序，完善院系集体领导、党政分工合作、协调运行的工作制度。健全完善党政联席会议的议事规则、明确议事范围，通过设立议题征询、讨论决策、执行落实、监督反馈等环节来建立规范、系统、完整的党政联席会议制度运行模式，保证会议决策和实施的科学性、民主性、正确性。

建立健全党建支撑保障制度。强化院系领导班子建设，重视院系党务干部培养和选配，选优配强专职组织员队伍，规范岗位职责。全面实施“双带头人”培育工程，落实待遇补贴等人事制度。健全院系党建工作经费保障，保证党组织工作和师生党支部活动正常开展。

3. 进一步健全运行高效、监督有力的党组织运行机制

建立与完善以院系党组织会议为前置环节，党政联席会议、院系班子会议、学术委员会、专业团队会议及二级教代会为辅助的新型院系管理体系。重点将党组织会议作为院系党建工作以及重大事项的最先决策会议，按照集体领导、民主集中、会议决定的原则，由院系党组织集体讨论作出决定，确保党组织把好办学方向，落实党管干部和党管人才等要求。

建立健全院系党组织书记和院长（系主任）沟通协商机制。对于“三重一大”事项，以及事关办学方向、事关师生利益、重大改革创新等事项，要明确会前必须经过充分酝酿沟通、达成共识，避免会议决策中出现分析，导致议而不决或决而不行情况的发生。

构建严密的巡察工作流程。立足党建责任制强化执行监督，层层传导压力，回溯执行情况并建立严格的“考责问责”机制；完善校内巡察制度，对二级党组织进行全面巡察，及时反馈巡察结果并督促整改，形成“螺旋式上升”“阶梯式深入”监督运行机制。

4. 进一步构建党建引领、资源聚集的“善治”共同体

高校院系党组织领导和运行机制的不断完善和有效运转，需要坚持高校党委、院系党组织、党支部、党员师生四级联动，充分发挥好高校党委政治作用，发挥好院系党组织的政治引领作用，发挥好基层党支部的战斗堡垒作用，发挥好党员先锋模范带头作用，积极构建“四位一体”的“善治”共同体，把管党治党的体系建立健全起来、责任延伸落实下去。

高校党委牵头抓总，推动高校思想政治工作创新发展。落实立德树人根本任务，深入开展铸牢中华民族共同体意识教育，在高校党委的领导和指导下，充分发挥院系党组织在思想政治工作方面的贯通和牵引作用，充分发挥组织育人功能，持续加强高校基层党组织和思想政治工作协同发力，探索构建制度完善、组织有力、成效显著、特色鲜明的“三全育人”工作模式。院系党政同心同德，营造干事创业良好氛围。继续打造“党建+”工作平台和载体，探索社会实践进社区、志愿服务进展馆、人才培养进企业的党建共同体，深入拓展“党建+社会实践”“党建+志愿服务”“党建+人才培养”模式，强化党建工作对院系各项工作的引领和推动，实现党建与中心工作“双向融合、双向促进”的成效。党支部典型引领，激发基层治理新效能。将党建工作政策文件要求细化为具体的工作制度、流程，确保“三会一课”等基本制度严格落实，形成科学、规范、高效的组织体系运行机制，推进学习教育常态化制度化。党员师生主动作为，助力学校事业高质量发展。立足党建工作优势融入教学科研，打造以党员骨干教师为主体的教学科研团队；立足党员互帮互学，主动服务师生，提升师生满意度和服务效能，使“我为师生办实事”成为常态。

健全高校院系党组织领导和运行机制、强化党组织政治功能、发挥党建引领作用，是新时代高校党建的重点工作，也是亟待研究和解决的课题，高校党组织要紧跟时代发展需求，在理论与实践方面不断创新发展，为高校基层党建工作开展提供有价值的指导和借鉴。

（本文获2022年度全市组织系统优秀调研成果三等奖）

课题组成员：黄一涛、贾洪岩、徐　敏、宋　嵩、刘惠娟

主要执笔人：顾春华、石利琴、王世君

新时代背景下党建引领社会组织高质量发展研究

虹口区委组织部课题组

20世纪90年代初，党中央针对社会组织发展首次提出“需要从实际出发建立党的组织”，强调社会组织党建的重要性。2015年，中共中央办公厅印发《关于加强社会组织党的建设工作的意见（试行）》，明确提出加强社会组织党建工作，健全社会组织党建工作管理体制和工作机制。2016年，《关于改革社会组织管理制度促进社会组织健康有序发展的意见》强调加强社会组织党的建设，有利于改进公共服务供给方式，加强和创新社会治理，激发社会活力。2018年，民政部出台《关于在社会组织章程增加党的建设和社会主义核心价值观有关内容的通知》，要求社会组织成立之初应同步开展党建工作。时至今日，“将党建工作融入社会组织运行和发展全过程”已被写入社会组织“十四五”发展规划，成为新时代背景下社会组织健康成长和高质量发展必不可少的重要组成部分。

一、研究背景与方法

（一）研究背景

截至2021年第四季度，上海市共有社会组织17367家。其中，社会团体4304家，社会服务机构（民办非企业单位）12489家，基金会574家。如何通过党建引领从“数量增长”转向“质量提升”，使社会组织进入质量、结构、规模、速度、效益和安全相统一的高质量发展期，是当下促进社会组织有效参与社会治理，推进社会治理体系和能力现代化的题中应有之义。

（二）研究问题与目标

本课题旨在通过对以虹口区等为代表的社会组织党建工作现状的深入调查，进一步理顺社会组织党建工作的管理体制，破解党建引领社会组织发展的焦点难点问题，推动社会组织实现高质量发展。同时，为创新社会组织党建工作与相关政策的修改完善，进一步增强党的阶级基础，扩大党的群众基础，夯实党的执政基础，提供基于上海的经验案例。

（三）研究方法与技术路线

1. 案例研究法

本课题从地理区位、经济社会发展水平、人口结构、功能定位，以及研究可及性和便利性等多方面综合考量，以虹口区为主要研究对象，同时对静安区、青浦区、浦东新区等做了调查了解。从2021年10月至2022年7月，课题执笔人通过参与式观察和调研，分别与相关区委组织部（区社会工作党委）、区民政局、区教育局、区科委、街道、区党建服务中心、社会组织综合党委等17个党政部门、事业单位和党组织，以及社会组织服务中心、社会组织联合会、行业协会商会、社会服务机构等12家社会组织管理人员、高校专家等进行了约51人次访谈和座谈，收集了较为充分的一手资料，形成总计20余万字访谈记录，访谈对象及编码见表1。

表1　访谈对象及编码

访谈对象	编　码	人　次
区委组织部（区社工委）	C	10
区政府职能部门负责人	G	14
街道社区党建办负责人	D	8
社会组织负责人	S	12
高校和科研院所专家	U	7

2. 扎根理论

扎根理论是运用系统化程序，针对某一现象来发展并归纳式地引导出扎根的理论的一种定性研究方法。首先，课题组对所有的访谈稿逐字进行分析，通过开放性编码形成了一份关于“社会组织党建”要素的开放性编码表（见表2）。

表2　开放性编码示例

初始概念	资料举例
去机关化	管理“两新”党建的组织——综合党委不是机关，但管理、理念、任务、执行命令是机关化的，这是我们长期工作的一个惯习
基础党务	我们党建下的党务工作一般是跟着本身党章的一些基本的要求“三会一课”之类的，是按照这个模式走的，并没有额外的增加
空转现象	联合会也有，但基本上是市里要求才建立的，实际没有发挥作用和真正运作
党建特点	就像我们讲党建引领，不是说今天搞引领了就能看出天翻地覆，它其实是潜移默化，嵌在经济发展中的
党建创新	书记、党员在平时的党建、公益服务、志愿服务中的参与度还是蛮高的，但是做出特色、亮点就比较难

其次，借助NVIVO软件标记资料中与“社会组织党建”“党建引领”相关的词句，标记出492个自由节点，并进行初步归类和概念化，由此获得55个初始概念。

再次，运用主轴性编码，将所有自由节点分类归纳为15个副范畴，并进一步提炼为“党建模式、发展建设、党建内涵、影响因素、对策建议”5个主范畴（见表3）。

表3 主轴性编码

主范畴	副范畴	初始概念
党建模式	属地化倾向	辖区、服务阵地、兜底责任
	属业化倾向	条线、枢纽型平台、区域化党建、合作关系
	部门化倾向	挂靠单位、主管部门、双重领导
发展建设	发展历程	机构改革、机制设置、合署办公
	指导文件	同步党建、党建促社建、基层治理、高质量发展
	党建制度	联席会议、年检、党建联络员/指导员
党建内涵	工作属性	基础党务、去机关化、内容和方式创新、社会责任
	实践特点	执行难度、挂钩考核、空转现象、跨组织协调、党建联盟
影响因素	内在驱动	社会组织特性、党建特点、利益共同体、价值认同
	外部环境	条块关系、队伍建设、经费支持、领导重视、政策环境
	过程要素	工作目标、党建责任、推进力度、党建评估、党建创新
对策建议	理论建设	社会组织党建理论、整体性框架
	制度设计	有效覆盖、专业化能力、价值引领、分类引导
	组织体系	党—政—社关系结构、统合党建和业建、在地化和行业化
	管理评估	内外覆盖、主体明确、标准细化、结果反馈

最后，依据主范畴、副范畴的编码绘制出节点关系图（见图1），该图完整清晰地展现了社会组织党建包括的主要元素及其层级关系。

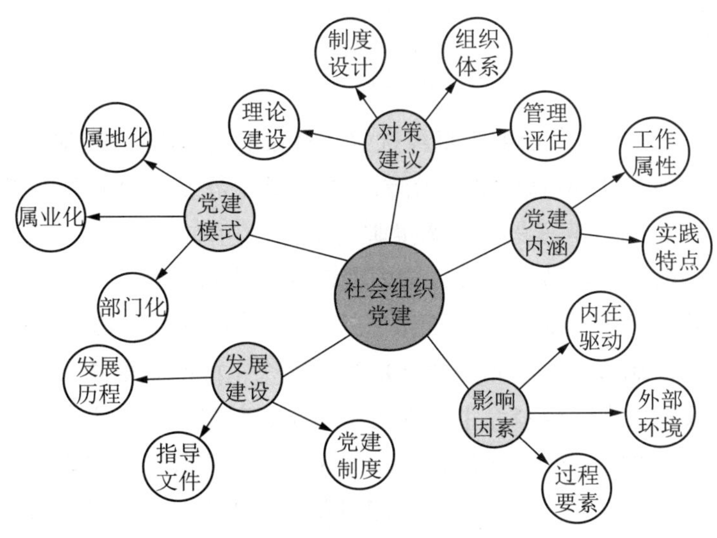

图1 编码树状节点关系图

二、社会组织党建基本情况描述分析

2003 年 8 月，中共上海市社会工作委员会成立，负责新社会组织、新经济组织党的工作。2020 年起，新一轮机构改革下，市社会工作党委与市委组织部合署办公，加强了“两新”组织党建工作的组织保障。社会组织党建包含党建责任主体、协同主体、社会组织等，其管理体制和运行机制由于机构改革、政策变革等原因呈现较明显的流变性与多面性。通过对上海市几个区的比较考察，发现主要存在三种模式：

（一）“属地化”党建模式

“属地化”党建模式主要是指将社会组织的党组织挂靠在所在街道社区党委。2014 年，上海“1+6”文件提出创新社会治理和加强基层建设，把加强党的建设、组织公共服务和指导基层自治等职能下沉到街道和社区。在此纲领性文件的指导下，以虹口区等为代表的大多数区形成“条块结合、以块为主”的社会组织“属地化”党建模式。

虹口区共有 8 个街道，社会组织数量多、规模小、类型全，涉及业务主管单位和街道 40 余个。目前，全区登记在册的社会组织共 525 家。其中，社会团体 136 家，民办非企业单位 389 家。

“街道是整个区辖区划分的一个主要单位。所以说不管是社会组织还是园区、楼宇、居民区等，都是以街道这个大的辖区的概念来划分并进行管理的。”（20211027C2）

2020 年，虹口区建立区“两新”组织党建工作联席会议制度，形成由区委组织部牵头抓总、8 个街道党工委和区市场监管局、区投促办等 12 个部门党组织齐抓共管、协同推进的责任体系。2021 年，在区社会工作党委指导下，区民政局建立社会组织党建联席会议制度。联席会议成员单位包括区社会组织促进会、各街道社会组织服务中心、社会组织联合会、社区基金会及辖区内具有代表性的社会组织等，每季度召开一次党建论坛。从实际运行情况来看，该联合型平台因为组织相对松散、缺少全职人员等原因，目前发挥的作用相对有限，需进一步思考如何做实做好的问题。

（二）“属业化”党建模式

“属业化”党建模式可以理解为按照社会组织的行业归属开展党建工作，或者依托于“枢纽型”社会组织开展党建工作。静安区和青浦区就是这方面的典型代表。

1. 静安区社会组织联合会的枢纽型党建

作为中心城区的静安，较早在社会组织建设的制度设计上进行布局。2007 年，原静安区率先在全市创建以“引领、凝聚、服务社会组织”为核心理念的“1+5+X”枢纽型社会组织党建模式。2017 年，新静安区 14 个街道（镇）全部成立社区社会组织联合会，实现了从“1+5+X”到“1+14+X”的全覆盖，将全区社会组织纳入党建工作网络。

“我们静安很早就在社会建设上做了很多布局，包括很早就引入了社会组织，去激励、支持和引导社会组织参与社会治理，像白领驿家也好、社联会也好，在十多年前就已经开始孵化、成长起来了。”（20220612S9）

静安区社会组织联合会作为“1+14+X”模式中关键性的要素“1”，向上接受区社会工作党委和区民政局双重领导，向下服务于“14”个街镇社会组织联合会和“X”个劳动、文化、教育、商业等社会组织联合会的核心平台（见图 2），自成立之初即把“坚持党的领导”写入章程，把党建工作贯穿于社会组织发展的始终，成为党和政府联系全区社会组织和从业者的桥梁和纽带。

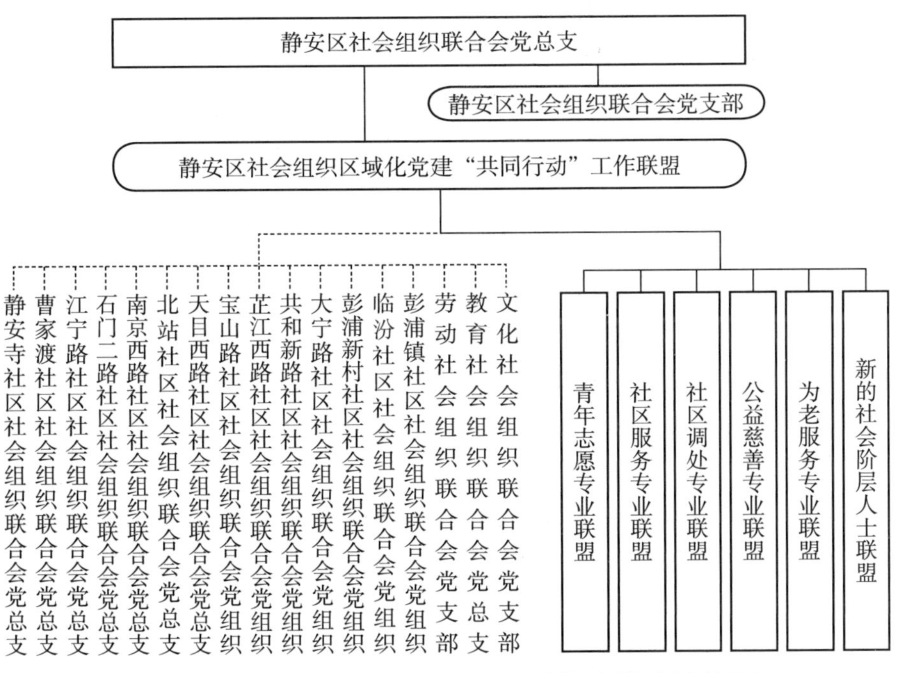

图 2　静安区“1+14+X”枢纽型党建模式结构图

2. 青浦区社会组织服务中心的“行业 + 枢纽”党建

作为郊区代表的青浦区目前共有 935 家社会组织。其中，社会团体 174 家，民办非企业单位 761 家。全区还建立了 600 家公益基地、1 家区级社会组织服务中心和 3 家社会组织孵化基地。

通过建好组织架构、增强服务功能，构建“1+N”组织模式（“1”即民政局党组，“N”即联合全区社会组织党组织）。按照“行业规范、区域兜底、谁主管谁负责”的原则，由区委组织部（区社会工作党委）统筹协调、主抓主管全区社会组织党建工作；区民政局党组协同开展社会组织党建“三同步”工作。将社会组织日常党建工作统一委托给街（镇）来具体负责，行业党建职责（比如组织大型党建活动）则由相关委办局来落实，即推行“行业来推，属地来接”的做法。

青浦区民政局成立区社会组织服务中心，指导各街镇成立街镇社会组织服务中心，承担了枢纽型党建功能，建立“一核心，双孵化”的党建工作体系，即以党建工作为核心引领社会组织发展，坚持社会组织和社会组织党组织同步孵化、社会组织骨干和社会组织党员同步孵化。目前，中心有 5 名党员，服务全区 1000 多家社会组织，推动党的工作全覆盖。

（三）“部门化”党建模式

“部门化”党建模式依托社会组织登记管理部门，如民政、司法等开展党建工作。浦东新区的社会组织党建工作呈现出较明显的部门化倾向。

截至2019年底，浦东新区登记在册的社会组织共有2388家，从业人员7万余人，党员8600余人。浦东新区的社会组织党建发展离不开区委重视和相关的制度设计。

“浦东的两新党建、社会组织党建近年取得一些成绩。一是组织部重视，二是民政部门起着兜底作用。那些没有地方可以归的社会组织党支部全部挂在社会组织综合党委下面。后者的组织关系挂在社工委，因为民政局的党组下面不能挂党委，但日常管理委托民政局主管。”（20220722C7）

浦东新区的主要制度创新是于2009年4月成立社会组织综合党委，由区委组织部和区民政局双重领导，配备编制4人。其中，党委书记由区民政局社团处处长兼任；2个副书记一个由区民政局组织人事处处长兼任，另一个是专职副书记；4个党委委员，由社会组织党组织负责人兼任；另有3个专职党务工作者。社会组织综合党委以“三凝聚”为目标，推进党的“三覆盖”，深化“三服务”，发挥党组织“推动发展、服务群众、凝聚人心、促进和谐”的作用。

“社会组织服务中心主要就是发挥它业务上的指导服务作用，而我们社会组织综合党委只有浦东有，它是独立的，不是社会组织，是由新区区委批准建立的。可以说，在社会组织党建方面填补了原来组织隶属关系的空白，使得我区党建管理体系得以顺畅运行。”（20220722S11）

三、社会组织党建工作存在的问题与挑战

通过对上述各区的调查分析，我们发现在外部环境、内在动机以及管理过程等维度，存在影响社会组织党建工作成效的共性问题。主要表现为以下几个方面：

（一）管理体系不够健全

社会组织党建工作涉及登记管理机关、业务主管单位、党组织关系隶属单位等，存在谁都管但又谁都管不到位的问题。比如，部分社会组织业务主管单位限于党组织设置情况（不是大口党委和街道党工委），不能挂靠基层党组织，无法有效落实“谁主管、谁负责”的要求。又如，一些社会组织在改制之前由行业主管部门领导党建工作，但脱钩后往往因为没办法对接而造成无人管的局面。

“我们在了解中发现一些社会组织党建只是重业务、轻党建，重形式、轻效果，做做‘表面文章’；还有一些社会组织党建责任没有压实，工作没有厘清，落实过程中就容易出现‘说起来重要、做起来次要、忙起来不要’的情况。”（20211127U1）

（二）党建工作体制缺乏长期稳定性

社会组织党建工作体制变化对分工协作和责任对接造成不便。比如，静安区最早由

三个部门来抓社会组织党建工作，相互配合顺畅协调；但在机构改革后，这三个部门进行了工作调整，导致工作下沉到街道以后，各个部门之间的配合不协调。社会组织党建工作需要花费较多时间和精力去培育积淀，体制改革和变动往往让主管单位缺乏对党建工作的理性预期，影响其工作的连续性和稳定性。

“社会组织和自己对口的党建主管部门之间，需要通过长期的接触来磨合与配合。比如在外区开展业务项目的社会组织由本区街道来做主管单位不一定合适，因为本区街道不了解这个社会组织生长、发展的环境，也不方便对该组织的党建进行指导和管理”。（20220628G3）

（三）党建工作基础相对薄弱

一方面，社会组织大多体量较小，不少党员常常因为工作关系变动或工作环境变化，存在较多临时挂靠或离职转出现象。因此，即使成立党支部的门槛较低，依然有很多社会组织达不到成立条件，党组织覆盖率整体不高。另一方面，社会组织的自转能力较差，党员分布散、组织难，开展党组织活动的质量还有待提高。社会组织负责人中有较多未从事过党务工作，对在新形势下如何有针对性地开展党建工作缺乏经验。

“我们建立党组织的首要原则不是有没有 3 个党员，而是有没有一个合适的人当书记。我们怕建立起来的这个支部，是软弱涣散的、没意义的，纯粹是数字上的加一。”（20211215C3）

（四）生存压力影响党建工作积极性

大部分社会组织依靠政府购买服务生存发展。受新冠疫情反复等影响，经济发展环境的严峻性和不确定性上升，对社会组织发展产生了冲击。这两年，政府购买社会组织服务总体上“僧多粥少”，社会组织生存环境愈发艰难，党建工作缺少了必要的基础载体。课题组观察到，在一定比例的社会组织内部并没有激发出强烈意愿，内生动力不足使得党建工作的实际效果与预期目标存在差距。

“我个人感觉只有经济社会发展到一定程度，社会组织才能产生、发展、成长。党建工作很难离开这个条件，经济始终是制约因素。社会组织主要是靠购买服务的财政拨款，现在社会和企业捐助基本不存在，大部分企业经营都有压力。”（20220714G6）

四、党建引领社会组织高质量发展的对策建议

党的二十大指出，要“加强新经济组织、新社会组织、新就业群体党的建设”，“理顺行业协会、学会、商会党建工作管理体制”，为做好社会组织党建工作提供了根本遵循、指明了前进方向。结合上海社会组织党建工作的现实基础和不足之处，从以下几方面推进党建引领社会组织高质量发展：

（一）健全各司其职、高效协同的社会组织党建工作体系

在“地方党委负总责、组织部门（社会工作党委）牵头抓总、条块结合、行业归口、区域兜底”的总体格局下，明晰各部门定位和职能，提高社会组织党建工作体系的

集成化与协作化（见图3）。其一，由大口党委、街镇党（工）委承担党建主体责任，业务主管单位党组织履行行业监管和党建指导双重职能。其二，由民政局作为社会组织登记管理部门，依托社会组织联合会、社会组织服务中心或社会组织孵化中心等枢纽型社会组织，实现党建促业建和以社管社。其三，由区党建服务中心及街镇党群服务中心、居民区党群服务站构成三级党群服务体系，整合资源，扩大党建辐射力和影响力。

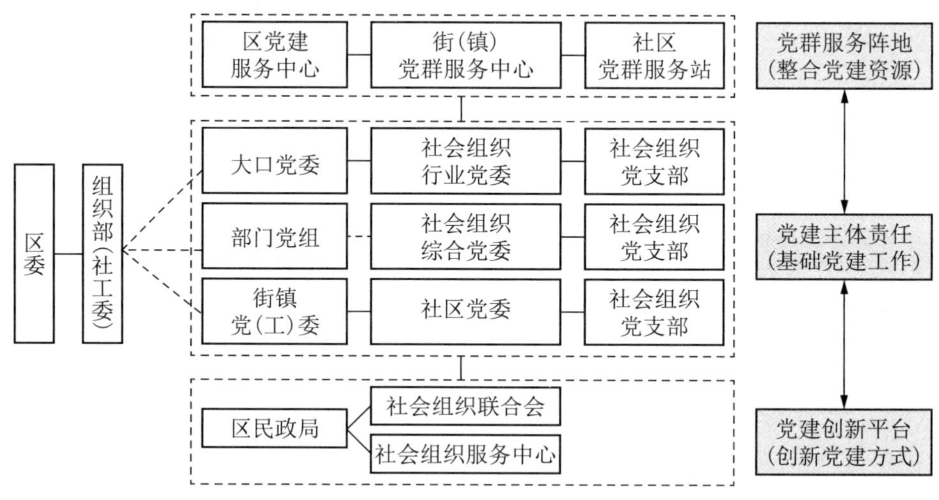

图3　上海各区党建模式示意图

（二）精准分类管理，促进党建与业建有机融合

社会组织一般具有行业或领域属性，在其日常运营过程中与业务主管单位的联系往往比登记管理机关更密切，更适合以行业化党建和部门化党建相结合为主的模式。其一，对于扎根基层的社区类社会组织，应由其办公所在地党组织实施属地管理。其二，在行业特征明显、管理体系健全、社会组织数量较多的行业，应该依托行业主管部门成立行业党组织，负责本行业社会组织党建工作。其三，对于一些既不适合属地管理，又不能归口行业党组织管理的社会组织，可专门设立社会组织综合党委，实施兜底管理。通过理顺党组织关系归属，打破社会组织党建和业务“两张皮”的问题，实现党建引领业建，业建融合党建的良性循环。

（三）加强“头雁”队伍建设，提高党建工作专业能力

其一，探索通过内部选、组织派等多种方式，选优配强社会组织党组织书记。优先选派军转干部、机关事业单位退休干部或社区专职党群工作者等担任社会组织联合党组织书记或“第一书记”，拓宽书记人选的“源头活水”。其二，采取集中授课、现场观摩、研讨交流等形式，分层分类开展社会组织党组织书记、党建指导员等党务工作者教育培训，不断强化党务工作者履职能力。其三，发挥“老书记工作室”传帮带作用，通过签订带教协议，进一步明确带教对象、带教内容、带教形式等，全面提高党组织书记基础党务工作能力、服务凝聚群众能力、引领社会组织自身健康发展能力。

（四）发挥专业优势，融入基层党建大格局

上海市第十二次党代会指出，要“发挥社会组织作用”，“完善党组织领导的自治、法治、德治、共治相结合的城乡基层社会治理体系”。坚持党建引领，针对政府治理资源不足、市场调节作用不灵活、群众多元化需求难满足等问题，充分发挥社会组织的独特优势，构建“共治共建共享”社会治理新格局。一是发挥“催化剂”作用：全面开放基层社会治理场景，推动购买服务制度化和常态化，将政府不该管、管不了、管不好的公共事务移交给社会组织，通过党建带群建促社建，促进资源共用和功能衔接。二是发挥“防火墙”作用：通过加强思想引领和政治吸纳，确保社会组织坚持正确的政治立场。在对外交往、学术交流时，发挥社会组织非官方、非政治的灵活性和自由度，在对信息收集、反馈、预警和前置干预等方面发挥优势，把问题消解在萌芽状态，探索建立开放式“区域化党建＋舆情感知＋社会组织”的联合工作模式。三是发挥“缓冲带”作用：社会组织处于政府与社会之间的中间层，这一结构性优势可以帮助其成为基层社会矛盾的缓冲带，运用社会组织的专业理念和方法，在矛盾调处、物业治理、心理调试等需求集中和矛盾突出领域化解基层矛盾、维护社会稳定。

（本文获2022年度全市组织系统优秀调研成果三等奖）

主要执笔人：王川兰、沈　醉

党组织建在项目融入项目引领保障大飞机事业发展研究

——以中国商飞推进大飞机项目党建的探索实践为例

中国商用飞机有限责任公司课题组

党的二十大报告指出，严密的组织体系是党的优势所在、力量所在，要增强党组织政治功能和组织功能。中国共产党的领导之所以坚强有力，关键就在于党的组织有力量，为党的政治路线的实现提供了坚强组织保证。“让中国大飞机翱翔蓝天”承载着国家意志、民族梦想、人民期盼，中国商飞作为承担我国大型客机研制生产任务的在沪中央企业，历经 14 年艰苦创业实现了国产大飞机从无到有的历史跨越。C919 大型客机取证交付开启了大飞机产业化发展的新征程，要继承发扬“支部建在连上”这个光荣传统和宝贵经验，确保大飞机研制进行到哪里党旗就插到哪里，党的组织就覆盖到哪里，党建工作就延伸到哪里，以党建引领保障大飞机事业安全发展、高质量发展。

一、课题研究的背景及意义

（一）从政策理论维度来看，推进大飞机项目党建是完善组织体系、抓好“两个覆盖”的内在要求

我们党历来高度重视组织的统一和巩固，伴随着革命、建设、改革的历史进程，建立起包括党的中央组织、地方组织、基层组织在内的严密组织体系，形成“支部建在连上”的光荣传统。《中国共产党组织工作条例》提出，要完善上下贯通、执行有力的组织体系，实现党的组织和党的工作全覆盖。近年来，全国基层党建创新的一个发展趋势就是以项目或功能为牵引，以区域为依托，成立跨单位、跨部门的临时党组织，与党员所在单位党组织形成“单位党组织 + 功能型临时党组织”。《中国共产党国有企业基层组织工作条例（试行）》明确规定，为执行某项任务临时组建的工程项目、研发团队等机构，党员组织关系不转接的，经上级党组织批准，可以成立临时党组织。从当前实践来看，这一趋势在重大工程项目、高端装备制造、科研创新平台等方面表现更为明显。与

建筑施工、汽车制造等领域承担项目任务的临时党组织相比，大飞机从立项研制到投入市场的周期一般都以十年计，与此匹配而建立的项目团队党组织虽然具有“临时性”，但又具有许多长期性的工作特点，必须以党章党规为遵循，在实践探索中把党的政治优势、组织优势和群众工作优势转化为企业的创新优势和发展优势。

（二）从产业产品维度来看，推进大飞机项目党建是符合研制规律、强化引领保障的创新举措

大飞机是大国产品、大国名片。纵观世界商用飞机产业发展史，20 世纪 40 年代以来，全球共有 15 个国家和地区的 32 家主制造商研制 88 款喷气式客机，其中 53 款进入市场但未能盈亏平衡，被迫退出市场；28 家主制造商未能度过成长期，最终退出历史舞台。我国独立自主研制大飞机起步于 20 世纪 70 年代，但由于国际形势变化、国家投资能力、工业基础、技术储备、产业体系等诸多内外因素制约，几起几落，历经坎坷，直至进入 21 世纪再次立项启动。《中国商飞系统工程手册》提出，要以满足客户需求为目的，围绕产品全生命周期，通过产品集成与过程集成，形成实现全局最优的一种跨专业、跨部门、跨企业的技术和管理方法。当前，中国商飞历经 14 年艰苦创业已从初创期进入成长期，进入多项目并举（从 ARJ21 喷气支线客机到 C919 单通道窄体喷气客机，再到 CR929 双通道宽体喷气客机）、多状态并存（ARJ21 项目走完研制、试飞、取证、交付和运营全过程，C919 项目取证交付，CR929 项目转入初步设计阶段）的常态化项目群管理，需要根据不同项目特点和所处不同研制阶段，在国家重大科技专项实施中建立完善上下贯通、执行有力的组织体系。

（三）从创新拓展维度来看，推进大飞机项目党建是适应产业化发展、助力“链长”作用发挥的迫切需要

“集中力量办大事”是社会主义制度优越性的体现，也是我国国家制度和国家治理体系显著优势的体现。习近平总书记多次强调，要健全社会主义市场经济条件下新型举国体制，充分发挥国家作为重大科技创新组织者的作用，把政府、市场、社会等各方面力量拧成一股绳。习近平总书记接见 C919 项目团队代表时再次强调，要充分发挥新型举国体制优势，在关键核心技术攻关上取得更大突破，加快规模化和系列化发展。中央企业是党领导下的承担国家重要使命任务的“经济部队”，国资委党委强调，要坚持党对现代产业链链长建设工作的领导，企业主要负责同志要履行好第一责任人职责，“链长”企业要探索建立产业链上下游党建共建工作机制，相关情况将纳入党建考核。中国商飞作为首批“链长”企业之一，要针对产业链上合作伙伴利益诉求各不相同、市场调节存在盲区等痛点难点，以党建为引领积极发挥产业龙头作用和科技领军企业作用，不断拓展大飞机项目党建“两个覆盖”的场景和内涵。

二、让党旗高高飘扬在大飞机研制一线和产业发展前沿——大飞机项目党建的探索与实践

坚持党的领导、加强党的建设是我国国有企业的光荣传统和独特优势，是国有企业的“根”和“魂”。中国商飞成立之初就扎根上海这个党的诞生地，吸收借鉴航空航天领域国企党建工作传统和经验，运用系统工程方法探索建立大飞机党建思想政治工作保

障体系。2016年全国国企党建工作会召开以来，公司党委着眼企业发展进入成长期的风险和挑战，深入落实国企党建“两个一以贯之”“四同步、四对接”“三基建设”等各项部署和要求，以党组织建在项目、融入项目引领保障大飞机事业发展。

（一）聚焦主责主业，建强组织体系，探索形成“1—2—2—4—4—N”大飞机项目党建总体思路

以国家意志、民族梦想、人民期盼和项目研制、客户需求、产业发展等各方关切为输入，以坚持党的领导加强党的建设为“主轴”，以把党组织建在商用飞机项目上、党建工作延伸到产业链上为“两翼”，以党建引领保障安全发展高质量发展为“航标”，统筹推进体系构建、载体抓手、品牌塑造等各项工作。

突出一个导向：牢记习近平总书记一定要“把大飞机搞上去”的殷切嘱托，以党建引领保障大飞机事业安全发展、高质量发展。“引领保障”是出发站和落脚点，“高质量发展”是大飞机作为国之重器的本职所在，“安全发展”是民用航空的底线、红线、生命线。抓好两个覆盖，夯实两个支点：围绕大飞机项目研制加强“组织覆盖”，立足大飞机项目党组织抓好“工作覆盖”，坚持把党组织建在商用飞机项目上，把党建工作延伸到产业链上。践行“四个引领”，开展“四大行动”：聚焦质量安全这个“中心的中心”，发挥党组织思想引领、责任引领、行动引领、监督引领作用；聚焦战斗一线，以客户为中心、以产品为中心、以现场为中心，深入开展先锋行动、战鼓行动、建功行动、护航行动。整合各方资源，打造N个品牌：立足上海作为党的诞生地、初心始发地和伟大建党精神孕育地的强大感召力影响力，继承发扬“支部建在连上”这个光荣传统，用好党建思想政治工作这个国有企业的“传家宝”，在实践探索中凝练形成一批大飞机项目党建品牌。中国商飞“大飞机项目党建”工作模式如下（见图1）。

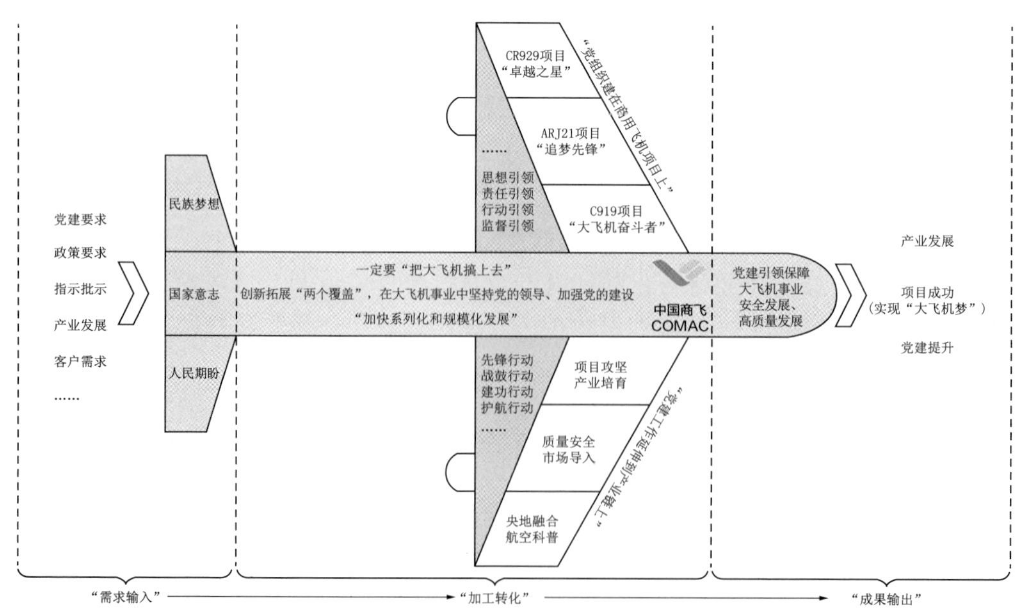

图1　中国商飞“大飞机项目党建”工作模式示意图

（二）适应企业发展阶段和项目研制进程，以“党组织建在项目”丰富拓展大飞机党建组织资源

中国商飞是党领导下的承担国产大型客机研制生产任务的骨干中央企业，“支部建在连上”的集中体现就是坚持“把党组织建在商用飞机项目上”。从宏观层面来看，中国商飞因国家大型客机项目而生，围绕这一项目实施需要而建立的各层各类党组织，都可看作具有项目属性的党组织。从微观操作来看，主要指企业内部专门覆盖项目团队工作的各项目临时党组织。中国商飞“大飞机项目党建”组织体系如下（见图 2）。

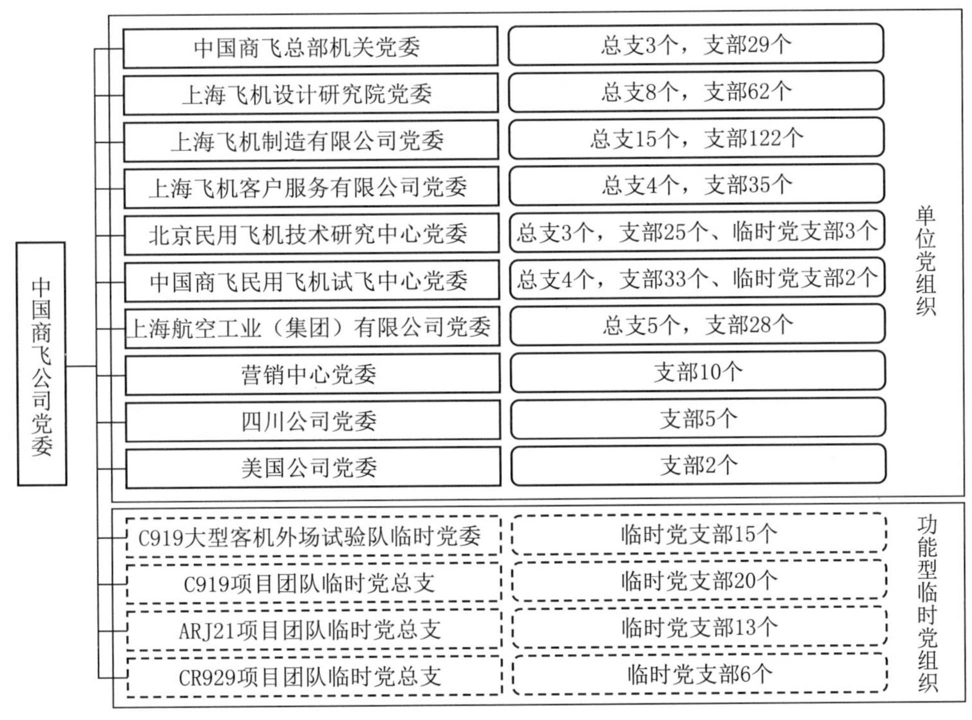

图 2　中国商飞“大飞机项目党建”组织体系示意图

大飞机项目党建的探索实践总体可划分为三个阶段：

初创探索阶段，从 2008 年中国商飞在上海组建成立，到 2016 年 ARJ21 新支线项目进入批产交付。这一阶段主要是吸收借鉴我国航空航天领域国有企业党建传统和经验，依托大飞机党建思想政治工作保障体系，根据 ARJ21 项目试飞取证需要建立外场试验队临时党委，在自然结冰、大侧风、航线适应性等专项试飞中建立临时党支部，同步在 C919 项目研制 IPT 团队中建立临时党支部，作为公司内部各层各类职能党组织的必要补充。

巩固完善阶段，从 C919 项目进入试飞取证阶段到 2019 年组建成立三大项目临时党总支。这一阶段在总结固化前期工作经验的基础上，以公司原有党建组织体系为依托，以 C919、ARJ21、CR929 三个项目团队为载体，进一步构建完善“职能（原单位）党组织+项目党组织”的新型组织体系，并以位于上海张江的科技创新楼为依托，在物理空间上为党建引领项目团队集中办公、统一协调、集智攻关创造了有利条件。

创新拓展阶段，从以项目研制为主逐步进入产业化发展，特别是2021年被纳入首批中央企业“链长”企业以来。这一阶段坚持以客户为中心、以产品为中心、以现场为中心，聚焦项目研制、自主可控、质量安全等重点难点，努力克服新冠疫情带来的不利影响，深入开展战时党建、战地党建，积极推进产业链党建，充分发挥党组织在助推项目攻关、促进团队建设中的引领保障作用。经过多年发展和积累，中国商飞党委目前下设1个总部机关党委、9个2级单位党委、1个外场试验队临时党委、3个项目团队临时党总支，党支部从成立时的64个增加到438个（含59个临时党支部），党员从成立时的1107人增加到7703人，加强党组织在上海本部和阎良、东营、南昌、敦煌等外场试验试飞基地的全覆盖，在推动国家重大科技专项实施中建立完善上下贯通、执行有力的组织体系。

（三）遵循普遍规律与鼓励基层创新相结合，以“党组织融入项目”助力增强大飞机党建组织优势

党组织建在项目更要融入项目，只有这样才能发挥好引领保障作用。近年来，中国商飞一手抓项目组织变革不动摇，统筹项目计划进度、成本经费、人力资源、评估控制、质量管理、知识管理等要素，逐步形成常态化的项目群管理；一手抓全面从严治党不放松，党组织建在项目融入项目已成为大飞机党建的显著特征，项目党建工作理念和方法已成为中国商飞系统工程的基本要素。

——C919项目团队党组织：实施“六大行动”，打造群策群力的“梦工场”、攻坚克难的“桥头堡”、锻造铁军的“大熔炉”。以型号取证攻坚为主战场，把党员组织起来，把人才凝聚起来，把群众动员起来，将党组织的政治优势、组织优势、群众工作优势，转化为项目的竞争优势、发展优势和制胜优势。铸魂行动，以政治建设为统领强化理论武装，确保习近平总书记重要指示精神、党中央决策部署和公司党委各项工作要求在项目团队落实落地。先锋行动，聚焦一批重大高风险试飞取证科目，组建一批党员攻关队、党员示范岗，让大家扛着责任上战场、攻难关、炸碉堡。护航行动，制定《质量安全“三大纪律八项注意”》《“十重十要”行为规范》，牢固树立“底线”思维和“红线”意识。强基行动，制定《C919项目团队党总支部委员会工作规则》《C919项目团队临时党支部工作细则》，明确每名党总支委员联系1—2个条线、1—2个临时党支部、1—2名专家。建功行动，以奋斗者为本、以奋斗者为荣、以奋斗者为先，将“大飞机奋斗者”评选延伸到试飞院、洪都航空等产业链单位。战鼓行动，使项目全线人员成为“共同目标、共担责任、共享荣辱”的事业共同体，“相互理解、相互支持、合作共赢”的命运共同体，“有梦想、有情怀、有奉献”的梦想共同体。

——ARJ21项目团队党组织：深入推进项目攻坚场景党建，不断增强“三会一课”实战导向，探索形成“A.R.J党建工作法”。聚焦Army（支部建在连上的建军路线）、

Reality（实事求是的思想路线）、Joint（群众路线和统一战线）三个关键词，注重从党史学习中汲取管理智慧，把项目任务攻关作为案例和教材搬进“三会一课”课堂。党建覆盖点体现“全”，每月一张“讲习单”讲重点，每季一道“必考题”讲难点，每年一本“初心社”讲关键点，指导各党支部开展政治学习。党建发力点体现“实”，注重运用党在不同历史时期应对风险挑战的经验指导攻关实践，实施推广项目经验复盘分享会，把“三会一课”打造成党性锻炼的熔炉、党员成长的引擎、项目攻坚的堡垒。赋能价值点体现“亮”，按照党建项目化管理方式选树一批党员攻关队、党员示范岗和团队党员攻关项目，通过月、季、年计划管控实施动态管理，突出“攻克一项难关、分享一种方法、提升一项能力”，推动在全产业链选树大飞机奋斗者。安全质量生命线体现“稳”，各支部“亮品牌、亮责任、亮水平”，高原党员攻关队自立自强开发粗糙度冰型的图像处理程序，为起飞冰型验证等未知问题的探索打开了新思路。

——CR929 项目团队党组织：开展特色党员教育，发挥党员示范作用，在落实中俄战略合作中探索形成“双保共建”新模式。坚持一切紧扣型号，一切服务型号，一切保障型号，用点赞卡、加油卡评选“卓越之星”，把“双保共建”融入公司治理和管理经营，筑牢引领型号攻关的坚强战斗堡垒。先锋行动，党总支委员分别认领机头首件开工、联合转段、分阶段立项等年度关键任务，通过树典型、立标杆，激励团队争做先锋、攻坚克难。战鼓行动，针对系统级需求确认、深化总体技术方案、复材全尺寸筒段试验等年度重点任务颁发嘉奖令，激励项目团队以先进为榜样，再接再厉，再创佳绩，结合联学联建将“以客户为中心”理念延伸到供应商单位。建功行动，每月评选“卓越之星”，对项目研制中表现突出的个人即时嘉奖，通过给任务、压担子提高技术水平，努力把条线骨干培养成合格党员。护航行动，重点围绕生产安全、试验安全等领域开展安全风险隐患排查，提升项目全线质量安全意识、筑牢思想防线，为杜绝重大安全风险事件在本项目发生凝聚发展共识。

（四）创新拓展项目党建助力“链长”企业作用发挥，积极推动“党建工作向产业链延伸”

以党建为引领深入实施现代产业链链长行动计划，是国资央企落实习近平总书记重要指示和党中央决策部署的一项重要政治任务。中国商飞适应产业化发展，创新拓展大飞机党建组织体系，聚焦六大典型场景打造产业链党建“红色引擎”，携手打造大飞机事业共同体、生命共同体、梦想共同体。一是聚焦项目攻坚，与中国民航局及其所属机构并肩作战、同题共答，协同供应商和合作伙伴开展全国大协作、大军团作战，C919 外场试验队临时党委与航空工业试飞院党委组建联合党员攻关队，激励参研参试参审单位党员干部职工共当“大飞机奋斗者”。二是聚焦自主可控，与上海市共建大飞机创新谷、产业园，通过产业链党建共建助力先进材料创新联盟、5G 制造创新生态联盟、增材制造产业联盟、民机材料产业发展联盟、大飞机产教融合联盟建设。三是聚焦质量安全，携手中国民航上海审定中心深入开展“坚持党建引领　坚守安全底线　提升工作效能”主题实践活动，探索形成党员优化创新小组、飞机产品保护女子行动队等一批有效做法。四是聚焦市场导入，深入贯彻中国民航局关于“五个融合”的指导意见，与成都航空党委持续开展联学联建联动，与成都航空、江西航空、天骄航空联合开发国产民机“红色航线”。五是聚焦央地融合，中国商飞总部机关党委代表公司加入浦东新区世博地区央地融合党建联盟，四川公司党委牵头在成都组建国产商用飞机产业链区域党建联盟，围绕乡村振兴与宁夏西吉开展结对共建。六是聚焦大众航空，党委领导带头走上大学讲台讲授“国企公开课”，多次举办“国产商用飞机校园巡展”活动，联合开发民航飞行、机务、乘务等课程教材和商用飞机科学课，助力提升全民航空素养。

通过党组织建在项目融入项目发挥引领保障作用，C919 大型客机 2017 年在上海成功首飞，2022 年 9 月 29 日取得中国民航局型号合格证，同年 12 月 9 日向东方航空交付首架飞机；ARJ21 新支线飞机 2016 年投入航线运营以来，累计安全运送旅客超过 560 万人次，公务机、货机等系列化发展稳步推进；CR929 宽体客机积极推进联合设计，各项研制工作有序推进；以“航空强国”为价值导向，以“四个长期”（即长期奋斗、长期攻关、长期吃苦、长期奉献）为基本要求，以“永不放弃”为精神底色，基本建成“立足上海、延伸长三角、辐射全国、面向全球”的产业布局，连续 5 年在中央企业党建考核中获评 A 等。经过多年探索实践，中国商飞大飞机项目党建的思路更加清晰、机制更加完善、特色更加鲜明，紧紧围绕项目研制持之以恒抓好组织覆盖和工作覆盖，以党建为引领“集中力量、集中资源、提高效率、集中攻关”，授权项目党组织单列党费经费和发展党员工作计划，探索形成“C919 大飞机奋斗者”“ARJ21 追梦先锋”“CR929 卓越之星”等一批大飞机项目党建品牌。

三、在新的历史起点上进一步推进大飞机项目党建的几点思考

没有坚实的物质技术基础，就不可能全面建成社会主义现代化强国。大飞机是中国式现代化不可或缺的重要一环，从 1909 年冯如造出中国人自己设计的第一架飞机开始，到 2022 年 C919 大型客机取得中国民航局型号合格证，这标志着中国人在逐梦大飞机的道路上取得了新的历史性突破。随着大飞机进入市场导入和产业化发展的快车道，大飞机项目党建进入了新的发展阶段。

第一，坚持守正创新，在大飞机事业发展中持续加强国有企业基层党组织“两个覆盖”。国有企业基层党组织的作用发挥，归根结底就是要旗帜鲜明讲政治，确保党的理论和路线方针政策在本企业本领域落到实处。中国商飞围绕项目研制组织开展的一切党建工作都属于“大飞机党建”这个范畴，都是在大飞机事业中“坚持党的领导、加强党的建设”的体现，都要以听党话、跟党走的实际行动检验政治判断力、政治领悟力和政治执行力，聚焦不同工作场景特点谋划抓好“两个覆盖”。比如，围绕项目攻坚，坚持“到听得见炮火的地方抓党建”，发挥党员攻关队、党员示范岗引领带动作用。围绕质量安全，发挥党组织在保质量、保安全、保进度、保成功中的独特优势，坚守大飞机事业

的底线、红线、生命线。围绕产业带动，以党建为引领发挥“链长”企业作用，通过思想联学、业务联动、资源联享等方式，促进“小核心、大协作”的更高水平的团结大联合，携手产业链上下游推动国产商用飞机健康稳步发展。

第二，坚持系统观念，凝聚整体合力，大飞机项目党建“两个覆盖”既要抓好有形覆盖，更要关注有效覆盖。大飞机项目党建“两个覆盖”创新探索的工作实践表明，单位党组织与功能型临时党组织就像“全科医生”与“专科医生”的关系，既要符合“两个覆盖”的一般规律，也要各有侧重地一体发挥好整体功能作用，做到上下贯通、执行有力和精准有效、凝聚合力。比如，聚焦全项目周期，根据多项目并举、多状态并存的产业化发展需要，围绕产品实现科学谋划和推进各项党建工作；聚焦全产业链条，紧紧围绕C919系列化、规模化发展需要，兼顾ARJ21和CR929等重点项目产业化发展，向产融结合、循环经济等领域拓展大飞机项目党建；聚焦全工作场景，以项目攻坚、自主可控、质量安全、市场导入、央地合作、航空科普等典型场景为基础，根据产业化发展需要拓展丰富典型场景，携手打造大飞机事业共同体、生命共同体和梦想共同体。

第三，继承巩固、创新发展，完善党建引领大飞机事业安全发展、高质量发展的长效机制。习近平总书记接见C919项目团队代表时勉励大家，在实现中华民族伟大复兴的征程上，我们要着眼长远战略，根据实际情况制定切实目标，选择正确技术路线，一茬接着一茬干，一件事接着一件事办好。在前期工作基础上，还需进一步抓谋划计划（Plan），聚焦新时代党的建设新的伟大工程，在我国航空工业70年发展的丰厚历史土壤中汲取养分，加强大飞机项目党建的总体谋划和任务分解；抓过程实施（Do），结合“十四五”规划实施，注重系统谋划、系统推进，不断完善“党组织建在项目融入项目”的组织体系、工作体系和制度体系；抓检查评估（Check），借鉴中国商飞推进COMAC管理体系建设的经验和方法，用好党建工作述评考用指挥棒，促进管理资源向党建聚焦；抓持续改进（Action），聚焦党组织建在项目融入项目，加强党建工作标准化规范化建设，将局部经验、个体经验持续转化为可复制、可推广的组织资源。

习近平总书记在党的二十大报告中指出：推进马克思主义中国化时代化是一个追求真理、揭示真理、笃行真理的过程。坚持党的领导、加强党的建设是大飞机事业的“根”和“魂”，“把党组织建在商用飞机项目上”是大飞机党建的显著特征，必须在实践中不断发展和丰富完善。与各方期待和自身发展需要相比，这项工作还处于进行时，尚未到完成时，还要通过持续总结和改进提升，最终走出一条具有大飞机特色的基层党建创新之路，为国有企业以高质量党建引领保障高质量发展提供一种“商飞经验”。

（本文获2022年度全市组织系统优秀调研成果三等奖）

课题组成员：任建党、王春利、黄　勇、胡　俊、喻　媛等

主要执笔人：任建党、王春利

深化党群服务中心体系功能建设 织密建强基层党组织阵地研究

金山区委组织部课题组

金山区坚持以习近平新时代中国特色社会主义思想为指引，贯彻落实上海市第十二次党代会精神和《关于进一步加强党建引领基层治理的若干措施》要求，通过深化党群服务中心体系功能建设，构筑阵地独特优势，努力将党群服务阵地打造成为塑造城市新形象的重要特色亮点。

一、基本实践、成效与经验

多年来，金山区积极探索不断实践，持续深化党群服务中心体系功能建设，逐步构建起线上线下联动共享的局面。

（一）基本实践

牢牢把握中央、上海市委工作要求，坚持改革创新，在体系建设、品牌探索、平台创设等方面开展实践。

1. 在改革谋新中构建党群服务中心体系

一是行动迅速构建体系。2015 年，金山区迅速推动一批党建服务中心投入实体化运行。2020 年，金山区初步建成“1+14+245+X”的“三级平台、四级联动”党群服务中心体系。二是创先争优勇于探索。以吕巷镇“巷邻坊”党群服务点为蓝本，在全区居村、楼垦层面探索建立党群服务站点；在全市率先探索党群服务站点星级创建工作，推进党群阵地规范化建设；社区党校、书记工作室、党代表工作室等一批功能载体陆续建成；教育、国资、卫健党群服务中心成为全市首创。三是区委统筹提升功能。市委市政府召开党群服务中心体系功能建设推进会后，区委大力推动街镇层面社区党群服务中心与新时代文明实践分中心等 13 家中心的融合。

2. 在推陈出新中深耕“党建 + 公益”品牌

一是围绕合理运用区域化党建资源，搭建“区—街镇—居村”三级区域化党建平台，筹建社区发展基金引导基金，探索“公益众筹”方式孵化合作项目。二是围绕解决群众迫切的现实需求，探索线上线下“微心愿”服务模式，及时回应解决群众小微心愿。三是围绕毗邻地区联动共建，与平湖市等联合开展“毗邻公益”。

3. 在探索创新中插上“智慧党建”翅膀

2018 年，金山区成为全市首个全域应用推广“智慧党建”的区。2020 年，金山区成为上海“智慧党建”的试点区之一，探索实践的组织生活等模块被市委组织部作为蓝本在上海“智慧党建”中应用推广。

（二）主要成效

坚持问题导向，不断去芜存菁，收获诸多成效，各项功能得到有效提升。

1. 政治引领重要阵地功能得到巩固强化

结合“不忘初心、牢记使命”主题教育等党的十八大以来历次重大党内学习教育，依托社区党校、书记工作室、党代表工作室、“智慧党建”等载体开展“万名党员进党校”“万名党员进网校”等党员教育活动。

2. 服务基层党员党组织功能得到落实细化

结合“15 分钟生活服务圈”规划布局党群服务中心体系，推动各领域各层级党群服务阵地建设“百花齐放”，特别是在非公有制企业和社会组织党建领域，上海新跃物流企业管理有限公司探索建成平台型党群服务站，上海永太服装金山有限公司成为首家商会型党群服务站，并连续两年荣获全国“四好”商会称号；公共空间方面，在行政服务中心、万达商圈、海棠公园、城市沙滩、金山嘴渔村等地布局了一批功能性节点性示范性党群服务阵地。

3. 党建带团建促社建功能得到延展深化

整合“区—街镇—居村—楼埭”各类党员、工会、团委、妇联志愿服务力量，建立党群志愿服务“总队、纵队、支队、分队”四级队伍体系。以党群服务中心为枢纽，党群各部门融合设置“两代表一委员”工作室、书记工作室、人民建议征集点、好人工作室、劳模工作室、鑫青年说、38 度女子学堂等协商议事、互动交流平台。

4. 为民服务功能得到逐步优化

把好源头关，连续多年开展群众需求与站点供给专题调研，探索形成了爱心送餐、临终关怀、爱心点名等党群服务项目 100 多项。把好效果关，如在大上海保卫战中，105 家党群服务中心（站点）在全区第一批开辟便民核酸检测点；各居村以党群服务站点为依托开展楼埭党建，全区 393 个居民小区、2293 个村民小组全覆盖成功创建“无疫小区（村组）”。把好评价关，探索建立群众“一口”参与评价机制，每年邀请党员群众代表直接参与党群服务站点星级创建评审工作。区党建服务中心被评为上海市优秀党员示范岗、市十佳公益基地、市先进志愿服务集体。

（三）基本经验

在探索实践中不断攻坚克难，因地制宜形成金山经验。

1. 思想破冰，以人无我有的精神不断创先探索

牢牢把握“党群服务中心不是哪一个部门的阵地，而是一级党组织的阵地”工作理念，在全市率先探索星级站点创建工作、推进全岗通“红色铁军”建设等实践。区党建服务中心被人民网·中国共产党新闻网评为全国基层党建宣传示范单位。

2. 改革破题，以人有我优的做法逐步创新探索

针对党建资源少、人民获得感不够强等问题，探索跨界合作，开发公益党建项目。“党建 + 公益”荣膺全国基层党建创新优秀案例第一名、全国主题党日品牌一等奖等。

3. 担当破局，以主动作为的方式实现自我突破

主动顺应时代发展潮流谋划开发“智慧党建”，成为全市首家实现全区运用推广的区。全国著名党建理论专家李洪峰评价，“金山的信息化党建走在全国前列”。

二、面临的新情况与新问题

当前，金山区正处于着力打造“两区一堡”战略高地、全面落实“南北转型”战略要求、持续打响“上海湾区”城市品牌的关键时期。党群服务中心面临着不断提升基层党员群众参与度、满意度的新要求。如何进一步创新服务模式，充分整合资源、优化空间布局是一个新课题。对照这些新情况，当前党群服务阵地体系功能建设还存在以下新问题。

（一）服务标准和有效覆盖有待提升

一是各街镇、居村党群服务阵地建设水平不平衡。二是新兴领域存在空白点。三是党群服务阵地功能建设缺乏标准化、规范化。

（二）党群服务综合效能有待增强

一是党群服务阵地与其他各类阵地融合发展不足。二是区级、街镇党群服务中心体系功能建设联席会议机制需要进一步发挥功效。三是应急响应能级亟待加强，平急转换不够。

（三）党群服务队伍建设整体水平有待提高

一是党群服务阵地“带头人”队伍建设系统性、针对性还不够强。二是党群服务普遍面临“全岗通”能力水平不足。三是志愿服务队伍建设还不够精细有力。

三、对策建议

结合金山区党群服务阵地基本实践、成效与经验，以及面临的新情况与新问题，本课题拟从总体目标、基本原则、具体工作建议等方面提出对策建议。

（一）总体目标

围绕“三个湾区”战略愿景，按照“南北转型”战略要求，推动金山区党群服务

中心体系成为新时代滨海党建项目实体运作的示范工程，党建引领乡村振兴红色家园、“两区一堡”战略政治高地，长三角一体化毗邻党建引领跨界治理与协同发展的实践基地，成为新时代社会主义现代化国际大都市一流基层党群服务阵地的标志性阵地。

（二）基本原则

1. 提标扩面，有效覆盖

落实“上海湾区”城市功能布局和“15 分钟服务圈”规划要求，进一步优化以党群服务中心为基本阵地的城乡综合服务设施布局。

2. 提质增效，融合发展

牢固树立“党群服务中心不是哪一个部门的阵地，而是一级党组织的阵地”理念，建立统一考核评价机制，在党（工）委领导下统筹整合工作力量。

3. 提档升级，做实功能

在政务服务“一网通办”、城市运行“一网统管”总体架构下，以党群服务中心为平台整合推动“多网合一”，划细做实小微网格，探索建立平急转换机制，织密建强居村一线组织体系。

4. 提速赋能，激发活力

树立正确的选人用人导向，选优配强党群服务中心带头人，从严从实建设“全岗通”党群工作者队伍，建立多元、专业、应急党群服务志愿者队伍体系，锻造新时代“上海湾区”红色铁军。

（三）具体工作建议

对照中央、上海市委、金山区委关于党群服务阵地体系功能建设相关文件要求，立足总体目标定位和基本原则要求，并结合新形势新任务，以及借鉴外地有益的经验，提出以下具体工作举措。

1. 围绕中心工作，突出政治引领

以实现新时代社会主义现代化国际大都市一流基层党群服务阵地为总目标，首要的是围绕区委区政府改革发展中心工作，加强政治功能建设。围绕中心工作是党群服务中心的重要政治使命。

（1）努力将党群服务中心打造成践行习近平新时代中国特色社会主义思想、推进“上海湾区”实践的创新基地

深化“毗邻党建”“心联鑫”“抓党建促乡村振兴工作十法”和产业集群党建等党建品牌实践创新研究；选聘一流业内专家组建专家智库，积极宣传推介“上海湾区”城市品牌建设新成效新经验。将金山党群服务中心体系打造成宣传金山推动“产业转型、空间转型、治理转型”、开展党建引领乡村振兴、建设“三个湾区”的前哨站。

（2）努力将各级党群服务中心（站、点）打造成为开展党内主题教育、党性教育的重要活动场所

党群服务中心（站、点）不仅要为基层党员、群众提供重要的学习场地，更要将上

海的红色资源开发好、传播好。通过搭建形式多样的载体平台、创新教育形式，把鲜活的历史转化为灵动的体验课程。

（3）努力将党群服务中心打造成总结推介“毗邻党建”成效的展示窗口

要把各级党群服务站点打造成宣传“毗邻党建”引领“上海湾区”发展成就的坚强阵地和展示窗口。拓展“滨海党建”实践载体，不断丰富“毗邻党建”内涵。进一步完善“党建+”工作模式，融合政策、技术、研发、创业、人才、招商、文化等必要资源；为优质营商环境提供诉求通道、即时反馈平台；共同营造转型发展氛围，确保党的组织建在转型发展最重要节点上，把党建工作嵌入城市经济发展最活跃的经络中。

认真履行基层党建工作责任制，将各级党群服务阵地作为抓党建促乡村振兴、抓党建强基层治理、抓党建促产业转型的重要载体，列为街镇、高新区党（工）委书记履行基层党建责任制以及年度述职考评的重点内容，列为相关区级部委办局党组织书记履行基层党建责任制以及年度述职考评的重点内容。

2. 发挥枢纽作用，打造共享平台

（1）进一步完善党群服务中心体系功能布局

一是加大组宣统、工青妇等区级各部门资源整合，以区域化党建为抓手，建好“上海湾区”资源湖。二是14家街镇（高新区）、教育、国资、卫健党群服务中心要承担政治引领、基层党建、党建带群建促社建以及为民服务功能，国资党群服务中心要与国资企业服务中心融合发展。三是党群服务站点层面细分社区、农村、园区、商圈、景区、楼宇、窗口单位、服务行业、公园绿地等领域类型，居村党群服务阵地重点承担基层治理、乡村振兴等职能，其他领域党群服务阵地依据各自领域特点发挥功能性节点性作用。

（2）将金山党群服务阵地打造成为党政群社各类资源的集散地

做实资源融合，将优质资源向一线下沉。总结大上海保卫战金山经验及兄弟区的经验得失，提升动员组织能力，顺畅运行机制，做好群众工作，夯实基础工作。构建党建引领平急转换工作机制，实现快速响应、无缝衔接，做好社会动员，推动资源力量有效下沉支援。

（3）将党群服务阵地打造成为“全过程人民民主”的示范点

发挥党群服务阵地联系服务基层党员群众优势，设立人民建议征集点，举办“我为湾区献一计”等活动，汇聚人民智慧人民建议，探索形成常态长效机制。

（4）将党群服务阵地打造成为“党建+公益”的承载地

以“区—街镇—居村—楼埭”四级党员志愿服务队伍为基础，加强针对性培训。通过“公益众筹”等方式开展精准公益，提升人民群众获得感、满意度。

（5）将党群服务阵地打造成为基层党员干部、人才加油站

着力营造高品质人才综合环境，持续助力人才培养，为来金人才提供教育培训、关心关爱等基础性保障，将其打造成为“上海湾区”产业、产品展示、政策宣讲、人才招

聘的前哨站。

3. 实施清单管理，提升服务水平

“把群众满意不满意、受益不受益”作为衡量服务水平的重要标志，探索清单式管理方式。

（1）需求导向，做优清单化管理模式

一是深化“需求＋资源＋项目”三张清单管理模式。对标“提质增效”进一步整合资源，“需求清单”要精准对接基层党员群众的多方面、多元化、多层次需求，坚持“问需于民”。二是立足服务区域内党员群众及区域化单位。清单管理模式要进一步统筹资源，对标国际国内一流窗口服务标准不断提升服务品质。

（2）问题导向，探索应急状态下的长效机制

充分总结各级党群服务阵地在疫情防控、城市运行安全、国防安全等应急管理方面的经验，因地制宜转化形成行之有效的工作方法。一是强化志愿者队伍。建立平急结合的党员志愿者储备库，健全相关应急预案、培训、演练等机制。二是深化“无疫小区（村组）”提档升级行动。进一步推动各级党群服务阵地完成物理空间改造、应急资源储备、人员队伍配备等迭代升级工作。三是谋划常态长效机制。借鉴浙江省海宁市博儒桥村“众筹”治理模式，吸收党员骨干共管筹治、守护长效、联户党员责任制等经验，探索金山党员干部参与常态化疫情防控和社区治理的常态长效机制。

（3）目标导向，归集优质资源服务于民

一是打造标杆。以区党群服务中心为试点，整合区域内金山本土品牌企业资源，打造集成金山味道、金山生活、金山产品等诸多品牌于一体的“一站式”综合窗口。二是集聚资源。引入市级、全国级乃至国际级优质党群服务资源，让金山人民群众“足不出区”就能享受到来自市区的高品质紧缺资源及服务。

4. 推进分级分类，加强系统谋划

针对党群服务阵地不同领域、不同层次、不同类型和人员队伍不同结构，实施分级分类管理和系统谋划。围绕“滨海党建”特色品牌，优化功能布局、提升服务能级，激发队伍活力、凝聚工作合力。

（1）以“滨海党建”创建为特色，进一步深化“毗邻党建”

一是加强顶层设计。深入探索具有湾区特色的楼宇党建、园区党建、互联网党建、产业集群党建、合作社党建等多种实践形式，引领长三角科技城、长三角“田园五镇”等湾区发展新平台建设。二是坚持推进“上海先锋行动”。健全党员“到社区报到、在社区服务”工作机制，构建党员在服务大局中发挥先锋模范作用的长效机制。三是坚持党建带群建。丰富“滨海党建”内涵和地域特色，不断放大“毗邻党建”效应。

（2）坚持“三新”观念，优化功能布局

一是突出精准覆盖。将党群阵地嵌入区域经济社会发展最活跃的经络，聚焦人才队伍、群众最渴望的服务需求，覆盖新领域、新空间、新业态新就业群体，覆盖重大工

程、实事项目的一线，覆盖金山特色农业、特色旅游服务链。二是突出合理布局。布局功能上要坚持政治引领、突出服务功能，坚持需求导向、目标导向、效果导向，不以物理空间大小而限制服务功能。

5. 运用智慧党建，延伸服务触角

《中共中央关于加强党的政治建设的意见》明确强调要推进“智慧党建”。智慧党建是守正创新加强基层党建的时代命题，也是打响“上海湾区”党建品牌的必答题。

（1）构建具有“上海湾区”特点的智慧党建引领智慧城市新格局

形成具有“上海湾区”特点的智慧党建引领城市数字化转型新格局，在全市智慧城市建设中抢占政治引领新高地，探索线上线下联勤联动的新范式。

（2）构筑多层次党群数字底座

以区党群服务中心项目建设为契机，探索开发“上海湾区”智慧党群综合服务平台，在全市率先推动区级党群部门数据平台贯通、宣传平台联通。街镇层面，加强各类信息平台的业务协同、数据联动，做实基层党群服务数据后台支撑。

（3）统筹开发更多实用管用的应用场景

一是针对智慧党建薄弱环节“补短板”，结合既有平台数据开发更契合平急转换的应用场景。二是针对基层开发信息化平台成本高等新问题，优化顶层设计，统筹资源协同开发更系统、更科学、更可持续的应用场景，更高起点谋划应用推广基层实践经验。

6. 打造红色铁军，助力湾区发展

干事创业，关键在人。“推动工作力量融合”从一定意义上看不亚于一次自我革命。街镇层面 14 家党群阵地牌子融合是表，不同条线部门工作力量融合是核，难在于此。

（1）加强对党群服务阵地带头人的培养使用

一是选优配强党群服务中心带头人队伍，对于党群服务中心主任岗位空缺的，可在全区范围内由区委组织部会同人社局组织公开选拔。二是树立正向激励导向，在乡镇党政领导班子换届以及事业单位管理岗位职员制晋升时，党（工）委应优先考虑符合条件的优秀党群服务中心负责人。三是加大后备力量培养力度，突破身份限制，遴选后备干部到党群服务中心负责人岗位锻炼。四是加强动态分析，党群服务中心领导班子成员任职实行备案制。

（2）完善党群服务阵地工作人员队伍日常管理

一是健全工作制度，细化服务规范，定期组织开展“全岗通”党群服务技能比武和党群工作者任职资格考试。二是探索区与街镇、街镇之间党群服务中心工作人员挂职锻炼、交流轮岗。三是建立奖勤罚懒、优绩优酬的绩效考核制度，健全完善退出机制。

（3）提升党群志愿者队伍素质能力

一是突出政治性，健全“区—街镇—居村—楼埭”党群志愿服务队伍工作制度，加强党性教育，提升党群志愿者队伍组织性、纪律性。二是注重规范性，探索建立党群志愿服务工作规范，有针对性地开展分层分类培训教育。三是提升专业性，党群服务中心

协调各区级职能部门、专业机构、行业协会等开展专业化培训。

（4）以石化街道为试点，探索党群服务中心工作力量融合运行机制

一是打破身份、条线壁垒，统筹设置综合业务部、教育活动部、运营保障部。二是按照“全人群、全时段、全领域、全要素、全岗通”要求，对标国际国内一流水准，石化街道探索高品质的运行机制、高标准的服务规范。三是学习借鉴国内外先进服务行业惯例，服务端口前置，探索值班长制度。四是在建立全年开放制度的同时，探索建立与之相匹配的轮岗轮休制度。

下一步，金山要以全面学习贯彻党的二十大精神为契机，深入践行人民城市重要理念，以“上海湾区党建名片、党群服务综合枢纽、人民乐享精神家园”为目标，不断深化推进党群服务中心体系功能建设，以高品质服务推动高质量发展、创造高品质生活，为早日实现“三个湾区”战略愿景而努力奋斗。

（本文获2022年度全市组织系统优秀调研成果三等奖）

课题组成员：郜工农、谭军锋、陈光普、陶　鼎、戈　颂

主要执笔人：郜工农、谭军锋

发挥媒体优势加强党员教育新探
——解放日报社党委的探索与实践

解放日报社课题组

党员教育是党的建设基础性、根本性、经常性任务。抓好党员学习教育，是党的优良传统，是永葆先进性和纯洁性的重要法宝。2019年颁布的《中国共产党党员教育管理工作条例》和《2019—2023年全国党员教育培训工作规划》，为加强新时代党员教育管理工作指明了工作路径。

理论创新每前进一步，理论武装就要跟进一步。以党报为代表的主流媒体承担着举旗帜、聚民心、育新人、兴文化、展形象的使命任务，“党报姓党”是贯穿于党的新闻舆论工作最鲜明的主线。党的十九大以来，上海市主流媒体坚持以习近平新时代中国特色社会主义思想为指导，紧紧围绕“不忘初心、牢记使命”主题教育、党史学习教育、庆祝建党100周年等重大主题和中央、上海市委决策部署，聚焦凝心聚力铸魂，大力推动党员教育各项工作任务落地见效。

《解放日报》作为中共上海市委机关报，认真贯彻落实中央、上海市委要求，坚持改革创新，不断深化融合转型改革，以“深改”促“深融”，积极推动新型主流媒体建设。在加快推进媒体深度融合发展过程中，加大党员教育培训力度，不断提高党员队伍素质能力，为事业发展提供了重要保证。本课题以解放日报社党员教育的探索和实践为例，立足媒体单位实际，对一些普遍存在的共性问题进行分析，并对新时代党员教育进一步提质增效提出思考和建议。

一、媒体行业党员教育面临的新形势

当今世界正处于百年未有之大变局，加之疫情的影响，意识形态工作的复杂性日益凸显。对媒体行业党员来说，因工作需要接触社会矛盾冲突以及网络舆论斗争的机会更多，受到的影响冲击也更大。因此，基层党建工作也有了更为复杂的背景，倒逼媒体党

员教育方式转型升级。当前，媒体党组织开展党员教育主要面临三方面新形势：

（一）"大变局"对锤炼党性提出新挑战

当前国际格局与国际体系正在发生深刻调整，其中也蕴含着道路之争、文化之争、制度之争，容易引发意识形态领域的舆论漩涡。这对身处舆论斗争第一线、主战场的媒体行业党员锤炼党性、坚定信念，坚持正确的政治方向、舆论导向和价值取向，提出了新挑战：

一是"多元主义"造成的"理性分裂"，使得人们对客观事件的价值判断发生了巨大的差异，各有各的角度和尺度，连理性沟通都很困难，要形成共识更是难上加难。

二是"思维极化"带来的偏激情绪，极左极右思想有所抬头容易引起思想混乱。互联网舆论场上时常出现极端思维方式，非此即彼，非红即黑。这些观点又常常和自由主义、民粹主义、民族主义等相结合，在思想领域引起混乱。

三是网络虚拟空间乱象加剧主流意识形态"弱化"的风险。网络的开放性对党组织的话语权产生影响，在各种思想观点、价值理念、社会思潮交流、交融、交锋的网络环境中，党员思想容易受到其他观念的左右。总之，世情国情、舆情社情越复杂，风险考验越大，就越要加强党性修养，改进传统的指令式、灌输式党员教育，开展更有针对性、实效性的党员教育。

（二）媒体变革对坚持人民性提出新挑战

坚持党性与人民性相统一，是党的新闻工作的优良传统。当前媒体融合发展持续深化的进程中，主流媒体正以自我革新的精神加快推进媒体改革。媒体变革对媒体行业党员坚持以人民为中心的价值取向带来新挑战：

一是"流量为王"的挑战。"流量为王"与新闻传播应当具备的真实性、客观性、公正性，以及媒体的社会责任、使命担当等产生一定冲突，尤其对媒体行业党员而言，树立什么样的"流量观"，如何做到不忘初心，坚持党性和人民性的统一，如何坚持受众为本，做到服务受众和引导受众的统一，都是媒体行业党员教育不可回避的课题。

二是人员迭代的挑战。随着改革深入，出现了新的组织架构、新的媒体形态，也招募了新的媒体从业人员，他们背景经历日趋多元，思维方式各有不同。加强党员教育，不仅要完成组织覆盖，更要实现工作覆盖和思想覆盖，加深新生代媒体行业党员对于人民性的理解和坚守。

三是工作模式的挑战。数字技术、网络技术蓬勃发展的当下，从业人员必须顺应全媒体工作模式，根据不同的新闻内容选择最佳的传播方式，并且要熟练地在各种工作模式之间切换，从而容易产生本领恐慌和焦虑，心生畏难情绪、观望心态，迫切需要强化党员教育。

（三）新传播格局对坚持"走转改"提出新挑战

"走基层、转作风、改文风"是新闻媒体对党的群众路线的贯彻落实。在"人人都有麦克风"、自媒体盛行的新传播格局下，媒体行业党员如何坚持走好群众路线，提升引导舆论、回应关切、服务百姓的能力，面临着前所未有的挑战。媒体行业党员教育，一方面需要帮助党员“走进基层”，贴近群众，向群众学习，坚决抵制编造谎言、煽动情绪、制造对立等部分自媒体陋习，引导媒体行业党员传承和弘扬“走转改”的优良作风，始终和人民群众保持密切联系。另一方面要帮助党员“认识基层”，尤其是在高速奔流的舆情浪潮下，一些热点问题、社会矛盾导致痛恨社会不公、心理焦虑等社会负面情绪“泛化”。因此，媒体行业党员教育要从现实出发，引导党员坚守马克思主义新闻观，全面提高党员队伍的素质，认清事物本质，经受住各种风浪考验。加强教育培训，引导党员筑牢信仰之基、补足精神之钙、把稳思想之舵，推动宣传思想工作开创新局面。

二、媒体单位党员教育的特点

媒体行业党员教育面临诸多挑战，且媒体单位政治属性较强，在党员教育方面始终要绷紧一根弦。同时，在媒体深刻变革的形势下，结合媒体单位在内容、传播、人才、阵地等方面的资源，展现出党员教育“学用结合”的鲜明特点。具体表现在以下三个方面：

（一）内容特点：党员教育用好“三本教材”

媒体记录历史、讴歌时代，在党员教育过程中具有天然的内容优势，为党员教育提供了“三本教材”。

一是新闻报道为党员教育提供生动的现实教材。新闻报道不仅给了我们认识世界、了解社会的最佳素材，更给了我们坚定“四个自信”、实现“中国梦”的巨大底气。新闻报道记录的时代最火热的场景、最激动的故事、最瞩目的成就，无一不是党员教育的最好教材。

二是主题报道为党员教育提供鲜活的典型教材。典型引领，示范带动。优秀党组织的经验给人启迪，优秀共产党员的事迹催人奋进。主题报道汇聚了众多的典型故事，可以让党员更好地从中感悟信仰的力量、榜样的力量。

三是理论评论为党员教育提供深刻的思想教材。持续深入解读习近平新时代中国特色社会主义思想的新理论、新观点，充分揭示其中蕴含的道理、学理、哲理，将引导党员旗帜鲜明地坚持正确的政治方向、舆论导向和价值取向。

（二）传播特点：党员教育突破时空界限

互联网打破了传统的教育方式和教学场景。移动互联网实现了网随人动，让网民在移动中实现学习、生产和生活的一体化，使随时随地学习成为可能。当前，主流媒体纷纷挺进互联网主阵地，融合发展成效显著，媒体的内容生产与传播具有更强大的传播力、引导力、影响力、公信力。传播优势进一步放大，使得党员教育能够突破时空界限。一是传播载体的创新，集成的新型移动互联网平台方便党员学习，增强了党员学习的即时性和主动性。二是宣传形式的创新，使教育方式变得灵活多样，加强了党员教育

和党员学习的灵活性、便捷性；三是呈现方式的创新，提供全媒体多形态的学习教材，助推党员教育取得更加扎实的成效。

（三）人才特点：党员教育发挥主体作用

党员是学习教育的主体。主流媒体从业人员情况整体“三高”，即文化程度高、文化素养高、党员比例高。发挥好党员主体地位和作用，是提升党员教育效果的关键。一方面，作为新时代的见证者，需要先学一步、学深一点、学广一些，时刻保持学习的热情，主动学习最新的理论成果、实践经验，进而示范、带动和辐射周边人增强学习的自主性。另一方面，作为新思想的传播者，自己不仅要当好“学生”，还要做好“老师”，在准确领会和把握新思想、新理论精神实质的基础上，用深入浅出的方式、用浅显易懂的语言，让理论变得亲民，“飞入寻常百姓家”。

三、探索党员教育的新路径

用党的创新理论武装全党是党的思想建设的根本任务。因此，解放日报社党委把深入学习习近平新时代中国特色社会主义思想武装全党作为党员教育管理的首要政治任务，坚持集中教育和经常性教育相结合、组织培训和个人自学相结合，采取党委理论学习中心组学习、理论宣讲、组织生活、集中轮训、在线学习等方式，形成学习教育长效机制。在此基础上，结合媒体工作特点和资源优势，精心设计了实景课堂、实战课堂、实地课堂、实事课堂等“四大课堂”，打造沉浸式、开放式、互动式、移动式的学习场景，将党员教育嵌入采编工作的全过程。

（一）用活资源打造“实景课堂”

《解放日报》是一份有着光荣传统的报纸，紧扣时代脉搏，见证历史荣光，蕴含着党员学习教育的丰富资源。报社党委用好工作场所，抓住重要节点，利用重要载体，让党报教育从“纸上”变成“实景”，做到“随时随地”“入脑入心”。

把工作场所变成育人阵地。工作场所是每位党员长时间停留之地，报社党委专门研究，布置报史长廊，将教育元素融入办公场景。一是注重党性传承，通过再现《解放日报》的发展历程、党和国家领导人对报社的关心关怀、老报人的精神风范等，时刻提醒广大党员记者牢记初心使命、增强党性修养、提升业务能力。二是树立业务标杆，精选经典版面、重要报道、重大创新等，便于党员对标先进、追求卓越、创新求变，牢牢守住舆论阵地。三是强化氛围营造，将读书角、书报架等恰到好处地布置在各处，既彰显了媒体单位独特的文化气息，又营造了浓厚的学习氛围。

把主题展览变为现场教学。报社党委结合重点学习内容和特殊时间节点，策划具有媒体特色的主题展览，成为鲜活的现场教学点。比如，利用《解放日报》在上海创刊71周年这一时间节点，结合“四史”学习教育，策划推出“99个瞬间——新上海成长史”影像展，让党员职工感受新上海的成长脉络。2021年，报社联合中共一大纪念馆、上海图书馆主办“印迹——一百个版里的中国共产党一百年”特展，回顾了党在各个历史时期的前行足迹，再现了中国共产党团结带领中国人民百年奋斗的辉煌历程。又如，报社近年先后推出茅盾、张元济、陈从周、谢希德等“大师在上海”系列主题展，既向大师致敬，又为党报员工提供最鲜活的学习素材。

（二）一线练兵打造“实战课堂”

党报姓党，肩负着守好舆论阵地的光荣使命，必须在政治建设、党性修养上走在前列。针对报社党员采编任务重、工作时间地点灵活等情况，报社党委探索打造“实战课堂”，把党员教育和业务工作融为一体。

把主题策划变为思想洗礼。报社党委结合主题宣传报道任务，组织党员、骨干记者策划拍摄“百姓话思想”系列短视频，全景展现习近平新时代中国特色社会主义思想在上海的生动实践。报社党委精心策划，把每一集拍摄都当成党员理论学习课。拍摄前，组织所有参与党员、记者深入学习习近平总书记考察上海重要讲话精神和重要指示要求；拍摄过程中，以百姓视角、百姓语言、百姓感受讲好中国故事、上海故事；拍摄结束后，开展专题学习分享活动，让参与人员结合拍摄中积累的生动案例，展现习近平总书记治国理政的智慧理念，阐释对习近平总书记深邃思想的理解体悟。

把重大战役转化为生动党课。越是攻坚克难，越要培根铸魂。重大事件发生时，媒体工作者的使命决定了他们必须在现场。2022 年 3 月，面对严峻复杂的新一波疫情，报社党委带领党员、记者，以高度的政治责任感和媒体使命感，在最短的时间里，开启“白 + 黑”工作模式，打响宣传报道防控疫情战役。记者不仅是疫情防控工作的记录者、宣传员，更是有情怀、有力量、有品格的媒体人。哪里有需要，哪里就有党员的身影，体现出特殊时期的特殊担当。报社党委及时发现挖掘、宣传党员的先进事迹，鲜活的故事和深刻的思考，引起全体党员强烈共情共鸣。

（三）红色寻访打造“实地课堂”

报社党委深刻认识到，党员教育要入耳入脑入心，既需要认知上的提升，也需要情感上的共鸣和价值上的认同。报社党委设计打造“实地课堂”，让党员回到事件发生地，在可观、可触、可感的历史场景获得“深感悟”。

系牢精神纽带。习近平总书记在陕西考察时指出，延安精神培育了一代代中国共产党人，是我们党的宝贵精神财富。延安还是新中国新闻出版事业的摇篮，1941 年 5 月至 1947 年 3 月，延安《解放日报》的社址就在延安清凉山上。《解放日报》是党中央在延安时期创办的第一份大型机关报，以成功的办报经验为后来各级党报的成长发展奠定了坚实的基础。解放日报社党委把“延安寻根”作为党员教育的重要一课，多次组织年轻党员、党支部书记等到延安追寻老一辈新闻工作者“足迹”。党员们在当年的办报地点带着小板凳听课，带着感动撰写心得体会，带着思考开展学习交流，将学习感悟转换为坚守新闻初心使命的坚定意志。

追寻信仰之路。建党百年之际，报社党委将党员教育与主题报道同步谋划、同步推进，推出“信仰之路”大型寻访实践项目，在制作发布红色新闻产品的同时，做深做实

党员教育。寻访项目由报社党史学习教育领导小组直接指挥，每个寻访小组设立临时党小组，围绕主题组织开展学习研讨。寻访前，组织深入学习党史重大事件、党员英模事迹；寻访期间，结合寻访方案、寻访路线等，开展学习交流；寻访结束，开展专题研讨交流，推动学习教育持续升温。寻访小组还将所见所闻所思所感，流淌在笔端、呈现在镜头、展现在讲台，以或纵横捭阖、或身临其境、或细致感人的讲述，向大众宣讲党的百年奋斗故事。

（四）服务群众打造“实事课堂”

纸上得来终觉浅，绝知此事要躬行。报社党委开门做教育，以为民办实事为载体，推动党员在实践中受到教育、提高认识。

深入基层一线，在联系和服务读者中增强群众观念。报社坚持贴近群众服务群众，在做好传统的群众来信来访工作的同时，还增设网页版建言、报料、投稿等读者入口，尤其对于其中的读者求助，组织党员及时跟进并给予回复。通过实践，党员深刻认识到，党报是党联系群众的桥梁纽带，在新形势下要进一步增强做好群众工作的主动性、自觉性，在服务群众中树牢宗旨意识、锤炼党性修养。

做好公益项目，在履行党报社会责任中强化党员意识。报社创办“‘哎哟不怕’抗癌公益项目”“上观‘健面谈’”等平台，组织党员积极参与志愿服务。“哎哟不怕”团队积极向癌症患者及其亲友传播防癌抗癌科学知识和理念；“上观‘健面谈’”以“关爱自闭症群体公益行动”等为主题开展线上线下活动，得到社会关注和好评。参与党员纷纷表示：“看到粉丝给予的肯定、鼓励和感谢，深深感受到党报的力量和党员的责任。”“作为党员，就是要把‘先进’和‘优秀’变为百姓的身边人、身边事。”

开展宣讲教育，在传播红色文化中筑牢思想根基。报社党委倡导党员化身“宣讲员”，打通线上线下，依托优质内容制作学习课程，通过“学习直通车”等载体送到基层。比如，庆祝建党百年期间，动态漫《为了出发的记念》以新颖的表达方式还原了龙华烈士们生命的最后时刻，受到青少年的欢迎；主创团队的党员还以此为基础制作针对青少年的团课、队课，走进各区团校开展教育活动。参与活动的党员表示，每次宣讲就是一次学习机会，促进自己把感性认识上升为理性思考，在教育别人的过程中也提升了自己。

四、加强党员教育的思考和建议

从集中性教育到经常性教育，从“线下”到“线上”，从阵地建在单位中到课程走进心坎里……越是事业发展，越要高举旗帜；越是攻坚克难，越要培根铸魂。报社党委坚持把习近平新时代中国特色社会主义思想学习教育作为党员教育中心内容，贯穿媒体深度融合发展全过程，不断推动党员在学懂上下功夫、在弄通上有收获、在做实上见成效。

（一）“围绕中心”是提高党员教育实效性的关键所在

党员教育的过程是一个外在学习和内在消化吸收的过程，如何让党的理论在党员头脑中生根发芽、内化为行动自觉，首先要做到紧扣实际。既可把平凡岗位当作“磨刀石”，又能把重大任务当作“试金石”。在学习过程中，尽可能调动党员学习的积极性和主动性，让党员进一步认识到加强理论学习是政治责任和精神追求，深化对职责使命的认识。通过深学细悟、研机析理，教育引导党员筑牢理论根基。

（二）“量体裁衣”是提高党员教育实效性的重要手段

党员教育不同于一般的知识传授和技能训练，其要旨在于提升党员党性修养，把党的科学理论内化为政治信念和价值自觉，实现党组织发展愿景与党员个人行为逻辑的内在统一。党员在接受教育的过程中，自身就是一个学习、思考和实践的主体。要根据党员思想状况和需求，组织学习活动、设计培训载体、制订教育举措，可通过情景教育、体验教育和实践教学等行之有效的方式，寓理于情，触及思想，产生共鸣，接受教育。

（三）“因地制宜”是提高党员教育实效性的资源支撑

科学合理的方式方法，是提高党员教育针对性和有效性的关键所在。要注重发挥党员主体作用，把课堂搬到项目一线，做到“哪里有党员，哪里就有教育阵地”。挖掘整合身边资源，综合用好新闻报道、图表图片、实物实景、音频视频等教学素材，多维视角设计教学内容，通过微型党课等各种载体，使党员教育更形象化、具象化，在情景交融中深化党员的情感认同、理性思考和行动自觉。

（四）坚持“学、思、用”一体是提高党员教育实效性的有力保障

党员教育是“认知—感悟—认同—践行”的思想教育过程。党员教育规律和内在价值逻辑，要求教育要坚持“学、思、用”一体，坚持以习近平新时代中国特色社会主义思想为指导，用马克思主义的立场、观点和方法辨清大局、大势和大事，将党员教育同价值教育、能力教育有机结合，教育引导党员保持政治上的清醒和坚定，涵养正气、内化修为，为深化改革、事业发展提供不竭动力。

（本文获2022年度全市组织系统优秀调研成果三等奖）

主要执笔人：解放日报社党建工作课题组

关于健全“选育管用”全链条体系 锻造担当作为居民区党组织书记队伍的调研报告

——以虹口区为例

虹口区委组织部课题组

2018年11月，习近平总书记在考察虹口区市民驿站嘉兴路街道第一分站时指出：“社区是党委和政府联系群众、服务群众的神经末梢，要及时感知社区居民的操心事、烦心事、揪心事，一件一件加以解决。”习近平总书记强调，加强和创新社会治理，关键在体制创新，核心是人。党的二十大报告指出，要“加强城市社区党建工作，推进以党建引领基层治理”。为进一步增强居民区党组织的政治功能和组织功能，虹口区委组织部结合贯彻落实《关于进一步加强党建引领基层治理若干措施》《关于进一步加强居村干部队伍建设和激励关怀的若干措施》和市委、区委工作部署，针对居民区党组织书记队伍建设情况开展专题调研，研究分析存在的问题，明确努力方向，进一步健全“选育管用”全链条管理体系，打造一支富有战斗力的居民区党组织书记队伍，推动居民区党组织建设成为有效实现党的领导的坚强战斗堡垒。

一、背景与目的

一是贯彻落实中央、市委决策部署的重要举措。2021年，《中共中央　国务院关于加强基层治理体系和治理能力现代化建设的意见》及上海市委实施意见出台，指出“加强基层治理队伍建设”，“充实基层治理骨干力量，加强基层党务工作者队伍建设”。2021年11月，市委组织部印发《关于加强新时代上海市居民区、村党组织书记队伍建设的若干意见》，进一步明确了居民区党组织书记建设的路径、方向和目标。2022年9月6日，市委召开深化推进基层治理体系和治理能力现代化建设会议，出台《关于进一步加强居村干部队伍建设和激励关怀的若干措施》，从待遇保障、职业发展、教育培训等方面加大对居民区党组织书记的培养和激励。对照中央、上海市委的部署要求，需要准确分析居民区党组织书记队伍状况，扬优势固根基，补短板强弱项，推动“神经末梢”更加灵敏，夯实党在超大城市基层的执政基础。

二是深入推进党建引领基层治理的必然要求。2021 年 12 月，《中共上海市委关于奋力走出基层党建新路的意见》指出，“坚持党对基层治理的全面领导，更加鲜明树立‘核心是人，重心在城乡社区，关键是体制创新’的导向”。居民区党组织书记作为居民区党组织的“班长”，是群众身边的“小巷总理”，是领导基层治理的“领头雁”，其自身政治素质、履职能力等直接决定着居民区党组织作用的发挥，影响着基层治理成效，关系着居民群众的生活品质，必须以更大力度、更实举措推进居民区党组织书记队伍建设，推动党建引领基层治理取得实效，不断满足人民群众对美好生活的向往。

三是进一步大抓基层、夯实基层基础的现实需求。2021 年“两委”换届后，全区居民区党组织书记队伍结构进一步优化，整体上实现了“两降一升”。各居民区党组织团结带领党员群众众志成城，坚决打赢大上海保卫战，涌现出一批担当作为优秀居民区党组织书记。同时也发现，个别居民区党组织书记的群众工作能力、统筹协调能力有待进一步提升。2022 年 4 月以来，各街道党工委结合工作需要对书记队伍进行了调整优化，全区共有 55 个居民区党组织书记进行调整（含新成立、撤并居民区），占居民区党组织总数的 27.8%。总结疫情防控大战大考的经验得失，亟须进一步提升居民区党组织书记队伍能力水平，以带领党员更好地发挥先锋模范作用，建强基层战斗堡垒。

二、居民区党组织书记队伍基本情况分析

截至 2022 年 9 月，全区共有居民区党组织 198 个，居民区党组织书记 191 名（含副书记、书记助理主持工作）。本次调研结合日常工作情况，通过数据分析、个别访谈、问卷调查等方式，对居民区党组织书记队伍的结构特征、工作状态、履职能力等进行分析。

（一）性别比例较为均衡，年龄结构趋于优化

从性别结构看，队伍中男性 80 人，占比 41.9%；女性 111 人，占比 58.1%，男女比例较为均衡。全区社区工作者男女比例为 1∶2.4，下一届居民区“两委”班子换届时，女性书记占比可能进一步提升。

从年龄结构看，平均年龄 45.8 岁。其中，35 岁及以下的 16 人，占比 8.4%；36—40 岁的 27 人，占比 14.1%；41—45 岁的 58 人，占比 30.4%；46—50 岁的 43 人，占比 22.5%；51—55 岁的 21 人，占比 11%；56—60 岁的 22 人，占比 11.5%；60 岁以上的 4 人，占比 2.1%（见图 1）。年龄结构较为合理，整体呈现“两头小中间大”的纺锤式结构，一大批年富力强、经验丰富的同志正处在书记岗位。但值得注意的是，在职年龄段中 5 年内达到退休年龄的有 23 人（其中男性 15 人，女性 8 人），加上现有退休返聘书记 17 人，合计占比近 20%，未来几年内将面临比较集中的新老交替，加快做好书记队伍后备人才的培养至关重要。

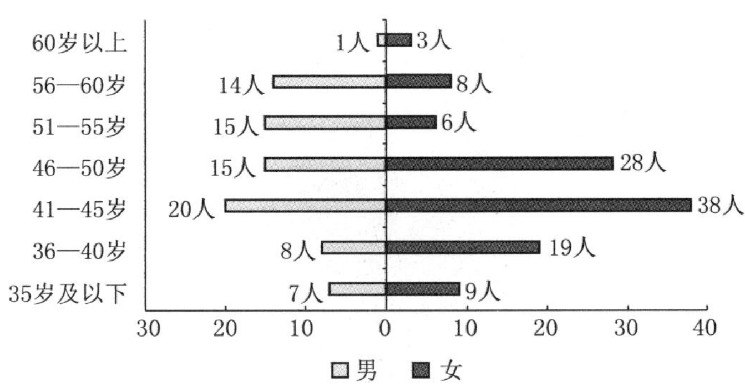

图 1　年龄与性别分布结构图

（二）文化程度持续提升

自“1+6”体制改革以来，全区各街道党工委积极推动社区工作者队伍职业化、专业化、规范化，居民区党组织书记文化程度持续提升。当前，大专以上学历已达 174 人，占总人数的 91%，较 2018 年换届后同比增长 14%。其中，大专学历 68 人，占比 35.6%；本科学历 101 人，占比 52.9%；硕士学历 5 人，占比 2.6%；另有 17 人为高中和中专学历（其中 16 人年龄在 55 岁及以上），占比 8.9%（见图 2）。总体来看，全区居民区党组织书记文化程度较高，基本具备岗位所需要的能力素质。

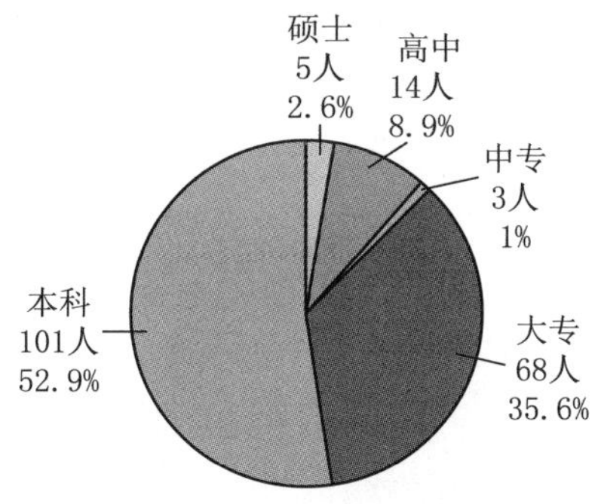

图 2　学历分布结构图

（三）编制使用尚有较大空间

调研结果显示，未使用专项事业编制的就业年龄段的书记（以下简称“享编书记”）共 151 人，占比 79.1%（均享受管理九级待遇）；使用专项事业编制的就业年龄段书记（以下简称“进编书记”）8 人，占比 4.2%（其中管理九级 7 人，管理八级 1 人）；选派公务员 6 人，占比 3.1%（其中 2 人为通过优秀居村干部定向招录渠道考入）；选派事业干部 1 人，占比 0.5%；选派社工 8 人，占比 4.2%（均为近期调整的主持工作的副书记、书记助理）；另有 17 名退休返聘书记，占比 8.9%（见图 3）。据统计，自 2014 年以来，全区共有 19 名符合条件的居民区党组织书记使用事业编制，首次定级均为九级管理岗位职员。总体来说，进编书记人数较少，定级相对较低，可进一步用好进编、职级晋升等政策，拓宽居民区党组织书记的职业发展渠道，激发居民区党组织书记的工作热情。

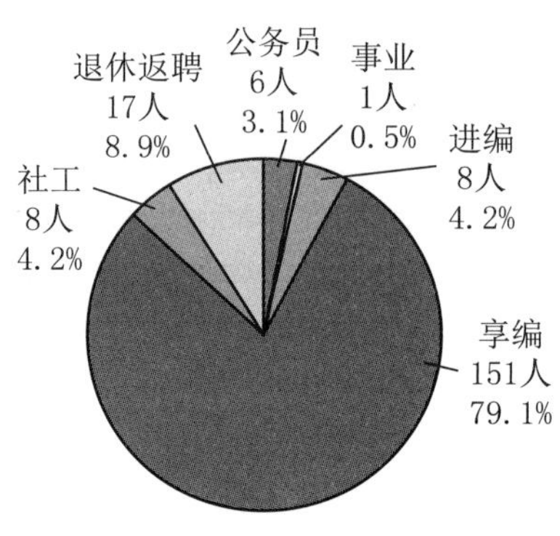

图3　编制分布结构图

（四）任职年限普遍较短

随着加快推进居民区党组织书记队伍年轻化，一批年轻同志走上书记岗位，书记任职年限普遍较短，任职3年及以下的达96人，占比50.3%；任职4—6年的74人，占比38.7%；任职7年及以上的21人，占比11%（其中任职10年及以上的9人，最长的达16年）（见图4）。这一数据体现出，一方面，近年来书记队伍的更新迭代较快，后备人才的培育和梯队建设卓有成效，为居民区党组织书记队伍注入了新鲜血液；另一方面，多数居民区党组织书记还存在资历尚浅、经验不足的特点，需要通过有针对性的培训、带教、交流等，加强实践锻炼和岗位历练，帮助其更好适应基层居民区一线工作要求。

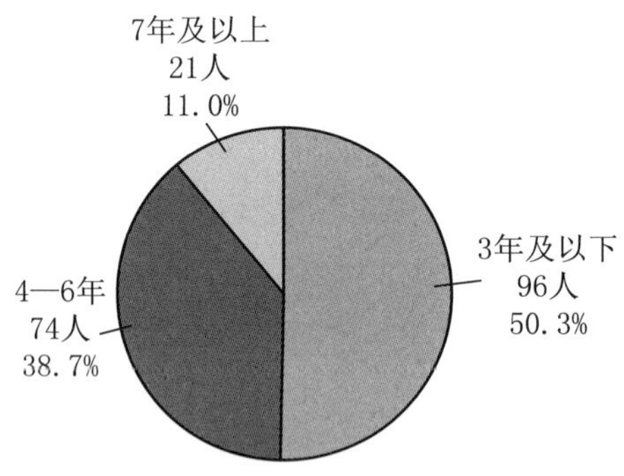

图4　任职年限分布结构图

三、居民区党组织书记队伍建设存在的难点问题

课题组结合有关调研情况、书记基本信息，以及回收的142份专项调研问卷等，对当前全区居民区党组织书记队伍建设存在的问题进行了分析。

（一）居民区党组织书记的政治能力有待进一步加强

习近平总书记强调："在干部干好工作所需的各种能力中，政治能力是第一位的。"居民区党组织书记作为基层党组织的负责人，必须具有坚定的理想信念、过硬的政治素质。经调研认为，居民区党组织书记还要持续加强政治历练，提升政治能力。

一是政治理论素养还需进一步提高。全区居民区党组织书记普遍能够做到讲政治、守规矩，在工作中率先垂范、乐于奉献、务实担当，以高度的事业心和责任感落实好工作任务（见图5）。在大上海保卫战中，绝大多数书记能够准确把握党的路线方针政策，坚定不移贯彻落实上级党组织决策部署，充分发挥居民区党组织的战斗堡垒作用。但另一方面，个别书记对疫情防控任务的极端重要性认识不足、准备不充分，疫情防控效果不明显；个别书记在大战大考面前抗打压能力不强，缺乏足够的斗争精神和斗争本领。这充分说明需要加强居民区党组织书记的思想政治建设，提升政治理论素养，推动养成更加严谨扎实的工作作风。

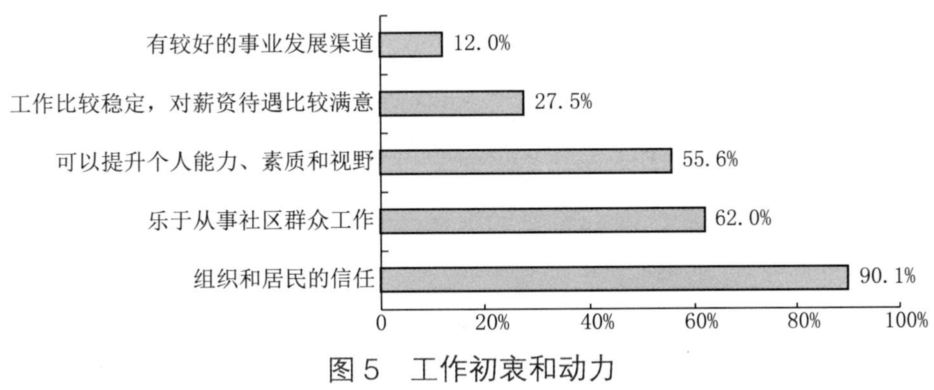

图5　工作初衷和动力

二是抓好党建主责主业的能力还需进一步提升。党的二十大报告强调，坚持新时代党的建设总要求和新时代党的组织路线，针对基层党建工作提出了“增强党组织政治功能和组织功能”“激励党员发挥先锋模范作用”等一系列要求。当前，部分居民区党组织书记对基层党建新形势新任务新要求学习把握还不够深入，在落实基层党建工作任务方面还有待加强。比如，部分居民区党组织书记仅满足于完成“三会一课”、主题党日等组织生活，开展党员教育管理的方式方法较为单一，缺乏针对性、实效性；部分居民区党组织推进家园党建、网格党建、楼组党建等工作的力度还不够，党员在社区中作用发挥不明显；部分居民区党组织对业委会、物业服务企业等治理主体的联系指导不足，没有充分形成“三驾马车”合力。

（二）推进党建引领基层治理的能力意识还需进一步增强

当前，中央、上海市委对于深化推进基层治理体系和基层治理现代化建设作出一系列部署要求，但部分居民区党组织书记对党建引领基层治理的任务要求理解还不够深入、透彻。

一是组织动员能力还需进一步强化。根据问卷统计，大部分书记认为在职党员是基层治理的重要力量，有保留这支队伍的意愿，但83%的书记表示“把在职党员留在社区存在难度”，存在的客观原因包括“在职党员空余时间不统一，难以调配”（78.2%）、“组织关系不在居民区，没有管理抓手”（57.0%）、“在职党员主动亮身份意识不强”

（47.2%）、“对接协调在职党员费时费力”（27.5%）等（见图6）。围绕“创文等社区服务项目中最优先发动的群体”这个问题，绝大部分书记选择先发动居委干部、再发动社区老党员和楼组长，最后发动在职党员的顺序，存在较为明显的路径依赖（见图7）。上述结果反映出，居民区党组织书记统筹各方资源力量参与社区治理的能力有待进一步加强，尤其是在职党员的作用发挥还不够明显。目前，曲阳路街道曲二居民区党总支通过成立在职党员先锋队、建立“周六议事厅”例会制度等方式进行了有益探索，下一步还要指导更多居民区党组织加以学习，转变工作方式，将战时的经验做法固化为基层治理的工作机制。

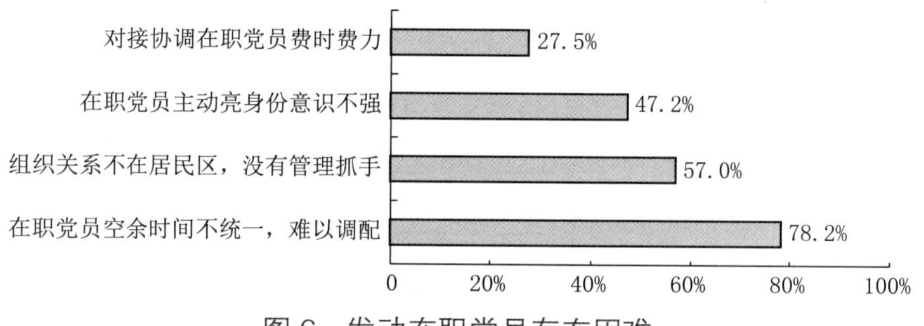

图6　发动在职党员存在困难

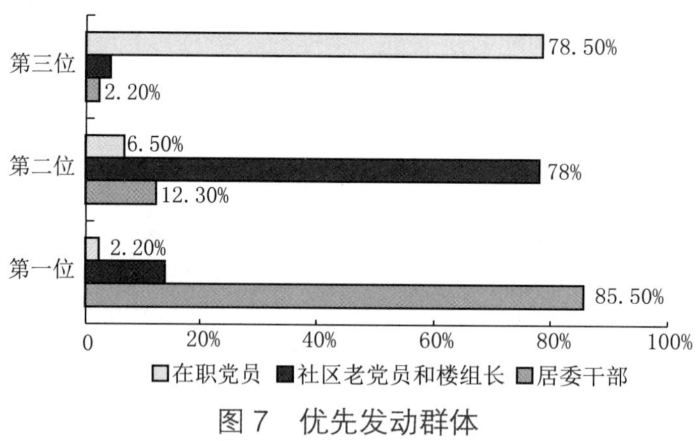

图7　优先发动群体

二是群众工作能力还需进一步加强。当前，面对基层治理的新形势、新挑战，年轻书记和资深书记在群众工作中面临着不同的难题。年轻书记由于任职时间短，在居民群众中的威信还不高，统筹协调资源、处理群众矛盾能力不足。资深书记一般具有较好的群众基础，能够熟练运用群众工作方法处理矛盾，但依托互联网平台引领正确方向、收集群众意见、及时回应诉求的能力不足，网络舆情应对处置和舆论引导能力成为明显短板。调查问卷结果显示，疫情期间有61.3%的小区或楼组已全部建立微信群，目前仍有65.2%的群处于日常使用状态，网络平台已成为居民沟通和表达的重要渠道。居民区党组织书记普遍将这个现象看作是一把“双刃剑”，87.3%的书记认同微信群是“收集居民

动态、回应居民需求的实用渠道”，但也有50.7%的书记表示“经常有居民发表负面言论，难以把控”。如何有效依托微信群等平台发挥舆论引导的正向作用、积极妥善回应各类问题，成为亟须指导帮助居民区党组织书记解决的问题。

（三）书记队伍培养和职业发展渠道还需进一步优化

调研中发现，部分居民区党组织书记认为工作的获得感不高、工作压力较大、缺乏职业发展空间。在问卷调查中，围绕“到街道其他条线工作意愿”的问题，近一半（47.2%）的书记选择了意愿程度达“60分及以上”，其中28.2%的书记选择了意愿程度达“90分及以上”，体现了部分书记对居民区工作岗位的热情还不高，需要进一步用好各项政策，加大激励关怀力度，让基层留住人才（见图8）。

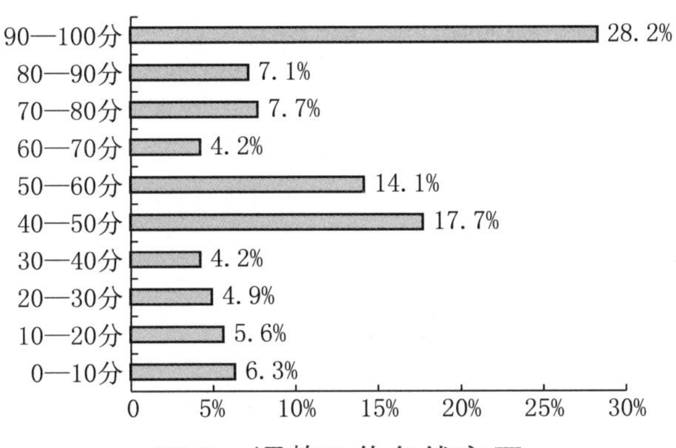

图8　调整工作条线意愿

一是工作压力大，超负荷运转状况长期存在。问卷调查显示，围绕工作时间分配等问题，超过一半的书记表示完成街道布置任务投入了80%—100%的时间（见图9），超过60%的书记认同或基本认同“居委干部配备不足”，74.6%的书记认同或基本认同“经常加班，工作不规律”，50%的书记认同或基本认同“工作遇到负面情绪难以疏解”。当前，各部门、各条线对居民区的工作都提出了更高的要求，加之受到疫情因素的影响，居民区承担了一系列超越自身能力范围的任务，普遍存在超负荷工作的状况（见图10）。且由于部分问题是居民区层面无法解决的，而居民对此缺乏理解，矛盾点集中在基层，导致居民区层面受了不少“夹板气”，影响了部分居民区党组织书记干事创业的热情。

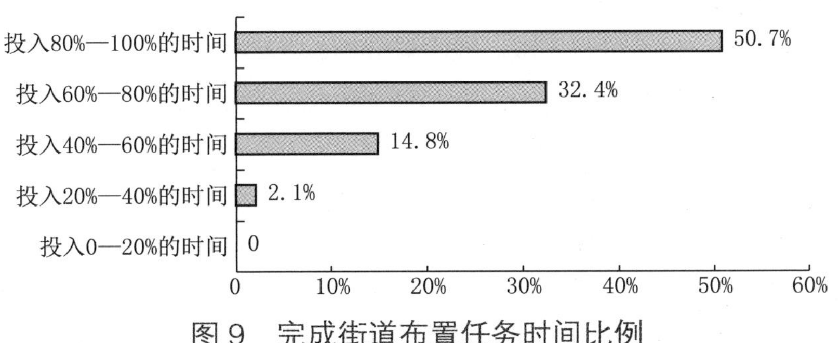

图9　完成街道布置任务时间比例

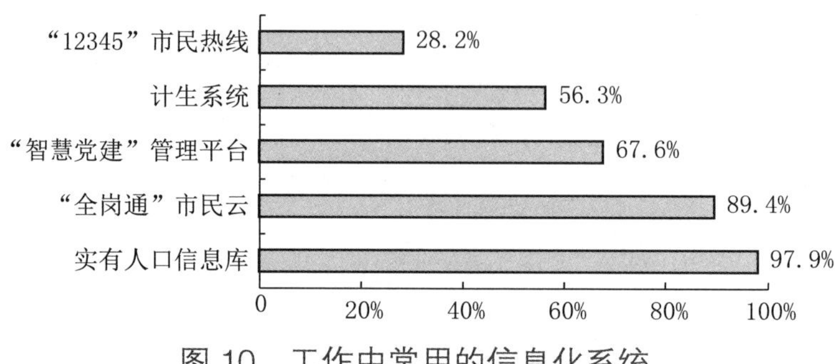

图 10 工作中常用的信息化系统

二是职业晋升渠道还需进一步拓展，激励制度措施还需进一步细化（见图 11）。问卷调查显示，49.3%的书记认同或基本认同"职业晋升渠道存在瓶颈"。在访谈中，部分受访书记表示对职业发展、薪资构成等缺乏清晰了解。据统计，目前全区进编书记比例较低，绝大多数书记享受事业单位管理九级待遇，这主要是受制于任职年限等客观条件影响。一方面，在书记的选拔任用、职业发展路径、晋升条件、进编定级等方面的宣传力度还不够，导致书记对于自身的职业发展缺乏明确认识。另一方面，各街道书记队伍人员构成有所不同，执行政策的标准和进度也有差距，目前仅有半数街道配有进编书记，仅 2 个街道通过定向招录优秀居村干部的方式各录用 1 名居民区党组织书记为本街道公务员。

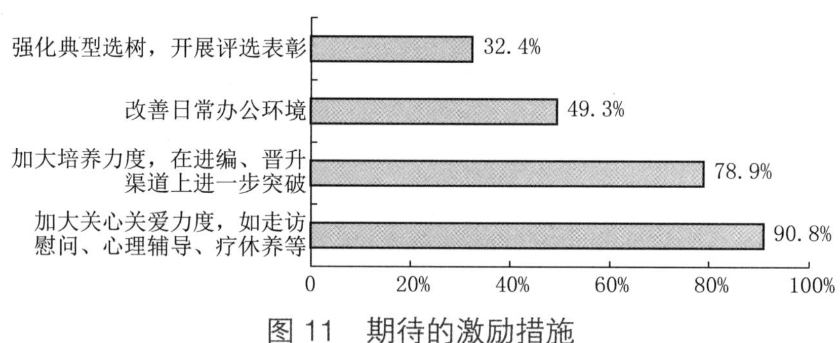

图 11 期待的激励措施

三是工资收入待遇有待进一步优化。目前，全区居民区党组织书记的收入待遇主要根据其编制身份进行具体核定，公务员身份的书记按照全区公务员工资绩效发放标准；事业编制书记与享编书记参照街道事业编制工作人员收入绩效待遇；社区工作者身份的书记按照区、街道相关标准进行发放。经比对分析，各街道公务员身份和社工身份书记收入待遇及其发放方式较为统一，事业编制书记、享编书记收入待遇及其发放方式仍有较大差别，部分街道未区分岗位性质，仅根据人员工龄、级别等因素进行分配。另外，目前享编书记未完全参照事业编制享受带薪休假、疗休养等福利待遇政策。

四是书记储备人才梯队建设有待强化。目前，全区各居民区党组织均完成配备书记助理。但通过问卷调查发现，仅有不到 50%的书记认同或基本认同"书记后备力量充足"。同时，当前个别街道在书记岗位调整时依然出现了书记后备人才紧缺及社区工作

者队伍断层、青黄不接等情况。这体现出在书记储备人才梯队建设方面依然存在不足，需要进一步加大选拔培养力度，在疫情防控、基层治理、旧区改造等重大任务中考察识别居民区干部，发现更多优秀后备力量。

四、启示与建议

按照中央、上海市委有关会议精神和文件要求，结合此次调研情况及全区居民区党组织书记现状，就进一步加强书记队伍建设提出如下意见。

（一）探索建立居民区党组织书记队伍考核评价体系

党的二十大报告指出，“把基层党组织建设成为有效实现党的领导的坚强战斗堡垒”。建强基层党组织，带头人是关键。要进一步加强对居民区党组织书记的考核评价，树立“能者上、优者奖、庸者下、劣者汰”的鲜明导向，建设一支高素质专业化的基层干部队伍。一是明晰岗位职责。围绕居民区党组织统一领导本地区基层各类组织和各项工作、加强基层社会治理等重要工作职责，区委组织部牵头相关部门制定居民区党组织书记工作任务清单，让居民区党组织书记开展工作、履职尽责有依可循。二是规范考核评价。区委组织部指导各街道党工委对照党支部标准化规范化建设等相关要求，结合区委、区政府年度重点工作及自身工作实际，探索建立居民区党组织书记队伍考核评价指标体系，对居民区党组织书记履职情况进行全面考核评价。三是加强调研督导。区委组织部牵头成立老书记督导巡访团，实行分片包干，定期开展走访调研评估，在帮助指导居民区党组织书记开展工作的基础上，对书记素质能力进行精准“画像”。

（二）健全完善居民区党组织书记队伍教育培训体系

党的二十大报告指出，“加强干部斗争精神和斗争本领养成”。居民区党组织书记处在直面群众问题、化解疑难矛盾的第一线，只有增强政治素质和业务能力，推动解决群众的急难愁盼问题，才能把矛盾纠纷化解在基层、化解在萌芽状态。一是开展常态化学习教育。区委组织部、街道党工委每年开展居民区党组织书记集中培训，树牢书记抓基层党建、基层治理第一责任人意识，通过专家授课、参观学习、研讨交流等方式，全方位促进提升履职能力。二是做好传承带教工作。街道党工委充分发挥“书记工作室”作用，采用老书记带新书记、现任书记带后备书记等带教模式，培养一批优秀的年轻书记和书记储备人才，加快书记队伍能力整体提升。三是提炼总结经验做法。梳理居民区党组织在推进基层党建、基层治理中形成的好经验好做法，汇编形成有操作性的工作指南，帮助新任书记等开展学习提升、适应工作岗位。

（三）持续推动居民区党组织书记队伍激励措施落地

党的二十大报告指出，要“坚持严管和厚爱相结合”，“激励干部敢于担当、积极作为”，“关心关爱基层干部特别是条件艰苦地区干部”。一是畅通职业发展渠道。用好用足各项激励政策，进一步细化任职定级、表彰评优、职级晋升、进编享编、定向招录、参政议政等操作办法，综合考虑学历、经历、工作业绩、群众评价、获得荣誉等因素，探索建立享编、进编书记定级标准，打破书记职业发展“天花板”，提高激励政策可及性。二是优化收入待遇标准。指导街道党工委用好绩效工资额度自主分配权，做好同等条件下居民区党组织书记与同街道其他事业单位工作人员绩效分配，工资待遇水平适当向基层倾斜，适时调整退休返聘居民区党组织书记津贴标准。三是切实为基层减负增能。推动建立区、街道职能部门（科室）下沉居民区事务准入清单，规范居民区层面的权责事项。健全完善选派机关、企事业单位干部到居民区担任党组织书记工作机制，建立书记后备人才库，进一步增强基层工作力量。截至2022年10月26日，首批选派的32名机关、企事业单位干部已全部到居民区报到，担任居民区党组织书记，开始为期两年的基层工作实践。

（本文获2022年度全市组织系统优秀调研成果优秀奖）

主要执笔人：李红波、何　然、高　轩

新时代上海建设交通系统行业党建的探索与实践

市建设交通工作党委组织处（统战处）课题组

习近平总书记指出，在新的形势下，要用更加开阔的视野谋划基层党的建设，加强统筹协调，整合组织资源，积极探索单位党建、行业党建和区域党建互联互动，不断提高党建工作整体效应。近年来，市建设交通工作党委以习近平新时代中国特色社会主义思想为指引，认真贯彻落实市委部署要求，坚持“立足委局、面向系统、牵动行业、服务群众”，扎实有序推进建设交通系统行业党建工作，努力把党的政治优势和组织优势转化为推动解决市民群众急难愁盼问题、实现建设交通行业高质量发展的治理优势。

一、基本情况和主要做法

建设交通系统由住建、交通、水务、绿化市容、城管、房管等部门组成，行业覆盖面广、社会关注度高、与老百姓生活密切相关，在践行“人民城市”重要理念、服务上海经济社会发展和民生改善中扮演着重要角色。随着经济社会改革深化，城市建设交通领域政企、政事、管养、管办逐步分离，原有的组织方式和党员队伍结构发生了深刻变化，行业管理上下游间的紧密度有所弱化。与此同时，新形势下超大城市治理的综合性、系统性、交叉性日趋变强，多部门携手形成合力推动问题解决显得尤为重要。可以说，探索和加强行业党建工作，既是新时期对推动高效能治理的必然要求，也是市民群众对追求高品质生活的现实需要，更是行业自身实现高质量发展的迫切需求。

建设交通系统行业党建的实践探索，是由市建设交通工作党委牵头、委局及相关中央在沪单位党组织主导，行业管理机构、相关社会组织和企业等多元主体共同参与，依托行业管理架构体系，通过组织聚合、资源整合、信息汇合、机制联合、感情融合，与区域党建、单位党建互联互补互动，构建形成的适应城市治理现代化需要的党建共同体。自2019年以来，市建设交通工作党委在物业行业试点探索的基础上，确定了公交、市政公路、供水、排水、市容环卫、公园绿地、燃气、工程建设、城管执法、物业、快递、铁路12个重点行业，全面推进行业党建工作。主要做法是：

（一）健全组织体系，促进工作融合

把搭建组织架构、完善组织纽带、明确工作责任作为推进行业党建工作的重要基础，按照“不求所属、但求联动”原则，把相关各级各类党组织联系聚合起来，形成目标一致、上下联动、条块联合、协同治理的组织架构。

一是加强顶层谋划，抓好统筹协同。大口党委充分发挥牵头抓总作用，研究制定了《关于进一步加强建设交通系统行业党建工作的若干意见》，明确了行业党建的总体要求、基本原则、重点任务和工作机制，提出了“党委领导有力、行业特征鲜明、工作成效明显、基层基础扎实、各行业协同推进”的总目标。牵头成立市建设交通系统行业党建推进工作领导小组，推动相关委局及中央在沪单位党组织分别成立各行业党建工作指导委员会（领导小组、指导小组），制定各行业党建工作方案，全面落实市建设交通工作党委的协调指导责任，系统各委局和相关中央在沪单位党组织的组织推进责任，各行业管理机构党组织的具体实施责任。

二是立足行业特征，完善组织架构。搭建符合行业实际、具有行业特征的行业党建组织架构，集聚各级各类管理机构、社会组织、企业等行业治理主体，健全从上到下、一抓到底的行业治理链条，为建立科学高效的行业治理体系提供组织保证。物业行业立足行业党建工作覆盖面不够宽，以及市房管部门对非行业协会会员单位和各区房管部门的党建指导缺少抓手平台的实际，将原来依托市、区两级行业协会运作的物业管理行业党建工作指导委员会升格。在市级层面，由市建设交通工作党委牵头，市房管局主要负责，委局相关部门、市物业管理事务中心、市物业协会为成员单位；在区级层面，由各区房管部门主要负责同志亲自抓，进一步提升行业党建工作的统筹协调力度。燃气行业成立了由市住建委相关部门、市燃气管理事务中心、燃气集团、行业协会组成的行业党建指导委员会，同时设立燃气集团组、燃气协会组、行业管理组三个条线组，通过企业自治、协会助力、市区联手整合盘活各方资源，凝聚行业力量，推动行业发展。工程建设行业设立了由市建设交通工作党委、市住建委、市工程建设安质监总站和16个区安质监部门、4个园区、8个专业监督机构党组织组成的行业党建工作指导委员会，实行成员单位“轮值制”，定期牵头策划主题活动，组织召开联席会议，推动党建工作提质增效。

三是坚持开放融合，拓展工作格局。自觉把行业党建融入城市基层党建的整体格局，在更大范围、更宽领域、更深层次上整合调动政府、市场、社会等各方资源，不断拓展行业党建工作的新功能、新方式。绿化市容行业通过打造环卫保洁行业党建联盟、黄浦江苏州河沿岸街镇区域化党建平台、绿化养护企业行业党建联席会议、公园行业党建联席会议四大联建平台，探索“与行业企业联建、与区域单位联建、与其他行业联建”三种共建模式，实现条与块的资源共享、优势互补、互惠互利，加快提升精准服务群众的能级和实效。铁路行业围绕共同做好旅客服务工作，加强上海站、虹桥站等特大

型枢纽车站窗口单位与申通地铁、大众出租等相关单位党组织的品牌共建，为老幼病残孕等重点旅客提供手机“码”上预约，铁路和地铁、地面出租自动衔接的轮椅出行、协助上下车、便利出站等接续服务，满足旅客多样性、个性化、高品位的服务需求。

（二）创新运行机制，推动资源整合

积极探索行业党建工作机制和路径创新，持续完善“抓行业、行业抓”的大党建工作机制，充分整合行业资源，有力调动各方积极性，推动行业单位间的组织相融、工作相融和感情相融，形成合力驱动、联手攻坚的良好局面。

一是建立议事协商机制。以党组织为纽带，建立多种联合联动工作机制，增进行业单位间的信息互通、工作互融、优势互补，为行业党建组织架构的有效运行提供保障。供水行业建立热线处置会商机制，由行业管理部门党组织牵头，在夏季用水高峰期间，每周召集各区供水管理部门和供水企业对市民反映集中的问题进行会商处理，缩短处置周期、加速工作进程，保障安全优质供水和文明服务。城管行业建立长三角城管执法协作机制，每年召开会议发布重大制度事项；定期召开执法协作对接会议，推动固体废弃物外运联合执法整治，花博会、进博会等重大活动联合保障工作取得新成果，让人民群众有更多获得感。

二是优化协同推进机制。围绕具体工作项目，把“条上”的行业管理优势与“块上”的地域组织优势协调整合起来，形成目标一致、沟通有效、协同运作、互利共赢的协同推进机制，共商共治、共破难题。绿化市容行业聚焦菜场公厕“闻不得、进不去”问题，以长宁区为试点，成立标准化菜市场公厕行业党建联盟，签订行业主管部门、区相关职能部门和属地“六方协议”，明确各方在菜场公厕建设、管理、服务过程中的责任分工，形成行业管理部门指导、街镇属地管理、企业具体实施的治理格局，合力推动全区22家标准化菜场公厕提质升级，目前长宁经验已经在全市标准化菜市场公厕提标改造中推广。市政道路行业针对疫情期间货车司机“核酸检测难”“吃饭难”“洗澡难”等问题，由行业管理部门党组织牵头，协调相关区管理部门在临港、宝山等货车司机相对集中地先后设立启动7个核酸检测采样点，组织行业协会为港口、堆场、仓库等地滞留司机提供免费午餐，与临港新片区管委会协调在临港集卡服务中心司机之家设置移动式淋浴间和“红丝带”抗原采集公交车，为集卡司机提供最大便利，服务保障防疫和民生物资的运输顺畅。

三是健全人才培育机制。集聚行业资源，建立多层次行业队伍培养机制，广泛开展立功竞赛和技能比武活动，加快行业高层次人才、领军人才队伍建设，持续提高从业人员专业化素质。物业行业依托“962121”物业热线平台，按照“选荐一批物业管理人员交流提升、选送一批热线人员基层历练、选优一批业委会成员专业指导、选择一批机关干部实践锻炼”的思路，建立了行业人才发现、培养、储备机制。排水行业通过办好行业“初心学院”、青年论坛、书记沙龙，举办污水检测工、泵站操作工、管道养护工技能竞赛，评选行业青年科技英才、青年拔尖人才等，发掘、培养和集聚一批具有创新能力和发展潜力的专业技术和职业技能人才，为事业高质量发展提供人才储备。

四是完善品牌示范机制。把培育典型、示范引路、整体推进作为有效方法和重要举措，广泛设立党员示范岗，总结提炼党员工作法，打造行业党建品牌，增强党建品牌的创新力。市建设交通工作党委充分利用“建设先锋”党组织示范点这一成熟党建品牌的知名度和影响力，将创建工作覆盖至与民生密切相关的各个重点行业，先后打造了“交通先锋”“治水管海先锋”“绿化市容先锋”“房管物业先锋”“城管先锋”“工程建设先锋”“燃气先锋”“邮政快递先锋”“铁路先锋”等一系列具有行业特色、体现工作水平的党组织示范品牌，在各行业推动补短板、强服务，有力提升了行业党建的社会影响力。

（三）突出党建引领，强化工作实效

发挥行业党组织把方向、管大局、保落实的引领作用，以增强政治功能和组织功能为根本，以促进资源和要素整合、党建与业务融合为关键，以推动破解市民群众反映强烈的难点热点问题和制约行业发展的深层次瓶颈问题为发力点和突破口，以清晰的任务体系推动行业党建从有形到有效。

一是坚持把方向，为行业发展引舵领航。坚持把加强党建引领、确保行业发展的正确方向作为行业党建的首要政治任务，不断强化政治引领。市建设交通工作党委不断深化党建引领融合整合工作机制，组织召开城管、交通、水务行业行政执法单位党史学习教育联组学习会，推动市综管中心党总支、市道运中心党委召开道路桥隧与照明设施行业“学党史　我为群众办实事”结对共建签约大会，房地产交易行业“先锋窗口”“文明窗口”“廉洁窗口”创建总结会等，通过行业党组织间联学明方向、联建开新局、联动办实事，引导行业广大党员干部职工深刻认识“两个确立”的决定性意义，增强“四个意识”、坚定“四个自信”、坚决做到“两个维护”。在民营企业集中的快递行业，指导主管部门积极加强与行业头部企业负责人、经营管理骨干的沟通联系，及时把党的主张、政策有效贯彻到企业，引导出资人把准政治方向、站稳政治立场，进一步增强民营企业跟党走的信念。

二是积极惠民生，持续推动民心工程和民生实事的落地落实。认真践行“人民城市”重要理念，把更好满足人民群众对美好生活的向往作为行业党建的推进方向，积极开展“我为群众办实事”实践活动，着力解决群众“急难愁盼”问题。物业行业针对“加装电梯难”和“小区停车难”，研究编制既有多层住宅加装电梯指引后续管理指导意见，出台小区停车管理制度和专项规约示范文本，总结不同类型小区的成功案例，为全市面上提供一系列可复制可推广的方案。市政公路行业围绕“停车难综合治理”民心工程，一手抓顶层设计，研究出台《关于开展提升善治效能加快停车难综合治理专项实践工作的方案》指导意见，会同十部门进一步明确配套政策，打造示范项目；一手推机关先行，进一步动员党政机关、事业单位、国有企业带头向社会错峰共享内部停车资源。排水行业探索在“道路积水点改造”民生实事工程中实行标准化党建联建模式，通过搭建党组织联建“一个平台”，建立定期会议和及时沟通“两项机制”，开展项目共推、安

全共治、文明共创“三项行动”，推动文明施工规范有序，安全质量管控水平不断提高，市民群众满意度持续增强。

三是聚力强治理，不断提升协同共治能级。聚焦高效能治理，以解决行业管理难题和改善行业薄弱环节为重点，通过加强业务串联、行业互补、区域互动，切实提升治理能级。围绕加强住宅小区综合治理，物业、城管行业党组织开展党建联建，加强信息共享“管执联动”，实现小区违法搭建、敲承重墙、擅自改变房屋用途等房屋违法使用行为第一时间发现、劝阻、报告和处置的闭环管理。物业、环卫行业党组织聚焦小区装修垃圾清运难题，强化业务协同和数据共享，推动解决垃圾综合治理难题，提升住宅小区宜居安居。针对燃气接入服务过程中办理环节多、接入周期长、业务公开程度不够、部门利益等问题，燃气行业集聚企业、器具、区管理部门等各方党组织力量，努力打破部门利益藩篱，编制统一的《燃气接入营商工作手册》，为解决行业管理难题打下基础。针对群众关心的工程质量、安全、施工扰民等焦点问题，工程建设行业发挥监督机构监管优势，积极推进工地项目、建设工程参建各方和社区党组织党建联建，督促工地全面落实防尘、降噪、节能、绿化、施工时间控制等文明施工措施，不断提升工程建设行业管理水平。

四是着力兴文化，不断提升行业发展软实力。加强行业文化建设，着力讲好党的历史、行业改革发展、干部职工敬业奋斗故事，传承和弘扬行业优良传统，增强干部职工的行业归属感、荣誉感和自豪感。公交行业以红色专列、缩微展厅、流动课堂等形式，组织100条优质线路、100名服务明星、100个文明站点“三个一百”主题展评活动，讲好全行业致力“提高整体营运质量、保障市民安全出行”的生动故事。排水行业积极总结全行业在新时代治水思想指引下的生动实践，使“水不退、人不撤”的新时代上海排水行业精神成为行业职工的共同价值观念和精神追求。物业行业连续开展五届“最美物业人”评选推荐，大力弘扬“辛苦我一人、幸福千万家”的上海物业行业精神。快递行业广泛宣传优秀快递员和服务团队的先进事迹，弘扬“小蜜蜂”精神，引领更多先锋形象在车间班组、运输车辆、投递一线亮相，推动行业形象提升。

二、初步成效

经过几年的努力，有建设交通系统特色的行业党建工作格局初步形成，在提升基层党建水平、增强人民群众满意度、推动行业高质量发展等方面取得积极成效，成为新时代城市基层党建的重要组成部分。

（一）行业党组织的政治功能和组织功能显著增强

覆盖全行业的党建联建工作体系在各行业逐步建立完善，基层党组织在各行业从有形覆盖向有效覆盖不断深化，行业党组织切实承担起联结行业主体、团结干部职工的政治责任，行业各单位“同一屋檐下，同是一家人”的意识显著增强。特别是在大上海保卫战中，各行业各单位党组织积极响应市委号召，在大口党委统筹协调下，第一时间向全行业发布倡议书、告知书，迅速把资源和力量集中到抗疫攻坚第一线，全力筑牢各领域疫情防控屏障。工程建设、市容环卫、城管执法等行业确保了方舱建设、环境清洁消杀、工地管理、涉疫垃圾清运、街面和住宅小区疫情防控等重点任务落实到位，公交、市政道路、快递、铁路等行业保障了交通和防疫民生物资畅通，供排水、燃气、物业等行业守护了全市人民的基本民生需求不断不乱。

（二）人民群众对行业服务的满意度和获得感进一步增强

通过党建凝聚力量、统筹资源，有效解决了一些百姓长期呼吁的“急难愁盼”问题，有力增强了人民群众对建设交通行业的感知度和满意度。水务、绿化、燃气等行业不断优化基础设施保障，提升公共服务能力，满足市民群众对高品质生活的需求；物业行业一边奋力投身社区疫情防控第一线，为业主“看好门、消好毒、管好人”，一边不断提升服务质量能级，在城市安全运行、生活垃圾分类、美丽家园建设中积极作为；快递行业联系千城百业、服务千家万户，在扩内需、稳经济、惠民生、保就业等方面发挥了重要作用，特别是在疫情期间，全力满足卫生防护和生活保障物资寄递需求，获得了市民群众的广泛认可。

（三）行业的发展水平和文明形象进一步提升

通过把问题导向和效果导向作为行业党建工作的重要方向，坚持不懈“补短板”，行业的发展能级有效提升，行业的良好形象进一步树立。环卫保洁行业实现了道路保洁机械化、新能源化，生活垃圾分类收运监管力度进一步加大，环卫车辆车容车貌专项治理成效明显，保洁作业持续由粗放型向精细化管理发展。交通、水务、城管等执法行业队伍素质不断提升，作风持续改进，依法依规的法律刚性和“以百姓心为心”的治理柔性共存，彰显了崇法善治的城市软实力。各行业广泛开展的“双师”创建、品牌创建、技能竞赛等，使先锋典型的溢出效应不断扩大，行业人才队伍建设速度加快，更多优秀人才脱颖而出。

三、经验启示

新时期建设交通系统行业党建的有益探索，本质是在党的领导下，围绕行业治理的共同目标、共同诉求、共同利益，将不同隶属关系的基层党组织沿着行业管理链条，通过开展资源整合型党建联建串联起来，搭建平台、整合资源、凝聚力量、破解难题；同时，行业主管部门通过盘活资源，为行业思想政治、组织作风、人才队伍、文化品牌建设提供更多支撑保障，激发了行业可持续高质量发展的内生动力。行业党建的实践探索体现了工作的规律特征，主要表现在：

（一）构建高效协同的领导体制是做好行业党建工作的核心

实践证明，只有建立健全坚强有力的工作体制，打破行政隶属壁垒，推动资源优化整合，才能为行业党建工作高质量发展提供坚强保障。

（二）找准服务发力的链接点是做好行业党建工作的关键

实践证明，只有找准服务群众、服务基层的链接点，以党组织为纽带，开展跨部

门、跨层级、跨领域的业务联动，深化与属地党组织的共商共建、互联互补，才能精准高效呼应百姓需求，推动解决实际问题，切实提升基层治理水平。

（三）创新工作方式手段是做好行业党建工作的重点

实践证明，只有从行业传承的传统、目前发展的阶段和承担的职责使命出发，持续探索符合超大城市治理特点和规律的行业党建新模式、新路径，才能确保行业党建工作有活力、见成效。

四、思路对策

近期，市委、市政府印发了《关于进一步加强党建引领基层治理的若干措施》，其中涉及建设交通系统的任务占总数过半。这就要求在总结梳理行业党建前期积累的条块联动、合力攻坚等经验基础上，从四个方面着力落实党建引领基层治理各项任务：

（一）进一步健全工作体系

领导职责要更明晰，市建设交通系统行业党建推进工作领导小组要坚持系统思维，强化整体协同，形成工作合力，推动责任落实。各行业党建指导委员会（领导小组、指导小组）要有力调动各方工作积极性，增强协同推进能力。力量整合要更广泛，加强对工会、共青团、妇联等部门的工作统筹。更好发挥行业协会、学会在引领行业自律、规范行业行为、促进行业发展中的积极作用。工作机制要更优化，健全完善会商研判、议事平台、轮值负责等工作机制，进一步构建协同推进的工作格局。

（二）进一步聚焦工作重点

铆牢发展关键，将党组织的各项资源和优势集中到补齐短板、创新突破上来，在服务国家战略和超大城市精细化建设治理中激发行业良性发展的动能活力。服务民生关切，聚焦“两旧一村”改造、物业治理等重点项目，寻找发力点，明确主攻方向和具体举措，确保工作成果更多更公平地惠及最广大人民群众。着眼行业关注，围绕提升党建对行业改革发展的引领、加快建设高素质队伍、弘扬行业文化、树立良好形象，为行业营造更好发展环境，提升行业发展软实力。

（三）进一步加强典型选树

着力培育代表人物，贴近重点工作和基层一线，选树更多有代表性的行业典型，营造全社会尊重行业劳动成果、重视一线从业人员的良好氛围。打造行业党建品牌，继续在打造亮点、树立品牌上下功夫，做大做强“建设先锋”子品牌，培育塑造更多“叫得响、推得开、立得住”的行业名片。推广行业治理经验，开展优秀案例评选，发挥标杆引领效应，推广治理经验，提高工作知晓度、参与度和满意度。

（四）进一步加强基础保障

建强基层组织，坚持大抓基层的鲜明导向，加强党的基本组织、基本队伍、基本制度建设，发挥好基层党组织的战斗堡垒和党员的先锋模范作用。拓展工作力量，鼓励专业干部积极参与到行业党建工作中，支持面向行业开展基层党组织书记和党务干部培训，培养和锻造一支既懂专业又善于做社会工作、群众工作的工作队伍。注重发扬民主，走好新时代群众路线。进一步完善组织动员群众、支持依靠基层的工作机制，拓展意见征集渠道，以群众的广泛参与推进群众满意度、幸福感的提升。加大投入保障，把深化行业党建和推动党建引领基层治理、“建设先锋”党组织示范点品牌创建相结合，推动各类创建活动、评优评先优先向参与党建引领基层治理单位和党组织倾斜。

（本文获2022年度全市组织系统优秀调研成果优秀奖）

课题组成员：胡广杰、周志军、张　明、顾笑萍

主要执笔人：顾笑萍

适应新时代要求全面加强上海公立医院党支部建设工作研究

市教卫工作党委课题组

公立医院是我国医疗服务体系的主体，是党领导人民、服务群众的重要窗口，服务水平的高低直接关系到人民群众的获得感、幸福感和安全感，直接关系到党的人心向背和执政基础。党支部是党在医院全部工作和战斗力的基础，其建设工作的好坏，直接影响着建设“健康中国”伟大事业的成败。为落实新时代党建工作新要求，课题组聚焦全面加强上海公立医院党支部建设工作，以本市公立医院基层党支部为基础样本，总结上海公立医院推进党支部建设的有效实践，发现存在的问题，进而提炼出可行的意见建议和实现途径，以期为全面加强公立医院党支部建设工作提供借鉴。

一、全面加强公立医院党支部建设工作的重大意义

（一）适应新时代新形势要求，不断提高公立医院基层党建质量的内在需要

坚持伟大斗争、建设伟大工程、推进伟大事业、实现伟大梦想，要求把党组织建设放在更加突出的位置，不断提高党组织建设质量。上海市委《关于以组织体系建设为重点推进新时代基层党建高质量创新发展的意见》明确指出：“进入新时代，基层党组织必须顺应时代发展新要求，改革创新、大胆探索，不断增强创造力、凝聚力、战斗力，努力开创与上海在新的时代坐标中坚定追求卓越的发展取向相适应的基层党建高质量创新发展局面，切实担当好新时代新使命。”就行业属性来看，公立医院的核心宗旨是提升医疗质量，更好地保障人民群众的健康。当前，公立医院各级党组织面临着从严治党更加常态化、信息环境更加多元化、党员思想更加动态化、方式手段更加创新化等新挑战，“四个考验”仍然长期存在，只有强化党组织政治功能和组织功能，加强制度化、体系化、规范化建设，才能切实提高党组织建设质量，为办好人民满意的医疗卫生事业提供坚强有力的保障。

（二）扎实推进公立医院基层党组织全面进步、全面过硬的重要举措

严密的组织体系是党的优势所在、力量所在。公立医院党支部是落实党的全部工作的基础组织，是公立医院完成医疗、教学、科研、管理等任务的战斗堡垒，担负着直接教育、管理、监督党员和组织、宣传、凝聚、服务广大医务人员和人民群众的重要职责。近年来，上海市全面深化卫生健康行业综合改革，广大医护人员发扬“敬佑生命、救死扶伤、甘于奉献、大爱无疆”职业精神，党建工作发挥了重要的引领和保证作用，但也不同程度地存在着基层党组织“弱化、虚化、边缘化”等共性问题，比如部分党组织政治功能不够突出、组织设置不够合理、隶属关系不够规范，思想政治建设薄弱，存在“重业务轻党建”等现象。要切实解决好这些问题，必须把抓好党支部建设作为推进公立医院建设的基本功，把党的卫生与健康工作方针全面贯彻到公立医院党支部建设各方面，使基层党组织成为医护人员最贴心、最信赖的组织依靠和战斗堡垒。

（三）加强现代管理制度建设、推进公立医院高质量发展的有效途径

2021 年 2 月，中央全面深化改革委员会第十八次会议审议通过的《关于推动公立医院高质量发展的意见》强调指出，推动公立医院高质量发展，要坚持以人民健康为中心，坚持基本医疗卫生事业公益性，以健全现代医院管理制度为目标，强化体系创新、技术创新、模式创新、管理创新。建立健全现代医院管理制度是推动公立医院高质量发展的重要保障。公立医院治理体系标准化建设是国家治理体系法治化建设的重要组成部分，必须把加强党的领导作为构建公立医院治理体系的关键所在。全面加强公立医院党支部建设，有利于发挥基层党组织在基层治理中的引领作用，有利于在现代医院管理制度建设中发挥示范引领效应，促进党建工作与医教研管中心工作深度融合，进而推动中国特色公立医院治理体系现代化建设，为早日实现健康上海、健康中国战略作出贡献。

二、上海公立医院党支部建设现状分析

近年来，上海市委始终坚持“围绕中心抓党建，抓好党建促发展”，通过突出公立医院内设机构党支部政治功能、促进支部党建与业务工作深度融合、加强党员队伍建设，全面提升各级公立医院基层党建工作水平。各公立医院党委积极开展探索和实践，形成了一些有益的经验，但还存在不少需要认真研究解决的问题。

（一）基础扎实

1. 上海市加强对公立医院基层党建工作的指导

2018 年 8 月，上海市委组织部印发《关于严格落实“三会一课”制度的实施办法（试行）等三个党的组织生活制度的通知》，对“三会一课”制度、领导干部双重组织生活制度、主题党日实施办法进行具体规范。2018 年 12 月，上海市委办公厅印发《关于加强公立医院党的建设工作的实施意见》，同时上海市委组织部、市教卫党委、市卫健委党组联合印发《上海公立医院党委会议议事规则（试行）》《上海公立医院院长办公会

议议事规则（试行）》（简称“1+2”文件）；2019年6月，上海市委办公厅印发关于认真贯彻落实《中国共产党支部工作条例（试行）》的通知，进一步明确基层党支部建设任务；2019年10月，上海市委办公厅印发《中共上海市委关于贯彻〈中国共产党党内关怀帮扶办法〉的实施细则》的通知，就开展党内关怀帮扶，应当注重政治上激励、工作上支持、待遇上保障、心理上关怀等方面作出明确要求；2020年4月，市教卫工作党委出台《上海公立医院党建工作质量评价办法（试行）》，对医院党支部规范化建设提出考核要求。一系列顶层设计，为加强上海公立医院党支部建设工作指明了方向，奠定了坚实的制度基础。

2. 各公立医院结合实际抓好推进落实

各级公立医院党委坚持党建、业务“一盘棋”，着力促进“同向同行、同频共振”，积极推动党建与医教研业务有机融合、相互促进。通过开展党员示范岗、党员先锋岗、党员义务服务日等多种形式，引领党组织发挥战斗堡垒作用。积极推动党建与科室管理融合，引领各级公立医院结合实际制定实施《医院内设机构核心管理小组会议制度》《医院党支部参与科室决策议事规定》等相关制度，充分发挥党支部在科室的重大决策、人才培养、绩效分配等方面的政治把关作用。同时，让党支部在科室队伍建设、突发事件动员、和谐稳定、评优评先等工作中唱主角，在科室的医德医风、职称晋升、绩效考核等重大事项中有充分的决策参与权。不少公立医院还在组织体系、支部制度、工作流程等方面细化创新，为推进党支部建设工作积累了宝贵经验。比如，华山医院探索了“支部在线”积分机制、“党员成长”信息系统等，运用信息化手段进行精细化管理，确保支部基础工作落实。上海市第一妇婴保健院将支部建在学科上，制定28项支部规范化建设任务清单和《在职党支部量化考核实施细则》，每月发布党支部工作提示，2020年又制定《关于进一步加强和改进党支部标准化规范化建设的实施办法》，围绕7个方面梳理出42条工作标准，有效推动基层党建工作。

3. 公立医院基层党组织政治功能不断提升，党支部战斗堡垒作用进一步发挥

目前，全市公立医院共设置党支部1804个，较2018年增加40.7%；其中，公立医院在业务科室建立党支部数占党支部总数的66.1%，较2018年增加34.3%；全市各级医院党支部书记由医院内设机构党员主要负责人或负责人中的党员担任的达81.1%。公立医院基层党组织在重大任务落实中发挥了关键作用，充分展现了卫生系统基层党组织的生机活力和战斗力。特别是在抗击新冠疫情期间，许多公立医院将党支部建在抗疫前沿，让党旗飘在抗疫一线，党员医务工作者带头“逆行”、冲锋在前，在高风险岗位中经受考验，在防控一线发挥中流砥柱作用，涌现出了张文宏、郑军华、陈尔真等一批全国优秀共产党员。在党员带动下，1600余名医务人员先后驻防两大机场，累计对医疗机构、病原微生物实验室、集中隔离点等重点场所开展8万多户次督导检查，为统筹做好疫情防控和经济社会发展打下坚实基础，在全社会树立了榜样、赢得了口碑。

4. 凝心聚力谋发展，有效发挥医务人员党员示范引领作用

深化开展“双培养”工作，各级公立医院党组织严格落实新时期党员发展工作的要求，按照市教卫工作党委统一部署，推行“把骨干发展成党员，把党员培养成骨干”的“双培养”模式，通过“双向发力”，不仅提高了党员队伍素质，改善了党员队伍结构，也通过党员在各自岗位上充分发挥先锋模范作用，切实推动了医院发展。将一线党员发展名额单列，提出“三关心一引领”工作机制，主动做好对医护人员的思想关心、事业关心、生活关心，实现政治引领。2018 年以来，市级医院在“高知”群体中发展党员人数每年递增 20%，区属公立医院在“高知”群体中发展党员人数占发展总数的 37.4%，一大批医疗和管理骨干被吸收入党，“双培养”的目标有力落实。创新党员教育管理，坚持以落实“三会一课”等组织生活制度为抓手，建立党员轮流上党课制度、政治生日制度，开展“班后一小时”党员公开课活动，运用医院党建网发布网上视频、音频等多媒体学习资源，为医院党员的教育工作搭建新平台。

（二）实践推进中的主要不足

1. 缺乏顶层制度规范，各公立医院推进党支部建设做法不一

为贯彻落实新时代党建要求，各公立医院围绕加强党支部建设自行开展了一些探索，如复旦大学党委下发《关于推动“一个工程”“五个机制”，加强基层党支部建设的实施意见》，对党支部的队伍建设、组织建设等均提出了较为详细的要求，但从实际来看，各单位在推进上各有各招，标准、质量参差不齐。不少受访者认为本单位出台的关于党支部建设的相关制度“原则要求较多，具体操作较少”。究其原因，关键是各公立医院党委在加强党支部建设时，缺乏明确的政策性指导性文件，导致制度设计缺乏科学的依据。

2. 基层党组织的设置还不够科学

医疗机构的特殊性决定了其党组织建置也有特殊性。公立医院党支部存在涵盖科室多、专业多、党员分布不均等特点。大科室党员多，可以单独成立一个支部；小的辅助科室，党员少，只能联合成立党支部。由于科室间工作性质不同，工作地点比较分散，党员之间的联系也比较少，这给党支部的工作带来了一定困难。由于有的党支部细分未能完全到位，导致有的党支部人数过多，一些多院区的医院在党支部设置时也不够合理，开展党建工作的灵活性不足，开展活动仍存在“时间不好定、地点太分散、人员难聚齐”等问题。

3. 党支部书记的作用发挥还不够充分

支部书记是党支部的“领头雁”。公立医院是业务性极强的机构，为了保证党支部书记能够有位有为，学术带头人兼任党支部书记是公立医院通行的做法，此举虽然大大增强了支部的话语权，但由于是医务人员出身，缺乏对党建工作系统的理论学习，对党建工作的特点、工作途径等缺乏专业认知，客观上局限了党支部工作的创新和发展。另外，由于专业技术人员同时承担着医、教、研等各项工作，满负荷是常态，也大大地压

缩了分配在党务工作上的时间与精力，导致大部分时间用来完成上级安排的工作，而在党支部的主要任务“做好思想政治工作”和当前比较受关注的“探索创新党支部活动形式”这两项工作上投入的精力相对较少。

4. 党建与业务融合还有待进一步加强

从调研情况来看，有的公立医院党组织虽然有开展主题党日活动等常规动作，比如通过党员先锋模范作用的发挥，助力医院新院区顺利搬迁，但工作大多浮在表面，如何推动党建工作与业务工作深度融合，为学科建设起到潜移默化的助力作用，还缺乏相关探索。此外，部分党支部还存在党建学习与业务学习“两条线”问题。比如，一些党支部未能结合实际，深入学习领会习近平新时代中国特色社会主义思想，将其作为思想引领，推动学科建设以及科室中心工作。有的支部学习主要围绕落实上级布置的任务开展，被动性的、执行性的因素比较多，而主动的、开拓性的、有针对性的学习则相对较少，致使支部学习多流于形式，缺乏生动性和对党员、群众的吸引力。

5. 缺乏有效保障，开展党务工作激励不够

在调研中，一些支部书记反映，“支部工作缺乏有效基本保障”。从实际情况来看，在阵地建设上，医院业务用房寸土寸金，物理空间紧张，一些医院的党员活动场地既是党员活动室，同时又是工会活动室、妇女工作室、示教室等，不利于为党员活动营造良好的氛围，影响党支部日常工作有序开展。在经费保障上，目前仍有部分单位未将党建经费纳入财政预算，活动经费来源于上级党组织下拨和留存党费。在人员保障上，不少受访者认为“党支部书记一般由学科带头人或科室负责人兼任，业务繁重，同时党务经验不够丰富，对支部建设无暇顾及或对支部工作理解不够”，医院培训跟不上，部分单位兼职党务干部工作量也未纳入所在单位绩效分配方案，一定程度上影响了开展支部工作的积极性。

三、全面加强公立医院党支部建设工作的对策举措

在党的“一切工作到支部”的鲜明导向下，各类党内法规制度对党支部提出了更加明确的工作要求，在推进公立医院高质量发展的背景下，党建工作质量要求日益提高，基层党支部的工作任务日益加重，必须从组织体系建设、队伍建设、规范化建设、政治功能强化、基本设施保障等方面大胆创新，探索新路。

1. 优化党支部设置，推进党的组织和工作全覆盖

医院应按照“应建尽建”要求对下属党组织进行优化，对基层党组织进行有效细分，对联合党支部辖属科室中能独立设置党支部的应及时调整，对设置不规范、软弱涣散党支部要及时调整或撤销，确保党支部全面覆盖医院各内设机构和各类群体。支持医院探索把党支部建在学科或学科群、实验室、重大项目组、课题组、创新团队、研究基地等平台上，促进党建工作与业务工作有机融合、相互促进。在“一院多区”和医联体模式下，鼓励医院党委探索有利于党支部建设和作用发挥的设置模式和工作机制，以便

日常工作的开展以及发挥党支部在业务工作中的引领作用。

2. 加强党务培训，打造素质高、业务强的干部队伍

党务干部是公立医院党建工作的领导者、策划者、组织者和推动者，其整体素质直接影响公立医院党建工作的质量。各级党委要积极创造机会，搭建平台培育好党务部门专职党务工作人员和党支部班子队伍，帮助提高党建基本理论知识以及日常工作技能等；要优化培训课程、研发培训教材、建强培训师资、建立培训档案，不断提高教育培训质量。实施“双带头人培育工程”，将党支部书记培训纳入干部教育培训规划，探索建立把业务骨干培养成党员，把党员培养成医疗、教学、科研、管理骨干的“双培养”机制，注重提升党务干部依托党内规章制度开展业务工作的能力，打造一支素质过硬、业务能力强的党务干部队伍，为党建工作提供人员保障。

3. 加强党支部标准化、规范化建设

中共中央印发的《中国共产党支部工作条例（试行）》明确要求，要把党支部建设放在更加突出的位置，加强党支部标准化、规范化建设，不断提高党支部建设质量。各级党委要把党支部标准化规范化作为加强党支部建设的重要抓手，围绕“三会一课”、主题党日、组织生活会、民主评议党员、谈心谈话、党员日常管理、发挥党员领导干部示范带动作用、党支部品牌创建等内容，坚持量化工作指标、强化过程管控，构建体现标准导向、任务驱动、成果检验的党组织建设制度体系，将党建工作的“软任务”变成“硬指标”。

4. 强化党支部政治功能和作用发挥

基层党组织在基层治理中处于核心地位，只有全面建强基层党组织，才能实现基层有效治理。基层党组织政治功能是否能够得到切实发挥，直接关系到党的执政根基是否稳固。为此，要根据医院医教研管业务工作，对党支部在加强思想政治工作、落实意识形态工作责任制、积极服务人才成长、丰富和完善科室文化建设、持续加强医德医风建设、积极发挥党建带群建和党建带团建作用等方面提出具体要求，廓清党支部与其他组织的关系，使基层党组织注重回归本质属性，发挥应有作用。特别是要进一步规范科室核心管理小组设置和工作要求，完善相关制度机制，强化党支部参与科室业务发展、人才引进、薪酬分配、职称晋升、评优评先、设备配置等重大问题决策，建立健全相应决策机制，明确党支部参与决策的形式和程序，加强决策的落实和监督。要明确党支部书记作为科室核心管理小组主要成员参加科室重要事项的讨论和决策，党支部委员可根据工作需要进入科室核心管理小组，为党支部书记、党支部委员参与科室决策提供勇气和底气，促进党建工作与业务工作深入融合。

5. 建立考核机制，强化对支部党建工作的监督和管理

公立医院党委要把党支部量化考核体系建设作为医院党建工作的核心内容来抓，建立科学有效的考核评价制度，这也是加强党支部建设工作的重要途径。要围绕党建工作要求与规定，制定出基层党建各项工作流程图，明确党委、党总支、党支部、党小组、

党员在工作中的职能作用，形成简单易懂的工作手册；将抽象化的党建工作转化为可量化的考核体系，涵盖上级对党支部工作的要求，科学设置考核项目、计分标准，推动党支部党建工作更加标准化、科学化、精准化；将党建工作的质量和成效与干部培养、任用、工作业绩和绩效等挂钩，促进党建与业务工作的融合发展，防止“两张皮”现象。

6. 健全保障机制，确保党支部工作有序运转

医院党委要切实落实从严治党主体责任，做好顶层设计与统筹领导，加大对党建工作的投入，配备数量充足、素质优良的专兼职党务干部，要把党支部党建工作经费纳入医院年度经费预算。充足的党建工作经费，是党支部开展学习、工作、议事以及其他活动的物质基础。党委要当好党支部的“靠山”，完善党支部书记履职尽责保障措施，保证党支部书记与内设机构负责人享受同等的政治待遇；对于党支部书记、副书记、委员，其从事的党务工作应计入工作量，并应当按工作量享受相应的岗位津贴或落实绩效待遇，进一步提高工作积极性。

（本文获2022年度全市组织系统优秀调研成果优秀奖）

课题组成员：沈　炜、郑　锦、张艳萍、赵　宁、丁晓宇

主要执笔人：郑　锦、丁晓宇、姜舒婷

关于推进以党群服务阵地为主阵地的家门口服务体系的研究
——以闵行区党群服务阵地体系功能建设为例

闵行区委组织部课题组

党的十八大以来，习近平总书记多次视察上海党群服务阵地，提出“人民城市人民建，人民城市为人民”的重要理念。为进一步打通联系、服务、凝聚党员群众“最后一百米”，上海市委召开全市街道社区党群服务中心体系功能建设推进会，闵行区委全面落实会议精神，注重因地制宜、系统集成，努力让遍布全区的党群服务阵地成为党员群众想来、爱来、盼来、还要来的“家园新空间”。

为贯彻落实中共中央和上海市委的文件精神，闵行区深化落实党群服务阵地体系功能建设，从现状分析、存在问题和对策建议角度出发，依托全区三级党群服务阵地体系，分层分类召开座谈会，广泛听取区相关职能部门、街镇分管领导、相关科室负责人等意见建议，实地走访调研 14 个街镇，通过一系列座谈、考察和走访等，掌握全区阵地基本情况，尤其是关注疫情期间各党群服务阵地的机制运行和效能发挥情况，总结调查成果，形成可复制、可推广的建设经验。

一、研究背景

2019 年 11 月，习近平总书记考察上海杨浦滨江时首次提出“人民城市”重要理念，为贯彻落实习近平总书记重要讲话精神，强化党建引领，服务党员群众，同年 12 月市委组织部出台《关于全面加强我市街镇社区党群服务阵地建设的意见》。2021 年，市委召开全市街道社区党群服务中心体系功能建设推进会，出台《上海市街道社区党群服务中心体系功能建设指导意见》，要求织密建强组织阵地，突出“实”的导向，做好“融”的文章。

闵行区党建服务中心于 2018 年 2 月 5 日正式启用，启用当年即作为唯一一个区级

党建服务中心列为全国城市基层党建工作理论研讨会13个考察点之一。为贯彻落实中共中央和上海市委文件精神，闵行区陆续出台《闵行区街镇社区党群服务中心体系功能建设实施意见》《关于推进居村党群服务站标准化规范化建设的若干措施（试行）》，通过打造物理空间融合、工作力量融合、资源项目融合的党群服务阵地体系，切实增强党的政治领导力、思想引领力、群众组织力、社会号召力，将党群服务阵地建设成为引领、服务、凝聚党员群众的主阵地。

二、现状分析

闵行区着眼于“能融尽融”，进一步优化布局、织密网络，融合文明实践分中心、文体中心、邻里中心等为民服务阵地，党群服务三级阵地体系不断拓展，形成闵行区党建服务中心、街镇社区党群服务中心、居（村）党群服务站三级联动，目前全区三级阵地体系扩容至780家，全链条打造“家园新空间”。

闵行区党建服务中心是中共闵行区委组织部党建工作前台，承担全区城市基层党建工作成效展示、区域联动、教育培训和党员志愿服务等职责，负责指导指挥、资源统筹、协调联络、服务基层等工作。

街镇社区党群服务中心承担辖区内区域化党建的组织、协调、联络、服务工作，如做好“两新”党组织建设、加强党群服务阵地建设，组织开展和指导党群活动、承担人力资源储备，做好人才队伍培育、管理、服务工作，建立和完善对区域内各类志愿者组织的孵化、扶持和服务，组织开展志愿活动。

居（村）党群服务站作为居村组织和设立在居村的各类组织的集中办公地，具备政治引领、基层党建、便民服务、基层治理等4类基本功能，可根据区域实际和群众需求设置个性化功能。

区、街镇、居村三级党群服务阵地，布局有序，功能互补。区级阵地发挥统领党群服务全局的优势，注重服务、研发和资源调配；街镇级阵地在升级的过程中，打造布局合理、功能完备的总部型党群服务中心；居村级阵地依托邻里中心、居、村委会等，坚持一条群众路线，坚守三个基本原则，明确十项具体标准，把党群服务阵地体系与社区服务综合设施体系、家门口服务体系紧密结合起来，基本实现了横向到边、纵向到底的为民服务阵地体系。

近年来，区委高度重视推进党群服务阵地体系功能建设，在全区范围内形成了各类型、多层次、广覆盖的阵地体系，建设情况如下：

（一）党建引领旗帜鲜明

党群服务阵地突出政治功能和党性教育阵地作用，聚焦新时代党员教育需求，做强社区党校，在全区构建“1+14+N”三级党员教育培训工作体系，开展“百千万”领航培训，创设“闵行·春申读书会”党员教育品牌，推出“申度电台”音频党课，将优质的党性教育资源下沉至社区、楼宇、园区。街镇级中心均按要求配有社区党校、组织生活室、党代表工作室、书记工作室等，普遍开展社区党校备课、党员全覆盖培训工作，培育了一批特色党课和讲师团队伍，因地制宜打造了“漫画党课”“邮票党课”等优质党课品牌。

（二）阵地体系基本成形

进一步优化空间布局、织密阵地网络，形成区、街镇、居村三级阵地体系共780个党群服务阵地。其中，区级阵地1个，街镇级阵地14个，网格阵地82个，居村阵地595个，楼宇园区阵地75个，景区阵地2个，其他类型阵地11个。

截至目前，全区各级党群服务阵地基本情况如下（见表1）。

表1　闵行区各级党群服务阵地基本情况

区　　域	场馆面积（平方米）	工作人员（名）	辖区内党群服务阵地（个）
闵行区	1000	10	780
浦江镇	350	18	89
吴泾镇	2600	13	35
马桥镇	1000	14	34
颛桥镇	1008	14	52
莘庄镇	250	17	73
梅陇镇	1500	18	97
七宝镇	2000	16	81
虹桥镇	704	13	83
华漕镇	2118	13	32
江川路街道	2009	36	61
古美路街道	3000	25	49
新虹街道	600	9	29
浦锦街道	1621	14	37
莘庄工业区	1400	14	22
卫健委	730	2	1
国资委	300	2	1
司法局	226	3	1
民政局	900	3	1
闵房公司	380	2	1

（三）队伍建设比较完善

在队伍建设方面，始终坚持把思想政治工作置于首位，切实加强党对工作队伍的绝对领导、全面领导，使工作力量心往一处想、劲往一处使，着力建设信念坚定、团结向上的工作队伍；全区党群服务阵地工作人员2800余人，其中，本科及以上学历约1950

人，占比近70%；工作人员平均年龄39.5岁，从事党群工作平均时长为5.61年；全区党群服务阵地事业编制管理八级以上职员80人，占实有事业编制数40%以上；社工主管级以上工作人员586人，占社工人数30%以上（见图1）。在选人用人方面始终坚持素质与实绩相结合，为每一位干部提供平等发展、贡献智慧的机会，着力建设热情饱满、斗志昂扬的工作队伍。

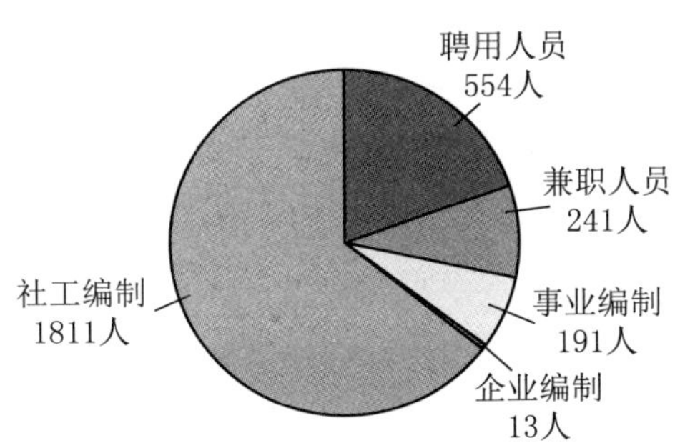

图1 闵行区党群服务阵地工作人员构成情况

（四）服务效应逐步显现

各级党群服务阵地坚持开放融合，共享各类资源，基本建立了与群团组织的互联互动，与区域化党建成员单位的资源共享机制，打造楼宇党群服务阵地，面向白领、企业、商务区提供共享的活动空间及多元化的课程，大部分中心充实户外职工驿站功能。梅陇镇社区党群服务中心联合区域共建单位，以“益起来、聚‘陇’爱”为主题，全面启动延时服务项目，每周六向周边社区居民提供亲子课程、助老服务等，便民不打烊。同时，强化对新就业群体的政治引领和人文关怀，经全面排摸，闵行现有425个各级各类党群服务阵地向新就业群体开放，其中319个阵地提供基础性便民服务功能，在此基础上，23个阵地提供餐饮等升级服务，83个阵地提供政治引领服务。

三、当前面临的主要问题

目前，党群服务阵地体系总体运转良好，但对标新时代基层党建工作、基层治理体系和治理能力现代化建设的各项要求，仍有进一步提升的空间，还存在一些与重点任务、中心工作和群众期盼不衔接、不配套、不适应的问题。具体表现在以下几个方面：

（一）空间资源不够完备

对标“党群服务”功能定位和布局要求，闵行区目前几类服务阵地的辨识度还比较散，需要进一步提高面向区内党员群众做好服务的整体显示度。根据调查，闵行区居（村）委场地空间面积不够充分，现有场地空间和设置配备不足以支撑新时代党群服务阵地体系功能建设的需要。其中，马桥镇、浦江镇、华漕镇、颛桥镇具有“地广人稀”的优势，现有居村委会具有超过600平方米的场地平均面积，而莘庄镇、古美路街道及七宝镇，其场地总面积均值仅为270平方米左右（见图2）。

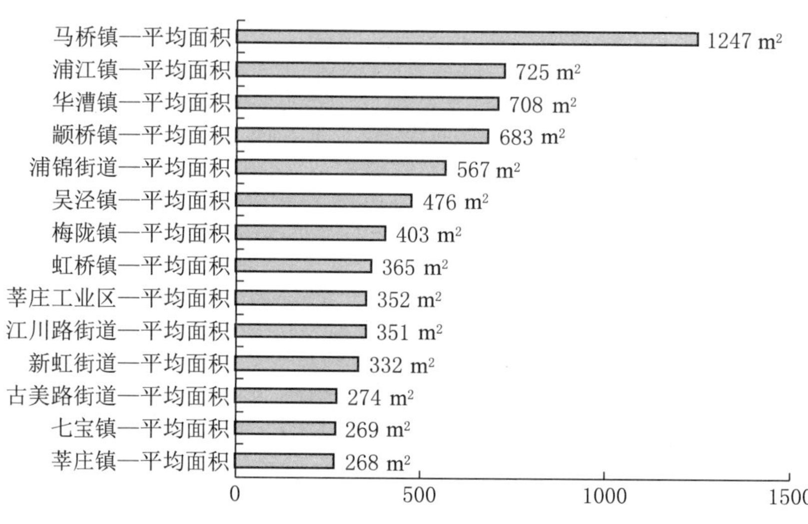

图 2　闵行区各街镇居（村）委场地平均面积

（二）功能体系不够完善

目前，几类阵地提供的功能服务存在供需矛盾比较突出、供给资源比较匮乏、供给主体比较单一的问题。从服务供给情况看，以党群服务和公益服务为主，居民对为老、医疗、政务等服务有需求，但是阵地提供的服务中，这几项的供给率较低（见图 3），在服务范围、受益人群、社会效应等方面还存在一定局限性，还有进一步扩大覆盖的空间。在

图 3　闵行区各街镇居（村）委党群服务阵地平均服务供给情况

新时代“党群服务”的总体要求之下，有必要完善基层约请制度，推动各级职能部门到居村一线办公，在党群服务阵地体系建设整体谋划的基础上，打造议事平台，搭建民意直通车，提炼形成与市委组织部新要求比较符合的、全区党群服务阵地体系适用的服务内涵。

（三）队伍建设有待增强

随着新时代对阵地建设要求的不断提高，日益增长的阵地人员需求与现有人员配置不相匹配的矛盾逐渐凸显，从事党建、治理和服务的专职人员数量较少，职业资格持证率（持有社会工作师等资格）较低（见图4），同时缺乏常态化管理人员队伍培训，“单一岗”多，“全岗通”较少；部分地区财力相对薄弱，待遇保障力度不够大，荣誉、晋升、职称、薪酬激励机制不够完善，呈现工作人员流动性大的特点。

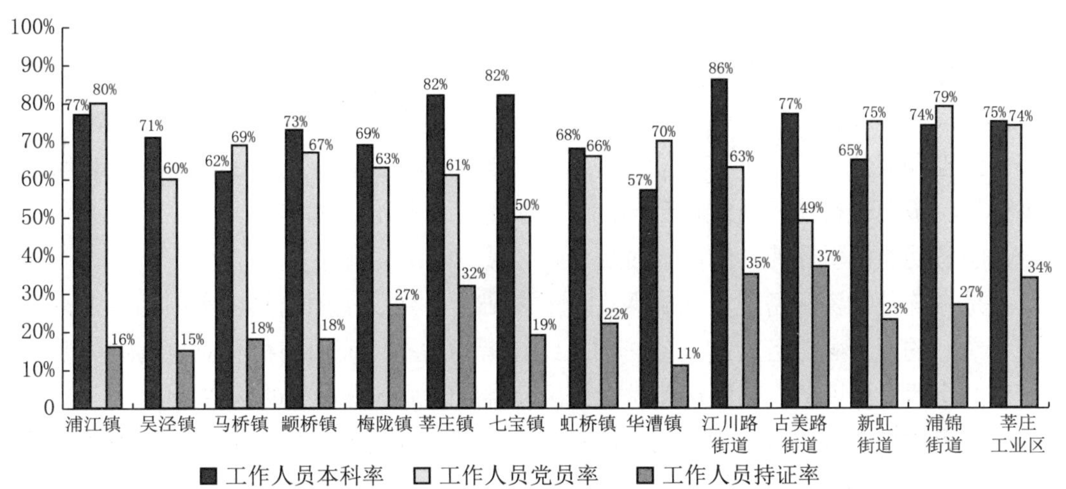

图4　闵行区各街镇居（村）委党群服务阵地工作人员构成情况

（四）服务效能有待提升

目前，各级党群服务阵地服务的人群侧重于居村党组织党员、机关事业单位党组织党员、“两新”党组织党员，普通群众占比相对较低，一些普通群众不愿、也“不敢”进入党群服务阵地接受服务。此外，高效集约的工作模式没有覆盖全区各级党群服务阵地，不少基层站点开展的服务活动和服务项目还缺乏必要的梳理与归类，存在“多头开展”的现象。

（五）运行机制不够健全

党群服务阵地在运行机制上存在上下级联系不够紧密、平级职能部门沟通不够顺畅的问题，面对公共突发事件时，由于缺乏相应的组织协调机制和平急转换机制，阵地的风险防范化解能力较低。此外，不少阵地没有各职能条线集中办公的场所，“一站式”服务、“一门式”办理的条件不足（见图5），在实际工作中容易出现各自为政，难以实现各类资源双向开放、共享的问题。

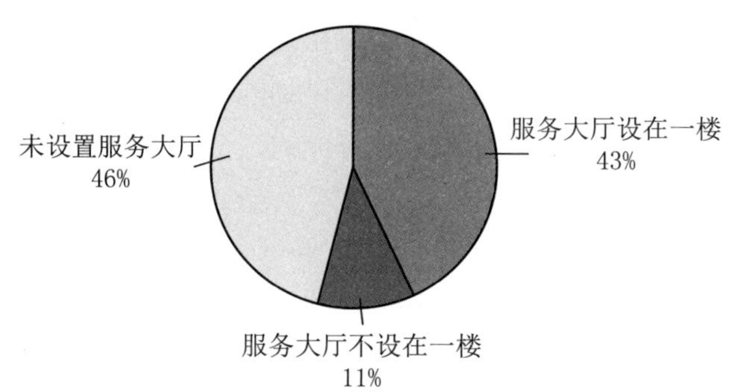

图5　闵行区各街镇居（村）委党群服务站服务大厅设置情况

四、对策建议

（一）统一设施标准，营造舒适环境

一是建议将党群服务阵地指示牌设立在入口醒目处，并在地图上明确标注所在位置，便于最大程度将服务覆盖到全体居民。对阵地室内外标识标牌、制度上墙常态化开展集中清理和规范管理，不符合挂牌要求的各类标牌、铭牌、制度一律清除，对保留的各类标牌、版面进行统一风格设计与制作，其他经审核准入的挂牌，可在服务大厅设置集合式服务功能指引标牌，保持墙面及公共区域的整洁、有序。

二是在阵地物资配备上，在确保安全的基础上，建议按照精简、实用的原则，配齐必要、统一的办公、服务设施设备，同时综合考虑常态化疫情防控和应急防灾需要，配备相应的生活设施设备，确保在面对重大风险挑战时能提供必要的物资保障。

三是为避免党群服务阵地沦为单纯宣示性、展示性场所，建议依托党群服务阵地不定期开展重大会议精神宣传，坚持非必要不上墙，上墙宣传版面应简洁明了、样式统一，综合运用信息技术及磁吸式宣传版面，实现相关宣传简约规范、更新及时。

（二）规范功能设置，打造“一站式”集成

一是在功能设置上把政治引领作为功能之魂，进一步加强党组织和党员活动的场所及服务保障，切实发挥“书记工作室”带教功能，把每一个阵地建设成为学思践悟新思想、守初心担使命的主阵地，引导广大党员群众坚定拥护“两个确立”，坚决做到“两个维护”。

二是强化党建带群建促社建功能，围绕经济发展、社会治理等重点领域，深化拓展区域化党建，进一步盘活各类资源、凝聚各方力量，推动阵地建设与招商服务、项目推进、网格治理等工作深度融合，把每一个阵地建设成为推动区域发展、共建共治共享的红色引擎。

三是融合各类服务，根据群众需求，一站式集成政务服务、文体服务、生活服务、专业服务等，提供包括为老助餐、青少年课后兴趣辅导、法律服务等，把每一个阵地建设成为百姓在家门口就能享受便捷服务、享受美好生活的“家园新空间”。

四是依托阵地体系，建立基层约请制度，统筹各个条线职能部门统一到一线办公，搭建民意直通车，进一步凝聚民心民智，把阵地打造成人民民主的家门口实践地，为基层治理赋能增效。

（三）增强队伍建设，着力培基铸魂

一是要建立常态长效培训机制和业务能力评测体系，统筹各条线工作力量，做到服务窗口统一设置、活动统一预约、人员统一管理，定期开展业务能力测评，建立岗位轮换机制，打造“全岗通”，不断强化居村党群服务阵地队伍建设。

二是要依托“先锋上海”小程序，充分发挥社区报到党员群众的作用，整合区域单位和下沉干部力量，形成以阵地党组织书记为重点的工作队伍，推动各类群体发挥自身优势共同参与基层治理。

（四）优化服务效能，提升“群众满意度”

一是加快新空间、新领域、新区域、人口密集功能区的阵地建设，努力做到全覆盖。在新兴产业集群等新领域、长三角示范区等新区域、人口密集功能区等空白点，建立党群服务阵地，以党建工作一体化助推发展一体化，让流动党员、来沪人员感受“家”的温暖。比如依托贯穿“一江一河”沿岸、重点园区、楼宇、商圈等城市空间，重点打造“初心驿”；在片区层面，以需求为导向，以邻里中心等为载体，建设党群服务中心，打造亲民利民便民的“社区屋里厢”；在居村层面，结合标准化规范化建设，打造集政治引领、为民服务于一体的“家门口服务站”。

二是提升空间融合度，选择条件成熟的阵地作为“总部”，各街镇推进做强一个管理平台，推动党群服务中心、文明实践分中心、文体中心、邻里中心等各类阵地资源在同一平台上集约化管理。如古美路街道社区党群服务中心着力打造总部型古美“CPU”，在总部融合“六大中心”功能，把代表、委员、群团、统战等服务阵地统一纳入，在同一空间为各类人群提供12大类116项服务事项，融合后的中心日均服务千余人次，群众满意度得到显著提升。

三是进一步提升资源整合配送效率，由职能部门提供清单，基层按需对接，建议由组织部门牵头，各相关部门一起参与，梳理党群服务需求清单和资源共享清单，发布共性项目清单。区级层面可建立公共服务资源对接机制，按需设置服务项目，街镇层面就近有效整合各类服务资源，形成项目清单。

（五）健全运行机制，补齐治理短板

一是要建立平急转化机制。注重平战结合、平急转换，持续完善区、街镇、居村三级党群服务阵地体系，做实应对重大风险挑战任务工作预案。突发公共事件发生后，三级党群服务阵地根据工作预案应急处置，加强区域联动、部门联动、上下联动，按照工作预案和应急处置实际需要，对功能进行整体或分区域转换，主动协调各方资源，加强生活服务保障，确保平时状态下有针对性地补短板、堵漏洞、强弱项，战时状态下能够迅速启动预案，及时开展应对处置，不断提高风险防范化解能力。

二是要完善社会动员机制。发挥区域化党建在区域共建共享中的引领和凝聚作用，在推进过程中做实区域化党建“三张清单”机制。通过“双报到双报告”引导社会力量共同参与服务区域发展、服务区域群众。探索构建市场推广准入机制，健全审核把关流程，建立社会服务评估机制和志愿服务激励措施。

三是要推进质量评估机制。由区级联席会议牵头，区委组织部会同区委宣传部（文明办）、区民政局、区文旅局、地区办等部门对阵地开展质量评估。建立服务项目准入和退出机制，运用态势感知等数字化场景应用对区级部门下沉资源进行评估，及时动态调整。

四是要推行以奖代补机制。以资源融合度、功能实现度、群众满意度为标准，给予各街镇（工业区）符合条件的居村党群服务站相应奖补，推动条件较差的居村党群服务站达到平均水平。同时，根据实际情况，对条件一般和良好的居村党群服务站进行适度升级改造，推动全区整体面貌提升，从而稳步推进居村党群服务站建设。

五是要聚焦全过程人民民主重大理念。在建设党群服务站的过程中，把群众需求、群众认可、群众满意作为重要标准，在党群服务站建设前的方案设计、建设中的动态调整、建设后的实践运维中，广泛听取群众意见建议，寻求最大公约数，真正把党群服务阵地建设成为群众满意、认可的温馨家园。

（本文获2022年度全市组织系统优秀调研成果优秀奖）

课题组成员：赵　艳、蒋晓闻、浦文玲、史传敏、徐晓斐

主要执笔人：蒋晓闻、史传敏、徐晓斐

青浦区快递行业党建工作的实践探索与思考

青浦区委组织部（区社会工作党委）课题组

一、基本情况

上海市青浦区背靠虹桥国际开放枢纽，面向长三角广阔腹地，有独特的地理位置、便捷的交通，吸引了一大批全国和区域快递企业总部落户，集聚了一大批快递产业链企业。据统计，青浦区目前集聚了全国和区域快递企业总部 9 家，正常经营的快递经营许可企业 79 家、分支机构 31 家、末端网点 149 家，从业人员达 5.7 万余人。

（一）经济规模大

近年来，青浦区快递产业日益集聚，“三通一达”、顺丰、德邦等大型快递企业先后上市，快递企业 J&T也将国内供应链总部设在青浦，规模在全市乃至全国处于领先地位。行业经济收入实现快速增长，从 2016 年的 483 亿元，增长到 2021 年的 1377.3 亿元，年均增长率达 23.3%（见图 1）。

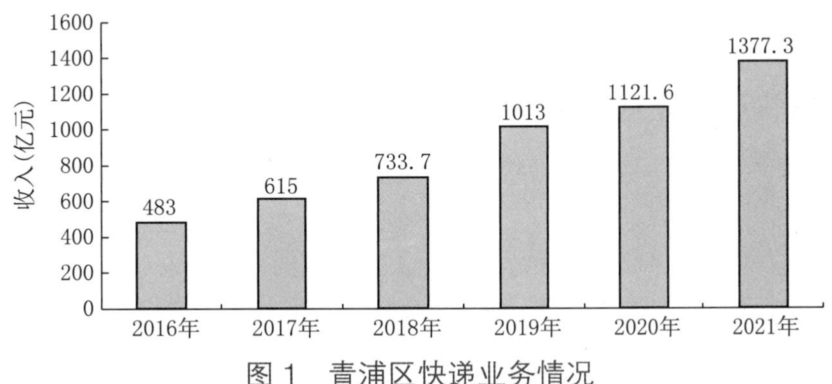

图 1　青浦区快递业务情况

（二）更新迭代快

随着国家基建水平和电商信息化数字化迅速发展，各家快递企业加快数字化转型，加快迭代更新。青浦区充分发挥优越的区位优势、丰富的交通资源和良好的政策环境，以建设国家物流枢纽为契机，积极争取国家、市级专项支持，通过区级现代服务业专项资金等扶持，助力快递企业发展，加快打造国际化国家物流枢纽的“新样板”。

（三）从业群体大

以总部为代表的快递企业及广大快递小哥等从业人员，已经成为青浦区新业态、新就业群体的主体。2021年“三通一达”完成党组织关系接转后，9家全国或区域总部快递企业在青浦已全覆盖建立总部党组织（见图2），全区快递行业党员总数达到1600余人，占全区“两新”组织党员的20%左右，快递行业成为全区党员数量最多的行业。

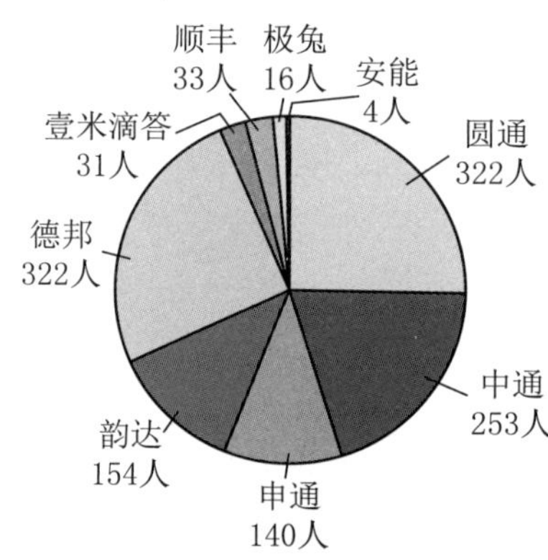

图2　青浦区总部型快递行业在册党员分布情况

（四）组织形态新

快递行业用工的灵活性、后台的运维模式都具有非常鲜明的线上线下相结合的特点，组织形态、用工方式发展有着很强的趋势性，这都给党建工作和社会治理带来了新的挑战。特别是随着疫情防控进入常态化阶段，数量庞大的从业人员既是落实生活物资供应、保障国民经济命脉的关键，同时人员、物资的大量流动也给突发公共卫生事件等应急处置带来了现实挑战。

二、青浦区快递行业党建工作的实践探索

（一）理顺体制机制，强化行业统筹

1. 健全领导机制

制定出台《关于加强推动快递行业党建工作，赋能高质量发展的实施意见》，在区级层面，成立快递行业党建专委会，由区委组织部（区社会工作党委）具体指导，区商务委、青浦邮政管理局牵头，整合区总工会、团区委、区妇联、区经委、区建管委、区人社局、区司法局以及相关街镇等部门资源，推动实现资源、力量、服务化零为整；在街镇层面，建立快递行业党建工作专班和工作协调机制，通过建立党建联盟，积极联系和服务快递企业，构筑起党建引领、行业指导、属地管理、协同发展的工作格局。

2. 整合政策资源

为快递企业梳理、整合、输送各类人才和产业扶持政策，梳理形成信息化、自动化改造，新能源汽车扶持，规范化发展4A、5A企业等优惠政策；落实专精特新、市级区级技术中心、生产性服务业等专项扶持资金；实施人才安居工程，服务保障高层次人才创新创业。截至目前，累计为落户快递企业等提供扶持资金超2亿元，人才公寓150余套，快递从业人员共入选区领军人才2人、区拔尖人才4人，名师专家工作室领衔1人、区首席技师2人。同时，还将重点快递企业纳入人才公寓优先供应单位，每年可申请40套。

（二）织密组织网络，推进“两个覆盖”

1. 总部企业实现组织全覆盖

目前，青浦区9家快递企业总部分别为：中通、申通、圆通、韵达、德邦、顺丰、壹米滴答、极兔和跨越。其中，中通、申通、圆通、韵达和德邦成立了党委，顺丰、壹米滴答、极兔三家快递企业总部成立了党支部，跨越成立了联合党支部。2021年在中组部关心下，在上海市委组织部直接指导和推动下，“三通一达”（中通、申通、圆通、韵达）总部组织关系整建制由浙江桐庐转移到青浦。

2. 产业园区创新党建模式

充分利用特色产业园区快递企业集聚的特点，推动快递行业党组织向分支机构、末端网点延伸。如徐泾镇依托一通世界产业园党总支，通过搭建企业家主题论坛和“HR联盟”“活力社团”等平台载体，将各自独立、互不关联的零散型快递企业凝聚起来，培育打造“红脉相通”党建品牌。2022年8月，顺丰、中通、德邦、韵达、申通等5家快递末端网点联合成立全区首个末端网点党支部，并打造了首个末端网点快递小哥党群服务站。

3. 推进党组织规范化建设

加强快递企业党组织自身建设，抓实党支部规范化建设，落实“三会一课”、主题党日活动等基本要求，加强对流动党员的教育管理，鼓励引导党员转接组织关系，推动“口袋”党员主动亮身份。积极探索健全党组织参与企业经营决策等制度，“三通一达”、顺丰、极兔等企业对涉及公共利益等的重大事项，在提交董事会决策前，先由党组织审核把关，有效发挥党组织在促进企业健康发展、维护职工合法权益等方面的作用。

（三）完善关爱机制，做实服务保障

1. 加强关心关爱保障

建立全市首个细分行业劳动争议调解组织，通过召开企业座谈会等，加强对快递一线从业人员的薪酬待遇和劳动保障。2021年，区内快递行业调解及仲裁案件年均受理量分别下降了80%和55%。2022年疫情期间，青浦区快递行业党建专委会及时为快递企业协调2万余人次核酸检测，全覆盖为快递从业人员提供免费检测，确保各项防疫措施落实到位。完善各级党员干部联系快递企业制度，将重点快递企业纳入区级“两新”组织党建直接联系点，落实“红领·联企”服务专员，积极帮助企业排忧解难。

2. 打造党群服务阵地

在遍布全区的村居、楼宇、园区、商圈和企业等900余个党群服务阵地融入“小哥驿站”服务功能，除提供休憩纳凉、免费租借充电宝和雨具，以及微波炉加热饭菜等常规服务外，还有送冷饮、理发等个性化服务。2022年夏天连续高温，开展“骑心协力 邂逅清凉”青骑先锋夏日送清凉系列活动，区总工会、团区委、区妇联、区人社局等部门以及各街镇，通过送清凉、体检、义诊、法律咨询等，让快递小哥切实感受到党和政府的关怀。

3. 注重正向激励引领

开展“岗位建新功·快递大比武”等活动，引导快递小哥立足岗位建功立业，培养爱岗敬业精神。加强快递小哥群体的激励关怀，开展“最美快递员”评选，评选出青浦区首届10名“最美快递员”，其中党员1名；申通快递党员关立平被授予“全国五一劳动奖章”和“上海市劳动模范”等荣誉，切实增强快递小哥的荣誉感和责任感。加强政治引领和政治吸纳，将优秀快递员工吸收到党员队伍中来，2022年共发展快递企业党员42名。

（四）聚焦作用发挥，参与基层治理

1. 在疫情防控中彰显力量

面对疫情防控等急难险重任务，发挥快递小哥走街串巷、了解第一手信息的优势，为疫情防控做好物资保障。2022年4月，受疫情影响，“抢菜难”“配送慢”“物资难抵家门”等民生问题凸显。为切实解决物资配送问题，作为华新镇快递党建联盟成员单位的中通快递和圆通速递，迅速成立一支80人的“新接力”战“疫”志愿服务队，深入华新镇各村居抗疫一线提供点对点支援，连续驻扎40多个日夜，帮助运送团购菜、防疫用品等物资。

2. 在公益行动中发挥先锋作用

结合新时代青浦幸福社区建设，延伸快递行业党建辐射面，推动中通、圆通等快递企业成为青浦幸福社区建设中的“公益合伙人”。组织开展递送公益物品等活动，结合实际开展“善心·暖行”“助力进博会·服务快车进工地”等微公益活动，如德邦主动承担“青滇心连心”“微心愿”义务运送服务，及时将776套校服等物品送到学生手中。

3. 在社区治理中体现企业担当

推动快递企业、快递小哥与街镇社区、物业企业、社区群众等治理主体双向融入、双向服务，快递企业党组织积极参与“党员亮身份”“啄木鸟行动”等服务基层治理项目，聘用100名快递小哥担任“社区治理啄木鸟”公益伙伴，并在“幸福云”小程序开通“一键上报”功能，推动参与社区治理。华新镇成立“两新”组织爱河护河志愿服务队，中通、圆通、顺丰等快递企业青年员工分别认领企业周边河道，主动担任“青年

河长”。

三、快递行业党建面临的挑战

（一）推进快递行业党建工作的合力还不够强

快递行业党建专委会作为枢纽平台，在指导和协调全区快递行业党建工作方面发挥了重要作用，但各成员在结合行业特点、发挥各自优势、提供专业指导和多样化服务方面，还可以进一步提升。比如，调研中发现，快递行业从业者中存在庞大的“90后”“00后”群体，他们对于群团组织的服务和活动存在一定需求，但群团组织在快递企业，特别是党的组织工作延伸覆盖比较弱的快递加盟企业、分支机构先行开展群团工作的还比较少。

（二）组织覆盖与庞大上下游产业链深度嵌入还不够

虽然总部型快递企业都在青浦区建立了党组织，但由于快递行业具有上下游企业多、就业群体高度分散等特点，小微企业、分支机构等末端小微组织组织覆盖的难度较大。此外，还有数量庞大的电商园区、运输仓储企业等，存在分跑运输、货运代理、提供场站、自货自运等多种经营形态。这些小微企业易受市场环境影响，时常存在党组织还未来得及组建或覆盖就搬迁等情况，“最后一公里”的有效组织覆盖还需要系统考虑和谋划。

（三）党员教育管理与行业工作强度高、人员流动性大、党员比例低之间存在不平衡

快递行业人员密集、节奏快等职业特性使得定时定点的传统党员教育管理模式难以适应。以“三通一达”为例，全网共拥有员工百余万人，据不完全统计，党员有9700余人，比例不到1%，而在册党员仅为852人（截至2021年底），以至于在分支机构、末端网点难以有效组织起党员。此外，行政管理、物品分拣、一线配送等岗位作息时间各不相同，这些现状给锁定党建工作对象、开展学习教育活动以及发展党员等工作带来难题。

（四）关怀激励与快递小哥的实际需求匹配度还需进一步提升

因快递小哥用工模式、工作强度、就业保障等引发的劳动争议不在少数。高强度工作让快递小哥难有时间和精力参与社会治理，他们与城市生活疏离感较强。需要进一步加强关怀激励，从思想、工作、生活上关心快递行业一线党员和员工，切实满足行业一线员工实际需求。但是，目前关怀激励主要聚焦帮困帮扶，身心关怀、权益维护、思想引领等还不够。

（五）有效参与和融入基层治理的渠道还需进一步拓宽

通过党的政治优势、组织优势，推动快递企业与城市管理、村居社区之间深度互动，有助于发挥快递行业网点密、广泛深入基层的优势，提升城市管理精细化水平。调研中发现，快递企业和从业人员参与基层社会治理的积极性高，但制度性的参与举措、

有效发挥作用的载体还不多，快递小哥融入社会治理的平台和渠道还不够。

四、加强快递行业党建工作的对策建议

（一）完善工作机制，进一步激发行业党建动能

一是在区级层面，持续加强快递行业党建专委会自身建设，建立健全全体会议、专题会议、联络沟通和调研指导等工作机制，专题开展调研、定期召开会议，共同研究破解工作中的难点堵点问题。专委会要对“三通一达”、顺丰、极兔、德邦等快递骨干企业党组织进行挂钩指导，抓实头部企业的党建工作。要充分发挥专委会各职能部门作用，特别是要发挥群团组织依法先行进入的优势，坚持工作一体化部署、资源一体化配置、品牌一体化塑造，统筹推进党群工作，将各方力量凝聚在一起。

二是在街镇层面，压实各街镇党（工）委抓快递企业党建的主体责任，常态化开展排摸工作，结合企业注册登记、社保缴纳等工作，对重点企业逐一建立台账，建立健全快递企业党建数据库。积极开展党（工）委领导班子成员包联，培育快递企业党建工作样板。充分发挥“区域化大党建”效能，吸纳区域内快递企业（站点）党组织为党建联席会议成员单位，推动实现共建共治共享。

（二）注重分类施策，进一步推进组织工作覆盖

一是在组织覆盖方面，通过街镇筛查、数据联查、企业自查的“三查”联动方式，摸清行业党员底数，坚持组建党组织的标准和原则，有3名以上正式党员、条件成熟的快递企业，独立建立党组织。暂不具备单独组建条件的，依托开发区、园区等组建联合党组织，联合党组织中具备单独组建条件的，要及时建立党组织。针对总部型快递企业的加盟网点和合作企业，充分发挥总部企业党组织辐射带动作用，通过建立流动党员党支部和党小组等形式，把党的组织体系延伸到合作企业、末端网点。总部企业党组织辐射带动有困难的，发挥网点属地街镇“孵化器”作用，为设立党组织创造条件。对于没有党员的快递企业和网点，通过属地派遣党建联络员、建立工青妇等群团组织等方式，积极开展党的工作。

二是在工作覆盖方面。依托党群服务中心（站点）等阵地，拓展功能、强化服务，促进快递企业党组织之间，以及其与属地街镇、村居党组织之间的结对共建，切实增强党组织活动的有效性。针对快递总部企业党组织，突出政治功能和政治引领，深入开展各类主题实践活动，把党的声音、党的政策主张传递到快递企业每个角落。建立党组织与企业管理层共同学习制度，以便企业管理层熟悉党和国家政策法规、了解上级决策部署、沟通企业生产经营情况。探索建立快递企业党组织书记参加或列席企业管理层重要会议制度、党组织与企业管理层沟通协调恳谈制度，注重发挥企业管理层中党员和群团组织负责人的作用。

（三）创新工作机制，进一步强化党员教育管理

一是强化管理责任。坚持条抓块统、双向发力，强化快递企业总部对加盟（直营）

法人企业、分支机构、末端网点等的管理职责，夯实街镇属地兜底责任，按照“网点情况清、出资人和负责人情况清、经营运行情况清、职工和党员队伍情况清、党组织情况清、党组织运行情况清”的“六清”标准，建立党建工作信息库，推动快递总部企业、属地党组织加强对各种类型快递企业党组织和党员的日常管理。

二是加强流动党员管理。开展“党组织找党员、党员找党组织、党员联党员”的“双找一联”活动，找出小微快递企业中的流动党员、“口袋”党员。建立快递小哥报到机制，其中的流动党员纳入流动党支部进行日常教育管理，让不具备建立党组织条件的小微快递企业党员小哥更好参加组织生活。

三是拓展党建活动载体。推动快递企业与街镇村居、职能部门开展党建共建，推动快递企业加强与网络电商平台、销售商户、货运场站等党组织结对共建，实现党组织共建、阵地共享、活动共办、党员共训。开发线上党员教育“云课堂”“微课堂”，组织快递行业党员开展“微讨论”，线下开展主题党日活动、红色团队拓展训练等，实现党组织对党员教育管理的经常性、及时性、有效性。

四是加强党务工作者队伍建设。建立“领导直接联系、双员指导服务”重点快递企业制度，选派领导干部和党建指导员、驻企指导员联系指导重点快递企业，街镇组织部门定期向属地内快递企业派驻中青年干部担任党建指导员，指导解决党员教育管理问题。探索党员发展计划指标向快递企业行业单列，将优秀的快递员工吸纳到党员队伍中来，夯实快递企业党员力量。

（四）统筹各方资源，进一步健全关爱保障体系

一是提升党群服务体系功能。整合党群服务阵地，面向快递小哥群体推出一批功能，为快递小哥提供避暑取暖、歇脚充电、饮水就餐等服务，帮助解决快递从业人员临时休憩、子女托管等实际困难。把党群服务阵地纳入快递小哥工作线上平台，方便其就近参加活动。

二是完善身心关怀体系。针对快递小哥户外作业多、工伤事故频发、心理压力大的问题，协调相关部门构建事前预防保障、事中紧急救治、事后心理干预的全链条身心保障体系。如工会每年设立专项资金，补助快递小哥参加职工重大疾病医疗补助；人社部门出台针对性政策，引导广大快递小哥参加工伤保险；卫健委确定若干紧急医疗定点医院，为快递小哥开辟突发事件医疗应急“绿色通道”；探索为快递小哥提供在线心理咨询、心理测评、心理热线等服务。

三是健全职业保障体系。落实好企业主体责任，保障快递员合理劳动报酬，提高社会保险水平，推动落实带薪休假制度，建立工资集体协商制度，规范企业加盟和用工管理，健全合理派单机制。加强行业主管部门对企业用工劳动保障检查和日常巡查，健全快递行业劳动争议调解委员会各项机制，规范劳动纠纷调解仲裁机制，强化监督管理，保障快递小哥在劳动就业、社会保险、医疗卫生、职业培训等方面的合法权益。

（五）搭建有效平台，进一步激发参与治理活力

一是打造参与平台。快递小哥日常工作量大，收寄快递往往争分夺秒，引导他们参与基层治理，更需要运用互联网和信息化手段，探索开发“幸福云”“一键上报”小程序，集成社区报到、在线报事、活动报名、法律咨询等功能，建立“发现—处置—反馈—激励”机制，让快递小哥延伸成为城市精细化管理的“神经末梢”，化身为社区安全的“先锋岗哨”、群防群治的“流动哨兵”。

二是畅通参与渠道。建立村居党组织、物业企业、快递就业群体、片区民警、驻区单位等多方联动机制，引导快递小哥通过 App、微信群等方式“吹哨”，及时反映社区治理问题，实现“未诉先办”。吸纳快递小哥担任兼职网格员，积极参与群防群治，推动解决社会治理事件。面对疫情防控、重大突发事件，由快递行业党组织将党员组织起来，成立以党员为骨干的志愿服务队，设置党员先锋岗、先锋班组，主动承担起物资配送等任务。

三是强化典型引领。选树先进典型，强化激励，让快递小哥参与基层治理“被看到”“能听到”成为一种荣誉。积极宣传快递小哥的暖心故事和成长故事，大力推荐优秀快递从业人员作为优秀共产党员、五一劳动奖章、“三八红旗手”等人选。对于提供涉及重大民生问题、违法犯罪问题线索并表现优异的快递员，给予一定的物质奖励和荣誉奖励。定期开展“最美快递员”评选表彰活动，营造良好氛围。

（本文获 2022 年度全市组织系统优秀调研成果优秀奖）

课题组成员：徐　慧、陈建锋、吴欢荣、封旭东、夏　燕
主要执笔人：徐　慧、陈建锋、封旭东

党建文化与国有企业融合的逻辑、机制与实践创新
——兼论中国特色现代国有企业制度中的党建文化建设

市国资委党委组织处课题组

坚持党的领导、加强党的建设，是我国国有企业的光荣传统和独特优势。在长期实践中，国有企业党的建设，不仅逐步形成了具有一系列学科意义的基础理论、基本概念和党务理念，而且涌现出了具有中国特色、国企特点的方式方法、制度机制和平台载体。新时代国企党建，在丰硕的理论成果和多彩的实践特色映照下，已经成为一种灿烂夺目的文化。特别是在习近平总书记全国国有企业党的建设工作会议重要讲话精神的鼓舞下，国企党建文化更获得蓬勃发展。研究新时代党建文化与国有企业的融合，既是从文化高度丰富国企党建理论的学理需要，又是以文化为切入点创新新时代国企党建实践的迫切要求，具有重要的现实意义和深远的历史意义。

一、政治文化与价值体系：党建文化的本质定位

文化是一个国家、一个民族的灵魂。对于一个政党来说，文化也具有灵魂的意义。现代社会，文化已经演化成为一个非常宽泛的概念。在学界，比较公认的对文化的定义是："把文化视为某个社会或某个社会群体特有的精神与物质，智力与情感方面的不同特点之总和；除了文学和艺术外，文化还包括生活方式、共处的方式、价值观体系、传统和信仰。"因此，概括地说，文化是指人类在社会历史发展过程中所创造的物质财富和精神财富的总和，包括物质文化、精神文化、制度文化、行为文化等。然而，在狭义上，文化一般特指人类所创造和积累的精神财富，包括价值观、知识、信仰、语言、艺术、制度、社会群体和组织、道德、规范、习俗等精神领域的东西。价值观是文化的核心所在。从上面的分析我们可以看出，党建文化是从文化的狭义上定义的。或者说，是从狭义文化的概念出发研究党建文化的。

通常认为，党建作为党的建设的简称，是马克思主义建党理论同党的建设实践的有机

统一,一般包括三个板块的内容：第一，研究党的建设的理论科学、历史经验和重大现实问题；第二，在马克思主义党的学说指导下所进行的党的建设实践活动；第三，研究制定作为理论原则与实际行动两者中介的约法、典章、制度。党的建设包含党务工作，但又不仅仅是党务工作，它是包括党的政治建设、思想建设、组织建设、作风建设、纪律建设、制度建设，以及反腐倡廉等一系列建设在内的理论与实践活动。因此，党建文化，从发生学意义上说，就是在党的建设实践活动中形成和发展起来的独具特色的文化现象。

党建文化是一种政治文化，具有强烈的政治属性。习近平总书记在党的十八届六中全会上明确提出“加强党内政治文化建设”的重要命题，指出“党内政治生活、政治生态、政治文化是相辅相成的，政治文化是政治生活的灵魂，对政治生态具有潜移默化的影响”。政治文化，通常是指人们对于政治生活的政治价值取向模式，包括政治认知、政治信念、政治情感、政治态度、政治价值观等，它深刻地影响着人们的政治行为。对我们党的政治文化的内涵特征，习近平总书记作出了明确定义，即“以马克思主义为指导、以中华优秀传统文化为基础、以革命文化为源头、以社会主义先进文化为主体、充分体现中国共产党党性的文化”。习近平总书记的这一重要论述，准确把握了我们党政治文化与革命理论、传统文化、民族精神之间的关系，科学界定了中国共产党政治文化的内涵与外延。党建文化的政治属性表明，党的建设必须坚定对马克思主义的信仰，对社会主义和共产主义的信念；必须坚定执行党的政治路线，坚决站稳政治立场，宣传党的科学理论，坚决做到“两个维护”，实现“坚定政治信仰，强化政治领导，提高政治能力，净化政治生态”之目的；必须发展革命文化，传承红色基因，弘扬革命精神，教育党员干部正确处理公和私、义和利、是和非、正和邪、苦和乐等关系；必须不忘初心，坚持全心全意为人民服务的宗旨，强化“江山就是人民、人民就是江山”的理念，弘扬“坚持真理、坚守理想，践行初心、担当使命，不怕牺牲、英勇斗争，对党忠诚、不负人民”的伟大建党精神；等等。

党建文化是一种社会文化，具有广泛的社会属性。党建文化的社会性，不仅是由中国共产党的执政地位决定的，而且还由我党的性质、宗旨和奉行的价值理念决定。人民至上，是中国共产党的最高价值取向。党的十八大以来，中央高度重视培育和践行社会主义核心价值观，习近平总书记多次作出重要论述和提出明确要求；中央政治局围绕培育和弘扬社会主义核心价值观、弘扬中华传统美德进行集体学习；党的十九大报告进一步指出，要以培养担当民族复兴大任的时代新人为着眼点，强化教育引导、实践养成、制度保障，发挥社会主义核心价值观对国民教育、精神文明创建、精神文化产品创作生产传播的引领作用，把社会主义核心价值观融入社会发展各方面，转化为人们的情感认同和行为习惯。实践表明，以培育和践行社会主义核心价值观为内容与价值指向的党建文化，在社会上和广大人民群众中，已经和必将继续产生广泛的影响力、感召力和凝聚力。

党建文化是一种实践文化，具有鲜明的实践属性。严格地说，党建文化的实践性，是党建内涵的应有之义。因为，党建就是马克思主义建党理论同党的建设实践的统一。这里需要特别强调的是，党建文化虽然也是组织文化，具有组织文化的特性，但并不同

于一般的组织文化。中国共产党是一个具有严密科学结构的组织，是由无产阶级先锋队组成的先进组织，是将组织行为最终落实到全心全意为人民服务上的组织，是为实现共产主义社会制度伟大理想而奋斗的组织。理论联系实际，实事求是，是“共产党人从斗争中创造新局面的思想路线”。事实上，我们党的历史，就是一部探索实践的历史。党的建设的每一方面，都是探索实践、不断完善的过程。正是从这个意义上，我们可以说，党建文化是根植于各级党组织和广大党员日常工作和生活的点点滴滴，是党在长期斗争实践中客观产生和总结提炼的精神产品。

综上所述，党建文化从本质上说，不仅是一种政治性文化，同时也是一种社会性文化，更是一种实践性文化。国有企业党建文化，有着独具特色的政治性质、指向明确的价值体系、严谨深入的实践要求。我们只有从政治的高度、社会的广度、实践的深度定位和理解党建文化，才能全面把握党建文化的本质。

二、“强根”和“铸魂”：党建文化在现代国企制度中的融合与建构

文化不仅有社会整合功能，而且有社会导进功能。文化影响人们的思维方式和交往方式，影响人们的交往行为和实践活动。文化对人的影响，往往是非强制的，具有潜移默化、深远持久的特点。文化作为一种精神力量，能够在人们认识世界、改造世界的过程中，逐步转化为物质力量。正是文化所具有的潜移默化、深远持久的特点，赋予党建文化在国有企业中的广阔前景和无穷魅力。习近平总书记指出，“中国特色现代国有企业制度，‘特’就特在把党的领导融入公司治理各环节，把企业党组织内嵌到公司治理结构之中，明确和落实党组织在公司法人治理结构中的法定地位”。这就明确地告诉我们，党的领导和企业党组织，在公司治理环节和治理结构中具有法定的地位，是中国特色现代国有企业制度的有机组成部分。

党建文化在现代国有企业制度中的融合与建构，最根本的体现就是“强根”“铸魂”。坚持党的领导、加强党的建设，是国有企业的“根”和“魂”。面对新时代中国特色现代国有企业制度建设和国有企业可持续发展，按照“强根”和“铸魂”的目标指向融合和构建党建文化，必须充分认识、牢牢把握和始终坚持以下内容和坐标：

一是坚持党对企业的集中统一领导。习近平总书记强调，坚持党对国有企业的领导是重大政治原则，必须一以贯之；建立现代企业制度是国有企业改革的方向，也必须一以贯之。党对企业的集中统一领导，是党建文化的精髓，也是党建文化在现代国有企业制度中融合与建构的根本体现。要坚持和加强党的全面领导，充分发挥企业党组织的政治功能、组织功能和领导核心、政治核心作用，把党的领导落实到公司治理各环节，确保党的领导地位法制化。二是坚持把政治建设作为根本性建设。政治建设是党建文化的首位建设，也是党建文化在现代国有企业制度中融合与建构的首要体现。国有企业要旗帜鲜明讲政治，坚持以习近平新时代中国特色社会主义思想为指导，贯彻落实新时代党的建设总要求和新时代党的组织路线，增强“四个意识”、坚定“四个自信”、坚决做到

“两个维护”，牢记“国之大者”，牢牢把握国有企业发展道路和方向。三是坚持传承和弘扬红色文化基因。红色文化基因的传承和弘扬，既是党建文化的构成要素，也是党建文化在国有企业的现实体现。许多大型国有企业发端于革命战争年代，红色文化基因已经深入企业的“骨髓”。这种蕴含着丰富革命精神和厚重历史文化的红色文化基因，展示着党建文化的企业特色。与此同时，伴随着企业发展壮大形成的优良传统，作为发扬光大的红色基因，丰富着党建文化的内容。四是坚持党管干部原则，建设高素质领导人员队伍。党管干部、党管人才，是党建的重要内容，也是党建文化的重要组成部分。国有企业领导人是党在经济领域的执政骨干，肩负着经营管理国有资产、实现保值增值的重要责任。培养造就高素质国有企业领导人员，要坚持将党管干部原则与发挥市场机制结合起来，坚持党对干部人事工作的领导权和对重要干部的管理权，为建设对党忠诚、勇于创新、治企有方、兴企有为、清正廉洁的国企领导人员队伍提供坚强政治保证和组织保证。五是坚持从基本组织、基本队伍、基本制度严起，全面从严治党。基本组织、基本队伍，既是党建文化形成的主体和基础，也是党建文化的发展动力和创新源泉；基本制度，则展现着党建文化中制度文化的具体内容。与此同时，国有企业的基本组织、基本队伍、基本制度，也是建立和完善现代企业制度的基础，必须切实做好打基础的工作。在“三个基本”的建设上，既要做好“规定动作”，又要创新“自选动作”，在实践中凝练党建特色文化，让党建文化更加多彩绚丽、生机盎然。

完整准确地理解和把握党建文化在现代国有企业制度中的“强根”“铸魂”，还必须明确两点：

其一，党建文化在企业思想文化建设中具有主导的地位。也就是说，在企业的思想引领和文化谱系中，党建文化是主导文化、主流文化，是国有企业的主旋律。这里尤其需要强调的是，不能将党建文化与企业文化同等看待，更不能混为一谈。尽管在中国特色现代国有企业制度中，党建文化与企业文化具有共同的环境生态，存在相互融合、相互作用、共同发展的态势与机制，但是，党建文化的政治属性决定了其在企业中的文化引领地位。在这一定位上，既不宜模糊和混淆，更不能动摇。其二，党建文化的融合与构建是一个全面覆盖、全面渗透的过程。国有企业党建文化，无论在空间上，还是在时间上，都不是也不应该只存在于企业党组织范围内，而是整个企业的文化，是覆盖企业所有机构和单位、渗透在企业所有经营管理行为中的文化。党对国有企业的领导是全面的，党建文化在国有企业的存在和展现方式也是全面的。在这里，企业的基层党组织发挥着重要的作用。党的基层组织，是党的全部工作和战斗力的基础，是企业党建和企业发展的战斗堡垒，也是党建文化最具活力的土壤、最为发达的根系，党建文化覆盖到基层、渗透到一线，基层党组织发挥着重要乃至于关键的作用。

三、探索中前进：国有企业党建文化建设的实践创新

党建文化，重在建设，难在建设，更难在实践创新。国有企业党建文化建设，既需

要理论准备、思想准备、舆论准备，又需要体制机制、阵地环境、方式方法、平台载体等方面的准备，还需要有大胆探索、大胆实践、大胆创新等坚毅勇气的准备。近年来，上海国资系统所属国有企业贯彻落实中央和上海市关于坚持党的领导、加强党的建设的指示精神，在党建文化建设上，进行了许多有益探索，取得了一些可喜的经验。

创立体制机制，做好制度保障。党领导下的现代国有企业，其体制机制和制度既是党建文化的重要组成部分，又是党建文化持续健康发展的坚强保证。上海国资委探索从落实“前置程序”要求入手，制订出台《关于落实市国资委系统市管国有企业党委研究讨论“前置程序”要求的指导意见（试行）》，从宏观上进行了“顶层设计”；制订出台《市场竞争、金融服务、功能保障三类企业落实“前置程序”事项清单》，从中微观层面进行进一步明确，形成了上海市国资委党委落实“前置程序”要求的“1+3”文件体系，并与此前出台的《关于市管国有企业党建工作要求写入公司章程的指导意见》《上海市属国有企业在完善公司治理中加强党的领导的实施意见》相配套，建立起制度化的“双向进入、交叉任职”领导体制，在体制机制和制度上保证了党建文化的融合与建构。

创新阵地环境，培养群体意识。党建文化必然依托一定的阵地环境展现和建设。加强环境设施建设，不仅可以开辟党建文化的阵地，而且有助于党员和全体员工在潜移默化中接受党性教育和党性修养。上海国资委系统机场、公交、地铁、营业网点等，在位置显著的公共区域设置近万个“党员示范岗”，通过公开党员基本信息和照片、公开承诺决心和措施，强化党员自我约束、接受党员群众监督；上海国资委系统企业党支部普遍设立以“学党史、感党恩、听党话、跟党走”为主题的党建文化墙，让“空白墙”变成“党建墙”，让党员职工在耳濡目染中增长知识，在潜移默化中了解、支持、监督、参与、融入党建工作，起到了“以文化人”的效果；中国太保成都党群服务中心作为上海市国资委的首家埠外党群服务中心，以生动丰富的形式展示上海市国资委系统在蓉企业的党建风采，着力打造了埠外企业党群学习园地、宣传阵地和服务高地的示范样本。

创建党建品牌，强化传播效果。创建国企党建品牌，就是对国有企业在推进基层党建领域的各方面所取得的创新实践和典型经验进行标准化、规则化的规范和提炼，形成更容易被认同和吸引、更具有传播性的国有企业党的建设的品牌。党建品牌在本质上就是党建文化品牌。党建品牌的建设，是党建工作理念、形式、载体、机制的重要创新，是党建工作组织设置、工作方式、活动内容等内在规律的重要总结，也是加强党的先进性建设的重要载体和有力抓手，展示的既是党建的特色，也是党建文化的面貌。2019年，上海市国资委系统党建品牌创建和评比活动规定党建品牌包括品牌名称、品牌Logo、品牌诠释、价值成效等四个方面。在国企党建品牌的建设中，视觉识别设计是最为直观的展示，通过具体的视觉设计向企业内外展示党建品牌的文化内涵。其中，党建品牌Logo的设计是视觉识别设计中最为核心的部分，Logo不仅构成了视觉形象的基本特征，也体现了党建文化的内在元素，在品牌建设中，所有的视觉要素都会以Logo作为核心。上海隧道工程有限公司全面打造“盾构法”党建，以“只进不退”为党建文化之魂，推动企业取得高质量发展；申通地铁集团在创建“平安地铁先锋行”党建品牌过程中，招募“万名护行员”、打造“千个平安岗”、组建“百支突击队”，建立起全方位、立体化的党员地铁志愿服务新模式。

创设行走党课，整合红色资源。充分发掘和利用当地红色资源，是建设党建文化的基本策略和重要方法。上海是党的诞生地和初心始发地，是中国共产党这艘引领中华民族伟大复兴的巍巍巨轮梦想启航的光荣之城，众多的红色景点、繁密的红色地标以及所蕴含的生动红色故事，是党史的鲜活教材和党建文化的历史源泉。上海市国资委党委充分发挥上海红色地标众多、红色资源丰厚的优势，探索把“点”连成“线”，在全市范围内开发出 12 条党史学习线路，为国资系统 30 余万名党员提供丰富生动的党史学习教育资源。“永远的辉煌：苏州河畔的初心与使命”，展现了上海纺织业在不同历史时期的奋进历程和感人故事；“中华商业第一街：上海第一面红旗升起的地方”，以讲好上海商业红色故事，挖掘南京路红色商业地标背后的精神力量；“百年沧桑：回到人民手中的万国建筑群”，通过上海外滩 12 号大楼（现上海浦东发展银行）的百年变迁讲解，印证百年历史中，中国人民在中国共产党领导下，为国家富强、民族复兴和人民幸福奋斗实践、干事创业的信心和斗志。“愚园路上共产党人的‘精神密码’”等现场教学活动，让广大党员从中感受中国共产党初创时的困难和艰辛，让静态的党史鲜活起来，进一步拓展和延伸了党建文化的空间。

创作文艺作品，讲好国企故事。小说、报告文学、电视剧、电影、话剧等文艺作品，是党建文化的重要表现形式。近年来，上海国资委系统充分发挥企业红色资源和人才优势，创作了大量在全国具有一定影响的文艺作品。2018 年、2021 年先后组织全国 60 多位著名报告文学作家创作的报告文学集《改革征程党旗红》《红色引擎》，集中展示 40 家红旗党组织风采，涵盖金融、建筑、餐饮、保险、医药、海事、外服等不同行业和领域，展示了党在国有企业各领域中的厚实根基，呈现了党在不同历史阶段凝聚力量、带领企业不断走向辉煌的丰富实践。创作的话剧《大风有隧》，艺术地再现了上海隧道人在党组织的坚强领导下“拼搏奉献、争创一流”、日益走近世界工程业舞台中央的精神风貌；电影《大城大楼》以上海陆家嘴地区新型党建为背景，围绕救助患儿鹏鹏引发的一系列感人故事，讲述了年轻人在党的引领感召下成长，并最终实现自我价值与社会价值的感人故事；久事集团参与拍摄的电影《1921》，讲述了首批中国共产党人在风雨如磐的日子中担起了救亡图存重任，让中国革命前途焕然一新的故事；创作歌曲《庄重的承诺》，反映了组工干部为党勤奋工作的豪情与“讲政治、重公道，业务精、作风好”奋斗方向。这些由企业组织策划或直接参与创作的文艺作品，生动形象地展示了新时代上海国企党建文化的深刻内涵与昂扬风貌。

（本文获 2022 年度全市组织系统优秀调研成果优秀奖）

主要执笔人：苏　虹

新就业群体党建工作研究报告
——以快递骑手、外卖小哥等群体为例

长宁区委组织部课题组

以信息化、数字化、智能化、网络化为支撑的数字经济正在加速催生各种新就业形态，成为经济发展的新动能、吸纳就业的新蓝海，在经济社会中发挥着重要作用。相较于传统就业而言，以平台经济为代表的新业态，作为生产力新的组织方式，连接起城市与乡村、实体与虚拟，其以更加自主自由、弹性灵活的工作机会，在全社会吸纳聚集了大量新就业群体，包括快递骑手、外卖小哥等。据统计，2021 年我国新就业群体规模超过 2 亿人。

近年来，长宁区认真贯彻落实习近平总书记的重要批示精神，“高度关注新业态发展，坚持网上网下结合，做好新就业群体的思想引导和凝聚服务工作”。按照中央和上海市委工作部署，坚持以人民城市为理念指引，把推进新就业群体党建作为新时代“凝聚力工程”创新发展的重要领域谋篇布局，在实践探索基础上，深入把握区域内新就业群体基本概况、主要特征、实际需求以及作用发挥，研究提出有效管用的对策建议，以党建穿透力、凝聚力和感召力，不断增强新就业群体的获得感、幸福感、安全感，进而巩固扩大党在城市新兴领域的执政基础。

一、特点与需求：把握新就业群体党建着力方向

课题组针对活跃在长宁的快递骑手、外卖小哥进行了抽样问卷调查，共收回有效问卷 1174 份，就群体特征、高频需求和作用发挥进行了研究分析，以期为加强新就业群体党建工作提供启示与参考。

（一）从总体特征分析，新就业群体呈现四大特点

1. 从业人员年轻化

问卷调查显示，年龄结构上，40 岁以下中青年群体占 78.4%，其中 30 岁以下占

35.4%；而41岁以上占21.6%，其中50岁以上仅5.6%。性别比例上，男性占94.6%，女性占5.4%。根据问卷，就业者选择该职业的动因主要是“多劳多得”“工作时间自由”“收入更高”。弹性劳动模式适应了青年就业价值观的转变，吸引了大量年轻人加入，这也要求党的工作要顺应和把握新就业群体从业特点和群体结构的实际情况，与时俱进地创新开拓，引领新就业群体蓬勃发展。

2. 来源构成差异化

快递、外卖就业弹性大、门槛低、成本小、涉面广，且不受城乡地域、户籍等限制，就业群体往往来自五湖四海。从来源分布看，从业人员分属安徽、河南、江苏、浙江等20多个省市地区。从文化层次看，大专以下学历占83.1%，其中初中以下为29.8%；本科以上学历占16.9%。从业人员多为来沪务工者，由于种种现实因素，往往呈现一定的从业心理落差和较低的城市归属感，遇到困难容易出现以籍贯、亲属为纽带的抱团现象。因此，党建工作的触角要延伸到这类群体中，通过加强服务、引导、团结和凝聚，把城市运行的“新变量”转化为向上向前的“正能量”。

3. 择业方式自主化

新就业形态“去雇主化”，劳资关系松散，职业流动灵活。在长宁辖区活跃的平台企业多达数十家，相对集中的有顺丰、饿了么、美团、京东、盒马、中通、圆通等。从工作状态上看，全职的占76.2%，兼职的占23.8%。从服务关系上看，平台自营模式下，签劳动合同的占42.3%，而平台代理模式下，主要为劳务派遣性质，占比32.2%；其余为平台注册、临时接单型，未签合同。从从业时间上看，总体流动性较大，不到1年的占46.2%，其中不到半年的占24.6%。从流动趋向上看，即便流动大，但仍以灵活就业为主，选择继续从事新业态的占40.8%。在这种“弱关系”“弱稳定”状态下，如何更好适应新型生产组织方式、商业形态与服务模式，做好新就业群体党建，需要抓住能触及新就业群体的工作链条和线下节点，从而把党的工作有效切入进去。

4. 工作模式流散化

新就业群体以“跑单式”“计件式”营收为主，工作时间与实际收入成正比。从业者普遍工作时间长、劳动强度大，每天工作超8小时已成主流。据统计，工作超10小时的，占41.16%；8—10小时的，占32.96%。从总体收入上看，月收入在8000—10000元的，占比最高，为37.8%；5000—8000元的次之，占比28%；10000—20000元的占比11.7%；超20000元的不到1%。在这种工作模式下，从业者大多以经济利益作为评判和衡量标准，其工作场域、工作时间、工作模式随之不断切换，这种高流动性、高分散性，对加强党的组织和工作覆盖，以及创新党的活动方式等方面，提出了新的更高要求。

（二）从主要需求分析，新就业群体诉求相对多元

1. 经济性需求

从业人员的抗风险能力相对较弱，因此对经济收入、政策性保障以及与之相关的关

怀措施较为看重。调研显示，80.9%的从业人员认为压力主要来自经济方面，他们对投诉处罚、社保缴纳、配送补贴、薪资发放等问题反映相对集中。同时，他们希望有更完善的医疗保险、更好的劳动权益保障，以及更优质的就餐、充电、休憩等信息和资源。因此，要重点关注好新就业群体在经济利益和工作保障方面的需求，同时从政策上、制度上解决好普遍共性问题，营造良好的职业环境。

2. 生活性需求

城市生活成本高，处在异地他乡的新就业群体面临着住房、医疗、就学等现实问题。70%的从业人员对廉价租房、人才公寓等较为关注，希望改善现有居住条件。此外，他们对健康医疗、子女上学、防疫物资等关怀举措较为上心，年轻人则特别在婚恋交友、心理情绪等方面表达了想法及焦虑。这表明，新就业群体党建要充分整合党群、政府、社会和市场资源，力所能及解决新就业群体生活上的“后顾之忧”，把点滴服务做到他们心坎上，使他们感受到社会的关心和城市的温度。

3. 兴趣性需求

新就业群体比较愿意参与文体类、交友类、团体类活动，寓教于乐、寓管理于服务更容易被他们认可和接受。从获取信息与内容角度看，新就业群体对与自身职业关联度高的“交通法规”“疫情防控”等必备知识有需求，同时还对“党史知识”“上海近代史”“文化课程”“语言课程”表示有兴趣。从年龄维度分析，相比年长的从业者，年纪轻的更倾向于“文化、交友等活动”“文体项目”等，对“党史知识”“文化课程”“语言课程”关注度也更高。党建工作是具体的，是看得见、摸得着的，要针对需求提要求，抓住新就业群体的兴趣点，探索以喜闻乐见的方式，调动其参与的积极性，进而把他们团结在党组织周边。

4. 发展性需求

青年群体较为看重自身人力资本建设，仍期望自我有更大的价值提升以及成长发展的新空间。问卷显示，在“最希望提升的能力”选项中，“职业技能和效率”排在第一位，为68.5%，其他依次是“社交沟通能力”“语言技能”“学历提升”“团队管理能力”“信息化运用能力”，分别为47.3%、38.5%、36.8%、35.5%、34.8%。40岁以下的，更注重“学历提升”“团队管理能力”。在希望获得的信息选项中，“行业发展情况”“就业渠道信息”“本地跑单经验”等选择率都位居前列，分别为44.4%、43.9%、36.7%。综上可见，人的发展需求是最大的动力之源，做好新就业群体党建，重在促进人的全面发展，让每一个从业者都有出彩的机会、精彩的人生。

（三）从作用发挥分析，新就业群体是城市经济增长极和城市美好生活的参与者、推动者，在基层治理与服务社会和民生中的作用与影响日益重要

从政治进步维度看，新就业群体是社会发展进步的重要推动力量，也是社会主义先进生产力的有机组成部分，党建工作要关注和顺应新就业群体的政治向往，把优秀分子吸纳到党内，团结在党组织周边。从调研来看，63.3%的从业人员表示“希望入党”，已提交入党申请书的占2%；其中30岁以下青年及全职人员表达入党的愿望比中年、兼职的人员更要强烈。还有20%的人员不知道入党方式和渠道，从客观上看，从业人员与平台企业松散的劳动关系一定程度限制了其主动向党组织靠拢并表达入党申请的意愿。此外，76.2%的受访者表示，若自己是名党员，愿意接受党的任务，承担党的党务工作。

从社会参与维度看，新就业群体是城市经济、城市发展新生长的力量，引导、发挥好了，就是城市文明最美丽的风景线，因此党建工作要通过联系服务，在引领主动参与、广泛参与上下功夫。问卷显示，在活动频次方面，82.4%的受访者愿意参加街道组织的活动，近六成的受访者认为每月一次或每季度一次的活动频率可接受。88.6%的受访者愿意参与文明出行、公益宣传等活动，其中党员愿意践行的达91.1%。在活动类型方面，70.8%的受访者倾向于“困难群体送餐、社区平安/防疫巡逻”等志愿服务类活动；43.4%的受访者倾向于“交通安全协管、垃圾分类”等公共生活类活动；40.1%的受访者更喜欢“音乐会、运动会、读书会”等文体活动。

从疫情防控维度看，新就业群体既是疫情下的受冲击者，同时也是奋战“疫”线的逆行者和解决民生最大问题的流动服务线。问卷显示，穿梭在城市社区的快递骑手和外卖小哥们，响应党委政府以及社区党组织号召，主动承担所在区域物资运输、餐饮配送、跑腿买药等工作任务。他们积极投身于这场前所未有的抗疫大战，奔跑在大街小巷，穿梭于楼栋楼宇，全力解决城市静默、社区管控期间物资配送难题，助力打通物资保供“最后一百米”。

二、问题与挑战：正视新就业群体党建难点瓶颈

随着数字化时代新兴产业和平台经济持续高速发展，新就业群体的数量不断壮大，作为城市发展的新事物，情况比较复杂、党建基础相对薄弱，呈现诸多新情况新问题，成为城市基层党建的一大难题。

（一）在如何适应“新”的变化上，对组织建设提出新要求

迅速壮大的新就业群体，呈现出大体量、分布式、散点状、高流动的新态势新特征，党建覆盖难度系数大大增加。比如，长宁区内数十家平台运营主体并存运行，还有诸多代理企业、网点加盟商等，兼职、劳务派遣从业者占比大。在业态多样、关系松散、来源复杂的情况下，如何将其有效组织起来是个难题。又比如，由于党组织覆盖的空白点，街道社区也难完全兜住，致使流动党员管理服务存在脱节现象，调研显示，62.5%新就业群体党员的组织关系在老家，“口袋”党员、“隐形”党员问题仍然存在。因此，党的组织体系如何有形有效覆盖新就业群体，兜住管住“失联失管”流动党员，还需要创新组织化的有效机制。

（二）在如何应对“快”的问题上，对工作方式提出新要求

新就业群体人员流动快、工作节奏快、时空转换快，如何创新党的工作方式，增强党的组织力与引领力，是新就业群体党建的突出难点。比如，灵活用工模式下，新就业

群体自主性强，职业波动频繁。对于这样一支城市“流动大军”，党组织如何针对这一群体的现实情况，切合其思想动态和实际需求，把党的工作穿透到新就业群体中，还需要在破解联系难、组织难、活动难、管理难等问题上下功夫。又比如，市场经济下，企业以生产效益为首要选择，平台企业在追求“快”的发展中，对党建工作重视程度、配合程度参差不齐，而规模较小的企业或加盟商，则缺乏开展党建工作的基础条件，对此还需依托区域，进一步完善以平台为主体、以行业为纽带、以属地为兜底的工作格局。

（三）在如何回应“多”的需求上，对服务凝聚提出新要求

新就业群体在城市发展和治理中发挥着重要作用，如何团结好、引领好这支“超级队伍”，进一步增强其职业尊荣感、社会融入感、城市归属感，仍有较大工作空间。比如，从加强服务来说，如何经常性地深入新就业群体中，通过党建整合更多资源，解决他们在公共服务、个人成长等方面的“急难愁盼”，仍需在实践中加强和深化。又比如，新就业群体穿梭在城市各个角落，既是治理对象，也是治理力量，如何因地制宜搭建平台载体，引导党员和员工到所在社区报到，广泛参与到社会治理中来，增强新就业群体“主人翁”意识，进而引导社会公众尊重、理解、关心这一群体，真正把他们吸引过来、组织起来、稳固下来、发挥出来，是做好新就业群体党建的重中之重。

（四）在如何破解“弱”的难点上，对形成合力提出新要求

新就业群体党建是新生事物，没有系统可供借鉴的经验，总体上仍存在“底数不清”“信息不畅”“抓手不多”“感受不强”“融入不够”等现实困境，还需加强顶层设计、系统谋划、合力推动。比如，如何通过完善新就业群体大党建格局，推动党建工作从条块分割向融合共建转变，加快形成各部门、各条线工作合力，推进数据共享、协同合作，实时掌握动态情况，及时研究政策措施，切实解决好新就业群众制度性问题，需加大工作推进力度。又比如，运用互联网、数字化、人工智能等新技术，探索新就业群体智慧党建模式，搭建动态信息管理系统，形成区域互动、数据共享、信息共联的党建信息化格局，以数字化、智能化提高党建工作的有效性仍有待优化完善。

三、思考与建议：推动新就业群体党建创新发展

坚持实践导向、需求导向和问题导向，站在巩固党的执政基础和人民城市建设的高度，聚焦“四个着眼”，优化“四大体系”，加强统筹协调、完善运行机制、狠抓工作落实，把党对新业态与新就业群体的领导落到实处，为引领城市经济社会高质量发展提供坚实的组织保证。

（一）着眼“有形＋有效”，健全统筹推进体系

聚焦新就业群体党的工作全覆盖，拓展党建工作的内涵和外延，把党建工作嵌入经济发展最活跃的经络上，构建区域兜底、条块联动、平台支撑、点面协同的良好格局，健全“纵向到底、横向到边、工作到心”的工作体系。

一是多方联动、合力推进。坚持党委统一领导、组织部门牵头抓总、行业部门指导

推动、属地街镇兜底负责，相关部门整合联动，设立新就业群体党建工作专班和协调机制，定期研究会办重大问题，专项部署整体推动。针对新就业群体党员人数少、建立党组织困难的问题，坚持党建带工建、工建促党建，发挥工会先行进入优势，发动平台企业，组织开展入会及专项互助保障行动，为党组织开展工作架桥铺路。

二是上下协同、有效覆盖。依托各级“宁聚里”党群服务矩阵，建立新就业群体党的活动小组，抓好流动党员教育管理工作。以平台企业党组织为抓手，组织加盟合作企业、快递外卖网点等共同参与，加强信息对接、情况沟通和动态管理。结合长宁实际，开展“党员找组织、组织找党员、党员找党员”活动，探索单独建、联合建、区域建、行业建等组织设置方式，把游离在外的流动党员吸纳进来。

三是常态联系、筑牢支点。聚焦“暖新巢”，集中开展送政策、送法规、送活动、送服务，打造党建工作的主阵地。加强与街道社区联系共建，通过民主协商、多方协调，破解停车难、分拣难、进门难等问题。注重政治吸纳，把优秀分子培养成为党员，把党员培养成为管理骨干。

（二）着眼“精准＋精细”，优化服务引领体系

围绕新就业群体后顾之忧和发展之盼，聚焦“取件的点、送餐的路、租住的家”，全方位给予服务关怀，做到“思想上解惑、精神上解忧、文化上解渴、心理上解压”。

一是依托阵地，加强基础性服务。突出思想建设，抓好流动党员教育管理工作，规范组织生活和“三会一课”，丰富学习教育形式。根据服务功能、辐射范围等，在党群中心、楼宇商圈、开发园区、银行网点等空间，分层次、嵌入式打造“暖新巢”，提供“可饮水、可餐食、可充电、可休息、可盥洗、可上网、可检测”及政务办理、信息发布等暖心服务。针对“就餐、如厕、充电、休憩、核酸”等新就业群体最关心问题，绘制“暖新地图”，上线扫码可享。

二是依托社会，引入专业化服务。以“暖新云巢”等为载体，聚焦精神和发展需求，整合专业力量，开展线上党史知识、交通法规等内容学习，常态化提供职业技能、心理疏导、健康义诊等服务。策划开展形式多样、喜闻乐见的文体活动，提升新就业群体凝聚力。整合辖区律所等法律资源，针对新就业群体关切的劳动保障问题，开展法律咨询与援助行动。

三是依托政策，完善普惠性服务。发挥政策部门职能优势和作用，紧扣劳动保障、工伤保险、意外保险、职业发展、廉价租房等，从政策上、制度上解决普遍共性问题。

（三）着眼“融入＋融合”，构筑动员参与体系

引导新就业群体广泛参与城市治理、区域发展和为民服务行动，提高他们的社会融入感和职业成就感。

一是争创“新”形象。推动新就业群体党员向街镇党群服务中心报到、向工作地社区党组织报到，推动平台企业、站点企业和加盟商向属地街镇报到，形成双向联系、双向反馈工作机制。开展“亮身份、亮承诺、见行动、见形象”活动，推广党员服务队、

流动先锋线等做法，带头加强自律自管，带头倡议职业文明。

二是凝聚“新”力量。鼓励参与社区治理志愿活动，发挥在异常情况预警、突发事件直报、社情民意传递等方面的“哨兵”作用。推动党员小哥在负责区块，为独居老人、困难群众提供爱心送递。根据作用发挥，探索津贴奖励制度，推动公益服务纳入业务绩效考核。

三是树好“新”典型。注重挖掘新就业群体先进事迹，在评选优秀党员、劳模先进、优秀团员等方面给予适当倾斜，选树一批优秀典型，强化身份认同和榜样激励，引领新就业群体爱岗敬业、遵纪守法、乐于奉献。

（四）着眼“线上＋线下”，建成赋能支撑体系

全面树立“互联网”思维，推动基层党组织建设智慧化，让新就业群体省时便捷地办理事项、解决问题，不断提高党建工作质效。

一是搭建流动党员智管系统。打通市场监管、人社等部门数据端口及平台企业、合作企业用工信息，摸清底数和动态变化，加大流动及隐性党员排查力度，推进线上大数据集成系统与线下组织覆盖工作的有机衔接。探索推广“三会一课”指尖学习、在线组织生活等新方式。依托“智慧党建”系统，推进新就业群体流动党员“赋码”管理，党员在党群服务中心扫码报到、参加组织生活。

二是完善积分即时激励机制。围绕学习教育、公益宣传等，设计形成积分模块，推行即时兑换激励机制；对于群众公认、表现优秀的，与人才公寓、子女就学等进行挂钩，对于在疫情防控、隐患排查等方面作出突出贡献的，给予相应奖励，营造比学赶超的良好氛围。

三是拓展意见诉求表达渠道。坚持交流对话、共建共享、互融共促，畅通以党组织和党员为主渠道的诉求表达解决机制，建立在线诉求反映与政策咨询平台，推进“暖新巢”设立人民意见征集箱，结合工作晨会、网点负责人例会等，通过“键对键”“面对面”“点对点”，广泛听取意见建议，并转化为工作措施和具体政策。

（本文获2022年度全市组织系统优秀调研成果优秀奖）

课题组成员：白雪茹、陆　敏、赵君霖、李　睿、徐　军

主要执笔人：白雪茹、陆　敏、赵君霖

奋力走出基层党建新路研究
——基于沉浸理论的大学生社区党建育人进路

华东政法大学课题组

当前，大学生社区已从校内严格封闭式的大学生宿舍、较为封闭式的大学生公寓逐渐发展成为相对开放的大学生生活园区，功能和特征趋近、类似于城市社区，因此，大学生生活园区也被称为大学生社区。大学生社区既是大学生休息居住的场所，也是大学生交流沟通的“准社会”场所，还是滋养大学生成长成才的综合育人平台。推进大学生社区党建育人，将党建育人从传统教学、办公区域延展至“距离大学生生活最近、思想行为表现最真实、活跃”的大学生社区，把党对高校的全面领导“纵向到底、横向到边”，以党建引领大学生社区育人工作，进而统筹整合、优化配置大学生社区育人资源，提升大学生社区育人的综合效能，既是落实上海高校党建工作“见人、见事、见精神”要求，也是新形势下落实全员、全过程、全方位育人的现实举措，为高校基层党建高质量发展提供了守正创新的路径。

一、调查研究方法路径

习近平总书记指出：“调查研究是谋事之基、成事之道。没有调查，就没有发言权，更没有决策权。”加强大学生社区党建育人工作，走出基层党建新路，首先要通过调查研究，把握“大学生社区党建育人现实图景、大学生社区党建育人优化路径”。以把握前述两个关键问题为逻辑起点，课题组在资料检索的基础上，聚焦调查研究法，综合使用比较研究法、归纳研究法开展研究。

在“中国知网”，以“大学生社区”“党建”为合并主题关键词，课题组检索到 9 篇核心期刊论文。在“学习强国”App，以“沉浸式”为关键词，可检索到沉浸式党课、沉浸式特色党建活动等实践案例，在“中国知网”，沉浸式党建研究仅检索到 1 篇普通期刊论文。由此可见，大学生党建育人领域的研究存在提升空间，尚缺乏新冠疫情防控

大背景下大学生社区党建育人工作的新作为。

课题组综合采用了问卷调研、访谈调研、实地调研等方式。问卷调研聚焦大学生社区党建育人主客体参与度、内容设置、对大学生社区党建育人的期待等内容。调研对象为高校在读的270名本科生、47名研究生，立足上海松江大学生社区（即松江大学园区，是全国大学园区第一个样板园区，已建立22周年，是中国起步较早、规模较大的大学生社区之一，上海外国语大学、东华大学、华东政法大学、上海对外经贸大学、上海工程技术大学、上海立信会计金融学院、上海视觉艺术学院共7所高校的师生在松江大学生社区居住，该大学生社区积极推进资源多元共享，部分区块居住多个高校师生），延伸至上海市其他高校和其他省、自治区、直辖市高校［本次问卷调研面向北京、上海、天津、陕西、新疆、内蒙古、山东、福建、浙江、江苏、安徽共计11个省（自治区、直辖市）的28所高校，其中松江大学生社区发布并回收来自社区内7所高校的262份问卷］，在线发放问卷317份，收回317份，有效问卷317份。访谈调研聚焦大学生社区党建育人既有瓶颈、创新发展思路、具体举措和新冠疫情背景下大学生社区党建育人工作的新作为等内容，访谈调研覆盖在读大学生、高校教师、社会人士三类人群20余人，综合采用“面对面访谈”“在线访谈”等形式。实地调研立足上海松江大学生社区、杨浦大学生社区，走访松江大学生社区四期、五期学生社区和复旦大学任重书院学生社区。

课题组还采用比较研究法和归纳研究法，对大学生社区党建育人工作现状、发展期待做了梳理、归纳。

二、大学生社区党建育人现实图景

结合问卷调研、访谈调研、实地调研情况，课题组分析了大学生社区党建育人的现实图景。

一是关于大学生社区党建育人线下空间。问卷调研显示，绝大多数高校大学生社区设有党建活动室、工作室，且被学生所知晓（见图1）；还依托学校、院系、班级线上平台宣传大学生党建育人工作，认为开展线上宣传“较多”和“一般”的学生占比达84.85%（见图2）。综合访谈调研和实地调研情况来看，大学生社区党建育人线下空间主要包括宿舍、

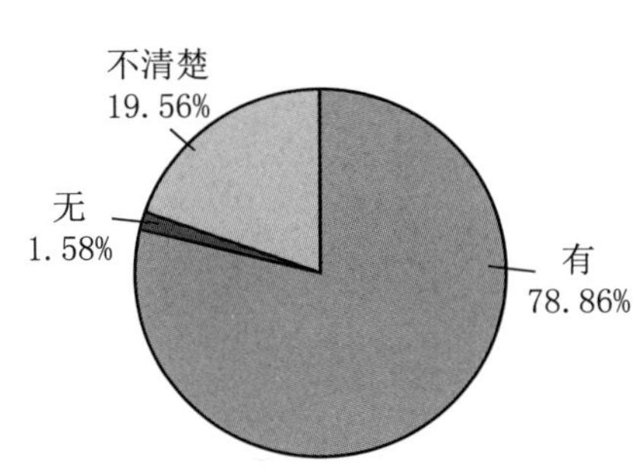

图1 大学生社区党建育人线下空间调研情况

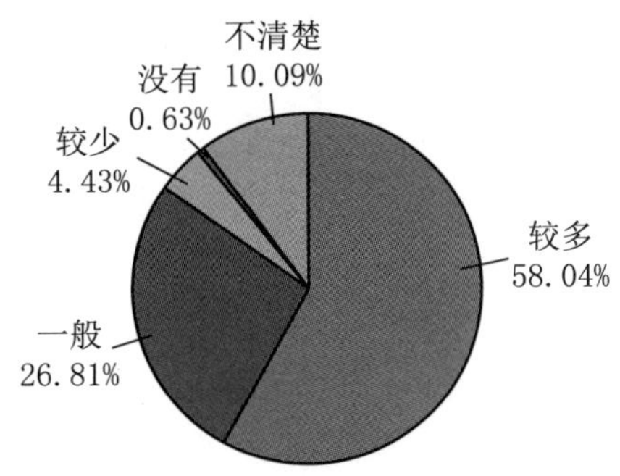

图2 高校（含院系、班级）线上平台宣传大学生社区党建育人调研情况

公寓楼内的党建活动室、会议室、工作室和宣传栏、橱窗、电子屏，以及楼外活动广场、空地、宣传栏、橱窗、电子屏等；依托学校、院系官方网站、官方微信公众号、班级微信公众号，宣传大学生党建育人活动，扩大大学生社区党建育人活动的影响力和知名度。

二是关于大学生社区党建育人参与人员。问卷调研显示，大学生社区党建育人主体（实施者）多为辅导员等高校管理教辅人员，优秀学生、朋辈导师，以及学业导师等专业教师三类人群。其中，辅导员等管理教辅人员作为育人主体的比例最高；校外人员、社会人士作为大学生社区党建育人主体，在参与度上存在提升空间（见图3）。大学生社区党建育人客体（对象）多为学生入党申请人、学生入党积极分子、学生党员、普通学生，其中学生入党积极分子的比例最高；相比作为大学生社区党建育人主体而言，管理教辅人员、专业教师在大学生社区作为党建育人客体的参与比例分别降低了41.01%和22.39%；社会人士作为大学生社区党建育人客体的参与度存在提升空间（见图4）。结合访谈调研和实地调研情况来看，高校教师普遍认为，开展大学生社区党建育人是“育人育己”的过程，但学生调研对象认为高校教师是育人实施者而非育人对象的比例更高；在新冠疫情防控大背景下，校外人员进校，尤其是进大学生社区开展活动存在困难。

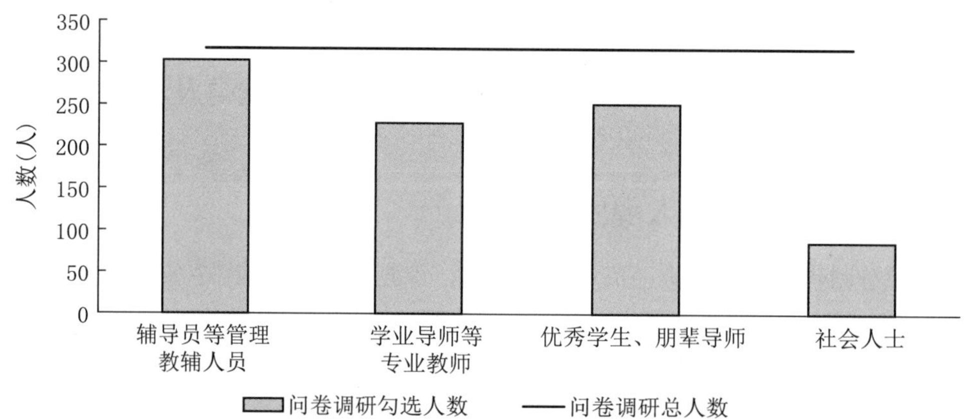

图3　大学生社区党建育人主体（实施者）调研情况

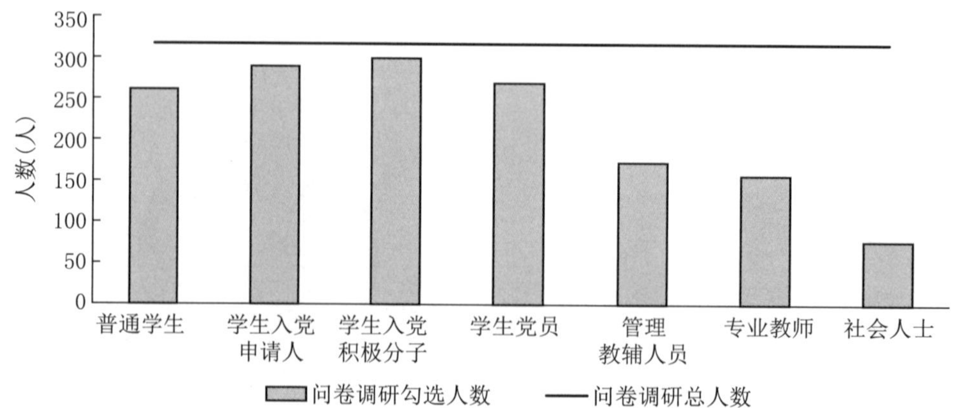

图4　大学生社区党建育人客体（对象）调研情况

三是关于大学生社区党建育人活动内容。问卷调研显示，活动内容以“党课或党建类学术讲座”为最多（见图5），“社区党建主题现场教学”“社区党建主题文体类活动”比“党课或党建类学术讲座”分别低了31.23%和28.7%。结合访谈调研和实地调研来看，大家认为开展“党课或党建类学术讲座”“党员发展谈心谈话”“党建工作小组讨论、经验交流”更便捷；“社区党建主题现场教学”“社区党建主题文体类活动”对空间、设备和方案设计的要求更高；新冠疫情防控要求客观上给现场教学、文体活动的开展造成较大影响。

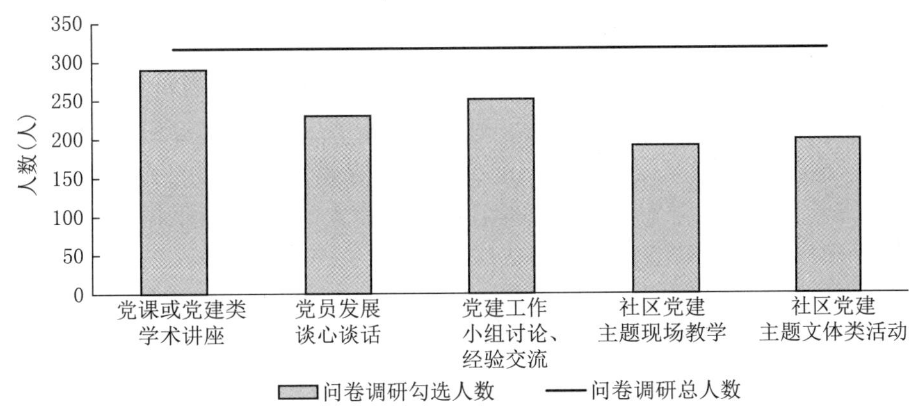

图5　大学生社区党建育人活动内容调研情况

四是关于“大学生社区党建育人亟待提升”的问题。从排序情况来看，问卷调研对象对“活动空间、活动设备等硬件设施”的需求强烈，平均综合分数排名第一，126名调研对象把该需求放在第一位。“活动内容、形式的吸引力”“大学生社区党建育人机制”“育人主体（实施者）队伍的多样化”的平均综合分数较为接近，分别为3.53、3.52、3.51分（见图6）。从把需求放在第一位的调研对象人数来看，90名调研对象把“活动内容、形式的吸引力”放在第一位，36名调研对象把“大学生社区党建育人机制”放在第一位，33名调研对象把“育人主体（实施者）队伍的多样化”放在第一位。问卷调研显示，大学生对“活动空间、活动设备等硬件设施”“活动内容、形式的吸引力”的需求更高。从访谈调研情况来看，高校教师对“大学生社区党建育人机制”“活动内容、形式的吸引力”的关注度更高。从实地调研情况来看，受新冠疫情影响，松江大学生社区党建育人活动在线下层面限于所在区块（松江大学城7所高校的学生根据区块，分别居住于

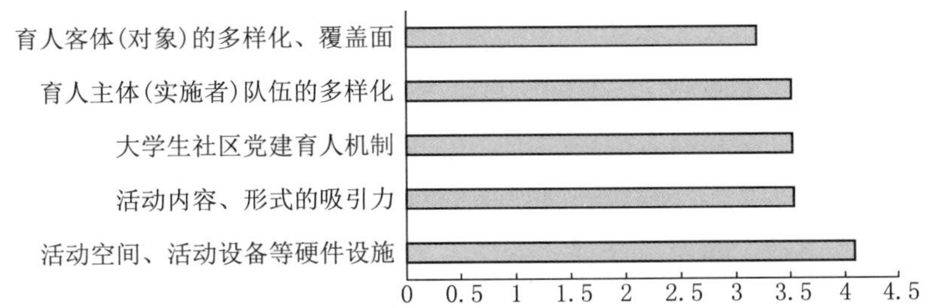

图6　大学生社区党建育人亟待提升需求综合评分调研情况

一期、二期、三期、四期、五期）的大学生社区，客观上对线下跨区块活动造成了阻碍。当下，松江大学生社区党建育人空间以宿舍、公寓一楼的党建谈话室、工作室、会议室为主，普遍存在多个楼宇共用党建育人楼内空间、一个空间多种功能的情况，楼内党建育人场所配备现代化设备数量和科技化水平有限，与学生期待值存在差距。

五是关于"大学生社区党建育人的发展瓶颈"。调研对象进行了开放式填写，内容集中于：活动形式较为单一，以传统党建工作、党建讲座为主，多样化程度不够；活动内容偏说教、刻板，吸引力、丰富度、新颖度、趣味度有待提升，部分活动流于形式，寓意不深；社区线下党建活动受疫情防控影响较大，无法正常开展线下活动；活动参与面、参与度有待提升；活动宣传力度有待加大；活动品牌效应有待增强；硬件设施老化；活动经费有限等。从访谈调研来看，高校教师对大学生社区党建育人的机制更为关注，聚焦在"大学生社区党建育人机制与传统院系党建育人机制的关系协调"问题上。从实地调研来看，问题主要集中在大学生社区党建育人的物理空间和技术条件有限，无法在大学生社区营造"沉浸式"党建育人氛围。

三、大学生社区党建育人新路探索

通过综合调查研究，课题组立足松江大学生社区，对大学生社区党建育人的开展现状、发展瓶颈有了整体上的把握，同时进一步明晰了大学生社区党建育人的发展愿景，即在距离学生最近的大学生社区做好思想引领和思想政治教育工作，提升大学生社区党建育人工作的感召力。从现状到愿景，课题组认为应当正视现状问题、对接实际需求，结合沉浸理论，做好路径优化（见图 7）。

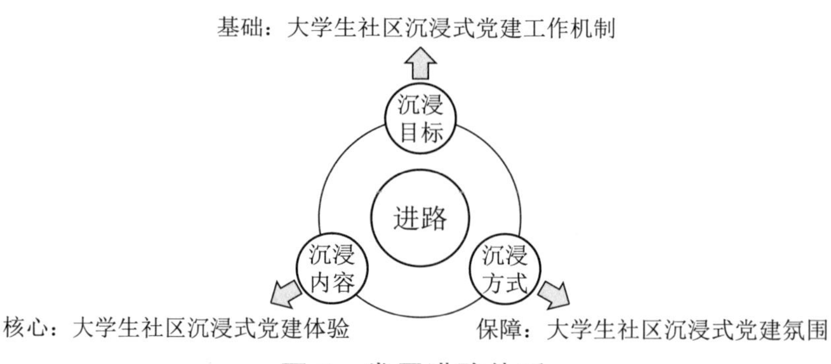

图 7　发展进路体系

1975 年，美国芝加哥大学米哈里·契克森米哈赖（Mihaly Csikszentmihalyi）博士首次提出沉浸理论（Flow Theory）：人们在进行某些日常活动时，集中注意力过滤掉所有不相关的知觉，完全被吸引投入情境当中，进入一种沉浸状态，特别强调学生的主体体验和沉浸感。作为沉浸理论在教育教学领域的具体应用，沉浸式教学、沉浸式学习逐渐成为重视学生主体体验、激发学生学习动力、构建现代学习情境的新兴教育教学方法。目前，基层党建实践中不乏沉浸式党课、沉浸式党建活动的成功实践，这些范例在对沉浸理论进行本土化创新实践的基础上，通过形式多样、内容丰富的沉浸式体验，让党建

“活”起来、“动”起来。将沉浸理论用于大学生社区党建育人，强调大学生社区党建育人的沉浸体验，既是对“春风化雨”“润物细无声”等教育理念的坚守，也是结合西方教育理论，在高校党建工作领域诠释传统教育理念新内涵、创新教育方式方法的积极实践。

（一）以“沉浸”为目标，构建大学生社区沉浸式党建育人长效机制

以“沉浸”为目标，需要相关情境的创设，沉浸式党建育人长效机制的构建，就成为大学生社区党建育人新路探索的基础。大学生社区党建育人工作机制主要有两种形态：依托院系党组织在大学生社区开展党建育人工作的“单一制”；成立大学生社区管理机构、设立大学生社区党组织，和传统院系党组织并轨工作的“平行制”（见图8）。

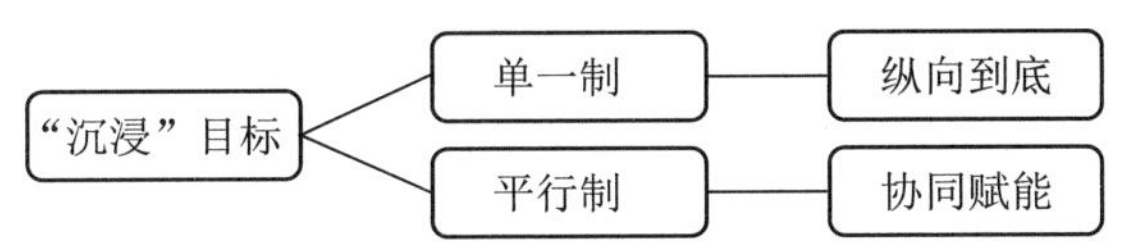

图8　大学生社区沉浸式党建工作机制

以“沉浸”为目标，实行“单一制”的高校应注重院系党组织开展党建育人的“纵向到底”，充分发挥基层党组织领导力优势，结合院系特色做好大学生社区沉浸式党建育人活动设计方案，并配以激励政策，营造社区党建育人氛围。同时，把大学生社区党建育人纳入基层党组织工作计划，把工作实效作为院系党组织、基层党支部考评的重要内容，通过开展大学生社区沉浸式党建育人优秀案例评比、展示等，优化大学生社区党建育人沉浸情境创设保障机制。

以“沉浸”为目标，实行“平行制”的高校应聚焦“协同赋能”，明确大学生社区党组织和院系党组织的分工协作机制，发挥大学生社区党组织的地缘优势，优化配置党建资源，共创沉浸情境，形成“1+1 ＞ 2”的实效。把社区沉浸式党建育人工作纳入“一站式”大学生社区机制建设，以“服务下沉”为基础，拓展基层党组织联系群众平台，创设服务、奉献情境，贴近学生办实事；在党员发展、培养过程中，要求入党申请人、入党积极分子、发展对象亮身份、受监督，创设“党员发展教育培养”情境，形成社区过程培养台账，为院系党组织发展党员提供依据。

（二）以“沉浸”为内容，提升大学生社区党建育人实效

以“沉浸”为内容，关注沉浸内容设计，提升大学生社区党建育人对象的主体体验，这是大学生社区党建育人新路探索的核心。要进一步凝聚全员育人合力，丰富党建育人“沉浸”内容，以更生动的教育模式吸引育人对象主动学习、思考、宣传（见图9）。

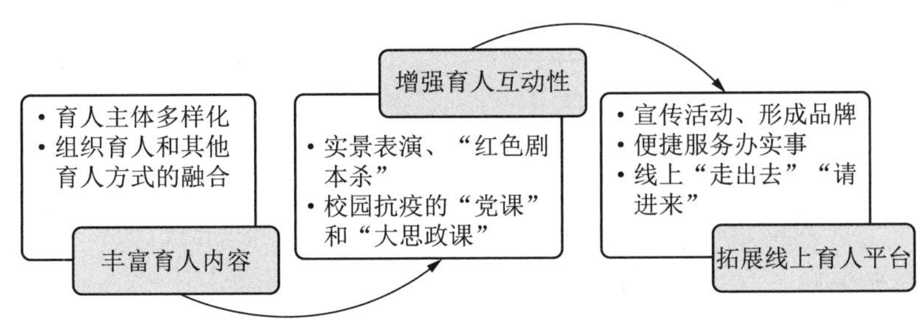

图9　大学生社区沉浸式党建体验

在线下层面，举办大学生社区实践活动，把党建育人内容以“春风化雨、润物无声”的方式加以落实。多“请进来”红色传人、劳动模范等不同类型的育人主体，到大学生社区分享交流。在做好组织育人同时，把管理育人、服务育人、实践育人、文化育人、科研育人纳入大学生社区党建育人之中。增强党建育人内容的互动性，积极挖掘所在高校、地域红色资源，通过实景表演、“红色剧本杀”等能发挥创造性、更容易让大学生沉浸其中的活动方式加以呈现，着眼“家国情怀”和“红色血脉”传承，让社区党建育人活动富有创造力、吸引力、趣味性，让理想信念教育入脑入心入行，营造沉浸式党建育人氛围。

疫情防控常态化客观上给线下活动的开展带来了困难，但也可以成为创新大学生社区党建育人沉浸式内容的机遇。在 2022 年大上海保卫战期间，大学生社区楼宇党支部、党员先锋队党支部等临时党支部纷纷成立，党员师生深入一线、无私奉献，投身抗疫志愿服务，保障社区学生生命健康安全，用实际行动和社区学生共同上好了校园抗疫的“党课”和“大思政课”，不少学生志愿者在抗疫一线提交了入党申请书，并用在抗疫志愿服务过程中的实际行动表达了向党组织靠拢的决心。

大学生社区党建育人还应积极拓展网络阵地，加强线上社区平台建设。依托官方网站、微信公众号及时发布社区活动通知、报道，增加活动的知名度和参与度，形成品牌效应；设计小程序，方便社区党建活动空间预约、党建品牌活动报名，贴近学生办实事。面对疫情防控对大学生社区线下活动的挑战，可考虑在线“走出去”“请进来”，开展远程联组学习、联合活动，形成线上区域化党建机制，丰富线上党建育人“沉浸”内容，延展“全员、全过程、全方位”育人时空。

（三）以“沉浸”为方式，提升大学生社区党建“硬”环境、软实力

以“沉浸”为方式，营造大学生社区党建沉浸式氛围，着眼大学生社区党建“硬”环境、软实力提升，这是大学生社区党建育人新路探索的保障（见图 10）。

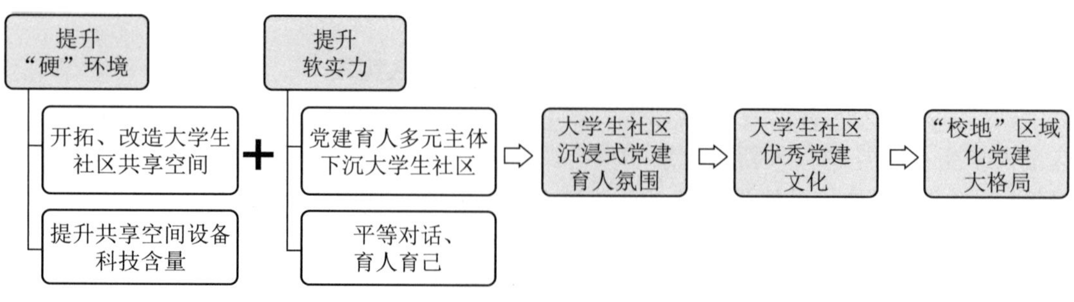

图 10　大学生社区沉浸式党建氛围

结合调研中大学生对社区活动空间、活动设备等硬件设施亟待提升的需求，应着眼“开拓空间”“升级设备”，提升社区党建“硬”环境。大学生社区公共空间资源相对稀缺，需要统筹规划、合理布局，在党建工作、会议空间固定化的基础上，积极开拓、改造社区楼宇内、外共享空间。比如，结合学生需求、发挥学生能动，建设多语种红色

阅读角、校园党员先锋模范展示橱窗、党建文化墙、红色主题原创门板、红色书画艺术展览长廊、校园红色故事演绎平台等，让丰富多样的共享空间为党建育人活动开展提供多样化可能。结合“00后”大学生对现代科学技术的需求，在明确空间功能定位的基础上，更新、升级既有设备，适时将AI、VR等技术引入大学生社区党建共享空间，用现代科技展示党史、城市史、校史和疫情防控中的红色故事、红色文化，让学生寓身于境，从视觉、听觉、触觉等方面都收获沉浸式体验。比如，在社区公寓内功能性房间依托AI、VR等技术提供“智能引导答题闯关”“电子感应设备穿越时空对话历史”“初心影院”等体验，在社区公寓外开放空间构建现代化的“互动演出小院”，用以开展沉浸式党建活动。

营造大学生社区党建“沉浸”氛围，软实力的增进同样重要，要着力把大学生社区党建“软实力”转化为大学生社区党建“沉浸”氛围营造的“硬支撑”。在形成大学生社区沉浸式党建育人长效机制的基础上，坚持全员育人，让党建育人多元主体下沉学生社区。做好社区党建育人工作者队伍建设，通过“面对面”“上党课”等方式推动学校、院系领导深入大学生社区；通过“住楼辅导员、住楼导师”“党建工作室”“名师进社区”等推动专业教师、管理教辅老师深入大学生社区；通过区域化党建联合活动、大学生社区“劳育”主题党日活动、实践活动、“校外导师进社区”等推动大学生社区内外社会人士融入党建育人工作；发挥朋辈教育优势，尝试建立、完善党员学导制度，以党建带团建。在全员投身大学生社区党建育人的大氛围下，育人对象可以得到多样化的受教育机会，育人实施者也可以在“育人育己”中得到提升，营造大学生社区党建师生平等、互动的“沉浸”氛围，形成大学生社区党建育人文化，进而辐射周边城市社区，发挥大学优秀思想、先进文化的引领效应，助力“校地”区域化党建大格局和城市优秀文化风尚的形成，强化党建引领城市基层治理，增强基层党建工作实效。

沉浸式党建给予党建工作者、党建工作对象交互的、探究的体验，是基层党建守正创新的举措。随着大学生社区的持续社会化发展、沉浸式教学的发展变革，调研大学生社区党建育人的现实图景、美好愿景，直面社会发展、科技进步对党建育人工作的挑战，结合沉浸理论从“目标”“内容”“方式”三个方面探索大学生社区党建育人进路，将沉浸式党建引入大学生社区，必然为提升智能时代大学生社区党建育人工作实效提供助力。当然，本次调研的覆盖面相对有限，大学生社区沉浸式党建育人作为高校基层党建工作的创新举措，仍有诸多问题需要进一步思考和解决，特别是对于如何在不同类型高校社区实践，如何在大学生社区不同类型党建工作中加以适用等问题，还需要持续深入研究。

（本文获2022年度全市组织系统优秀调研成果优秀奖）

主要执笔人：戴　莹、刘滢泉

为新业态、新就业群体健康发展注入红色动力

奉贤区委组织部课题组

近年来，平台经济、共享经济快速发展，依托互联网平台就业的外卖骑手等新就业形态群体数量大量增长，习近平总书记亲切地称他们为“勤劳的小蜜蜂”“美好生活的创造者、守护者”。为深入贯彻落实中央、上海市委关于做好新就业形态劳动群体党建的工作要求，加强党在新兴领域的有形覆盖和有效覆盖，奉贤区坚持以政治引领为“魂”，以组织引领为“核”，以服务引领为“本”，依托“I 跑贤城”党建服务体系，把党建工作触角延伸到新就业形态群体中，着力构建党建引领、条块共抓、多方发力、精准赋能的工作体系，形成人人有责、人人尽责、人人享有的共建共治共享大格局。

一、奉贤区新业态、新就业群体现状分析

本课题通过集中排摸、问卷调查等形式对快递外卖分支机构、基层网点站点等新业态从业人员和党建情况进行了调研。

从排摸情况来看，奉贤区现有互联网企业总部 5 家，分支机构（含分公司、子公司）3 家，其中建立党组织的 5 家；快递企业分支机构 19 家，加盟（合作）企业 32 家，快递网点站点 190 家，其中建立党组织的 2 家；外卖平台分支机构 4 家，加盟（合作）企业 3 家，外卖网点站点 16 家。奉贤区互联网、快递外卖等企业共有 5403 名从业人员，其中快递员 3354 人占了“半壁江山”，外卖配送员紧随其后。

从调查问卷情况看，共收集到有效问卷 316 份，其中，快递员 171 份，占比 54.1%；外卖骑手 87 份，占比 27.5%；多职业兼职人员 31 份，占比 9.8%；货车司机、网约车司机、直播电商从业人员或其他从业人员 27 份，占比 8.6%。

在年龄分布方面，参与调查的新业态、新就业群体以 35 岁以下青年群体占比较大，为 72.2%，18—25 岁占比 13.3%，26—35 岁占比 58.9%，36—45 岁占比 21.5%，46—60 岁占比 6.3%（见图 1）。总体而言，“90 后”“00 后”已成为从业群体的主力军，甚至“10

后”也进入了新业态、新就业群体的行列，这就要求党群服务和活动应更多契合年轻人的关注和需求。在性别结构方面，男性占了绝对主力，占比89.9%，女性占10.1%（见图2）。

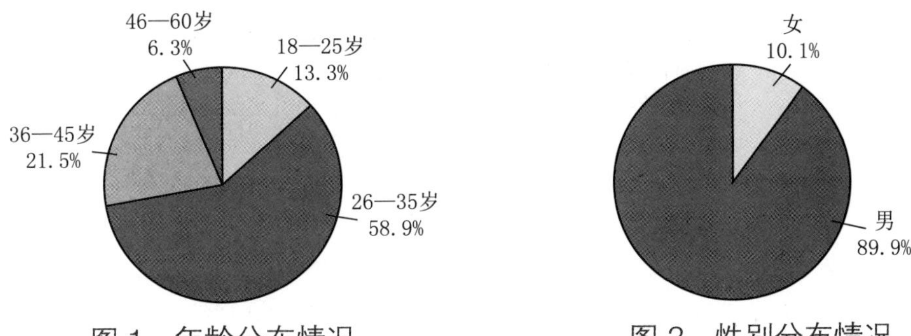

图1　年龄分布情况　　图2　性别分布情况

在文化程度方面，受访人群主要集中在中专、高中及以下学历，高等教育比例较少（见图3）。在政治面貌方面，从调查对象看，中共党员占比4.1%，共青团员占比11.4%，群众占比84.5%（见图4）。

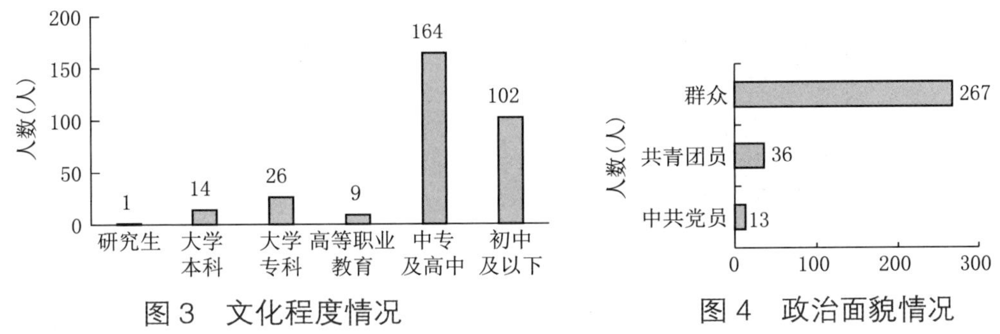

图3　文化程度情况　　图4　政治面貌情况

在从业年限方面，从业3年以下的占比超过一半，从业5年以上的不足30%（见图5）。在选择职业的原因方面，“工作自由、时间可支配”占比近50%，“发展前景佳”“就业门槛低”“薪酬福利待遇好”成为大家选择行业的主要因素（见图6）。这充分体现了新就业群体就业门槛不高、流动性比较大等特征，“四季无休、三餐不定、两腿不停”，是新就业群体的工作常态。

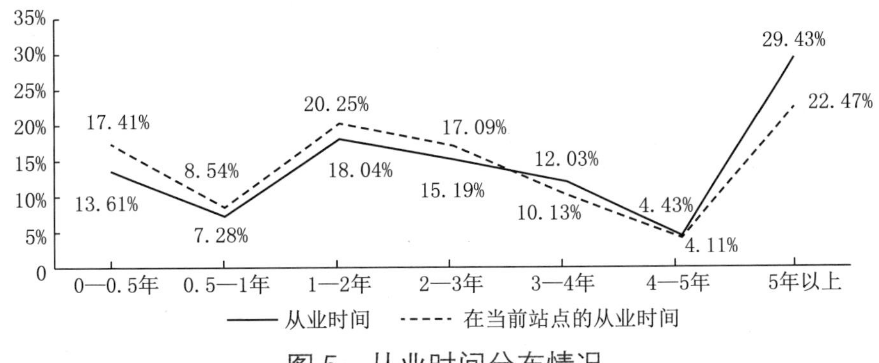

图5　从业时间分布情况

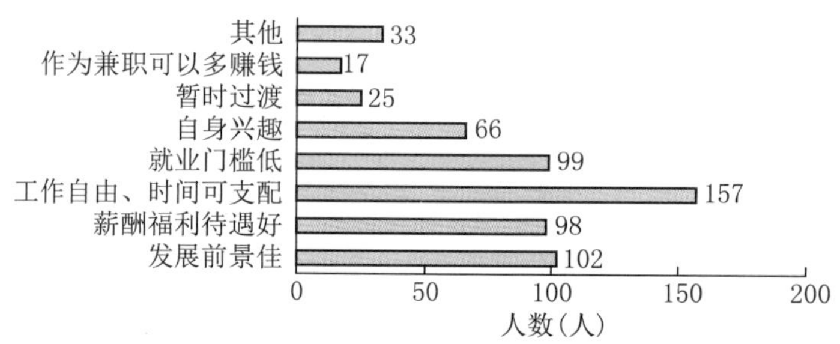

图 6　从事当前职业的考虑因素

在调查中发现，自行缴纳社保的占比 44%，通过单位缴纳的占比 40%，未缴纳的占比 16%（见图 7）；有 66%的人参加过职业教育培训，34%的人未参加过此类培训（见图 8），其中培训时间大于 10 小时的仅占比 34.5%。这体现出部分新就业群体社保缴纳、职业教育培训不规范等问题。

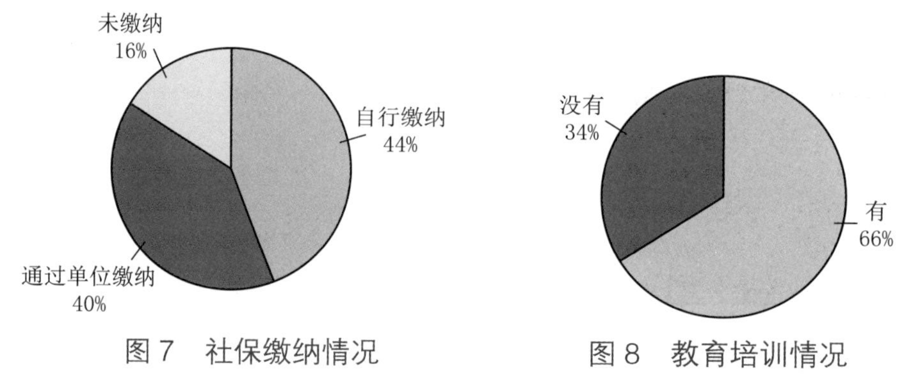

图 7　社保缴纳情况　　图 8　教育培训情况

在教育培训需求方面，呼声最高的是职业技能和创业方面（见图 9），且选择线上培训形式的人群比例明显高于线下培训形式，这说明新就业群体对教育培训存在实际需求，培训形式也偏向于碎片化的学习模式。

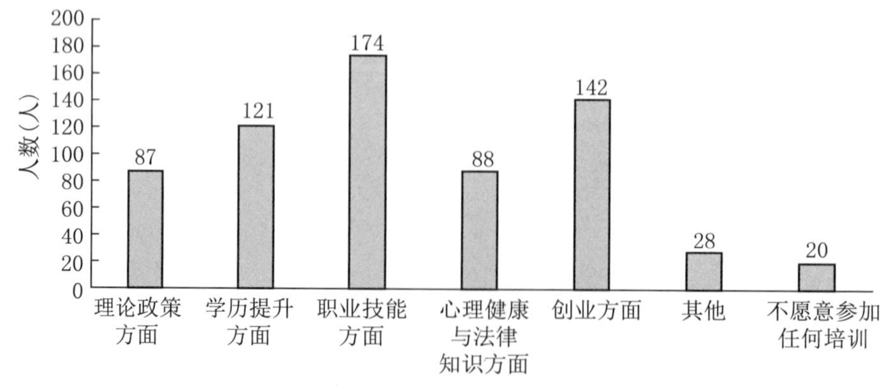

图 9　教育培训需求情况

在受访人群最关心的政府应该在哪些方面加强服务这一调查中，“完善相应就业政

策和服务”占比52.53%，成为呼声最高的选项；“改善社会保险政策”占比45.57%，紧随其后；而“加强工资支付保障”“维护好相应劳动权益”“加强医疗、教育、住房等城市公共服务”等选项则占比相近，均处于40%—45%之间（见图10）。同时，调查发现，55.4%的调查对象有租住公租房需求。新就业群体在社会中仍处于弱势，当前的社会保障政策、医疗教育保障、住房保障等仍有提升空间。

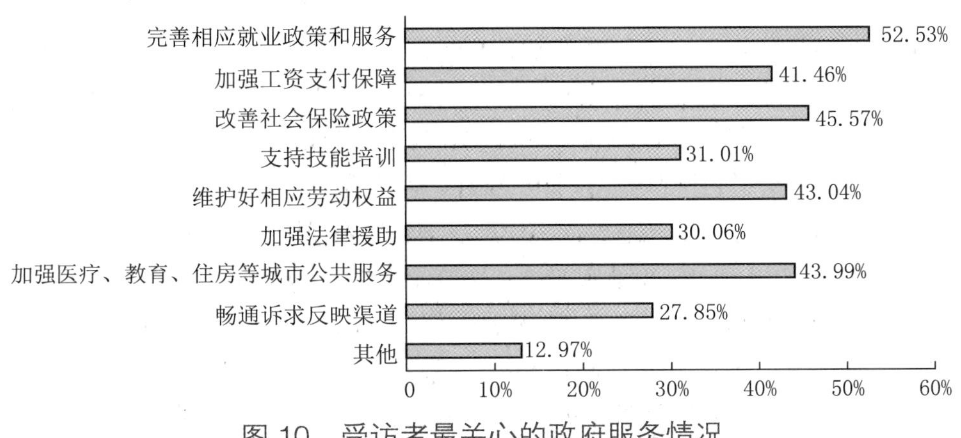

图10　受访者最关心的政府服务情况

二、新业态、新就业群体党建的实践探索

（一）组织引领，把党建工作触角延伸到新就业群体中

根据新业态、新就业群体特征和需求，奉贤区主动适应新形势新变化，提升工作的精细度与针对性。

一是构建党建服务体系。成立“I跑贤城”外卖骑手、快递业党建服务联盟，加强对这一领域党建工作的组织领导。有效整合各街镇、委办局资源，制定“6I”行动项目，形成以“I学理论、I看奉贤、I管贤事、I护平安、I做公益、I享健康”为核心的六大项目体系，着力把党建工作覆盖到全区近3000名骑手的学习、工作、生活场景之中。将美团、饿了么、叮咚买菜等龙头平台企业吸纳进来，积极引入社会资源，借助于既有的管理便利与品牌优势，实现同频共振，汇聚起同建共享齐担的社会合力。

二是创设学习教育平台。深入贯彻落实习近平新时代中国特色社会主义思想，紧扣新就业群体党建工作特点，牢牢抓住新业态与互联网的紧密联系，活用党建阵地、微信、直播课程等“线上+线下”载体手段，搭好用好“红色礼堂”“流动课堂”“云端课堂”“骑士法学堂”等教育矩阵，选派党建指导员，利用晨会帮助骑手小哥学习党的方针政策，提供丰富的学习渠道，更好焕发精神风貌、塑造行为规范、彰显贤城精神品格。

（二）服务引领，以“妈妈式”服务增强凝聚力和向心力

坚持“把最好的资源留给人民”的理念，以问题、需求为导向，用心用情做好新就业群体服务保障，不断增强党在新兴领域的号召力、凝聚力、影响力。

一是系统性打造“骑乐融融”驿站。针对骑手小哥露天穿行、风吹日晒、歇脚不便、出行充电等问题，奉贤区按照“有标识、有人员、有物资、有阵地、有氛围”要求，依托“1+12+315+1299”个党群服务中心（站点）、78个户外职工爱心接力站、31个青年中心等既有阵地资源，打造示范性“骑乐融融”驿站，面向所有新就业群体开放，提供盥洗休息、空调饮水、餐食加热、充电换电、读书学习、议事团建等公共服务，着力打通党群服务的“最后一百米”。会同美团外卖推进“同舟守护 1 m^2”进党群服务阵地项目，在50个点位设立健康服务专区，并实现中心城区全覆盖；与饿了么共同发布“我为骑手办实事”项目，通过智能取餐柜、换电柜增强骑手关怀保障。

二是多维度加强工作保障。坚持以问题为导向，将便捷优惠的服务贯穿“医、食、住、行”全链条，千方百计提升新就业群体的生活品质。针对骑手“跑在城里、睡在村里”的住房难问题，区委组织部联合区房管局、区邮政管理局、区公租房公司通过“拆套合租”的方式，推出针对灵活就业人员的“实惠床”“暖心房”项目。针对骑手职业保障问题，公安奉贤分局交警支队、区市场监管局、区司法局等部门分别为骑手小哥群体开展交通安全、食品安全、普法宣传、法律援助、急救知识等主题培训活动。针对骑手心理和身体健康，区卫健委依托社区智慧健康驿站，为骑手小哥免费提供从业人员健康检查，开展自主健康监测、健康自我评估、健康指导干预服务、心理疏导等项目；新冠疫情期间，还为骑手开辟绿色通道，加强疫苗接种、核酸检测等服务，守护骑手身心健康。

（三）文化引领，以城市温度提升归属感和认同感

敬奉贤人，见贤思齐。奉贤区深入践行“五个人人”理念，着力建设人性化、人文化、人情味的人民城市，通过项目对接、沉浸体验，让文化品牌和奉贤特色深入新就业群体。

一是党建引领共享城市发展成果。开展“I看奉贤”项目，让骑手进一步走进奉贤地标与城市风景，感受城市文化内涵，体会新江南文化的独特魅力，把握奉贤未来的发展蝶变，成为讲好“奉贤美、奉贤强”故事的民间使者。推出九棵树（未来）艺术中心公益票，不仅为骑手小哥本人，还为其家庭成员提供观看文艺演出的机会，组织平台企业骑手参观“建筑可阅读”摄影展，在共享奉贤文化发展成果的过程中，涵养“一天奉贤人，一辈子奉贤情”的浓郁情感。

二是多方联动加强关心关爱。依托党建服务联盟，加强统筹职能部门、属地党委政府和区域化党建共建单位的资源和力量，着力构建关爱新就业群体立体网络。为骑手小哥提供“五送”服务，即送一次健康体检、送一份清凉慰问品、送一份温暖慰问品、送安全培训、送一份保障，骑手小哥可免费享受健康体检、高温慰问、安全培训等服务。在“美谷青春汇”骑手驿站，联合科丝美诗化妆品公司等青志协会员，开展“改头换面·美丽相约”青春变美志愿集中行动，让在奉贤从事外卖配送的一线青年工作者感受生活美好。

（四）价值引领，以“人民城市”理念提升治理精细度和满意度

骑手小哥是社区里最熟悉的陌生人，让他们发挥自身优势，参与到社会治理中来，

在美丽贤城找到用武之地，是践行习近平总书记“人民城市”重要理念精神的具体举措，也是追寻出彩人生的内在价值驱动。

一是纳入城市基层治理大格局。开展“I管贤事”项目，让骑手小哥参与“拍贤城·美贤城”等随手公益活动，兼职社区“哨兵”，化身城市“啄木鸟”，及时向社区及相关职能部门传递民生民情信息，发现治安隐患、违法犯罪等社情线索，成为社区的“民情前哨”、城市安全的“流动探头”、城市文明的“公益使者”，积极营造“人人都是志愿者、人人都是软实力、人人展示软实力”的社会氛围。邀请部分骑手小哥担任食品安全社会监督员，协助推广使用食安封签，成为奉贤食品安全社会共治队伍的一分子。实施“骑乐先锋行”项目，结合“美丽约定”，推出骑手“美丽积分”卡，让骑手在参与社区治理过程中获取技能培训、参与各类活动的机会。推出“先锋骑士团·最美骑手”项目，以“做公益—促治理—享服务”的项目运行模式鼓励骑手小哥参与社会治理。

二是积极选树典型，加强激励保障。开展“I跑贤城·最美骑手”评选表彰项目，根据骑手小哥参与奉贤区创建全国文明城区、融入城市社会治理、助力奉贤新城建设等方面的情况和成效，每年选树一批表现突出的“最美骑手”“最美志愿者”“最美食品安全监督员”等，充分发挥引领带动作用。新冠疫情期间，叮咚买菜南桥站骑手李威作为一名退伍军人党员，积极参与到社区疫情防控中，风雨无阻为社区居民主动做好物资保供工作；美团骑手卢红自发在所在小区组建志愿服务队伍，参与“好邻·好灵”楼组党建，为奉贤率先推动城市“烟火气”回归贡献力量。积极引导骑手党员发挥模范带头作用，培养发展骑手中的先进分子。开展组织找党员、党员找组织的“双找”活动，利用“智慧党建”数据库，着力摸清党员底数，引导流动党员主动亮明身份。同时联合各平台企业开展入党意愿专项调研，在一线骑手小哥中加大发展党员力度，把要求进步、工作优秀、贡献巨大的外卖骑手“找”出来、“聚”起来，让个人价值与社会价值在岗位建功中同频共振。

三、面临的问题与挑战

随着奉贤区新业态、新就业群体党建工作全面推开，党建引领、条块共抓、多方发力、精准赋能的工作格局正在形成。但是，在如何解决好“谁负责”、党组织“怎么建”、党建工作“力量弱”、党组织如何“起作用”等问题上，还有“三个难点”和“三大挑战”亟待解决。

（一）存在“三个难点”

一是思想认识与能力水平不平衡。基层党务工作者尽管在思想上能充分认识到新业态、新就业群体党建工作的重要性，但是面对新形势、新人群，对于如何做、做出实效，仍然处于“摸着石头过河”的过程中，没有成熟经验可循，在工作思路、方式方法上还有待进一步提升。

二是工作任务与工作力量不平衡。相对于方兴未艾的新业态企业和庞大的新就业群体，现有的街镇专职党群工作者在数量上不能满足驻企指导、摸清底数等大体量工作的需要。此外，快递物流、电商平台、网约车、网络直播等新业态行业大都无固定场所，流动性强，传统的层级式党建工作方式收效甚微。

三是实际需求与服务供给不平衡。由于新就业群体工作的特殊性，他们更倾向于路上、线上解决需求，在服务时间、活动方式、服务配送上如何更贴近他们的实际需求，让他们获得更多的实惠还需要进一步探索。比如探索依托 24 小时营业的第三方企业、场所，提供自助式就餐、饮水、充电等一站式服务。

（二）面临“三大挑战”

一是对“两个覆盖”提出了新的挑战。新业态发展迅猛、体量巨大，企业组织架构变动频繁、持续铺点建网，存在业态多样、组织松散、管理趋扁平化等特点，很多企业主动在网点站点建立党组织的意识不强，且党员组织关系与工作关系相分离的情况比较突出。新就业群体工作流动性强，平台企业作为事实上的用工方，除管理人员外大都采用劳务外包等形式，且大多数新就业群体党员不愿将组织关系转入工作地党组织，甚至不愿意亮身份，让摸清底数实现有效覆盖更加困难。

二是对党员教育管理提出了新的挑战。新就业群体总体学历偏低、外省市人员多、党员人数少，不同于传统的行业，新就业群体的工作节奏紧张，较难安排固定的时间组织线下学习，工学矛盾较突出，传统的党员教育管理方式无法适应新业态、新就业群体的岗位特点。在调动学习积极性，利用好线上平台和资源为之赋能，同时引导平台企业优化调度考评方面有待探索。

三是对构建基层党建工作新格局提出了新的挑战。新就业群体是城市服务的重要提供者，如何结合该群体职业特点，引导党员主动亮身份，不断加强思想学习和个人素养，提升工作素质和服务能力，自觉参与到社区治理和志愿服务中还需要进一步探索。

四、关于深化新业态、新就业群体党建的思考

要把握时代脉搏，站在巩固党的阶级基础和群众基础的高度，主动顺应平台企业扁平化、网络化的特征，以及从业人员用工方式灵活、流动性强等特点，与时俱进推进新业态、新就业群体党建工作体制机制创新、组织设置创新、方式方法创新，努力做到新业态、新就业群体发展到哪里，党建工作就跟进到哪里。

（一）构建“统得起、管得住”的组织体系

建立一本工作台账，充分掌握新业态、新就业群体的总量规模、人员结构、服务需求等信息，形成动态信息库，推动“一企一表”“一站一表”“一人一表”建档管理。开展一轮组织覆盖，采取单独建、联合建、挂靠建、区域建等方式做到组织全覆盖，实现应建尽建、应联尽联。注重党建带群建，在网点、站点建立工青妇等群团组织。凝聚一批先进分子，将各类新业态、新就业群体的优秀分子凝聚在党旗下，积极挖掘优秀人

才，打造“流动的旗帜”，探索示范带动的党员教育、管理和服务新路径。

（二）构建“各司其职、优势互补”的责任体系

区级部门发挥合力，依托“两新”组织党建工作联席会议，区委组织部（区社会工作党委）牵头抓总，联动区经委、区卫健委、区市场监管局和工青妇等部门推进工作。街镇层面持续接力，各属地党委政府主动作为，建立经常性联络机制；同时，结合区域实际，探索打造主题鲜明、各具特色、形式多样的服务活动，让新业态、新就业群体党建呈现百花齐放的新格局。平台企业积极发力，加强与美团、饿了么等平台企业沟通合作，从需求出发搭建合作平台，汇聚起同建共享齐担的社会合力。

（三）构建“无处不在、无微不至”的服务体系

把握新需求，服务全链条。聚焦医、食、住、行需求，提供“一张床”、推出“一张图”、探索“一网通”，在住房、交通安全、健康服务等方面加强服务供给。打造新阵地，服务一站式。依托全区党群服务站点、户外职工爱心接力站、青年中心、妇女之家等，打造“骑乐融融”驿站，形成便捷的“15分钟服务圈”。设立“红色代办”专项服务，解决就医难、维权难等问题。拓展新方式，服务零距离。开展春送平安、夏送清凉、秋送健康、冬送温暖四季关爱主题活动，实行党建服务“送上门”，党群工作者定期联系服务新业态、新就业群体，利用线上线下等多种方式宣讲党的理论。

（四）构建“人人成才、人人出彩”的价值体系

加强政治素养，采取“云上”新模式，以“云上学习”“云上议事”“云上沙龙”等传达、学习党的最新理论和路线方针政策。培育争先创优意识，加大评优评先力度，把群体中的先进分子纳入工青妇等部门的荣誉评选。加强文化素养，培养终身学习的理念，牢牢抓住新业态与互联网紧密联系的特点，激活用活党建阵地、微信、直播课程等载体手段，提供丰富的学习渠道。加强技能素养，联动政府、企业、学校和社区等多元主体，量身定制培训内容与方式，探索开展技能创新大赛。加强职业素养，开展职业意识、道德、行为和作风学习培训，树立正确职业观，增强责任感。加强道德素养，崇尚职业文明，让“敬奉贤人、见贤思齐”的贤美文化深入新业态、新就业群体。

（五）构建“共治共享、运行有效”的治理体系

积极践行“人民城市”重要理念，以暖心服务引导志愿服务，通过系列暖心举措，让新业态、新就业群体自觉践行“I跑贤城·美丽约定”奉贤宣言，积极参与“3·5学雷锋”“东方美谷·风雨彩虹——圆梦行动在贤城”和随手公益等活动，主动承担社会责任。以关爱激励激发治理活力，引导骑手小哥当好城市网格员、安全员、监督员，激发贤城社会治理“新动能”。以品质生活增强归属认同，开展新就业群体走进奉贤活动，感受新江南文化的独特魅力，共享奉贤经济社会发展成果。

（本文获2022年度全市组织系统优秀调研成果优秀奖）

主要执笔人：黄军华、黄　颖、赵明星

党建引领做强新城功能的嘉定实践
——嘉定新城“融合型党建”在塑造城市功能中的路径研究

嘉定区委组织部课题组

党的二十大报告强调，要“坚持人民城市人民建、人民城市为人民，提高城市规划、建设、治理水平。”上海市第十二次党代会报告指出：“做强功能是超大城市经济高质量发展的主攻方向。”聚焦“新城发力”重大战略部署，嘉定区紧紧围绕塑造嘉定新城的城市功能主轴，以“融合型党建”的创新实践，强引领、聚合力、筑底盘，在各领域合力推动城市品质全面提升，奋力探索出一条符合超大城市新城特点和规律的基层党建新路。

一、举棋落子：“抓党建就是抓全局”是嘉定新城“融合型党建”引领塑造城市功能的核心内涵

党的领导是做好城市各项工作的根本保证。2021 年，嘉定区委将新城党建作为“十四五”的开局课题，制定下发《关于推进嘉定新城“融合型党建”的实施意见》，举全区之力聚力新城功能建设。

（一）整体塑造，以党建为统领带动地区经济社会发展

对独立的综合性节点城市来说，城市功能的塑造应是全方位、整体性的。嘉定新城建设涉及 6 个片区、9 个街镇、161.7 平方公里，覆盖各个领域。通过发挥党建的“融合”属性，“融合型党建”把各方共同的任务、需求和目标紧密联系在一起，增强党建服务发展、服务社会、服务群众的功能，确保新城新一轮建设始终在党的领导下乘风破浪、满舵前行。

（二）从“新”出发，以党建的务实创新引领和服务新城功能的前沿布局

嘉定新城“扩区”后建设管理主体多元、跨区域统筹等现实问题亟待破解，新的城市空间和城市形态需要精细规划，新的理念、新的动能、新的技术不断涌现，新业态、

新就业人群迅速壮大，服务业层次持续提升，各类主体需求更加多样……这些都迫切需要对城市功能进行再审视、再谋划、再布局，新城建设的发展性、时代性特征，催生了嘉定探索“融合型党建”的创新性、实践性。通过坚持问题导向和需求导向，强化组织融合、工作融合、目标融合等，形成一套党建责任清晰、组织运转顺畅、融合内涵丰富的工作体系，进而打破建设、发展、治理的壁垒堵点，前瞻性地对城市功能进行迭代升级。

（三）系统施治，以党建的全领域推进引领构建超大城市新城治理新格局

治理功能不完善，其他城市功能就没有牢固的基石。中央提出要“进一步加强党的全面领导、有效整合各方力量，着力破解制约基层治理效能提升的突出问题”。嘉定新城“融合型党建”在实践中，坚持最大程度调动各领域治理力量，着力发挥区级部门在基层治理各领域的专业优势。通过探索实施网格党建、商圈党建、双智路域党建等20个领域党建项目，促进治理模式、治理手段、治理效能不断创新升级。

二、组织实施：以嘉定新城“融合型党建”强引领、促融合、提功能的实践方式

2022年起，“五个新城”建设从规划蓝图转入谋定快动、乘势而上、全面发力的新阶段，城市功能的塑造、提升和完善迫切需要党建注力，嘉定同步加快了“融合型党建”的实施步伐，主要有以下几个方面：

（一）织密建强上下贯通的融合体系，为城市功能塑造“举旗领航”

嘉定区聚焦破解新城建设中存在的行政壁垒，着眼新城建设需要，创新“融合型党建”领导架构和工作机制。

一是强统筹，设立1个区级推进委员会。由区委副书记担任主任，由新城建设主体单位和分领域、项目化推进单位构成，在区委党的建设工作领导小组指导下，制定和完善工作规则、议事规则等管理制度，理顺新城建设的体制机制和工作职责，统领新城“融合型党建”工作，落实党对新城功能布局的全面领导。

二是强支撑，搭建党建共建交流平台。对标嘉定新城“四个高地”建设，搭建经济建设、城市建设、文化建设、科创建设4个专业委员会，负责以区域化党建模式，推动70多个区域单位加强议事协调和合作共建。

三是强片区，有序推进片区融委会建设。对应“一核一枢纽四片区”的新城功能布局，计划设立6个片区融委会，由属地街镇党组织统筹协调、区级部门党组织积极配合、区域单位党组织广泛参与，促进片区功能塑造。目前，西门历史文化街区和远香文化源两个片区融委会相继成立，通过发挥好枢纽作用，引领推动片区功能更丰富、形象更出彩。

（二）打造形成标准一致的融合目标，为城市功能塑造“布局谋子”

聚焦建设“独立综合性节点城市”，嘉定区发布嘉定新城党建“十四五”目标以及

标识系统，共涵盖规范性、发展性、实践性、共享性、协同性等5大类33项具体指标，有效引领统一的建设规划标准、资源配置基准和社会治理水准。比如，至少建设9个“融合型党建”片区功能单元，引领一批项目、资源、力量有效汇聚，融合教卫、文体、商业、科创等各类元素，让城市功能辐射更多业态、更多领域、更多空间。

（三）重点推进领域主抓的融合项目，为城市功能塑造“定责签单”

新城建设是系统工程，需要各个部门的共同发力，抓好责任落实是关键。嘉定以分领域、项目化推进机制为抓手，制定发布网格党建、路域党建、河域党建、工地党建等20个“领域党建”项目。“领域党建”是嘉定新城“融合型党建”着眼新城建设需要、加强探索创新的重要实践。“领域党建”以党委（党组）挂帅、领域统筹、项目实施、融合推进为基本特征，通过发挥区级部门党委（党组）在各自领域的“旗手”作用，为各领域基层党建高质量创新发展和新城建设提供组织保证。

三、务实推进：嘉定新城“融合型党建”在塑造城市功能中的阶段性实践成效

上海市第十二次党代会报告指出，要建设产城融合、功能完备、职住平衡、生态宜居、交通便利、治理高效的“五个新城”。嘉定坚持以党建融合强城市功能、以城市功能促融合发展，进而打造功能片区、功能单元，推进“领域党建”项目，其中功能为核是实践重点。

（一）活力迸发的经济发展功能

发展是硬道理，超大城市的最重要功能是经济活力。“十四五”期间，嘉定新城预计完成重大项目投资2500亿元。

一方面，党建发力，引领经济稳中向好。一是“融合型党建”框架下的经济建设专业委员会以党建优化企业服务为主线，建立“1+12+33+X”的企业服务网络工作体系，全力当好“店小二”。二是汽车“新四化”等3个特色产业党建共同体高效运转，将行业70%以上重点企业纳入其中，推动筑强“产业高地”。三是国际汽车城集团等区管国企发挥资源优势和领军效应，推动国企担起产业“链长”职责，国有企业党建建链、补链、强链路径逐步清晰。

另一方面，“云招商”“云签约”“云推介”如火如荼，一批优质企业与嘉定达成落地意向。上汽集团创新研究开发总院、上海市氢燃料电池汽车产业计量测试中心、万科未来城市研究院、东方财富金融科技研究院、上海科技馆分馆等5项重大功能性事项导入嘉定新城，45个项目集中云签约，有力推进新城核心区产业集聚。

（二）智能便利的交通通达功能

一是打造“善治路”。区交通委党组探索“路域党建”，开展“汇龙潭周边精品示范路”路域党建共同体等工作实践，以“党小组在路上”为抓手，建立“公路驿站”，积极组织交通、公安、规划、环保、建管、安监等相关职能部门，形成联合执法队伍，为

嘉定新城建设发展及市民群众出行创造“畅、安、舒、美”的交通环境。

二是探索“未来路”。发挥汽车“一业特强”的优势，在5G自动驾驶、智能网联、车路云协同发展及搭建智慧交通基础设施等方面持续发力，重点开发远香湖无人驾驶示范环路、裕民南路“最美未来道路”、白银路智慧道路和沪宜公路智慧车列等“一环三路”智慧交通项目，让城市充满“未来感”。

（三）温暖可及的情感凝聚功能

市民的城市认同感是评价一座城市软实力的最重要标准，也是嘉定新城“融合型党建”凝聚服务群众的目标追求，主要从三个维度发力。

一是主体维度强吸引。把快递员、外卖送餐员、货车司机等新就业群体作为新城发展治理的重要力量，吸引过来、组织起来、稳固下来。比如探索京东党建“新”九条，建立快递小哥党支部，推行“社区需要、小哥报到”，开展“随手带”“随车送”等“随手随时公益”，为嘉定新城治理新格局充实新力量。比如聚焦货车司机群体，积极探索“车轮党建”，设立“有话好好说”调解工作室，党员干部带头轮值，让货车司机有地方可倾诉、有组织护权益，更好融入城市发展。

二是空间维度强体验。聚焦市民广场、公园绿地、体育场馆、热闹街区等公共空间，构建党建引领和凝聚服务的新场所。针对嘉定新城辖区内“商圈多、流量多、管理难”的特点，区市场监管局组建商圈党建办公室，创设商圈党建服务站，试点启动多元诚信互评机制建设，融入“红盾七彩星”党建品牌零距离服务，全面提升新城商圈服务软实力。

三是阵地维度强辐射。以党群服务中心体系功能建设为重点，加快打造具有嘉定新城特色的“融享湾”“理想湾”空间节点和综合终端。结合推进“领域党建”项目，在各领域做强阵地、辐射优质资源，“15分钟社区综合服务圈”“15分钟社区公共法律服务圈”等城市功能辐射圈持续做强。区卫生健康工作党委成立6个“同心医联党建圈”，融入3个紧密型医联体建设，深入推进数字健康城区项目建设，丰富便捷就医场景；区教育工作党委发挥9个学区化党建共同体作用，带动华东师范大学第五附属学校等重大项目建设。

（四）现代高效的基层治理功能

提高基层治理体系和治理能力现代化水平，是新城功能建设的重要目标。嘉定发挥“融合型党建”工作效应，针对新城治理的突出问题，加强探索实践，形成专题议事会等议事机制和一系列制度文件，不断提升科学化、精细化、智能化水平。

一是网格覆盖。深化网格党建工作，突出村居、园区、街面、商圈、商务楼宇、工地等各类城市形态全覆盖。大上海保卫战期间，以行政区划、路河、自然村组、居民小区等为界，建立197个区域网格、706个单元网格、2555个小微网格的工作体系，逐级明确网格长，在小微网格全面组建“五大员”队伍，确立工作指引及责任清单，为疫情防控、社会治理等工作夯实基层基础。在疫情防控进入常态化后，深化固化既有经验做法，研究制定《关于深入推进网格工程的实施意见》《关于深化连心工程　建设网格党群服务点的实施方案》，进一步深化网格党建工作，提升网格治理效能。

二是条块支撑。2022年下半年，累计召开12场新城“融合型党建”专题议事会，推进专项工作，充分调动条、块两个积极性，推动各负其责、互相支持。区建设交通工作党委以工地党建为抓手，推动工地党组织应建尽建，加强日常管理、开展志愿服务，在文明施工、环境保护等方面，联动属地单位收集意见建议，将工作做在前，将矛盾化解在萌芽状态。区水务局党组联合河段周边各类主体，开展“河域党建”，通过制度上墙、倡议入心、河长进企等方式，加强精细化管理，为群众提供更美丽的生态、更舒适的水环境。

三是数字赋能。全力打造一批智能化程度高、预警预判能力强、联动处置效率高、市民满意度高的区级示范片区。马陆镇北管村建成村级“一网统管”平台，通过孪生建模，农民新建房、沿街商铺、文化设施等精模底图自动生成；区级城运中心提供技术路径，接入公安、水务等部门动态数据，并不断叠加出本地人口、视频、重点点位等图层数据，实现村域内各类重要体征指标的集成汇聚。南翔镇东片区数字体征平台已接入交通拥堵、违章搭建、消防通道、下雨积水、高空瞭望监控等实战型应用场景。

四是村居共治。从上一轮嘉定新城建设以来，大量征地农民已搬迁到社区集中居住，村民变成了居民。围绕新居民、新需求，嘉定村居党组织主动对接，在持续做好村居民服务的同时，推出一系列村居共管共治举措。外冈镇将8个空壳村与相关居民区一对一结对共管，联动开展各项活动，提供就近便民服务，增强动迁农民的归属感和责任感。

五是同圈联动。通过深化嘉昆太同圈党建，推进毗邻地区治理融合。会同昆山、太仓制定干部共育、益邻服务等“八个一批”党建联建工作机制，围绕提升城市交界区域的治理水平，聚焦美丽乡村、平安建设、河道治理、一体化发展等方面，签约推进8个城界党建共治项目，形成嘉昆太同圈共治法等村居治理“十法”“十课”，推动三地在更大范围、更宽领域、更深层次上互融互通。

（五）统一有力的组织动员功能

组织和动员能力是中国共产党赢得一次次伟大斗争的重要保障。对一座城市来说，面对像抗击新冠疫情这样的重大公共卫生事件，必须要调动各方面的力量全身心投入。2022年3月以来，嘉定区充分运用同目标、破壁垒、强覆盖、跨领域等“融合型党建”工作理念和机制，提升组织动员能力，助力打赢大上海保卫战。

一是以社会化动员促同心抗疫。深入实施“六个一”组织力提升行动，深化“楼组党建”“健康守护”“特殊关爱”等系列行动，广泛开展组织动员，组建临时党组织128个，成立党员突击队384支，1.27万名在职党员就地编组，“围墙内”发动志愿者2.81万人，“围墙外”下沉4000余名区级力量，带动全区190多万名市民群众“守沪卫嘉”。

二是以扁平化组织破层级壁垒。坚持抢时间、抢进度，建立“村居书记群”“在职党

员突击队队长群”等微信群，区领导分批与村居书记线上连线、现场问需，直接协调解决问题，做到直插基层、直通一线、直奔问题。

三是以结对式帮扶跨领域聚力。用好已有城乡党组织结对、“结对百镇千村”等工作机制，开展机关企事业单位党组织、“两新”组织党组织与村居党组织结对共建，落实帮办代办、物资筹措、实际困难前站协调等帮扶举措，在各领域凝聚起群防群控的强大合力。

四是以制度化形式促长效动员。制定《关于扎实推进社会动员工程的实施意见》，从平时、急时、战时三个响应级别出发，分级提出“九个一”的推进举措，储备和集中力量做好“雪中送炭”“雨中撑伞”工作，构建完善“平、急、战”高效衔接机制，为筑牢基层一线底盘提供强有力支撑。

四、深化探索：嘉定新城“融合型党建”引领城市功能塑造的对策思考

（一）坚持系统性，推动组织融合和功能塑造

一是明确功能目标，做好设计。嘉定新城的功能布局，落地于“一核一枢纽四片区”，贯穿于“两轴”，“融合型党建”的推进实施必须聚焦服务于功能建设。系统推进，把党建工作放在建强片区功能的高度，找到工作落点和切入口，更好发挥党建引领作用。聚焦重点，哪项功能不足就重点推进哪项功能，哪个领域的党建工作和党建责任覆盖不全、成效不明显，就专题研究、创新思路，努力找到突破口。

二是理清责任主体，建强组织。组织融合是破除工作壁垒的重要保障。围绕城市功能建设需要，完善组织架构、建强工作体系，推动更多相关单位、相关领域融入新城建设。在区级层面，突出强化统筹，理顺工作职责，推动区融委会进一步发挥枢纽作用。

三是健全工作机制，高效运作。以综合型联席会、日常型联络会、专项型议事会等形式，把城市功能塑造中暴露出的短板问题研深、讲透，深入探讨党建创新实践路径。以项目同推进、阵地同建设、调研同开展、服务同进行、干部同培育等为基本形式，进一步促进工作融合、目标融合，共同为片区功能建设赋能。

（二）强化协同性，凝聚新城建设最大合力

一是加强条块协同。推动条上主动向块上调度资源、下沉力量，加快项目落地，确保片区建设有充足的支撑和保障，提升功能建设实效。做深做实区域化党建共同体平台，发挥4个专业委员会的支撑和保障作用，加强议事协调和合作共建，变“独角戏”为“大合唱”。

二是强化领域协同。压实区级部门“领域党建”工作责任，提高党政领导班子的协作能力，带动本领域内各单位党组织以钉钉子精神把“领域党建”项目抓细抓实，不断为城市功能塑造注入力量和资源。

（三）突出全面性，整体塑造新城党建工作优势

一是加强党建工作覆盖。始终坚持“党建跟人走”的基本思路，加强对新业态、新

就业群体党建工作的探索创新，研究解决党的组织覆盖和工作覆盖等问题，帮助解决实际困难，引导其就近就便融入社区、商圈、园区党组织参加组织生活和志愿服务，更好融入新城建设发展治理全过程。

二是推动各类资源均衡配置。坚持把最好的资源留给人民，以党建工作的全面推进，引领和推动教育、卫生、交通、文体、休闲等各类资源注入新城，提升新城对产业和人才的吸附力。以高质量党建引领基层治理现代化，以基层党组织建设为重点，牢牢构筑起科学、顺畅、高效、严密的组织体系，构建一贯到底、齐抓共管的工作格局。

三是坚持党建引领建管并举。在新城建设全周期，推动各系统的数字资源整合，打通信息壁垒，精心构建数智体征监测、数字孪生应用、数治闭环管理平台，以治理数字化牵引治理现代化，推动城市治理模式创新、治理方式重塑、治理体系重构。

城市功能是一个相互融合的系统工程，对于上海这样的超大型城市来说，更是复杂的巨系统。一方面，人口多、车辆多、高楼多、企业多、产业多、城市形态多等复杂特征带来一系列问题，对城市功能的要求越来越高；另一方面又是新需求、新任务的时代呼唤，人民对美好生活的向往朝着各个方向延展。特别是在人工智能、互联网、大数据等现代技术的革新与推动下，不同领域、不同维度的“跨界”融合发展（行政边界、领域边界、功能边界等）成为城市的“新常态”。

在这样的背景下，城市基层党建更需要打开传统守旧的思维“茧房”，向更多领域覆盖和拓展，突破壁垒、突破边界，尤其是突破固有的行政权限思维，发挥“红色引擎”作用，以融合为钥，调动各方面力量，转动城市功能的主轴，实现超大城市美好生活的具象表现，不断丰富党建引领“人民城市”建设的实质内涵。

阔步新征程，嘉定将坚持党建引领，以服务为本、以功能为核、以实干为先，务实创新、持续探索嘉定新城“融合型党建”，走出一条符合超大城市新城特点和规律的基层党建新路，为上海加快建设具有世界影响力的社会主义现代化国际大都市贡献力量！

（本文获2022年度全市组织系统优秀调研成果优秀奖）

课题组成员：周迎妍、宁敏峰、王赛男、赵书玉、楼夷程

主要执笔人：赵书玉

强化党建引领支撑作用 推动高校党建和事业发展深度融合

上海海事大学课题组

习近平总书记在党的二十大报告中强调，全党必须持之以恒推进全面从严治党，深入推进新时代党的建设新的伟大工程，以党的自我革命引领社会革命。建设教育强国是中华民族伟大复兴的基础工程，高等教育在其中肩负着特殊历史使命和重要时代责任。进入新时代，对人才的渴望，对科技支撑的需求，对创新发展的期待，使得高等教育成为国家实现中华民族伟大复兴的重要一环，承载着比以往任何时候都要强烈的希望与需求。

面对新时代新形势新要求，高校党建还存在一系列问题：党委驾驭全局、协调各方的能力有待提升，干部人才队伍还不能适应新时代新发展新要求，基层党组织党建引领支撑作用发挥不够充分等。因此，研究如何进一步加强和改进党的全面领导，强化党建引领支撑作用，切实推进党建和事业发展深度融合，具有重要的现实意义。

一、推进高校党建与事业发展深度融合的重要意义

党的十八大以来，习近平总书记多次提到要全面加强党的领导，推动党建与事业发展深度融合，为高校改革发展稳定、完成党和国家重大战略任务提供思想保证、政治保证和组织保证。《中国共产党普通高等学校基层组织工作条例》明确提出，坚持党建工作和事业发展的深度融合，是高校党组织应当遵循的工作原则。强化党建引领支撑作用，推动党建与事业发展深度融合，把伟大建党精神融入高校事业发展全过程，坚持高质量发展、高效能治理，以更宽的视野、更远的眼光不断提升立德树人成效，是增强“四个意识”、坚定“四个自信”、坚决做到“两个维护”，全面贯彻习近平新时代中国特色社会主义思想和党的教育方针的具体实践。

（一）发挥高校党建引领作用的重要抓手

党的十八大以来，以习近平同志为核心的党中央高度重视高校党的建设工作。习近

平总书记发表的系列重要讲话，深刻回答了事关高校党的建设的方向性、根本性问题。高校基层党组织是高校党建的基本单元，是高校党建作用发挥的重要基础，关系到高校“为党育人、为国育才”使命担当的落实，关系到高等教育强国宏伟目标的实现。因此，充分发挥高校基层党组织的党建引领与支撑作用，有助于推动高校基层党组织高质量发展，为高校内涵式发展提供有力保障。

（二）高校改革发展历史经验的必然要求

总结我国高校改革发展的历史经验，最重要的一条就是坚持和加强党对高校的全面领导。实践充分证明，什么时候党对高校的领导得到全面加强，高等教育事业发展就很顺利；什么时候党对高校的全面领导弱化，高等教育事业就难以实现健康发展。在新的历史起点上办好中国特色社会主义大学，要坚持和加强党对高校的全面领导，不折不扣地贯彻落实党的教育方针。因此，推进高校党建与事业发展深度融合是高校改革发展历史经验的必然要求。

（三）保障社会主义办学方向的重要举措

习近平总书记反复强调，“办好中国的事情，关键在党”“加强党对高校的领导，加强和改进高校党的建设，是办好中国特色社会主义大学的根本保证”。党的二十大报告指出，要“办好人民满意的教育”，“全面贯彻党的教育方针，落实立德树人根本任务，培养德智体美劳全面发展的社会主义建设者和接班人”。只有以高质量的党建引领事业高质量发展，才能坚持好社会主义办学方向，落实好立德树人根本任务，实现好中国特色社会主义大学的建设目标。

（四）落实高校立德树人根本任务的重要保证

习近平总书记在全国高校思想政治工作会议上指出，“高校立身之本在于立德树人”，“要坚持把立德树人作为中心环节，把思想政治工作贯穿教育教学全过程，实现全程育人、全方位育人”。立德树人是新时代高等教育的根本任务，加强党的领导和高校基层组织建设是新时代高等教育人才培养工作的政治保证。加强高校党的建设，落实立德树人根本任务，归根结底还是要以加强高校党的建设引领高校事业发展。

（五）破除教育事业改革发展瓶颈和困境的重要支撑

习近平总书记在全国高校思想政治工作会议中指出：“我们对高等教育的需要比以往任何时候都更加迫切，对科学知识和卓越人才的渴求比以往任何时候都更加强烈。”站在“两个一百年”奋斗目标的历史交汇点上，高校必须毫不动摇地坚持和加强党对高校的全面领导，确保党的教育政策和党中央决策部署在高校有效贯彻落实，破除教育事业改革发展的瓶颈和困境，为加快建设教育强国、科技强国、人才强国提供重要支撑。

二、高校党建和事业发展深度融合存在的问题及原因分析

为充分了解上海高校党建和事业发展深度融合的现状，掌握现阶段高校党建和事业

发展深度融合所取得的经验与成效，坚持问题导向，精准对标施策，推动高校党建和事业发展深度融合，课题组在上海市部分高校开展了推动高校党建和事业发展深度融合的调研工作。

（一）调研基本情况

课题组面向上海市十二所高校开展调研，发放问卷 212 份，问卷对象涵盖了不同层次的高校教师群体，能较为全面地反映高校党建与事业深度融合的现状，为接下来的研究提供数据支撑。通过此次问卷调研，发现上海市高校党建与事业深度融合的总体情况如下：

一是加强党对高校的全面领导，在推动高校党建与事业发展深度融合方面取得一定成效，但深度融合过程仍需进一步完善。问卷结果表明，49.53%的受访者认为“深度融合很完善”；33.96%的受访者认为“深度融合基本形成”，但仍需继续完善；16.51%的受访者认为“深度融合尚未形成”或“不了解”（见图 1）。受访者认为所在高校推动党建和事业发展深度融合建设不足的总体原因主要是研究不够深入、对策不够精准和关注不够广泛（见图 2）。

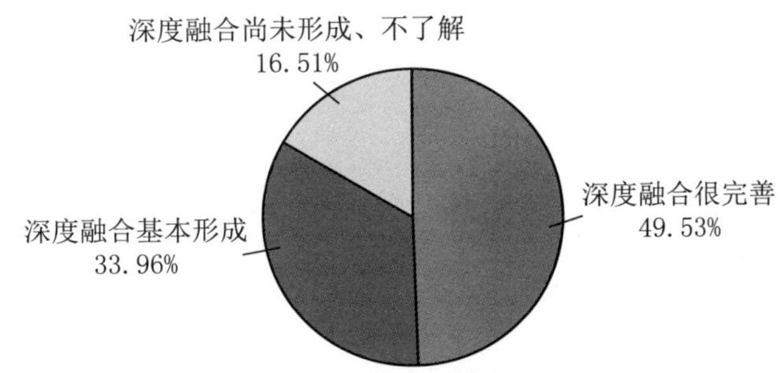

图 1　所在高校推动党建和高等教育事业发展深度融合现状

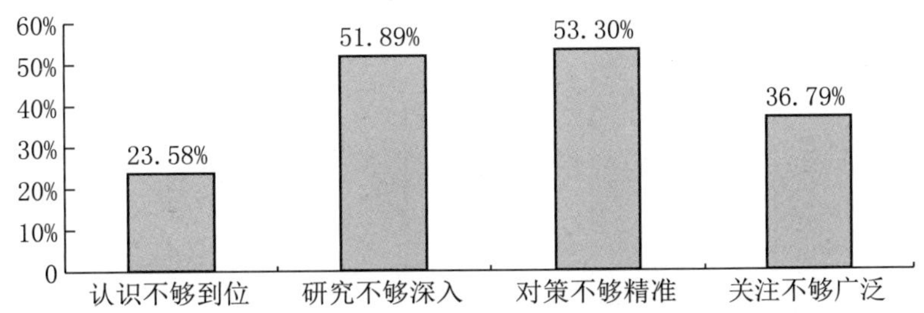

图 2　所在高校推动党建和高等教育事业发展深度融合建设不足的总体原因

二是高校在推动党建与高等教育事业发展深度融合过程中存在薄弱环节。50%左右的受访者认为高校推动党建与高等教育事业发展在一体谋划、一体部署和一体落实等方面存在薄弱环节（见图 3）。

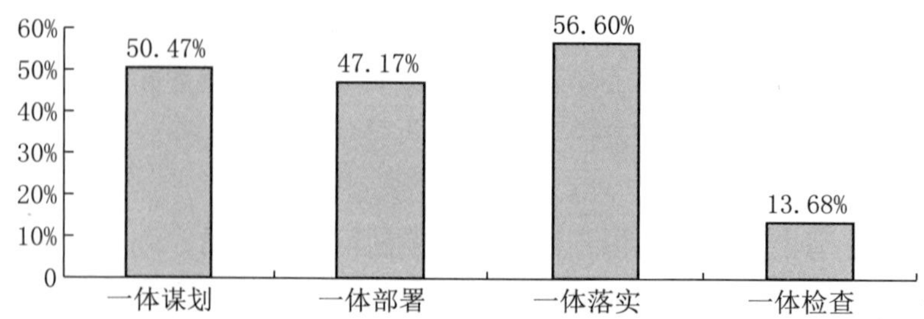

图 3　所在高校推动党建和高等教育事业发展深度融合过程中较为薄弱的环节

三是高校推动党建和高校五大职能深度融合方面，64.15％的受访者认为高校党建与人才培养深度融合较好，39.15％和35.85％的受访者分别认为高校党建与科学研究、社会服务深度融合相对较好（见图4）。同时，发现一定比例的受访者认为高校党建在推动与高校五大职能的深度融合方面较为薄弱，如35.38％的受访者认为高校党建与国际交流合作深度融合较为薄弱（见图5）。

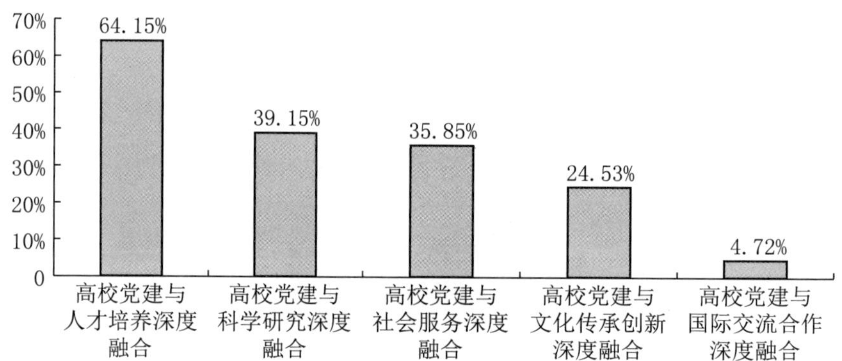

图 4　所在高校推动党建与高校五大职能融合较好情况

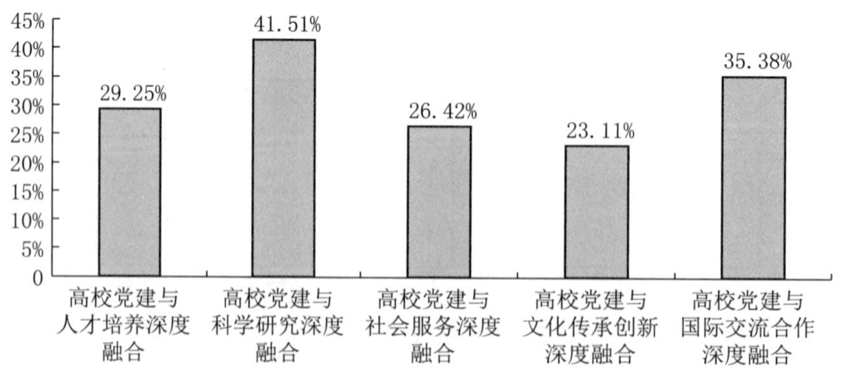

图 5　所在高校推动党建与高校五大职能融合较薄弱情况

（二）存在的主要问题及原因分析

1. 高校推动党建与人才培养深度融合不够

问卷调研发现，64.15％的受访者认为高校推动党建与人才培养深度融合较好，

29.25％的受访者认为高校推动党建与人才培养深度融合较薄弱。同时，57.08％的受访者认为高校党建与人才培养深度融合过程中存在“各部门协同联动不足”的问题；认为“缺乏党务和业务双强的‘领头雁’队伍”“党务干部党务知识储备不足，能力和素质有待进一步提高”“部分党务工作者对党建工作在全局中的重要作用和特殊地位认识不够”的比例均为35％左右（见图6）。

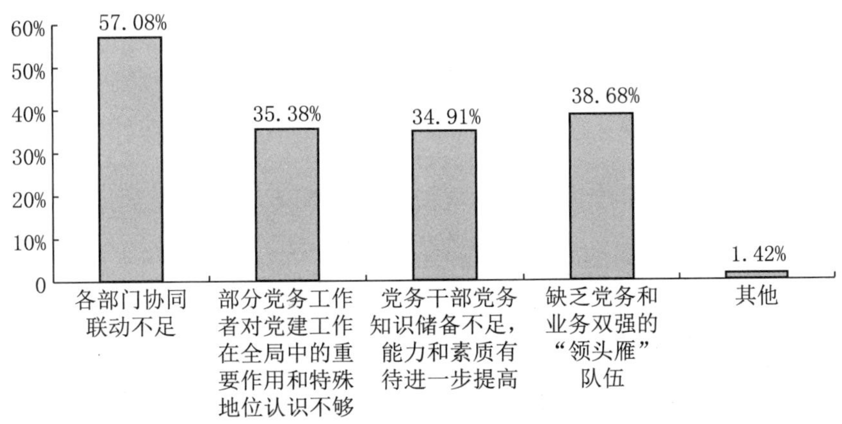

图6　所在高校推动党建与人才培养深度融合存在的问题

分析原因，一方面是党建工作在人才培养中的引领作用发挥不够：党建工作与大学生思想政治教育工作相互脱节，没有真正融入思想政治教育全过程。另一方面是基层党支部战斗堡垒作用发挥不够，表现为：学生党支部的政治核心、战斗堡垒作用发挥不够；教师党支部在学科竞赛、创新创业、课外指导等人才培养项目中的作用发挥不够，积极性不高；行政党支部对党建工作的重视仅限于党内组织生活，对人才队伍建设、学科建设、学生管理等方面发挥的作用有限；行政党支部、教师党支部和学生党支部在工作中相互分割、缺乏协同育人意识，没有形成强大的育人合力。

2. 高校推动党建与科学研究深度融合不足

调研结果表明，高校推进党建与科学研究深度融合不足，最主要的原因在于“在融合上找不到切入点和施力点，不清楚‘为什么融、融什么、怎么融’”，赞成此原因的受访者占比61.32％。其次是“基层党组织建设与学科特色结合，创建特色和品牌活动不足”“在推动融合中不善抓不敢抓，存在畏难情绪，组织力和行动力不强”，分别占比46.23％和38.21％（见图7），从侧面反映出高校推动党建与科学研究深度融合不足，各级党组织责任压实与传导力度不到位。

出现上述问题的原因主要是高校基层党组织党的领导弱化和虚化。一是基层党组织存在“传达”和“学习”画等号的误区，在“为什么融、融什么、怎么融”上认识不清、思考不足；二是存在行政干部“一岗双责”意识不足、履行不力的情况；三是党员干部公转意识不够、责任意识不强，缺乏有组织的科研。

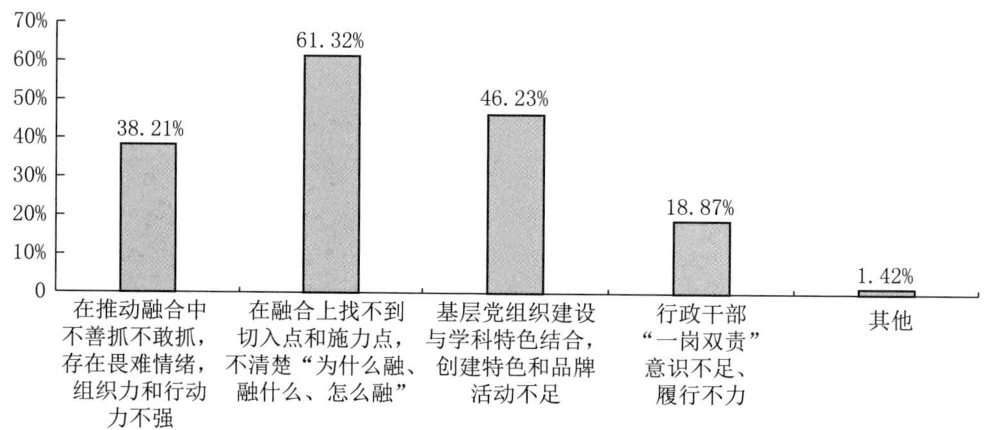

图 7　所在高校推动党建与科学研究深度融合存在的问题

3. 高校推动党建与社会服务深度融合不强

调研显示，受访者普遍认为“党建与社会服务融合责任体系不够明晰”“党建与教学科研、专业建设、学科建设融合不够”是高校推动党建与社会服务深度融合不强的最主要的两个原因。另有 30%左右的受访者认为高校仍然存在“重业务，轻党建”的现象（见图 8）。

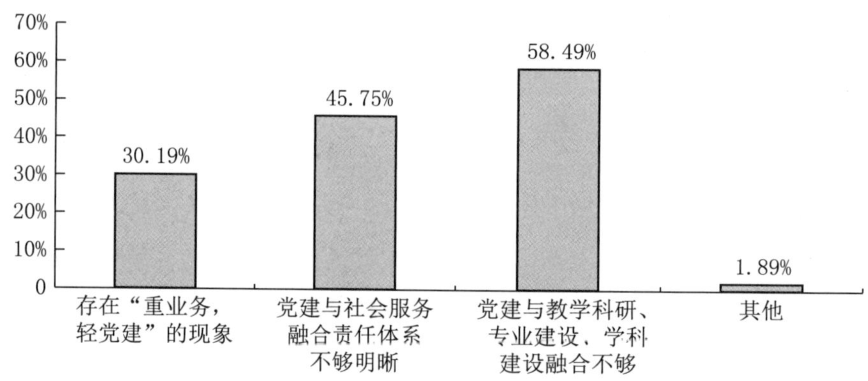

图 8　所在高校推动党建与社会服务深度融合存在的问题

存在上述问题的主要原因：一是高校基层党组织未从根本上意识到社会服务的重要作用，缺乏对师生的教育引领；二是高校在教学体系设计和社会服务师资配备方面存在不足，多以就业指导中心教师或思政辅导员为主要力量，存在“贴标签”和“两张皮”现象；三是从事社会服务实践教育的教师群体在党建、思政教育方面的知识储备未成体系，无法支撑高校党建与社会服务深度融合。

4. 高校推动党建与文化传承创新深度融合不密

近 60%的受访者认为“针对党建和文化传承创新深度融合发展的激励促进机制尚不健全”，41.51%的受访者认为“在考核指标设定方面，未能很好地将党建目标与文化传承创新目标相互融合”，33.49%的受访者认为“针对党建和文化传承创新深度融合发展

的效果评价机制尚不健全”（见图9）。

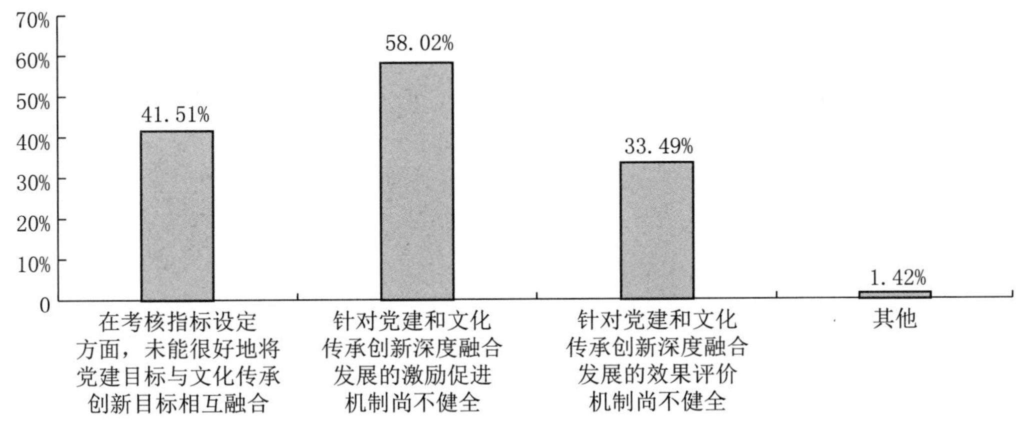

图9　所在高校推动党建与文化传承创新深度融合存在的问题

分析原因：一是高校党组织文化学习与传播工作的重视程度不够；二是在结合思想政治、党风廉政、传统文化教育等方面，以文化传承创新为着力点加大学习型党组织建设的力度不足；三是高校基层党组织借助文化优势，积极发挥党员先锋模范带头作用的举措不多；四是党建和文化传承创新深度融合的激励措施和评价机制尚不健全。

5. 高校推动党建与国际交流合作深度融合不全

当前，高校与国际交流合作相关的党建和思政工作有所进展，但仍然存在与新时代的新要求不相适应的情况，分析认为：一是党的建设引领国际合作办学和思政工作仍需继续完善；二是党建引领国际交流合作办学质量仍需提高；三是党建工作体制机制及党建工作队伍仍需创新优化。

三、高校党建推动事业发展深度融合的对策研究

中国特色社会主义新时代对人才的渴望、对科技支撑的需求、对创新发展的期待，使得高等教育成为实现中华民族伟大复兴的重要一环。高校要立足新发展阶段，贯彻新发展理念，构建新发展格局，把党的建设同建设科技强国、人才强国、教育强国等战略紧密结合起来，与高等教育事业发展深度融合，为培养造就高质量人才、实现高水平创新发展提供强有力的支撑引领作用。高校党组织和党员干部要心怀“国之大者”，站在确保中国共产党执政后继有人、红色江山代代相传的政治高度，汇聚形成关心、支持、推动新时代高等教育事业改革发展的强大动力。

推动党建与事业发展深度融合，“融”是关键。要坚持系统观念，把加强党的领导和党的建设贯彻学校事业发展的全过程，把党建工作和改革发展稳定的各项业务工作紧密结合，同发挥高校五大职能的各项工作一体推进，确保党的各项教育方针政策得到贯彻落实。现结合高校五大职能，研究高校党建引领推动党建与事业发展深度融合的具体对策如下：

（一）党建引领推动党建与人才培养深度融合

培养什么人、怎样培养人、为谁培养人是教育的根本问题。人才培养是国家和民族长远发展的大计，是高校的本质属性，是高校工作的出发点和落脚点。强化党建引领作用，形成高校党建与人才培养的良性互动、同频共振，更好推动党建与人才培养深度融合机制。

一是要强化党组织在高校师生群体中的思想政治引领作用。要严守意识形态前沿阵地，确保党的事业后继有人。各级党组织要创新性开展政治理论学习活动，帮助广大党员教师树立为党育才、为国育人的初心使命，引导党员学生坚定理想信念，立志成为社会主义合格建设者和接班人。要积极扩大优质党课、主题党日活动的覆盖面，吸引非党员师生主动接受党的教育，把不竭力量汇聚到实现中华民族伟大复兴的中国梦当中。

二是要促进思政课程与课程思政协同育人。要强化党委在思政课程改革创新中的全面领导作用，配齐、建强思政课专任教师队伍和思政辅导员队伍。要深入挖掘专业课程中的思政元素，把党的先进理论、习近平新时代中国特色社会主义思想以如盐在水、润物细无声的方式融入日常教学中，促进专业课程与思政理论课同向同行。

三是要建设堪当民族复兴重任的高素质干部人才队伍。学校党委要坚持党管干部、党管人才原则，准确把握选人用人导向，加快形成人才工作的引选育管用全链条，做到知事识人、人岗相适，打造一支能够适应高校事业高质量发展的高素质干部人才队伍。

四是要扎实推进教师党支部“双带头人”培育工程。要把政治水平过硬、党务能力出色、师生认可度高的教师党员选配到教师党支部书记队伍中，有力推动教师党支部在人才培养中发挥战斗堡垒作用。

（二）党建引领推动党建与科学研究深度融合

推动高校党建与科学研究深度融合就是要把党的领导和党的政治要求贯穿于科学研究工作的全过程，确保高校科学研究工作在性质上、方向上与党中央始终保持一致，建立高度统一的党建工作目标与科研工作目标。

一是要坚持党对科研工作的绝对领导，推动有组织的科研。新时代高校科研工作要讲政治，把中心任务紧密围绕在党中央部署和国家战略周围，牢牢把握“四个面向”，对标国家重大战略需求和行业关键核心技术攻关需要。

二是要将党建与科研工作同规划、同部署、同实施、同考核。在部署科研业务工作时突出党建引领，确保政治方向。在制定绩效考核办法时发挥党建工作的检查、监督作用。

三是要充分发挥党支部在推动科研工作中的战斗堡垒作用。要探索优化教师党支部设置，将支部建在学科上、建在专业教研室、建在教学团队中、建在科研项目组，切实推动教师党支部守正创新、攻坚克难开展高水平科研工作。

（三）党建引领推动党建与社会服务深度融合

以党建为引领推动党建与社会服务融合要切实发挥高校人才、科技的优势，从服务

社会经济、文化、生态等各方面入手，落实思政教育，提升学生实践能力，增强学生社会责任感。

一是要用党建思想为社会服务引领价值方向。党委要坚持特色化、地方化、开放式办学理念，在人才培养模式、学科专业建设上求创新求突破，开展产学研一体化合作，不断提升自身服务社会发展的能力。

二是要依托党建组织为社会服务保驾护航。成立以党委书记为带头人的社会服务工作领导小组，精准定位高校服务社会的方向和重点；以基层党组织为依托成立社会服务实践开发研究团队、新型智库，激励教师群体将教学实践、科研项目向服务社会的方向延伸。

三是要推进服务型基层党组织建设，以党员志愿服务带动社会资源整合。在深化基层党组织已有志愿服务项目的基础上，结合高校优势、学校特色对接社会需求，将党员志愿服务活动融入区域经济建设、城市管理、优化生态环境及扶危助困等工作中。

（四）党建引领推动党建与文化传承创新深度融合

在多元文化思潮背景下，高校要牢牢把握培养社会主义合格建设者和接班人的历史使命，把好高校文化的政治方向和价值导向，确保高校文化传承创新沿着社会主义先进文化的方向前进。

一是要强化学习型党组织建设。高校党组织要以文化传承创新为切入点，组织学习传统文化知识，借助党建平台开展特色传统文化活动，形成良好的学习型党组织建设氛围，引领广大师生党员提升对传统文化的敬畏感、自豪感，在文化传承创新中积极扮演宣传者、践行者角色。

二是要深化文化传承创新环节。根据社会主义核心价值观体系内容，整合完善基于党建的文化传承创新环节，引导师生在深层次挖掘和把握守诚信、讲仁爱、求大同等传统文化精髓的过程中，培育和践行社会主义核心价值观。

三是要探索文化传承创新模式。高校要从具体情况出发，将党建工作的要点、内容贯穿到校园文化建设中去，组织学生在多样化的校园文化建设活动中将党建与文化传承创新有机融合，着力在占领网络思想文化阵地上下功夫，拓宽文化对话的平台渠道。

（五）党建引领推动党建与国际交流合作深度融合

要全面提升党组织举旗定向、掌舵领航能力，抓住国家“人类命运共同体”“一带一路”倡议机遇，从“引进来”出发提升培养质量，扩大教育“走出去”水准。

一是要发挥党建制度优势，为“引进来”“走出去”“送出去”创造条件。高校党委要充分发挥统揽全局、协调各方的领导核心作用，在确保党的路线方针政策和决策部署贯彻落实的基础上不断创新完善高等教育对外开放的政策体系，统筹规划确定对外交流合作的指导思想，严格把关、甄别国际交流合作的对象和具体形式。

二是要讲好中国故事，为国际交流合作营造良好的内外部环境。要深挖中华民族优秀传统文化中深藏的当代价值、世界意义，厚植国际交流根基，积累能够打破高校国际交流合作现实制约的异质性资源。要充分发挥各级党组织的引领作用，动员广大师生开展中国特色社会主义理论精髓、实践经验的总结提炼，面向外籍教师、“海归”老师及留学生讲好中国故事、传播中国声音、提供中国方案、贡献中国智慧，推动世界全面、清晰地认识中国发展的强大基础和无限可能。

（本文获2022年度全市组织系统优秀调研成果优秀奖）

课题组成员：李红梅、张冬梅、王　浩、张　峰、张盼龙
主要执笔人：王　浩、张盼龙

上海市“四型”妇联组织建设的理论与对策

复旦大学政党建设与国家发展研究中心课题组、上海市妇联组织部

当前我国已经开启全面建设社会主义现代化国家新征程，上海也在新的起点上全面深化“五个中心”建设、加快建设具有世界影响力的社会主义现代化国际大都市。上海市妇联面临着诸多新挑战，但也将迎来更多新机遇。因此，上海市妇联要坚持中国特色社会主义妇女发展道路，推进妇联组织建设现代化，构建与新发展阶段相适应的妇联组织形态，全面推进妇女事业与妇女工作现代化。在全国妇联和上海市委的领导下，顺应时代浪潮和发展大势，准确把握发展新机，自觉承担起与上海的战略定位和新时代发展要求相对应的责任使命。

组织工作是妇联各项事业和工作得以有效开展的基础，这就迫切需要对上海市妇联立足长远，以面向未来的姿态对上海妇联组织改革进行整体研究分析，在原有工作基础上进行深入思考和谋划发展新方向新路径。根据当今时代发展的新趋势和经济社会发展的新特点，上海市妇联应积极探索构建符合新时代妇女事业发展要求的妇联组织形态，着力构筑适应新发展阶段，与国家对上海的战略要求相匹配，与时代发展要求相适应的，具有开放型、枢纽型、生态型、服务型特点的妇联组织体系，增强妇联组织的覆盖面、组织力、服务力，将妇联组织的根扎得更深、联动的网织得更密、履职的步迈得更实、发展的路拓得更宽，为更好地服务上海落实国家战略，适应上海经济社会发展整体形势，实现对上海广大妇女的有效引领和有效服务，奠定上海妇女事业长足发展的组织基础。

一、“四型”妇联组织建设的逻辑与机理

习近平总书记在党的二十大报告中明确提出“深化工会、共青团、妇联等群团组织改革和建设，有效发挥桥梁纽带作用”，这对妇联组织和妇女工作提出了新的更高的明确要求，为新时代妇女工作和妇女事业提供了重要遵循，指明了前进方向。对照党的

二十大报告所提出的新的更高要求，上海市妇联建设的主要目标，就是要通过组织形态的创新与重构，推动妇联组织建立“开放型、枢纽型、生态型、服务型”为主要特征的“四型”组织形态，以适应国家治理体系与治理能力现代化的要求，为服务党和国家交给上海的重大战略任务以及新发展阶段上海妇女工作奠定坚实的组织基础。

“开放型”就是要突出“融”字，打破区隔。以新发展理念为指导，打破妇联组织一定程度上尚存在的体制内外的区隔与限制，以更加开放的态度和方式将妇联建设成为能够衔接内外、融通社会、整合力量的新型组织形态。“开放型”组织形态对体制内外区隔的破除，主要体现在三个方面：一是进一步突破体制的封闭性、等级性和狭隘性，以一种更加开放、平等、宽广的姿态和眼界开展妇联工作，服务妇女群众；二是广泛吸收和整合经济、政治、社会等领域最广泛的力量参与妇联建设，最大范围地覆盖工作群体和工作对象；三是更加注重内外融合，注重妇联组织内部与外界环境之间的信息互动交流与关系协调。

“枢纽型”就是要突出“联”字，突破层级。将妇联建设成为“扁平型”“联通型”的组织形态，革除科层制可能带来的各种弊端，推动妇联成为妇女工作统筹协调、信息中转、资源共享等方面的枢纽。“枢纽型”组织形态的关键在于能够充分发挥其作为桥梁和纽带的联系性功能：一是在价值层面，使妇联组织能有效实现政治性功能，通过所聚合的妇女群众和社会各方力量服务党的中心工作；二是在制度层面，使妇联组织能保持较高的灵敏性，通过相应的制度设计和机制建设，保证妇联工作的网络畅通性、资源可控性和领导有效性；三是在组织层面，有利于推动妇联多层次组织体系的构建，并借助互联网、大数据、数字化等新技术推动体制内外力量实现整合，利用“枢纽型”组织形态勾连足够多的网络进行资源需求清单和供给清单的精准对接。

“生态型”就是要突出“新”字，整合多元。避免将工作对象局限和着眼于少数特定群体，而是拓展到联系多元化的各类组织，整合多样性的社会力量，嵌入各个领域当中，把妇联建设成为能够实现资源互补、尊重多样、弥合差异的“生态型”组织。“生态型”组织形态的特点在于：一是拥有能够聚合与容纳各类资源和力量的工作机制与组织网络，实现最大化的联系和覆盖各类妇女组织与妇女群众；二是能将所聚合的资源与力量进行有效整合、精准对接，转化为推动和开展妇联工作服务群众的强大合力；三是能够建构多样化的资源整合机制与形成立体性的服务联系机制，实现对经济、政治、社会、文化等各个领域之中的多样化妇女群众进行有效联系，并将分散于其中的各方面资源禀赋、组织载体和工作力量以及现实需求进行对接，形成复合型的组织网络。

“服务型”就是要突出“实”字，落到实处。这是妇联组织形态创新的落脚点与最终目的。即通过组织形态的创新，进一步强化、凸显和发挥妇联作为党的群团组织所具有的以人民为中心的服务理念与服务功能。“服务型”组织形态的特点，主要表现在其服务功能的实现可以在多个层次上得以展开和体现，既要凝聚妇女群众成为服务党的中心工作的重要力量，又要推动社会各方力量成为服务妇女发展的有效资源，还要争取上

级部门、党政组织服务各级妇联组织的工作开展和自身建设。“服务型”组织形态的构建，使妇联组织能在党和国家工作大局中谋划推进妇联自身的工作，把服务大局、服务妇女、服务基层相结合，将工作落到实处。

从关系形态来看，“开放型、枢纽型、生态型、服务型”四者之间相互支撑，关系密切，不可或缺。“开放型”是妇联组织形态创新的基础性建设目标，它为“枢纽型”“生态型”和“服务型”组织形态的建立奠定了基础。“枢纽型”“生态型”组织形态的建立，为妇联“服务型”组织形态真正有效发挥服务效能和提升服务水平提供了强大的价值、组织和制度支撑。“服务型”是“四型”组织形态建设的落脚点，可以作为“开放型”“枢纽型”和“生态型”组织形态建设成效的检验和客观呈现。因此，从本质上来说，“服务型”组织形态下的妇联组织和妇联工作必须服务于党的宗旨、服务国家战略、服务社会发展，这是妇联“四型”组织形态创新的根本目的所在。

二、“四型”妇联组织建设的责任与任务

上海市“四型”妇联组织建设是一项涉及新时代群团改革与发展的战略任务，也是关乎妇联组织更好地服务女性、助力城市发展的系统工程。因此，完成好这项任务，既要有宏观层面的顶层设计，也要有中观层面的协同推进，还要有微观层面的落实与保障。在这个意义上，“四型”妇联组织建设的责任与任务在不同行政层级、不同功能单位和不同业态妇联组织中的侧重点也就不尽相同。

市级妇联在“四型”妇联组织建设的推进过程中，必须发挥好“指挥棒”作用，统筹推进“四型”妇联组织建设在全市范围内的整体性发展。应当说，对于构建“四型”妇联组织而言，市级妇联组织有着整体性、系统性和全局性的战略功能与作用。具体而言，其责任与任务包含三个方面：一是顶层设计与整体部署，推进制度建设、健全体制机制、督促工作落实，明确战略定位和不同阶段的工作目标；二是理论指导与形态创新，要充分统筹各类研究力量，健全研究与实践转化机制，并在此基础上，从价值理念、制度建设与工作机制三个方面推动组织形态的变革与创新；三是纵深推进改革建设与激发活力，在全局性和整体性层面扫除阻碍落后观念、行政区隔与体制机制的弊端，重点聚焦组织、干部队伍能力与工作方式三个领域激发干部群众的活力。

区级妇联承担着承上启下的作用。一方面，区级妇联的重要工作是将市级妇联的整体性规划与顶层设计，转变为具体的工作推动与落实。另一方面，区级妇联在整体推动工作落实的过程中，又需要充分考虑“四型”妇联组织建设落实到基层的差异性。因此，在整体推动与分类指导两项核心责任的基础上，区级妇联在“四型”妇联组织建设进程中的具体职责可以概括为三个方面：一是系统联动与推动落实，既要充分联系上下层级以及妇联各职能部门，建立协同高效的妇联工作机制，又要在此基础上严格、精准、高效地落实各项措施；二是试点改革与优化功能，要以试点改革为抓手，主动发掘典型经验，在政治、治理、服务三个维度上优化功能；三是资源下沉与赋能基层，加强

基层妇联执委队伍建设，充分整合资源，依托妇女之家等阵地和平台，打通“最后一公里”。

街镇妇联的核心责任与任务是推动形成街镇一级的区域性资源整合配送枢纽，进一步赋能基层妇联更好地服务广大妇女群众。可以分为三个方面：一是分类指导与差异发展，需要因地制宜和因势而导，在组织覆盖、深化服务、聚合力量等实际工作中保持一定程度的灵活性与自主性，同时及时跟进基层妇联工作的创新发展；二是打通区隔与重点突破，勇于打破行政化的界限，以区域化妇联组织建设的理念取代传统行政化的工作思维，同时消除基层妇联工作的难点、痛点和堵点；三是建设阵地与构建平台，把市、区一级做实联盟化平台、优化资源配置、引入专业化力量的各项举措转变为基层可执行、可使用的服务资源，建立起线上线下相互联动的各类资源联动平台。

居村妇联是距离广大妇女群众最近的妇联组织。因此，在“四型”妇联组织建设中，服务就成了居村妇联最核心的责任和任务。对于居村妇联而言，“四型”妇联组织建设的责任与任务就是要将各类资源转变为广大妇女群众看得见、摸得着、用得上的服务与活动。做好做实这项工作，居村妇联的责任和任务包括三个方面：一是完善机制与深化服务，推动基层妇联执委工作规范化、制度化和长效化，最广泛、最深入地密切联系群众，形成能够直接面向群众的基层服务体系；二是用好资源与丰富内容，制定使用各类资源的时间表、路线图与任务清单，不断丰富和拓展妇联基层服务的种类，提升服务质量；三是精准对接与全面联系，探索创新妇联执委联系群众的分工机制，实现基层妇联执委资源与群众需求之间的精准对接。

机关事业单位妇联是具体负责“四型”妇联组织建设目标制定、政策落实与制度建设的条线职能部门，在整个“四型”妇联组织建设的进程中扮演着十分重要的角色。根据《上海市妇联关于落实全国妇联〈“十四五”时期妇联事业发展规划〉〈“十四五”时期深化妇联系统改革方案〉的实施意见》、上海市妇联贯彻落实《关于深化妇联组织建设改革实施“破难行动”的意见》实施方案等文件精神，结合“四型”组织建设，妇联机关单位的责任与任务可以分为三个方面：一是推进组织覆盖、巩固工作覆盖，向行业内、体制外拓展组织覆盖和工作覆盖，对于新兴行业和新兴女性群体，机关事业单位妇联组织应当结合实际实现双覆盖；二是加强条块融合、深化组织联动，实现机关事业单位妇联与各级妇联之间的资源共享与工作推动，形成跨条块、跨层级、跨行业领域的妇联组织合力联系对口行业和领域的妇联组织；三是推进“妇改联”，下沉更多资源、促进服务延伸，将干部、服务、资金、关系等资源下沉到对口行业和领域的基层妇联，将服务延伸至对口行业和领域的受众妇女群体。

“四新”妇联（新领域、新业态、新阶层、新群体）组织建设在探索构建适应新时代妇女事业发展的工作格局与组织体系中具有特殊地位，各级妇联都应当在“四型”组织建设中关注关心关爱“四新”妇联组织的建设与发展，通过组织、工作和服务三覆盖，延伸工作触角，吸引“四新”领域女性向妇联组织靠拢。截至2022年底，全市已

建立“四新”妇联组织459家。考虑到“四新”妇女群体的新特性，构建“四型”妇联组织的责任与任务可以从组织完整覆盖与组织功能发挥、组织形态创新等维度来理解。组织覆盖与功能发挥的作用在于为“四新”妇联组织建设奠定基本架构并赋予与之相对应的功能。下一步，将“四新”妇联组织形态创新的任务纳入各级妇联的职责定位之中，充分发挥区妇联的统筹型作用、大口系统妇工委的聚合型作用、街镇妇联的枢纽型作用，各司其职合力推进“四新”妇联组织形态的创新工作。

三、“四型”妇联组织建设的路径与举措

总体来看，妇联组织在新发展阶段要以构建“四型”妇联组织体系为实践探索方向和目标，通过基础性拓展、整体性转变、全方位赋能、革命性重塑等四个方面的战略举措来推进自身组织形态的整体跃升，每一个方面的战略举措都是围绕推进“四型”妇联组织建设服务的，但是每个方面对于“四型”妇联组织体系建设工作的影响有所偏重。

基础性拓展指的是要着力扩大妇联的组织覆盖和工作覆盖，让妇联组织广泛深入与妇女群众相关的各个领域和层次中，将妇联组织的根扎得更深、联动的网织得更密、发展的路拓得更宽。以妇联组织覆盖带动工作覆盖，增进和落实各个妇女工作领域、各类妇女组织和妇联组织自身的密切联系，构建妇联工作生态网络的组织基础，对于“生态型”妇联组织构建的意义更加凸显。主要路径与举措体现在六个方面：一是推动街镇妇联组织建设的深化，健全街镇妇联组织设置，完善街镇妇联组织架构和职能分工，理顺街镇妇联组织与上级妇联组织和基层妇联组织之间的工作机制，创新街镇妇联组织与其他各类女性社会组织、女性团体的组织联系和工作方式；二是推动居村妇联组织建设的延伸、完善居村妇联基层组织体系是延伸的基础，创新居村妇联基层组织运行方式是延伸的保障，强化居村微网格妇女小组建设是延伸的抓手；三是推动机关事业单位妇联组织建设的进阶，在完善机关事业单位妇联组织架构的基础上，进一步挖掘、提升妇联组织功能，创新妇联组织服务妇女群众、服务中心工作的方式方法；四是推动“四新”妇联组织建设的跃升，通过“单独创建、区域联建、联合组建、行业统建”等方式，不拘一格灵活设置组织形式；五是推动女性社会组织联系的扩展，进一步创新联系女性社会组织的方式和机制，利用女性服务、公益活动、家庭社区、购买服务等契机，扩展妇联与女性社会组织的组织联系，提升妇联组织的影响力和覆盖度；六是推动团体会员组织建设的聚力，充分发挥团体会员的组织和专业优势，指导和推动团体会员组织建设，强化团体会员的组织能力，优先提升重点行业、重点领域、重点区域团体会员的服务能级。

整体性转变是全面建设社会主义现代化国家新征程上妇联组织发展的必然选择。这种整体性转变需要全面坚持中国特色社会主义妇女发展道路，全面构建与新发展阶段相适应的妇联组织形态，全面推进妇女事业和妇联工作的现代化。上海是中国式现代化上的“排头兵”，承担着中国式现代化的“开路先锋”之责。上海妇联组织建设应始终确

保所有工作始终围绕党的二十大报告和上海市第十二次党代会报告的部署要求，在准确把握上海经济社会发展新趋势新机遇的基础上，以党中央对上海的战略定位和新时代发展要求引领上海妇联发展方向，在重要工作维度上开拓创新，推进自身的整体性转变，更加突出“开放型”妇联组织建设的要求。主要路径与举措体现在三个方面：一是创新围绕国家战略的组织设置，始终以服务发展全局，积极适应和围绕上海锻造国内大循环的中心节点、国内国际双循环的战略链接、对外开放枢纽门户、长三角一体化战略龙头等定位，发挥浦东新区社会主义现代化建设引领区作用等要求来创新组织设置和组织功能的实现形式；二是拓展顺应时代发展的组织领域，主要体现在新链条、新群体、新场景、新平台等方面；三是创新参与社会治理的组织载体，在全过程人民民主发展中加强妇联工作参与度，在基层社会治理格局中加强妇联工作显示度，在改革成果落地过程中加强妇联工作的有效度。

全方位赋能是数字化转型时代背景下的必然选择，以数字化思维强化妇联组织建设，为新时代妇联组织服务广大妇女群众提供组织保障，主要在“服务型”妇联组织建设方面更加明显。主要路径与举措体现在五个方面：一是数字化转型赋能，利用数字资源和数字思维，完成数字框架搭建、数字“家底”摸清、数字决策支持和数据重塑组织；二是智库研发赋能，注重智库、高校、研究机构的智力资源，推动妇联妇女儿童研究中心等机构与各类智库机构的合作；三是集中试点赋能，充分结合妇联各个工作区域、工作领域、工作层次和工作重点的差异，有区别、有规划、有步骤地进行；四是模块集成赋能，对妇联各个主要工作模块进行工作体系、组织、制度、机制、资源的模块集成，形成各个工作模块的有机整体；五是工具包建设赋能，形成妇联基层组织建设、阵地建设、妇联干部专业能力培训、女性人才建设等工具包。

革命性重塑主要针对的是妇联自身组织地位和功能在全面建设社会主义现代化国家新征程上的系统优化，需要让妇联组织的本质更加凸显，让枢纽地位和作用更加凸显。这不是简单的“回归”，而是结合经济社会发展形势和女性群体生存形态的变化，在深入研究妇联组织建设与改革中的难点、短板，以更大力度、更实举措、更大勇气深化妇联组织建设改革，在组织体系、组织阵地、组织功能、组织队伍、组织人才完善的基础上重塑枢纽地位和强化枢纽功能。主要路径与举措体现在五个方面：一是以系统化方式推进，处理好全局和局部、当前和长远、宏观和微观、主要矛盾和次要矛盾的关系；二是以数字化方式推进，改革现实空间中与数字化社会形态下妇女工作不相适应的组织机制，建构基于数字化社会空间的组织体系和组织机制，推动妇联组织在现实空间和数字空间中的有机互动，形成组织合力；三是以专业化方式推进，以能够在妇联服务国家战略、适应社会发展、深化改革成果中切实发挥更好更大作用为标准，打造精细化、专业化、创新型的高素质干部队伍，发掘、凝聚、支持、培养女性专业化人才；四是以模块化方式推进，将工作要素化，根据新的战略要求和工作设计进行要素重组，以模块化为基础，完成从微观到宏观的操作设计，结构化、灵活性、重组性地把复杂的战略转变

为可操作性的方案和举措；五是以工程化方式推进，把工作置于一个闭环式科学管理体系，让“软指标”变成“硬杠杆”，让理论认识和方法变为现实可见的景象，让工作有可落实的牵引和抓手。

无论是从历史逻辑、理论逻辑，还是从实践逻辑来看，妇女事业在整个中国特色社会主义事业中都具有高度重要的地位，妇联工作在推动妇女事业发展中都具有不可替代的重要作用。作为党领导下的担负着团结引导广大妇女群众的群团组织，妇联在整个国家治理和事业发展中都是重要的能动性组织化力量。随着我国进入新发展阶段，党和国家事业对妇联组织形态提出了更高的适应性要求，这也倒逼妇联组织在近年来改革基础上加快改革步伐，在改革积弊的同时破旧立新，创新更能适应时代、面向未来的组织新形态，从而与整个中国特色社会主义事业的新发展实现同频共振。上海在整个社会主义现代化建设中始终处于引领的地位，上海妇联更加需要在组织形态创新上承担先行者的责任，这就需要上海妇联积极探索构建“开放型、枢纽型、生态型、服务型”组织工作体系，为推动上海市妇女事业发展奠定组织基础，为全国妇联组织改革提供先进经验。

（本文获2022年度全市组织系统优秀调研成果优秀奖）

课题组成员：复旦大学政党建设与国家发展研究中心课题组、上海市妇联组织部

主要执笔人：郑长忠、赵小斐、王志鹏

从服务聚心到协同聚力
——新业态、新就业群体党建工作的松江探索

松江区委组织部课题组

近年来，互联网经济蓬勃发展，快递员、外卖配送员、网约车司机、货车司机等新就业群体大量涌现。据不完全统计，2021 年我国新业态、新就业群体约 8400 多万，其中上海近 350 万，这是一个相当庞大的群体。党的二十大报告指出："加强新经济组织、新社会组织、新就业群体党的建设。"做好这一群体党建工作事关巩固党的群众基础，事关城市基层治理体系，事关防范风险隐患，是摆在各级党组织面前的一项全新重大课题。

松江作为长三角 G60 科创走廊策源地，上海重点建设的"五个新城"之一，将新业态、新就业群体党建工作与党建引领松江新城建设有机结合，聚焦新就业群体需求，致力于打造一座有温度的新城，以"让每一单都不孤单"为工作理念，建强党组织堡垒、搭建暖心服务平台、引导融入社会治理，持续增强新业态、新就业群体的归属感和责任感。

一、新业态、新就业群体党建工作面临的形势与挑战

习近平总书记强调，要创新社会治理体制，把资源、服务、管理放到基层，把基层治理同基层党建结合起来，拓展外来人口参与社会治理途径和方式，加快形成社会治理人人参与、人人尽责的良好局面。松江作为上海五个新城之一，发展强劲的先进制造业、优美和谐的生活环境，吸引了不少外来人员来创业务工。截至 2021 年底，松江外来人口比重达到 60.5%，为上海 16 个区之首，相当一部分外来人口从事着新业态、新就业工作，在基层社会治理中发挥着重要作用。特别是在大上海保卫战中，越来越多的新就业群体从职业人转化为守"松"者，以主人翁、排头兵的姿态参与到社区抗疫各项工作中。因此，站在巩固党的阶级基础和群众基础的高度，切实加强新业态、新就业群

体党建工作是松江基层党建工作的重要切入口。与传统业态相比，新业态、新就业群体多以灵活就业为主，工作在“云”端、奔波在路上，这也给新业态、新就业群体党建工作带来新挑战。

（一）新业态、新就业群体对政府服务管理机制带来的挑战

一是新业态、新就业群体的管理体制不清晰。新业态、新就业群体具有数量大、分布广、转换快、流动强、监管弱的特点，推动新就业群体诚信体系建设需要各行业主管部门支持配合，进一步加强沟通对接。按照现行法律法规规定，部分新就业形态劳动者与平台之间的关系难以被直接界定为劳动关系，适用法律方面存在突出困难。

二是新业态、新就业群体的社会保障机制不健全。目前，新就业形态劳动者大部分是灵活就业人员，在参保问题上，存在部分人员不愿参、参不起现象，一些新业态企业刻意规避劳动法律，借助自身强势地位，使用各种方法避免与劳动者直接建立劳动关系，将相当一部分新就业形态劳动者置于“裸奔”状态。

三是新业态、新就业群体劳动权益保护措施不完善。工作时间长、劳动强度大等问题普遍存在，大部分新就业形态劳动者未能参加城镇职工社会保险，面临很大的职业风险；一些平台企业借助大数据、算法等技术优势，单方制定修改接派单规则、提成比例、奖惩规定等，致使相当多的劳动者被“困在系统里”，合法劳动权益得不到保障。

（二）新业态、新就业群体对基层党建功能发挥带来的挑战

一是新业态企业党的组织和工作覆盖难。在组织建设上，新业态既有行业垂直管理的特色，又有站点散落各地的特点，传统的党组织单建等形式难以达到有效覆盖要求。新就业形态劳动者的数量随社会分工的细化将日趋庞大，新就业形态劳动者行业跨度大、人员分散、工作时间碎片化、文化水平参差不齐，按照“应建尽建”原则推动新业态企业建立党组织存在一定困难。

二是新业态、新就业群体党员教育管理难。新就业群体总体学历偏低、外来人员多、党员人数少，定时定点的传统党员教育管理模式无法适应新就业群体的岗位特点，存在人员流动快与党员组织关系管理相对滞后等难题。

三是新业态、新就业群体党组织作用发挥难。党组织在企业发展中作用不明显，特别是非出资人高管任党支部书记话语权、决策权相对较弱，普遍存在作为党员的政治身份和作为员工的经济身份相分离的现象，党组织作用难以有效发挥。

（三）新业态、新就业群体对城市基层治理带来的挑战

一是数量巨大的新业态、新就业群体难以融入城市治理中。他们是最辛勤的劳动者，渴望美好生活却缺乏必要的权益保障；他们穿梭于城市每个角落，渴望融入城市却缺乏归属感；他们个个身怀“绝技”，渴望发挥作用却缺乏展示平台。

二是高强度的工作导致新业态、新就业群体对城市生活产生疏离感。高强度的工作让新就业群体很难有时间和精力参与正常的社会交往、享受基本的休闲娱乐，导致他们与城市生活疏离感较强。

三是新业态、新就业群体的生活圈局限于熟人朋友。以快递员为例，他们平时虽然与客户交流互动频繁，但基本上是点头之交，深入社交的群体基本还是以老乡、同事和亲戚为主，是大家身边“最熟悉的陌生人”。

二、新业态、新就业群体党建工作的松江探索

习近平总书记在全国劳动模范和先进工作者表彰大会上强调，“要适应新技术新业态新模式的迅猛发展，采取多种手段，维护好快递员、网约工、货车司机等就业群体的合法权益”，“以服务群众实效打动人心、温暖人心、影响人心、赢得人心”。松江始终坚持以高质量党建引领产业高质量发展，积极探索实践新业态、新就业群体党建工作，打造一座有温度的城市，“让每一单都不孤单”。

（一）理清责任清单：将“活跃地带”打造为“坚强阵地”

新业态覆盖范围广，新就业群体人数庞大、流动性强，做好这一群体党建工作必须将新业态的“活跃地带”打造为“坚强阵地”，不断提高党建工作科学化水平。

一是分层分类摸清党建底数。加大智慧党建探索力度，依托松江“一网统管”管理系统，做到数据实时更新、动态可溯。

二是建立健全工作机制。着力发挥党委统一领导、组织部门牵头抓总作用，建立由区委组织部、区发改委、区经委、区总工会、区人社局等14家单位组成的新业态、新就业群体党建联盟，明确工作职责，建立健全会议制度、项目化运行、协调沟通工作机制，推动区级职能部门资源统一下沉，为新就业群体量身定制“暖胃一餐食、实惠一间房、关爱一份险、守护一行动、宣讲一站式、开设一堂课、便民一站点”7项服务清单。

三是细化扣紧责任链条。明确组织部门抓总责，业务主管单位、行业主管部门党建工作责任，强化企业主体责任，落实街镇社区属地责任和兜底管理责任。

（二）梳理联建清单：从“隐形党员”到“有形身份”

实施“两个覆盖”提质增效专项行动，采取单建、联建等方式，实现新业态品牌企业、龙头企业党组织应建尽建，基层网点延伸覆盖。

一是物流行业重点单建。发挥松江产业集群党建品牌优势，重点加强智慧物流产业集群党组织覆盖，按照“应建尽建”原则，对产业集群内无党员的物流企业，推动优先招录党员、发展党员和排摸“隐形”党员、“口袋”党员工作。

二是其他行业属地共建。由各街镇属地化全面排摸快递企业网点、外卖站点数量，快递员、外卖配送员人数，以及其中党员和团员人数等基础数据，对有3名及以上党员的站点推动组建独立党支部，对该群体内流动党员，引导其主动到工作地党群服务中心报到并参加组织生活。

三是深化党建带群建。坚持“党建引领、群团共建”的工作思路，将群团建设工作纳入新业态、新就业群体党建工作总体布局。

（三）细化服务清单：从“无处落脚”到“处处有家”

新业态的蓬勃发展，对应对疫情冲击、增强经济韧性、推动产业转型发挥了重要作用。快递员、外卖配送员每天穿梭在大街小巷、小区楼栋，他们逐步成长为服务市民生活、助力城市发展的重要力量，增强这一群体对城市的融入感、归属感、获得感，是新业态、新就业群体党建工作实效性的重点内容。

一是在服务内容上做到“见事”。针对居住难的需求，联合区公租房公司，在中心城区地段提供一定数量的公共租赁房，协调各街镇推动 21 家快捷酒店宾馆建立“小哥驿站”，为疫情期间承担物资保供工作的“小哥”解决“住宿难”问题。

二是在服务空间上做到“见物”。针对工作时间长、无处落脚的需求，依托全区 1200 余个党群服务站点、爱心接力站等阵地资源，优化党群服务功能，在楼宇、商圈、园区等“小哥”群体聚集的重点点位积极打造“茸城 e 家”党群服务阵地。

三是在服务机制上做到“见人”。探索建立“双指导双联系”工作机制，落实行业主管部门和属地双重管理责任。由市场监管、人社、司法等部门，分别选派业务骨干作为党建指导员，对口指导外卖站点、快递公司和基层网点党建工作，加强重大风险隐患排摸。

（四）明确身份清单：从“服务对象”到“治理力量”

习近平总书记强调：“管理和服务不能偏废，寓管理于服务之中是讲管理的，政府该管的不仅要管，而且要切实管好。”深入推进城市基层治理现代化，必须遵循“共建共治共享”原则，将新业态、新就业群体纳入基层治理体系，积极倡导新就业群体争当“五大员”，引导他们成为城市基层治理的有生力量。

一是做风险隐患预警员。将新就业群体纳入社区联防联控体系，探索在基层治理平战转换机制和应急响应机制框架下，推动基层社区党组织加强对辖区内新就业群体的联系服务，引导其参与社区疫情防控工作，健全“小哥吹哨，部门报到”机制。

二是做文明实践宣传员。用好街镇党群服务阵地，引导新就业群体积极参与文明城区创建活动，践行文明行为，加强与企业合作，把快递车厢体打造成流动宣传站。

三是做服务群众代办员。充分发挥新就业群体广泛接触社区居民的优势，采取志愿方式，引导他们为社区老年人、残障人士提供代买、代办、一键叫车、垃圾清理等服务，帮助困难群体解决生活不便问题。

四是做食品安全监督员。将外卖骑手发展为食品安全监督员，延伸市场监管部门的执法手臂，建立“第一时间发现问题，第一时间上报”机制，使其成为保障食品安全的“千里眼”“顺风耳”。

五是做青年成长领路员。依托松江大学生资源优势，开展“当一天快递小哥”“与快递小哥结对子”等活动，组织大学生深入实际，体验快递小哥的工作生活状态，增进彼此了解，促进共同成长，让他们在辛勤劳动中，树立“劳动创造财富”的价值观、“人民创造历史”的群众观、“到基层就业”的职业观。

松江区探索“让每一单都不孤单”的经验做法，为新业态、新就业群体党建工作积累了宝贵经验。通过树品牌让党建工作“有形有态”，通过育亮点增强组织穿透力，通过抓融合让基层党组织积极参与社会治理，通过建支部让新业态党员从“分散游离”转向常态“归属管理”。有形的松江新城建设空间背后，是一张密织的党建网络，将这些新就业形态群体团结凝聚在党组织周围，让“小哥”“骑手”也能感受到城市的温度。很多党员骑手都说：在松江，既找到了组织，也有了温暖的“家”。

三、创新新业态、新就业群体党建工作的路径

（一）强化政治引领，织密组织体系

1. 动态摸排，提升党组织覆盖质量

依托“一网统管”“智慧党建”等信息平台，提高数据共建共享和处理运用智能化水平，健全党建工作信息常态排摸，实现党组织与党员的动态管理，实时掌握信息变动情况。做好思想引领工作，加强对新就业群体的政治吸纳，积极把新业态企业出资人、管理人员和一线骨干人员培养成党员，持续扩大党的组织覆盖。对联合组建的党组织培育成熟并符合单建条件的新业态企业及时调整组建独立支部。

2. 拓宽渠道，建强党建工作力量

推动党组织书记、委员与企业中高管理层“双向进入、交叉任职”，争取将出资人培养成党支部书记，凝聚共识，促进党建工作与企业发展同频共振。加强党建指导员选派力度，采取专兼职结合方式，选派政治素质过硬、业务能力较好的党建指导员，通过定期专业技能与理论素养培训，确保党建指导员起作用。建立稳定的党建工作经费保障机制，严格落实新建党组织启动经费、党组织活动经费和党员学习培训经费，建立党建经费年度正常增长机制，稳步增加经费投入。

3. 创新形式，提高党组织生活实效

突出政治引领，以党员群众的需求为导向，组织、策划、开展喜闻乐见的党建项目，凝聚人心。结合新就业群体时间场所不固定的特点创新活动方式，探索“点单式”送学模式，实行“一人一卡”积分制管理。有条件的党组织，尽量要求集中开展“三会一课”和政治学习，对一些联建的小微企业、个体户，因人员分散与时间不一致难以集中的党组织，通过视频、语音等线上应用平台，过好组织生活，充分利用“线上＋线下”的活动方式打破时空局限性，通过多元方式，不断提升新就业群体学习主动性、积极性，促进新就业群体党员当先锋做表率。

（二）筑牢责任体系，构建条块联动齐抓共管新格局

1. 理顺“有序化制度化”的管理体系

建立健全上下贯通、横向互动、分工明确的组织体系，形成“纵向到底、横向到边”的管理体系。一是在现有责任体系基础上，加大对业务主管单位、行业主管部门党建工作责任制考核，明确考核评价项目，强化党建“第一责任人”责任意识。二是相关

部门要出台新业态、新就业群体党建工作指导性文件，从制度上规定好责任主体、协同部门、联动机制、组织生活归属问题。三是针对平台企业社会性、公共性的特点，建立健全党组织与企业管理层共同学习党中央重大决策部署、对企业重大问题会商制度，把稳企业发展方向。

2. 建立“条块协同联动”的工作责任制体系

理顺“条块关系”，划分权力与责任的空间，建立“条块协同联动”的工作责任制度，破解“上面千条线，下面一根针”的工作模式。一是条块结合，坚持属地管理与行业管理一体推进，打破行政壁垒，以行业、园区、企业为重点，点块链结合抓好覆盖。二是上下联动，推动龙头企业、平台公司把党建工作作为合作企业、加盟企业和第三方劳务公司合作的重要内容，形成自上而下抓党建的工作格局。三是政企互动，搭建政企交流平台，有效提供惠企助企服务，及时掌握企业痛点难点，实时收集企业意见建议，促进新业态、新就业群体良好发展。

3. 打造“多方资源整合”的综合性服务体系

党建工作好不好、实不实，关键看服务群体认可不认可、参与不参与，落实好新就业群体服务管理是走好新时代群众路线的必然要求。一是用好用活基层党组织和群团组织资源配置，推动各类资源加入，注重将企业文化、网点站点工作特性与党群服务功能深度融合，打造新业态示范性党群服务阵地，建立“平急转化”枢纽型服务点，为新就业群体提供常态化和应急服务保障阵地。二是逐步建立健全支持新就业群体全方位发展体系，通过设立在职学历培训班、职业技能提升班等渠道，提供标准式课程和点单式课程，开展交通安全、社区应急救援、法律知识等多元培训。三是发挥街镇社区属地管理功能和兜底作用，推动新就业群体结合工作生活实际，就近到街镇党群服务阵地报到备案，发挥职业优势，参与基层治理，在服务与被服务中增强社会融入感。

（三）引导参与社会治理，营造人人尊重新就业群体的良好氛围

1. 深化党建工作机制

以健全完善“两新”工委机制为契机，深化区“两新”组织联席会议制度及区新业态、新就业群体党建联盟工作制度，强化责任落实，密切协作合力抓。一是突出政治引领，切实发挥各成员单位党组织作用，因企设策开展服务，定期把资源和政策覆盖到新就业群体，确保工作落到实处。二是坚持党建带群建促社建，发挥群团组织纽带作用，运用社会组织社会化运转特性，招募新就业群体加入志愿服务团队、助困公益队伍等，加强对新就业群体的工作渗透。三是融合多领域党建，将新业态、新就业群体党建融入楼宇党建 4.0 版、互联网党建“双提升”行动中，畅通联建共建平台，共享资源，共促发展，在推动经济社会发展中彰显组织力。

2. 强化社会治理能力

新就业群体是美好生活的创造者、守护者，是推进人民城市建设的重要力量之一，既要关心关爱好他们，更要激励引导好他们。一是充分发挥党建引领作用，顺应新就业群体发展需要，在医疗参保、子女教育、保障公寓房申请等方面制定相应扶持政策，持续推动更多普惠性服务向新就业群体全面延伸，营造“处处是家”的暖心环境。二是适时把党的活动融入新就业群体工作特性，开展送学上门、面对面政策指导、一对一助困帮扶等个性化多样化活动，提升新就业群体的社会归属感。三是激发新就业群体参与社会治理潜能，发挥新就业群体“时刻在路上”的职业优势，引导他们主动投入疫情防控、社会治安、城市文明创建等基层社会治理，在共建美好家园中提升荣誉感和尊重感。

3. 优化数字技术应用

新就业群体伴随数字经济发展而生，要用好现代技术手段，创新有效联系服务新就业群体的工作方式，不断提升服务水平。一是用活“先锋上海”线上程序，开设新就业群体专属板块，提供备案报到、微党课学习、阵地服务等在线模块，提高工作实效性。二是畅通诉求表达渠道，结合新就业群体“时刻在网上”工作特性，推动各职能部门在官方网站开通“意见建议征集箱”“政务服务政策库”“意见征询议事厅”等渠道，打造全过程人民民主新媒介，增强新就业群体主人翁意识。三是依托“一网通办”“一网统管”，广泛整合行政资源、市场资源、社会保障资源等多方信息，让新就业群体随时可获得个人诚信、社会保险、居住证办理等触手可及的服务。同时，以服务促治理，引导新就业群体加强自我约束，利用路上碎片化时间，通过随手拍、随时传等方式参与到常态化疫情防控、文明城区创建、卫生城市创建等社会治理中，共同打造共建共治共享的社会治理格局。

（本文获2022年度全市组织系统优秀调研成果优秀奖）

主要执笔人：时建英、满媛媛

加强上海智库党建工作研究

上海社会科学院智库研究中心课题组

党的十八大以来，中央提出建设中国特色新型智库战略，中国智库迎来重大发展机遇。2015年印发的《关于加强中国特色新型智库建设的意见》中，中国特色新型智库建设基本原则的第一条就是“坚持党的领导，把握正确导向”。可以说，中国特色新型智库建设从一开始就是在党的领导下进行的。智库的党建工作是智库各项工作的前提、基础和保证。

上海智库在中国智库大军中占有重要地位，在决策咨询、理论创新、舆论引导、社会服务和公共外交等方面，发挥了先行者、排头兵的作用。加强智库党建工作对促进上海智库高质量发展具有重要意义。

上海社会科学院智库研究中心课题组通过问卷调查、座谈访谈、书面或文献调研等形式，对上海20余家智库的党建工作进行深入调研，梳理分析加强智库党建工作的重要意义内涵，概括总结上海智库党建工作的主要成绩经验，分析存在的问题和原因，提出加强上海智库党建工作的建议。

一、加强智库党建工作的重要意义和内涵

智库党建工作是党的建设伟大工程在中国特色新型智库建设中的具体落实，是引领中国特色新型智库沿着正确方向健康发展的根本保证。具体而言，智库党建工作的内涵包括以下几个方面：

（一）发挥政治引领作用

与西方智库相比，中国特色新型智库最鲜明、最本质的特征是坚持党的领导。党的领导首先体现为坚持正确的政治方向，坚持以习近平新时代中国特色社会主义思想为指导，增强“四个意识”、坚定“四个自信”、做到“两个维护”。

（二）发挥思想引领作用

智库党建通过对智库员工进行思想教育，使之牢记党赋予智库的使命，确保智库始终把握正确的意识形态和宣传舆论导向。通过将社会主义核心价值观融入智库党建中，引领智库组织文化建设和知识分子价值观塑造。智库党建的思想引领还体现在坚持以人民为中心的研究导向上，把维护国家和人民利益作为根本出发点，讲担当、讲奉献、讲信誉，始终坚持优良学风和职业道德。

（三）加强组织引领作用

组织引领就是要确保党组织的领导和决策地位，将党管科研、党管干部、党管人才、党管意识形态、党管宣传等落实在智库的业务工作和规章制度中。通过党建赋能，增强凝聚力和战斗力，充分调动广大干部职工的积极性和创造性，开展有组织的科研，打造德才兼备的干部人才队伍，促进智库产出高质量成果。

（四）发挥统一战线作用

智库中党的统一战线工作体现为凝聚广大干部职工的力量，使智库建设成为干部群众共同参与的大事。智库和学术界中民主党派和无党派人士多、知识分子多，发挥党的统一战线作用就是凝心聚力、改革创新、攻坚克难。

二、上海智库发展概况及本课题调研情况

（一）上海智库发展概况

根据上海社科院智库研究中心数据，截至2022年8月底，共收录了上海智库145家。

从类型结构看，体制内智库是主力军。党政军智库、科研院所智库、高校智库合计占比78.6%（见图1）。

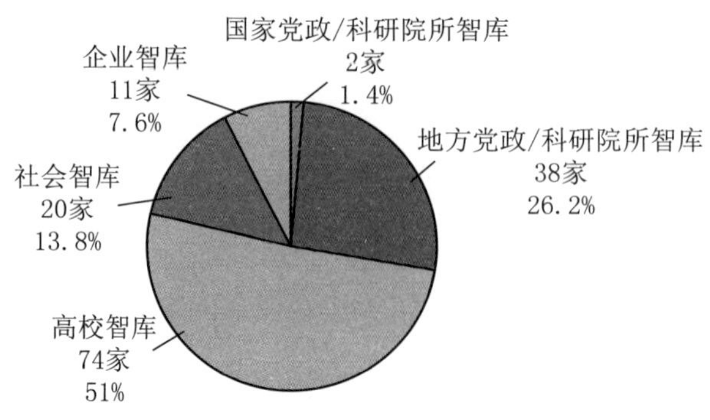

图1　上海智库类型统计

从层级结构看，包括国家高端智库试点单位、上海市重点智库、上海市重点培育智库及其他智库（见图2）。

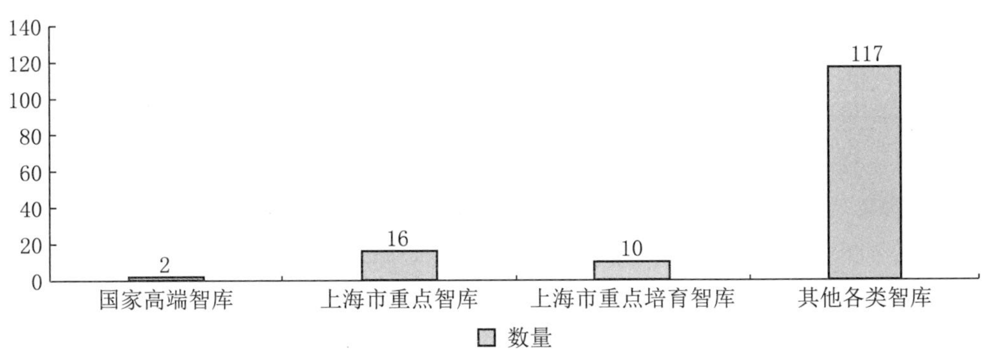

图 2 上海智库层级分布

从主要研究领域看，覆盖面广泛，包括综合、经济、社会发展、科技、区域发展、国际关系、党建、文化、政法、生态、教育、防务、卫生健康类等不同领域（见表 1）。

表 1 上海智库研究领域分布表

序号	研究领域	数量	占比	序号	研究领域	数量	占比
1	经济类	34	23.5%	8	文化类	6	4.1%
2	社会发展类	31	21.4%	9	政法类	6	4.1%
3	国际关系类	19	13.1%	10	综合类	5	3.4%
4	区域发展类	11	7.6%	11	党建类	4	2.8%
5	科技类	9	6.2%	12	生态类	3	2.1%
6	卫生健康类	8	5.5%	13	防务类	2	1.4%
7	教育类	7	4.8%		合计	145	100%

（二）本课题调研情况

课题组对上海的部分国家高端智库、上海市重点智库和重点培育智库的相关负责同志进行了专题访谈。此外，课题组还开展了问卷调查，选取具有一定代表性的 11 家智库，共 95 位智库工作人员填写了调查问卷，其中 61 人来自党政 / 科研院所智库，21 人来自高校智库，5 人来自社会智库，8 人来自企业智库。此外，课题组还进行了大量书面调研、文献调研。

三、上海智库党建工作的主要成绩和经验

（一）坚持学习宣传习近平新时代中国特色社会主义思想

上海智库始终把党管智库作为智库建设的首要原则。2016 年，上海市委、市政府印发《关于加强上海新型智库建设的实施意见》，明确将“党对智库的全面领导”放在第一条。

近年来，上海智库不断强化理论武装，把学习宣传贯彻习近平新时代中国特色社会主义思想作为党建引领的首要任务，充分领悟习近平总书记关于上海工作的系列重要讲话精神，围绕中央交给上海的三项重大任务开展智库研究。

2017年3月，上海市习近平新时代中国特色社会主义思想研究中心成立，中心是中央批准的全国首批10家习近平新时代中国特色社会主义思想研究机构之一，秘书处设在上海市委党校。作为智库协同创新平台，中心重点研究习近平新时代中国特色社会主义思想指导上海改革发展的最新实践、最新成果，着力打造新思想的学习园地、研究高地、传播基地。2017年11月，市教卫工作党委、市教委成立上海学校习近平新时代中国特色社会主义思想研究中心，设在上海市教育科学研究院，其角色是市教育系统推进习近平新时代中国特色社会主义思想的市级统筹平台和智库机构，主要从事理论研究、课程建设、决策咨询和人才培养等工作。

上海智库完善了常态化理论学习机制，开展丰富多彩的主题学习、培训和宣讲活动。调研显示，93.68%的受访者表示，所在党支部坚持“三会一课”制度。

上海市人民政府发展研究中心党组始终坚持以上率下、示范引领，以党组中心组学习为龙头，引领干部职工认真学习党的十九大、二十大精神和习近平总书记关于上海工作的系列重要讲话精神。

复旦发展研究院党支部创新方式方法，设立参阅室，建立参阅机制，定期开展专题理论学习，提升党员党性修养及政治素养。

上海市社会主义学院持续推动习近平新时代中国特色社会主义思想进教材、进课程，在课程“改革开放是中国的第二次革命”的示范效应基础上，推出了“学习贯彻中共十九届五中全会精神”“《习近平谈治国理政》第三卷解读”“践行新思想　推动新发展——学习实践习近平总书记关于加强和改进统一战线工作的重要思想”“新型政党制度与参政党建设”等多门课程。

（二）持续推动全面从严治党走深走实

上海智库深入贯彻全面从严治党战略方针，深化细化“四责协同”机制，推动管党治党责任有效落实。

上海社会科学院严格落实意识形态相关工作。构建了意识形态工作定期分析研判和通报机制，院党委每半年至少专门研究1次意识形态工作。管好各类平台阵地，制定《上海社会科学院对外信息发布管理办法》。健全常态化日常监测和督查考核机制，制定《上海市各级党委（党组）意识形态工作责任制实施细则》。

上海市科学学研究所强化“四责协同”。制定年度责任分工，书记签订责任书，同时制定党支部成员治党管党履责工作手册，明确责任清单，记录日常履责情况。建立纪检联络员队伍，在各支部设立联络员，完善纪检监督体系。制定风控管理办法，针对风险点，开展权力清单和责任清单制度建设。

（三）利用上海红色文化资源开展党建主题教育活动

上海作为中国共产党的诞生地，拥有丰富的红色文化资源。上海智库紧密结合智库的特色亮点，充分利用上海的红色文化资源，开展各类形式多样、内容丰富多彩的主题党日活动和实地研学活动。

上海市教育科学研究院为庆祝建党100周年，结合自身研究优势，策划举办“党的语言文字事业在上海”展览，全面系统地展示了中国共产党领导的语言文字事业一百年来在上海的发展历程和显著成就，展现了语言文字事业为上海经济社会发展、城市软实力提升作出的积极贡献。

（四）发挥基层党组织的战斗堡垒作用

上海智库充分发挥基层党组织的战斗堡垒作用，在重大危机事件中，党员及时参与危机应对，发挥模范带头作用。大上海保卫战中，上海智库坚持党建引领抗疫攻坚，积极组织涉疫专题研讨，通过撰写专报、媒体发文等方式支撑决策、宣传抗疫成果，彰显智库功能和独特作用。上海社会科学院专家学者撰写报送决策咨询专报数十篇，发挥了重要决策咨询作用。

此外，上海智库各基层党支部纷纷响应市委号召，积极参加“双报到”，投身抗疫服务，在特殊时期彰显特殊责任和担当。上海社会科学院、上海市委党校、上海市科学学研究所等智库的党支部纷纷下沉社区一线，积极主动帮助居委发布社区疫情动态、协调核酸检测等，青年党员积极参与“青春战‘疫’ 健康接力”的社区代配药品专项志愿行动。

（五）发挥统一战线“法宝”作用

智库党建工作要凝聚各类型各领域智库的党内外力量共同致力于重大决策咨询研究，为党和政府提供高质量政策建议。

89.47%的受访者在调研中表示，所在单位党委（党总支）充分凝聚各方力量，服务各项工作，发挥了统一战线的重要作用，通过搭建平台、加强培训、联合研究、座谈交流等方式凝聚力量、服务决策。

复旦发展研究院与智库、企业等的基层党支部合作共建，促进产学研协同发展，与各科研院所科研力量、民主党派、无党派人士紧紧围绕智库咨政工作形成联动机制，促进跨学科互动。

上海市科学学研究所召开统战工作座谈会，领导班子和各民主党派成员、少数民族人士、归国留学人员交流，共同推动高水平科技创新智库建设。

（六）发挥社会服务功能

上海智库积极组织党员干部“走出去”，鼓励党员结合自身理论优势，定期开展各类公益服务、系列宣讲活动等，发挥党员在服务社区中的先锋模范作用。

上海社会科学院开展“文明与文化同行·新时代文明实践志愿行”主题实践活动，组建“四史”青年理论学习小组和尚社青年讲师团，开展志愿主题系列宣讲活动。

上海地质调查研究院“Green Heart”公益组织向四川成都的文化交流机构捐款，支持泸定县的乡村图书馆购买书籍和课桌椅。

四、上海智库党建工作存在的主要问题及原因分析

在此次专题访谈、问卷调查、书面调研、文献调研的基础上，结合前期理论研究和

探讨，课题组梳理了上海智库党建存在的共性问题。

（一）科研人员对党建工作的思想认识还有待提高

有的智库在思想政治教育中走过场，教育缺乏针对性，效果有待提高。问卷调查中有7.37%的受访者认为，当前党建工作存在的主要问题包括领导干部和党员群众对党建工作不重视，相关工作“走过场”。

关于组织生活的频次，大多数受访者表示所在党支部能够按照规定每月开展组织生活，但仍有15.79%的受访者表示所在党支部开展组织生活的频次是每季度一次甚至更长时间一次。侧面反映出部分党支部对党建工作的认识还有待提高，有的基层支部还存在一定的重业务轻党建的现象。

智库更多是做具体现实问题的研究，任务有时间性、实践性，工作成效是有形的；而党建工作是做人的思想工作，周期长，效果是间接的。因此，现实中常常有将党建工作“虚化”“弱化”的情况。

（二）基层党建工作质量和水平有待提高

问卷调查显示，37.89%的受访者认为当前党建工作存在的主要问题有：

所在单位党建工作内容贫乏、方式方法传统单一，缺乏吸引力。一些基层党组织缺乏改革创新的意识和动力，仍然停留在传统的党建工作机制上，使用传统手段和方式方法，组织形式缺乏活力，主题内容缺乏新意。

一些具体工作缺乏明确的标准和规定。比如有16.84%的受访者认为所在党委（党总支）对党建工作和干部考核评价的标准不完善或没有相关规定和标准。此外，还有3.16%的受访者认为党组织结构不健全、体制不顺，难以适应形势发展和工作任务的需要。

分析这些问题的原因，一方面是党支部对党建工作的重视程度还有待提高，另一方面是党支部的工作能力和水平还不够，有时重形式、轻效果，一定程度上导致了党建工作中的形式主义。

（三）党建与业务工作存在“两张皮”现象

调查显示，16.84%的受访者认为当前党建工作和业务工作存在“两张皮”现象。

智库研究以课题组、研究中心（室）为单位，而党建工作以党支部（党小组）为基层组织单位。虽然人员上有交叉，但组织形式常常是分开的，工作内容是不同的，党务工作者不懂科研、科研工作者不懂党务的情况并非个别现象，党建工作与科研创新跑在两条轨道上，容易造成“两张皮”现象。

（四）党务干部和人才队伍有所缺失

问卷调查中，38.95%的受访者表示党务干部和人才队伍有所缺失，且素质和结构参差不齐。22.11%的受访者所在智库的党委（党总支）没有设置专职党务干部。

造成这种问题的原因，一方面是不少年轻干部希望能在专业领域取得突破而不愿从事党务工作，也缺乏党务工作锻炼。有的智库党务人才梯队不充沛，人才培养更重视科

研业务能力，对党务工作有所忽视。

另一方面，党务干部由业务干部兼任既是制度要求，也是现实需要。兼职党务干部大多是业务干部出身，在担任党务干部之前，对党务知识的系统学习相对缺乏，对党务工作的制度、方法、程序掌握不够。兼职党务干部日常科研任务繁重，需要完成科研工作硬指标，党务工作常常被打乱。

（五）意识形态工作面临新挑战

智库的意识形态工作是一项极端重要的工作，52.63％的受访者认为，当前党建工作存在的主要挑战之一是新形势下党员意识形态工作面临诸多难题。

由于新媒体的迅猛发展，各种思想观念和学术观点传播广泛，智库人员思想非常活跃。因此，在网络新媒体上，党管意识形态的原则如何更好落实是一个新的重大挑战。

此外，智库离退休老同志的思想依然活跃，如何及时传达中央和上海市委精神，准确掌握老同志的思想动态，做好老同志思想引领工作，是意识形态工作的又一挑战。

五、加强上海智库党建工作的建议

加强上海智库党建工作的根本在于扎实落实“党管智库”的基本原则。要更好发挥党对智库政治思想、科学研究、宣传舆论、意识形态、人才工作等方面的领导作用。

（一）强化党的政治思想引领作用，打造智库之魂

智库要始终对标党对智库的定位，牢记党赋予智库的使命，须臾不能忘记智库是思想利器、国之重器的身份，把学习习近平新时代中国特色社会主义思想和党的二十大精神，以及智库学者胸怀“国之大者”价值观教育工程作为长期的基础性任务来抓。提升政治思想理论水平首先要从领导干部抓起，通过领导干部的表率作用，塑造党领导智库发展的组织制度和组织文化。

（二）创新基层党建工作内容，提高组织生活质量

在调查中，28.42％的受访者表示，党建工作中需要加强基层党组织阵地建设。53.68％的受访者认为，基层党建工作需要改革创新。50.53％的受访者认为应该提高组织生活质量。

智库党建工作要紧扣百年未有之大变局的国际形势和中国走进新时代的时代特征来开展，根据新形势开展“针对性党建”，灵活创设选题，及时跟进学，联系实际学，提高学习的针对性和实效性。

要积极探索与时俱进的基层党建活动的方式方法，创新信息化时代开展基层党建工作的新载体新路径，充分利用“互联网＋”和新媒体等手段开展组织生活。

（三）发挥党建对科研的引导作用，推进党建与业务相融合

智库普遍认为要加强党建对科研工作的引导。68.42％的受访者表示，党建工作需要促进党建和业务工作融合发展。

党委政府要善于交任务、压担子，多鼓励、多支持智库建设和研究工作，发挥党对

智库研究方向上的引导作用。智库学者要胸怀“国之大者”，将党和国家工作大局和经济社会发展重大问题作为研究主攻方向，将论文写在祖国大地上。

要创新党建与业务工作融合发展的方式，实现党建对科研的渗透力和推动性。可以推选智库学科带头人担任党支部书记（党小组组长），选优配强支部书记，做到主动把党建与科研工作一起谋划、同步推进。可以组建以党支部（党小组）为单位的科研创新团队，也可以在重大课题研究团队中成立临时党支部。

（四）做好党管人才工作，培养德才兼备的复合型人才

习近平总书记在中央人才工作会议上指出，做好新时代人才工作，必须坚持党管人才，深入实施新时代人才强国战略，全方位培养、引进、用好人才，加快建设世界重要人才中心和创新高地。

27.37%的受访者认为，在基层党建工作中，党组织负责人和党员培训是需要加强的重要内容。人才培养功在当代、利在千秋，要严管厚爱配齐专职党务人才，以“好干部的最严标准”培养选拔优秀的专职党务干部。要建立一套人才交流培养机制，有组织地推动党务岗位和科研岗位之间人员的相互流动，培养一批既精通党务又熟悉业务和管理工作的复合型人才。

（五）加强意识形态管理，强化党对宣传舆论工作的引导

上海站在改革开放最前沿，上海智库更要牢牢把住意识形态关。

要坚持党管意识形态，把握正确的舆论导向，守好自己的阵地。要建章立制，压实主体责任。要及时准确掌握干部职工的思想动态，积极主动做好思想工作。要强化阵地管理，维护信息安全，公开发布的成果内容要确保导向正确、万无一失。要规范信息发布，管好传播出口。还要做好突发舆情处理机制和预案。

（六）抓好基层党建制度建设，完善科学的考核评估体系

智库要在建立激励机制的基础上提振基层党务工作者的精气神，加强学习培训，提升基层党务工作者的业务能力。

要完善党建工作责任制。智库的党委要把党建工作放在首要位置来抓，形成党委书记总负责、党委班子成员抓具体、支部书记抓落实的工作责任制，利用监督、检查、考评、激励等手段，做到层层有责任、一级一级抓。

要完善科学的党建工作考核评价体系，以党建工作实际效果作为考核标准，坚持“定量与定性相结合”的原则，完善立体型、可量化、开放型党建绩效考评体系。要强化考核结果的应用，落实相应的激励机制，充分调动基层党务干部的积极性和主动性。

（本文获2022年度全市组织系统优秀调研成果优秀奖）

课题组成员：干春晖、唐　涛、王　贞、周亚男、孙小雁

主要执笔人：唐　涛、王　贞、周亚男

上海城市基层党建引领社区治理创新路径的研究

上海电子信息职业技术学院课题组

一、城市基层党建引领社区治理的现状

党建引领社区治理，是一个持续动态的过程。中国特色社会主义进入新时代，在基层社会治理创新与转型的过程中，上海城市基层党组织充分发挥连接行政系统与社会组织、社会力量之间政治纽带和“嵌入式引领”的作用，以党建引领为核心，在与基层社会治理互动的过程中，积极推动社会治理和服务重心向基层下移，把更多资源下沉到基层，更好提供精准化、精细化服务，为打造共建共治共享的社会治理格局提供了制度保障。大上海保卫战中，深入贯彻落实习近平总书记考察上海重要讲话精神和对上海工作重要指示要求，强化党对基层治理的全面领导，提升上海城市基层治理社会化、法治化、智能化、专业化水平，取得了疫情防控和事业发展的双胜利。

（一）治理下移，划小防控单元

上海采用将防控单元最小化的方法，划分成社区、小区、门栋、家庭等结构相对单一、人员相互熟悉、联系比较方便、行踪较易回溯的小单元，确保能够在最短时间，以最低成本实现对人员情况及其活动轨迹的把握。通过基层党组织把各个治理小单元联系起来，形成上下一盘棋、纵深一条线，既能完成基本的防疫工作，也能充分调动社会资源、提高防控效率。

（二）优化服务，提升治理能力

疫情发生以来，党在社区的力量就率先行动起来，利用组织和人员的优势对各个社区进行统筹和管理，让高高飘扬的党旗和熠熠生辉的党徽成为人民群众共同抗疫的指南针、指挥棒和定心丸。基层党员主动走上抗疫第一线，利用传单、标语等方式向居民宣传新冠病毒相关常识，协助有关部门在重点地区开展工作。在社区党组织的领导下，全

社会也有序地组织起来，自觉参与到疫情防控中来。

疫情期间，上海市教卫工作党委高度重视在抗疫工作中发挥党建引领作用，各级党组织和广大党员干部闻令而动、尽锐出战，冲锋在前、使命在肩，积极参加学校和社区疫情防控工作，始终坚持“在疫情中坚守初心，在防控中担当使命”，凝聚共识，坚定信心。在学校，他们冲锋一线，化身“大白”“小蓝”，骑着三轮，拉着推车，奔走于食堂、宿舍、教学楼之间。这些平时埋头实验室与精密仪器打交道的科研工作者，成为保障大家学习生活的“壮劳力”，送餐食、搬物资、运行李，统统不在话下。在社区，他们开展体温检测、发热病例排查、紧急物资运输、公共用具消毒，主动帮助有困难的居民购买递送生活物资等，以实际行动筑牢坚不可摧的“红色堡垒”，以忠诚担当诠释共产党员的政治底色，在大战大考中凝聚教卫力量、彰显教卫担当。

（三）党建引领，取得战“疫”胜利

习近平总书记多次强调，这次抗击新冠疫情，是对国家治理体系和治理能力的一次大考，是我们党治国理政的一项重大任务。也正是这次疫情的防控成效，成为检验和拓展“不忘初心、牢记使命”主题教育成果的重要方面，成为检验中国特色社会主义制度优越性、检验城市基层党建引领基层治理创新效能的验金石。新冠疫情发生以来，尤其是在大上海保卫战中，上海凭借近年来城市基层党建特别是党建引领社区治理创新产生的治理效能，成了疫情防控的坚强堡垒，并以社区党组织的政治引领和党员先锋模范作用把社区居民发动起来，构筑起了疫情防控的人民防线，取得了疫情防控的初步成效。疫情防控成效的取得，也成为党建引领社区治理创新效能的集中体现。

二、城市基层党建引领社区治理存在的问题和不足

2019 年 5 月，中共中央办公厅印发《关于加强和改进城市基层党的建设工作的意见》(以下简称《意见》)，对城市基层党建引领基层治理创新工作提出了更加细致的指导和要求。2022 年上海市疫情防控工作也暴露了《意见》所指出的城市基层党建工作中存在体制机制不适应城市治理和发展、街道社区党组织统筹协调能力弱等问题。课题组成员深度参与疫情防控工作，在工作过程中也发现城市基层党建引领社区治理的一些问题，现通过实地调研和走访街道、居委会、业主委员会和物业等部门，梳理出存在的问题：基层党组织功能定位不明晰、资源整合能力不强、机制体制不适应、居民参与度不高等。

（一）功能定位不明晰

功能定位不明晰是指基层党组织建设形式化严重，在社区治理中的定位不够清晰，弱化了基层党组织的政治功能和组织能力。功能定位不明晰主要有两方面的原因：

第一，基层党组织管理社区过于形式化，政治站位不高，在一定程度上削弱了基层党组织的政治功能。为加强基层党组织的政治功能、提升政治意识，基层党建工作和党建活动应受到重视。但是，基层党组织生活与机构设置较为落后，没有从根本上解决管理形式化问题，不能有效发挥基层党组织的政治核心功能。

第二，基层政府、社区党组织和居委会等多元治理主体之间的权责划分模糊，导致基层党组织在社区治理中的功能定位不清晰，组织能力在部分交叉管理领域受限。部分基层党组织的工作重心仅仅是接受上级党组织的部署安排，开展的活动也多为完成任务，没有向下兼顾到社区居民的需求。社区居民对基层党组织的认识也存在偏差，他们认为党建工作只局限于党内相关事务，对基层党建的引领能力缺乏信心。这不利于基层党建开展组织工作，一定程度上制约了基层党组织的组织能力。基层党建的引领能力以组织能力和领导能力为基础，只有确立了基层党组织在社区治理中的核心地位，发挥其政治优势和组织优势，将党建经验应用于城市社区治理，才能破解功能定位困境。

（二）资源整合能力不强

资源整合能力不强是指基层党建引领城市社区治理所需的资源缺乏，治理资源的整合机制不合理，不能满足社区治理的需要，弱化了基层党建的引领能力。社区治理资源由人力资源、精神资源、物质资源等社会资源组成，是基层党建引领城市社区治理的载体，基层党建引领的城市社区治理依赖于这种治理资源。资源整合困境的出现主要有三个方面的原因：

第一，治理主体对社区治理资源的认识片面化。多数社区治理资源的形式为组织社区活动、张贴宣传海报等，缺乏对社区内经济建设、文化建设相关资源的挖掘，难以将精神资源、物质资源与人力资源三者结合。

第二，缺乏专业的社区人员。上海社区的管理人员专业知识缺乏，治理主体的能力有限，不能满足社区治理高层次的需要。由于社区治理事务较为复杂、琐碎，其付出和所得难以平衡，尽管上海探索了多元主体共治，但是除街道办事处和居民委员会之外，很少有治理主体能在实践中发挥其治理功能，难以实现共建共治。

第三，治理资源供需不平衡。社区治理资源的整合主要依靠政府整体布局，政府对社区的实际需要了解甚少，不能为社区治理提供有效的治理资源，加剧了资源整合的形式化。因此，破解资源整合困境，完善治理资源的分配机制，实现居民与治理资源有效对接，需要提高社区工作者的专业素养和治理主体的治理能力。

（三）机制体制不适应

机制体制不适应是指社区缺乏科学规范的治理机制，传统的治理机制趋于简单的行政管理，缺乏创新性，难以确保基层党建引领的科学性。不适应的治理机制导致社区治理功能不足，基层党建引领社区治理亟须创新治理机制。机制体制不适应主要有以下三个方面的原因：

第一，社区治理理念缺乏服务意识。治理方式多为简单地自上而下安排任务，社区居民处于被动接受的局面。管理式的治理方式忽视了服务的重要性，服务能力较低，不能满足居民对美好生活向往的需求。

第二，滞后的治理机制不能适应城市社区智能化的发展趋势。当前社区的治理理念还停留于解决社区矛盾纠纷、举办社区活动等层面，对社区智能化发展的思考不够，制约了城市社区的发展。

第三，传统的社区治理机制难以实现社区的精细化治理。离城市经济中心较远的社区，多为老年人居住，社区居民的自治能力较低，对基层党组织、居民委员会、街道办事处等社区治理主体的需求较大；城市经济中心附近的社区，现代化程度高，社区居民的自治能力较高，对基层党组织、居民委员会、街道办事处等社区治理主体的需求相对较小。这就要求依据社区对治理主体的需求程度，提供多元化的治理方式。因此，基层党组织不仅要完善自身的党建体制机制架构，也要创新治理机制，实现治理效能最大化。

（四）居民参与度不高

居民参与度不高是指居民因自身对社区治理的认识不足和自身能力局限，参与社区治理的积极性不高，主观能动性较弱，导致基层党建引领城市社区治理缺乏群众基础。社区居民是基层党建引领城市社区治理的中心，应该在社区治理中居于主体性地位。居民参与度不高主要有两个方面的原因：

第一，居民对社区治理的认识多元化。城市人口流动较大，同一社区的居民大多数来自不同地方，对社区的归属感因生活习俗、价值理念而存在差异，对社区治理的认识水平和重视程度也参差不齐，难以集广大社区居民之力提升社区治理水平。

第二，居民之间缺乏情感和信任。良好的认同感是社区居民共同参与社区事务建设的基础，当前的情况则是居民虽然生活在同一个社区，但是彼此缺乏了解，难以建立认同和信任，进而降低了对社区建设的关注度，不能积极参与社区治理。破解居民参与度，一方面需要居民达成共识，认识到社区治理的重要意义和自身参与治理的重要性；另一方面要加强居民之间的互动联系，建立良好的邻里关系。只有提高居民的参与能力，加大居民的参与度，基层党建引领城市社区治理才有落脚点。

三、城市基层党建引领社区治理创新的路径

社区党建模式在不断创新，从传统的居委会模式到“两新”组织，到最近的楼宇化党建、楼栋临时党组织等，新的组织形式在不断创新，但主要目的是为了强化基层治理的有效性。有效性主要体现在居民的生活更方便、居民的安全感得到提升，从更高层面来讲，就是要落实“人民城市人民建，人民城市为人民”的城市治理理念。

（一）城市基层党建引领社区治理创新遵循的原则

1. 提升社区服务水平

群众路线是基层党建工作的基本路线，基层党建引领城市社区治理应该以人民为中心，把人民的获得感、幸福感、安全感放在首位。

一是要下移治理重心。城市社区治理应该将服务和资源下沉，增强城市社区居民的向心力，调动他们的积极性，为开展城市社区的治理工作夯实群众基础。因此，基层党建工作应该渗入社区工作站、业主委员会、居民监督委员会等基层组织，引领基层组织更好地为人民服务。

二是要提升治理主体的服务水平。居民委员会是基层党建工作由领导转向服务的落脚点，基层党组织要建立与基层党建意旨相符的服务指标体系，广泛采纳民意，改进社区服务体系，提升居民委员会的服务水平。社区居民作为监督者，要确保服务评价机制的有效实施。

2. 增强社区治理效能

基层党组织是联系多元治理主体的枢纽。为了整合多元主体的治理能力，要建立以基层党组织为核心的互动工作平台，这有助于简化管理流程、提高效率，为社区居民提供高效便捷的服务。基层党组织在建立工作平台时要充分考虑到社区居民的需求，以居民的需求为导向，不断提升居民对互动工作平台的满意度。

一是要建立社区“两委”工作平台。社区“两委”是社区的重要治理主体，二者的工作存在重叠和交叉，社区“两委”应该加强工作经验交流，提升工作效率。

二是要建立社区“两委”和社会组织的横向互动平台。横向互动平台通过明确社区治理主体各自权责、细化分工，调动治理主体的积极性，提高治理效率，有助于基层党建集中引领、统一监督，进而提升基层党组织的组织力。

三是要建立多元治理主体与社区居民互动的纵向工作平台。纵向工作平台是居民与治理主体沟通互动的重要纽带，通过纵向治理平台，治理主体能有效了解居民的服务需求，为居民提供精准的服务。

3. 优化党建引领领域

在基层党建引领城市社区治理的实践中，发挥组织优势就是要增强基层党组织在社区中的组织能力。这要求加强基层党组织建设，深刻把握基层党建在社区重点治理领域的核心地位和作用，实现党建的全方位引领。

一是要加强党建的政治引领。落实习近平新时代中国特色社会主义思想在社区的学习，提升基层党员干部的政治素养，确保社区治理的目标与国家治理方向高度统一。引导多元治理主体在坚定的政治立场下开展工作，确保治理工作符合党的方针政策。

二是要加强党建的文化引领。以加强社区社会主义核心价值观教育为基础，引导居民形成良好的参与意识，培育居民自我管理、自我教育的能力，增强他们的综合素质和参与能力，进而提高社区的精神文明建设水平。

三是要强化党建的社区秩序引领。基层党组织要协调处理好社区各项复杂事务，协调不同利益主体的需求关系，维护社区居民的利益诉求及其权益。基层党组织还应重视法治建设，成立法治宣传小组，提高居民的法治意识。此外，对于社区内发生的突发公共事件，基层党组织也要建立有效的应对机制，确保危机发生时能够及时有序处理。

4. 确保党建引领长效化

科学、系统的城市社区治理制度不仅是城市社区治理水平的基础与保障，也是提升基层党建引领能力的关键。因此，要完善相关的治理制度和党建引领机制，为基层党建引领城市社区治理实践提供基本的框架、原则和路径，将社区治理的制度优势转化为社区治理效能，确保基层党建引领长效化。

一是要提供足够的治理资源。充足的人、财、物资源是基层党建引领社区治理的重要保障，基层党组织应该优先完善治理资源方面的制度，为党建引领提供充分的资源支持，确保党建引领工作长期稳定开展。

二是要强化政治支撑，落实基层从严治党。基层党组织要完善党员队伍建设，提升党员教育质量，建立科学的党员管理制度。

三是要建立科学、规范的社区治理机制。城市社区治理水平是治理机制的体现，完善、科学的社区治理机制是城市社区治理水平和治理能力现代化的制度保障，要以制度建设促进治理水平的提升。

（二）城市基层党建引领社区治理创新的有效路径

上海是国际性大城市，基层党建引领社区治理创新，并不是将党组织及其党员简单拼凑到社区治理体系当中，而是以党组织的政治凝聚与社会责任引领社区治理发展，着力提升党的政治领导力、组织穿透力，强化体制机制的创新，以党的政治建设为统领强化社区治理，以适应新变化的社区治理模式。党的二十大报告指出，要“增强党组织政治功能和组织功能”，“坚持大抓基层的鲜明导向”，“加强城市社区党建工作，推进以党建引领基层治理”，“把基层党组织建设成为有效实现党的领导的坚强战斗堡垒”，上海城市基层党建引领社区治理创新是落实党的二十大精神的直接体现，其有效路径如下：

1. 完善党建引领体制，创新社区治理机制

新时代，社区治理体系要求基层党组织发挥引领和统率作用，通过有效整合不同社区治理主体的资源，统筹社区资源联合协作，改进社区治理方式，推进社区治理的体制机制创新。基层党的建设亟须打破过去“各自为政”的局面，打开基层党组织自身形成的封闭党建体系，打通各个领域与各个层级之间的联系，构建横向到边、纵向到底、纵横联动的工作机制，构建党组织统一领导、各类组织积极协同、广大群众广泛参与的基层治理体系，形成一种更加有效的“整体治理”，提供更有质量的“一站式”服务。随着社会流动的加快，各个基层党组织还要利用互联网和物联网等新技术新手段创新党员的管理和流转。科学划分社区治理半径，既涵盖足够的资源、保持充分的包容力，也要让基层党组织了解每一名党员，触及每一个角落，惠及每一个居民。

2. 强化日常管理，建设一支专业化社区管理队伍

培育优秀社区管理团队。按照现代管理的素质要求，通过“输血”“造血”，建设一支热爱岗位、结构合理、素质过硬的专业化社区管理工作队伍。

一是要加强社区管理队伍职业体系建设，配齐配强社区专职党群工作者队伍，明确主责主业，集中精力抓落实。以政治能力、基层治理能力和群众工作能力为重点强化能力建设，探索推行社区党组织书记“持证上岗”制度。健全与选拔任用、职级晋升、薪酬待遇挂钩的评优激励机制，优化收入分配和社会保障机制。总结疫情防控经验，及时组织社区党组织书记、楼长、志愿者培训，提高带头人整体素质，引导他们在社区管理和建设中发挥先锋模范作用。

二是要加强党员、志愿者等队伍建设。在党员、群众中抓骨干，培养志愿者，优化志愿者、社会组织队伍。打造“有事帮你忙”双向服务特色一线帮、解民忧心连心说事会、排忧解患金牌人民调解员、全民文化等优秀社会组织品牌队伍建设，通过服务扩大社会组织在居民中的影响力。

3. 构建党群服务中心体系，筑牢治理服务载体

2018 年 6 月，全国城市基层党建工作专题培训班再次强调，以城市基层党建引领城市基层治理，就要确保城市基层社会发展到哪里，党的组织和工作就覆盖到哪里，从而将整个社会聚合起来。新时代，城市基层党建引领社区治理首先要夯实基层的各个阵地，让党的旗帜在每一个基层阵地都高高飘扬。

一是横向拓展。除了以高标准做强各个社区党群服务中心，摸索基层党建的创新路径，更要结合现代社会流动性强的特征，做强小区、企业以及商圈等各个领域的党建阵地，让这些阵地成为基层党建扩展与落地新的节点，并设法打通各个基层党组织之间的联系，使之织成密密的网，借此创新和丰富基层党建的内涵，不断提高基层党组织的社会号召力。

二是纵向集聚。在组织上建立起街道党总支、社区党支部和党小组三级纵向工作体系，在人员上建立起支部书记、支部委员、党小组长、普通党员的闭环职责体系，并在治理中拓宽群众参与社区事务管理的途径，增强基层党组织的凝聚力与向心力。

4. 立足时代党建发展需要，推进城市基层党建

随着经济社会的发展和社会主要矛盾的转化，现代社区治理呼吁多元主体共同承担责任，并且在相互之间通过协调和互动形成良好合作关系，实现“社会治理中多元主体的平等合作、过程上的多向度协商合作、内容上的公民自我管理与自治、结果上的柔性动态和主动”。因此，需要运用多种方法，完善“三社联动”机制，健全“一体化”共建工作机制，完善“共享化”资源整合机制，创新“融合式”工作联动机制，形成“标准化”工作管理机制，整合机关党建、国企党建、高校党建、楼宇党建等资源。

大上海保卫战中，党旗、党徽等传统党建元素给人们传递了满满的安全感，深深地扎根于人们心中。换言之，城市基层党建引领社区治理也需要重视党建元素的建设与创新，嵌入城市的整体规划理念，利用虚拟情景、灯光展示等新技术设置亮点，从点、线、面不同层次、不同领域营造整体氛围。除此之外，上海是一个快速发展的城市，城市基层党建在覆盖新兴领域、包容新的群体、采用新的形式时，必须要把好政治的方向盘，把增强其政治性作为核心任务。除了对党员进行严把入口、夯实管理、优化教育、严格处置外，也要对居民党支部、“两新”党支部、股份合作公司党支部等进行分类管理，加强各个领域党组织书记的党性修养及党务能力；依托住宅物业小区和城中村建立党支部，楼栋建立党小组，培育发展社会组织，将“多元”力量调动起来，打造共建共治共享社会治理格局，推动基层治理格局由“自上而下”向“上下互动”转变。

（本文获 2022 年度全市组织系统优秀调研成果优秀奖）

主要执笔人：朱　清、沈　莉

疫情防控常态化背景下推动党建线上线下智慧融合的实践研究

上海社会科学院人事处课题组

近年来，新冠疫情给党建工作带来新挑战，我们需要打破以往线下党建工作的固定模式，积极探索党建工作与现代技术手段深度融合的新型工作模式。在疫情防控常态化背景下，基层党组织需要更加及时、准确、高效地获取信息。作为党建新形式，海量数据支撑的智慧平台能有效革新工作方式、极大提升信息交流，有利于基层党组织有效推进党务工作。

《中共中央关于加强党的政治建设的意见》指出："积极运用互联网、大数据等新兴技术，创新党组织活动内容方式，推进'智慧党建'。"因此，各级党组织如何坚持以技术创新为抓手，积极建设智慧党建平台，使党建工作信息化、智慧化，从而加强基层党组织的智慧党建成为我们研究的紧迫课题。

一、智慧党建的产生发展与现状

（一）智慧党建的兴起

党建信息化的不断发展推动了智慧党建的产生，智慧党建也是党建信息化发展的新阶段。从历史上看，党建信息化主要经历四个发展阶段。一是开端（1990—2002 年）。1990 年，国务院办公厅信息中心的成立标志着党委办公室信息化工作的开始，此后党建工作的信息化和办公自动化不断推广运用。二是初步发展时期（2002—2007 年）。2002 年，《国家信息化领导小组关于我国电子政务建设指导意见》明确了党建工作的目标，电子党务平台相继建成，电子党务模式不断发展。三是快速发展时期（2007—2013 年）。这一时期，网上党校、学习成为党员教育和培训新形式；网络反腐制度日趋完善；互联网和电话会议等方式使党建实时化得到极大发展等。四是"智慧党建"新时期（2013 年至今）。这一时期，云计算、大数据、人工智能等信息技术推进党建工作线上线下智慧

融合，全国党组织网络和党建云平台建立发展，基本实现了各平台互联互通、三维联动，短视频、网络直播等新技术在党建工作中广泛运用，手机党支部、网络党支部、党建公众号等移动平台在党组织管理、党员学习教育、联系服务群众等方面发挥着越来越重要的作用。

（二）智慧党建的现状

在常态化疫情防控背景下，线上线下融合智慧党建工作的重要性日益凸显，智慧党建平台建设极大推动了党建工作信息化程度。“党建信息化平台”建设已经初步形成了“线”和“面”的“立体”组织结构，呈现出从平面走向立体、从单一走向多元、从静态走向动态、从单向走向双向的多样化发展趋势。当前，依靠智慧党建工作的发展，党务工作更加规范有序，党员管理服务更加细致，党员教育培训更为灵活多样，党建决策更趋科学合理。

党的十八大以来，党建工作深化发展，许多具有敏锐洞察力的高新技术企业纷纷投身于智慧党建建设，智慧党建平台日趋丰富多样，“学习强国”就是典型。“学习强国”学习服务系统于 2018 年 1 月 1 日正式开通，包含学习积分、答题活动、专题考试、视频会议、云盘、学习报告等功能；涵盖了 20 多个学习类型，能够满足多元化学习需要。

伴随着大数据时代网络技术革新，党员信息数据库、党员教育专题网站等信息化平台也在各单位建立起来。例如，某大学将大数据、云计算等技术应用到党员管理、教育培训、组织生活等实践中，借助技术优势开发了党员信息管理系统、入党积极分子在线学习考试系统、“先锋”App 和思想政治教育智库系统等党建工作平台。另外，中山大学推出“移动党校”智能服务终端，重庆邮电大学开发“党旗飘飘”在线学习培训平台，南京大学打造了智慧党建管理服务平台，浙江工业大学推出集“移动党校”“智慧党务”和“数据云”于一体的智能平台，这些都是智慧党建平台在院校的创造性发展，在推进党员教育个性化、管理服务精细化、活动组织灵活化等方面发挥了积极作用。

（三）智慧党建的功能

第一，智慧党建能够加强党组织间的有效联系，把党建管理工作和党务管理从线下发展到线上，提升办事效率和工作质量，强化党组织监督力度，使党员的交流互动便捷化。

第二，智慧党建能够借助互联网优势推广和宣传党建工作，打造党建宣传品牌，以智慧党建平台为载体创新党建宣传工作，丰富党建宣传内涵。

第三，智慧党建可以促进党员的学习教育，在各平台开设专题栏目提供用户进行学习，推进学习教育常态化和制度化，构建多层次、多渠道的党员经常性学习教育体系，强化党员群体的学习主动性。

第四，智慧党建能够对党建工作全部资源进行智慧分析、筛选、整合、汇总，根据需要分类，建立统一规范的资源数据库，对各类资源进行集中统一管理，更方便实现对党建资源的高效利用。

第五，智慧党建平台能够捕捉各用户在党建平台上产生的全部行为和数据，进而对相关数据进行分析、预测。

二、智慧党建面临的问题和挑战

从对各地区特别是各平台的调研来看，当前智慧党建工作主要存在以下七方面问题：

（一）智慧党建工作不够“智慧”

一些地区的“智慧党建”工作只是在线办公，缺少后续跟踪和对相应社区的影响力。究其原因，主要在于智慧党建功能模组设置与当下信息化建设需求与发展趋势不符。比如，有的党建网站仅包含时事和党建新闻、政策法规等，只是一些展示性、新闻政策类的内容，既不能统计、分析、挖掘党务数据，也不能为开展各类党员教育、党务活动起到有效作用，实际效能不大。

（二）表面化、形式化工作层出不穷

有些地区在构建智慧党建工作时没有进行充分的调研论证、结合当地党建工作实际，而是片面认为智慧党建就是建系统、推网站。一些单位单纯以为，“智慧”就是立足“手机不离手”，定时推送“党建”微信、每天进行“打卡”，以及建微信群、党建App和党建公众号等。这就使部分基层党组织的工作还处于表面化和形式化阶段，难以真正解决基层党组织的现实问题，实现智慧党建发展需要。

（三）不能有效减轻党组织负担

由于缺少多种技术手段，一些基层党组织所建的智慧党建系统缺乏人性化设计，使用起来复杂繁琐，需要党员花费大量时间学习，反而增加了党员的日常负担。同时，少数党员干部在推动智慧党建的过程中缺少策划，不适应新技术新事物，造成智慧党建平台利用率较低，未能实现智慧党建为基层减负提效的目标。

（四）整体规划不明确影响党建平台功能发挥

由于尚处建设初级阶段，大部分智慧党建平台还缺乏科学合理的顶层设计和整体规划，这导致平台功能与各级党组织间缺乏契合性，使平台执行方案和实际规划之间存在落差，严重影响智慧党建平台应用。调研发现，智慧党建平台的整体规划和建设偏向信息技术的应用和部署，缺少顶层思维。在整体统筹规划时，没有根据实际情况合理布局，缺乏统一的管理制度、保障制度、技术体系和标准化流程等，未能与各级党组织、党务工作人员、党员、群众的基本需求有效结合。

（五）平台载体过多影响党建平台功能整合

在信息化建设大系统中，不同平台的功能建设、服务目的、工作目标、人员配备、管理制度等都相互独立且各不相同。以院校为例，院校信息化平台都由某种业务系统构成，比如党员信息管理系统、科研系统、财务系统、人事系统、图书馆管理系统等，这就使各平台系统存在功能重复建设问题，功能分散化、碎片化问题较为严重，同时平台

间体系架构还存在数据重复利用、数据共享能力不足等问题。此外，除本单位的党建信息化平台外，党员还要在“学习强国”、各市级单位组织开发的党建平台上学习，这也造成了资源浪费。

（六）平台工作机制不健全制约平台质量

智慧党建平台的建设需要建立健全党建工作机制，推进党建工作正向发展的必要手段就是评估工作。当前，智慧党建工作还缺失党建工作评估体系，主要表现在两个方面：一是没有形成统一的党建质量评价标准，智慧党建平台的功能内容多样，使平台质量标准难以明确，给建设智慧党建平台评估体系带来挑战，较难通过智慧党建平台评估党建工作质量；二是缺失平台监督机制，使平台管理人员无法根据评估结果改进服务和管理工作。

（七）平台专业性人才缺乏制约平台功能建设

调研发现，党建工作者多以基层业务骨干为主，他们除完成必要的工作任务和行政管理事务外，还要肩负起各自单位的党建工作。同时，较多党建工作人员不懂得计算机网络技术，不熟悉智慧党建平台的运行机理和技术应用，加之没有接受过专业培训，不能及时了解掌握新技术和新方法。这导致目前缺少既能掌握计算机网络技术、党务流程、党建理论，又能把握好党建工作总体方向的复合型专业人才，制约了智慧党建平台建设、维护与管理工作。

三、进一步发展智慧党建的对策及建议

针对上述问题，需要在实际工作中不断制定可操作性的政策，推动智慧党建工作不断走向深入。

（一）培育人才队伍、提升人才素质

智慧党建是融合党务工作和技术工作的新理念，因此，各级党组织要发展“智慧党务工作队伍”，相关人员必须精通党建业务，又要善于同互联网打交道，进而形成一支视野开阔、肯钻研、懂技术、会管理、会协调的人才队伍。

一方面，要重视培育复合型人才、拓宽选人用人渠道、提高人才工作绩效、形成技术团队，紧跟时代潮流和技术最新发展动态，掌握新技术、研发新功能，持续加强党建智慧化发展信息化人才队伍的建设和储备；要注重引进人才、培养专门人才，可以采取公开招聘和选拔干部的办法，同时加强内部计算机专业技术人员培养，提升党务队伍技术水平。

另一方面，要加强教育培训。在各级领导干部层面，应通过网络教育、定期培训等方式，增加其运用网络党建促进党建工作高效开展的途径、经验，增强其网络思维及网络技术应用水平。在普通党员层面，应通过一系列集中学习培训提升技能，增强其运用网络手段及智慧党建系统处理现实问题的能力，保障各类党建信息由基层出发，精准、完整、获取、衔接并高效运用，让智慧党建系统由专业化团队承担，让基层智慧党建系

统运用步入常态化。

（二）加强智慧党建平台的保障力量

第一，“互联网是一个最大的变数”，网络信息安全有着牵一发而动全局的巨大影响，已成为智慧党建工作的重要基石。今后智慧党建工作必须健全相关法律法规，通过技术更新、分级保护等手段，为党建工作的智慧化发展奠定坚实的安全保障。

第二，智慧党建的推动需要领导高度重视，在必要情况下，可将系统建设任务写入年度党建工作要点，提出“高起点定位、高标准推进、高质量建成”的目标要求。各级党组织是智慧党建系统应用和内容管理的责任主体，党组织书记履行第一责任人职责，党建部门发挥统筹协调作用，积极开展用户培训、基础数据维护、业务应用等工作。各级领导的高度重视、积极支持、大力推进，将确保智慧党建系统顺利建成和全面运用。

第三，强化“智慧党建”专项经费投入，确保“三专多能”资金能持续维护党建相关基础设施及相关信息技术稳定高效运转，引进与保留党的建设专业人才。

（三）完善组织建设和制度建设

只有通过发展完善顶层机制，才能使智慧党建平台正常运转，有效发挥功能。

第一，要强化组织领导和各项配套措施。在组织方面，要强化党中央对智慧党建工作的指导和部署，设立各级“智慧”党建工作领导小组和服务机制。从体制上讲，要强化各方面协作，突破行政障碍。单纯将智慧党建工作交给单一党政机关，会缺少统一组织和协调。做好智慧党建工作不仅要求各级党组织、各部门要有清晰的分工，更要同心协力合作。

第二，要实现“智联体”的高效应用，防止“党务壁垒”使智慧党建的软硬资源无法共享。对此，各级政府应尽快制定智慧党建的管理办法和相关规章制度，健全制度体系，制定责任清单，明确职责分工，建立党委推进智慧党建的责任部门和其他党政部门共同负责、共同推进的智慧党建工作机制。

第三，要尽快构建与信息化建设相适应的绩效评价制度，完善相应奖励制度，增强基层党员对“智慧”的认识，逐步在实际工作中健全与之配套的工作机制，以当前各类党组织建设为重点，推进“智慧党建”向基层推进，提升智慧党建工作水平。

（四）系统整合与数据库完善

构建真实精准、全面实用的党建综合信息库是党的建设与发展的方向，在智慧党建体系建设中，要不断强化各类平台的分级和集成。一是建设全面的智慧党建工作。通过党员干部统一身份认证、统一机构人员管理、统一流程待办，单一登陆、统一信息待办等方式，使与党组织相关的各项业务通过一个平台即可办理。同时，搭建统一 App 入口，以统一手机支持体系和访问规范为基础，做到手机端全覆盖。二是整合党内技术人员，建立统一办公室并根据需要扩展，使整个党的管理工作规范高效运行，与政府办公室无缝衔接。三是建立统一的党组织和党员档案管理体系。加强党组织和党员电子文件管理制度建设，实现电子文件百分百存档，整合全国电子文件，实现对上可统计、对下

可查询。四是确保材料正确。精准的数据是智慧党建工作的基础，基层党组织是获取基础数据的关键环节，应进一步加强党组织基础数据建设，建立完善基础分析数据链，完善党员及群众思想行为动态数据存储，掌握基层党情民意，以便更有效分析基层组织实际运行状况。

（五）加强网络基础设施建设

一是要加快建立智慧党建信息标准，推动信息化工作，推动智慧党建系统实现全国标准统一、互联互通、数据共享、业务协同。二是要基本保证网络运行。根据统一运行和维护的方针，建立并完善维护系统运行的相关法规，拨付专项基金，引进专业化技术服务，加强运维管理队伍建设，形成配备合理、稳定可持续的运维技术力量，避免出现破窗效应，导致系统报废。三是加快软件开发和数据处理，提升系统管理效能，加快推进数据治理与数据共享工作，在全国统一数据标准和统一信息资源目录基础上聚合党建工作全数量业务数据与标准，加大数据中心改造建设力度，建立党内信息基础数据库、党政业务数据库、理论学习数据库等多种共享数据库，对数据进行全生命周期管理。

（六）提高信息安全意识

从安全层面上看，有些党建信息较为敏感，特别是关系到国家秘密、党的秘密和党员个人隐私等的重要信息，务必要做到万无一失。这就要求预防信息泄露，从根本上及时控制，因而要增强党员干部的网络保密意识及能力，严格把控系统设计技术，严格监控系统运作流程中的每个环节，处理好信息泄露的风险，保证平台和系统健康安全运行。

（本文获2022年度全市组织系统优秀调研成果优秀奖）

主要执笔人：秦　伟、肖华锋、来庆立

坚持系统观念，持续深入推进巡视巡察工作

市委组织部巡视机构课题组

系统观念是马克思主义基本原理的重要内容，强调用全局的观点、联系的观点看待事物，强调系统组成部分的相互作用和相互依赖，以及由此推动事物的运动与发展。恩格斯指出："当我们深思熟虑地考察自然界或人类历史或我们自己的精神活动的时候，首先呈现在我们眼前的，是一幅由种种联系和相互作用无穷无尽地交织起来的画面。"课题组深入学习领会习近平总书记关于"系统观念是具有基础性的思想和工作方法"的重要论述，以及把巡视工作"作为一个真正系统全面的制度"的要求，结合巡察工作和巡视整改的实践，加深对巡视巡察工作的再认识。

一、运用系统观念，对"发现什么样的问题、形成什么样的震慑"的再认识

巡视工作的生命线就是发现问题。发现什么样的问题，就形成什么样的震慑。中央明确：巡视巡察工作是上级党组织对下级党组织履行党的领导职能责任的政治监督。运用系统观念，能够在"发现什么样的问题、形成什么样的震慑"上有新认识。具体而言，体现在"主责主业、主要矛盾、主要人物"这三个"主"上。

一是牢牢把握"国之大者"，把"两个维护"具体化，处理好一域与全局的关系，聚焦被巡党组织的主责主业。从系统观念出发，没有离开全局的一域，任何一域都是全局这张拼图的一个有机构件，任何一个单位的具体工作，都是大局的一分子。如果说，"国之大者"是一幅绚烂画卷的话，那么，每一个单位的具体工作就是画卷上不可或缺的重要一笔。习近平总书记指出："对党忠诚必须始于足下。如果连本职工作都没做好，不担当不作为，把党组织交给的'责任田'撂荒了甚至弄丢了，那就根本谈不上'两个维护'！"党中央对各级党组织都有明确的职责要求，党章对各类党组织的定位非常清晰，各级各类党组织都有各自的职责任务，各个职能部门也有自己的"三定"规定。巡

视工作要牢牢把握对“四个落实”不到位开展监督，巡察工作要紧紧围绕“三个聚焦”开展监督，本质上都要求紧盯被巡党组织的主责主业，紧盯职能职责，关键是从被巡党组织履行主责主业中查找政治偏差，核心是履行党的领导的职能责任。巡察发现，有的领导干部感到“两个维护”“国之大者”比较远，吃不准、把不住，或者认为这些都是大事，自己做好具体工作就可以了，甚至以“基层有具体情况”“我们单位比较特殊”等借口在工作中搞变通，搞“应付”。这就是把坚决做到“两个维护”、始终心怀“国之大者”的要求，与具体工作割裂开来，没有把握好一域与全局的关系，没有用系统观念分析问题、解决问题。从巡察工作实践来看，也有一些巡察干部缺乏联系的观点，把聚焦主责主业开展监督变成了具体业务检查，把握不准业务工作与政治责任的关系，实际上就脱离了主责主业，甚至看不到被巡党组织所处的行业、领域的特征，看不出这个党组织是干什么的，看不出各种表面情况和党组织的政治偏差之间有什么关系，与党章规定的这一级、这一类党组织应当履行的主责主业之间的关系，更把不准履行党的领导的职能责任，从而陷入一堆琐碎事务，就事论事。比如，查找党组的领导作用停留在看“三重一大”程序性的情况，而没有进一步联系深层次的制度规矩意识、班子民主集中制执行情况等查找政治偏差，没有联系主责主业看落实情况；查找党组学习停留在检查学习传达的次数，而没有进一步聚焦学以致用、联系实际贯彻落实的问题；查找党组抓干部队伍建设停留在罗列干部队伍年龄结构和选拔任用的程序，而没有分析党组在干部队伍建设上采取的举措，没有查找选人用人的导向问题。巡视巡察工作要落实习近平总书记关于“自觉把本职工作放在党中央工作大局中考量和部署”的要求，突出政治监督作用，发挥政治导向作用，就要以系统观念紧盯政治偏差，把业务工作、具体工作融入全局来衡量，量准政治尺度、量出政治距离。只有用系统观念审视具体工作，从全局观一域，才能透过业务看政治，才能发现“履行党的领导职能责任”方面的政治问题，发现这样的问题才会有震慑。

二是突出全面从严治党阶段性特征，处理好主要和次要的关系，聚焦被巡党组织的主要矛盾和矛盾的主要方面。按照系统观念，在相互联系的组成部分中，在复杂事物自身包含的多种矛盾中，每种矛盾所处的地位、对事物发展所起的作用是不同的，总有主次、重要非重要之分，而主要矛盾处于支配地位，对事物发展起决定作用。习近平总书记指出，当前反腐败斗争已经“取得压倒性胜利并全面巩固”，同时告诫全党“要永葆自我革命精神，增强全面从严治党永远在路上的政治自觉，决不能滋生已经严到位、严到底的情绪！”党的十八大以来，特别是党的十九大以来，一方面，被巡党组织在落实全面从严治党要求上日益深化，过去那种明显违反中央八项规定精神的问题，那些管党治党上严重宽松软的问题，已经得到了极大纠正。另一方面，也出现新的阶段性特征，既有各个单位、各个领域、各个行业的特点，也有共性问题；既有担当作为上的形式主义、虚假落实，甚至“躺平”“佛系”问题，也有个别领域腐败问题依然突出的情况。但在实践中，有的巡察干部停留在过去看今天，感到现在很难找到问题，甚至感到找不到问题，没有把握当前特征查找“责任传导不到位、不到底”的情况，对被巡党组织是否存在隐性变异的“四风”问题关注不够；有的把浅显的、表象的情况，甚至以往发生的已经整改的情况当作巡察应该揭示的问题，有的只查找被巡党组织管理的党员干部是否存在违反党纪的情况，而没有进一步聚焦被巡党组织是否见微知著、进一步分析倾向和趋势，是否开展警示教育，是否举一反三。在有限的巡视巡察时间里把被巡党组织所有的问题全部查找到，既不现实，也无此要求，巡视巡察内容不能宽泛。要深入领会习近平总书记重要指示精神，善于从被巡党组织林林总总、错综复杂的问题里精准找到主要问题，关键在于把准这个党组织政治生态的主要特征，把准在全面从严治党上的主要特点，把准班子在干事创业、担当作为上最突出的问题，把准党员群众的最大期盼，从而把影响制约被巡党组织的关键问题找准找实。如果发现的问题浅、小、散、碎，那就谈不上形成震慑。“壹引其刚，万目皆张。”只有用系统观念审视一个单位，才能抓住主要矛盾和矛盾的主要方面，才能发现制约单位发展的主要问题，发现这样的问题才会有震慑。

三是紧盯“关键少数”，处理好“多”与“少”的关系，突出被巡党组织的“主要人物”，聚焦领导班子和成员，聚焦“一把手”。《中共中央关于加强对“一把手”和领导班子监督的意见》明确指出：加强对主要领导干部和领导班子的监督，是新时代坚持和加强党的全面领导，提高党的建设质量，推动全面从严治党向纵深发展的必然要求。要在巡视巡察报告中把“一把手”履行第一责任人职责和廉洁自律情况单独列出，提出明确意见和整改要求。一个单位存在的问题，总是与具体岗位、具体职责，特别是与具体责任人紧密相关。开展巡视巡察，不能止步于有责任的下级，而是要运用系统观念，体现和做实“巡视巡察工作是上级党组织对下级党组织履行党的领导职能责任的政治监督”这一属性，以下看上，紧盯被巡党组织领导班子和关键少数，尤其是要把被巡党组织“一把手”作为巡视巡察工作的监督重点。比如，在查找被巡党组织抓基层党建方面存在的问题时，就要按照《中国共产党支部工作条例（试行）》的要求，聚焦领导班子和“关键少数”落实领导责任上的问题，按照“重视党支部、善抓党支部，是党员领导干部政治成熟的重要标志”的要求衡量班子成员特别是“一把手”，要防止和纠正只查具体党务工作的“散光”现象。如果发现的都是下级的问题，或者把责任主要归结到下级，那就谈不上形成震慑。只有用系统观念审视发现的问题，才能聚焦领导班子和班子成员的责任，聚焦到“一把手”的责任，这样发现的问题才会有震慑。

需要指出的是，“主责主业”“主要矛盾”和“主要人物”这三者同样是有机联系的，同样需要用系统观念整合起来审视，不纠缠于枝节，从枝节看主干；不飘浮于表面，从表象看机理；不止步于下级，从下级看上级；不停留于过往，从过去看当前和趋势，从而发现被巡党组织在履行党的领导这一主责主业中存在的主要矛盾，发现领导班子及其成员，特别是“一把手”存在的主要责任和问题，从而形成有力度、有深度的震慑。

二、运用系统观念，在“怎样发现问题、怎样形成震慑”上有再认识

习近平总书记指出，巡视制度是有效的、成熟的制度，应该坚持、巩固下去。课题组认为巡视制度的成熟，与巡视已经形成的责任链条、管用的方法和工作理念紧密相关，这些确保了巡视巡察工作发现问题、形成震慑。同时，运用系统观念，可以在“怎样发现问题、怎样形成震慑”上有再认识。

一是全链条压实责任体系。习近平总书记指出：“党内监督是全党的任务，党委（党组）负主体责任，书记是第一责任人，党委常委会委员（党组成员）和党委委员在职责范围内履行监督职责。”党的十八大以来，巡视巡察工作已经形成责任体系。用系统观念来衡量，巡察工作的全责任链条中任何一个环节都很重要，必须逐级压实责任，也要防止孤立地看待其中任何一个环节，必须把链条之间的关系扣紧。比如，从巡察工作实践来看，党委书记点人点事作为这个责任链条的重要一环，既需要党委和书记承担主体责任，又需要巡察工作领导小组、巡察组和巡察办在各自的责任环节上尽心尽责，特别是要形成高质量的巡察报告。没有高质量的巡察报告，党委书记点人点事就难以发挥制度功效。巡察办要为党委当好参谋助手，为书记点人点事提供有价值的内容，确保点人点事点到要害、点到关键，从而进一步发挥巡察工作的震慑作用。书记点人点事之后，日常监督部门和巡察办更要形成督办、追踪机制，确保整改到位。坚持系统观念，就是以全链条压实责任的方法确保全过程都在不断发现和聚焦问题，从而真正形成震慑。

二是全流程提高规范化水平。巡视巡察工作的六大环节、12 种方法，贯穿巡视巡察工作全流程。用系统观念审视，就必须在全流程中提高规范化水平，不但每一个环节、每一种方法都要规范，不能流于形式，而且环节之间、方法之间要互相支撑、互为作用。就巡察工作实践来看，尤其要用系统观念改进容易忽视、比较薄弱的环节和方法，始终树立“怎样发现问题、怎样形成震慑”的意识。比如，开展巡察之前，巡察办就要立足这样的意识，认真领会中央和上级党委对被巡察党组织所属领域、行业的有关要求和相应政策法规，领会习近平总书记相关指示批示精神，立足被巡对象实际，广泛、深入开展调研分析，掌握基本情况和倾向性问题，形成高质量的巡察工作方案，而巡察组要根据被巡党组织实际，明确“三个聚焦”的查找点位，形成更具操作性的实施方案。以工作方案导引实施方案，以实施方案进一步细化工作方案，这两个环节要系统集成，避免用一个工作方案套用各个巡察组的情况。比如，巡察组必须把听取被巡党组织汇报作为全系统中一个重要环节看待，把听汇报同进驻前已经初步掌握的情况、已经形成的实施方案、查找点位等紧密结合起来，严格把关，从一开始就把严的主基调传导到位，做到情况说不准不听、问题查不到位不听、责任讲不到人不听、原因分析不透不听。要防止把 12 种方法孤立起来看待，要让各种方法查找的情况互相印证、互为作用，让各种方法与工作方案、实施方案形成配套的组合拳。坚持系统观念，就是以规范化的全流程确保发现的问题逐步深入、逐步聚焦，从而最终形成震慑。

三是加强思想政治工作，做好他律与自律的转化。唯物辩证法认为，外因不是事物变化的根本依据，也不是唯一因素，事物变化的根本依据是内因，外因只有转变为内因才会真正起作用。巡视巡察监督属于他律，是导致事物发生变化的外因，巡视巡察监督的他律只有转化为被巡党组织领导班子和成员的自律，提高其政治自觉，巡视巡察效果才会落地见效。发现问题是巡视巡察的主要任务，这个任务绝不只是巡视巡察组的，巡视巡察工作绝不是单向度的“我查找问题，你照单全收”，而是双方共同履行职责，是必须共同完成的任务。用系统观念来看，“怎样发现问题、怎样形成震慑”，不能只把眼光投在巡视巡察工作的责任链条和巡视巡察工作的方法、流程上，还必须把发挥被巡党组织领导班子和成员的主观能动性作为巡视巡察系统中极其重要的一个方面。《中国共产党巡视工作条例》规定：依靠被巡视党组织开展工作。这就要求把同心同向发力贯穿始终，这是一个从他律到自律转化的过程，也是加强思想政治工作的重要契机。中共中央、国务院印发的《关于新时代加强和改进思想政治工作的意见》明确指出：思想政治工作“是一切工作的生命线”，要“把思想政治工作作为治党治国的重要方式”，“坚持和加强党的全面领导，把思想政治工作贯穿党的建设和国家治理各领域各方面各环节”。巡察工作同样要把思想政治工作作为重要方式，在巡前准备、动员部署、听取汇报、访谈座谈、沟通情况、反馈意见等各个环节上持续加强思想政治工作，通过思想政治工作，从一开始就把“不敢腐、不能腐、不想腐”的标尺树立起来，引导被巡党组织领导班子和成员加深对习近平总书记关于巡视工作重要论述的学习领会，提高政治站位，提高思想认识，激发被巡党组织主动发现问题、解决问题的内生动力，形成同题共答的合力，提升共同真查问题、查真问题的自觉，只有这样，才能真正在被巡党组织领导班子成员的思想深处形成震慑。此外，从被巡党组织来说，要承担起整改主体责任，更要把加强思想政治工作放在重要位置，特别是要认真开好巡视巡察整改专题民主生活会，把这次专题民主生活会作为巡视巡察意见反馈之后，班子从他律进一步向自律转化的重要节点，按照《中国共产党党内监督条例》的有关规定，在这个专题民主生活会上把巡视巡察指出的问题“说清楚、谈透彻”，以专题民主生活会的高质量促进整改的落实。坚持系统观念，就是用好思想政治工作的方法，推动被巡党组织共同找到问题，切实形成思想上的震慑。

需要强调的是，“发现什么样的问题、形成什么样的震慑”和“怎样发现问题、怎样形成震慑”本身就密不可分，同样需要用系统观念整合思考，融入巡察工作的全程，体现到各个方面。

三、运用系统观念，在推动做好“后半篇”文章上有再认识

巡视的根本目的是推动改革、促进发展，推动解决问题是巡视工作的落脚点。习近平总书记多次强调，做好巡视“后半篇”文章关键要在整改上发力。整改不落实就是对

党不忠诚，对人民不负责。要坚持发现问题和整改落实并重，压实整改主体责任，加强日常监督。从党的十八大以来，特别是党的十九大以来的实践来看，巡视巡察整改这个“后半篇”文章的重要性与“前半篇”相比，毫不逊色。要用系统观念把前后两篇文章通合起来，把整改与日常工作通合起来，作为一个整体进行思考、谋划、推进，而不能“各管各、单打一”。

一是深入理解和写好“前半篇”，才能为写好“后半篇”打下基础。巡视巡察找到的问题越精准，形成的震慑越有力，整改就会越到位。反之，如果查找的问题“帽子大、身体小”，即看似指出了政治偏差，实际上浮于表面，整改就容易泛泛而谈，难以触及根子；如果查找的问题不聚焦班子和班子成员尤其是“一把手”，看不到班子的责任，把责任简单归结到基层干部甚至普通党员群众身上，整改就容易把对下级的处理代替本级整改；如果查找的问题情况模糊，对照的标准有偏差，整改就会难以入手，难以对标政策要求，甚至会在被巡单位党员群众中产生不服气的情绪；如果查找问题时是台账式检查、“抄表式”检查，整改就容易用形式主义对付形式主义。解决这些整改中容易出现的问题，一方面要提高被巡党组织整改的政治自觉，另一方面，从巡察开始就要有“后半篇”文章的意识，要以系统观念看待前后两篇文章，要确保找到的问题有精准性、合规性，有责任人、可整改。巡察组既要精准查找这样的问题，还要有针对性地提出意见建议。巡察反馈意见是开展巡察的党委（党组）的政治体检报告，整改的意见建议是这份政治体检报告的重要构成，同样代表党委（党组）的要求，也是被巡党组织做好“后半篇”文章的必要遵循。所提意见建议要避免大而化之，或者建议与问题不匹配，建议要可操作、能落地，让被巡党组织能够对照问题扎实整改，接受建议促进整改。

二是做到“四个融入”，才能真正写好“后半篇”文章。中央印发的《关于加强巡视整改和成果运用的意见》明确要求，把整改和成果运用融入日常工作、融入深化改革、融入全面从严治党、融入班子队伍建设。被巡党组织以“四个融入”抓整改，既是系统观念的具体体现，也是贯彻科学政绩观的要求。整改工作历来要求“件件要整改、事事有回音”，从巡察整改实践来看，有的被巡党组织片面理解整改要求，重巡察报告指出的具体事例的整改，而忽视了对系统性问题的整改，忽视了举一反三；有的整改点到即止，不敢动真碰硬；有的罗列一堆制度，实际上并不注重制度的执行，或者制度本身就难以做到。要改变这类情况，从整改方法上就要按照系统观念，切实做到以“四个融入”抓整改，不把整改作为日常工作以外的“附加题”“选择题”，而是属于日常工作范围里必须回答的“必答题”，统筹谋划、系统推进。要做到“四个融入”抓整改，还必须以系统观念树牢科学政绩观。按照要求，集中整改为期三个月，但既不能简单以时间节点划线赶进度，不能简单以集中整改期的整改完成率论英雄；也不能把集中整改的三个月当作“只改三个月”，过了集中整改期就认为大功告成，甚至束之高阁。对于一些需要长期整改的项目要持续推进，直到整改完成；对于已经完成，但是需要长期坚持的整改项目，以及随着实践需要进一步改革发展的项目，更要按照“四个融入”的要求，不断完善。同样，就常规巡视巡察来说，要把被巡党组织完成上一轮巡视巡察整改情况纳入本轮巡视巡察范围，这种“纳入”也要按照系统观念，既看当年的整改事项是否如期完成，更从“四个融入”的要求，看整改是否真正发挥了以巡促改、以巡促建、以巡促治的作用。

三是以制度的系统集成加强整改的推进落实。要落实“四个融入”抓整改的要求，要从制度建设和执行上着力，特别是要把整改要求体现到各项制度之中，抓好制度的系统集成。从巡察整改实践来看，当前尤需建立健全确保整改“四个融入”、系统推进的各项制度。比如，要建立整改工作中“新官理旧账”的制度，把被巡党组织领导班子成员的调整和整改工作统筹起来，在组织谈话时提要求，在班子成员工作交接时一并移交整改内容，按照被巡党组织主要领导和班子其他成员的不同职责责任，集中整改期内调整和长期整改期内调整的不同时间节点、整改完成和正在推进的不同进度，以及一般整改任务和重点、难点整改任务的不同整改类别等，提出相应要求。对于整改基本完成的，同样要落实持续推进的责任，防止问题反弹回潮；对于不属于自己分管范围的整改事项，也要在交接工作时一并告知，从而确保“新官”知“旧账”、理“旧账”、理清“旧账”。比如，要督促被巡党组织建立推进长期整改的制度。长期整改事项一般完成难度较大、推进所需时间较长、不确定因素较多，更要以制度的确定性对冲外在的不确定性，既要从整改一开始就明确阶段性目标和时间节点，更要系统谋划，把这类整改事项作为班子“三重一大”议事决策内容，列入党组织年度工作重点任务，纳入班子分管成员、具体责任部门、责任人考核的重要内容，直至整改完成，要让长期整改任务始终在工作系统中，防止“淡出”视野，甚至销声匿迹。比如，要健全整改工作纳入述责述廉、纳入班子年度民主生活会、纳入班子和成员绩效考核等已有制度，确保落地见效。从实际情况看，怎么做到真纳入、纳入后怎样确实发挥成效，关键还要在系统集成和细化要求上发力。相关制度的执行部门与巡察机构之间要以“一盘棋”的思想加强互动沟通，确保制度发挥成效。

四、运用系统观念，在构建上下联动、贯通融合格局上有再认识

《中共中央关于坚持和完善中国特色社会主义制度、推进国家治理体系和治理能力现代化若干重大问题的决定》明确要求，健全包括巡视巡察监督在内的党和国家监督体系。习近平总书记指出：巡视巡察要深化系统观念，深化上下联动、贯通融合。加强巡视巡察的上下联动，加强巡视巡察监督与纪检监督统筹衔接，与其他监督协同配合，是党的十九大以来巡视巡察工作的一个鲜明特点。要进一步健全工作格局，就要进一步运用系统观念加强谋划推动。

一是用系统观念做好上下联动的谋篇布局。在规划新一届党委巡视巡察工作时，要把巡视巡察上下联动作为重要内容一体规划。比如，在指导督促上，可以明确把市委巡

视地区时开展巡察工作专项检查的要求进一步拓展，在巡视市属单位党委（党组）时，也可以对开展巡察工作的党委（党组）进行巡察工作专项检查，并与市委巡视工作领导小组对巡察工作的指导督导结合起来、同步开展，以督促检查市属单位巡察工作高质量、规范化，进一步压实党委（党组）主体责任；比如，在上下结合上，可以明确市委巡视地区时，区委同步对市管领导干部担任“一把手”的部门、单位开展巡察，也可以按照市委巡视组的建议，开展对特定行业、领域的常规巡察、专项巡察或“回头看”，从而更好做到下借上势、上借下力；比如，在对象选择上，可以明确对一些权力、资金较为集中且与民生关联度高，或者群众反映较为集中的行业、领域、部门，开展专项巡视巡察或交叉巡察，明确对市区两级法院、检察院的巡视巡察以同步开展的方法组织谋划，以更好地推动发现和解决系统性、领域性问题；比如，在队伍建设上，明确在一届党委任期内，巡察骨干和人才库成员一般都要参加市委巡视“以干代训”，以进一步在实践中培育干部；开展巡察工作的党委（党组）要把巡察干部队伍融入党委（党组）干部队伍建设全局系统谋划推动，以进一步用更宽的视野选拔、培养干部；比如，在信息化建设上，明确地区党委巡察工作全面跟进使用中央巡视办的信息化系统，开展巡察的市级单位有条件的也要使用，防止自行开发、另搞一套，以信息化助推巡视巡察工作规范化。

二是用系统观念推进各类监督贯通融合。巡视巡察利剑作用越是彰显，与其他各类监督贯通融合就越是必要和迫切。各类监督都发挥该有的作用，巡视巡察监督才会是十八般兵器中的一把利剑，而不是单兵深入的“孤军”。党的十八大以来，多部党内法规都规定，要把法规所规范的工作纳入巡视巡察监督范围，这是系统谋划推进巡视巡察工作、把巡视巡察工作与其他各类监督贯通融合的更高要求。从系统观念出发，巡视巡察监督应当成为融入各类监督的综合平台，发挥综合监督作用。尽管各类监督的侧重点不同，但是党委（党组）的主体责任没有变，“一岗双责”“四责协同”的要求没有变，督促做到“两个维护”、促进改革发展的监督目的没有变。这是各类监督能够在巡视巡察这个平台上综合起来的逻辑起点，从巡视巡察监督来看，把各类监督综合到这个平台上，正可以进一步运用系统观念，从不同维度全面监督被巡党组织，从而进一步找准找实主要矛盾。从系统观念出发，巡视巡察这个监督的综合平台就需要审计、统计、财政等各类专业力量深度参与，需要与人大、政协监督联动，需要广泛、深入听取纪检、组织、政法、信访等各方面对巡视巡察党组织的意见建议，在巡视巡察结束后，还要建立与各类监督主体的信息反馈机制、情况通报机制、共同监督整改机制等，形成综合监督的有效闭环。从系统观念出发，发挥巡视巡察监督综合平台的功能，更要用好巡视巡察成果。各类监督主体要对接巡视巡察工作，既对被巡党组织存在的问题精准施策、帮助整改，更对共性问题、倾向性问题全面梳理，调整完善现有政策要求，还要从建立健全制度体系、完善考核要求、加强日常监督等各个方面把巡视巡察成效体现到各类监督之中。要把现有的制度落实到位，发挥集成作用，确实把巡视巡察成果纳入领导班子和领导干部考核、领导班子政治生态分析、领导班子和领导干部年度民主生活会、党委书记抓基层党建责任制考评、领导干部述责述廉、意识形态责任制考核等已有制度之中，用到对班子和干部的日常考察和选拔任用之中。从系统观念出发，就要进一步发挥巡视巡察这个综合平台作为培养、锻炼干部熔炉的作用。各类监督的贯通融合，离不开人才队伍的融合，离不开既懂专业知识，又能够挑起巡视巡察重任的复合型人才队伍。要进一步谋划干部队伍建设，把巡视巡察干部的培养融入本地区、本系统干部队伍建设之中系统谋划，绝不能出现“谁有空谁去”“去和不去一个样”，甚至“去了反而吃亏”等现象，派出干部的单位党委（党组）要加强选拔前的把关、谈话，也要加强过程中的关心，更要把干部在巡视巡察期间的表现作为干部选拔任用和评优考核的重要内容；巡视巡察机构要从一开始就认真把关，一开始就严肃纪律，加强过程教育和管理，在干部选调期满后要认真作出评价，及时向派出单位介绍情况，防止在干部教育管理上出现割裂。只有让更多政治合格、专业精湛的人才在巡视巡察这个政治监督的综合平台上发扬斗争精神、增强斗争本领、经受政治历练，未来五年的巡视巡察工作才能既有高质量的成效，也有队伍建设的新面貌。

图书在版编目(CIP)数据

上海组织工作调研文选. 2022/中共上海市委组织部研究室编. —上海:学林出版社,2023
ISBN 978-7-5486-1923-9

Ⅰ. ①上… Ⅱ. ①中… Ⅲ. ①中国共产党-组织工作-上海-2022-文集 Ⅳ. ①D262.2-53

中国国家版本馆 CIP 数据核字(2023)第 046649 号

责任编辑 王 慧
封面设计 张志凯

上海组织工作调研文选(2022)
中共上海市委组织部研究室 编

出　版 学林出版社
(201101 上海市闵行区号景路 159 弄 C 座)
发　行 上海人民出版社发行中心
(201101 上海市闵行区号景路 159 弄 C 座)
印　刷 上海商务联西印刷有限公司
开　本 787×1092 1/16
印　张 32.5
字　数 70 万
版　次 2023 年 4 月第 1 版
印　次 2023 年 4 月第 1 次印刷
ISBN 978-7-5486-1923-9/D·94
定　价 75.00 元

(如发生印刷、装订质量问题,读者可向工厂调换)